译文纪实

THE OLIGARCHS
WEALTH AND POWER IN THE NEW RUSSIA

David E. Hoffman

[美]戴维·霍夫曼 著　　冯乃祥 李雪顺 胡瑶 译

寡头：新俄罗斯的财富与权力

上海译文出版社

亚历山大·斯莫伦斯基

米哈伊尔·霍多尔科夫斯基

尤里·卢日科夫

鲍里斯·别列佐夫斯基

阿纳托利·丘拜斯

弗拉基米尔·古辛斯基

短缺经济：1991 年下诺夫哥罗德州的一间商店

1992 年丘拜斯向人民介绍私有化凭单

1994 年莫斯科街头买卖 MMM 公司股票的景象

私有化凭单

基督救世主大教堂在莫斯科河上的倒影

全俄汽车联盟证书

1997 年 9 月 15 日，在“银行家之战”期间的寡头。从左到右依次是：米哈伊尔·霍多尔科夫斯基、弗拉基米尔·古辛斯基、亚历山大·斯莫伦斯基、弗拉基米尔·波塔宁、弗拉基米尔·维诺格拉多夫和米哈伊尔·弗里德曼。

2001 年 4 月，NTV 电视台外的示威者抗议政府收回古辛斯基的独立电视频道。

苏联解体十年后，一名妇女在莫斯科地下通道乞讨。对很多人来说，从共产主义到资本主义意味着贫困潦倒。

1996 年总统选举结束后，红场欢庆聚会上的一对年轻夫妇。年轻一代更能适应 20 世纪 90 年代的变化。

献给卡罗尔

给读者的话

本书讲述了20世纪90年代，六个男人引领俄罗斯向资本主义转型的故事。他们在那个年代大都十分出名，但他们的名声地位并未延续。俄罗斯总统弗拉基米尔·普京（Vladimir Putin）承诺取缔寡头“阶级”，在很大程度上削减了寡头们的社会地位。到2015年，尽管第二代及第三代寡头们仍在暗处拥有一定的财富和权力，但书中的这六个男人不再是公众的焦点。

鲍里斯·别列佐夫斯基（Boris Berezovsky），这位曾经引人注目的数学家和企业家，后来丧失了大部分家产，2013年3月23日死于伦敦城外的寓所，显然是自杀身亡。

阿纳托利·丘拜斯（Anatoly Chubais）出任了俄罗斯纳米技术集团（Rosnano）总裁，该公司是从事纳米技术研究的国有公司。在普京执政期间，丘拜斯基本远离政治。

弗拉基米尔·古辛斯基（Vladimir Gusinsky）继续低调地专注于电视及媒体工作，现居美国。

2010年9月28日，尤里·卢日科夫（Yuri Luzhkov）被时任俄罗斯总统的德米特里·梅德韦杰夫（Dmitri Medvedev）解除了莫斯科市长的职务。很显然，克里姆林宫这一行为的目的就是为了保住对莫斯科的控制。卢日科夫出走他乡。

米哈伊尔·霍多尔科夫斯基（Mikhail Khodorkovsky）在狱中服刑十年，于2014年初被普京释放。出国后不久，霍多尔科夫斯基发起倡议，推动俄罗斯进行民主改革。

在俄罗斯，亚历山大·斯莫伦斯基（Alexander Smolensky）淡出了人们的视线，他的下落无人知晓。

戴维·霍夫曼

2015年6月21日

寡头：十年之后

2011年版序言

2010年12月27日早晨，莫斯科的卡默夫尼奇斯基（Khamovnichesky）法庭外，约一百人身着大衣，冒着严寒，集聚在一个白雪覆盖的小土丘上。其中一些人高举着抗议标牌，标牌上有一张照片，照片上的人灰色短发，戴着一副无框眼镜。其中一幅标语写道："团结一致，创建新俄罗斯！"另一个大大的竞选徽章上则写着："奔向自由！"

法庭内，照片上的那个人站在一间玻璃罩钢结构拘禁室中，门上挂着锁链。他就是米哈伊尔·霍多尔科夫斯基。他属于最具野心的第一代寡头，这一代寡头在苏联解体之后获得了财富与权力。前一天，在二十二个月的审判之后，法官维克托·达尼尔金（Viktor Danilkin）认定霍多尔科夫斯基犯有贪污罪。之前，霍多尔科夫斯基因欺诈罪被判服刑七年多。如今，法官头也不抬，宣读着冗长的判决书，语速很快，几乎听不清。霍多尔科夫斯基和他的共同被告普拉东·列别杰夫（Platon Lebedev）在玻璃拘禁室中听着。

法庭外的公路上，内务部的防暴警察逮捕了土丘上举着抗议标语的人，把他们拽进一辆备好的公交车上。有些标语将批评的矛头指向总理弗拉基米尔·普京，他已经统治了俄罗斯十年。举标语的人都被逮捕了，其中有一些是妇女。当一位身体特别虚弱的妇女被捕时，人群愤怒了，纷纷喊着："可耻！""自由！"一些抗议者径直冲到警官面前，大声呼喝。有一位喊道："你们的孩子知道你们在这里做什么吗？"另一位则质问着："难道你们不感到羞耻吗？"对此，防暴警察面无表情，无动于衷。

到下午一点，大概有二十位抗议者被带走。人群渐渐散去。瓦迪姆·克鲁夫根（Vadim Klyuvgant），霍多尔科夫斯基的律师之一，走出了审判庭，身着黑色西装，没穿外套。他表示，法官还没有最终宣布判决，但是从法官大声宣读的判文来看，判决将会很严重。除了那些诉讼时效过期的，检方的指控都被接受了。克鲁夫根表示，法官受到了有关权势人物的“强力诱导”。但他没有明确说明是谁。他补充道：“这太可耻了。”

两天后，12 月 31 日，星期四，达尼尔金宣布了判决：霍多尔科夫斯基将再服刑六年。霍多尔科夫斯基的母亲悲痛地大骂法官：“你和你的子孙后代都见鬼去吧。”霍多尔科夫斯基通过律师发表声明称，此次判决表明“在俄罗斯，面对政府官员，你不能指望法院来保护你”。

列昂尼德·戈兹曼（Leonid Gozman），一个和克里姆林宫有联系的小激进党的领袖曾说：“太让人震惊了。这明显是一个政治性判决，而不是司法判决。”[1]早前，一位美国外交官员曾在一份发往华盛顿的电报中写道，其“动机明显具有政治性”。这位外交官负责监控此次审讯。他还补充，通过审讯，俄国政府“把一种看似法治的假象运用于一种利益至上的体制中。在这种制度中，你可以铲除政敌而不受惩罚”。电报名为“为政治猪抹上法治的口红”[2]。

霍多尔科夫斯基被带出玻璃室，返回监狱。普京似乎成功地把霍多尔科夫斯基关了起来，并斩断了后路。

但是，后来的事情出人意料。2 月 14 日，莫斯科的互联网新闻门户网站（Gazeta. ru）以及一家网络电视频道（Dozhd TV）对达尼尔金的助理娜塔利·瓦赛尔耶娃（Natalia Vasilyeva）进行了采访。她同时也是法院的新闻秘书。她说，法官本来准备写下自己的判决，但却被强制宣读一份完全不同的判决，而这一判决是由更高的权威机构做出的。“我知道的真相是，判决是由莫斯科的市法院做出的，”她说，“这一点我很确信。”法官“有点羞愧，因为他宣读的并不是自己做出的判决。所以他读得非常快，想要尽早结束”，她补充道，“我可以告诉你，整个司法圈非常清楚地知道，这起案件是受人操控的，这次审判也是受人操控的。”[3]

整个事件揭示了普京创造的用来治理俄罗斯的这个制度。表面上看，市场民主的外在标志都具备：法院，法律，以及审判；证券交易所，企业，以及私有财产；报纸，电视，广播，以及网络新闻门户网站；候选人，选举，以及政党；甚至有一些勇敢的人，高举抗议标语，或耳语有关判决的真相。但是，真正的权力却掌握在普京及其亲信手中。他们的权力并不是绝对的，这是一种软性的集权；但是当他们决定打击某人时，他们便会得逞，正如他们打击霍多尔科夫斯基一样。

十年前《寡头》一书出版时，新俄罗斯的领导者们希望，自由和竞争能推动政治和资本主义。鲍里斯·叶利钦（Boris Yeltsin）总统的改革带给了俄罗斯民族史无前例的自由和企业家精神。数以百万计的俄罗斯人第一次出国，投票选举，享受新闻自由，并学会了自食其力。阿纳托利·丘拜斯把国有的工厂、矿井和油田这些大型宝藏转为私有。他相信，新的主人，即便是最贪婪的巨富大亨，都会比苏联时期的老板们更有效率，因为新主人将被迫在自由的市场中进行竞争以决胜负。

但是叶利钦和他的领导团队并没有完成他们所开启的旅程。他们热心于摧毁旧体制，但轮到创建俄国急需的新体制时，却踌躇不前。叶利钦本能地理解自由，但是他并不了解创建公民社会的重要性。而公民社会却是统治者与被统治者之间极其重要的联系网。更糟的是，叶利钦没能建立起法治来规制他所释放的自由。结果是一个扭曲的资本主义，一些骗子成了亿万富翁和国家的主宰。这就是寡头时代，他们的故事是这本书的核心。

2000年普京执政后，他面临的关键问题是如何处理这些历史遗留问题。不可能再回到苏联时代。但是，动荡的叶利钦时代之后会是什么呢？普京接手这一任务时，对米哈伊尔·戈尔巴乔夫（Mikhail Gorbachev）的改革或是叶利钦时期混乱的90年代不甚了解。作为前克格勃特工和幕后操作者，普京从不支持竞选，而且鄙视巨富大亨。在接下来的八年时间里，他选择了一条专制的中央集权道路。他提拔了一些和自己想法相似的人，松散地形成了自己的宗派。这个宗派被称为“西罗维基”（*siloviki*），或是安全部门的人，他们与普京一样，嗜好控制，并希望在控制中壮大自身的力量。

普京在执政的第一年便铲除了媒体界巨头弗拉基米尔·古辛斯基，不久，又铲除了鲍里斯·别列佐夫斯基，这两个人都是 20 世纪 90 年代最重要的寡头。普京支持挥舞棍棒打倒超级富豪的做法，并发誓未来将不会存在寡头这一阶级。“这是我的看法，”他说，“国家手握棍棒，但只使用一次，一次敲打命中头部。我们至今还没使用这根棍棒。我们只是挥舞展示了一下，这一举动足以引起所有人的注意。但是，如果我们愤怒了，我们会毫不犹豫地使用它。”[4] 普京告诉叶利钦时代遗留下来的寡头们，他们可以保留财产，但是他不会容忍任何挑战。他们同意了。普京和 90 年代自由放纵时期的叶利钦不同，他偏向于一种国家资本主义或裙带资本主义，在这种制度中，由掌权者选择成功者和失败者。

2003 年霍多尔科夫斯基被捕之后，他的石油公司尤科斯（Yukos）被迫破产，所有有价值的资产被俄罗斯当局剥夺。一笔意外之财——最有价值的石油生产子公司，俄罗斯石油公司（Rosneft）——被收归国有。2006 年，俄罗斯石油公司首次公开募股，筹集了 100 多亿美元，这是俄国历史上最大的一次股权拍卖。当时该公司的董事长是伊戈尔·谢钦（Igor Sechin），他同时也是俄罗斯的副总理及普京的亲信。这场交易表明，“西罗维基”并没有打破财富和权力之间的铁链，这种链接是在叶利钦和寡头时代形成的；相反，“西罗维基”接管了这一链接。卡内基莫斯科中心主任德米特里·特列宁（Dmitri Trenin）总结道：“莫斯科大部分重要的政策决定背后都有私人或企业利益所支撑，因为统治俄罗斯的是那些拥有它的人。”他说，在普京的统治下，政府已变成了公司，“克里姆林的高级职员和高级部长们都是各种国有企业的董事会成员，他们热衷于晋升和利益”。[5] 第一代寡头傲慢且惹人注意，普京统治下的新一代寡头却沉默而隐秘。[6]

普京承诺结束前十年法律缺席的状况。他的确填补了立法方面的重大空白，尤其是推行了新税法。普京也授予俄罗斯联邦安全局新权力和新资源。俄罗斯联邦安全局即FSB是克格勃的国内继承者。但是，修订法律以及增加更多的执法人员似乎并没有带来更多的法治。事实上，以某些标准衡量，官僚阶层扩大了，腐败也越发严重了。霍多尔科夫斯基事件对权力者们包括莫斯科以及其他地区的权力者来说是个信号，那就是他们可以不受惩罚地为所欲为。有一个悲剧性案例，事关威廉·布劳德（William Browder），他一度是俄罗斯最大的私募股权投资者。布劳德的做法是，购买一家公司的股票，深挖其账簿，然后公布他发现的腐败及侵吞行为，以此来提升股票价格，使他的基金增值。起初，布劳德以为普京会清除腐败，为国家谋利。但是，布劳德同样成为被排挤的对象，或许是因为他攻击性的策略惹怒了根深蒂固的大老板们。2005年11月13日，一次商旅之后他被拦在莫斯科机场，并且被拒绝入境。2007年初，内务部的一帮官员搜查了布劳德的基金Hermitage的办公室及其律师事务所。他们拿走公司的印章和执照，并用它们向俄罗斯政府骗取了2.3亿美元的退税，这一惊天骗局被认为是警察所为。当布劳德高声抱怨腐败时，他的一位莫斯科律师、三十七岁的谢尔盖·马格尼茨基（Sergei Magnitsky）被逮捕且不能保释。马格尼茨基在狱中生病，但其医疗求助被无视，最终于2009年底死在狱中。这个案例鲜明地反映了有罪不罚的文化；没有人因马格尼茨基之死而被捕。“俄罗斯的犯罪率以惊人速度上升，”布劳德曾悔恨道，“我真希望我没有去过那里。”[7]

2010年2月12日，莫斯科的美国大使馆发了一封电报，指出目前俄国社会充斥着腐败，咖啡馆店主为寻求安全支付保护费，政府人员以税制形式收受贿赂，法律执行机构仍保有正式收费渠道。电报的内容随后由维基解密公之于众。该电报引用了一些人的话，其中一个人暗示，有时人们会把现金放进手提箱带进克里姆林宫。另一个人则表达了相反的意见，认为这种做法完全没有必要，“在塞浦路斯开一个秘密账户反而更容易一些”。[8]在透明国际（Transparency International）的清廉指数排行榜上，178个国家中俄罗斯位列第154，与肯尼亚和塔吉克斯坦的水平相当。[9]

在叶利钦执政期间，争议有时会通过买凶刺杀来解决。安娜·波利科夫斯卡娅（Anna Politkovskaya）是一名专揭黑幕的记者，她对发生在车臣共和国的难以解决的谋杀及暴力事件进行了尖锐的报道。2006 年 10 月 7 日，安娜在莫斯科公寓大楼的电梯内遭枪击身亡。普京郑重宣告要找出凶手，并表示定将这一罪行公之于众。有三名男性受到指控，但在之后的庭审上被宣告无罪。最终并没有人为此受到惩罚。

1999 年，在莫斯科和其他城市发生了一系列公寓爆炸事件，之后，普京成功地扮演了一名强硬的角色。当时人们对国家秩序和安全丧失了信心。普京有足够的支持能建立起一个独立公正的执法和司法体系，但他并不想这样做。相反，普京将“西罗维基”放在了首位，并授予这个秘密组织更多的权力，包括开展海外行动（暗杀）以及镇压国内政治异议。俄罗斯联邦安全局的主管将这些安保人员称为“新型贵族”。然而，由于这一组织拥有诸多特权，在接下来的几年里受到了人们尖锐的批判，因为它未能预防多次恐怖袭击，包括 2002 年 10 月的莫斯科剧院挟持事件。当时，车臣的恐怖分子控制了莫斯科剧院，里面满是观众，安保机构向剧院内投放失能气体。在随后的突袭中所有恐怖分子都被击毙，但同时有 130 名人质遇害身亡，其中多人是因为没有适当处理导致曝露在失能气体中而身亡。随后，2004 年 9 月，在车臣共和国邻近的别斯兰市，由于与军方的暴力对峙，该市一所学校至少有 339 人死亡，其中超过半数的受害者是儿童。问题再次浮出水面：这时候，“西罗维基”又在哪里？[10]

普京将别斯兰事件作为其加紧控制政治体系的某种借口。在第一个任期中，克里姆林宫的拥趸将他们的执政方式描述为“管控式民主”，这种体制下一些机构（如政党）能够得以发展，但自主权极为有限。这些年来，普京控制了所有主要的独立广播电视网，在国会两院建立了无与伦比的优势地位，并强制寡头们屈服于他。但是在别斯兰事件几周后，普京从根本上改变了长期以来的政治结构。他取消了地方长官的选举政策，这一职位的人选日后将由普京亲自指定。普京同时改变了国家杜马（State Duma）即议会下议院的投票机制，这样一来，政党成了唯一的选择，而非个别地区的候选人。这种唯政党（party-only）制度也存在于世界上的其他国家，但在俄罗斯，这一制度带来了很大的影响，使得地方选出的许多独立的立法议员无法生存。在 2003 年 12 月的国会选举中，统一民主党以及右翼力量联盟这两个规模较小的进步党派都未能赢得一席之地。其他四个胜出的党派都是克里姆林宫的支持者。

在普京的第二个任期中，他更加集权了。中央选举委员会由委员会主席弗拉基米尔·丘罗夫（Vladimir Churov）管理，他在上任初期表示，第一定律就是“普京永远是对的”。克里姆林宫的职责是监管选举过程中给候选人的资金分配情况，同时管控国家的电视新闻，使得反对意见只能如浮光掠影而过。90 年代对于叶利钦及其团队那种辛辣的政治嘲讽几乎销声匿迹。[11]

普京的集权主义并不是绝对的，他往往通过操控而非直接的压制来达到他的目的。许多独立的媒体机构（包括报纸、杂志、广播和互联网）被获准继续经营，有时会发表或播报有关政府的直言不讳的言论。俄国政府并未对其互联网进行封锁，因此俄罗斯人可以自由浏览网上的各种言论，甚至一些对现有体制严厉批判的言论。但是独立媒体的受众主要集中在莫斯科及其他大城市，仅占很小一部分，实际影响力非常小。对于这类烦人的质疑，克里姆林宫及其他主流电视媒体直接选择视而不见。例如，在 2011 年 2 月一次有关法治建设失败的会议上，俄罗斯财政部长阿列克谢·库德林（Alexei Kudrin）表示：“生活不是靠守法，而是靠我们自己的意愿，看眼色行事。”主流电视台通常会无视这种对执政党的严厉批评。[12]

因为没有真正的政治选择，许多俄罗斯人选择退出。玛莎·李普曼（Masha Lipman）是《赞成或反对》（*Pro et Contra*）杂志的编辑，该刊由国际和平卡内基基金会莫斯科中心出版。玛莎·李普曼表示，俄罗斯人现在与政治渐行渐远，反而进入了与普京达成“不参与协议”的时代：如果普京不干涉俄罗斯人的私人生活，那么他们也不会干涉政治。根据李普曼回忆，在苏联时期，国家是无处不在的，但在今天，俄罗斯人能够享有“几乎无限的个人自由”。

“人们沉溺于自己的个人事务，远离政治领域，这也是他们自愿放弃的。”李普曼说道。结果就是“政府可以轻易地主导整个社会”。[13]

1998年经济动荡之后，政府拖欠债务，卢布贬值，长时间的经济繁荣使得俄罗斯从中大幅获益。1999年到2008年平均增长率超过7%，俄罗斯成为世界上增长最快的经济体之一。（在2008年的经济危机中，俄罗斯经济急剧滑落，下跌了8%。）大多数人认为，这些年来，居高不下的油价促进了俄罗斯经济的强劲增长，但是这也推迟了俄罗斯本该推行的一些改革政策。俄罗斯仍然对原油、天然气及其他自然资源的出口有很强的依赖性。[14]在《福布斯》杂志公布的年度世界亿万富翁排行榜中，有101位居住在俄罗斯，大部分都是原油、天然气、煤矿、金属以及银行领域。1991年，安德烈·梅尔尼琴科（Andrei Melnichenko）还在莫斯科国立大学的宿舍外倒卖外汇，但现在，根据《福布斯》的统计，他已经成为俄罗斯排名第17位的亿万富翁，身价86亿美元。[15]

正如普京是由叶利钦亲自挑选的一样，普京也指定了梅德韦杰夫作为下一任总统。来自圣彼得堡的合伙人梅德韦杰夫的当选是通过人所周知的“管控式民主”模式——投票确有其事，结果却是内定的。普京则成为总理，尽管两人之间的联系未公开化且有待商榷，大多数人认为普京仍将继续主导权力杠杆。莫斯科的一名政策分析师莉利亚·舍夫佐娃（Lilia Shevtsova）表示，目前普京处于主导地位，但梅德韦杰夫在缓和与自由主义者和西方的争端上起到了很重要的作用。2009年9月，梅德韦杰夫发表了一篇长篇文章，题目为《俄罗斯前景》，文中他描述了俄罗斯所处的一系列困境：过度依赖自然资源的出口，基础设施老旧，腐败以及柔弱的公民社会。梅德韦杰夫呼吁经济的现代化和多样化。早前，他誓言要结束近年来的“法律虚无主义”。但空话似乎多于行动。霍多尔科夫斯基案件就发生于梅德韦杰夫任职期间。在梅德韦杰夫的鼓动下，俄罗斯及外国的投资者们纷纷向莫斯科城外的斯科尔科沃创新中心投资，然而硅谷并非一天建成的，梅德韦杰夫此项计划似乎仅是象征性举动，而非想要做出改变的实质性行为。

2011年早些时候，梅德韦杰夫评论道，一个国家不能以“铁腕使人们团结在一起”。八年来，普京一直以铁腕治理国家，但这并不是将来的可行之路。俄罗斯仍然急切地需要国家现代化并且吸引外资，如果不建立法治，那么这些挑战几乎不可能完成。人们现在更加清晰地认识到，经济现代化的成功是不可能脱离政治现代化的。目前叶利钦改革派的梦想仍没有实现，由激烈竞争推动的自由市场民主的形成可能还需要几代人的时间。当然，书中描写的寡头时代并未完全实现这一梦想，普京的集权主义也没有做到这一点。然而，这仍是一个值得追求和为之奋斗的梦想。

戴维·霍夫曼

2011年4月

目　录

引　子

隆冬时节，老人身边再次弥漫着不满情绪，压抑，暗淡。自1997年12月因急性病毒感染入院两个月以来，俄罗斯总统鲍里斯·叶利钦极少涉足克里姆林宫。1月，他消失在人们的视线之外，远离莫斯科，住进了靠近芬兰边境、位于瓦尔代的一处林间度假区。叶利钦行事果敢，如今却偃旗息鼓。心脏手术康复一年来，他的注意力持续时间有所缩短，在讨论话题时，他似乎时不时会走神。2月，他前往意大利进行国事访问。他看上去面色苍白，表情僵硬。在罗马无名士兵公墓前，他举止失仪，尽管随从人员竭力在前提醒，他也未向意大利国旗致敬。他闹出离奇乌龙，声称联合国秘书长科菲·安南（Kofi Annan）将造访伊拉克。安南说自己从未有此计划。在一次记者会上，叶利钦依靠提示才能回答一些简单的问题。“我从未说过自己要去伊拉克。”他糊里糊涂地说道。

对一小撮最富裕的俄罗斯生意人而言，叶利钦的举止令人深感不安。俄罗斯需要一位强力的政治领导人。因为总统生病，这个国家显得无所适从。亚洲金融危机的风暴已经吹进俄罗斯，油价下跌，投资者纷纷撤出。生意人亏大了。

仅仅两年前，这一帮大亨才把叶利钦从危险的冬眠中拯救出来。为了1996年那场一波三折的重新竞选，他们向叶利钦奉上了最具才能的政治干将，极具影响力的电视频道，以及各大报纸的头版头条。他从懵懂中清醒过来，投入战斗并最终赢得胜利。随着选举获胜，一条大亨们与总统之间的纽带终于织就——他们的财富和他的权力嫁接成功。无论是他们，还是叶利钦，都已难离彼此。随着权力增长，这帮大亨被人们称作寡头，是新俄罗斯的拥有者和统治者。

这一次，随着总统再度出离，寡头们有些坐卧不安。鲍里斯·别列佐夫斯基最富野心。他个头不高，弓形眉，说话温和而急促。在俄罗斯由苏联社会主义向市场资本主义急速转型的过程中，他趁乱攫取并大发横财。时年五十二岁的他永远不知疲倦。他新近正在谋划一步险棋，欲将俄罗斯总理的职位由现任的维克托·切尔诺梅尔金（Viktor Chernomyrdin）另换他人，这个人最好对诸位寡头俯首帖耳。别列佐夫斯基明白，此项决定事关重大：总理在继承顺序上居于首位。叶利钦一直在生病。由他挑选的总理任何时候都可能成为俄罗斯的下任总统。别列佐夫斯基和其他寡头郑重其事地讨论"公司型政府"的设立事宜。他们将成为灰色董事。既然身体抱恙的叶利钦鞭长莫及，那就由他们来任命部长，并且非正式地运作这个国家。他们是垄断资本，而国家不过是软蛋。

在由寡头米哈伊尔·霍多尔科夫斯基掌管的俄罗斯第二大石油企业尤科斯的公司总部，大亨们悄悄地聚到了一起。灰色董事们觉得切尔诺梅尔金该走了，于是讨论谁将取而代之。别列佐夫斯基还面见了叶利钦的总统办公厅主任瓦连京·尤马舍夫（Valentin Yumashev），以及总统富有影响力的小女儿塔季扬娜·季亚琴科（Tatyana Dyachenko）。

1998 年 3 月 21 日，星期六，在其位于莫斯科城外的乡村住处，别列佐夫斯基接受了广受政治精英青睐的电视新闻栏目《综述》（*Itogi*）安排的长篇访谈。访谈内容由同为寡头的弗拉基米尔·古辛斯基创办的俄罗斯最大、运营最成功的私人电视频道 NTV 播出。

别列佐夫斯基在访谈中明确指出，叶利钦继任者的挑选活动已经启幕，而处于领先地位的候选者无一"具备资历"。他语气模糊地谈到了"推出新人的大好时机"。

该访谈的播出时间安排在星期日晚间。次日早晨，叶利钦解除了切尔诺梅尔金的职务。

本书讲述了六个人的故事，这六个人协助带领俄罗斯经历了迄今所能设想的最宏大和最艰辛的实验，即将一个社会主义制度的大国，改造为一个实行自由市场经济的资本主义国家。他们的故事持续了十五年，从米哈伊尔·戈尔巴乔夫于1985年推行的“改革与新思维”运动，到鲍里斯·叶利钦在1999年12月31日宣布辞职所产生的后续影响。

正是这六个人成了新俄罗斯的领导者，新秩序的缔造者与倡导者。截至20世纪90年代末，他们享有了巨大的政治力量或相当的财富实力，抑或兼而有之。故事各有不同，但贯穿其中的主线大体相似：积聚财富再失去财富，从俄罗斯工业王冠上摘取珠宝，掌管私人武装，在选举中拥立王者，统治全国及其财政要塞莫斯科。他们收购俄罗斯的大众传媒，尤以电视为最；他们不仅攫取工厂，也包括国有资产，如预算、执法系统和克里姆林宫的领导权。在俄罗斯资本主义的起步阶段，他们具有绝对的主导地位，秘而不宣，精于伪装，有时残忍无情。

让这六个人一跃而起的新时代，肇始于1985年3月10日的那个星期天。苏共总书记康斯坦丁·契尔年科（Konstantin Chernenko）身体抱恙，执政仅十三个月即去世，克里姆林宫医生叶夫根尼·恰佐夫（Yevgeny Chazov）致电告知最年轻的政治局委员戈尔巴乔夫。数小时内，一辆辆黑色轿车驶入克里姆林宫，随后举行的会议将戈尔巴乔夫推上了权力宝座，并最终导致苏联解体。戈尔巴乔夫开启的革命性变革，横扫了本书所涉及的这六个人。然而，在一开始，他们都远离权力中心。他们要么是无名的科学家和学者，要么是官员和学生。在戈尔巴乔夫当选为总书记的那一天，没有人能把他们定位为未来变革的旗手。

在莫斯科一栋简陋破旧的水泥预制板公寓二楼的厨房里，坐着一位建筑队包工头，这位个子高瘦而怒气冲冲的年轻人正在抱怨“发达社会主义制度”下的生活。他就是三十岁的亚历山大·斯莫伦斯基，个性坚毅的他是一名自卸货车司机。他从小就没有父亲。他是个局外人，心里满是对命运的怨恨。

在以培养化学工程师著称的门捷列夫化工大学，时年二十一岁的米哈伊尔·霍多尔科夫斯基还有一年就要毕业了。他那稚气的嗓音下隐藏着内心的冲动和抱负。霍多尔科夫斯基对经济学产生了兴趣——他替共青团（Komsomol）收取团费，并在大学里开了一家青年咖啡馆。

控制科学研究所是苏联应用科学的桥头堡，这里的数学家和理论专家们设计出各种方法，以控制弹道导弹和核电站。三十九岁的鲍里斯·别列佐夫斯基在此专攻人类决策理论，他不仅领导着一个实验室，还梦想着获得诺贝尔奖。

在通往国际机场的公路上，一个沮丧而精瘦的年轻人驾驶着自己的汽车，以非法运营出租车的身份穿梭往返。三十三岁的弗拉基米尔·古辛斯基正浑噩度日。古辛斯基对这个世界充满了愤怒。他曾经想去剧场谋职，因为之前受过做导演的培训，但他终究没能登上莫斯科的舞台。

在莫斯科市政会（city council），尤里·卢日科夫与一大帮中年苏联官员和工厂经理坐在一起。这个橡皮图章[①]一般的城市立法机构拥有数千名成员，他并无任何耀眼之处。卢日科夫时年四十八岁，对管理事务十分熟悉。载着他四处转悠的，是一辆黑色伏尔加公务车。

工程与经济学研究所地处列宁格勒的一个偏僻角落，三十岁的阿纳托利·丘拜斯身材瘦长，满头红发，给人一种固执而居高临下的印象。作为军事院校的执教者和正统共产主义者的儿子，丘拜斯正在逐渐对这一制度失去信心。

假使这六个人在戈尔巴乔夫就职那天相聚于某个房间，恐怕他们也不知道彼此之间应该说些什么。他们来自苏联社会的各个阶层，上至干部[②]和科学家，下至街头混混和各级企业经理。令他们与众不同的是善于改变的能力。他们每个人都在学会应对旧制度的同时，以难以置信的步伐跨入了新制度。

---

① 形容该机构流于形式而无实权、只能盖章走程序而不能发挥实质作用。——译注

② 原文“nomenklatura”，指苏联等国家实行的职官任免制度“干部职务名称表”，其核心是由共产党拟定政府部门重要职位的干部名单。后因一些党政干部依仗已有的权势与关系网互相勾结，化公产为私产，形成了“红色权贵”阶层。——译注

他们中的四个——斯莫伦斯基、霍多尔科夫斯基、别列佐夫斯基和古辛斯基——在此后的十五年间成为财富巨头，并结成金融家小团体，既在政治权力的阴影下攫取财富，又在叶利钦时代非正式地掌管着国家权力。他们中的另外两个——卢日科夫和丘拜斯——成为权倾一方的政治人物。卢日科夫两度当选为莫斯科市长。这座城市是俄罗斯最大的资本聚集地，卢日科夫在此打造了一座属于他自己的王国。丘拜斯既是 20 世纪 90 年代的经济改革者中最长寿的一个，也是历史上最大规模的国有资产转入私人之手运动的设计师。他也是随后的疯狂圈地运动之父，无人能及。

面对如此重大的变革，这六个人和他们的国家几乎没有准备，更难有历史经验可循。要完成这些事情，他们会从什么地方，向什么人学习？在苏联时期，他们找到钥匙，打开大门紧锁的图书馆，读到了有关西方经济学和金融学的一本本“禁书”。他们的学习对象有匈牙利和南斯拉夫这样的东方阵营，这些国家正在试验更为宽松的社会主义制度，他们还到西方旅行。好莱坞影片经由盗版影碟走私进莫斯科，影片中的个人英雄主义角色让他们惊叹不已。随后，他们得到了鲁伯特·默多克（Rupert Murdoch）和乔治·索罗斯（George Soros）这样的全球大亨和金融家以及来自华尔街、伦敦和从日内瓦到直布罗陀各大私人银行之都一众人等的耳提面命。1992 年之后，来自美国和欧洲的投资银行家和律师大量拥入俄罗斯，帮忙书写规模宏大的俄罗斯私有化规程，起草首要的公司治理法规，并着手建立资本市场。世界银行、国际货币基金组织、欧洲复兴开发银行等国际金融机构，给 90 年代初生的俄罗斯资本主义带来了模板和理念。

俄罗斯的新生大亨还充分借鉴了美国和欧洲财阀们丰富的历史经验。尽管俄罗斯的财富量相对较小，1995 年其四大商业银行在意大利排名仅仅略高于三十位，但他们采用超级强盗大亨的风格和手法，大胆狡诈，无所顾忌，敢于幻想。绝非偶然，他们像极了 20 世纪初期的美国资本家。苏联时期，因为尖锐批评美国资本主义的阴暗面，西奥多·德莱塞（Theodore Dreiser）极富影响力的作品《金融家》（*The Financier*）和《美国悲剧》（*An American Tragedy*）被翻译成俄文并广为传阅。俄罗斯首批金融家所采用的诸多手法，均可见于《金融家》的主角弗兰克·考培伍德（Frank Cowperwood）的交易行为，他占尽银行、国家和投资人的便宜，操纵股票市场，大肆蚕食公司企业。这本发表于1912年的小说，正是取材自美国大资本家查尔斯·耶基斯（Charles T. Yerkes）的真实生活。

不过，就算有西方样本，这些俄罗斯人还是独具特色。他们接手的这个国家所具有的政治和经济文化，根植于俄罗斯人对权威——粗暴地定义一下，从沙皇到人民委员——的屈服顺从。传到他们手里的是一个连个体主动性和企业家精神等最简单的人类本能都被压抑七十年之久的社会。市场经济落户在这片陌生土壤的头几年间，苏联时期的思维模式依旧存在，很难完全根除。

俄罗斯的独特还体现在，苏联甫一解体，它便做出了重大抉择。叶利钦启用包括丘拜斯在内的一批年轻的激进改革者，他们认为时不我待，不惜一切代价也要摧毁旧的制度。他们首先选择放开价格和所有权，其次才是建立市场经济的规则和制度。这导致俄罗斯资本主义诞生在先天缺氧的环境中，这是一个缺乏有效法制的真空，又是一个被极度削弱以致无力执行现有法律的国家。这六个人的交易手法一再面临质疑：他们的经营合法吗？他们是罪犯吗？然而这些问题并不容易回答，因为参与者所游走的世界，缺乏成熟西方社会的那种法律限制或道德指南。头几年，俄罗斯就是一个没有法治的国家。说谎、偷盗和欺骗是日常生活的组成部分，暴力、野蛮和威压则往往成为交易手段。若说所发生的这一切有如自由落体，落点未知，也不算在为俄罗斯资本主义革命发动者的买凶杀人、明偷暗抢和贪婪成性寻找借口。2000年夏天，一位俄罗斯富豪苦笑着告诉我，人们在苏联时期对于自由市场、私有财产和法治所抱有的强烈期待现在看来过于简单化了。“整个过程所需要的时间长得超乎我们想象，”他说道，“还搭上了太多人的性命。”

以西方的经验来看，大亨们往往利用政府和私人资本烹制盛宴。罗斯柴尔德家族充当过王公们的银行家，J. P. 摩根则帮英国放贷人和美国铁路公司搭过线。然而，俄罗斯首批大亨们的初期资源只有一个：国家。他们敏锐地发现并利用了国家存在的种种缺陷。他们抓住源于苏联社会制度而产生的价格、财产和贸易的巨额失衡，并大肆获利。除了几个显著的例外，早期的他们没有在这片土地上创建过什么。相反，他们的第一课是如何轻松赚钱，钱仿佛从天而降，不费吹灰之力就被他们攥在手里。

在自由放任的资本主义初期，本书刻画的这六个人通过商业结盟、友谊或仇恨增进相互了解。他们的混乱关系早已成为普通大众取之不尽的笑谈。1994 年 9 月，他们在俯瞰莫斯科城市风光的一所山间私人俱乐部签署密约，承诺不相互攻击。但这一密约很快便被他们抛诸脑后。他们结成同盟，随即自毁同盟。他们建立起自己的王国，并竭力摧毁竞争对手的王国。他们都赞同旧制度要垮台，却对新制度各执己见。

要弄清寡头们的来龙去脉，必须从他们的起点开始，即苏联那段关于经济停滞、经济短缺和灰色市场的岁月。苏联社会主义制度的没落岁月塑造了这六个人，他们纷纷开始思考，并致力于新的秩序。本书第一章置景于这段停滞岁月，视野则来自街头和没落的制度内部。其后六章则深入探寻这六个人在戈尔巴乔夫的革新年代所走过的道路，以及他们在新俄罗斯的早年岁月。第二部的剩余九章，通过诸位寡头的功绩与失败，考察了喧嚣的 20 世纪 90 年代。这是一个关于贪婪而任性的资本主义在苏联社会主义的余烬里生长出来的故事。

第　一　部

第一章　灰色与短缺

炎炎夏日，库尔斯基（Kursky）火车站的玻璃墙面赫然耸立，等车的人群挥汗如雨。车站候车厅像一个巨大的玻璃纪念盒，坚实而宽敞，光鲜而现代，甚至带着空想意味，设计风格透着前进步伐。好一个前进步伐！玻璃墙面映着旅游者和流浪者的身影，那是一群小商贩、讨生者、投机者和侥幸者，总之，他们是苏联“发达社会主义”下的奋力求生者。馅饼？啤酒？冰淇淋？活鸡？全都有，在玻璃幕墙跟前或远或近的地方，就摆放在车站和一列列待发列车之间的空旷站台上。从这里开始，一条条铁路线悠远地延伸到位于南部的偏远城市，抵达巴库、第比利斯和克里米亚。通勤列车（elektrichka）从首都出发，驶向一座座村庄、一栋栋乡村小屋和郊外度假屋。夏日来临，人们成群结队地乘坐通勤列车拥出莫斯科，纷纷前往夏季度假村和纳凉避暑地。

莫斯科的火车站大多破旧不堪，让人绝望。人们席地而卧，身下铺着摊开的报纸。候车厅就是一个个苦难区域，酒气熏天，烟气刺鼻。但库尔斯基火车站在20世纪70年代得以重建，被改造成一座标志性建筑，远非各个苦难区域所能相比。它是一种制度的纪念碑，这种制度喜欢生硬而有形的自我庆祝。这样的庆祝遍布苏联各地，透着意识形态，带着一个个巨大的惊叹号——庆祝党和人民取得的伟大成就！

但在大多数匆匆走过的人们眼里，这些纪念碑不再耀眼，不再醒目，甚至不如一根灯柱或一棵小树。一如往昔，建筑风格硕大而壮观，但意义荡然无存。事实上，在库尔斯基火车站进进出出的人们，早已不再关注苏联所呈现的那些陈腐的标语和空洞的现代化。他们和国家之间有了罅隙。他们不再相信所谓的共产主义的光明未来。他们知道，尽管这个国家的制度声称自己十分伟大，但它早已停滞不前，从内到外腐朽不堪。人们花了半辈子精力，去努力克服生活必需品的短缺，尽力弄到一块肉，或者是一双靴子。他们能活着，多亏了规模庞大且不被政府承认的第二套经济体系——灰色经济，好歹让艰难的生活有了一点缓冲。

伊琳娜·马卡罗娃（Irina Makarova）既知道现实，也懂得谎言。伊琳娜是一个年轻而活泼的教师，齐肩黑发烫成了时髦的发卷。她戴着墨镜，在库尔斯基火车站外喧闹的人群中穿行。她一只手拉着四岁的女儿，另一只手拎着一个鼓囊囊的红色帆布包。那是 1985 年夏季里酷热的一天，她对库尔斯基火车站现代化的外墙懒得理睬。她没有留意党中央的通告，新制订的五年计划，或是农民们兴高采烈准备丰收的可笑的电视报道。那一切离现实生活很远。在家里，在厨房，他们曾经不停地谈论过米哈伊尔·戈尔巴乔夫这位年轻人和新任总书记。但在此刻，她既没有停下脚步考虑政治，也没有担心未来。她担心的是水。

伊琳娜拉着女儿的手，走向喧闹的站外小广场。她强忍着恶心走向一台硕大的灰色售卖机。售卖机大得像一台电冰箱，人们共用一个脏兮兮的广口罐饮水。以前，这台售卖机号称配有真正的玻璃饮水杯，带小型独立凹槽，人们可在此洗漱，投入硬币，看着硫化净水流出。玻璃杯后来被偷走了。有人便换上了广口罐，这是一只装蛋黄酱的老旧广口罐，瓶颈处系着一根积满污垢的绳子。大家都用这个罐子喝水。她多希望能直接走过去，希望老想喝水的女儿别把她往系着污绳的罐子那边拽。

火车站里凉爽而阴暗。她找到了前往库帕夫纳（Kupavna）的购票队伍。那个小村庄遍布夏季度假屋，远离令人压抑的大都市莫斯科。库帕夫纳是他们的避难所，但要逃离城市并不容易。那意味着拼抢、推挤、程度不算严重的非法手段，逮着什么算什么。排队购买前往库帕夫纳的车票算是第一关。孩子们闹个不停，乘客们被挤着往前移动。大家紧紧地挤在一起，她甚至闻到了肥皂味儿。就是那种褐色的饼状肥皂，洗什么都得用它，衣服，碗碟。

售票窗口高得没法形容。不过，既没有人往里看，也没有人往外看。每个窗口都遮着一道褪色的、肮脏的百叶窗，只在底部留有一块兔子洞大小的拉板。当局不希望满肚子怒气的乘客往里看，因而用看不透的百叶窗将一张张疲惫的面孔挡在了外面。通过兔子洞大小的开口，伊琳娜看得见售票员的手，却看不见脸。两张前往库帕夫纳的票，每张十五戈比。

再来看看大门吧。候车厅十分宽大，天花板很高，玻璃墙很高，面积也很大。人们显得畏畏缩缩，仿佛一只手从天而降，扼住了他们的脖子。有四扇大门通往不同的铁轨，但三扇都紧锁着，于是人们从这一扇门里往外推挤。伊琳娜挤了出来，迎着明亮的阳光，走向那一长列等着上客的墨绿色火车。就在转向列车的同时，她看见了。

卫生纸！

一群人正挤得摩肩接踵。本能反应和多年的求生意识占了上风。伊琳娜早就知道，要在这样的日子里活命，必须见着什么逮什么。她看见有人抱着个敞口箱子在卖卫生纸。她没有犹豫，买了二十卷。就因为有人在卖。

她腾不出手来拿卫生纸。一个肩膀挎着沉沉的红色帆布袋，塞满了书籍和度假屋用得着的种种物品。另一只手拉着女儿。她把手探进袋子，找了一根绳子。她把卫生纸串在一起，毫不犹豫，她戴上了这条用卫生纸卷串成的项链。没有人觉得奇怪，那就是生活——见着什么买什么。她本想出门买鸡肉，没买成。她买了卫生纸。等她下次想买卫生纸的时候，也许买到的是鸡肉。

她们上了火车。木制座椅一排三张。车厢挤得满满当当。过道里放着一辆自行车，几条狗狂吠不止，有几个布袋里装着成捆的小树苗，座位上摞着几只大箱子，几个小孩东倒西歪。空气令人窒息。厚重的车窗紧闭，像一座墓穴，牢牢锁住纸袋里散发出的鲱鱼味、奶酪味和烟臭味。火车摇摇晃晃地开动了。

尽管车厢很拥挤，大布袋把手指勒出道道痕印，脖子上挂着一串卫生纸，但火车开动的时候，还是让她打起了精神。莫斯科的负累被抛出窗外，抛在身后。所有度假屋住客莫不如此。他们在逃离，躲开令人窒息的城市生活，进入充满新鲜空气的私人保留地。

火车提速，城市后掠，电动马达的嘶鸣声越来越响，随后静了下来。庞然大物般的厂房，锈迹斑斑的吊车场，半拉子的水泥建筑骨架，在窗外肃穆后退。一场衰败的大游行。

伊琳娜是个幸存者，她在一个有着严重缺陷的社会里做着自己最大的努力。她学过英语，在一所特殊学校任教，尽管她从未见过以英语为母语的人。在共青团的会议上，她一贯虔诚地摆出虚假的面容，那是一层面罩，尽管她知道，这样的空虚做派没有丝毫意义。在大家的恳求下，她成了一名货真价实的共青团员。宣传共青团建设者的准则！但她清楚，这个制度正初现裂痕。戈尔巴乔夫上台时，伊琳娜三十岁。与她处于同一时代的人，都经历过 20 世纪 70 年代和 80 年代初勃列日涅夫执政期间的萎靡不振。那段时期被描述为经济停滞的岁月（gody zastoya）。不过，也有人称之为衰退期（marazm）。

苏联社会主义的衰退每天都向他们扑面而来。他们时常梦想着喝上带有黄色标签的稀有茶叶。这样的茶叶质量更好，切得更细，经过冲泡会变成深赭色。茶叶的黄色包装袋上印着大象图案。想必来自印度。但这种黄色包装的茶叶极度短缺。因为很难买到，也就没人知道，它是否真的来自印度。不过，要是让人碰见，肯定随时愿意排长队购买。

再来说说肉罐头。那是淘汰的军需品，大家都知道。但新鲜肉无处可寻。地方各州的人们已经数年没见过商店出售新鲜肉食。国家把军需罐头像倒垃圾似的倾销给了他们。要是有人看到二十听罐头，定会统统买下。人们在囤积；什么都囤积，只是以防万一。加了罐头肉的通心粉堪称美味。面条种类也不多；又厚又长呈灰色的那种烹煮费时。他们渴望买到印有大象图案的茶叶，罐头焖肉，也许还有真正的意大利通心粉。他们有时能弄到好一点的面条，跟那种来自意大利的精细面条十分相似。他们没法买到，但可以——花大力气——去弄。这就是他们的生活。尽管俄语有“买”这个动词，但他们更愿意说

“弄”或者“搞”。他们会说：“我弄了一斤黄油。”你能“弄”到或“搞”到什么，并不取决于钞票，而是关系、运气和命运。

理论上，苏联作为国家几乎向大家提供一切——医疗、学校、交通、工作。国家计划委员会庞大的灰色总部位于莫斯科市中心的马克思大街上，这个巨无霸一般的中央计划机构，在行政指挥经济的体制下，负责调拨每一吨钢材，发送每一颗螺栓，使用每一个齿轮。赫鲁晓夫曾经郑重宣誓，共产主义将在1980年超越资本主义。然而在80年代中期，伊琳娜那代人每一天的所知所感所尝，全是那个早年空洞的承诺。苏联社会主义供给的东西越来越少，他们只有靠自己的朋友圈和关系网才能勉力求生。他们的生活充满形形色色的需求，并总在为此四处打探。

国营商店的东西从来不会扔掉。他们会照常出售给大家。伊琳娜见过好多次：店员把一听过期的鲱鱼罐头、馊臭的面包和一包大象茶叶包在一起。也许还有套着花里胡哨的红色袋子的面条。这叫作一单，学校、工厂、幼儿园，反正是各个机关，也许每个月都会给大家发上一单。没得选择：你想喝到印有大象图案的印度茶叶，就必须照单全收：馊臭的面包，过期的鲱鱼。

伊琳娜那代人的生活充满了漫长而缓慢的周期短缺。当时的苏联将大量资源投入军备竞赛，老百姓得到的却是卫生纸串成的项链和过期的鲱鱼罐头。短缺问题似乎正逐年加重。80年代初期，还可以买到奶酪、香肠、牛奶、人造奶油、砂糖、面包和一些必需品。不过，即便如此，当时的伊琳娜和她的家人还是不断抱怨，商店里买不到东西。他们会大声嚷嚷：“没有东西了。”意思是，他们想买火腿，但商店里买不到。他们想买啤酒，但商店里买不到。可悲的是，他们根本不知道接下来会怎样。他们不敢想象，真的完全一无所有会是什么景象。

物品短缺挫伤着人们的感情。面粉袋突然摆上商店货架时，伊琳娜看到了人们眼里的热望。顷刻之间，排队的人多达五百，大家争先恐后地在手心里写上排队的序号。头一百个，穿着白色工作服的售货小姐还有耐心。接着，她开始咆哮。她讨厌眼前的这些人。人们会向她求情。求求你，卖给我两公斤面粉吧！

从前，炼奶上架的时候，几百个蓝色罐头在货架上摆放得有模有样。一年后，香肠没有了，只有奶酪和炼奶。又一年后，奶酪没有了，只有炼奶。再接着，炼奶也没有了！

从前，有面包，也许还有砂糖，可后来面粉买不到了。年复一年，货架越发显得空荡。某一天，货架突然堆满了——来自远东地区的海藻罐头，就像从前的炼奶那样，码放得整整齐齐。尽管没有人吃海藻，罐头还是很快就一卖而光。

再后来是苹果汁。孩子们老盼着能喝上点什么，可是只有苹果汁，质量低劣不说，还不能随时买到。装苹果汁的瓶子容量是三升，标签印得丑陋，贴得胡乱。因为盖子的缘故，果汁往往带有铁锈味。要用硬质开瓶器才能撬开盖子，可瓶颈通常会在撬开时砰然破裂。果汁一般用纱布滤着喝，为的就是挡开玻璃。

一天，伊琳娜的嫂嫂打来电话大声嚷道："伊拉，快穿好衣服！索科尔（Sokol）地铁站附近有人出手儿童皮袄！赶快！"她用了"出手"一词，意思是"抛售"。伊琳娜的嫂嫂排在第875号，她帮伊琳娜拿到了876号。一连数天，她们每天都要往那里跑一趟，长队逐渐缩短。每天，在队列里站上三四个小时，没有时间理会别的事情。这耗光了她们的精力。等轮到她们，伊琳娜一口气买下好几件小皮袄，把两件缝成一件穿在自己身上。

20世纪70年代牛仔裤开始出现的时候，伊琳娜还记得同龄人表现得多么着迷。衣着很重要，因为尽管家里穷，那是唯一能让大家显得不一样的东西。人们宁可少吃几顿，也要穿得光鲜靓丽。他们知道，搬新房遥遥无期，不过总是买得起一两件让自己鹤立鸡群的东西。伊琳娜当教师的月薪是110卢布，但她花100卢布给自己买了一双冬靴。这还不够——她没有冬袄。等冬靴穿坏了，她才买到冬袄。等她买到褐色衬衫，却没有罩衫相配；等她攒够钱买到罩衫时，衬衣已经穿旧了。不管出席什么场合，大家脚上都是同一双鞋子。

在苏联，消费者发展出了品位。有关西方的所见所闻影响极大，人们渴望买到各种各样的物品。但苏联没法及时生产出能够满足人们需求的商品，而牛仔裤正是他们都缺乏的标志性物件。一开始，苏联的经济计划部门并没有下达生产牛仔裤的批文，后来才生产了廉价的仿制品。不过，真正的牛仔裤也能买到，要么通过游客，要么通过黄牛党，或是在苏联精英们使用专供硬通券的特殊商店。伊琳娜和她的朋友们所属的年轻一代，看戏上班都穿着牛仔裤，到哪里都穿，一穿就是数月。

经济衰退期把他们变成了庞大的非正式关系网或友情网，连接着一个个家庭，连接着公寓楼和办公场所，连接着莫斯科和偏远的州。这是一张纵横交错的网，在制度本身无可供给时，让人们借以求生。这样的网络构成了巨大的第二经济，即与官方的五年计划并存的灰色经济。灰色经济活跃于工业、零售贸易、黑市场所，因为苏联体制的失效，人们只能奋力求得补偿。伊琳娜有个亲戚，供职于一所人人向往的学校的招生部门。大家都想挤进这所学校，她的亲戚便从申请者身上捞好处。“哪里能弄到肉、香肠，还有药品？”他曾经问过伊琳娜。“要没有这些关系，我该怎么办？我将一无是处。”如果要看医生，你得在衣袋里装上礼物，也许用一个花花绿绿的塑料袋精心包裹起来。这不是贿赂，而是人所共知的求生套路。伊琳娜生女儿的时候，为了让她进好医院，嫂嫂就给主治医生送了几只水晶花瓶和几串不太贵重的宝石项链。

灰色经济孕育于官方的经济体制。在塑造“新人类”理念的驱使下，苏联当局想方设法剔除人们的贪欲和嫉妒，不惜花费大量精力去消除企业家精神。整个制度着力消除私有财产，对超出国家控制之外的个人经济行为实行严厉打压。官方的正统观念极其严格：谁敢买卖稀缺商品或开办小型地下工厂，就会因“经济”犯罪而锒铛入狱。数十年的宣传和惩罚，从整体上强化了一种氛围，大家对一心赚私钱的人恨入骨髓。这样的人会被贴上投机者和罪犯的标签。即便如此，人类的获利本能仍然在如此严酷的气候下得以保留。毫不夸张地说，是求生的欲望，是过上好日子的欲望催生了灰色经济。因为在国外出版小说而进入劳改营服役七年的作家安德烈·西尼耶夫斯基（Andrei Sinyavsky）回忆说，在苏联，任何获取个人利益的行为都会被视为

"左倾"，即超出了国家允许的范围。尽管风险巨大，但从工厂或者集体农庄顺手牵羊成了家常便饭，地下"加工厂"也大行其道。西尼耶夫斯基讲了一个离奇的故事，莫斯科电车仓库的几名工人，冒着风险把一辆本已签字扔进废料堆的电车加以整修，再当作私有企业的车辆上轨运营。"就外观而言，像极了国营电车，"他回忆道，"但在内部，驾驶员和售票员都不属于国营，乘客交给他们的戈比也没有进入国库。这就是存在于社会主义城市运输体系内的私营企业。罪行败露、罪犯入狱后很长一段时间，人们还津津乐道于莫斯科的私有电车奇闻。"[1]

数年之后，经济学家列夫·季莫费耶夫（Lev Timofeyev）还时常书写当时的日常生活，回顾灰色经济如何在官方经济中大行其道。"国营商店内部就有肉贩私卖牛肉片，我们都知道，"他说，"国营林场种着私人林木。内科医生就在国营医院替病人提供灰色服务。灰色商品全都在合法氛围下生产。国有企业的办公室里上演着灰色交易，灰色市场的买卖双方在官方的管理体制内各归其位。就连同一块足球场都可以同时举行两场球赛，一场合法一场灰色。"这指的是在灰色的地下世界，正规球赛会因为贿赂盛行而提前"定局"。[2]

一旦没有了各自的私人关系，大家就觉得没办法过日子。数十年前，俄语中出现"裙带"（blat）一词，准确勾勒了灰色经济所产生的基本驱动力。这个词一度名声欠佳，有点小偷小摸的意思，后来经过演变，特指通过朋友或关系把什么东西弄到手。就关系圈而言，像屠夫这样掌控稀缺商品、位于短缺经济咽喉点的人，在人们的生活中就算是手握实权。尽管苏联官方从未认可，但事实是关系圈的迅速发展。因为苏联体制的失效，造成了诸多短缺和需求，为了应对短缺，满足需求，人们只能另想他法。[3]

与国家体制所能供给的相比，伊琳娜及其同时代的人想得到的东西更多，多得多。有时候，苏联社会就像一座牢狱，墙壁坚不可摧。当局严控海外旅行，严查海外邮件，严锁海外读物。他们甚至视复印机为邪恶，将其一锁了之。计算机科学家伊戈尔·普里马科夫（Igor Primakov）回忆道，他经常坐在自己最喜欢的、可以360度转动的安乐椅里面，在膝盖上支起短波收音机。20 世纪 70 年代，西方电台遭到拦截，到了晚间，他缓慢而得法地转动椅子，右转一度，左转两度，再右转三度，直至找到 BBC 或者自由电台（Radio Liberty）的信号。他靠一部收音机学会了英语。冲破苏联社会墙壁的另一道力量是披头士乐队。因为与苏联的神话和意识形态背道而驰，披头士乐队在伊琳娜那一代年轻人身上留下了永远无法磨灭的印记，他们废寝忘食地抄写歌谱，逐字逐句地学习英文歌词。

到 80 年代初，制度开始弱化，外部的生活观念——包括美国通俗文化中描述的挥霍成性的资本主义生活方式在内——日渐渗入。最富戏剧性的溃口来自录像机这一技术发明。80 年代初，随着录像机走私进入苏联，电影如潮水一般不受阻拦地倾泻涌入。随电影而来的，是人们对西方繁荣景象着魔一般的窥视。影片很容易转手传播，夜复一夜，年轻人通宵达旦地观看西方影片，有时候连看三部，直至天明。他们细致地打量着另一个半球的生活：服装、举止、言谈、金钱和财富的含义。当一部好莱坞影片的人物随意打开公寓里的冰箱时，大家惊得目瞪口呆：里面竟然随时装满了物品！

多年之后，普里马科夫和他的妻子、社会学家玛莎·沃根斯坦（Masha Volkenstein）向我回忆，他们喜欢和一帮朋友玩“大富翁”游戏，这个游戏是从西班牙走私进来的。整整一年，他们玩到深更半夜，只为追寻木板路和公园城。这样挣钱与其说是为了感知西方豪赌或者西式自由，不如说那就是他们一直梦想的蒙特卡洛。[4]

人们就这样日复一日、不温不火、尽其所能地维持着生机。看似庞大的苏联中央计划经济实际上已经布满裂缝，人们在这样的裂缝里拥挤为生。伊琳娜乘坐的火车抵达库帕夫纳，她拉着女儿一路小跑，走下站台，越过铁轨，沿着一条小路走向度假屋。库帕夫纳是一个贫困的小村庄，商店里出售的物品少得可怜：爬满苍蝇的大桶里装着油脂、褐色肥皂、棉线卷，还有伏特加——伏特加倒是从不缺货。伊琳娜甚至懒得往里看上一眼。她进屋放下物品后，穿过一个桦木小看台，走向一堵禁止靠近的墙壁。这是一道预制板搭成的隔断，高得让人看不到对面。这道墙壁任何人都不能越过，它是苏联体制的庞大脸面。

墙壁的另一边是海军基地和军事前哨。人们称之为小镇（gorodok）。伊琳娜不知道里边的人从事什么工作，她也懒得关心。她在墙壁上寻找着豁口。豁口一经发现，差不多立即就会被打上补丁。在那儿——对了！——预制板已经裂开。伊琳娜溜进去，直线跑向靠近大门的一座低矮楼房：第二十八号军人商店。按规矩来说，这家商店只为军人及其家属服务，但趁着没人注意，伊琳娜排进了队伍，等着购买卷心菜、香肠和奶酪。在这个经济短缺的疯狂社会里，她找到了一处缺口。

就这样，她又发现了一条求生的路子，还能再过一天。[5]

*

还是个小男孩的时候，维塔利·奈舒尔（Vitaly Naishul）就懂得，数字能够说明真相。他父亲原来是数学家，替苏联发射的卫星进行轨道运算。母亲和姐姐也是数学家。奈舒尔毕业于莫斯科国立大学数学系。他们一家人都是知识分子。父亲的岗位敏感而高度保密，他谨慎到从不在家谈论工作细节，却也会用收音机收听 BBC 和美国之音。奈舒尔也想做数学家，因而十分信奉数字。他觉得数字表达富于逻辑性甚至权威性——答案是无法扭曲的。数学领域有真相，这个领域在 20 世纪 70 年代尚未受到苏联意识形态的破坏。二加二等于四，就算政治体制也改变不了这一点。或者表面如此。

奈舒尔被分配到苏联经济体制的桥头堡即国家计划委员会（Gosplan）下属的经济研究所做研究员。他并没把自己当作共产主义建设者，他只想做一名数学家，于是愉快地接受了这份工作。

奈舒尔坐在一座巨无霸的中心位置，这座巨无霸统治着整个帝国的经济生活，为所有物品调配资源，上至北方舰队的船坞里正在修建的全世界最大的核潜艇“台风”所需要的钛合金外壳，下至位于伊万诺沃的州棉纺厂用棉布和染料制成背心裙之类的简单产品。

这个帝国的资源丰富得惊人，地下装满天然气和原油，木材、煤炭和贵金属数量巨大。国土也十分辽阔，覆盖着地球表面六分之一的陆地面积，从东到西横跨十一个时区和欧亚两个大洲。这个庞大国家的权力集中掌握在共产党的手中，层级从上到下，依次是政治局（Politburo）、总书记、中央委员会（Central Committee），然后是分布在各加盟共和国、地区、城市、工厂、剧院、办公室、学校和研究所的数十万名党务人员。共产党实行一套专门的人事制度，即干部职务名称表，由此让所有被任命者有源可溯，上至莫斯科的精英阶层，下至偏远地区的工厂厂长或者团级军官。各条线路都可以回溯至莫斯科和中央领导。他们不仅统管遍布全球的军事力量，寻求控制文学、艺术、戏剧和文化，主导科学，试图掌控地处偏远的加盟共和国，而且从计划委员会的中枢位置、廊道和预算表格开始，力图操控经济领域里的每一项重要决定。

身处计划委员会的奈舒尔逐渐发现，有事情不对头。他那张微笑的脸庞和满头黑色直发，多少显露出他的革命精神。他没有公开表露自己的怀疑和感情，因为那可能带来危险。相反，他开始把自己看见的东西偷偷地写下来，结果就有了一部边角折起的自出版手抄本。书名叫作《另一种生活》（*Another Life*），这是一本具有远见性的小册子。

20 世纪 80 年代初期，奈舒尔趴在厨房的饭桌上写成了这本小册子，要理解其所具有的重要意义，就必须首先回顾当时尖锐的思想斗争。我们首先看看那一场在苏联的经济生活和解体过程中处于核心位置的思想冲突，再来说奈舒尔的事情。

18 世纪中叶的英国正处于工业革命时期，自动化和工业生产把农村和农业经济转变成城市和工业经济。实业家这种全新的、更具有重要性的经济角色应运而生，将早期占据主导地位的地主、批发商和贸易商撇在一边。苏格兰经济学家和哲学家亚当·斯密是这一全新时期的预言者。在其巨著《国富论》中，斯密条分缕析地证明，私利是经济生活的核心潜在动机。他写过一段著名的话语："我们的晚餐所需并非来自屠宰商、酿酒师和面包师的恩惠，而是来自他们对自身利益的关切。我们不说唤起他们利他心的话，而说唤起他们利己心的话，我们从不说自己有需要，而说对他们有利。"斯密说，个体"在这样的场合，一如其他许多场合，受着一只看不见的手指导，去尽力达到一个并非他本意想要达到的目的”。

这样的认识标志着经济学思想的巨大进步。斯密令自我利益受到尊重。斯密所持观点的中心思想，就是自由贸易和竞争这样的概念。他的思想后来受到欧洲其他哲学家的提炼，他们审视过早期工业资本主义的内在生产过程，对于世界的运行提出了一整套规则。他们相信，雇主和工人的基本关系，或者土地、资本和劳动的关系，永不改变。他们处于一种“均衡”（equilibrium）状态。例如，劳动和资本的供求会发生变化，但这样的变化只会带来新的、更加稳固的“均衡”。[6]

不屈不挠的德国革命家卡尔·马克思在伦敦过着宁静而封闭的生活，他对传统经济学理论和均衡理论提出了有力的挑战。他的毕生同伴弗里德里希·恩格斯说，马克思是一位“前所未有的革命者”，因为他认为世界并非处于均衡的静止状态，而是一种不停变化的状态。马克思相信，一如与他同一时代的资本家即新型实业家正在取代拥有土地的统治阶级，资本家也会成为过去时。传统经济学家所描述的社会制度，终将在工人阶级的反抗中悲壮结束。马克思把资本主义仅仅看作一个正在经历的阶段，这个阶段尽管有其必然性，但他认为它终将完全成熟并走向自我完结。[7]

在1848年出版的《共产党宣言》中，马克思和恩格斯对他们的理论进行了充分阐述，断言整个世界将会分裂成“两大敌对阵营”，一边是资本家或资产阶级，另一边是劳动者或无产阶级。马克思和恩格斯非常精确地评述说，自工业革命开始的一百年间，资本主义已经极大地解放了生产力。但他们宣称，资本家把人类关系的一切都浓缩为“赤裸裸的私利”。他们注意到，早年间的小商铺和小商人早已发展成“大工厂和大实业资本家”，而工人时时刻刻承受着机器和资本家本人的奴役。他们要求取消私有财产，并预言资本主义将在劳动者的反抗中走向灭亡。

1917年，弗拉基米尔·列宁和布尔什维克夺取俄国政权，把马克思的思想意识捧上了王座。但与马克思的预言不同，列宁及其革命同僚夺取政权的国家并没有成熟而发达的资本主义。他们夺取政权的推动力也不是来自深受盘剥的劳动者。相反，列宁点燃并领导反抗行动的地方，是一个工业和资本主义发展很不均衡、农业经济占主导地位、大众不愿意抗拒各自经济领主的国家。列宁的成就在于顺应工人和农民的反抗行为，组织了一场政变。列宁很机智地利用了农民对于土地的渴望，但这场布尔什维克革命后来证明，这种利用对广大农民是一个灾难性转折。马克思曾经预言，资本主义将会发育“成熟”，但列宁来不及等待。他同时相信，俄国革命将引爆世界范围内的社会主义革命。社会主义革命并未在全世界范围爆发，但在那场革命之后的岁月里，布尔什维克按照马克思的构想，摇摆不定且充满暴力地践行着自己的思想。它开启的是一场长达七十四年的实验，蔑视资本主义制度，压制人性的本能冲动。那场革命无论多么冷酷而充满灾难，总之对本书描述的人物产生了巨大影响，使他们试图带领俄罗斯走上另外的道路。

实验过程一波三折。内战的标志是混乱、无序和被称作战时共产主义的紧缩经济政策。1921 年，列宁推行新经济政策，对农业和商贸领域的某些市场机制采取容忍态度，局面才开始变得相对宽松。20 年代末，约瑟夫·斯大林给这个短暂的插曲画上了休止符。斯大林开始在全国范围内实行大规模指令性经济政策。他一再设法打压价格，尤其是谷物和农产品价格，造成了毁灭性后果。自定价格的私营企业主被判为“投机”犯罪。对固执单干的农民，斯大林进行残暴打压，并强令其加入集体农庄。1929 年，他尝试发起一场“自上而下的被迫革命”，强制推行农业集体化，由此酿成巨大的人类灾难——饥荒、死亡和短缺。

中央计划是斯大林最重要的手段之一。布尔什维克曾经设法取消货币，以摧毁自由贸易，并控制价格。简而言之，就是要破除资本主义的基本法则。可现在的他们更进一步，试图控制全部经济行为。国家实行中央计划制度，控制着经济机器上的每一个杠杆，不允许选择和竞争，对大量存在的偶发交易和自利交易不留余地。国家采取五年计划制，意在支配经济运行过程。1928 年，第一个五年计划获得批准。开局之年相对较好，于是突然调整了发展目标，要在四年之内完成全部任务。斯大林后来提出，也许三年之内也能完成目标。最初目标是在五年期内开采煤炭 3 500 万吨，后来调整到 7 500 万吨，再后来被调整为 9 500 万吨至 1.05 亿吨。“我们落后先进国家五十到一百年的时间，”斯大林在 1931 年说，“我们必须在十年之内好好弥补这段差距。我们要么成功，要么垮掉。”[8]

各种分歧受到压制，中央计划体制一如既往，同时伴以神话般的超人产量。1935 年 9 月，一位名叫阿列克谢·斯达汉诺夫（Alexei Stakhano）的煤矿工人据说完成了产量的十四倍，被党组织赞颂为英雄；这一功勋催生了斯达汉诺夫运动，这是崭新社会正在建成的理想主义象征。

斯大林模式把苏联推进到工业时代，以略多于十年的时间实现了其他国家一百年才能取得的成就。蛮荒地区建起了大型工厂；在乌拉尔山以东，马格尼托哥尔斯克（Magnitogorsk）建起一座巨型钢铁企业，最终产量超过了加拿大的全部总和。斯大林不惜花费巨大的人力代价，把一个落后国家转变成工业大国。数百万人被送入劳改营，其中不乏技能卓著的经理、工程师、技术员和规划师。间谍、破坏者、怠工者等字眼随处可见。工业化的旋风把劳动者由农村吸入城市，导致生活穷困、城市人满为患。斯大林模式下的中央计划体制，面向重工业和军事工业，帮助苏联挺过第二次世界大战，后来又在冷战期间转而支撑起巨大的军事机器。经济体系的其他组成部分，尤其是消费者，实则位居其次。

截至 20 世纪 70 年代勃列日涅夫时期，苏联已经发展为超级大国，但它再也无法实现斯大林曾经完成过的经济大跃进。对更为复杂的经济形式的要求，让自上而下的计划体制举步维艰。尼基塔·赫鲁晓夫和阿列克谢·柯西金（Alexei Kosygin）分别于 50 年代末期和 60 年代中期试图加以改革，但都归于失败。国家严格控制着物资、价格和贸易，给经济体制注入新鲜空气的努力无一奏效。70 年代至 80 年代初期，石油价格飙升，苏联储量巨大，收入丰厚，经济衰退得以延缓。但此时的西方世界已经在高新技术领域再度掀起新的工业革命。

苏联进入了社会主义实验的暗淡时期。

我们再来看看计划委员会的数学家奈舒尔，看看中央计划的核心机构。80年代初期，他凭着在计委内部的有利地位做出深刻结论：体制已经生病。他知道，理论上，党设定总目标并做出指示，其后通过国家计委、各级政府、部委和工厂层层下达。但他看见的事实远非如此。一天，奈舒尔的上级领导去了一趟克里姆林宫。回到计委后，他讲述了自己亲眼所见的诧异一幕。总理告诉冶金部长，苏联必须生产一种新型的钢材薄片。这道命令来自上头，来自党组织，在党的五年计划指导方针上写得明明白白。冶金部长毫不犹豫地回答道："不行。"不过他接着说，"除非你给我们提供新建工厂和企业所需要的资源，否则我们就不干！"奈舒尔的上级不解地摇了摇头，因为他觉得这位部长肯定会被丢出去。解职。枪毙。但都没有。屁事没有。制度的运行情况由此可见一斑，而这个制度显然已经生了病。

在人们熟知的行政指导经济的模式下，在投入目标与产出目标、目标与指标、平衡与控制之间，存在着一个复杂拉锯和在各级政府间上下倒腾的过程。到70年代，制订计划的通道，也就是那一摞复杂的报表，变得如梦魇一般繁琐。光计委一个部门制订的产品供给和分配计划就多达七十卷，厚达一万二千页，涵盖三万多种产品。计委的数学家们对着模型反复斟酌，可奈舒尔很快就发现，上级在拿到他的计算成果后，做出的举动令人大感意外：根据结果修改答案，所需所愿朝令夕改。

奈舒尔恍然大悟。这样的体制早已不是自上而下的控制。并没有什么独裁！相反，官僚计划体制已经彻底沦为了无法琢磨、没完没了、不讲规矩的菜市场。核心位置不再有强力控制，讨价还价开始出现。自下而上，工厂厂长给部门提出要求，部门再给中央计划单位提出要求；随后再掉头下发一大堆与之前的要求严重不符的决定和指示。若某项决定要甲厂调拨物品至乙厂，吃亏方则坚决不干，转而为其所想加以游说，这样的游说行为往往不会向上进行，而是从其他工厂身上另想他法。这一系列交易行为的主角往往与中央计划部门毫不沾边，而是工厂经理自己。随着体制弱化，他们逐渐取得了更多权力。不只是工厂，每一个人都牵扯进这张事关需求、许可、悄悄囤积、倒手和短缺的密织大网，而计划体制不说控制，连跟上步伐的可能性都很渺茫。

奈舒尔老爱讲某个偏远地区的党委领导的笑话。莫斯科的同志们都认为这个人正忙于建设社会主义。但这位党委领导告诉奈舒尔："我上半天的工作，是用我这个地区的鸡肉到另一个地区换鸡蛋。"此类副业行为意味着，国家计委的控制力正在变得越来越小。20 世纪 20 年代，成立中央计划部门的目的是抓住经济权力中的全部杠杆，以使其猛然发力；现在只见杠杆来回摆动，却看不到任何结果。奈舒尔老爱说，方向盘在转动，结果却一切照旧。

奈舒尔做出的结论石破天惊，让这个体制染毒生病的正是马克思和列宁一度着力埋而葬之的一大宏论，即资本主义。中央计划委员会代表着基本的商品交易，而不是实现马克思曾期待的乌托邦式劳动者乐园的大教堂。实现上述交易的通货多种多样，包括国家体制的方方面面，如官方"审批"或许可。苏联体制下，一切有价值的事物都可以进行交易：地位、权力、法律以及违法权。奈舒尔发现，就连国家对经济的控制权，都依照灰色经济的原则加以运行，或者说，裙带之风在政府圈子也大行其道。在奈舒尔看来，不管承认与否，它更像一个菜市场。奈舒尔得出结论，苏联社会主义正在缓慢而痛苦地失去活力，因为斯大林时代的独裁专断，革命和战争早已消失于体制之外。[9]

奈舒尔还发现，责任制已不见踪影。工厂经理倒是很看重生产目标，可如果生产出来的东西伪劣无用，经济体制并未对他们加以惩处，他们也不会因此无事可干。只要其产品仍在计划之内，国家就会在第二年给他们补贴。奈舒尔由此认为，这个自诩为纪律严明的国家，实际上已经变得非常疲弱。

令奈舒尔深感气愤的是此种疲弱明显地体现在统计数据的遮遮掩掩上。实际上，用于公开发表的统计年鉴、文章和其他材料全都经过权威部门的擦洗和更改，以消除所有的负面信息。[10]多数西欧国家的预期寿命持续增加，而在苏联的停滞岁月，该数据维持不变，这反倒成了苏联体制遭遇麻烦的信号。领导们怎么办？他们将预期寿命数据列为头等机密。人口学家们被要求以“理论模型”为准，不允许接触真实的人口数据。

最为莽撞之举，也许要算苏联经济体制中关于供求关系即“平衡”的计算结果。在传统的市场经济体制下，供求关系通过自由定价实现平衡：供给过剩推动价格下降，需求过剩刺激价格上升。但苏联的计划管理部门试图打破这些基本规律，以实现对供给、需求和价格关系的操控。他们决定生产一万辆汽车，决定需要为此留出多少钢铁和橡胶，并决定每一辆汽车的最终售价。这样定出来的价格低得离谱，再由国家予以补贴，根本不考虑生产一辆汽车的实际花费。结果是供给永远满足不了需求。同时，因为个体积极性受到破坏，劳动者缺乏做好工作的冲动，所生产的汽车十分劣质，一开下生产线便开始缺胳膊少腿。零件都被偷走了。结果就出现了短缺——“不足”——等十年也买不到一辆新车。平衡变成了不平衡，由此导致整个体制像陀螺一样摇摆不定。

一如地表以下的巨大板块，种种失控力量在80年代的苏联经济体制内部深处不断摩擦碰撞。不平衡现象超乎想象。能源价格低廉，遭到大量挥霍。一吨原油的价格与一包竞相求购的万宝路香烟持平。具有讽刺意味的是，在中央计划之下，体制依然能够蹒跚前行。奈舒尔警觉地注意到，庞大的国民经济余额曾经一年计算一次，眼下正越来越频繁而狂躁地加以重新计算。

奈舒尔得出结论，苏联体制陷入了极度危机。但在80年代初期，他不能到大街上进行宣扬。相反，他与同在计委工作的两位朋友缩进了厨房这个私人空间。1981年，他们一般每周非常隐秘地聚到厨房交流一次，讨论所出现的问题。奈舒尔非常谨慎地把自己的想法写了下来。朋友们提醒他务必小心，否则会蹲大牢。但奈舒尔没有停笔。他的想法在当时显得特立独行，被编成了地下出版物。

“如果不做出改变，”他在《另一种生活》中写道，“你和孩子们仍旧会围着商店打转，穿破衣着旧鞋，排队十年等新房，咒骂冰箱彩电的陈旧、生活和工作状态的腐朽无序。”奈舒尔接着论述，需要做出的变革十分深刻，连他本人都不敢公开表露：他希望以私有财产为基础建立市场经济。他希望利己心和竞争行为得到回报。他向广大读者做出富有远见的描述，苏联所拥有的巨大财富可以通过私有财产的形式分配给百万大众。“私有财产”这两个词语奈舒尔敢于写下来，但尚未有官方提及。他坚信，苏联的巨大财富可以以私有财产的形式创造出某种乐园。“你希望拥有什么样的企业?”他在书中写道，“什么样的商店？食品？书籍？服饰？收音机？超市?”他深信，薪水将会翻番；新的商店和餐馆将使人们的生活焕然一新，大家无须排队就能过上好日子。不仅如此，彼得大帝曾经预言的“欧洲之窗”将会重新打开，人们可以到世界各地旅行交友。

接着，奈舒尔改变了口吻。他说，读者或许会希望从他关于“生活乐园”的描述中缓一缓神，以继续购物。“你来到食品店，却发现还是没有牛奶，也好长时间没有肉了，荞麦一直买不到。有面包，但刚好卖完。”

“你希望给妻子买一件夏装。可买不到好看的，”他写道，“为什么?”

他的答案形象地描述了苏联体制何以变成一团纠结缠绕却不能发挥任何作用的乱麻。要解决夏装短缺的问题，他写道：“服装店店主担心，大家在自己的店铺里买不到漂亮的夏装，他于是找到服装厂。服装厂厂长害怕了。‘我竟然让女同胞们穿不上夏装?’他于是立刻下令，用鲜艳的布料，以时新的样式，赶紧生产夏装。布料没有了，服装厂厂长于是给纺织厂厂长打电话。纺织厂得知女同胞穿不上漂亮的夏装，立刻从广袤的中亚地区订购上好的棉花，从苏联众多的化工厂订购新型染料。当化工厂厂长得知，我们亲爱的女同胞们即将裸行时，立马开始生产新式染料，而这又要让他开始寻找不同的化工产品和设施。”

奈舒尔指出，为弥补一种物品短缺，很多物品都会生产出来。“首先，服装厂为使用多种不同的缝线对夏装加以修饰，会导致另一种商品出现减少……比如，会是降落伞，由此导致空军部队的补给受到影响。而在纺织厂，会由于对女性的关注引起某种织物滤网的减产，从而让某个次要工业部门卡壳。化工厂由于分心生产制作夏装所需的红色染料……未能向塑料厂足额发送红色染料，于是生产红色警示按钮的小厂转而生产绿色按钮……”

奈舒尔的秘密手稿让人一窥混乱而病入膏肓的苏联经济体制。及至 1985 年完成《另一种生活》，苏联体制的麻烦已经远超他当初的怀疑。经济已经停止增长，酗酒、偷盗和漠不关心的劳工比比皆是，工厂和企业连连亏损，价格随意制定，且与现实严重脱节。

奈舒尔当时并不明白，但一种新的生活很快来到，而这种新的生活不再是苏联社会主义。乌托邦实验寿终正寝。正如我们将在随后六章中所见，恰是短缺经济和灰色经济、中央计划体制的混乱和利己心产生的驱动力，在俄罗斯催生出全新的资本主义以及寡头现象。

第二章　亚历山大·斯莫伦斯基

20 世纪 80 年代初，持续的经济短缺强烈影响着俄罗斯，好书成了无价宝，当局划定的禁书更是宝中之宝。尽管有的书籍因具有颠覆性而遭禁，但在这个官方承认无神论的国家，《圣经》仍旧踪影未绝。私人书架上随处可见，有的购自灰色市场，有的来自外国游客，或倒手传阅，或另换他物。一如供给不足状态下的所有物品，稀缺的《圣经》价值陡增。黑市上的《圣经》每本五十卢布，几乎相当于半个月薪水。

当局不遗余力地取缔和打压印刷品的复制行为，尤其是那些所含内容对国家意识形态构成威胁的材料。就连复印如米哈伊尔·布尔加科夫（Mikhail Bulgakov）所著的《大师与玛格丽特》（*Master and Margarita*）之类违禁手稿的行为，都可能让克格勃来找麻烦。当时有一首流行歌谣把一种东德产的打字机称作“埃丽卡”（Erika），讲述了这种打字机打印地下出版物的过程。“埃丽卡能打印四份，”歌谣唱道，“仅此而已，但已足够。”[1]

任何单位和机构均要经过特批，方能使用复印机，因此复印机大多配有锁和钥匙。亚历山大·斯莫伦斯基既没有锁和钥匙，也没有特别许可证，但他拥有在社会主义术语中称作“生产手段”的东西：印刷厂、油墨和纸张。他供职于一家国营印刷店，每天干完正事，便利用印刷店的机器设备印刷《圣经》。他是个具有反叛性的年轻人，栗色疏发，金色髭须，深深显露出某种来自苏联社会的绝对底层的市侩精明。就斯莫伦斯基而言，苏联社会主义的终结始于《圣经》印刷活动。

亚历山大·斯莫伦斯基没受过高等教育，在停滞岁月很少能有成功的希望。他是个被社会遗忘的角色。外祖父是犹太人，参加过奥地利同盟，后加入共产党，二战前从纳粹统治区逃到苏联。母亲在莫斯科长大，但就因为他们的奥地利背景，战争给一家人带来的是灾难和不幸。战争一开始，他的父亲巴维尔·斯莫伦斯基便被派往太平洋舰队，母亲则带着年幼的女儿被安置到位于西伯利亚的一个国家农庄。他们于战后返回莫斯科，生下第二个女儿，接着在 1954 年 7 月 6 日生下亚历山大。还在他小的时候，父母就离了婚。

斯莫伦斯基回忆说，自己的青年时光是只有“水和面包”的痛苦岁月。二战后的艰辛并不稀奇，但斯莫伦斯基品尝到的艰辛还要加倍，因为他的母亲作为出生于奥地利的犹太人，被禁止从事多项工作，并不允许进入任何单位。她无法工作，家庭又很穷。他说，父亲在自己的生活中没有发挥过一点作用，自己对他也没有任何记忆。斯莫伦斯基学习过八年时间的印地语，为的是过上好日子，但“我发现没有人需要我学的这个玩意儿”。他和两个姐姐都跟着母亲在莫斯科长大成人。转折点发生在十六岁时。他首次申请国内护照，这对所有公民而言都是一种基本的公民身份文件。拿着国籍表的斯莫伦斯基心怀怨愤。他要么加入母亲的出生地即奥地利国籍，要么跟父亲一样获得苏联国籍。斯莫伦斯基填了“奥地利”，但这一选择只是徒增悲伤。作为犹太人，斯莫伦斯基的职业之路已经非常有限；因为加上了“奥地利”字眼，他更会被国家羞辱般视作外来者，同时被社会体制堵上几乎所有的上升通道。“那之后，我尝遍百般滋味，”斯莫伦斯基苦笑着对我说，“国家就爱开这种玩笑。”[2]

那绝非玩笑。斯莫伦斯基应召入伍时，他的档案上标着一长串禁止服役的军事区域，其中就有人人羡慕的城市如莫斯科和列宁格勒。斯莫伦斯基被分到了遥远的第比利斯，那是格鲁吉亚的首府，气候宜人，东方气息浓厚，在性格和气质上与莫斯科大不相同。爱德华·克拉斯尼扬斯基（Eduard Krasnyansky）二十六岁，是一位正在超期服役的新闻记者，斯莫伦斯基在此引起了他的关注。据克拉斯尼扬斯基回忆，他第一次遇见斯莫伦斯基时，这个年轻人的双眼时而兴高采烈，时而烈如激光。斯莫伦斯基对社会体制心怀不满。在日子艰难的苏联军营，他无法容忍所遭受的蔑视和侮辱，因而显得很不合群。“一只独来独往的猫，”克拉斯尼扬斯基以吉卜林的诗句做比，“任何一点不公平都会激怒他，而这样的偏见在军营里俯拾即是。他从不会让自己受到他人轻视。他不会让身边的人受到轻视。部队老兵可以为所欲为。总有人欺凌新来者和胆小鬼。亚历山大·帕夫洛维奇对此绝不容忍。”老兵惯常用大家熟悉的“你”（Ty）称呼新兵，仿佛那是一群小孩。但斯莫伦斯基容不得这种小小的蔑视，坚决要求别人用更正式的“您”（Ny）称呼自己。[3]

克拉斯尼扬斯基对格鲁吉亚熟门熟路，这里毕竟是他从小长大的地方。他把斯莫伦斯基收到了自己的羽翼之下。他们完全不是同一路人，斯莫伦斯基精瘦而易怒，穿什么裤子都显宽松，克拉斯尼扬斯基则博学得多，堪称一位世故老友。每当需要用钱时，他们总能计上心来。因供职于军报，他们有的是油墨、纸张和印刷场所。他们一开始印的是价格低廉的商业名片，以此学会了如何排版。一百张名片售价三个卢布，远低于十个卢布的市价。名片多销给克拉斯尼扬斯基住在第比利斯的朋友和家庭熟人。“我们印得更廉、更好、更快！”多年以后，克拉斯尼扬斯基大笑着回忆道。他们是军中生意人，也是从事副业的精明人。“排印工作全由我们完成，”克拉斯尼扬斯基对我说，“当兵也得过日子。”

在部队服役的最后一段时间，斯莫伦斯基开始变得反叛。服役结束后，其他士兵都被打发回了家，但斯莫伦斯基没有拿到退役证，这是一位上级军官因为斯莫伦斯基给他惹事而表现出的怠慢。一天，克拉斯尼扬斯基和斯莫伦斯基前去拜访该军官。他们从军官的抽屉里抽出退役证，跑出办公室，翻过围墙一溜烟跑了。他们来到机场，斯莫伦斯基却没有机票。克拉斯尼扬斯基在机场有熟人，帮朋友弄到一张票飞回了莫斯科。

服役两年后再度回到莫斯科，斯莫伦斯基的前景依然没有改观。他唯一会做的事情就是排版。克拉斯尼扬斯基试图把他弄进印刷学院，但斯莫伦斯基要照顾两个姐姐和母亲，所以他没有前往求学，而是到一家印刷厂开始上班。“我是人民的敌人，”斯莫伦斯基回忆道，“或者说，我是人民的敌人的儿子。我找不到体面的工作。”

虽然苦楚越发加深，但事实证明，灰色经济下的斯莫伦斯基是一个真正有才干的人。退役后的三年间，他都在那家印刷厂干活儿，之后到苏联工业部下属的一家出版社当起了店员。他的月薪是 110 卢布。[4]他还在一家面包店兼职。从理论上说，兼职行为是遭到禁止的，但斯莫伦斯基认识一个辅助工，弄了份假的许可证明。斯莫伦斯基每月额外收入 60 卢布，给那位辅助工 10 个卢布作为证明的手续费。

斯莫伦斯基的第一条牛仔裤一穿就是一年。一如许多同龄人，他也会在厨房这样的私密场所一连数小时唠叨自己的悲惨境遇。“制度就是这个样子，我们大半生都得为一日三餐操心，”他说道，“其余时间则拿来买裤子遮腚子。”

为了生存，斯莫伦斯基开始充分利用自己在印刷厂的夜晚时间，置制度于不顾，开始印刷《圣经》。那是他的反击方式。斯莫伦斯基说，他还以“免费”印刷《圣经》的方式帮助教会。他坚信，苏联东正教是一个“能够协助破坏现存事物即当时社会制度的组织”。然而，各级教会均忠于政府，所以并不清楚斯莫伦斯基何以认为这是反击之举。

利益这个解释貌似更加合理。斯莫伦斯基发现了制度的漏洞，即人们对《圣经》有需求，而他有法子来印刷。生物学家亚历克斯·戈德法布（Alex Goldfarb）当时是外国记者与异己分子之间的主要联系人，他创建了自己的渠道，利用外交官和新闻记者走私图书。“《圣经》本身不只是稀罕之物，还是一种重要的通货，”他对我说，“是对人们的一种支持。偷运入境后，你把它分给有人蹲监狱的家庭，这就是在支持他们。”戈德法布认为，斯莫伦斯基也许没费吹灰之力就认识到，反击制度和非法获利是同一回事。“商业行为是一种政治异见之举，”他说道，“当时的价值观很不一样。用印刷企业的油墨偷印《圣经》的人就是英雄，是好人。向克格勃告密的人是坏蛋。”[5]

斯莫伦斯基被人告发，于 1981 年遭克格勃逮捕。时值停滞岁月高潮期，斯莫伦斯基只有二十七岁。他被指控“盗窃国家财产”，即盗用印刷厂的七公斤油墨，用于个体商业活动，属于禁止行为。但克格勃将斯莫伦斯基的案子当作轻案处理。他回忆说，克格勃想证明他偷了纸张，但未能如愿。“因为找不到反苏联的小册子，他们于是说：‘好吧，算是我们可怜你。’”案件被移送到当地警察局。莫斯科下辖的索科尔尼车斯基（Sokolnichesky）法院判处斯莫伦斯基前往莫斯科郊外的加里宁（Kalinin）镇监狱建筑队服役两年。根据法院判决，三年之内，他不得在自己承担“实质性责任”的机构内担任任何职务。换句话说，反资本主义者不希望斯莫伦斯基跟钱打交道。他竟敢从事“个体商业活动”，而此举在1981年仍被视为犯罪。[6]

被捕入狱加深了斯莫伦斯基的反叛本能。“政府觉得，那样的程序能够教会我明辨是非，”后来他向我回忆起那一切时，眼神依旧十分炽烈，“是它制定出条条框框，让我到哪里都找不到工作，我没办法以诚实的方式挣钱，我也进不了体面的单位。那实际上等于把我所有的路都堵死了！我没法出国。我只想出国旅游，他们却说：‘不行，你不能去。’”斯莫伦斯基说，他甚至被禁止进入同属社会主义阵营的其他国家。“于是我问他们：‘我有麻风病吗？’他们却回答我：‘你属于危险分子。’”

斯莫伦斯基发现，走得通的路子不多，但短缺的经济救了他一把。苏联的中央计划体制永远没法满足莫斯科的建设需求，需要做的事情多多益善。“建筑领域随时有钱赚。”克拉斯尼扬斯基回忆说。在维建基金（Remstroitrest）这家国有公寓建筑和维修企业，斯莫伦斯基当上了部门主任。他分到一辆载货卡车，还有一套二十八平方米的两居室标准公寓。

当时的莫斯科人口拥挤，社会体系没法向这些人提供足够的房屋。人们排队分新房，一等就是十年甚至更长。国有建筑公司满足不了人们的需求。一如其他所有物品，生活空间严重短缺。尽管国家制定了人均九平方米的最低住房面积标准，但九百五十万人口中，还有近一半人甚至达不到这一标准。[7]唯一稳妥的对策是森林密布的乡下，也就是位于莫斯科大都市外围，在散布于林间的乡村搭建简陋的度假屋，供广大莫斯科市民躲避酷暑夏夜，斯莫伦斯基在这件事情上第一次尝到了甜头。

当时的建设项目一是质量差，二是需要数年才能完工。城市周边林立着一幢幢硕大而难看的预制板建筑。没有私人建筑公司。尤其在那些被视为香饽饽的军事工业区以外的厂子里，厂房的建设同样拖拉疲沓。在苏联的最后数年间，随着工厂经理的自主权越来越大，很多人开始谋求规划自己的建筑项目。要在一定时限内建成某个项目的唯一办法，是雇用工作进展更快的小型黑市建筑队。

斯莫伦斯基在建筑领域学到的关键窍门，是如何弄到稀缺的建筑原材料。如果需要钉子、沙子，或者水泥板，他不可能直接购买，花多少钱也买不来。类似材料要么搞到、买到或者偷到——来源一般是其他工程或工地。斯莫伦斯基是弄这些东西的好手。

跟同时代人一样，斯莫伦斯基对裹足不前的苏联领导人深感厌恶。当一个法国摇滚乐团前来莫斯科举办音乐会时，他的心情十分激动。当乐队那铮光闪亮的新式设备卸下卡车搬上舞台时，斯莫伦斯基惊叹不已。但总书记契尔年科随后在批示党报的一篇文章时说，音乐会上不应该出现颠覆性的摇滚乐团，应该集中展示苏联的三角琴、手风琴和各种歌舞，而且“苏联今后不会容忍西方文化”。斯莫伦斯基摇头叹息：“哦，上帝，算了吧！”他心想，“又是老生常谈，无聊透顶。”

他的担心纯属多余。契尔年科任期短暂，戈尔巴乔夫接替任职。斯莫伦斯基这个不入流的建筑老板和叛逆能人读书不多，但精于算计。当社会制度发生变化时，他立马就能有所察觉。他很快就在戈尔巴乔夫身上看到了不同之处。戈尔巴乔夫任职满月视察列宁格勒时发表的即席讲话，是苏联领导人闻所未闻的。与戈尔巴乔夫一同亮相的夫人同样标新立异。他说话很随意。斯莫伦斯基浮想联翩；他回忆说，自己确实觉得戈尔巴乔夫是苏联第一位魅力十足的领导人。

然而，斯莫伦斯基发现，变化过程极度缓慢。苏联是全世界最能喝酒的国家之一。伏特加浸润着生活，酒精支配着人民，对人们的健康和寿命造成严重影响。经济体制向人民提供了大量酒精，在为国家挣钱的同时，引发了更多疾病。经济短缺时期，伏特加往往滥如汪洋。戈尔巴乔夫烧的第一把火，就是抵制过量饮酒。斯莫伦斯基说，他接到当地党组织的命令，要掌控好建筑队的抵制饮酒运动，也许因为大家都知道，他是个能够成事的精明人。但斯莫伦斯基很快发现，这场抵制运动不会有结果。每个星期，党组织都要求斯莫伦斯基提交报告，有多少人因为喝酒受到了他的处罚。有多少？嗨，据他后来回忆，他们一开始可以拿掉他建筑队的百余个建筑工人。全部拿掉——这些人从事户外工作，斯莫伦斯基知道，他们一大早就开始喝酒，一直喝到傍晚下班。不费吹灰之力，他就能“处罚”替他干活的每一个人。斯莫伦斯基知道大家酗酒的原因，也知道自己的工人是在借酒浇愁。他们甚至喝廉价的花露水。抵制饮酒运动前景不妙，他觉得那不过是社会制度的又一滑稽表象，纯属无休无止的宣传运动，不会有人信以为真。说起来都滑稽：国有电视台播放的婚宴场面上，人们端着笑脸，喝着果汁。他知道，在现实生活中，每个人照常喝着伏特加。尽管他对戈尔巴乔夫上台充满喜悦，但抵制饮酒运动让斯莫伦斯基心生疑惑：人们的生活会有改变吗？

在经济领域，戈尔巴乔夫的头两年不见任何起色。这位年轻而精力充沛的总书记似乎正在探索一条道路，按他的说法，这条道路的走向，是在不摆脱共产主义固有控制的同时，对社会主义制度实行“激进改革”。戈尔巴乔夫自己后来承认，他浪费了不少时间。[8]

1986年夏季出现了一次离奇的后退，即对“非薪收入”展开批斗。这一想法看似为了惩治腐败，但政治局未能就“非薪收入”做出界定。实际上，灰色经济与之相伴而生，一张巨大的裙带关系网络令全国经济欣欣向荣。将自家轿车用作出租车，你获取的是“非薪收入”吗？出售自家院落栽种的黄瓜和番茄呢？这场运动来势凶猛，但进展失控。在伏尔加格勒地区，个体番茄温室在警察和民兵的授意下遭到毁坏。警察上路盘查，将缴获的番茄加以销毁。《文学报》发表过一篇长篇报道，标题就叫《犯罪的番茄》。[9]

随后，戈尔巴乔夫采取了两条意义重大且影响深远的措施，开始放缓社会主义实验步伐。为缓解经济短缺问题，也为对失控的“非薪收入”运动做出回应，1986 年通过一项法律，允许苏联公民从事“个体劳动”。这个法子允许大家成为自主创业者，以填补漏洞百出、受累于赤字的经济鸿沟。包含手工艺和服务业在内的大量私营行为很快成为可能。教师可以在课后辅导学生。很多教师已经在这样做，但新通过的法律使这种行为由半遮半掩变得合理合法，大家不必再有任何担心。再者，该项法律并未对价格进行任何规定，换言之，个人可以想收多少就收多少。这项法律开始游离于国家控制之外。不过，仍有诸多严格限制。新兴创业者只能雇用家人，经营范围仅限于国家部门做得不好的方面，主要是短缺商品。万事开头难，有些行业依然受到禁止，如印刷业和印刷媒体。

戈尔巴乔夫接下来的措施更富深意。在 1986 年的一次讲话中，他提到了始于 20 年代新经济时期、类似准私人企业的合作社一事。与“合作社”对应的英文词汇（cooperative）具有社会主义色彩，但实际上戈尔巴乔夫此时旧事重提，合作社成为苏联的第一批私营企业。这标志着与存在了数十年之久的反资本主义思潮做出革命性决裂。戈尔巴乔夫一开始的用词极为谨慎，但其冲击力非同一般。国家在 1987 年开始小心翼翼地允许相关领域出现新兴自主企业，如废品回收、面包烘焙、鞋子修理、洗衣服务和消费用品。尽管规模有限，但合作社运动引起了公众的注意。在停滞而僵化的社会主义汪洋中存在私营企业，这确实是一道风景。引人注目的显著事例，是某合作社在莫斯科市中心设立的收费厕所。这些厕所干净整洁，播放着音乐，还提供粉色厕纸和全新洁具。这样的设施人们大多没有见过，家里当然也不具备。其他企业很快步其后尘，如吸引年轻人的舞厅和餐馆。当《合作社法》于 1988 年正式通过时，很多合作社都正着手改为私营企业。一个新的时代开始了。

《合作社法》埋着一个隐藏的时间炸弹，即将炸碎共产主义者的梦想。该部法律有一项内容，允许以合作社形式组建金融或信用企业；换言之，就是银行。正是利用正在解体的社会主义制度上这一道小小的裂口，斯莫伦斯基能够大发横财。

面对诸多未定因素，合作社先后涌现。完全没有基本规则。此前，苏联的计划委员会为全部经济活动制订规划。对企业的要求，是完成来自上级的各种指标。但合作社允许自主决策并自留盈利。《合作社法》最引人关注之处，是对个人自由做出的全新定义。该法律规定，只要没有明文禁止，任何活动都将可以进行，这是对数十年来国家强力插手的彻底颠覆。[10]

通常而言，合作社只是把正在从事的灰色经济活动公之于众。担任《莫斯科新闻报》（*Moscow News*）经济编辑的维克托·洛沙克（Viktor Loshak）说话轻言细语，是一位善于深思的新闻工作者。这份报纸成了"革新"思想的拥趸，他也投入全力，着手记录新兴合作社的成长过程。在地下作坊纷纷公开身份的亚美尼亚高加索地区，他采写了一系列有影响的文章。他参观过一家生产手绢的合作社。

"令大家最开心的，是他们可以邮发自己的产品，"他回忆道，"我一开始并不明白。但我后来意识到，在灰色经济时代，最大的难处是产品从生产到销售的渠道，因为那是一种犯罪行为。这个渠道上的任何环节都可能被警察逮住。有了合法性，他们就可以公开邮发自己的产品。很多人开心地向别人讲述，自己一生都偷偷地干了些什么事情。"[11]

最初的想法是，合作社具有全新的自由度，可以生产手绢类稀有商品，或提供修车类急需服务。但小作坊里手艺人熙来攘往的奇景，很快就被更大的野心取代。有的合作社广开门路，或从国家或从黑市，搞来价格便宜或享有补贴的设备，再快速倒手获取差价。再后来，他们率先从事计算机类稀有商品进口业务，同时出口自然资源，以获取巨额利润。合作社的要价远高于旧有的国营商店，从而引发部分人的不满情绪，他们早已习惯这个理所当然地给大家免费提供一切所需的家长制国家，并将私营企业统统视为无良的"投机行为"。

当时驻莫斯科的瑞典外交官安德斯·阿斯伦德（Anders Åslund）认为："一些胆大的企业家进入市场，确实业绩不俗，因为经济短缺现象非常严重，竞争和税收都微乎其微，规则大多尚不明朗，没有人知道这场盛宴将持续多久。"事实证明，这一场盛宴刚刚开始。

1987年，斯莫伦斯基被叫到市党委（gorkom），一位监管其建筑单位的官员向他下达了一项命令："火速组建一家合作社！"曾经具有叛逆色彩的斯莫伦斯基时年三十三岁，他这样问道："为什么要我干？要干你自己干！"但市党委威胁说，假如不服从指示，他们将解除他的职务。这是党的一项活动，命令同样来自上级：斯莫伦斯基必须服从！

问题在于，斯莫伦斯基对于什么是合作社没有一点头绪。"我是政府工作人员，"他回忆说，"我们都是政府工作人员，各种各样的计划、指示和要求，我都见到过，而这次有点像把我扔到了月球上。"克拉斯尼扬斯基后来回忆，斯莫伦斯基之所以被选中，完全是因为他的精明市侩一早引起了党组织负责人的注意。"很明显，党的领导不是白痴。谁能干谁不能干，他们看得一清二楚。他们就算找我一百次，我恐怕也永远成不了大事。所以，他们才找到了斯莫伦斯基。他们就是看中他有一腔热情，他知道怎么组织人手，并敢于冒险。"

莫斯科市中心有一间简陋的办公室，为新办企业发放许可证，斯莫伦斯基来到这里，为他的合作社办理登记手续。他在这里遇到的人名叫叶连娜·巴图林娜（Yelena Baturina），刚大学毕业，专管面包店、修鞋店、理发店之类"公共服务"企业。巴图林娜是一位官员的助手，这位身材矮小、性格倔强的官员名叫尤里·卢日科夫，负责办理合作社事务，原是一家老牌化工厂的经理，后来担任莫斯科市政会副主席。在那个混乱年代，各色精明之辈为了开办自己的企业，来到走廊挤作一堆，争相填写着不同的表格。[12]

斯莫伦斯基拿着资料排在队伍中，但他感到很不自在，卢日科夫让他有点害怕。让他头痛的是给新成立的合作社起名字。在苏联时代，国有建筑企业通常都有编号，如"SU-6"。斯莫伦斯基在申请表上草草写了个名称：莫斯科。他走进办公室递交了材料，简陋而空无一物的办公桌后面坐着身穿衬衫的卢日科夫。

巴图林娜皱着眉头。"'莫斯科'这个名称已经有人用过了，把材料拿走吧！"一本正经的她语气严肃。一时间，斯莫伦斯基有些摸不着头脑，这会不会跟抵制饮酒运动一样。他思忖着："哦，不会的，别又来了!”他顿了顿问道，可不可以取名为莫斯科 2 号。

“不行!”她回答道，“莫斯科 2 号已经被注册了。”

斯莫伦斯基以求情的口吻问道：“莫斯科 3 号可以吗?”

“可以，”巴图林娜缓了缓语气说道，“就叫莫斯科 3 号吧。”她在斯莫伦斯基写下的“莫斯科”后边，又写了个“3”。

斯莫伦斯基后来回忆道，就在那一天，“共产主义在我心中画上了句号”。

莫斯科 3 号作为一家私营企业，坐落在莫斯科 33 个行政区中的佩尔沃迈斯基区，与斯莫伦斯基曾经就职的维建基金同在一区。但作为私营企业主，他完全没想好，自己接下来应该做什么。他有 3 000 卢布的积蓄，但不清楚应不应该动用自己的存款。他也不清楚，该到什么地方购买材料，以及修建什么东西。命令斯莫伦斯基成立合作社的是党组织，但真正的经营过程全靠他自己的主动性。其他人没有一点线索。

据《莫斯科新闻报》记者洛沙克回忆，第一批合作社从事的业务是收集废旧材料用于二次销售。这些合作社曾试着用废旧木料生产简陋的厨房用具，或把废旧轮胎制成花盆。洛沙克说，他记得斯莫伦斯基一开始也是收集废旧材料。“他雇了一帮学生，让他们到那些即将被推倒的房屋里拆卸物品，比如从砖墙上卸下门框子。然后，他们把收集来的物品卖给那些要到乡下修建度假屋的人。”

不久，斯莫伦斯基决定成立修车厂，并到农村地区修建别墅和度假屋。为躲开拥挤喧闹的城市生活，莫斯科市民纷纷前往乡下地区，因此这类东西的需求量一直很大。这一次，斯莫伦斯基又发现并填补了缺口。城市居民要住上二十八平方米的简单公寓房，光这样的需求就让国营建筑公司应接不暇，他们根本不会修建乡村度假屋。

斯莫伦斯基所面临的迫切问题，与他当初作为建筑老板为国家工作时所面临的问题并无二致。在长期的短缺经济环境下，很难搞到原材料。没有批发商卖给他板材和铁钉。从理论上说，国家控制着所有原材料，但实际情况并非如此。竞相购买必需品，是苏联社会主义这个庞大而无序的市场的另一面。第一批私营企业主必须发挥自己的聪明才智——找关系、窃取、行贿、讨价还价——才能弄到所需的物资。

监管合作社业务的市委员会（city commission）书记亚历山大·帕宁（Alexander Panin）回忆，各大合作社一开始便发疯一般捞取最基本的物资。“他们需要办公场所，”他说，“他们需要原材料打底，这相当于布料。或者说，假定他们想生产家具，就需要购买木料之类，也就是板材。但问题是，国营调拨体系摆在那里。你既不能购买桌子，也买不到木料或者板材，因为每一样东西都要进行划拨。”卢日科夫领导的市委员会要求国营企业向合作社出售砖块水泥，以尽可能给新成立的合作社助一臂之力。[13]

情况没有这么简单。据斯莫伦斯基回忆，莫斯科的一众官僚帮助不大。“在那个年代，莫斯科根本买不到板材和铁钉。买不到。拿钱买不到，拿什么都买不到。”在经济短缺的时代，光用钱很难买到东西。但斯莫伦斯基懂得，在社会主义这个大市场里，应该怎样进行求情、讲价、耍手腕。没多久，他就在露天亭子里锯起了板材，开始在乡下承建一些小项目，比如简陋的一居室或二居室度假屋、棚屋和车库。

里根总统参加莫斯科峰会之前，斯莫伦斯基作为新时代合作社的典范被选中，要在某一天向一批美国新闻记者进行展示。摄制人员聚集在露天亭子边上观看着，斯莫伦斯基的员工徒手将原木拖进锯口，再将锯好的板材搬走。记者们问斯莫伦斯基，为什么劳动手段如此原始。他们不了解，刚才看到的那一幕，标志着斯莫伦斯基的胜利——这样的场景能够出现，他已经感到十分自豪。

数年之后，我向斯莫伦斯基指出，他当年取得成功，靠的是苏联这个国家眼看就要倒台，他一下子打断我的话头。“我们当时根本没考虑国家就要垮台这一点。”他说。相反他们担心的是自己的命运。如果戈尔巴乔夫被赶下台，他们这些人会被关进大牢，还是作为投机分子被枪毙？根本没有考虑国家倒不倒台。“我们想的是自己的死期！”

之后的几个月，斯莫伦斯基的合作社一派繁荣。度假屋很抢手，这再次引起了党委领导的关注。他们强令斯莫伦斯基给各级领导设立度假屋分配专项候选名单。斯莫伦斯基马上答应下来，这些人完全可能左右对他的原木供应。“一开始，这些人差不多就是要求我把他们的名字加到名单里。”斯莫伦斯基如此描述他这些新加入的精英顾客，这些人同样对斯莫伦斯基的新兴业务感到好奇不已。没过多久，党组织做出决定，开展私营企业试点。

合作社纷纷踏上了薄冰。20 世纪 20 年代初实行的新经济政策让经济宽松现象只持续了短短两年时间；这一次的新苏联合作社现象能持续更长时间吗？“第一批人的经营范围受到严格限制，”洛沙克回忆说，“左一点，右一点，都有人开枪警告。”然而，深埋于制度之中的某种力量正在释放，其巨大程度震撼全球，为俄罗斯走上失败的资本主义道路提供了强大推力。这股力量就是金钱。在经济短缺时代，人们几乎无物可买，当稀缺商品被强制分配，需求与供给的力量被束之高阁时，金钱的作用微乎其微。但在一处沙地锯木厂，斯莫伦斯基这个心怀恨意的年轻人开始了赚钱之路。他赚到的卢布越来越多，多到没有地方存放。他信不过国有银行，只好自己存放一摞摞现金。

戈尔巴乔夫执政初期，苏联的金融体系仍旧掌握在国家手里。国家银行处于银行体系的中心地位，控制着货币和信用的流动。斯莫伦斯基积累了大量现金，可他知道，如果把这些钱存入银行，会遭遇令人不快的盘问。数十万卢布从何而来？为何没有多交税？克格勃一直在国家银行等着斯莫伦斯基的到来。苏联新成立的五家银行处于第二梯队，同样好不到哪里去，但也许是根据党组织的安排，斯莫伦斯基必须使用其中一家，即工业建设银行。有人向他授意，某些业务必须交给这家银行办理。他回忆说，每当自己需要通过该银行进行小额支付时，他都得把要对官员们说的话在心里反复念叨几遍。“我的主管会计几乎都得住在那儿，”他回忆说，“她是个老太太，去那儿得带上一大袋巧克力、香肠、香水等。体制就是这样，你得拜访好几个柜台的人，每走一处，都要放几个信封。每个人你都得送东西。体制就那样，否则你别想办事。”

同时，苏联的金融制度十分严格，斯莫伦斯基几乎不可能随心所欲地用自己的钱，比如没有得到国家的批文就向供货商付款。“国有银行势力强大，只需一个签名，就能让我的劳动果实化为乌有，”斯莫伦斯基回忆说，“我没法按时支付工资，没法结算货款，我得拿到这样那样的批文，我得行贿，或者说那不叫行贿，而叫‘送礼’。我被折腾得够呛，我觉得这种状态不可能长久持续下去。”

1988 年的一天，斯莫伦斯基决定自己成立一家银行，最近已有其他合作社跨出过类似的步子。他查阅 5 月份通过的《合作社法》时找到一条规定，允许合作社开办银行。他离开办公室，填好了表格，按他的回忆，“就是为了不再受制于国有银行”。斯莫伦斯基再一次置身于变革的前沿。截至当年年底，41 家新成立的商业银行前往国家银行登记；截至次年年底上升至 225 家。[14]在未来十年间成为斯莫伦斯基核心业务的首都银行，登记成立于 1989 年 2 月 14 日，八个月后柏林墙被推倒。

一如当初置身于合作社领域，斯莫伦斯基再一次在一无所知的情况下，开始探索起成为银行家的路子。“一连数月，我都坐在大办公桌后，与一帮朋友说笑。在办公桌的这一边，我是合作社莫斯科 3 号的负责人，在办公桌的另一边，我又是一家银行的行长。”

1989 年，具有先进思想的《莫斯科新闻报》有史以来第一次与鲜为人知且深受怀疑的新生商业银行家们举行圆桌讨论会。参与者的领头人是弗拉基米尔·维诺格拉多夫（Vladimir Vinogradov），言谈流利、穿戴得体，是首批商业银行家之一。当时有传言说，维诺格拉多夫赚钱太多太快，只好把赚来的钱都放进电冰箱。与经验老到的维诺格拉多夫不同，斯莫伦斯基还是个粗枝大叶的建筑老板，看上去也并不是特别有钱。他的举止有些呆板。他提出的要求是，当局应当任由银行家自行发展。在他的身上，很难看到现代银行家的影子。

时任《莫斯科新闻报》记者的亚历山大·贝克（Alexander Bekker）还记得，斯莫伦斯基告诉他，首都银行是获得正式登记的第 64 家商业银行。“我现在替 64 这个数字干活，总有一天，它会替我干活儿，”斯莫伦斯基夸下海口，“我的信用记录和口碑会与日俱增。”[15]

“我并不认为他当时已经具备非常清晰的战略思路，”贝克回忆说，“甚至很难说清楚商业银行应该是什么样子。”斯莫伦斯基从军时的朋友克拉斯尼扬斯基说，关键问题是与政府撇开关系。“当务之急是让自己的钱享有自由，这样他就无须解释，便能把钱汇到需用之处，”克拉斯尼扬斯基说，“没过多久，客户开始找上门来。他逐渐明白，开银行比经营合作社锯原木更能赚钱。”

在苏联社会主义末期，银行业茁壮成长，养料恰好来自国家的廉价信贷。许多新开办银行直接得益于政府部长、大型企业和特殊利益。汽车生产部创办有汽车银行、石油化工部经营着石化银行、国家航空公司开办有航空银行。开办上述银行以及其他诸多银行的目的，是为了服务于各自背后的产业，因而随时能够获得供应补贴。大型企业、地方政府和各级党组织是银行新兴产业爆发式增长的主要推动力，其政治影响和政治本钱令新生的独立合作社相形见绌。

前些年的主要资产就只有一台大卡车的斯莫伦斯基，现在仍然是个局外人。他的银行没有部长做后台。与那些具有实权出资人的银行相比，合作社开办的银行尚显渺小。1990 年，在苏联二十大商业银行的名单中，斯莫伦斯基的银行榜上无名。[16]斯莫伦斯基始终固守一条准则，那就是不想跟政府有任何瓜葛，他只想拥有自由行事的权利。他坚持不雇用从国有银行退出的员工。他要寻找那些对国家计委和国家银行没有任何先入印象的年轻人为自己工作。

斯莫伦斯基的业务开始提升到一个新的水平。他不想再锯原木。他注销了自己的合作社莫斯科 3 号。一个银行家诞生了。

美国内战结束后的若干年间，大量英国资本涌入美国，主要向铁路公司提供贷款。催生工业革命并给亚当·斯密赋予智慧和灵感的英国，早已成为世界金融中心，有的是等着落地生根的剩余资本。在头号商业银行家 J. P. 摩根的传记作者罗恩·切尔诺夫（Ron Chernow）看来，英国投资者被无序发展的美国铁路产业搅得心神不宁，对经营铁路公司的诈骗犯和吹牛大王心存畏惧。摩根成了横跨大西洋的中间人，一头是伦敦的金融资源，另一头是需要这些资源的美国人。伦敦投资者对铁路业一窍不通，往往只能依靠摩根提供的信息。而在美国，铁路业的发展一派混乱，往往只能通过摩根才能实现招商引资。作为知名新闻记者，摩根的巨大能耐不在于其所拥有的数百万美元，而在于其所能支配的数十亿美元。他是美国历史上有名的中间商之一。有关美国商业大亨的传闻，往往集中在铁路能人和钢铁托拉斯主导者这样的角色上。但核心要素其实是美国人对于资本的极度渴望，而资本首先来自英国，因为工业革命在那里成功催生出了商业果实。[17]

让我们看看亚历山大·斯莫伦斯基在1988年所面临的局面吧。国营商店香肠短缺，制度腐朽，现实惨淡。异地银行家都不想过来投资。斯莫伦斯基看惯了遍体鳞伤的苏联工业这头落后而病态的庞然大物，他还知道，数百年的独裁统治让俄罗斯人元气大伤，人们缺乏主动，昏昏欲睡，苏醒过程十分艰难。

1990年，戈尔巴乔夫非常严肃地考虑过一项计划，用五百天时间把整个国家改造成市场经济，但后来被搁置。他的经济政策时进时退，没有任何结果。从国外大举引进私人资本的机会一直不成熟。当五百天计划的起草者之一格里戈里·亚夫林斯基（Grigory Yavlinsky）前往美国寻求援助时，乔治·布什总统对他不理不睬。西方国家还没有做好往苏联冒险投钱的准备。政府本身是最大的资本来源，实际上也是唯一的财富来源。政府的网络铺天盖地，包含油田、矿山、工厂和输油管。政府还通过国家计委控制着货币供应和信用贷款，以及全部对外贸易。若要赚钱，可直接利用政府的财产和补贴，也可间接利用政府对价格和贸易的控制。

在苏联末期，通过上述方式，有才干的年轻人和人脉广泛的官员创办的贸易公司很快赚得盆满钵满。他们在国内以低廉的价格购买原油，通过贿赂运出国境，以国际定价换取硬通货，在海外大量购买个人电脑，通过贿赂将电脑运回国内，并以高昂的价格出售，再以此购买更多原油。政府长期维持低油价，使电脑成为稀缺产品，并大势收取贿赂，为一帮头脑灵光的人创造了上述条件。

对从心底里信不过政府的斯莫伦斯基而言，寻找投资的早期过程充满了艰难和危险。他无望成为英美传统意义上的借方和贷方中间人。苏联和之后的俄罗斯，都与催生过早期美国商业大亨的各种情形相去甚远。斯莫伦斯基没能成为摩根或卡内基，但他抓住了眼前的一切，那就是时下受着束缚、狂野而扭曲的俄罗斯原型资本主义。

一直与斯莫伦斯基保持着联系的贝克告诉我："苏联的银行只有两种方式能够得到种子资本。一种是抱着'我不关心自己的银行里存着什么钱。我没有责任检查存款人护照'的态度，向可疑账户提供服务。另一种是与当局和政府官员密切合作，从而获得预算存款和盈利合同。"但据他回忆，斯莫伦斯基"在政治上没有任何后台"。

在苏联解体的前一年，各大商业银行超过一半的存款来自国家。另一半来自合作社、各类组织和新办企业。[18]斯莫伦斯基正是以此方式经营着自己的银行。他与那些可与之共舞的人一同舞蹈，首都银行与持有不义之财的人开展合作，其中就有开办首批合作社的创业者和精明人。他们所从事的行当，几乎清一色高风险、快成交，能够大获不义之财。套利方法人所共知，就是利用当时国内国外都存在的巨大价差，即一边是国营经济体制下的高补贴和固定价，另一边是市场条件下的自由价和高定价。利用高通胀率进行货币投机也是一项赚钱的业务。在苏联解体后的1991年至1994年，卢布对美元的价格下跌了95%。斯莫伦斯基和其他银行家通过豪赌卢布和美元的每日汇率波动，获取了巨额利润。

在斯莫伦斯基达到权力顶峰的1997年，我向他问及早年经历，他承认其银行资金与货币投机不无关系。不同于传统的西方银行家，他几乎从不发放贷款。他记得给一位瓜农提供过贷款，这个人在乌兹别克斯坦种植西瓜，然后运到俄罗斯出售。他让这位瓜农贷了一百万卢布。种族冲突毁了这位瓜农在乌兹别克斯坦的土地。全地区被关闭，他无法将西瓜运进市场。当局还向该地区派出了军队。"这位伙计坐在他的西瓜堆上，我的心都要碎了!"斯莫伦斯基回忆说。贷款最终得以偿还，但斯莫伦斯基说，他觉得贷款业务风险太高。

"就正常情况而言，在如此高通胀的条件下，我们不可能放贷，"

他说，“因此，我们的操作更具投机性，这是实情。否则你就活不下去。根本找不到真正的工业生产。那么，你把贷款放给谁？他们随时都可能破产。”

年轻的俄罗斯银行家们一心想着大赚一笔，同时也在埋葬着苏联的社会主义意识形态。金融操控被视为一派贪婪，从而受到社会主义者的鄙视。苏联社会主义经济体制首推生产和实业，货币只是一种手段，它服务于完成计划和满足指标这样的宏大目标。然而，斯莫伦斯基的所作所为与计划没有半点关系。这本身就是金融，可在包括工厂经理、政府官员和克格勃特工的老一代苏联人看来，此举不仅陌生，而且极其怪异。这些人没有继承到新世界的资本主义，因为他们未能踏出关键的第一步。快人一步的斯莫伦斯基带领着他的伙伴们，在货币交易所当着老顽固们的面跳着舞擦身而过。

苏联解体之前的最后两年间，货币贸易就理论而言依然受到严格管制。斯莫伦斯基的货币投机行为必须快速而无痕。截至 1990 年年初，国家银行只向商业银行发放过两份有限硬通货交易业务证书，而各大银行仅将业务量的极小部分上报当局。[19]

1990 年，哥伦比亚大学博士生乔尔·赫尔曼（Joel Hellman）正在对一篇关于苏联新兴银行家的论文开展研究，他拜访了斯莫伦斯基。赫尔曼发现，多位银行家和国家银行的官员都承认，非法硬通货交易发展的繁荣程度，已经远远不受当局的控制。一度掌握全部货币和信贷的国家银行，正在新的环境下日渐丢失阵地。赫尔曼说，国家银行不时发出威胁，要对不守规矩的银行加以处罚——其中斯莫伦斯基领到的罚单为一千四百万美元——或者冻结账户。但商业银行家们显得满不在乎。斯莫伦斯基告诉赫尔曼：“我们银行总是先行后闻。当我们要做一件事情时，官方批文往往在事成之后才送到手里。我们根本不可能先拿批文再做事情。”[20]

赫尔曼回忆，第一次见到斯莫伦斯基时，新装修的西式银行办公楼摆着豪华沙发，这令他大吃一惊。斯莫伦斯基的几位副总全都穿着阿玛尼西装。斯莫伦斯基后来告诉我，那是他的有意安排，不过年轻副总们的西装永远不用自掏腰包。前往欧洲时，斯莫伦斯基惯常要买回两套西装、两件衬衫和两条领带，并在回到莫斯科后分发给年轻副总们，以让他们看上去生意兴隆，并有西方风范。

斯莫伦斯基的资本规模很小，而且业务保密。他不会发表周期性金融报告，就算要发布，他也不大可能实话实说。斯莫伦斯基的早期财富包括一份“手稿”，他说那是他自己关于银行业的写作成果，价值两亿卢布。斯莫伦斯基说，他只不过把自己学到的东西写了出来，而手稿的天价也由他自行确定。“其中记录了我所创造的制度，”他说，“以及制度如何运行。”

真是快手！这就是及时资本。

斯莫伦斯基还和其他初创银行一道，广泛开展相互持股业务。他的银行持有其他银行的股份，而其他银行也持有他的银行的股份，一如斯莫伦斯基对其手稿的处理方式，每个人都极大地推高了市值。那就是一场纸上游戏，是蓬勃发展的年轻商业银行家们，在这个充满虚构和假象的世界里使用的众多手段之一。

赫尔曼在 1990 年造访斯莫伦斯基时，他发现这位银行家早在办公桌上摆好了美国大型互助基金如美林证券和富达基金的宣传单。[21] 斯莫伦斯基正想办法把资金转往海外。在当时，那可以说是俄罗斯资本外逃风潮初现端倪。一开始进展缓慢，但后来随着技能日增，俄罗斯新兴银行家逐渐与国际金融体系建立起联系，并找到了把资金转往境外地区的周全之策。此举的目的，在于规避将资金保存在混乱和动荡国家所产生的风险，同时避开税收，或让资金远离合伙人、工人或不法之徒。仍旧算是个局外人的斯莫伦斯基认为，对于国内时常暗藏的针对有钱人的威胁而言，此举是一种合理反应。“限制无处不在，到了现在，我已经记不清了，”当我问他把钱转到美林证券的过程是否非常困难时，斯莫伦斯基如此回答，“或者说，实际上没有任何限制。无政府状态嘛。”在其发表的 1992 年年度报告中，斯莫伦斯基吹嘘说，首都银行位列俄罗斯二十大银行榜上，即将获得全世界银行间金融电信学会的 SWIFT 认证，且在海外拥有三十四家代理银行。

“大家抱着钱来，我们却不知道如何保护这些钱，”斯莫伦斯基说，“我们在俄罗斯为这些钱四处寻找投资手段，但根本找不到。”他们只好把钱转到国外去。

在所有新兴商业银行中，斯莫伦斯基的银行最为封闭和隐秘，他本人不断引起多疑的克格勃和后来被改组为俄罗斯中央银行的国家银行注意。当局不仅对这位年轻的银行家充满怀疑，而且一直对首都银行内部发生的一切充满好奇，但固执的斯莫伦斯基既不告诉他们实情，也不让他们对自己的银行进行检查。多年来，安全部门试图证明，有犯罪分子隐匿于斯莫伦斯基的客户中，但斯莫伦斯基从未遭到过逮捕。诚然，斯莫伦斯基的银行是 90 年代初各种非正当收入的天堂。该银行在 1996 年发放的几笔重要贷款显示，贷款对象半数为贸易公司或石油天然气公司，均为冒险性行业，其生存依赖于速度、隐秘和对国界与当局的极度藐视。[22]其同行一致认为，斯莫伦斯基的首都银行在创办之初，就与臭名昭著的帮派和黑钱有过往来。1998 年，一位颇有名声的银行家告诉我："善于改变是他的主要特点。斯莫伦斯基不再是十年前的斯莫伦斯基。他现在经营的银行干净而开放。十年前肯定不是这样。他肯定干过坏事——我们都干过。但我敢说，现在没有哪个坏蛋有胆量敢接近斯莫伦斯基，跟他说说话都不行。"[23]

斯莫伦斯基为一桩案子耗费过数年时间。1992 年是苏联解体后的第一年，银行系统很不完善，十分粗放。中央银行连续收到从俄联邦南部达吉斯坦（Dagestan）和车臣传真过来的数份电汇单，即"通告"（avisos）。通告要求中央银行立即向莫斯科的几个商业银行账户汇入数百万美元。当时的中央银行仍在使用漏洞百出的电传打字机，于是大笔大笔的钱哗哗流出，其中有约三千万美元被汇入首都银行。中央银行后来查明这些通告系伪造。中央银行一直在设法追回款项，比如没收斯莫伦斯基的银行存在中央银行的储蓄准备金。也发起过针对斯莫伦斯基的犯罪调查。整个事件有诸多疑问无法解释，首先是中央银行何以仅凭一纸传真就汇出这么多钱。

斯莫伦斯基告诉我，他觉得这个案子是新兴资本家和老顽固之间的一次交锋，尽管这更像是一次例行的反腐败反盗窃之争。斯莫伦斯基坚持认为，针对他的犯罪调查属于误会，因而在 1999 年以不提出起诉而结案。"费了我不少精力。"他回忆说。然而，案件结束之后，一份时常从安全部门获取消息来源的俄罗斯报纸《绝密报》（*Sovershenno Sekretno*）发表文章，详述案件细节，并断言斯莫伦斯基和另一个人通过伪造凭证获利三千二百万美元，且将其中二千五百万美元藏匿于由斯莫伦斯基妻子拥有的一家奥地利公司。该报后来称，斯莫伦斯基的银行承认“误”借了四百万美元，并予以归还。[24]

斯莫伦斯基的职业生涯充满了与国家的艰难争斗。国家银行行长维克托·格拉先科（Viktor Gerashchenko）是他的克星。斯莫伦斯基责怪格拉先科用“1928年版的指示”“摧毁商业银行”，如“限定货币发行”。斯莫伦斯基怒斥说，国家银行的另一位官员发过指令：“我授权许可发放工资。”斯莫伦斯基反问说：“我的客户难道没有权利处置他们自己的金钱吗?”贝克告诉我：“政府对斯莫伦斯基及其银行的讨厌程度远超对其他人和其他银行的讨厌程度。他不曾向克格勃低头，不曾向官员们低头，也不曾向民兵组织低头。格拉先科不喜欢这位独立而任性的银行家。”

在苏联后期和新俄罗斯的头几年间，斯莫伦斯基拥有非同寻常的自主权。他跟政府对着干，赶走来自央行的审计员，拒绝回答有关其银行的任何问题，但终究毫发无伤。他得以逃脱处罚的原因何在？答案尚不明朗。正如我们将在后文所见，功成名就的商界大佬往往拥有神秘而高水平的安保措施，细节永不为人所知。斯莫伦斯基就算拥有类似安保措施，他仍然感到很不踏实。斯莫伦斯基的军中旧友克拉斯尼扬斯基后来就职于首都银行，他回忆说自己和斯莫伦斯基在车上曾经进行过相当坦诚的交流。斯莫伦斯基眼看就要成为新俄罗斯的银行家领头人。但那天在车上，他和克拉斯尼扬斯基谈到了这件事。“爱德克，”他用的是充满感情色彩的昵称，“我们不应该受这些东西的诱惑。任何时候，哪怕是在充满自由的俄罗斯，他们照样能像掐臭虫那样掐死你。”

斯莫伦斯基还有很长的路要走。1992年，他的银行盈利24亿卢布，收入是61亿卢布。对一个趁着黑夜印刷《圣经》起家的精瘦年轻人，对一个受命开办首批合作社的建筑老板，对一个修造度假屋以填补短缺经济缺口的人来说，这个结局不算差。

第三章　尤里·卢日科夫

如果苏联后期有一个噩梦之地在集中上演“发达社会主义”这一荒唐闹剧的话，那就是遍布莫斯科的一间间臭气熏天、老鼠横行的蔬菜仓库。二十三个巨型仓库犹如一座座纪念碑，诉说着布尔什维克对苏联农民极端错误的怀疑（和压制）。从列宁与农民的对抗，到斯大林强制推行的集体化，苏联历史的相当一段时期充满着农村哺育城市的斗争。尽管群体性暴力随斯大林去世而终止，但中央计划这一庞大机器照常运转，农民的收成连年充公，并运往城市加以储存用于分配。只因为国家对农民极度不信任，大量的蔬菜和水果——通常是一年的供应量——便要从农场运往莫斯科的各大仓库。

截至改革时期（perestroika）之初，即20世纪80年代中期，这些“蔬菜基地”已经发展成庞大的组织机构。各种蔬菜都得运到这里，然后加以分类、堆放、包装并保管，有时一放就是数月。二十三个仓库可容纳一百五十万吨水果和蔬菜，或者说足可供应一座一千万人的城市，短缺经济的症状和中央计划导致的潜在畸形令其苦不堪言。“极度肮脏、恶臭、发霉、老鼠、苍蝇、蟑螂——在这些仓库里，没有哪样东西不令人恶心。”经验老到的企业经理尤里·卢日科夫如此回忆自己对这些仓库的首次参观过程。

卢日科夫指出，就连刚建好的仓库也被工人们毁坏得“如此乱七八糟，你只能用‘疯狂’二字来解释。员工们一门心思要毁掉所有东西，恰似遭遇敌人而撤退的军队。反正什么东西都不能留给敌人”。

腐朽链条一直扩展到农场。因为心思全无，供养莫斯科的十二万个种植者对要被运走的蔬菜和水果的质量早已漠不关心。他们懒洋洋地把蔬菜运到集合点，再由一辆辆大卡车运走，装箱单上只写着“莫斯科”几个字。货物运抵城市时，大多已经开始腐烂。土豆里混合着甲壳虫。“仓库成了地牢，放进去的东西不是得到保存，而是遭到毁坏，”卢日科夫回忆说。已经开始腐烂的蔬菜随后被调拨到各大国营商店，顾客们只能对着发黑的胡萝卜、变质的绿色蔬菜和发霉的土豆一顿咒骂。店员们递出腐烂的蔬菜时，劝人克制的话早已背得滚瓜烂熟：“要是不喜欢，你可以不吃嘛。”

每个人都知道，蔬菜基地是集体劳动的胜利果实。人们在此劳动，理应“为了大家好”，但现实情况是，谁也没做到。蔬菜基地的运行活像新兵训练营：每天，多达两万莫斯科市民被抽调到这里，对腐烂变质的农产品重新进行分类、打包和码放。这是一项强制任务，顶着恶臭、踩着老鼠也得干。被强制拉入这一体系的数十万人员，基本上见着什么偷什么。

“整个系统极度腐败，体无完肤，劳心劳力对其展开调查完全是无稽之谈。”卢日科夫说。这是因为警察同样参与其中。金融监管员将损失一笔勾销，党的干部视乱局为良机。大家会照着最好的东西拿。

偷窃行为司空见惯，连罪名都难以确定。“我们这就说到了社会主义的核心之处，”卢日科夫指出，“在一定程度上，每个人都参与其中，而在社会主义体制下，这就意味着跟谁都不沾边。这一点很关键，它是‘发达社会主义’最具破坏性的后果。大家都觉得，自己不是第一个干坏事的人，因此把偷来的东西大包小包拿回家，也就不是什么错事。”[1]

1985 年 12 月，戈尔巴乔夫给莫斯科任命了新的当家人，他就是地形崎岖的斯维尔德洛夫斯克州（Sverdlovsk）的党委书记鲍里斯·叶利钦。叶利钦很快以非传统方式如风暴一般扫过莫斯科。他与普通人一道排队、坐电车、突击视察工厂和商店，不断刺激腐朽发臭的社会主义制度。首都日渐紧缺的食品供应，尤其让叶利钦感到担忧。听说某家屠宰店有牛肉出售——这样的情形相当罕见——他立刻前往排队购买。他坚持要买一公斤牛肉，却被告知肉已售罄。叶利钦强行闯进柜台，透过一扇小窗，瞥见了里间的情形：店员正向特殊客户出售大块大块的牛肉。[2]

供给制使党的精英分子能够进入普通百姓无法进入的特殊商店购买优质商品，叶利钦对此予以公开批评，这便触动了平民的神经。他成了莫斯科市民真心喜欢的人物，但平民之言并不能修复莫斯科满目疮痍的食品分配制度。官员们一次次被要求对蔬菜基地加以整顿，但都以失败收场。1987 年夏季，随着莫斯科食品供应形势的恶化，蔬菜和水果基地陷入了摇摇欲坠的境地。

叶利钦找到了卢日科夫。这位身材矮胖、头型瘦长的企业经理一直在市政府担任高级管理职务。卢日科夫是莫斯科市执行委员会即“市执委”（ispolkom）的两名副主席之一，也是日复一日处理城市行政事务的负责人之一。经由他这位市政府官员的手，发放了第一批合作社注册证书。

原来负责蔬菜基地的官员最近刚刚陷入精神崩溃。叶利钦召见了卢日科夫。接受过机械工程师专门训练的卢日科夫并不愿意接手令人大伤脑筋的蔬菜基地。他后来回忆说，这些蔬菜基地注定“没有胜算”。但在见到叶利钦之后，他心软了。“他的样子完全出乎我的意料，”卢日科夫如此评价叶利钦，“他神色疲惫、心情低落。”叶利钦告诉卢日科夫，他要接手的工作很不简单，随后补了一句：“算我求你。”

卢日科夫明白，这份差事很可能是自己职业生涯的终点。但他给了叶利钦肯定的答复，并踏上了征程——一段非凡而激烈、即将摆脱苏联社会主义的征程。

19 岁时的卢日科夫，是莫斯科的一名工程学学生。他被分配到一个临时组建的学生劳动队，前往西伯利亚支援收割庄稼。当时是 1955 年 10 月。白天的天气比较暖和，大家趁机收割和晒干稻草。但夜晚变得出奇寒冷，气温常常降至零度以下。学生们被困在那里，没法找到返回学校的交通工具。一连几个晚上，他们抖抖索索地睡在稻草堆里，好几个学生病倒了。

随后，从莫斯科来了一位政治局委员。他此行是要视察庄稼收割情况，随口讲了一席敷衍的话，对满腹牢骚的学生视而不见。学生们要求回家，还说没饭没药没水喝。

突然，卢日科夫从学生队伍中冲出来，直奔政治局委员而去。别人来不及阻拦，好胜而年轻的卢日科夫已经冲着那个领导的肩膀捶了一拳。“如果没人阻拦，你的职务可能会越爬越高，但你一定会受到阻拦！”卢日科夫粗声粗气地说完，然后就跑了。

“卢日科夫只是捶了那个人的肩膀，”他的旧友、劳动队队长亚历山大·弗拉季斯拉夫列夫（Alexander Vladislavlev）回忆说，“可他高声叫嚷着，仿佛被捅了一刀。”

尴尬而生气的政治局委员要求大家告诉他，谁是劳动队的负责人。弗拉季斯拉夫列夫往前走了一步。那个领导示意弗拉季斯拉夫列夫上车，载着他在荒凉的苏联平原一口气开了 20 分钟。车外大雨倾盆，冰雹肆虐，黑云压顶。弗拉季斯拉夫列夫不知道自己将会遇上什么事情。突然，政治局委员让弗拉季斯拉夫列夫下车，顶着冰雹、光着膀子走回去，并“结果那个家伙”。

弗拉季斯拉夫列夫没问，应该如何“结果”自己的朋友卢日科夫。他只能艰难地穿过空旷的田野，回到营地。据他后来回忆，为了不让自己冻死过去，他喝了整整一瓶伏特加。很快，政治局委员打来电话，“问我把那个家伙怎么了。我回答说：‘已经结果了！’”实际上，他什么也没干。[3]

那天敢于挑战的卢日科夫，后来成了新俄罗斯的领导人。卢日科夫的童年时代在贫困中度过。他出生于 1936 年 9 月 21 日，在三个儿子中排行第二。他的父亲是木匠，母亲是锅炉房工人。他们一家人住在莫斯科帕韦列茨基（Paveletsky）火车站旁一间木质棚屋的底楼。三个儿子、父母亲和祖母同住在一个四处漏风的房间，没有供暖，也没有自来水。三个儿子共用的一件棉衣，是他们的父亲从战场上带回来的物品。在二战期间及以后的日子里，卢日科夫的记忆里满是无尽的饥饿。“我没法描述，”他回忆说，“我们多想……不是吃，而是大口吞咽，管他什么东西都行。我们周围的孩子一个个因为饿肚子而浮肿死去。”有一段时间，绝望的孩子们甚至把在铁轨边上挖到的“白土”蘸盐吃掉，大病了一场。

卢日科夫最鲜活的记忆始终围绕着院子（dvor），那里是他童年生活的中心。这个院子与外界隔绝，是一个“自我管理的小型社区，不同于外面的城市和国家”。在楼房围成的这个空间里，他们设定了规则、伦理和道义。“有的院子属于知识分子，但也有院子属于好动者，甚至顺手牵羊者，”他回忆说，“我们那个院子属于混混儿，也就是说，里边的氛围有些特殊和危险——既要打架，也要露脸，还要展示勇气。”卢日科夫说，自己的母亲忙于上班，先是干两份工作，后来增加到三份。所以，她给了几个儿子“绝对的自由，以偷偷满足参与冒险游戏的情感需要”。卢日科夫被放任于这个“院子危险而鲁莽的氛围”之中。他们时常能在附近铁道上停着的车厢里找到来自前线的炮弹，然后加以拆卸。他们往往取出火药，在泥地上铺出一条导火线，然后像小型烟花那样爆掉。一次，卢日科夫想到一个主意：何不引爆整颗炮弹？他点燃引线就跑了。身后传来震耳欲聋的爆炸声，震得窗户噼啪作响。警察赶到了，但院子有院子的规则。谁都没有出卖他。“在当局面前，整个院子静得像墓地。”卢日科夫回忆说。

后来，卢日科夫入读古布金（Gubkin）油气学院，这是服务于苏联快速工业化进程的重要人才培养基地。在古布金油气学院空间宽敞的学术厅和实验室里，学生们学习的课程有机械工程学、油气地质学、采矿与提炼等。任教者有一百位教授，其中两位学者声誉卓著。尽管不乏马列主义这样的培训课程，但整个课程设计着重偏向机械类培训。总体而言，这所学校具有举足轻重的地位——培养各类专业人才——五年的学习过程中，每个学生都要接受专门训练，以在毕业后能满足工业领域既定岗位的需要。[4]

卢日科夫毕业于 1958 年。他希望进入石油单位，却被分到塑料厂。他大声表达过不满，但没有结果。不过，卢日科夫的工作干得不错。20 世纪 60 年代，对塑料和石化产品的需求日渐增长，他一步步地往上爬着。1974 年，他调任化学工业部下属一间设计局担任局长，再后来又担任化工自动化设计局局长。该局负责为化工企业生产专用设备，拥有两万多名工人。它是化学工业部规模最大的企业，涵盖科学研究和工厂生产两大板块。正是在这个岗位上，卢日科夫作为一名顶级苏联企业经理，试探性地迈出了背离社会主义的第一步。这是一次痛苦的背离，深深地铭刻在卢日科夫的记忆里。

1980 年是勃列日涅夫任期的最后阶段，卢日科夫提出一个看似离经叛道的设想，将他所管辖企业的科学研究部门分离出来，实行基本财政自给。“财政自给”是人们当初试图对中央计划经济体制进行改革时的口头禅，它往往与工厂经理日渐增加的自主性相提并论。大体上说，就是允许工厂自留收益。卢日科夫提议，化工自动化设计局的研究成果可以当作商品进行出售；他们开发出某种科学程序后，可以自找销路，并留存利润。卢日科夫的提议被呈送至化工部的最高决策机构，即管理委员会。一群高级经理围着一张马蹄形的桌子而坐，观看者是 150 位级别较低的普通工人。卢日科夫站上讲台，对自己的计划做了大致介绍。一位党委代表立即对他的想法展开猛烈抨击，说卢日科夫是想违背马克思和恩格斯提出的原则。党委代表打开一本马克思文选朗声读道：“科学是人类的思维成果，其价值无法用金钱衡量！”卢日科夫是在跟马克思对着干！

他的提议到此为止。领导卢日科夫的部长无意跟党委对着干。原本是要摆脱社会主义的一小步，结果成了烫手的政治山芋。卢日科夫的想法被束之高阁。但世人已经知晓，他是个愿意试验的人。[5]

改革之初，卢日科夫 50 岁，但他身上一点也没有政治领导人的征象。同样年纪的戈尔巴乔夫和叶利钦都已经身居高位。[6]卢日科夫于 1968 年入党，但让他专注的是苏联的工业，而非意识形态。不过，让企业高级经理参与城市管理事务也很正常。1975 年，卢日科夫被选入地方政会，两年后升入橡皮图章机构莫斯科市政会，即“莫苏委”（Mossovet）①。莫苏委的规模并不确定，当时约有一千名委员。全市所有事务均由党委进行领导，莫苏委是一个庞大而缺乏影响力的立法机构，看似权威，实则无事可定。卢日科夫兼职担任了市消费者

① 莫斯科人民代表苏维埃委员会的简称。这是个非正式名称，指代苏联时期莫斯科市的最高管理机构，即前文提到的市政会，后由莫斯科市杜马接替。——译注

服务委员会主任。这是一次重要抉择，因为正是在这个岗位上，戈尔巴乔夫推行的改革才能植入变革的种子。[7]

1986年，卢日科夫辞去企业职务，全职加入城市管理体系。叶利钦已从斯维尔德洛夫斯克调入，亲口向卢日科夫传达了这一信息；他已经当选市执委副主席，职责包括对正在露头的合作社进行监管。

正如前文所述，党的旧有捍卫者心存疑虑，他们将合作社运动背景下诞生的企业家视为逐利者、投机者和社会主义的颠覆者。当卢日科夫设立专门委员会，为莫斯科的合作社发放许可证时，整个试点过程堪称摇摇欲坠。“这是一项使命，非常危险的使命。”卢日科夫对我说。没有人知道，这一切能否摆脱旧制度的铁钳，因为它在数十年间已经对个人的创造力形成了太大的禁锢。

合作社运动催生了一个看似不可能的赢家。这个名叫亚历山大·帕宁的政府官僚说话老套，拿腔拿调，原在列宁格勒担任管理专家，后来成为卢日科夫的得力干将，负责处理合作社事务。帕宁是众多专家之一，本应致力于完善社会主义管理手段，却成天抱着茶杯无所事事。帕宁一直在偷偷阅读西方管理学书籍，因此认为解放个人的想象力和聪明才智应当成为当务之急。他鼓足勇气，给苏共中央委员会写了一封信。他的想法与共产党坚持了数十年之久的信条形成碰撞。他应通知来到位于旧广场的中央委员会驻地，向一群党委领导进行汇报。帕宁告诉我，他对主观能动性这一概念进行的包装很有必要。他坚持认为，承认主观能动性与社会主义信条并不冲突。几位领导告诉帕宁，他们帮不了什么忙，但同时要求他把自己的想法提交给共青团，因为后者在此类事情上拥有更多自由思考的余地。帕宁对领导们的反应摸不着头脑，继续做着说服工作。他提出就主观能动性开展较为折中的试点，即允许人们开办合作社，但应限于烤面包店这样的小型私营企业。当局终于同意让他一试，帕宁于是成了卢日科夫的莫斯科委员会中负责合作社的执行主任，对第一批资本主义煎饼的烘烤过程实行监管。[8]

在位于莫斯科市中心的莫苏委办公楼六楼一间舞厅大小的房间里，卢日科夫和帕宁拉开了架势。几张折叠桌椅摆在一边。普通员工白天上班，穿着衬衫的卢日科夫往往在晚间七点后来到办公室，与新创业的企业家们举行会议，直到午夜方才结束。拥入大厅的新兴企业家们，带着各种设想、手续、疑问和具体问题，远不止在国有体制下如何弄到物资供应以及给新办企业寻找办公室和停车库这么简单。“胡子拉碴、头发乱蓬、神情迷茫，”回忆起这一批新兴企业家给自己留下的印象时，卢日科夫如此说道，“但一个个精力充沛、不等不靠、兴致勃勃。有人提出用垃圾制造产品，也有人在国有经济未曾涉足的领域看见了消费者需求。足智多谋、富于创造、开拓进取——这在我们的办公室比比皆是。”

卢日科夫有个年轻而严肃的助手叶连娜·巴图林娜，元配妻子在1988年死于癌症后，他和她结婚成家。巴图林娜回忆，来到他们办公室的那些人，与在莫苏委办公楼工作的官员们显得格格不入，后者发现他们的大厅里满是衣衫不整的创业者，全都感到惊奇不已。“我们老是搬办公室，”她告诉我，“因为其他办公室有人抱怨，那些胡子拉碴、衣衫破烂的人挤在走廊里，实在有损办公楼的形象！”[9]

一直在观察这出好戏如何展开的《莫斯科新闻报》记者维克托·洛沙克回忆说，卢日科夫必须保护这些开路先锋般的合作社创业者，使其不被政府官僚铲而除之。有一群脾气暴躁的大个子女性官僚负责维护公共健康和公共安全。这群官僚不知道，在她们眼前诞生的是一种新的经济形式。她们要维护的，是旧体制下的行政命令。“合作社运动每迈出一小步，都会遭到她们的反对。”洛沙克告诉我。

“我当时正等着委员会召开第一次会议。我还记得申办私营企业的第一位女士，她的本职工作是戏剧专家，有两个还是三个孩子。她想从事的业务，是在节假日给别人做蛋糕。

“卢日科夫说：‘很好！’其他几个人也说了‘可以’。反方开始寻找拒绝她的理由。‘你的公寓房有多大？’她们问道。结果她的公寓房面积够大。‘你有医学证明吗？’有。‘你能一如既往地照料孩子吗？’结果她母亲住在同一街区，完全可以帮忙。

“接着，这个负责流行病卫生服务的泼妇问道：‘你住的公寓房有中级工业通风系统吗？’这位女士甚至不明白她问的究竟是什么。没有人知道那是什么玩意儿，我也不知道。这个负责流行病卫生服务的女人就找了个什么第八条第三款，说生产蛋糕用于出售时必须具有工业通风系统。

“卢日科夫接过话头：‘滚——你懂个球！我是负责人，这位女士可以开业！’”表决结果，卢日科夫获胜，下一位，想开一家自行车修理店。[10]

头几个星期，有一天晚上一位党委领导找上门来，坚持要卢日科夫把“所有人从这里赶出去”。卢日科夫说，事情的关键在于释放公众的不满情绪。“洪流正在滚滚而来，”卢日科夫对那位党委领导说，“我们如果不设法应对，必然会被洪流淹没。”同时，卢日科夫私下担心，合作社运动会不会以失败收场，合作社创业者会不会遭到铲除，自己会不会受到责怪。“未来的合作社创业者急于开业，但对前景充满担忧，希望从我身上得到某种支持。我尽自己所能给他们打气，但我的内心充满了焦虑和担心。”[11]

瓦列里·赛金（Valery Saikin）是市执委主席，也是卢日科夫的上司。他告诉卢日科夫，那些新兴的私企老板是危险分子，他担心他们会跑来跟党委领导公开对着干。“客观地说，他们是国有经济的对立面。也是社会主义的对立面，”他对卢日科夫说，“我警告你，他们要是跑来莫苏委，出面见他们的那个人就是你！”

“乐于遵命，”卢日科夫回答道，“我会戴上我最喜欢的帽子，到阳台上跟他们挥手，就像列宁为参加内战的部队送行那样。”赛金并没有被他逗笑。

事后回忆起疯狂工作的那几个月，卢日科夫说自己在那些日日夜夜里干的工作，不只是官僚事务，还借机领略了市场经济：人们急于为自己而非为国家做事情。“与这些全新的人打交道，让我形成了全新的世界观，”他说，“我开始明白了以往只能瞎琢磨的很多事情……”

但很多事情并非一开始就泾渭分明。朝着市场经济迈出的第一小步充满了迷茫、试探和疑惑。新兴商人们是在受贿还是行贿？他们获取的是暴利吗？卢日科夫听到了风言风语。迷茫显得有一定的道理。

帕宁注意到，合作社烤的煎饼每张售价七八戈比，而国营商店的售价是五戈比。就普通人而言，这看上去确有牟利之嫌。获利情况时好时坏。合作社背负着前所未有的来自社会的巨大疑惑，朝着市场经济开始了艰难的征程。

第一批合作社与原有的国营机构大不相同。合作社实实在在地关注到了自己的顾客。“苏联时期的柜台像一道防线，另一边站的是敌人，”洛沙克回忆说，“突然之间，大家不再是敌人。这些人，也就是‘合作社经营者’，开始对自己的客户产生兴趣，希望他们能够买点什么东西。第一家合作社餐馆开业时，它跟所有餐馆，也就是国营餐馆都存在巨大差异。”

《华盛顿邮报》记者戴维·雷姆尼克（David Remnick）描述了克鲁鲍特金大街上第一家合作社餐馆出现时的不寻常景象。他说，菜单上有汤、烤乳猪、沙拉和咖啡。“管理人员如此关注优质服务，竟在开业不久，就以‘服务不周到’为名，开除了一名服务员。觉得这家餐馆令人耳目一新的，不仅有那些能够推门而入并用支票付账的富裕苏联人和外国人，也包括从媒体上有所知晓的普通百姓。暴利传言满天飞，也有人说这是‘投机行为’。《真理报》声称，新的体制是在允许一部分人‘赚取与劳动预期并不相称的巨额利润’。”[12]

面对此景，卢日科夫成了这场新试验的监护人，在合作社逐渐站稳脚跟的过程中为他们提供保护、养分和监督。头四个月里，莫斯科的合作社数量从四家飙升至一千多家。卢日科夫对前一百家的业务状况举行过一次展示，旨在扩散理念。叶利钦亲临展会，给他打气加油。有一幅卢日科夫的照片，他正在一家乐器制作合作社的展位前赞许不止。巴图林娜回忆说：“合作社对卢日科夫崇拜有加，因为就当时的政府官员而言，没有人敢于对他们公开表示支持和保护。”不过，日后以遍游城市建筑工地著称的卢日科夫，很少亲自视察合作社。帕宁说，卢日科夫依旧小心翼翼，并自视为新兴商人的“带头人”。据他回忆，官僚和普通百姓对正在解禁的东西都没有做好充分的准备。“跟往常一样，一开始只是试验，”帕宁对我说，“你知道，如果我们不对他们实行监控，他们就有可能投毒害人，或者使用废旧原料。他们要是这么做了，我们的麻烦可就不少了。那会是合作社运动的死期。”

随着合作社运动蓬勃开展，卢日科夫和帕宁私下也开始产生疑虑了。这些雄心勃勃的新兴商人正在迅速突破当初的烤煎饼概念，扩展到苏联的各大工业领域。他们试验起了金融业。《合作社法》为私营银行打开了大门，一帮精明的年轻人已经琢磨出门道，把政府原本发放给厂矿的补贴装进了自己的腰包。他们烘烤的显然不是煎饼，而是钞票。卢日科夫担心的是，这些人并没有生产任何对社会有益的产品。“合作社运动的规模扩大至无法控制后，就谁也无法阻止了，”帕宁告诉我，“所有障碍都已经拆除。他们什么都可以做，大家失控一般加入到运动中来。”

新闻记者洛沙克回忆说，卢日科夫表面上仍然是旧体制的一分子。他经常披一件带黑皮领的黑大衣，戴一顶黑呢帽，这正是党的理论研究者苏斯洛夫（Suslov）一直喜爱的装束。他出行乘坐的是黑色伏尔加公用轿车。但从内心来说，卢日科夫有所察觉，大地开始震颤，尽管他不完全知道原因何在。洛沙克从他和卢日科夫一次推心置腹的彻夜长谈中，感觉到了对方的思想变化。“我们下班后碰在一起。夜已经很深，我坐在他的车里。我们绕着莫斯科，边开车边交谈。我们的谈话很务实，既涉及合作社，也涉及合作社的诸多参与者，还涉及莫斯科。我们逐渐明白了生活中的一些新生事物。”

洛沙克接着说：“如果有人问，谁是苏联合作社的创始人，一般只有一种答案。那就是戈尔巴乔夫。但卢日科夫是资本主义的实际创始人之一。”

不过，洛沙克补充说，卢日科夫在当时不可能说出那样的话。卢日科夫不敢想象，俄罗斯也会出现资本主义、市场、私有财产之类的东西。在洛沙克看来，他是个“大老板”，是那个制度本身的产物。“但与此同时，他是个真实的人，这一点让他与众不同。他的眼光很尖锐。我想，在那个时代，他就已经明白，人们的兴趣一定要找到释放的出路。”

1987年夏，卢日科夫接过了蔬菜仓库管理这一公认的自杀性任务。他觉得这是命中所定。“它要垮，谁也拯救不了。”他回忆说。在莫斯科，人们对食品短缺的不满情绪与日俱增。一天晚上，颇受大众喜爱的单口滑稽演员根纳季·哈扎诺夫（Gennady Khazanov）在一场狂欢音乐会上声称，莫斯科“满城尽见常绿番茄”。这里戏引的是一则过期标语，说苏联是一片覆盖着常绿森林的土地。当他拿番茄取乐时，观众席中的卢日科夫觉得，这位表演者正在看着自己，引得观众哄堂大笑。

在卢日科夫看来，那一刻令他十分蒙羞，表演一结束，他立马去了番茄仓库。“我感到很吃惊，”他回忆道，“我在‘常绿番茄堆’里走了一圈，有的被压得粉碎，有的已经开始腐烂。我知道为什么会这样。”之后的数月间，卢日科夫像对待合作社一样，在社会主义闹剧的包围下，开始了用市场解决问题的探索。

每天，数千人领命放下正常工作，到蔬菜基地参加劳动。这些工人来自学校、医院、实验室和研究院，他们身负使命，前往一个个蔬菜囚笼报到。工作令人不堪忍受，但他们没有选择。“参加劳动的图书管理员、工程师和医生又脏又冻、受尽白眼，还要受到仓库员工的监视。这些人像贵族一样，戴着貂皮帽，穿着羊皮袄，对大家的出力情况进行评分，并报送所在地区的党委。”卢日科夫回忆说。

在与过去彻底脱钩的过程中，卢日科夫决定不再每天强制普通莫斯科市民前往蔬菜基地参加劳动。他承诺减少浪费，以实现资金节省，并用节省下来的资金提高普通员工的薪金，或者雇用临时工。卢日科夫回忆，一位党委领导曾经在一次大型集会上冷冰冰地宣布，莫斯科不再指派大家前往蔬菜基地参加劳动。那是党所取得的无聊“成就”之一。紧接着，人群中响起了欢呼声，迸发出类似场合从未有过的高涨热情。那位领导尴尬得目瞪口呆。他事后打电话给卢日科夫，问这是不是在拿他开心。

“一切都是真的。”卢日科夫汇报道。莫斯科再也没有了接受派工的仓库。

卢日科夫做了分析，仓库的偷窃行为发生在三类人身上。大体上说，员工偷窃占三分之一，运货到店的卡车司机偷窃占三分之一，店内失窃占三分之一。卢日科夫想了个办法。如果蔬菜的腐烂减少，他们不就可以多挣钱，并提高大家的所得了吗？说不定就可以减少偷窃？这是资本主义思维。

卢日科夫着手实施。他向几个副手了解正式上报的腐烂率。答案找到了：1%。“至此我才明白了那个体制普遍具有的残酷性，”他回忆说，“整个储存过程的损毁率高达30%，但体制只有胆量承认1%。的确是笑话、神话和漫画——但又是实话……苏联体制所确立的法则基于一个前提，那就是理想的人民生活在理想的社会和自然环境里。结果呢，根本不管你是一个怎样的好人，你干的工作有多漂亮。那同时意味着，没有人完成既定的指标。”

卢日科夫认为，做出改变的时候到了。他与莫斯科一家生物实验室签订合同，以获取实际的蔬菜水果腐烂数据。接着，他要求市执委颁布条例，将实际数据确定为新的指标。确定新指标后，卢日科夫告诉广大员工，减少的损毁部分，他们可以出售一半，并自留利润。“不是三分之一，”卢日科夫拖长尾音，对工人们说道，“而是一半。”

奏效了。损毁减少，品质提高，员工工资增加。

但上级并不乐见。在一次反改革的抽风发作中，卢日科夫被叫到党的监察机关即人民监察委员会。委员会指控卢日科夫非法篡改损毁比例。他们还指控卢日科夫集体发放“大笔奖金”。简直是犯罪！但在经过一轮紧张听证后，委员会做出让步，卢日科夫没事儿了。

卢日科夫在这个自杀性岗位上躲过一劫，但一直未能像叶利钦那样得到人们的广泛认可。原因在于，蔬菜基地从惨淡趋于好转，苏联却已经踏上了解体之路。1987年11月，一贯的支持者叶利钦被解除莫斯科市委书记职务，卢日科夫深感绝望。次年，在红场举行的节日游行上，他与被抛弃的叶利钦握了握手。他们的交谈持续数个小时，卢日科夫表达了再度共事的愿望。[13]

指令系统越来越弱，从阿塞拜疆往莫斯科运送番茄变得越来越艰难，即便蔬菜基地逐渐运转正常。尽管卢日科夫实施了改革措施，莫斯科的食品短缺依然不断恶化。就在这时，另一场风暴席卷而来，卢日科夫深陷其中。

戈尔巴乔夫推行的改革政策让莫斯科充满了不满情绪，但不满情绪的深层根源与其说是蔬菜腐烂，不如说是领导腐败。执掌莫斯科政权后，叶利钦开展针对特权政策的平民运动触及了大家的神经。来自知识分子群体的反应尤为深刻。他们对阴暗的官僚和党的盲从者深恶痛绝，这些人时常告诫他们，应该遵守哪些条款，应该阅读哪些书籍，在科技刊物上应该公布什么样的生命周期数据（等于没有数据）。

戈尔巴乔夫推行的政治自由打开了新思维浪潮的闸门，莫斯科充斥着各种政治俱乐部、兴趣小组、游行示威和骚乱动荡。惊人之处在于，莫斯科突然涌出那么多的“激进”民主主义者，竟能在短时间内随机而偶然地走到一起。1989 年 11 月，柏林墙被推倒，这给莫斯科的思想家、艺术家和专技人员点了一把火。

儿科医生弗拉基米尔·博克塞（Vladimir Bokser）是一个动物权益组织的活动分子，也是早期民主活动的组织者之一。博克塞在一个小镇当医生，待人友善，参与性强。他表面举止平和，其下掩藏着对于草根意愿和草根政治的深刻理解。政治自由是他的主要兴趣。他觉得知识分子已经成熟，能够应对变革。“大家逐渐认识到，领导者未必都是正直之辈。他们要说谎，他们要伪装，”博克塞回忆说，“所以才能把每一个人都统一起来。准确地说，在 70 年代末和 80 年代初，人们逐渐产生了屈辱感。”知识分子对官僚深恶痛绝，反抗情绪首先来自莫斯科。博克塞对我说：“那是知识分子发动的一场革命，纯粹是文化革命。其他领域当时并没有出现反抗。1990 年之前，我们谁都没想过还有市场这回事儿。实际上，人们对此心存害怕。最重要的是，大家再也不愿意看见一帮官僚坐在那里，替我们决定一切，告诉我们该看哪部电影，该读哪些书籍。一旦有人开始关注国家之外的情形，大家就希望享有更多的开放。人们希望得到的，不只是文化开放，还有信息开放。所以，首先发生的是一场关于开放的革命，争取一个开放的社会。”[14]

最强音来自一个长相奇特的人，他身材矮小，腰背微驼，满头白发，略留髭须。曾任莫斯科国立大学经济学系主任的经济学家加夫里尔·波波夫（Gavriil Popov）当时是《经济学问题》这一刊物的编辑。波波夫曾对勃列日涅夫后期推行的体制产生怀疑，随着改革政策的实施，他是希望引领社会另寻他途的主要声音。在新一届人民代表大会上，波波夫成为叶利钦的亲密盟友，并不断推动戈尔巴乔夫进行更多激进改革。

莫斯科的激进民主主义者形成了一个松散的圈子，加入其中的有政治俱乐部、秉承具体事业的各种协会、人权小组和大量心怀好奇与不满的独行者，后者有不少是科学家。在波波夫的领导下，这些人逐渐走到一起，并组建了名为“民主俄罗斯”（Democratic Russia）的联合体。他们决定在1990年3月4日召开的莫苏委选举大会上开展竞选活动，大会议席此前已经降为498席。对心怀反叛的民主主义者而言，这是一项重要决定，因为他们决定把地方政府和莫斯科而非中央政府作为真正推动改革的发动机。

民主主义者开展的竞选活动声势浩大：地铁通道里的大喇叭播放着竞选口号，广播车从街上隆隆驶过。他们在一栋栋公寓楼里召开会议，在街上举行过两次大型集会，分发了数千份油印传单，在各大商店和地铁站贴满了海报。他们是一群有文化的精英分子：推出的候选人中，有64.3%来自高等教育、科学研究、工程、媒体和艺术领域。[15]

这一群人大获全胜，把控了莫斯科市政府。他们赢得了282个席位。1990年4月16日，新掌大权的民主主义者在莫苏委举行会议，选举波波夫担任党首。叛逆分子雄心勃勃，眼看就要把莫斯科收入囊中。他们可以跟那些妄自尊大、一贯教人读什么想什么的人分庭抗礼了。选进执委会的化学工程师伊利亚·扎斯拉夫斯基（Ilya Zaslavsky）满怀希望地宣告：“我们将要开始新的生活。”[16]

但正如波波夫和其他胜利者即将所见，一场潜在的灾难正向他们席卷而来。食品短缺问题愈演愈烈。囤积现象和恐慌情绪蔓延至全市范围，数十万人从附近各地拥入莫斯科抢购食品。排队的人流时常塞满了大街。一波波流言加剧了恐慌心理：肉就要卖光了！面包快卖完了！就职六个星期后，波波夫承认："莫斯科市的形势到了紧要关头。形势确实有失控的危险。数十万人挤进了商店。"[17]博克塞回忆说，"大家都有预感，莫斯科就要闹饥荒了。这或许有些夸张，但每个人都有这样的预感。"当时的中央情报局（CIA）秘密分析家报告说，苏联最有可能面临的前景，是"恶变至无政府状态"，而彻底无政府状态的推动因素之一，就是"消费者群体骚乱"。中央情报局的分析报告认为，任何反革命暴动或反革命夺权，无疑都将把矛头对准包括波波夫在内的激进民主主义者。[18]

波波夫的第一项重大决定，是重新任命莫斯科市执委主席。前任主席赛金已经外出度假。执委主席将负责管理莫斯科市，如果他的履职出现差错，抗议之声无疑会毁掉改革者继续掌权的希望。

波波夫身边的人都不知道该如何管理这座面积巨大的城市。他的核心集团有博克塞和瓦西里·沙赫诺夫斯基（Vasily Shakhnovsky），后者原是一名工程师，曾在莫斯科库尔恰托夫研究所从事热核合成研究。沙赫诺夫斯基于 1989 年被吸收进那个争论激烈、俱乐部林立、竞选活动声势浩大的热闹圈子，并选入莫苏委。[19]另一个副手是来自地磁和电离层研究所的物理学家米哈伊尔·施耐德（Mikhail Shneider），他与博克塞共同组织了竞选活动。波波夫首先是个思考者。一种普遍但充满敬意的说法是，波波夫每天都要躺在沙发上花数个小时思考问题。[20]作为一个理论家，甚至带有一点理想主义色彩，波波夫并不考虑路面坑洼和街灯之类的问题。他不知道莫斯科的仓库还存有多少吨蔬菜，也不知道该如何处理香烟暴乱和食品短缺。

波波夫担心，激进的民主主义者会因为自身缺乏治理经验而招致灭顶之灾。他在心里盘算，整个试验可能面临失败，一切都有可能轰然坍塌，他们这些人将会身败名裂，甚至可能锒铛入狱。一开始就要管理整座城市，这样的考验对激进派而言过于沉重。他们的准备并不充分。他们需要一座和旧制度相衔接的桥梁。

他们还要从悠久而深远的俄罗斯文化里借助某些东西。他们需要一位真正的领袖（khozyain），这个词在俄语里的含义十分丰富，可以指称任何社会组织如家庭、村子、企业和国家的头领。一个家庭的领袖通常由最年长的男性担任，有责任管好一家人的生计。真正的领袖对其所辖组织的人负有照管之责。苏联人评价一个领导时，喜欢看他有没有给人以真正的领袖印象——或体现为外表，或体现为行动。至少在这个方向展示出才能的人，也就是能够管理日常事务的人，被称为实干家（khozyaistvennik）。[21]波波夫明显不是领袖人物，所以他需要找到一个这样的人。波波夫找到了叶利钦。

每天的早餐时分，激进派都要在莫苏委办公楼主席台后面的一个大房间召开会议，以商讨当天的各项计划。波波夫在掂量要不要把老党员赛金请回来重新掌管城市，但激进的民主主义者对此充耳不闻。他想在老顽固里另选他人，但激进的民主主义者一个也信不过。一天，波波夫在吃早餐时向大家报告，说叶利钦推荐了一位城市当家人，他就是卢日科夫。但在场的人谁都没听说过卢日科夫这个名字。

“我们就问，这个家伙是谁？”民主主义者亚历山大·奥索夫措夫（Alexander Osovtsov）回忆说。

没有人接话茬。过了一会儿，有人想起几个与新兴民主主义者正打得火热的年轻的合作社经营者，他们都对卢日科夫赞誉有加。施耐德回忆，他刚与卢日科夫见过面。他的第一印象非常鲜活。“苏联官僚，”他回忆说，“他说话的方式、措辞、用语、外表、跟人说话的架势，无一不说明，他是个真正的苏联官僚。跟我想象中的官僚一模一样，因为我之前没有跟官僚打过任何交道。”[22]

波波夫下不了决心。“明天，我们必须做出决定，”他对激进分子说，“我们务必有所行动。”

博克塞沮丧地回到家里，电话响了。是一位老熟人，一位已在领取退休金的妇女。博克塞告诉她，波波夫正在这项重要的决定上犹豫不决，不过卢日科夫已经是最后人选之一。那位妇女的声调顿时明亮起来。

“不会是尤里·米哈伊洛维奇吧？”

“正是尤里·米哈伊洛维奇。你怎么知道这个人？”

“他不是化工自动化设计局的头儿吗？”那是70年代末期卢日科夫在莫斯科所领导的企业。

“是的。”博克塞满心好奇地答道。

“你知道，我在那里工作过十年时间，”她说，“我知道这个人。我不太了解他，但我听说他一直对人很好。”

第二天，博克塞径直找到波波夫，对卢日科夫做了介绍。“我听说他对人很不错。”他这样说道。

卢日科夫紧张地关注着民主主义者，他非常清楚，自己被他们当作了老顽固的一员，正是这帮激进分子誓言要拉下马的官僚之一。他回忆说，异己分子把所有问题一股脑推给前朝的做法，令当时的他满腔怒火。他对此非常恼怒，竟然决定辞去在市政府担任的所有工作。不过，他随即来到莫苏委的大理石厅，亲自看望这些新兴的政治人物。他们跟官僚有所不同，都不打领带。一度在合作社事务方面活力充沛的卢日科夫，同样对这些新兴的民主主义者产生了兴趣。他觉得，这些人的身上没有了上一代人那种“盲目服从”。

“你要打交道的，是一帮有知识、有积极性也有怒火的人，他们将原有制度斥为白痴，并承诺以最快速度做好修复工作，”卢日科夫回忆说，“这些人给我的印象十分深刻。”但他清楚，甚至比那帮人更清楚，他们接到手里的是怎样的一个烂摊子。维系整个苏联的供给链条几乎每一天都在咔咔断裂。就在卢日科夫为前景琢磨不定时，他的电话响了。是叶利钦，他打算东山再起。1990 年 5 月 29 日，叶利钦当选苏联最大加盟共和国俄罗斯共和国的最高苏维埃主席，并向戈尔巴乔夫施压，以推行更多激进改革措施。

“我是叶利钦，”卢日科夫的耳边传来了熟悉的嗓音，“放下手里的工作，来我这里一趟。”应叶利钦的强烈要求，波波夫选中卢日科夫接手莫斯科市的管理工作，而卢日科夫表示同意。多年后，波波夫告诉我，卢日科夫在好几个方面赢得了他的好感。这个人没有担任过高级领导职务，对合作社的管理十分灵活。而且据波波夫回忆，合作社组织曾经支持过激进民主主义者发起的竞选活动。波波夫还了解到，是卢日科夫给摊派市民到蔬菜基地参加脏活累活的做法画上了句号。[23]

博克塞前去看望激进民主主义者，以缓和大家因为选中卢日科夫而产生的担忧情绪。大家的第一反应是愤怒。“简直是背叛!”激进分子冲着博克塞脱口而出，“我们需要的是民主人士!”

波波夫在莫苏委会议召开之前正式介绍他选中的人卢日科夫时，大家仍然怀着满腔怒火。据卢日科夫回忆，做介绍时，波波夫冷静地向他致意。波波夫的介绍很简单，接着，卢日科夫有十二分钟的时间进行自我介绍。“我吃惊不已。”卢日科夫回忆说。只有十二分钟，他怎么说得清楚目前困扰全市的这场危机？委员们纷纷提问。一位激进民主主义者问了这样一个问题。

“我们想知道，你的纲领是什么?”那个人问道，“你是民主派还是共产党员?”

卢日科夫有些发慌。他的内心涌动着什么，随即朗声说出一句此后被大家回想多年的答语。“我从过去到现在始终秉持一种纲领——那就是实干。”他如此说道。

掌声响起。整个大厅回响着欢声笑语。卢日科夫出人意料地化解了激进分子的怒气，并赢得了他们的好感。沙赫诺夫斯基回忆说：“这句话对莫苏委的民主人士有着巨大的影响力。真是一句漂亮的回答。”大家都给卢日科夫投了赞成票。波波夫是政治领导者，而卢日科夫成了实干家。

接下来的一年间，经济进一步下滑，离苏联大厦的最后倾覆只有几个月时间。1990 年 7 月，一群领头的民主主义者，如叶利钦、波波夫，以及来自列宁格勒的阿纳托利·索布恰克（Anatoly Sobchak）退出苏联共产党，并交出了党证。莫斯科的日子越发惨淡。1990 年初秋，随着大雪降落，令人不寒而栗的恐慌情绪再次袭来：番茄都烂在了地里。

为应对混乱局面，卢日科夫采用了传统的指令性做法，如强令莫斯科市民持身份证购买食品等。随着短缺日盛，各大商店的外面不断涌现出黑市。能买到的东西微乎其微，价格却不断飙升。据奥索夫措夫回忆，卢日科夫打算动用民兵组织强行控制价格。这是典型的苏联式应对措施。奥索夫措夫花费数个小时，试图说服卢日科夫，这样的招数不管用，因为到了孤注一掷的时候，稀有商品肯定是黑市出什么价它就卖什么价。“我嗓子都说哑了，一个劲想让他明白，这样的措施没有任何意义。”奥索夫措夫回忆说。包括莫斯科和列宁格勒在内的大城市开始实行配给制。[24]

结果并没有出现饥荒现象，但短缺问题变得更加严峻。1991 年 4 月初，我的同事迈克尔·多布斯（Michael Dobbs）在进入莫斯科一家食品商店时，正好碰到一个人正在鲜肉柜台四处打量。“昨天没有东西可买，今天还是没有东西可买，”那个人盯着柜台说，柜台上空空如也，只有几份即煮配饭，装着湿漉漉的香肠和凝结的肉汁，“我很怀疑明天会有什么东西可买。”[25]

1991 年，接下来那个夏季，莫斯科和圣彼得堡都经历了一场重大的政治重组。原本完全掌握在共产党手中的橡皮图章立法机构以及规模更小但权力更大的执委会，被改组为更具现代性的市长制。波波夫参选莫斯科市市长一职，同时推选卢日科夫参选副市长职位。波波夫作为思想家和理论家的声望未曾有过动摇，苏联的新闻记者根据一部深受大众欢迎的动画电影，给他取了个爱意满满的昵称：“雾中刺猬”。波波夫对此好像十分敏感。他在参加电视竞选活动时说：“我们需要使用本国的人才，包括共产党老官僚。在我看来，卢日科夫就能够弥补我的很多不足。”[26]

选民对波波夫-卢日科夫团队表现出了巨大的信任。他们赢得了 65.3%的选票。博克塞注意到了卢日科夫的细微变化。之前，卢日科夫是实干家，是管理者，波波夫和叶利钦则一起在全国的舞台上把玩政治。但当选副市长后，在博克塞看来，卢日科夫显然揽权越来越多。选举结束后“他似乎成了波波夫的接班人，而在选举前，他还算不上接班人”。

1991 年 8 月 19 日，莫斯科时间凌晨 6 点 30 分，克格勃负责人等一帮心怀不满的强硬派企图推翻戈尔巴乔夫。他们把他软禁在位于克里米亚的度假别墅，并宣布全国进入紧急状态。克格勃负责人弗拉基米尔·克留奇科夫（Vladimir Kryuchkov）对七个人签署了逮捕令，其中包括波波夫、博克塞和施耐德。波波夫当时身在吉尔吉斯共和国比什凯克市，要到晚间才能返回。代理市长卢日科夫在上午八点接到市党委书记尤里·普罗科菲耶夫（Yuri Prokofyev）的电话，要求他前往“听候指示”。

卢日科夫需要做出抉择，是与政变谋划者同流，还是跟叶利钦一道进行反击。据当时陪伴卢日科夫的沙赫诺夫斯基回忆，叶利钦打来电话，要卢日科夫前往他位于市外的度假别墅。沙赫诺夫斯基回忆，卢日科夫是当天的市领导，他要是宣布支持政变行动，后来的事情发展可能完全走样。不过，他上了轿车，朝叶利钦的住处疾驰而去。他的名字被克格勃加进了逮捕者名单。[27]

他于次日凌晨抵达度假别墅，叶利钦穿着旧T恤和拖鞋迎接了他。他指着窗台上的一堆苹果，让卢日科夫自取自吃。“莫斯科就靠你了。”卢日科夫给了个肯定的答复。“谢谢。”叶利钦说道。他要求卢日科夫立即组织针对政变行为的群众抗议活动。在返回莫斯科的路上，卢日科夫要求司机把车停下，对车牌进行了更换。备用车牌就放在车尾箱。以防万一。[28]

午后，叶利钦召开新闻发布会，对政变行为予以谴责。下午1点，叶利钦登上塔曼师110号坦克，发表反击政变的著名演说。下午4点30分，卢日科夫发表声明，谴责政变行为，并号召莫斯科市民举行总罢工。

“看到卢日科夫拿出全力进行反击时，我就意识到政变即将失败。”博克塞后来回忆说，“为什么？因为在他们看来，波波夫是民主主义者，跟他们不是一路人马。但卢日科夫是真正的领袖。那么多人享受着他修建的公寓，比如交通局的头儿、直升机驾驶员等。这些人非常清楚，卢日科夫才是莫斯科真正的领袖。”

八月事件中，真正的英雄人物是叶利钦，以及数十万走上街头反对政变行为的莫斯科市民。在那个短兵相接的紧张时段，卢日科夫并没有公开亮相。但他在幕后发挥了作用。因为全国性的报纸和电视台大多遭到关闭，是他让莫斯科的电话和电台保持畅通，尤其是“莫斯科回声”电台，在最为关键的几个小时内帮助动员起一大波反政变力量。莫苏委是“莫斯科回声”电台的创办者之一，因为波波夫一直对创办独立电台的想法青睐有加。政变刚一发生，该电台就在卢日科夫身边派驻了一名记者。电台台长阿列克谢·韦涅季克托夫（Alexei Venediktov）告诉我，他们与卢日科夫的联系显得至关重要，这让那些反对政变的人看到了希望。不断有报道发回，卢日科夫正组织反击，正动用卡车和志愿者，正下令搭建大型水泥路障。卢日科夫只有过三四次短暂发声，但重要的是知道卢日科夫反对政变行为，这就够了。“卢日科夫是一位党员，也是一名官僚，”韦涅季克托夫回忆说，“只要卢日科夫这样积极的苏共党员都拒绝参加，那就有了希望。”在三天时间内，“莫斯科回声”电台的播出信号中断过四次，但每次都能恢复正常播出。[29]

据奥索夫措夫回忆，卢日科夫一直保持着冷静和务实，对挫败政变行为的各种措施逐一开列清单。奥索夫措夫回忆起第一天在卢日科夫办公室召开的骨干成员会议时说道：“讨论的话题，主要围绕在白宫和莫苏委办公楼周边设置路障，以全部包围这两座大楼；以及用小轿车向人群运送新鲜饮用水、设置移动式卫生间等，自然也涉及饮食等问题。当时的政治形势十分明朗。”

但卢日科夫随即起身，走到了窗边。他的办公室已经搬进一座高楼，透过窗户就能看见白宫、莫斯科河和乌克兰饭店。饭店是一座十分显眼的哥特式建筑，是斯大林主持修建的七大建筑之一，此时门前停着一辆装甲运兵车。卢日科夫一边看着窗外一边说着话，似乎并不想让某一个人听见，尽管一帮核心成员就坐在他的办公室。“也就是你我之间，”他说道，“我才这样说。政变是一场浩大的行政工程。”说起这场由一帮共产党老手发起的造反行为，他做出了如此预言：“那帮共青团团员根本没法应付——门都没有！”

他说对了。政变企图失败了。

政变失败后，莫斯科对于卢日科夫的尊敬犹如泉涌。他第一次被人视为政治家，而非政治官僚。随着政变落幕，卢日科夫走上大街直面人群，并成功劝说大家不要到位于旧广场的苏共办公大楼进行报复性打砸。当愤怒的人群威胁说要砸毁臭名昭著的秘密警察头子菲利克斯·捷尔任斯基（Felix Dzerzhinsky）的雕像时，卢日科夫调来起重机小心翼翼地搬走了雕像，因为他明白，重达八十三吨的雕像如果胡乱倒下，将会砸毁下方的电话线和下水道。[30]

政变阴谋让波波夫元气大伤。苏联的崩溃令他心力交瘁。政变之后，叶利钦同意在苏联进行激进的市场化改革，人称“休克疗法”，波波夫对此心存怀疑。还令他感到失望的是，叶利钦冷落了他。

波波夫在莫斯科也遇到了麻烦。他与莫苏委不断发生冲突。人们高度怀疑，波波夫在经营自己的副业。莫斯科和列宁格勒的食品供应仍在不断恶化。波波夫内心的恐惧一直没有缓解过，他害怕之前所做的所有努力功亏一篑，而自己可能因此受到责难。

1991 年 12 月，苏联解体，波波夫告诉身边人，他想辞职不干了。大家劝他不必如此。沙赫诺夫斯基和卢日科夫前往拜访叶利钦。就在当天，苏联国旗落下，戈尔巴乔夫将装有核按钮的手提箱交给了叶利钦。他们请求叶利钦阻止波波夫提出辞职申请。他照办了。1月，波波夫再次在更大范围内表示，自己将辞去职务，但在“民主俄罗斯”举行的一次会议上，大家再次说服他继续任职。

据博克塞回忆，波波夫有病在身，不时遭受背痛折磨，那源自多年前的一次登山事故。波波夫对莫斯科的兴趣逐渐消弭。他期待与叶利钦一道，共担联邦事务，但一直没有他的位置，而他与盖达尔政府越来越意见相左。能够撬动莫斯科权力杠杆的实际人物是卢日科夫，而不是波波夫。1992 年 6 月 6 日，波波夫宣布辞职，留下卢日科夫独自领导一座饥荒人口多达九百万的混乱大都市。

而这位领袖还没有做好充分的准备。

第四章　阿纳托利·丘拜斯

硕大的列宁格勒公立图书馆柱廊环抱，内有二十八间阅览室、一千七百万部图书、三十万部手稿、十一万二千张地图，但妮娜·奥金格（Nina Oding）能找到那个存放禁书的特制书柜。20世纪70年代末，奥金格是这家大型图书馆的一名年轻助理，每当无人看管时，她就会七弯八拐地来到特制书柜旁，阅读里面的各种禁书。这些书籍多来自西方，被苏联政府认定具有颠覆性质。类似书籍平时存放在一个上锁的房间，当外国读者提出借阅要求时，它们会被定期放入特制书柜。其他人如果想借阅，总会面临填不完的表格和审批。即便如此，这些书籍通常会莫名失踪导致无法借阅。“抱歉，”馆员会这样解释，“散架了，正在装订。”[1]

这些书籍为什么要秘密存放？政府没有说。这是“发达社会主义”制度莫名的荒唐之一，对不想给人阅读的书籍给予精心呵护。很明显，这些书籍不可能彻底遭禁，因为作为一家创建于1814年的大型图书馆，它不能承认自己没有相应馆藏。于是，在勃列日涅夫当政晚期，国家决定把它们一藏了之，差不多吧。

青年学者喜欢把图书馆称作“公墓”（Publichka），在苏维埃思想控制仍然引发焦虑的年代，这里云集了各种自由思潮。内部空间高大的社会学和经济学阅览室被人们称作“社经室”，是几位年轻书目专家的工作地点，他们上懂藏语，下知索尔仁尼琴的全部作品。他们与兴致盎然的读者志趣相投，信任纽带一旦确立，大家便无所不谈。当时，广大读者把图书馆称作“大脑坟场”，并不是因为那里藏有大量书籍，而是因为它云集了头脑聪明的编目专家、图书馆员和众多读者。空气中弥漫着阅读和争论的气息，尤其在吸烟室和咖啡厅，哪怕这里空间狭小，只摆得下几张桌子。[2]

在此聚集的，有克格勃的特工和线人，但禁止踩踏的危险区和红线究竟在哪里，一直没有人说得清楚。国家已经年老多病，充满传奇色彩的触角日渐麻木，大脑开始混沌。然而，不确定性明摆在那里，让谈论的人不敢过于大声。列宁格勒是以其克格勃分支机构异常警觉而著称的。曾有研究人员来到这家图书馆，希望借阅几本禁书。他被告知，馆里没有这样的书。他又来过一次，赫然拿着索书号！他就要借那几本书，因为他知道图书馆有，只是被藏了起来。克格勃展开了调查，索书号从何而来？

对图书馆进进出出的人，妮娜·奥金格是个敏锐的观察者。她身材矮小，长着一头浓密的褐发和一双淘气的眼睛，时而热情迸发，时而严肃忧郁，能一一记住每天来到“社经室”的各色读者。她以脸识人，以借阅证号识人，这些东西她记起来不费吹灰之力。在众多读者中，她记住了一个英俊的高个子年轻人，他满头黄发略带红色，时常在“社经室”流连，阅读着政治经济类书籍。这个人名叫阿纳托利·丘拜斯。

在当时充满好奇心的年轻学者、丘拜斯及其同龄人看来，对于克格勃的害怕还没到草木皆兵的程度，只不过意味着在公共场合说话时确实应该小心而已。这成了人们的第二天性。身边的证据比比皆是，表明时下的制度正在减速，经济和工业生产正在逐渐失灵，领导阶层腐败而自大，但年轻的学者们仍然只能私下嘀咕，互打暗语。他们关于“完善生产方法”的用词，隐晦得犹如位于市中心马拉大街9号的列宁格勒工程经济学院的石质正门。作为一名年轻教授，丘拜斯正在这里崭露头角。

丘拜斯光顾图书馆没多久，奥金格就被分到了他所在的学院。这不是什么挑选。她没把自己当成共产党员，而是一个自由思想者。她认为正由于此，才在大学毕业后被党组织分配到枯燥的应用经济学研究单位。“当时的经济学家就是这些搞笑的人，”她在多年后回忆道，“我觉得自己陷入了某种恐慌。那是一群榆木疙瘩。而且思想古板！

而我是一个思想进步的历史学家。”

这样的大学有数百所之多，大批苏联专家在此攻克勃列日涅夫时代未能解决的宏大课题：如何使社会主义更好地发挥作用。小隔间的数量多达上千个，四周摆着相同的黄色木柜，挂着薄布窗帘，桌上放着绿色塑料罩台灯；教室里黑板林立，喝到半干的茶杯横七竖八，苏联的研究人员正在努力寻找“科学”答案，以修复这架生病的社会主义机器。研究人员数年如一日，勤勉地查找着苏联工业体系上那些吱嘎着响的齿轮，只为找到法子，要么推着它转动，要么至少除掉锈蚀。他们寻找着各种“指标”或线索，以确定如何把劳动力提高2%，或者把钢产量提高3%。机器制造、煤炭开采、农业生产、金属冶炼和其他数十个行业，都有自己的研究院所，进行着同样的研究。在苏联社会主义体制下，那个包容一切的、伟大的资本主义市场指标万万没有可能，于是年复一年，数十万研究人员在经济领域里无聊地寻找着非对即错、非好即坏，明显属于虚假的各种措施。很多研究人员心知肚明，或至少有所揣度，他们关于社会主义先进性完美“指标”的探索终将徒劳无益。

分到学院没多久，奥金格就被派往集体农庄，参加一年一度的秋季强制性采收土豆之旅。整个学院倾巢出动，来到列宁格勒州东部边缘地区。这里地处偏远，是苏联帝国的穷乡僻壤，道路泥泞，只有拖拉机能够勉强通行。学院里关于完善社会主义制度的研讨班和讨论会接二连三，乡下生活成了深受大家欢迎的休假和放松时间。大家住在陈旧的木制板房里。白天，他们把粗糙的木条箱绑在一起，用来从地里搬运土豆；夜里，他们唱歌、喝酒、聊天。给他们带来生机的，是新鲜的空气、劳累而酸痛的肌肉、阳光暴晒的灼热、新生的友情和邂逅的浪漫。

他们在农场里轮班劳作。奥金格很快就认出了在另一班次参加劳动的丘拜斯。他个子高大，面庞长而英俊，情绪激动或怒火中烧时，立马变得满脸绯红。在大家的印象中，他既是一个非常严肃的年轻人，也是一个认真负责、毫不做作的领导者。他举止得体，小心谨慎，充满自信。

回到学院后，他做起了“完善社会主义研究与发展”这一课题。据奥金格回忆，丘拜斯既不是正统经济学家，也算不上异己分子。如果总要说点什么的话，那就是他一直非常勤奋，深得老教授们的喜爱。他在很早就被批准入了党，这一点显得颇不寻常。他对暗送秋波的姑娘们不理不睬，始终面带柔和而倔强的笑容，姑娘们一边转身离开，一边大声说着：“真是无可救药！”但跟朋友在一起时，他总能引人注目，语出幽默。一如当时的所有人，丘拜斯喜欢披头士乐队。他喜欢爵士乐，但对“性手枪”（Sex Pistols）和“艾利斯·库珀”（Alice Cooper）这样的乐队从不感冒。他是个非常正直的年轻人。

集体农庄晚上很少有娱乐节目，拖拉机走上好几个小时才能到达最近的电影院。大家于是闲谈至深更半夜。在偏远的乡村，大家摆脱了克格勃的监视。1979 年 10 月的一天傍晚，丘拜斯和来自同一学院的两位朋友就完善社会主义工业这看似永无休止的话题展开了辩论。一位朋友名叫格里戈里·格拉兹科夫（Grigory Glazkov），性格文静，喜欢思考，是工业自动化问题方面的专家。另一位名叫尤里·亚马盖耶夫（Yuri Yarmagaev），是个满含深情的数学家，他能像焊工手里的焊枪一样点子频出。亚马盖耶夫是个反苏激进主义者，格拉兹科夫是个头脑冷静的分析家，对什么想法都要评头论足一番，而丘拜斯属于当权派。丘拜斯二十四岁，两位朋友仅长他一岁。[3]那天晚上的冗长争论，从此改变了他们的生活。

“那一年很特殊，”格拉兹科夫后来回忆说，“勃列日涅夫时代具有一定的生命周期性。勃列日涅夫上台的 60 年代末期，充满了无限的生机。1975 年开始进入收尾阶段。那一年是个转折点，社会制度进入解体阶段。到 70 年代末期，整个制度已经坏掉了。大家对现存的苏联制度完全失去信任，并感到非常失望。任何有脑子的人，都会对这种制度感到非常不满和非常失望。1979 年，我觉得这一制度尝试着做了最后一次自我修复。”

这次尝试来自勃列日涅夫下达的一道命令。关于社会主义进步“指标”的无聊探索已经不知所终。经济短缺日渐加剧。工厂为消费者生产出大量劣质商品。于是，各大机构的科学研究人员接到指令，开始了以提高社会主义工业机器质量为目标的重新探索。该项探索工作的蓝图，以勃列日涅夫签署的“第695号令”的形式下发。这是一本厚厚的指示。“它力图成为衡量一切的体系，”格拉兹科夫回忆说，“衡量经济成功与否、工业成功与否、生产力和质量提高与否，等等。这实际上就是尾声。整个制度的各个方面都开始进入尾声。”

就在集体农庄的那个晚上，朋友三人围绕“第695号令”能不能发挥作用开始了争论。

亚马盖耶夫很有把握地认为，该项指令一定会失败。他在工厂里干过。他说，社会主义工业生产完善方案纯属无稽之谈。“全是谎言。根本就没有社会主义经济这回事儿。偷窃和私吞现象比比皆是。”丘拜斯辩称，社会主义经济里有一种为不同群体所秉持的所谓共同“利益”，亚马盖耶夫一下子顶了回去：“我们以工厂厂长为例。他确实有追求。但他的追求，是往自己口袋里多捞钱。”

丘拜斯自信而坚定地支持“第695号令”。他一度立志成为大型工厂的厂长，并亲自研究过社会主义工业衡量标准这一问题。据格拉兹科夫回忆，丘拜斯是个不服输的辩论者。丘拜斯的辩论方法不是就某个论点全盘取舍，而是加以分解，再逐项进行论述。“听着，”据格拉兹科夫回忆，他如此说道，“假定我们这也做了，那也做了，既这样做过，也那样做过，经济为什么还是上不去呢？”

二十多年后，当我向丘拜斯了解当时的辩论经过时，他仍然记忆犹新。[4]“我的确支持‘第695号令’。”他回忆说。当亚马盖耶夫一个劲地抨击这份文件时，丘拜斯觉得自己这位朋友过于感情用事。相比之下，他弄懂了那一大摞文件的实质内容，并真心佩服它的复杂和深度，以及使之成文的专业功夫。他不禁有些恼怒。“他怎么能说整份文件一无是处、漫无目的呢？”想起亚马盖耶夫的长篇指责，他如此说道。

格拉兹科夫转向丘拜斯。他很难把自己想说的东西表达清楚。他知道自己争不过既苛刻又有科学论据的丘拜斯，因为他什么也没有。“我只是凭直觉，这件事情可能性不大。”他回忆说。他告诉丘拜斯，勃列日涅夫的整份文件就像一台结构复杂的永动机。就各个细枝末节，比如飞轮、齿轮、滑轮等，他们几个人可以争论一整夜。然而，格拉兹科夫说，更主要的问题在于，根本没有永动机这回事儿。这就是一场没有结果的探索！起不到任何作用。

格拉兹科夫随后又想到一个更简单的比喻。勃列日涅夫这份文件像一架庞大而复杂的飞机，他如此说道。想想它那结构复杂的机翼、座舱和各个部件的内部连接吧。它全都写在了“第 695 号令”这份图纸上。但这份漂亮的图纸有一点问题，格拉兹科夫说道。

找不到引擎。

从那天晚上开始，这三位朋友争论不断，一回到列宁格勒，他们就决定要为此做点什么事情。嗓门太大有风险，很可能不会有任何结果。他们决定合写一篇文章，解释关于“指标”的探索为什么以失败收场，即永动机为什么无法正常工作。在丘拜斯的安排下，文章将发表在一份没有名声的刊物上。

他们时常聚会，地点要么在各自家里的厨房，要么在丘拜斯居住的阴暗单间公寓。截稿日期前一天晚上，格拉兹科夫仍然无法把他们的想法写到纸上。“我们一直坐到天亮，天亮时分，他好歹写完了。”丘拜斯回忆说。在他们看来，自己写到纸上的东西是一种革命思想。他们宣称，关于社会主义工业进步虚构“指标”的探索，从本质上说不会有任何作用。旨在衡量工厂产值、劳动和生产过程的各种努力都是白费劲。为什么？这是一个决策人数多达数百万、人为“指标”多达数百项的庞大经济体系，也许没有一项指标能够说得清楚正在发生的经济现象。只有一种强大的工具，能够照顾到复杂的决策全过程，那就是经由自由市场确定的价格。但在当时，也就是 1980 年，关于价格的讨论很可能招致麻烦。丘拜斯和他的两位朋友一波三折，取得了自以为至关重要的认识，但那又能怎样呢？

*

丘拜斯家里的厨房，时常回响着关于苏联政权、经济、战争和异见等问题的争论。作为两兄弟中的次子，阿纳托利对这些争论的印象十分深刻。他的父亲鲍里斯曾是苏联军队里的坦克手，所在连队于

1941年二战爆发时，被围困在立陶宛边境。鲍里斯·丘拜斯奋力突出包围圈，侥幸躲过一劫，后来担任过政委职务，也就是军队里的政治指导员。他对苏联制度的信仰坚不可摧。“我父亲坚信苏联的政权、思想、党威和斯大林，这样的人为数不多。”阿纳托利回忆说。[5]

1947年，他的哥哥伊戈尔在柏林出生，1955年6月16日，阿纳托利出生于白俄罗斯。一家人经常搬家，总计将近二十次，因为鲍里斯·丘拜斯要到全苏联各地的军事院校担任教职。鲍里斯·丘拜斯在抚养两个孩子的过程中，向他们灌输了基本的军人风范。据伊戈尔·丘拜斯回忆，他的父亲对共产党所宣传的各种理想十分当真。“我从小就深受诚实、公平、互助、团结等思想的影响。但我后来开始明白，他们是说一套做一套。”[6]

1968年8月21日，随着苏联派出军队镇压捷克斯洛伐克共和国境内的改革运动，伊戈尔·丘拜斯对于苏联制度的怀疑变成了现实。“1968年8月，”他回忆说，“我清楚地认识到，当局说的是谎话。我不想受他们的欺骗。我自己得出结论，他们说的是谎话。”

时年二十一岁的伊戈尔正趁着暑假，在敖德萨看望一位同学。他组织了一场单人抗议。他来到列宁塑像前，举起了捷克国旗。“我举着旗帜高喊道：‘侵略者，滚出去！’”他回忆说。没有人参加，没有人围观，伊戈尔也没有受到逮捕。但反对社会制度的异见火花已经点燃。回到列宁格勒之后，他就此次侵略行为，给大学的墙报写了一篇略带煽动性的文章（在那个时代，文章复制件可以贴到墙上，让每一个人阅读）。伊戈尔的措辞很小心。文章掀起了一阵波澜。那节课下课后，伊戈尔看见全部学生都围到了他的文章跟前，正在认真地阅读。又过了一节课。“墙报不见了。文章也不见了！全都被拿走了。所以，那篇文章只张贴了二十来分钟。”

几个月后，伊戈尔所在班级参加列宁考试的成绩公布了，该考试旨在检测大家对列宁和其他共产主义思想的了解情况。在宣布考试结果的仪式上，系主任和当地党委负责人悉数到场。

名单依次宣读。伊万洛夫。“及格。”佩特洛夫。“及格。”西多罗夫。“及格。”丘拜斯。“不及格。”鸦雀无声。有学生当场表示不满，说伊戈尔对列宁的了解不比他们少，但党委负责人宣布，这是最终成绩。伊戈尔回忆说，自己再也不想参加什么列宁考试。可几天后，当他再次碰到那位党委负责人时，他问为什么一直不让他参加补考。那位负责人说："你不光拿不到学分，我们还要开除你。"

回到家里，伊戈尔的叛逆情绪依旧不能平复，一家人于是开始了激烈的争吵。阿纳托利当时十四岁。"在家里，我爸爸和哥哥几乎每天都会发生激烈的争执和辩论，真是无休无止，"阿纳托利·丘拜斯回忆说，"争论的时间很长，我就这么看着。尽管立场各异，但争论的主题相同，那就是国家、历史、现在与未来。"辩论的话题远不止捷克斯洛伐克，他们为哲学、经济学、苏联陷入经济短缺的原因等问题争得不可开交。他们曾经争论过，商店里为什么买不到香肠。如果丘拜斯有朋友来访，伊戈尔也会拉上他们争论一番。他的家里就是这样。儿子可以说出自己的想法，鲍里斯·丘拜斯则会竭力而坦诚地说服伊戈尔，他是错的。

家庭争论中表现出来的进攻与躲闪，让年轻的阿纳托利深感入迷，并留下了持久的印象。父亲和哥哥都是哲学专业生和哲学理论专家，听了他们的争论，他觉得自己更喜欢比较具体的学科，如经济学。关于哲学的争论显得太抽象。

鲍里斯找到系主任交涉了一番，伊戈尔才没有被逐出校门。但儿子的异见给父亲带来了不小的麻烦。鲍里斯·丘拜斯在一所高等军事院校担任教职。一天，一位将军特地从莫斯科赶来，给大家做一场关于入侵捷克斯洛伐克的讲座。这位将军滔滔不绝地大谈特谈，苏联军队是为了"在捷克斯洛伐克恢复社会主义制度"。出于好奇前来听讲座的伊戈尔·丘拜斯怎么也克制不住自己。讲座结束，他径直走向将军，直截了当地表明："我知道事情的另一面。你是错的。事情不是你讲的那样。"

这几句话引发了一次非常尴尬的调查行动，调查单位是列宁格勒军区总部，调查对象是意志坚定的共产主义理论专家鲍里斯·丘拜斯。事情的转折很让人担心，尤其是他的妻子赖莎。"我母亲的反应很紧张，"伊戈尔回忆说，"我明白，家里的每一个人都明白，父亲可能遭到解职，那么我们很可能因此失去生存支柱。”多年后，鲍里斯·丘拜斯向他的大儿子坦陈，克格勃特工找过他，向他了解伊戈尔的朋友有哪些人。

但鲍里斯·丘拜斯调查委员会的调查结果，与他儿子的了解如出一辙：他对社会主义制度忠心耿耿。“他们经过调查发现，他是个正统的共产主义者，”伊戈尔后来回忆说，“也就没有理由要惩罚他。”

这段插曲让阿纳托利·丘拜斯明白，当社会制度遇到挑战时，它会做出怎样的反应。他把这一切看在眼里：父亲是共产党试图惩治的人，而这样一个人出生在布尔什维克革命年代，撰写过题为《社会主义在苏联的全面和最后胜利》的博士论文，并且每一天都致力于全面推进共产主义建设。从这次事件看来，在性格成长的最关键时期，年轻的丘拜斯记住了一条无声的教训，那就是新思想如果要露头，必须得到一定的保护。要表达新思想，必须有坚强的意志作为支撑，因为新思想随时面临噤声的危险。

阿纳托利·丘拜斯很享受自己开车带来的刺激感。他开车的速度很快，动作很干脆，常常在车辆几至失控时急打方向。他在列宁格勒期间，经常驾驶一辆黄色的小型扎波罗热人牌汽车，这种苏制轿车引擎后置，产地位于乌克兰。“他的车速令人不寒而栗，”他的老朋友奥金格回忆说，“他就这样开车来我家做客。走进我家时，他的耳朵里仿佛还回响着轿车的呼啸声。那种架势就像他驾驶的是一辆飞驰的奔驰轿车。他喜欢那辆小轿车，特别喜欢。”另一位朋友弗拉基米尔·科拉贝尼科夫（Vladimir Korabelnikov）回忆说，那辆小轿车很肮脏，“让人很不喜欢”，但每天都给丘拜斯腾出了更多时间，因为他不用再等公共汽车。丘拜斯会邀请朋友们与他外出露营，他开着扎波罗热人牌汽车来到列宁格勒城外的森林，一起散步，一起划船。激流泛舟是他胜于一切的爱好。他们会在现场找来木头，捆绑扎制成方形独木舟，再下到激流乱石中颠簸划行。时而险象环生，时而惊心刺激。[7]

丘拜斯往往固执己见。据多位朋友回忆，丘拜斯随时都需要信奉点什么。他一旦握住方向盘，就要费不少周折才能说服他松手并改变行车方向。他的意志相当坚定。这既是他巨大的人格力量，但也会形成诸多盲区。

在农庄上展开争论的时候，丘拜斯仍然非常坚信，社会主义制度能够得到完善。1983 年，他在列宁格勒大学参加论文答辩。论文题目是《在科学技术部门完善管理制度的考察和研究》。[8] 据奥金格回忆，她并不打算参加丘拜斯的论文答辩，因为结果已经非常明显，但她在最后一刻改变了主意。她回忆说，他的答辩相当精彩，甚至充满感情。他吐词清晰，能言善辩，信心十足。之后数月间，他的精彩答辩仍旧“余音绕梁”。

私底下，丘拜斯开始对自己的正统思想产生了怀疑。科拉贝尼科夫回忆，自己清楚地记得丘拜斯讲过，他已经意识到经济学才是一切的统领，也是改变苏联制度的唯一途径。据其他人回忆，丘拜斯没怎么阅读俄罗斯文学作品。他时间不多：他要阅读的，是政治经济学书籍。

集体农庄上那次争论之后，丘拜斯、格拉兹科夫和亚马盖耶夫变得小心起来。他们明白，关于指标的探索将徒劳无益，光嚷嚷这个还不至于惹恼制度，或引起克格勃以及党委的警觉。他们的行动必须谨慎，甚至隐秘。的确很少有人能与他们共享见解。亚马盖耶夫认识一个名叫谢尔盖·瓦西列夫（Sergei Vasiliev）的年轻研究员，他任职于列宁格勒财政经济学院，这所大学的声望略在他们之上。一天晚上，大约是丘拜斯进行论文答辩那段日子，格拉兹科夫把瓦西列夫请到了位于马拉大街的工程经济学院。

瓦西列夫告诉我，那时夜已很深，学院各礼堂一片静谧。勃列日涅夫已于前一年去世，曾担任克格勃头目的苏联领导人尤里·安德罗波夫（Yuri Andropov）正释放出信号，有意结束持续多年的停滞状态。信号很微妙，大家只能在官方媒体发布的冗长文章中字斟句酌，而且尚不清楚安德罗波夫是否找到了出路。不过有迹象显示，安德罗波夫至少已经感觉到社会主义制度正在走向失败。

格拉兹科夫向瓦西列夫透露，他们在丘拜斯的领导下组建了一个校内秘密小组。属于“半地下状态”，瓦西列夫回忆说。[9]他问，那是个什么样的小组？“要改变社会制度，”格拉兹科夫回答道，“通过经济改革改变经济。”

当年被认为知识强人的瓦西列夫，加入格拉兹科夫、亚马盖耶夫和丘拜斯组成的小组，成为第四名骨干成员。就经济改革议题，丘拜斯低调组织过一次研讨会。与会者有二十余人，逐渐谈及大家一直在思考的一些激进看法。格拉兹科夫的角色是找到合适的人，并向这些人谨慎地发出邀请，以不引起任何怀疑。一如既往，亚马盖耶夫的想法和精力有如泉涌，并喜欢展开激烈辩论。瓦西列夫读书最多，知识最渊博，充当起了军师的角色。

丘拜斯成了总管，这次讨论会由他发起、引导并提供保护。他算不上顶尖经济学家或思想者，但在非此就会徒劳的政治环境下，他为新思想提供了存在的空间。他能搞到所需的批准文件，从而避免引起麻烦。二十八岁的他尽管来自一所二线学校，却是一位正在崭露头角的研究人员。跟朋友们一道，丘拜斯相当于把这个小组建成了一个学科团队。“要是没有他，我们恐怕只能照样在厨房里高谈阔论，”格拉兹科夫说，“其他什么都不会有。不会有研讨会，不会真正开展工作，我们三个人也不会写出什么文章来。”

“他在学院的声誉很好，”格拉兹科夫回忆说，“因此，他有很好的机会，可以举办各种研讨会。当时要做这样的事情很不容易。”例如，举办研讨会讨论匈牙利进步性改革这样的想法，很容易遇到来自克格勃的麻烦。“凡事都讲意识形态，”格拉兹科夫回忆说，“共产党有眼睛盯着，所以才需要批准。很不容易。但丘拜斯能拿到批文。他是党员！信得过！我们就是这么干的。”

“我们知道自己并不自由，”格拉兹科夫回忆说，“我们知道自己受到了监视，绝不能从事任何造反活动。在当时，‘市场’是个危险字眼。”

1985 年，戈尔巴乔夫执政，随着改革措施出台，列宁格勒研讨会的主题越发充满自信。参与者不约而同地开始谈起一个大胆的想法：给苏联的社会主义制度适度引入市场因素。他们进行过长时间的激烈争论，自负盈亏和去集中化这样的改革性概念能否挽救苏联经济，尽管那意味着允许工厂厂长多进行自主决策。后来，随着时间流逝，他们得出结论，现有机器或许已经在劫难逃，必须进行大规模重组。再后来，他们耗时数天，仔细推演转向新制度会产生什么样的结果。即便“转向”这一用词也会让人浮想联翩。

图书馆里的书籍继续提供着养分，不过他们的灵感也来自其他渠道。他们有的是办法，可以搞到一大批激进的地下出版物，这些纸张发皱、自誊自印的手抄本为官方所严格禁止，但手手相传十分盛行。“你可以从某人手里拿到一份油印件，花一个晚上的时间就能够读完，”奥金格回忆说，“次日一早，你还得还给人家。谁也不敢保证，给你手抄本的人不会出卖你。”

一丝灵感突然涌上心头。给他们带来巨大灵感的，是匈牙利经济学教授亚诺什·科尔内（János Kornai）在1980年发表的一本书，上下两卷，厚达630页。《短缺经济学》比其他书籍更能让人洞察失败的苏联社会主义。自1968年以来，匈牙利一直走在东欧社会主义国家的前列，推行以市场为导向的经济改革，而科尔内的划时代著作几乎完全基于他对匈牙利所做的观察。不过，对丘拜斯身边这几位年轻的学者而言，科尔内的著作可谓一扇窗口，因为无论苏联人还是西方研究者，都未能就何以存在短缺现象和短缺现象如何影响经济等问题进行过研究。科尔内考察了自由价格机制缺失的条件下，卖家、买家和生产方的行为，以及社会主义制度和中央计划体制条件下公司和国家的关系问题。

科尔内要求读者想象一下父母和孩子之间的经济关系。他称这种现象为五阶段“家长制”。第一阶段叫作“善意给予-被动接受”，婴儿无法用语言表达自己的需求，对父母给予的营养和物质照单全收。第二阶段叫作“善意给予-积极表达愿望”，孩子跟家人一起生活，并免费获取一切，但他可以有适度的请求和商议。第三阶段是“财政供给”期，孩子长大，离开家庭，比如上大学，但对某些花费仍有适度依赖。科尔内把第四阶段叫作“自给-扶助”期，孩子成人，劳动为生，但如果有需要，还会向父母求助。最后一个阶段是“自给-放任”期，孩子长大，完全自给。[10]

科尔内指出，最后一个阶段属于市场经济的理想模式，国家无需对公司予以援助或限制，而应任其自由发展。但他总结说，短缺经济的真正根源在于“家长制”的第一阶段色彩过浓，国家对公司或企业发放的补贴过于慷慨，就像母亲对待新生婴儿。科尔内发现，这会导致病态的依赖心理，他称之为“软预算强制”，即公司永远不会停止进食；他们想要的补贴越多，得到也越多。问题在于，一个工厂如果无论其经营有多差，总能获得更多补贴，那么它永远不会关心自己的经营状况。它只会一如既往生产出劣质产品，因为它永远不会因此受到任何处罚。科尔内总结认为，纪律“软化”会导致短缺经济的种种奇观：消费者的需求永远得不到满足、囤积居奇、四处排队。

据瓦西列夫回忆，这本书首先以影印本的形式被偷偷带入列宁格勒，并很快“成为经典读物”。“我们已经有了一些初步想法，而这本书相当于催化剂。它推着我们的想法往前走。每碰到一个人，都会问：‘科尔内的书你读了吗？读过了？’接着，就会进行一阵讨论。”

丘拜斯回忆，科尔内的书让他明白，短缺经济何以成为社会主义的顽症。科尔内揭示出，作为生产者的工厂往往一开始就要求得到补贴和资源，因为在家长制条件下，它们时常能够得到喂哺。“他的著作表明，资源的分配模式已经决定，生产者往往优于消费者。也就是说，消费者的需求永远无法得到满足，短缺状态会始终存在。”

不过，科尔内一个人无法带领丘拜斯团队摆脱社会主义；他不过帮助他们把形势看得更清楚而已。当年的另一线伟大灵感来自奥地利经济学家弗里德里希·冯·哈耶克（Friedrich von Hayek），他是最早对社会主义提出最尖锐批评的人，尤其对中央计划体制进行过强烈谴责。尽管哈耶克最知名的作品是《通往奴役之路》，这篇发表于1944年的论文对社会主义制度下的个人自由和中央计划所面临的危险进行了描述，但丘拜斯铭记于心的却是另一篇不太知名的经济学论文。[11]哈耶克在1945年发表了这篇论文，题目是《知识在社会中的应用》。[12]这篇文章清晰地阐明了列宁格勒的学者们自农庄争论以来一直在探索的道理：在庞大而复杂的经济体系里，能够衡量数百万个决策过程的最强大“指标”就是自由定价。

哈耶克拿常见产品锡举例说明。他说，在自由市场条件下，如果锡的供应出现短缺，那么全部生产者和用户都会做出调整，要么多生产，要么少消费，要么寻找替代品。哈耶克指出，中央计划体制几乎没办法替这么多人做出决定，但自由定价可以快速而有效地在生产者和消费者之间就这一新情况做出沟通。如果价格上涨，就有生产者生产出更多的锡，或者有消费者可能寻找其他金属，局面会因为市场经济而快速得到缓解，尽管大多数参与者并不十分清楚，何以发生了此种调整。哈耶克说，给锡自由定价，类似一张高速运行的信息网络，相当出色地进行着资源的分配。这个道理，正是一大帮苏联研究人员这么多年来一直在不懈追求的东西。

哈耶克声称，这样的价格体系堪称“奇迹”，它能让大家摆脱中央计划体制下的“意识控制”。丘拜斯在列宁格勒读到这篇文章时，苏联恰好是全世界最大的“意识控制”典型，即政府对整个经济领域实行严格而固定的国家定价。1974 年获得诺贝尔经济学奖的哈耶克，长期对苏联社会主义制度的理论基础采取攻伐态度。令人奇怪的是，他的作品竟然能够躲过克格勃偷渡入境，变成皱巴巴的影印件，并落入列宁格勒这一群对知识充满渴望的热血学者手中。

多年后，丘拜斯回忆起阅读哈耶克作品时的刺激感，并立即以美国为例，说明哈耶克的理论如何与实情相符。“纽约某地有人出售汉堡包，”他对我说，“而阿肯色州某地有人养牛，牛肉正好用来制作汉堡包。但要让阿肯色州这个人养牛，就有必要对牛肉进行定价，牛肉有了价格，这个人就知道自己应该养牛。”

“而价值，”他说道，“必须具有一致性和基础性。”

丘拜斯及其团队在位于马拉大街的学院内争论不休的理论问题，渐渐给其他苏联人带来了启发。即便在戈尔巴乔夫执政之前，非正统思想已经在偏远角落有所发酵。其中之一是位于西伯利亚的新西伯利亚市，这里有心直口快的改革派经济学家阿贝尔·阿甘别吉扬（Abel

Aganbegyan)，他对病态的苏联经济进行过率直而激烈的批评。阿甘别吉扬是西伯利亚科学院经济学与管理研究所的所长，也是社会学家塔季扬娜·扎斯拉夫斯卡娅（Tatyana Zaslavskaya）的同事。扎斯拉夫斯卡娅对苏联的整个经济结构进行过意义重大的内部考察，考察结果于 1983 年在新西伯利亚市召开的一次会议上进行过讨论，并在后来向戈尔巴乔夫推行的改革政策中提供过许多思路。

不久之后，丘拜斯觉得有必要突破列宁格勒工程经济学院所在地区的地域限制，与其他地方尤其是莫斯科的人取得联系。尽管列宁格勒有不少自由思想者，但他知道这样的人在首都会一抓一大把。格拉兹科夫去莫斯科出过一次差，经过几位朋友安排，替一位年轻而敏锐的经济学家给丘拜斯带了几句话。这个人名叫叶戈尔·盖达尔（Yegor Gaidar)，就职于全苏系统研究所，并受教于著名数理经济学家斯坦尼斯拉夫·沙塔林（Stanislav Shatalin)。跟丘拜斯一样，盖达尔也为关于“指标”的伟大探索和苏联工业巨人的完善而苦苦挣扎过。[13]

但区别在于，盖达尔身处莫斯科，位于行动的中心，丘拜斯则身处一家位置偏远的州立大学。盖达尔是苏联精英的后代，既是一位著名的红军军官与受人尊敬的儿童故事作家的孙子，也是一位《真理报》记者的儿子。当安德罗波夫四处搜罗有关经济改革的进步思想时，盖达尔成了执笔首稿的年轻研究人员之一。沙塔林小组的氛围也比身处列宁格勒的丘拜斯小组更加开放，因为列宁格勒时常受到克格勃的监视。“在这里，当你发表见解时，你不用在背后交叉手指祈祷。”盖达尔回忆起莫斯科的氛围时说道。

尽管格拉兹科夫一再恳求，但盖达尔一直抽不出时间前往列宁格勒参加丘拜斯举行的研讨会。“他太忙，没有时间前来工程经济学院这种小地方，”格拉兹科夫回忆说，“他是精英人士。不在意这个。”

于是，丘拜斯来到莫斯科找盖达尔。彼得·阿文（Pyotr Aven)是一位知名数学家的儿子，在盖达尔小组从事计量经济学研究，他给这两个人做了引荐。据他回忆，刚一见面，盖达尔和丘拜斯都清楚，双方既有共同的想法，也面临同样的担忧。[14]大家都认为，盖达尔是他那一代人中最聪明的经济学家。“我们的准备胜过丘拜斯。我们的思想更先进，书也读得更多。”阿文回忆说。不过，盖达尔毕竟是苏联时代培养的产物，为人谨慎得令人难以忍受，他知道对制度的推动幅度不能过大。丘拜斯同样小心翼翼，但他具有激流泛舟一般的钢铁意志，对自己所作所为抱有的自信坚如磐石。

之后的几年间，他们不时想到，苏联制度还没有做好应对激进变革的准备。1985 年初，随着戈尔巴乔夫上台执政，盖达尔所在的实验室接到政治局安排的一项任务，对“在企业层面完善经济机制”展开研究，这跟以往的无聊做法如出一辙。但因为是政治局安排的任务，丘拜斯带着一帮人，趁此机会与盖达尔展开了合作。替政治局做事，让丘拜斯在克格勃面前有了保护盾牌。这是他第一次为权力顶层做事情，而且事情远不是抽象的假设推测这么简单。

“我们开始试着思考真事儿，而不是之前那一堆正儿八经的无聊垃圾。”格拉兹科夫说。盖达尔-丘拜斯团队写出了一份 120 页的报告，为适应苏联体制，他们在匈牙利和南斯拉夫改革措施的基础上做了一些调整。他们呼吁放弃计划指令做法，并允许采用某些自由市场机制。一天，盖达尔的上级外出归来，向大家讲述了坏消息：该计划被驳回。“那意味着我们不得不放弃不会有任何结果的白日梦”，并琢磨出“更为实用的东西”，盖达尔回忆说。不过，当盖达尔当天回到家打开电视时，他听见戈尔巴乔夫正在发表演说，并原封不动引述了那份被驳回报告中的某些词句。那是个奇怪的时代，他们得就着一堆或明或暗的改革信号不停地加以猜测和揣摩。[15]

丘拜斯与克格勃有过私人恩怨。1986 年，他试图到国外参加一项为期十个月的学术活动。据丘拜斯回忆，活动地点要么在芬兰，要么在瑞典。那本应是他与西方的第一次全面接触，但克格勃驳回了他离开苏联的申请。丘拜斯说，这意味着他不能前往资本主义国家，而只能在共产主义国家进行学习。[16]他的哥哥伊戈尔说，申请之所以被驳回，是因为丘拜斯的母亲有犹太血统。丘拜斯对此深感失望。这次亲身经历让他明白，当局只要愿意，随时可以摧毁一个人。

对丘拜斯和盖达尔而言，1986 年是一个重要转折点。在丘拜斯的安排下，格拉兹科夫前往莫斯科工作一年。他被安排在中央数学研究所，亲眼所见让他十分吃惊，一群研究人员正公开捣鼓市场经济中的数学模型。1986 年 8 月底，在列宁格勒郊外森林里一个叫蛇山的破旧度假宾馆，来自莫斯科和列宁格勒的全部自由思想者——共三十余位——终于聚在一起，并进行了数天讨论。“那是我们一生中最美妙的时光。”格拉兹科夫回忆说。这一片森林位置偏僻，没有克格勃的监听，大家可以畅所欲言，相互信任。

格拉兹科夫回忆说，盖达尔是整个群体的灿烂之光。他的信息最灵通，对眼下发生的事情有着最清晰的见解。“很明显，目前的制度再也无力回天。所以，问题就变了，眼下的制度一旦瘫痪，会发生些什么？局面会怎样？”格拉兹科夫说，有与会者希望讨论一下苏联经济替代物的理论框架，但格拉兹科夫本人更为务实，他希望把讨论的重心放在向新经济转换的具体过程上。“我只做好了提出观点的准备，”他回忆说，“但并没有做好进行具体阐述的准备。我们都没有做好准备。我也没有做好准备。大家都没有做好准备！”

据盖达尔回忆，那天的讨论结束后，他们生了篝火，唱歌、跳舞、讲笑话。最后一场研讨会上，他讲了两个讽刺笑话，暗指“危机即将到来”。第一个笑话是“波峰”，借以描述每个人对于经济改革可以有什么作为。[17]第二个笑话叫作“跌落”，喻示大家都会被关进大牢，每个人都有明确的刑期和伙食标准。

之后的数月间，戈尔巴乔夫的“公开化”（glasnost）时代曙光初现。盖达尔回忆说，破戒之举随处可见，这让大家感到更加迷惑。“针对学术性经济学刊物和出版社的媒体审查令他们十分抓狂，”他说，“他们更加不知道，哪些该说哪些不该说。”

1987 年，一群进步经济学家想在列宁格勒郊外以谢尔盖·瓦西列夫所在学院主办的名义再组织一次研讨会，结果遭到老顽固们的坚决抵制。丘拜斯说，会议议程得到了当地党委的正式批准，这也就意味着，本次研讨会必将走入死胡同。盖达尔、丘拜斯和全体与会人员来到度假村，却发现每一场会议都枯燥而退步。大家纷纷步出冰冷的会议室，聚集到度假村的一个大堂。就在这里，穿着牛仔裤和毛线衫的他们，开起了平行的场外研讨会。跟上年一样，他们在这里的交谈坦诚多了。自上年以来，小组规模有所扩大，囊括了米哈伊尔·德米特里耶夫（Mikhail Dmitriev）。他是瓦西列夫所在学院的区域经济学研究生，对西方经济学理论十分熟悉。[18]同时受邀的还有来自莫斯科的原中央计委数学家维塔利·奈舒尔。他是地下读物《另一种生活》的作者，当时在中央数学研究所与格拉兹科夫共事。截至此时，仍旧以影印件形式出现的《另一种生活》，早已为进步的经济学家广泛阅读。读者也许还记得书本第一章，奈舒尔提出了一条革命性观点，苏联的国有财产必须转变为私有财产，并真正地分配给人民。[19]

站在非正式研讨会场的一段楼梯前，奈舒尔对他的激进思想做了收尾式陈述。楼梯上站着的，是盖达尔、丘拜斯和当时最为进步的众多思想家。奈舒尔向大家阐述了大规模私有化这一概念，即每一个苏联公民都将得到一张支票，用于购买苏联政府庞大控股中的一部分。该支票价值五千卢布，整体结果将是大步迈向市场经济。[20]

奈舒尔的话语招致了尖锐批评。盖达尔和丘拜斯都不理会奈舒尔，觉得他的思想过于激进。他们秉持实用主义，希望做一些行之有效的尝试，而不是把克格勃惹上门来。格拉兹科夫也觉得，奈舒尔的步子跨得太快。“你看，转向遇到了问题，”格拉兹科夫回忆说，“你的建议过于难办。制度会垮掉。要从一棵高树上下来，你得往下爬。你让我们做的，却是一步跳下。这会摔断我们的双腿和脖子。”

盖达尔后来告诉我，他的反对意见是私有财产“不具有政治可能性”，当市场机制和财产权利尚不发达时，其概念的引入是一件危险的事。盖达尔说，这就像在轮盘赌桌上试着瓜分国家财产。普通百姓会觉得“受了欺骗”。作为经济学家，盖达尔正处于改变的最前沿。他开始担任《共产主义》的经济学编辑，这原是一本正统的共产党理论刊物。盖达尔利用该刊物，开始打破苏联经济的禁忌，撰文论述了一度的禁区话题，如通货膨胀、失业、赤字、军费开支等。但盖达尔还是觉得奈舒尔走得太远：目前考虑私有财产显得太不现实。

丘拜斯对奈舒尔的私有化计划也持批评态度。他说，奈舒尔采用了给每人发放支票这一“小儿科”手段，去处理丘拜斯眼里极为浩大而复杂的交易行为。“我为什么要批评奈舒尔?”丘拜斯后来对我说，“我批评他，是因为你设法解决的问题——比如私有化——规模浩大、不可估量、超级复杂，所使用的手段却如此简单愚笨，竟然是给全体公民分发一亿五千万张凭单，然后再让他们有机会想怎么投资就怎么投资，这样的方法太原始，极端原始。结果将会是巨大的失衡。几百万人得到的东西一无是处，而另一些人得到的东西超级值价。数百万人将会极端不满，深感失望，等等。问题复杂和方法简单之间的不平衡过于突出。”

据丘拜斯回忆，即便关于私有财产的讨论在当时也可能招致麻烦。“当然，我们也有所担心，”他对我说，“所以我们要做得绝对隐秘。不能让任何圈外人知道，我们进行过这样的讨论。很显然，讨论话题不在官方圈定的范围之内。奈舒尔要是在正式的会议场合发表类似演说，会议组织者无疑将会全被开除，这一点都不含糊，可能性是百分之百。演说的主题是私有化，也就是私有财产！这在当时已经严重超出了许可的范围。”

不知怎么回事，克格勃得到消息说，经过官方批准的枯燥会议竟然夹杂着反苏联言论。于是调查开始了，据丘拜斯回忆，他的团队被集体叫到克格勃面前。“我们告诉他们，我们没说过那样的话，我们不过研究了党组织的决定，并分析如何得到更好的执行。”

德米特里耶夫一直喜欢做笔记，他所采用的速记符号奇形怪状，并未在苏联大面积教授。他告诉我，院长在会后要求知道，他在笔记里都记了些什么内容。德米特里耶夫照着原稿打印了一遍，但在此过程中，他做了彻底的净化，将有争议的内容统统删除。他将净化后的文本交给了院长。会上没有任何反苏言论，克格勃很满意，就这样过去了。克格勃一直不知道，楼梯间发生过一场争论，争论的内容恰是一些非常激进的思想。

丘拜斯生活简朴，对财富似乎并不在意。他最大的奢侈是坐在扎波罗热人牌轿车里听磁带。他的家是一套一居室的集体公寓，在列宁格勒十分普通，中间是一条大过道，两边是供一个个家庭居住的小房间。“走廊几乎成了他的学习地点，”奥金格回忆说，“邻居很多。大家都使用肥皂。经常遇到麻烦，谁谁谁拿了谁谁谁放在洗澡间的肥皂。你能想象得到吧？谁谁谁动了谁谁谁的饭菜？他的身影很少出现在这里，他要么在图书馆，要么在学院。”丘拜斯参与了市政住房分配，并一直耐心等候，直到有朋友劝他，照这样下去，永远也别想分到私人公寓，他应该自己去购买，哪怕资金得从各位朋友手里筹借。“他有一定的界限，什么事情该做，什么事情绝不能做，”奥金格回忆说，“他无法想象，自己要越界过线才能争取更多东西。他的个人要求并不高。都住在集体公寓了，那就住下去吧。他从来没想过，自己可以往前再迈一步。”

随着戈尔巴乔夫改革开放政策的提速，丘拜斯的视野也在拓展。1988 年，他到匈牙利学习十个月，这里是苏联阵营推行经济改革最为深远的国家。在那里，市场不再是陌生概念，大家会发现，商店里的商品琳琅满目。“这对他的影响很大，”奥金格回忆说，“他吸收了匈牙利的经验。他发现，在社会主义框架内，甚至就在苏联这个框架内，匈牙利经验也具有借鉴意义。他甚至看到了匈牙利模式的不足之处。”

从匈牙利回国后，丘拜斯似乎比以往更加无拘无束，更加充满好奇。在朋友们的怂恿下，他尝试担任另一家研究所的所长，但遭到更为正统的党员们拒绝。他还造访了美国。“他就是这样一个符合准则的人，也许可以快人一步，但不会领先一大步，”奥金格回忆说，“突然间，他开始琢磨新的信息。在我看来，美国对他的影响很大。那之后，他从不怀疑自己。他不再有社会主义倾向。那之后，他甚至不再有丝毫的社会主义幻想。”

“他加快了速度，”她接着说，“有些人面对这样的新信息，会变得不知所措。但丘拜斯的大脑处理器可以一下子跨越五代人之久。他把所有信息做了一番梳理，速度越来越快。”丘拜斯的思想已经走到多远，从他和谢尔盖·瓦西列夫于 1989 年 9 月在意大利的一次会议上宣读的论文可以一窥究竟。论文的结论是，如果不进行大规模变革，苏联经济基本上走到了尽头。“在现有经济结构下，几乎不可能再推行任何改革。”他们如此宣告。[21]

1990年春夏，激进民主主义者一如在莫斯科的做派，横扫了列宁格勒市政会。就波兰推行的“休克疗法”式的经济改革，丘拜斯信心满满地给他们做了一次报告，大家于是推举他担任了经济改革特别委员会的主任。[22]丘拜斯把众多友人和之前十多年间结交的盟友召集到身边，开始思考如何把列宁格勒变成改革的样板。

德米特里·瓦西列夫（Dmitri Vasiliev）是团队成员之一，这位小个子经济学家戴一副厚厚的眼镜，说话速度极快。他听过大名鼎鼎的奈舒尔在楼梯间发表的演说。瓦西列夫的家庭世代居住在列宁格勒，可以往上追溯六代人，但他对私有企业和私有财产这样的思想很感兴趣。他回忆说，那是一段令人沉醉的岁月。丘拜斯团队一下子就思考起重大问题，并和盘托出令人激动的改革新方案，如土地调整和货币调整。最伟大的思想在于，让这座城市或至少其部分地区成为“自由经济区”，这相当于在苏联内部公开试点激进的经济改革措施。

瓦西列夫一直在研究近年间突然涌现的合作社现象，此次分配的任务是对小型商店和小型企业执行私有化，原因是其他人觉得此项任务远不如货币改革和土地改革那么惊心动魄。瓦西列夫说，他觉得“市场经济正在占据上风，而且速度很快。例如，有两家理发店，一家国营，一家私营，它们甚至根本无法相提并论。私营理发店的业务好得多”。奥金格回忆说，随着丘拜斯及其团队制订出计划，街头的变化更为迅速，小摊点和合作社的发展犹如雨后春笋。

丘拜斯是自由经济区的拥护者，但它被其他方面的事情压倒了。他们眼睁睁看着苏联帝国无情地土崩瓦解。日子一天天过去，国家在衰落，一两个自由经济区已经于事无补。1991年，列宁格勒市政会选举出新的市长阿纳托利·索布恰克，这位法律学教授在戈尔巴乔夫时代就是个口若悬河的民主主义者。索布恰克觉得，丘拜斯开展的实验并无必要。他将丘拜斯由经济改革机构主任的职位降至“顾问”，这实际上标志着自由经济区的寿终正寝。其他人先后离职之后，丘拜斯又习惯性地坚守了很长一段时间。“已经完全没有意义了，”奥金格回忆说，“因为整个俄罗斯都变成了自由经济区。”

1991年夏，盖达尔从莫斯科打来电话。那年夏天，叶利钦已经当选俄罗斯苏维埃联邦社会主义共和国总统。他正在召集确实有意在俄罗斯进行激进经济改革的人组成团队，而盖达尔希望丘拜斯能够加入其中。丘拜斯开着黄色扎波罗热人牌轿车来到莫斯科，与盖达尔一起开始了智囊工作。1991年11月9日，他致电圣彼得堡市的德米特里·瓦西列夫，问他能否就全俄罗斯大规模私有化写一份两页纸的计划书。

并且尽快写出。

第五章　米哈伊尔·霍多尔科夫斯基

米哈伊尔·霍多尔科夫斯基是苏联制度为了自救而展开最后一搏的产物。苏联领导层急于找到摆脱停滞的出路，同意适度开展资本主义试验。试验奏效，并释放出了前所未有的巨大变革动力。

该试验主要在党的青年组织即共青团中进行。霍多尔科夫斯基是其所在学校团委的副书记。改革年代多次出现类似情形，当新机遇的大门敞开时，霍多尔科夫斯基狂奔而出，以孜孜不倦的坚定决心，以及对于苏联社会主义制度漏洞和缺口令人吃惊的老练洞察，充分发挥着关系网的作用。在这个黑发黑髭、个子高挑、说话轻声、势不可挡的年轻人身后，隐藏着什么力量？我从朋友和同事那里听到传闻，不止一位党委领导拍着霍多尔科夫斯基的肩膀说："孩子，你就是我们的试验资本家。"而且包括克格勃在内的高层都有不少人是他的拥趸。不光霍多尔科夫斯基自认为，这些人也都觉得，他是个勤劳而有毅力的人。"当时做投机生意要想取得成功，要么有高层人士的资助，要么跟他们的关系很铁，"霍多尔科夫斯基在 1991 年时予以认可，"这不是钱的问题，而是一种照顾。在那个时代，必须得到政治上的支持。"[1]然而，霍多尔科夫斯基后来把当初的资助人全甩在了一边。跟想试水资本主义的共产党官僚相比，他野心更大，也更冷酷；跟能为其提供庇护的克格勃头子相比，他更聪明。在这个新兴世界里，他们怎么也赶不上他。

还很年轻的时候，敢吃螃蟹的金融家霍多尔科夫斯基就成了新兴创业年代里的首批商业巨子。但如果不是因为一系列重大事件，他恐怕也不会取得如此成就。青年时代就对苏联社会主义那令人痛苦的短缺现象具有清醒认识，这是首要原因，也是最重要的原因。面对短缺现象，共产党做出重大调整，决定让一些年轻人试水资本主义。霍多尔科夫斯基抓住了机遇。

年轻一代的幻灭思想，被著名摇滚乐团“时光机器”（Time Machine）表现得淋漓尽致。有一首歌曲在演唱会上往往引来热烈掌声，它讲述一位经验丰富的船长驾驶船只，在茫茫大海上迷失了航向。很显然，歌曲影射的就是苏联。唱到最后，船只遇险，船长失踪，乘客们找到了新大陆。歌曲的结尾部分唱道：“不管何种原因，我们总算侥幸逃生，船长已被忘得一干二净。”

歌词深刻而强烈地隐喻着愤世嫉俗、不屑一顾和摇摆不定，这正是年轻一代对苏联领导层、共产党以及生活中无处不在的官方体制和无聊宣传所持有的态度。他们渴望找到新大陆。他们渴望得到牛仔裤这样的消费品，但这样的消费品苏联体制无法带给他们，他们只能通过摇滚乐表达反抗意识，而这样的音乐苏联体制同样不愿意带给他们。很多年轻人自录磁带，自灌唱片，它们同样成了珍贵物品。

年轻人的反抗精神慢慢成长为强大的变革浪潮，在随后的年头里时常以滑稽剧和摇滚乐的形式表现出来，与苏联体制并不发生正面交锋。20 世纪 80 年代初在列宁格勒乐队“阿维亚”（Avia）担任经理的阿列克谢·尤尔恰克（Alexei Yurchak）——后来成为加州大学伯克利分校的人类学教授——著文记述了“苏联的最后一代人”，这一批年轻人出生于 20 世纪 60 年代和 70 年代，在苏联时代怀着嘲讽的心态话应着公共生活的需要，许下一个个空口诺言，私下里却弃之不顾。他们崇拜“时光机器”这样的摇滚乐队，这支乐队于 70 年代初凭借浪漫音乐和抒情音乐受到大众欢迎。也崇拜“阿维亚”乐队，这支苏联后期的乐队充满了尖刻的愤世嫉俗和滑稽表演。尤尔恰克告诉我，他所在乐队创作的歌词往往将党的宣传口号胡乱拼凑，让年轻听众听得捧腹大笑。“阿维亚”唱过一首歌曲，模仿斯大林时代的著名歌曲《醒来歌唱》（*Wake Up and Sing*）。但它把苏联时代的几句宣传口号胡乱堆砌，听上去就像在唱：“什么都不要想，只需醒来并歌唱!”“阿维亚”的表演本身就是一场声势浩大的舞台嘲讽剧，以一众浩大的奏唱者对苏联体制展开嘲讽。女演员穿着黑丝袜、黑裙子和白衬衫，一边行礼一边行进，最后搭成人塔，活像20年代的苏联——只不过她们疯狂而出人意料地搔首弄姿，比如一个女孩在人塔前背向观众弯腰翘臀。舞台右侧往往摆着一个大讲台，覆以红色丝绒。演唱间歇，一个人走到讲台前高呼口号。初听像是苏联口号，但实为编造之词，且无实际意义。“前进不是后退!”他高呼着，“万岁!”[2]

年轻观众深得其意，喜爱有加。幽默感表达得轻描淡写，因此“阿维亚”并未受到其所嘲讽的苏联体制禁止。但受人监视的感觉无处不在。列宁格勒一支名为“电视机”（Televizor）的乐队在80年代中期曾经这样唱道：

> 好吧，他们不让我们跳舞，
> 好吧，我们只能偶尔寻乐。
> 但那根柱子后面站着的人
> 打着窄领带
> 眼里满是水泥。

说一个人的眼里满是水泥，其寓意十分清楚——党及其特工正对大家实行监视与控制。自布尔什维克革命以来，党的领导层便竭力遏制年轻人天生的桀骜不驯。共青团是其主要手段，七十年来这一组织无孔不入。“只要有青少年聚集，”曾写书记录共青团消亡过程的哥伦比亚大学教授史蒂文·索尔尼克（Steven L. Solnick）这样写道，“在工厂和战场，在兵营和宿舍，战斗时和收割时，建筑工地和街头角落——都有共青团组织者如影随形。”[3]在这个社会里，国家容不得其他声音，只有党能够发声，青年们几乎不可能加入任何私立协会。共青团试图独掌14岁至28岁年轻人的生活，尽管其领导者往往年长得多。

对数百万青年而言，加入共青团是一种愤世嫉俗的实用主义选择：没有这个玩意儿，年轻人就可能进不了大学，找不到好的工作。

但到了勃列日涅夫后期，共青团同样已经晚景凄凉，跟党一样，只剩下几句显出疲态的口号。大家普遍认为，团干部是一群一心往上爬的野心家，无异于溜须拍马的政客官僚。

曾是共青团活跃分子的戈尔巴乔夫为其他组织和其他声音开启了闸门。他开闸后，纷纷涌出的波浪被人们称作“非官方浪潮”（neformalny）：非官方的协会、俱乐部、摇滚乐队以及其他组织先后成立，它们存在于党组织之外，既无官方许可，也无官方监管。戈尔巴乔夫时代，地下青年组织蓬勃发展。[4]青年运动是对原有正统文化的公然反叛，运动形式多为感情充沛的摇滚音乐。20 世纪 60 年代至 70 年代，苏联政府曾试图压制摇滚乐，令其在广播电视节目中销声匿迹。但摇滚乐仍以各种方式继续传播，如用磁带录下西方电台节目，自制薄型塑料唱片，数千个非官方乐队或在隐秘的地窖演出、或藐视当局并前往学生俱乐部和工厂俱乐部进行演出。黑市上，唱片专辑交易火爆。到了 80 年代，政府最终让步，不再打压摇滚音乐。

随着其他领域的自由思想之门打开，共青团开始萎缩，团员人数急剧下滑。戈尔巴乔夫执政的前三年团员数量减少了四百万，至 1988 年减为三千八百万。早年间，维持团员数量这一问题过于严峻，往往导致团员人数遭到人为篡改。但到了 80 年代中期，此种做法已经无法掩盖共青团所面临的真正危机。作为组织生命线的团费也出现了萎缩。于 1986 年当选为共青团第一书记的维克托·米罗年科（Viktor Mironenko）后来承认，他甚至无法说服自己的大儿子入团。[5]

共青团只能另寻出路。其领导人想到了街头出现的资本主义萌芽。截至 1987 年，合作社运动气势高涨，首批小型企业逐步成型。共青团领导与共产党老大哥一道，决定趁此机会放手一搏。他们打开了大门，年轻的霍多尔科夫斯基从中溜了出去。

戈尔巴乔夫执政之前，针对苏联经济这一病体的最普遍尝试性手法是“自负盈亏”，即工厂可以自留收益。卢日科夫于 1980 年提出这一概念，结果碰了一鼻子灰，但在随后十年间，这一想法逐渐生根发芽，工厂厂长尤其对本厂事务获得了更多控制权。共青团也开始让各级地方组织实行自负盈亏，比如允许他们自行决定如何使用团费以及众多团属旅行社和出版社上交的费用。获得更多财政自主权后，许多地方共青团组织径直踏入了商业领域。共青团变成了党的商业培训学校。餐馆、舞厅、酒吧、旅行社、印刷厂和其他小型企业先后涌现，往往背着来自共青团预算的贷款或补贴。这些新兴企业获许自留红利。创业的激情如火如荼。共青团经商办企业，标志着意识形态的急转弯，即从衰退的社会主义转向赤裸裸的资本主义。但它也是一个决定性的时刻，表明共产党的最高层对于危险已经有所意识，并打起精神开展一场能够获利的受控试验。对新兴商业精英进行过最具慧眼分析的社会学家奥尔加·克雷施塔诺夫斯卡娅（Olga Kryshtanovskaya）多年后告诉我，这一场青年试验能否成功，高层一开始颇具疑虑。她说，那只是一场“试验”。但这场试验后来大获成功，远远超出了他们最狂野的想象。[6]

这场试验始于一个坚韧的年轻人——康斯坦丁·扎图林（Konstantin Zatulin）。1986年，身为莫斯科国立大学研究生的扎图林被指派为共青团第一书记米罗年科的助手。扎图林原是工业管理方面的专家，并对早年无果而终的苏联社会主义革新——如20世纪60年代的柯西金改革——等经历进行过研究。他承担的第一项任务是起草一封写给政治局的信，将新兴商业确定为共青团的发展方向。这封只有两页纸的信，扎图林写了六个月，因为共青团内部存在着激烈的反对、争论和迷茫。在老顽固们看来，诸多商业概念无异于洪水猛兽，将它们诉诸笔端并得到批准，这会显得异常艰难。扎图林回忆说，他与一位高层官僚有过持续数周的针锋相对，争辩的是成立公司、引进股东、货币分红这些观念。不在工厂从事实际工作，却要现金分红，这样的思想让那位官僚无法接受。扎图林据理力争。[7]

他十分清楚自己这项任务的重要性，它事关共青团能否生存下去。扎图林在信中提出诸多想法，如由共青团接手苏联玩具产业，并完全停止安排共青团员前往苦累的建筑施工队从事劳动这一持续了数十年之久的做法。这两点意见最终获得批准。但扎图林就科学技术提出的意见所产生的影响也许最为深远。20世纪60年代，一个名为

“火炬”（Fakel）的青年组织在位于新西伯利亚市（Novosibirsk）的苏联科学院西伯利亚分院落地生根。一群年轻人对渴望技术的苏联工业施以援手，以解决研究过程中的实际问题，并获得额外酬劳。这种做法很有效果，竟然引起党委领导的警觉，并突然取缔了“火炬”组织。扎图林提出，这一模式应当恢复。他倡议成立“青年科技创新中心”，该中心理论上将利用青年科学家帮助苏联企业解决技术难题。滑稽的是，这一意见获得了苏联老顽固叶戈尔·利加乔夫（Yegor Ligachev）的批准，而他曾经就禁止摇滚乐发表过措辞强烈的观点。

利加乔夫不知道，他刚刚批准的，是一块通往资本主义的跳板。

霍多尔科夫斯基首先注意到了团员人数的减少。他是门捷列夫化工大学的团委副书记，这所苏联历史最悠久的化工大学位于莫斯科米乌斯卡亚广场。戈尔巴乔夫执政一年后，也就是 1986 年 7 月，霍多尔科夫斯基大学毕业。他获得了化学学位，并入选过该校的经济学辩论队。

技术科学是众多新兴资本家的繁育场，因为他们的研究工作专注于奏效和不奏效等实际问题，只少量涉及意识形态。后来担任门捷列夫化工大学经济学系主任的亚历山大·哈恰图罗夫（Alexander Khachaturov）告诉我，化学家和其他科学家很少花时间关注马克思和恩格斯，而是不断积累并打磨自己的分析能力。“他们跨入新生活的步伐比较轻松，”回忆起改革岁月时，他如此说道，“他们知道什么是经济核算，什么是盈利，什么是收益率。”对于国家失利的政治经济政策，他们有着敏锐的理解。“很多人觉得，国家不能继续无休止地浪费资源，”他对我说，“他们有感觉，国家拖不了太久……因为领导层已经词不达意。”[8]

霍多尔科夫斯基替共青团收缴团费，这在团员减少的时代，是一项费力不讨好的任务。“我们得不时自掏腰包，”霍多尔科夫斯基对我说，[9]“如果有人不交团费，副书记就会受到处罚。”他并拢手指敲了敲后颈部位，意即受到处罚。霍多尔科夫斯基回忆说，他不喜欢收缴团费这项工作，一有机会就干起了其他营生。他开办了一家青年餐馆，从而成为共青团经商办企业的萌芽。“生意不太好。”他回忆说。餐馆所处的位置不对。它位于校内，但学生一下课就回宿舍，因此餐馆总是空无一人。“那是我第一次从商，结果却不太令人愉快。”霍多尔科夫斯基回忆说。但共青团还有其他更能赚钱的法子。

后来证明，其中一条点子对于霍多尔科夫斯基获得成功起了关键作用。那就是扎图林的提议，即允许青年科学家帮助厂矿企业解决技术问题并获取报酬。工厂经理手里有一定资金，可供其自由支配。他们往往用这笔钱与门捷列夫化工大学这样的机构签订合同，以获取研究和技术项目。为网罗此类资金，霍多尔科夫斯基发起成立了所谓的“青年创业基金”，该“青年俱乐部”实为共青团庇护下的新兴商业机构。

霍多尔科夫斯基及其新设立的投机项目很快面临重大抉择。那是1987年的夏季，毕业正好一年之久。在没有征兆的情况下，他被迫做出一项决定。上级告诉他，他要么在团内体面地继续往上爬，要么离开大学去玩大家所说的“自负盈亏把戏”。这一说法略带戏谑，因为见多识广的官僚心知肚明，资本主义试验只不过是昙花一现。他们想知道，霍多尔科夫斯基将选哪一头：继续追随他们，并对共青团赤胆忠心，还是去玩“自负盈亏把戏”。

“于是，”霍多尔科夫斯基回忆说，“我颤抖着声音告诉他们：‘自负盈亏把戏。’大学里的人都觉得我疯了。”

“多年以后，”他接着说道，“我与别人交谈的时候问他们，你们为什么不跟我干同样的事情？你们为什么不走这条路？因为就量级而言，大学里的任何头头脑脑都比我有着更多选择。他们回答说，当时获批不久的自负盈亏政策，他们早在柯西金重振经济时期就已经有所见识。当时，大家干得再好也没法取得事业成功，干到最差却可能被投入大牢。他们都有把握，这一次将是故伎重演，所以他们都没有选这条路。而我——”霍多尔科夫斯基大笑着回忆道，“对此根本没有印象！我当时太年轻！所以我走上了这一条路。”

霍多尔科夫斯基经商的首要目标之一是苏联首屈一指的研究机

构。位于莫斯科北郊的高温研究所占地七十五公顷，内设众多实验室，从事高温物理、火箭推进和激光技术的研究。在太空竞赛和冷战军备竞赛时期，尤其在后来对激光武器的探索过程中，这家声名显赫的研究所发挥过重要作用。这里还孕育了另一波前景光明的浪潮：资本主义。

创建于20世纪60年代的高温研究所发展迅速，至80年代已有4 000多名员工。所长亚历山大·沙因德林（Alexander Sheindlin）顶着苏联学者等级最高的院士头衔，也是全国高温物理学领域的顶尖专家之一。沙因德林长着一双大大的蓝眼睛，彬彬有礼，为人谦逊，在国内外都享有崇高声誉，这给他带来了宝贵资源。“我们的研究所有的是钱。”他回忆说。

一天，霍多尔科夫斯基带着一位年轻助手，走进沙因德林的办公室，坐到了一尘不染的贴膜会议桌旁。[10]沙因德林在回忆中用“伙计们”这一饱含深情的用语称呼几位年轻人。“他们很年轻，很讨我的喜欢。我喜欢他们眼里透出的光芒。”沙因德林回忆说。几位年轻人正在寻找，看能给他的研究所做些什么科研项目。他们也许没提到“自负盈亏把戏”这个词语，但那的确是他们的兴趣所在。“他们充满活力，”沙因德林回忆说，“全都是大名鼎鼎的共青团干将——他们举止优雅、穿着得体，根本不是什么小偷小摸。”

“他们没有给我任何东西，”他回忆说，“都是些好小伙子。他们说：‘资助我们一点钱。我们会去寻找让你感兴趣的东西。不过，我们的劳动会很诚实。’你听，诚实劳动，他们就是这么说的。”沙因德林告诉我，霍多尔科夫斯基需要的是“启动资金”，而沙因德林迅速拿他和在车库创业的美国实业家戴维·帕卡德（David Packard）做了一番对比。同时，他说那几位年轻人告诉他，他们已经得到了国家科学技术委员会的支持，而这家如雷贯耳的政府机构正是科学研究的监管机构，面对这样的旗号，沙因德林马上识趣起来。

“嗯，也许我现在记不清了，”沙因德林回忆说，“但我好像给了他们十七万卢布。”这在当时是很大的一笔钱。“我们定了个协议，”沙因德林说，“他们得做一些科学研究。”

沙因德林告诉我，他从未真正期待他们会拿这笔钱为他的研究所做什么科学研究。他给他们那笔钱，也许是因为他希望在这笔资金安排中有所获利，也或许是霍多尔科夫斯基身居高位的朋友向沙因德林施加过压力，从而让他慷慨解囊。真实原因不得而知。当我问起沙因德林时，他如此承认："我知道，这笔钱交给他们，做不出任何科学研究。我早有预料。我完全知道，他们实际上不可能给我的研究所带来任何回报。"[11]

此后两年间，沙因德林没有听到过那帮聪明的年轻人的只言片语。但他估计，他们是在忙着花他的钱。"时至今日，我没听到过任何细节，"沙因德林告诉我，"他们以钱生钱，翻了很多很多倍。跟钱打交道需要懂得的东西可不简单。国家有那么多法律法规！跟那么多钱打交道，你得知道如何运筹帷幄。"

这就是霍多尔科夫斯基的秘密：他知道。与沙因德林所在的研究所打交道这段插曲只是一扇小窗口，可以一窥霍多尔科夫斯基对苏联财经制度有着怎样的重大发现。他发现了金钱的操控和使用之道，并使之生出更多的钱。他有能力做到这一点，是因为他在制度的允许之下正做着试验。

苏联的财经制度源于斯大林时代。在指令经济时代，货币和金融都不是厂矿企业做出决策的重要因素。相反，工厂要全力满足中央计划单位制定的生产目标，并以此获得补贴。在短缺经济时代，光有货币往往无法买到更多供应物资，或带来产量增加。关键在于为稀缺商品讨价还价，并满足产量指标。

苏联体制催生了两种形式的货币。一是简单的现金。这是真正的货币，包括纸币和硬币。在指令经济时代，严格的制度决定着厂矿企业对现金的使用方式，即主要用于发放工资。现金很稀缺，不过能够额外获得资金的工厂经理可以用于他所需要的其他物品，如购买卡车，或兴建厂房。

苏联的经济体制内还有一种形式的货币，大家称之为非现金(beznalichnye)。这样的钱既不是纸币也不是硬币，而是一种虚拟货币，由政府作为补贴广泛派发给各大厂矿。非现金只是一种结算单位。甲厂拿到的补贴如果是非现金，那么它可以记入账簿，也可以支付给乙厂，就是无法装入自己的腰包。

工厂经理面临的首要难题是，经济制度十分死板，这两种货币禁止混合使用。工厂经理不允许把非现金兑换成真实现金。两种货币都受到国家银行和中央计划部门的管制。

然而，工厂经理所要使用的现金，往往多于计划体制所能提供的限额。现金供应十分紧张，但非现金的供应却很充足，也许因为它并没有多大用处。结果导致两种货币的价值严重失衡。现金值钱，大家趋之若鹜。有人做过估算，一卢布现金的价值相当于十个非现金卢布。

这一失衡现象也成了巨额利润的诱因。有人要是能琢磨出来如何将非现金兑换成真金白银，那就会大赚一笔。令中央计划部门最头疼的事情，就是有人从事这一行当，将相对而言并不值钱的国家补贴兑换成现金卢布。

霍多尔科夫斯基就是那个琢磨透彻的人。他从1987年开始，将相对并不值钱的非现金兑换成受人追捧的现金，甚至更进一步，把它兑换成价值更高的硬通货。即便十多年过去，此举的内幕依旧成谜。我发现，当年与霍多尔科夫斯基一道干过以钱生钱营生的人，都不愿意谈及此事。很显然，那是一个尝试与犯错的过程，但对霍多尔科夫斯基而言，这远比经营青年餐厅获利更丰。

共青团为保证资金周转正常而四处想法，并为维持其在商业领域如青年餐厅和迪斯科舞厅的特权地位而争吵不休，制度漏洞由此出现。1987年12月28日，共青团中央委员会向地方团组织新颁布了一系列财经制度，允许其自筹自支资金，并单独开设银行账户。这符合自负盈亏的精神。其中一项规定尤其重要：在一定条件下，团组织可以混合使用现金和非现金两种货币。（出台这条新规的背景，可能是那一年已经出现了此种行为。）青年组织可以办到工厂经理不敢想象的事情，如把用处不大的非现金兑换成现金，并用于增加工资或在莫斯科郊外的森林里修建上好的度假屋。这为赚钱打开了新视野，且相当于无本万利。只要几份恰当的批文，或许再加送给官员的一点酬劳，就能让这小小的特权一下子变成着实值钱的东西：国家的补贴变成了真金白银。[12]

大约与此同时，扎图林让学生替厂矿做事儿的意见成了现实，于是一种名为“青年科技创新中心”（或简称为“NTTM”）的企业应运而生。1987 年，霍多尔科夫斯基把他的青年俱乐部改制成创新中心，大体上仍是在共青团的庇佑下进行运营。青年科技创新中心本应开展科学技术研究。但能把青年研究人员吸引到霍多尔科夫斯基门下的内核是金钱。

霍多尔科夫斯基的办公室位于莫斯科市中心的特维斯卡亚-亚姆斯卡亚大街，略低于街面，狭小而简陋。当时的共青团人士理应穿戴光鲜，给人一副混得不错的党员派头。但霍多尔科夫斯基身上看不到这样的派头。[13]他一直觉得穿西装打领带不自在，平时主要穿牛仔裤和运动衫。他干过木匠和装卸工，回忆说儿时的梦想是当上一家大型工厂的厂长。他的父亲是犹太人，就职于一家高精密机床厂。父亲的犹太人身份意味着，霍多尔科夫斯基可能受到了限制，无法担任党的高级职务，尽管他在门捷列夫化工大学团委担任过低级职务。从门捷列夫化工大学毕业后，他又到一家法学院读过几年。他告诉身边友人，很有必要掌握并充分运用政府颁布的各项法规。

青年科技中心在莫斯科的三十三个区遍地开花。因为有熟人，霍多尔科夫斯基在有名的中心区域伏龙芝区（Frunze）找了个地盘。[14]

这些青年科技中心都在干些什么？主要就是把非现金倒换成现金。苏联境内研究所林立，但并非全都是服务于冷战军事机器的螺丝钉，所以他们有的是非现金货币。霍多尔科夫斯基利用其团干部身份特权，成立了所谓的“临时创新合作社”。企业所需的工人临时拼凑，要么来自研究所或企业，要么确实是新招的临时工。主要优势在于，“临时创新合作社”可以合法地实现现金支付。霍多尔科夫斯基同样发挥其作为团属企业的便利，替合作社拿到合同，并适当开展研究工作，如替研究所编写软件或生产点什么东西。有时候只需走个过场，所承担的项目其实已经有人在干，不过有时也会做成全新的项目。变现过程才是重中之重，霍多尔科夫斯基可以拿着研究所划转的非现金，兑换成现金并支付给“临时创新合作社”。这可不是小菜一碟，国家补贴这一闲置资金由此变成了真金白银。

霍多尔科夫斯基也许靠着银行颁发的特殊许可证才把非现金兑换成了现金货币，因为每一次兑换都需要特批。实际上，他拿到手的现金流向四面八方，给了工人，给了研究所和所长，给了他的科技中心，还有一部分交给了团委。国家对现金的严格管制就这样被撕开了一道裂口。但撕开这道裂口的，不是存心要将其摧毁的激进分子，而是苏联制度下一个热情迸发的孩子。

计算机程序师列昂尼德·涅夫兹林（Leonid Nevzlin）是霍多尔科夫斯基青年科技中心的早期雇员之一。涅夫兹林告诉我，他在一张报纸上看见了霍多尔科夫斯基科技中心的招聘广告，于是前往考察。他来到中心的时间是 1987 年 11 月，当时只有十几个人和几个正在加紧整修的小房间。留着偏分头的涅夫兹林长着一双大大的绿眼睛，颇有摇滚明星一般的帅气。他就职于一家国营地质研究所，拿到的薪水十分微薄。但是，他帮几个企业编写过电脑程序，用于记账和送货。签约霍多尔科夫斯基的科技中心后，涅夫兹林开始把早就写好的软件一次次“卖给”不同的工厂和研究所。他按着霍多尔科夫斯基设计的步骤，把工厂和研究所持有的相对并不值钱的非现金转变成了真金白银。

霍多尔科夫斯基设计的炼丹术有一个诱人之处，那就是他与涅夫兹林这样的参与者共同分配到手的现金，而这往往数倍于他们之前从事正式工作所获得的收入。涅夫兹林回忆说，只干了几个月时间，他就觉得富有了。[15] 数十位如饥似渴的年轻研究人员陆陆续续找到了霍多尔科夫斯基的办公室。

接受过霍多尔科夫斯基服务的企业主管和研究所所长同样心存感激，因为他有一种魔法般的渠道，能给他们带来余钱剩米，毕竟他们也能从整个过程中分一杯羹。工厂老板面临的风险微不足道，因为霍多尔科夫斯基干这一行毕竟持有来自体制内部的批文。

对俄罗斯精英分子有过研究的社会学家克雷施塔诺夫斯卡娅告诉我，与霍多尔科夫斯基开展合作的企业主管都知道，“他们是在与政府共事，那绝不是什么骗人勾当”。因此，交易过程顺理成章，也就是一道手续简单的银行转账程序，但如果没有霍多尔科夫斯基的可靠关系，这道程序要么很难，要么根本完成不了。“这儿有一家研究所，它在银行开有账户，”克雷施塔诺夫斯卡娅对我说，“这儿有一家科技创新中心，它也有银行账户。于是，钱就从甲账号转到了乙账号。而科技创新中心可以把钱从银行提出来。”她继续说道，“这就开始了私有化进程，所以，私有化最初就是把钱变为私有。”

克雷施塔诺夫斯卡娅回忆说，随着那帮聪明的年轻人想出更多自负盈亏新花招，各种可能随之增加。“他们开始考虑：‘怎样才能弄到钱?’也就是说，你得说服企业主管，他应该从事某些业务。类似团队大多依托霍多尔科夫斯基这样的人，或愤世嫉俗的年轻人，他们找到企业主管说：‘我们可以为你搞来这项突破性的研究项目!’或者‘我们能帮你搞定某项业务!’他们用的是智力先发手段，也就是强迫他人接受。他们往往拿着所谓的研究项目，卖给多个企业以获取利润。通过这种方式，他们差不多都变成了富人。”

霍多尔科夫斯基赚钱靠的是空手套白狼。他没有生产过程，不生产任何东西。当初与霍多尔科夫斯基共事、后掌管俄罗斯某银行交易部的安德烈·格洛杰茨基（Andrei Gorodetsky）告诉我，科技中心使用工厂或研究所的设备、实验室，或开展工作所需的其他场所后，往往不支付任何费用。“实际上，这些科技中心是在拿国有资产赚钱。但政府一般睁只眼闭只眼。”他继续说道，“所有中心什么也不生产。他们就是些中间商。我们就是中间贩子。不经营业务，不存在任何买卖。”[16]

截至 1990 年，莫斯科已经有了 47 家青年科技中心。这一手法在共青团开展的其他业务上广为应用，摇滚乐和选美赛是把非现金倒换成现金的最热衷方式。任何一帮人都能摇身一变，成为“临时创新合作社”，并通过它把用处不大的非现金倒换成真金白银。

与其他人相比，霍多尔科夫斯基走得更远更快，能够不断想出新花样，从而轻松赚钱。不过，他需要有人帮忙。“钱本身不会玩花样，”霍多尔科夫斯基曾经说过，“只有老朋友才会玩这一手。”[17]霍多尔科夫斯基的狩猎场是苏联科技和工业生产的上层人物。1994 年，霍多尔科夫斯基对一位记者说过："我设计过好多种融资方法，得到过广泛应用，运气好的时候，我可以同时开展五百个科学研究合同项目。五千个人才能应付得过来。"[18]

我后来问过霍多尔科夫斯基他最大的突破点是什么，因为他显然早已超出了同龄人一大截。我同数十位与霍多尔科夫斯基曾经共事的人交谈过，但他取得成功的核心因素一直不得而知。他们说，霍多尔科夫斯基是个工作狂。他人脉广。他喜欢钻营，喜欢分享，从不夸夸其谈。

来到青年科技中心的很多人事后回忆，从事的工作跟原来一样，但霍多尔科夫斯基让他们的收入大幅增加。不过，霍多尔科夫斯基本人的账目显示，他的生钱机器比我的想象更富于雄心和抱负。他告诉我，他拿非现金兑换的不只有卢布，还有美元这一硬通货。

"与其他青年科技中心相比，我们独具特色的突破点，是我们拿这些非现金来干什么？其他人也会问这个问题。他们想方设法多拿现金。事情少做，钱却要拿得最多，方式有很多种，反正就是弄成工资的形式。我们真正的突破，我说过，对，就是把所有的钱都分给参与劳动的合作社。这样我们就能拿到非现金货币。"

霍多尔科夫斯基拿这些钱干了什么事情？"我们把它存起来，"他对我说，"其他人对非现金不太关心，也不感兴趣，因为你靠它办不成什么事儿。"请读者注意，此时的霍多尔科夫斯基已经远非其同龄年轻人可以相提并论。二十四岁的他已经握有一大笔苏联政府发行的非现金卢布供应。"我把它存了起来，"他说，"我有把握，肯定能拿它干点什么事情。我们存了不少，也积累了不少。"因为非现金是一种虚拟货币，只存在于账本之上，因此霍多尔科夫斯基必须拿到批文，方能将其存入账户，或者对他人的账户加以管控。这可不是能够随便塞进鞋盒子的钱。

接下来，霍多尔科夫斯基继续探索，终于找到几家企业，可以把非现金兑换成价值不菲的硬通货。它们是出口公司，以出口原木为主，手里有的是硬通货。"我们去到远东，从原木经销商手里换了不少硬通货，”霍多尔科夫斯基说，“我们存了一年的钱，才想出这个办法。”尽管霍多尔科夫斯基秘而不宣，但这一过程肯定获利不菲：他毕竟是把几乎一文不值的非现金兑换成了相当值钱的硬通货。因为苏联对硬通货实行严格的汇率控制和额度控制，霍多尔科夫斯基也许给了原木经销公司相当优惠的汇率，以让他们比按挂牌价卖出硬通货更能获利。霍多尔科夫斯基经营硬通货这一事实表明，他的生钱机器已经提档升级，他在高层必定有庇护者。

在整个链条上，霍多尔科夫斯基都受到来自高层的保护。尽管他并不打算成为团中翘楚，但共青团对他的早期获利至关重要。同时，团属企业这个身份相当于一把保护伞，给霍多尔科夫斯基提供了合法性和敲门砖，因为当时众多年轻的经商能手都担心，自己随时会被克格勃的人带走。合作社只是开了个头，如果没有来自共青团的保护，他们会面临很多不确定性。

霍多尔科夫斯基的另一层保护源自国家科学技术委员会的认可，因为就理论而言，它是青年科技创新中心的共同发起人。这一实权机关是共产党和国有研究所之间的桥梁，对苏联的科学发展和科学家的研究过程具有重要影响。只要说自己有国家科委的支持，霍多尔科夫斯基面前的通道立马大开。“我会经常提到这一点。”他对我说。记者撰写的若干篇早期报道表明，霍多尔科夫斯基得到过科委的经费资助。霍多尔科夫斯基跟我说并非如此，说科委领导的确有过承诺，但他们在苏联体制内身居高位，担心这些年轻的伙伴玩的是资本主义游戏。不过，霍多尔科夫斯基承认，自己有一次得到过来自科委的重要保护。“当时的执法机关不太明白‘革新’是什么玩意。”霍多尔科夫斯基回忆说。根据苏联法律，经商办企业属于犯罪，即便当时的制度已经逐渐允许大家经商办企业，但这一条规定并未被废止。这一条规定并未大面积执行，但也可以成为找麻烦的借口。“有民兵找上门来，”霍多尔科夫斯基回忆说，“并盘问我们如何盈利。”霍多尔科夫斯基说，他把这事投诉到了国家科委。“我跟他详细讲述了我们曾经的做法和当时的做法，他于是打电话把民兵组织的某个头儿找来，要他不再管青年科技创新中心的事儿。”他回忆说，这让他整整两年没受到过官方的打扰。对他那台羽翼未丰的生钱机器而言，那是最为重要的两年。

霍多尔科夫斯基对时任《迈阿密先驱报》记者的彼得·斯莱文（Peter Slevin）说，自己曾经热情拥护过共产党老一套的意识形态，并“完全相信资本主义正在腐朽没落，而列宁说得对，未来掌握在共产主义的手中”。不过，霍多尔科夫斯基接着说，自己经历过“整体反思”，并以热血沸腾的资本家面貌重新示人。再思考发生的时间，正是霍多尔科夫斯基找到办法把相对一钱不值的非现金倒换成真金白银那几年。他说，这完全改变了他的看法。“那之前认识我的人，之后都认不出我了。”他有些夸张地接着说道。“如果老米哈伊尔遇到新米哈伊尔，他可能会一枪毙了他。”[19]

尽管20世纪80年代末期，全世界的人大多在质疑戈尔巴乔夫发起的改革与开放会否不可逆转，但街头层面的改变已经在如火如荼地快速铺开。科技中心开办数月后，霍多尔科夫斯基决定再做一次改变，这次是把它改成合作社。作为准独立企业，合作社可以实行自定价格。第二波合作社浪潮已经开始大量涌现，这一步让他与共青团这个最初发起人又拉开了距离。同时，正如斯莫伦斯基发现的那样，《合作社法》里边有个小条款，允许大家自办银行。

不过，霍多尔科夫斯基首先得去市政府，为自己的合作社办理登记手续。他来到了莫苏委办公楼，不苟言笑的卢日科夫负责给合作社办理执照，对他的首次申请予以了驳回。截至当时，登记的合作社主要从事一些具体的业务，如建筑、烤煎饼、维修车辆等。没有哪家合作社从事“科学技术”这种说不清道不明的工作。据在合作社登记委员会担任卢日科夫助手的帕宁回忆，卢日科夫对他们的项目计划持怀疑态度。卢日科夫在化工行业摸爬滚打了一辈子，对苏联体制的了解十分透彻。不过，这样的经历只会让他对霍多尔科夫斯基更加感到不安。卢日科夫一眼就看出，霍多尔科夫斯基打着科学研究的旗号，实则是把非现金货币倒换成现金货币。“跟其他人不同，卢日科夫的感觉非常准确，因为他担任过企业主管。他还说，现金和非现金这两套体系，万万不可扯在一起。”帕宁回忆说。[20]

然而，霍多尔科夫斯基十分执着，尽管卢日科夫有所疑虑，他还是在几个月之后拿到了合作社的批准文书。他采用了什么办法打消卢日科夫的疑虑，这不得而知。不过很明显，霍多尔科夫斯基不是个会被绊脚石吓破胆的人。他会一跃而过，或被一双无形的手提携而过。18 个月之内，他的步子已经迈得很远很快。1986 年夏季，他大学毕业，开始经营青年科技中心，并在 1987 年末开始打造融资网络，随即又设立了一家合作社。他的步子并没有放慢，因为他的手推车里装满了钱，并需要用这些钱干点事情。“自负盈亏把戏”仍然管用，但已经远不够用。

1988 年，伊戈尔·普里马科夫应邀赴海外出差，这位居住在莫斯科的科学家禁不住费神思量，要从西方带回些什么东西。衬衫？牛仔裤？作为运用计算机进行地震预测的专业人员，普里马科夫最终决定带一台私人电脑，因为他清楚，电脑可以拿回莫斯科，再以巨大的差价卖掉。通过精打细算和节省出差补助，他好不容易在意大利花三千美元买了一台阿姆斯特拉德 286 台式电脑。回国之后，普里马科夫就以七万卢布的价格卖了出去。“相当于我工作 48 年的薪水！”他回忆说。

普里马科夫的电脑为什么能卖到这么高的价格？苏联进入了时间隧道。20 世纪 70 年代末至 80 年代初，西方社会正在经历一场硅片革命，苏联经济却陷入了停滞状态。个人电脑在西方社会遍地开花，苏联却少有使用。对电脑的需求量十分巨大。

普里马科夫通过一家合作社，把电脑卖给了一家研究所。就这样，非现金再一次转换成了现金。研究所有充足的非现金，可以用于购买电脑，合作社则充当起了中间角色，将非现金转换成真金白银，并支付给普里马科夫。他回忆说，自己胆战心惊地去国有银行拿回卖电脑的钱。银行关门歇业一个小时，以便数清七万卢布，然后他把这些卢布装进麻袋扛回了家。“做完那一次后，”普里马科夫告诉我，“我并没想到再回去买两三台电脑，重复这种十分划算的买卖。但据我了解，在我之前一两年，就已经有几十个人在从事这种营生。他们做过一次，就知道那是机会之窗，可以买一台两台，然后七台八台。”[21]

霍多尔科夫斯基随时都在守候新的机会，生钱机器获利不菲，他于是做起了个人电脑买卖，先在国外用硬通货购买电脑进口至国内，卖掉电脑获得非现金，再用非现金换回现金或硬通货。“我们的资金开始了快速循环，尤其是电脑生意启动后。”霍多尔科夫斯基回忆说。金融链条越拉越长，稍有延缓或阻断都会造成断链。无论把电脑运回国内，还是在换钱环节，随时存在不确定性。但霍多尔科夫斯基十分冷静。一位与他从事过电脑交易的年轻人回忆说：“霍多尔科夫斯基善于思考，不费口舌。他能听取各种意见。”[22]霍多尔科夫斯基对自己的生意闭口不谈，几近神秘，但对身边刮过的资本之风却十分留意。每一份文件和告示他都会仔细阅读，以寻找其中的漏洞。同时，他对未形成文字的漏洞也非常了解。“每一部法律几乎都存在漏洞，我会毫不犹豫地加以利用。”他曾经如此自夸。[23]个人电脑是最赚钱的套利行为，因为它充分利用了苏联与国外的巨大价差。霍多尔科夫斯基给自己的生钱机器扩充了新空间。他现在经营的不单是货币，也有了商品，而且这种商品的确可与黄金媲美。

据霍多尔科夫斯基回忆，他当时的换钱和贸易机器越转越快，导致资金开始出现紧张。资金链越拉越细，因为转换过程过于漫长，必须经历从非现金到现金到硬通货再到电脑这一过程，并从头反转。“我们要找到出售硬通货的人，卖给他们卢布，获得硬通货，再用它来买电脑。你看，这个圈圈转得久了一点。”[24]这个循环过程，也包含了其他可以赚钱的用品。在那个时代，套利赚钱十分简单，大量的商品交易在莫斯科打开了门路。尤利娅·拉特尼娜（Yulia Latynina）是一位善于刨根问底的记者和小说家，对于揭露苏联金融和工业领域的弄虚作假行为乐此不疲。据她回忆，在霍多尔科夫斯基创业初期，关于他倒卖各种稀缺商品的谣言不绝于耳。其中包括进口伪造的拿破仑白兰地，波兰分装的假冒瑞士伏特加，以及水磨牛仔裤，这些东西的需求量极大，因此从共产党手里洗出了大把大把的钱。据拉特尼娜回忆，在所有谜团中，霍多尔科夫斯基及其伙伴后来只认可他们的科技中心和计算机业务。不过，据拉特尼娜回忆，涅夫兹林曾经告诉她，他们引进过伪造的干邑白兰地：“‘对，’霍多尔科夫斯基的副手列昂尼德·涅夫兹林挥挥手说道，‘我们搞过干邑。后来也没人中毒嘛。’”[25]

霍多尔科夫斯基的下一步是银行业。作为苏联中央计划经济体制下的主体银行，中央银行曾经遍地开花，此时已经分解为五大专业银行，分别是农工银行、工业建设银行、对外经济银行、储蓄银行和为房产等社会需求提供融资的住宅公用事业和社会发展银行。一天，霍多尔科夫斯基来到他所在地区的住宅公用事业和社会发展银行提出贷款申请。“我听说这事也是有的！”多年后，回忆起自己提出贷款申请这一莽撞之举，他不禁笑出声来。银行并没有轰他出门。银行领导向他解释，他们的贷款只发放给按照国家计划从事经营活动的国有企业，而霍多尔科夫斯基的公司既不是国有企业，其经营活动也不在计划之内。银行领导还说，如果他经营的是银行，他们就可以提供贷款，但他当时经营的企业也不是银行。当时，有很多人沾了《合作社法》的光，第一批商业银行正在等待审批。

这又是一次突破性的时刻，霍多尔科夫斯基要么接受指派，要么自我指派。住宅公用事业和社会发展银行的管理层同意帮助霍多尔科夫斯基成立商业银行，并为其提供贷款用于经营计算机业务。[26]住宅公用事业和社会发展银行作为这家新成立银行的发起人签了字，但据霍多尔科夫斯基回忆，银行没有投入任何本钱。他说，银行最初的本金只有青年科技中心从利润里投进去的250万卢布。霍多尔科夫斯基的银行几经更名，最终于1988年年底登记为梅纳捷普银行（Bank Menatep）。[27]“实际上，我们在政府部门没有遇到任何障碍，”他总结说，“这很罕见。”[28]

确实罕见，但对制度的宠儿来说，这并不算稀奇事儿。

首次前往高温研究所两年之后，霍多尔科夫斯基来到沙因德林的家里。沙因德林告诉我，霍多尔科夫斯基跟他讲，他赚了很多钱，想开一家银行。但霍多尔科夫斯基对自己的身份和人脉有些担心，所以他想得到高层的支持。“都是些年轻人，”沙因德林回忆说，“我很热情地接待了他们。我们一起喝了几杯上好的葡萄酒和伏特加。我一边听，一边指出：‘孩子们，你们很了不起！跟我说，只要我能帮的，我一定帮。’”

沙因德林同意担任梅纳捷普银行的董事。据他回忆，在偶尔召开的会议上，“我们坐在一起，一边喝茶，一边谈论国家大事，一坐就是两三个小时。因此，对他们而言，对那帮孩子而言，这非常重要”。

那帮“孩子”不再是孩子。他们开始设立离岸账户，在老式地下经济正迅猛发展成为主导经济的苏联，他们把硬通货转进转出。尽管私有产业尚未出现，但位居新兴银行业和金融业最前列的霍多尔科夫斯基，已经处在了原型资本主义的边缘。1989 年，哥伦比亚大学博士生乔尔·赫尔曼来到莫斯科，对苏联银行业做博士论文调研。他发现梅纳捷普银行行事低调，神秘莫测，与当时一拥而上的其他新兴商业银行招摇的做法大不相同。“没有人说英语，没有人穿西装，”赫尔曼回忆起梅纳捷普银行的情景时说道，“他们没有豪华的办公室，十分低调。”[29]但毫无疑问，霍多尔科夫斯基已经成为同龄人中的佼佼者。1990 年，戈尔巴乔夫邀请政治家、学者和新闻记者（并未使用“商人”一词）前往克里姆林宫商议改革事宜，霍多尔科夫斯基赫然在列。[30]

这帮“孩子”在探索致富之路的同时，也察觉到了危险。试验要是整体失败，结局会如何？他们会得到盟友们的保护吗？已经成为霍多尔科夫斯基合作伙伴和心腹知己的涅夫兹林性格外向，但霍多尔科夫斯基本人习惯独来独往。涅夫兹林想到一个主意：因为在街头，在公众头脑里，有关他们经商项目的疑虑层出不穷，所以他们需要自圆其说。什么是商业银行？梅纳捷普银行是怎么回事？谣言满天飞，说它是共青团、共产党或者克格勃的幌子。当时新开办的商业银行几乎都遭遇过同样的谣言。[31]

涅夫兹林提出，他们可以编印小册子对自己进行说明。在涅夫兹林的催促下，霍多尔科夫斯基只好照办。他们早已成为亲密的合作伙伴。据涅夫兹林回忆，他们当时住在莫斯科城外的一套农房里，他住一楼，霍多尔科夫斯基住二楼。1991 年是苏联的最后一年，他们把自己的想法录成磁带，随后取名为《带卢布的人》予以出版。书名模仿了一部关于列宁的著名戏剧，即《带枪的人》。书套上印着美元和卢布图案。梅纳捷普信息出版公司印刷了五万册。[32]

五万册就是对体制的五万次呼喊。霍多尔科夫斯基和涅夫兹林大声叫嚣着：致富吧！向我们看齐！全书的格调活像一群无耻少年正在奚落自己的父母。它只想表达一个意思：致富不是罪恶。热情洋溢的行文，与穿牛仔裤和灯芯绒衬衫且行事低调的霍多尔科夫斯基害羞的银行家形象形成了鲜明对照。在我看来，这本书是他们两人在公共关系方面的初试。全书充满说教色彩，通篇陈词滥调，几乎不忍卒读。“盈利是我们的指南，”他们写道，“我们的偶像则是资本陛下。”目标呢？“成为百万富翁。”他们自问自答：“怎样才算好领导？我们觉得，他首先能让我们赚钱。”他们视亨利·福特为英雄。“能投资一美元，赚回一百万的人，就是天才。”

全书的文字天马行空，“梅纳捷普：通往财富之路”这类的标题不时出现。霍多尔科夫斯基和涅夫兹林崇尚贪婪，这或许可以解释他们何以撰写此书：他们害怕被人羡慕、嫉妒和误解。他们的担心不无根据。对资本主义、财富和财产充满怀疑，这是苏联的宣传特色，它深深扎根于苏联文化。尤其对老一代人而言，即使在苏联共产主义寿终正寝多年之后，这种文化仍然挥之不去。那帮“孩子”不知道前路如何，因而千方百计地让自己新取得的暴富身份变得名正言顺。“我们就是我们，”他们如此宣示自己的理念，“致富是我们的准则。”他们热血沸腾地回忆起自己曾经在莫斯科商业俱乐部参加的一次奢侈聚会。这是苏联新富们最爱光顾的酒吧，四百多位客人在此享受着烟花表演、美食美酒和各式娱乐。“玻璃杯里盛着的酒多达二十余种，如干邑、威士忌、香槟、杜松子酒。饮料多达五十余种，各种口味一应俱全。为安排这样的聚会，我们一点也不吝啬钞票。”他们标榜自己的豪爽大方是“道德的最高形式”。但如此渲染豪华聚会的意义，与其说是自吹自擂，不如说是一种防卫和自圆其说。“我们，也就是梅纳捷普，对自己的劳动成果不会感到害怕，我们敢于昭示自己的劳动所得。”他们如此坚称。列宁的口头禅是一起受穷，“我们拥戴的却是致富权一律平等”。

哈佛大学学生查尔斯·瑞安（Charles Ryan）在其学业最后一年受欧洲复兴开发银行的指派，来到苏联。一天，他在圣彼得堡市下了火车，前来给包括阿纳托利·丘拜斯在内的年轻改革者提供咨询。据瑞安回忆，他一边穿过广场寻找公共汽车，一边不住思索，不如赶快放弃咨询工作，投身这场新兴资本主义的“猎杀”活动。他看见一个人身上挂着背心式广告牌：“入股梅纳捷普银行”。

“我暗自嘀咕，这真有趣，我得去看看！”瑞安回忆说。来圣彼得堡市之前，他在华尔街干过一段时间，对股票这事儿并不陌生。“银行？跟前就站着这么个人。小纸片上标着梅纳捷普股票字样，在他手里都捏出了汗。我买了一点儿。我抽出几张二十五卢布的纸币，上面印着列宁头像。我就买了几张。我一边坐进出租车，一边开始琢磨，我刚才买的竟然是股票，你看，大街上就能买卖股票。我当时想的是，这肯定是传销。”

“我回到宾馆，打开电视。我告诉你，苏联当时的广告就这样，根本没有图像。只有一行字，写着公司名称和电话号码。”

“奇怪的是，还有一张面孔！他就是米哈伊尔·霍多尔科夫斯基。他一边挥着拳头一边说着：‘我叫米哈伊尔·霍多尔科夫斯基，我劝你，赶快给自己的未来买一份保障，赶快购买梅纳捷普银行的股票！它是商业银行。’”瑞安大为吃惊，“整个用语透着常见的苏联味道，但字幕却是买下这玩意肯定能致富。真是奇怪而有趣，我这么想着。有趣的是它正勾起了人们的赚钱欲望。”

梅纳捷普率先发行股票的重要意义在于，霍多尔科夫斯基再次成为群龙之首，不懈地寻找着新的扩展领域和发展方向。尽管一向神龙见首不见尾，霍多尔科夫斯基还是打定主意，要让梅纳捷普这个名字变得家喻户晓。他同时找到了弗拉季斯拉夫·苏尔科夫（Vladislav Surkov）。身材瘦长的苏尔科夫烟不离口，与霍多尔科夫斯基相识于青年科技中心。苏尔科夫挣到的第一笔钱，是找国有印刷厂印刷了一幅名画，并来到悬挂真迹的展览场外，当街出售获利。“第一次见面，我就对霍多尔科夫斯基产生了好感，”苏尔科夫回忆说，“因为他当即拿出一张纸，一边画着圆圈和箭头，一边说，不出几年，我们就会拥有自己的帝国。”[33]

“我知道，很多人，甚至大多数人，对霍多尔科夫斯基的想法深表怀疑，”他继续说道，“大家都觉得，共产党不过给年轻人一个机会玩上两三年，但不会让我们走得太远。”但苏尔科夫说，他相信霍多尔科夫斯基的帝国梦，哪怕青年科技中心这条起步之路显得十分渺茫。“我想成为电影《风月俏佳人》里的英雄，我想当大商人，住大饭店，管大事情。”

苏尔科夫成了霍多尔科夫斯基的营销负责人。他找来一帮认识的新闻记者，坐在一起集思广益，商讨如何掀起广告大战。一改苏式广告的冗长乏味，苏尔科夫想出了一则明快而具有吸引力的广告。他想出的点子是，电视屏幕连闪四秒，只有寥寥数字：“梅纳捷普银行。”他还把银行名称放在了“晚间新闻”天气预报节目的屏幕一角，这是一档重要的新闻节目，一直由共产党加以严格控制。“大家记住了，”他回忆起在天气预报节目中做的广告时说道，“不过我们得配合党中央。”苏尔科夫还用花言巧语说服苏联的著名演员，在梅纳捷普的电视广告时段亮相，鼓励他们现身说法，不择语言，想啥说啥。他还说服霍多尔科夫斯基亲自参加收视率高的电视脱口秀节目，如《此刻真相》和《真相瞬间》，这样的大众节目往往能够突破苏联时代的一些禁忌。

尽管面对公众做了广告，但梅纳捷普对公众并不真感兴趣。对霍多尔科夫斯基从事的商贸和换钱营生而言，梅纳捷普银行是他随时紧闭的神经中枢。做广告宣传股票的意义，在于免遭政府的政治打压。共产党既然能够开启试验，当然也能一关了之。1990 年，随着戈尔巴乔夫改革和开放政策的摇摆不定，他们头上始终顶着倒退的阴云。“我们要让许许多多的人成为公司股东，因为我们有预感，当局随时都会大喊一声：‘够了！’如果有人想让我们解散银行，我们希望他遇到无数股东的反对。”苏尔科夫回忆说。

银行内部，霍多尔科夫斯基正在打造一部生钱机器，它将远超含蓄的第一轮非现金交易。他意识到，苏联那些刚刚起步的私有行业赚不到大钱。国家是最大的资本来源，霍多尔科夫斯基和涅夫兹林决定从中赚一笔，手段则比以往更为直接。他们开始接触日渐混乱的权力层。苏联已成散沙一盘，政府另行成立，由叶利钦担任总统，并围绕着他初步形成了新的权力中心。霍多尔科夫斯基当上了叶利钦的总理伊万·西拉耶夫（Ivan Silayev）的顾问。他在这个岗位上做了哪些工作并不十分明确，但这肯定让他占尽先机，能够找到新的资金来源。

与此同时，苏联政府正徒劳无益地向企业提供大量信贷，以防止其破产瓦解。梅纳捷普成为获得授权的商业银行之一，向企业发放政府信贷。霍多尔科夫斯基告诉我，运作政府资金表面看起来并没有多少油水。但免费的政府信贷犹如龙头里流出的水，他可以借此大赚一把。拿到政府信贷后，他将其用于私人目的，并拖很久才予以归还。这就是免费资本。霍多尔科夫斯基告诉我，在1990年和1991年，计算机业务和硬通货兑换在他的盈利表上已经退居其次。据他回忆，“主业是政府信贷”。“总体而言，就是我们接收政府信贷，发放给国有企业，再从企业收回资金，并还给政府。”中转过程存在大量油水，原因之一是国有企业和薪水不高的政府官僚并不完全了解资金所具有的时间价值。霍多尔科夫斯基占着资金并投入使用，这个过程就能赚钱。拉特尼娜写道，霍多尔科夫斯基还非常善于牵着官僚们的鼻子走。“在政府官员身上花钱大有裨益，他是最早懂得这一点的人之一，”她如此写道，“在银行位于卢布赖夫斯科耶公路旁的乡间别墅招待高端客人……将会获得一千多倍的现金回报。”[34]换句话说，霍多尔科夫斯基和涅夫兹林充分认识到了关系所具有的价值，官员招待好了，就能给银行批来巨额资金，而他们只需拿着国家的钱，就能赚到数百万美元。

霍多尔科夫斯基的机器开始超负荷运转。他的关系网开始延伸至海外隐秘的离岸银行业天堂，如瑞士、直布罗陀和美国。苏联政府对硬通货实行严格控制，但包括梅纳捷普在内的新兴商业银行开始惯常性地置若罔闻。[35]面临分崩离析的苏联政府，无力追查这帮赚钱跑路两不误的年轻人。霍多尔科夫斯基早年建立的海外关系网扩展到了日内瓦和一家叫里格斯·瓦尔莫（Riggs Valmet）的私人投资银行，该银行在直布罗陀、塞浦路斯、马恩岛等金融中心均设有办事处，而这些地方都以替逃避税收和海外转款的富人及公司提供服务而闻名。1989 年推倒柏林墙之后，作为向东欧和苏联扩展的计划之一，华盛顿里格斯国家银行买下了瓦尔莫 51%的股份。[36]初初成为独占鳌头的日内瓦投资银行的客户时，霍多尔科夫斯基不到三十岁，几年前在莫斯科开设青年餐厅时还出师不利。1991 年，霍多尔科夫斯基前往莫斯科商业俱乐部参加一个豪华聚会，里边轻声演奏着爵士乐，外边的停车场上满是奔驰和宝马。里格斯·瓦尔莫的一位代表告诉记者，霍多尔科夫斯基两年前就成了他们的客户。“在莫斯科，他们的经验最丰富。”他如此评价霍多尔科夫斯基领导的团队。时任梅纳捷普财务主管的普拉东·列别杰夫称里格斯银行的人为“我们的导师”，并说“他们的瑞士分行是我们的第二个家”。[37]

1991 年，旨在推翻戈尔巴乔夫的八月政变之后第五天，共产党的财政部长尼古拉·克鲁奇纳（Nikolai Kruchina）跳楼自杀。六周后，他的前任格奥尔基·帕夫洛夫（Georgi Pavlov）步其后尘。他们带走了苏联解体的最大谜团：共产党拥有的数十亿美元去了哪里？共产党统治集团的现金和黄金消失无踪，长期成谜。即便十多年过去，它依然是莫斯科的银行家和政治家们最为激烈的争论与推想话题。没有人确切知道，涉案的钱有多少，又去了哪里，不过人们的推想往往指向共青团的一帮“孩子”，而米哈伊尔·霍多尔科夫斯基是他们当中最成功的代表。有没有某种可能？这个聪明的年轻人趁着苏联体制力挽狂澜之际赚得自己的第一桶金，同时也成了共产党的救生筏，协助共产党的负责人或者克格勃把财富安全地转移至海外银行账户。霍多尔科夫斯基已经具备这样的才能、关系网和海外人脉。

对于参与挽救共产党的资金一事，霍多尔科夫斯基并不认可。但他在 20 世纪 90 年代就此发表过一份模棱两可的声明。“银行就像服务员，”他说，“其本质就是服务客户，而不管其政治信仰，也不管其归属于哪个阵营。其工作就是验视印章并替人存钱取钱。因此我不明白，往账户里添加共产党资金的银行何错之有？如果它表示要将钱存入我的银行，我也会视若荣幸。怎奈共产党突然被宣布为犯罪组织，而替其服务的银行即便不是罪犯，也被视作帮凶。不该如此。”[38]

叶利钦的首任总理叶戈尔·盖达尔告诉我，俄罗斯唯一真正能帮忙找到共产党资金的人是克格勃——然而有可能是他们把钱卷跑了。盖达尔转而投向国际私人侦探机构克罗尔公司，请他们帮忙寻找共产党资金。[39]盖达尔开出的费用是九十万美元，为期三个月。截至1992年5月，调查工作已形成一系列报告，但俄罗斯安全机关拒不合作，盖达尔只得宣布，调查人员做出的结论毫无用处。他随即终止了调查。

与此同时，中央情报局高级官员弗里茨·厄尔玛斯（Fritz Ermarth）从一位退休同僚那里听到了调查一事。退休同僚告诉厄尔玛斯，新俄罗斯政府希望找到“被克格勃和苏联共产党窃取并存在海外银行和幌子公司的巨额资金”。厄尔玛斯说，他的前同僚想知道，美国的情报机关能否帮助俄罗斯改革者们找回资金。[40]

厄尔玛斯说，美国的情报机关可以帮着把钱找回来。但是否有必要？白宫召开过高级别会议进行讨论。但答案传来：不行。厄尔玛斯说，道理在于：“钱丢了就丢了。我们不可能帮助俄罗斯找回这笔钱，如同我们不能帮助巴西或者阿根廷。”

案子了结，钱却一直没有下落。

第六章　鲍里斯·别列佐夫斯基

懒洋洋的夏日，列昂尼德·博古斯拉夫斯基（Leonid Boguslavsky）驾着一艘马达破旧的小艇，在莫斯科郊外波光粼粼的平静湖面上一掠而过。一如往常，马达如果损坏，博古斯拉夫斯基要花上数个星期才能找到配件。之后，他会耗费数个小时，把马达拆下再装上，小心翼翼地摆弄着小艇，直至其能够正常使用。作为一名计算机专家，博古斯拉夫斯基对事物的工作原理充满了好奇。他对马达情有独钟。他知道什么样的马达跑得动，什么样的马达跑不动。

1974 年夏天的一个周末，博古斯拉夫斯基计划和几个熟人一同出游，其中有他的老朋友鲍里斯·别列佐夫斯基。他和别列佐夫斯基都是控制科学研究所的年轻研究员，这是一家颇有声望的研究机构，主要从事数学、自动化和工程计算机科学领域的研究。时年二十三岁的博古斯拉夫斯基为人矜持，他的朋友别列佐夫斯基年长五岁，性格开朗。别列佐夫斯基长着一头黑色硬发，髭须略长。他说话快，思维也快。星期天？可以。湖滨聚会就这么定了。

星期六，马达坏了。博古斯拉夫斯基清楚，星期天之前不可能找到配件，也许几天之内或几周之内都无法找到配件。星期天，别列佐夫斯基和其他人来到聚会点，他向大家报告了坏消息。他建议大家踢足球，小艇的事儿就别想了。其他人都同意，但别列佐夫斯基不相信马达真就坏了。

“列昂尼德，”他提议，“咱们想想办法，把它修好。”

“鲍里斯，”他回答说，“修不好。引擎这玩意儿你不懂。”

“我对引擎确实不懂，但我们可以想办法！我们早就盼着划水了，要是能修好，那就太棒了！”别列佐夫斯基越说越激动，语速越来越快。

“行，”面对老朋友的极力说服，博古斯拉夫斯基终于答应了，“我打赌，这根本没法修。我了解这台引擎。出了状况，修不好。”

其他朋友去海滩点燃篝火，博古斯拉夫斯基和别列佐夫斯基走向码头，打算修复马达。博古斯拉夫斯基动手维修，别列佐夫斯基在一旁不停地说着话。博古斯拉夫斯基心想：别列佐夫斯基连螺丝刀都不会拿，可他就是能说会道！三个小时后，他们已经把拆下来的马达又装了回去。仍然纹丝不动。聚会已经进行了一大半，可别列佐夫斯基还坚持要继续努力。“我们东试试西试试。”博古斯拉夫斯基回忆说。别列佐夫斯基不愿意半途而废。夕阳西沉，朋友们都累了，别列佐夫斯基终于承认，博古斯拉夫斯基说得对，马达没法修好。

别列佐夫斯基就是这样的人。他总是把目标定得很高，并为之努力不懈。他随时准备行动，随时准备冲向目标，对于障碍既不了解也不躲避。即便其他人都觉得不可能的事情，别列佐夫斯基还是要去试，而且不到黄河心不死，除非到了最后一刻，事情已经绝对清楚，目标无法实现。

还有一种原因会让他半途而废，那就是别列佐夫斯基的脑子永不停歇，想法在不断变化，而他有时候会对已经开了个头的事情不再有兴趣。但只要想做，他就不会停下来，一刻也不闲着。“他就是这种态度，”多年以后，与别列佐夫斯基同为成功商人的博古斯拉夫斯基回忆道，“进取不止。”[1]

莫斯科是一座平坦的城市，满是宽阔的林荫道，大小支流交错，水势平缓，各式建筑点缀其中，上至革命前的典雅公寓楼，下至丑陋的水泥高楼和苏联社会主义时期修建的庞大楼宇。丰富多彩的平原周围耸起几座山包，连接市中心的普罗费索育兹纳亚大街（Profsoyuznaya Street）顺着其中一座缓缓而上。普罗费索育兹纳亚大街 65 号是一处斜坡，坐落着控制科学研究所，水塘后面是一座外表光鲜的方形办公楼。这里远离大都市，看似一座平静的小岛。它是苏联的技术神经中枢，科学家和研究人员要么挤在储藏间一样的办公室，要么坐在空间高大的教室里一边喝茶，一边透过落地窗俯瞰着城市。研究所创建于 1939 年，是斯大林快速工业化运动的产物。二战后，全新的机器怪兽出现，洲际弹道导弹、核电站和喷气式战斗机都采用了更加先进的控制技术。科学家们写出的算法操控着火箭和喷气式飞机。他们摆弄着大型炼油厂流出的油料，为千余条生产线无休止地探索着自动化完善方案。黑板上写着密密麻麻的数学公式，这些公式控制着一切可以运动的事物，上至超级机密的卫星轨道，下至邮件分拣方案。在苏联与西方科学技术保持一致的不懈奋斗过程中，这家研究所成了科学研究中心中的佼佼者，享有崇高声望，研究课题无所不包，如控制论、气体力学、决策论等。其中最著名的成果，是马克·艾泽曼（Mark Aizerman）提出的算式，它能使坦克火炮在颠簸行进的状态下始终瞄准目标。

不过，该研究所不只有黑板、数学定理和装配线。这里还是知识分子酝酿自由思潮的大熔炉，也是针对文学、戏剧、哲学、革新、开放、汽车零件、香肠、短缺经济等任何所能想到的话题进行无休止辩论的俱乐部。科学研究是目的，日常生活却要节衣缩食。科学家们大多就着自家厨房的餐桌撰写论文，白天则在研究所参与无休无止的讨论。当时就职于此的弗拉基米尔·格洛杰茨基（Vladimir Grodsky）回忆说，这里像极了阿尔卡季和鲍里斯·斯特鲁加茨基（Arkady and Boris Strugatsky）两兄弟 1966 年那部有名的小说《星期一始于星期六》（*Monday Begins on Saturday*）里所描述的充满神秘色彩的魔幻加工研究所。“这部科幻小说写到精英知识分子会在一个特定的地方举行集会，而很多人确实知识渊博、才华横溢。”[2]

在研究所的各个大厅，天资聪颖的数学家和理论家们四处溜达，一边琢磨各种公式，一边利用充裕的时间进行思考。地方不大，但好歹能给他们的思想提供一个容身之所；薪水过得去；研讨会上能够互听心声；有清茶可享；知识分子聚集的空间人气日盛。这都让他们感到心情舒畅。但这个空间并非他们自创，给他们提供这一空间的另有其人，他既能找钱又有手段。

别列佐夫斯基就是这个有手段的人之一。他像彗星一样穿行于各个大厅。他是个压得紧紧的能量球。他脑子里一刻不停，激荡着各种计划、抱负、点子，以及首先能让这一切付诸实施的各种关系。他总闲不住，时而在长长的走廊里脚步匆匆，时而对着来自莫斯科的电话大声叫嚷。同事们老爱说，他有分身之术：同一时刻，却能身处不同的场合。不过，别列佐夫斯基凭着韧劲、文雅和包藏欲望的热情实现了自己所想。

别列佐夫斯基是犹太建筑工程师和儿科护士的独子。他的父亲于20世纪30年代从位于西伯利亚的托木斯克市来到莫斯科，一辈子与砖石为伴，以修建厂房为业。作为独子的别列佐夫斯基生于1946年1月23日，那时战争刚刚结束，他把自己所享有的这段时光称为"非常快乐的苏维埃童年时期"。他进了一所林业大学，随后作为一名青年研究人员，于1969年1月23日进入声誉卓著的控制科学研究所。[3]因为自己的犹太人身份，别列佐夫斯基面临着一道道障碍。多少犹太人能够跻身高位、参与论文答辩、提升实验室主任、申报重要奖项等，都有心照不宣的上限。反犹太主义是苏联国策，犹太人需要付出五倍于常人的努力。"对我而言，看不到政治前景，"别列佐夫斯基对我说，"我不属于政治精英分子。我是个犹太人。局限性很多。我对此十分清楚。"[4]不过，控制科学研究所是犹太人的安全港之一。为追求事业成功，很多犹太人刻意选择了科学道路，以避免直接服务于苏联政府。研究所聚集了一群相当聪明的犹太科学家。"很令人吃惊，"于20世纪70年代以非全日制学生身份进入研究所的亚历山大·奥斯隆（Alexander Oslon）回忆说，"有这么多的能人，要么精力充沛，要么头脑灵光，要么背景特殊。研究所的知识生活尤其丰富，既有科学的，也有人文的。已经形成了氛围。苏联的这个地方聚集了一群最聪明的人。可以这么讲，这家研究所是犹太人的天下。"[5]

在苏联社会主义后期，科学家聚集财富的梦想十分渺茫，但他在相关领域的地位尤其是享誉世界的知名度显得至关重要，并有可能带来物质利益。别列佐夫斯基所在的领域是应用数学，但用他自己的话说，也算不上出类拔萃。据研究所与他共事了二十余年的同行回忆，在一个充满懈怠和虚假的社会，他的优势在于能让很多事情落到实处。欲望时时涌动，别列佐夫斯基不懈地思考着实现它们的手段。他善于分析，同时精力充沛，意志坚定。在研究所这段时光，是他未来发展的前兆，也是他变身苏联最富有和最具影响力人物之一的前奏。在控制科学研究所的各个大厅，这颗彗星炽烈地燃烧着。

艾泽曼这位解决了坦克火炮瞄准难题并率先开启成像与气体动力学研究的著名教授相信，科研人员应该每五年突破一个新方向。他自己开始了向决策论科学研究高地的攀登。研究所开展科学研究的基础单位是实验室，它不是一个摆满试管的房间，而是一群围绕某一理论或思想开展研究的人员。别列佐夫斯基终于当上了致力于决策理论研究的实验室负责人，用应用数学理论对决策过程加以研究。[6]在苏联体制下，尤其是应用数学这样的科学研究，能够远离无处不在且令人窒息的意识形态。例如，在苏联社会主义明显遭遇失败的情况下，一群数学家可以围绕市场经济模型研究数年之久，因为那毕竟只是一种模型。数学家觉得市场经济模型很管用，因为他们可以借此了解西方的研究方法，还能阅读西方文献，只不过无法将其所学应用于街头所见。同理，决策论是一门抽象学科，对腐朽的苏联社会主义制度影响甚微。毕业于该研究所并很早就认识别列佐夫斯基的经济学教授马克·列文（Mark Levin）回忆说，艾泽曼是个空想家，丝毫不管自己所在的研究领域将通往什么地方。艾泽曼的理念是“我们要做开路先锋”，列文告诉我：“我们的任务就是开辟前线。我们不必纠缠细节。细节留给其他人做。我们的任务是开辟新航向。我们要尽自己所能。只管前进。细节留给其他人去做。”[7]

让别列佐夫斯基独树一帜的与其说是科学研究，不如说是做事方法。“他是个思想的生产者，”当时与别列佐夫斯基同在实验室共事，后来成为俄罗斯公共舆论与民意调查首席专家的格洛杰茨基回忆说，“凡在头脑里想到的东西，他都会说出来。无聊的话题占了一半，但另一半确实是智慧。”奥斯隆回忆说，尽管意志坚定，但别列佐夫斯基十分不善于管理，他所领导的实验室往往连非常简单的文件材料和清洁卫生都无法应付。他对我说："他们随时涌动着创造性念头。"别列佐夫斯基太繁忙，无暇顾及各种俗事琐务。"他的思维非常活跃，让人很难跟得上，"奥斯隆回忆说，"他时而东，时而西。他总有接不完的电话。他不仅在甲地迟到，在乙地也是说了要到，却总也不到。"

说到与其疯狂相对的处事方法，则是别列佐夫斯基总在调用其愈发密致的关系网所能带来的各种资源。"那都是实事儿，"格洛杰茨基对我说，"如组织研讨会、落实研讨会、组织境外旅游、接待兄弟院校代表团、出访兄弟院校并发表演讲，这些事情并非人人能做。鲍里斯懂得如何与他人搞好关系。他差不多能与任何人找到共同语言。"

忙碌和人脉不仅限于学术追求。实验室负责人还应该是其手下人员的保障者，是整个大家庭的狩猎者和饲养员。即便身为苏联的科学精英，裙带传统对他们照样管用。别列佐夫斯基的每一天，不仅要组织研讨会，也包括替同事找住处这样的烦心事。他打理着一大群研究人员，能在他的手下谋得一席之地成了一种令人垂涎的荣耀。

在苏联的工业和科学体制下，对很多渴望成功的人而言，高级学术头衔必不可少。"学位论文是硬通货，"格洛杰茨基回忆说，"要紧的是，你是科学博士还是科学硕士，你是共产党员还是非党员身份。这是个完全不同的社会层级。正因为如此，研究生学习和科学学位往往相当于外汇券。'我收你做我的研究生，那么你得允许我插队购买一辆日古利轿车。'这样的交易十分滑稽，但它是真实存在的。关系就是这样一步步建立起来的。"[8]

别列佐夫斯基关于研究所岁月的回忆印证了很多人的看法，即科学研究并不是他当时的中心事务。"我从事科学研究的心情很愉悦，"他对我说，"但我觉得那一切都不是'我的'。也就是说，我写过一百余篇论文和三本专著。我在自己的领域干过一些事情，我觉得这还算有点意义。但我拿捏的过程很艰难。我得让自己处于严格的界限之内。因为我没有什么超能力，对吧？在数学领域。所以，我得随时控制好自己。那么……我该怎么说呢？……我给你讲一件有趣的事儿吧。现在听起来难以置信，因为现在仍然有人觉得我是个分身有术的人。但我拿了三年时间……三年啊……去证明一条理论。真是夜以继日。因为不管做什么事情，我都会做到极致。我如果要做一件事情，就会做得正儿八经，每天起码做上十八或者二十个小时。我证明了那条理论，从而完成了论文答辩。参加完论文答辩，确定我可以拿到科学硕士学位时，我的一个朋友告诉我，我的论证过程有错误。我又花了两年时间修正这一错误。”

别列佐夫斯基招收了一批天资聪颖却尚未就业的数学家，只为获得有人与之共事的满足感。“好几位著名数学家引起过鲍里斯的关注，”奥斯隆回忆说，“他们大多与研究所开展的实际工作没有任何关系。他们从事的是高等数学和纯数学研究。他一心创造安宁环境，让他们能够正常工作。有一个人没有工作，只干过扫雪这样的零工。鲍里亚①收下了他。”

“那正是鲍里斯的弱点。是一种特殊的同情。也许他对这些数学家的帮助是一种下意识……他自己也想当个数学家。他有从事纯数学研究的爱好。也许他也想做点‘高等’数学方面的事儿。另一方面，他的性格优势又在于非常务实。”[9]

别列佐夫斯基的兴趣来得快消得也快。他有时甚至无法保持兴趣至项目做完。据格洛杰茨基回忆，研究所内部曾经刮过一阵政治旋风，大家做好了选举执委会的准备。别列佐夫斯基“也热情高涨地行动起来。可他随后就没了兴趣”。他说：“嘿，伙计们，别闹了。谁当真啊？全是胡闹。我们不应该这么做！”

不过，别列佐夫斯基自己的职位却越爬越高。魅力、真诚、狡黠、精力充沛等都是他宝贵的资产。奥斯隆说：“职位分好多级别：科学硕士、科学博士、高级讲师、教授；接着是评奖，有列宁共青团勋章、国家勋章、列宁勋章等。有兴趣顺着这个梯子往上爬的人，必须一样不少。就像国王，既有王冠，也有宝座，这些都是标志物。为了获得这些标志物，你得花费不少时间，而标志物一旦全部到手，你就可以考虑下一步了。”

列文说，即便就获取博士学位这一过程而言，与其说是一种学术

---

① 鲍里亚（Borya）是鲍里斯的昵称。——译注

追求，不如说是一场游说活动。“在当时，那不太像一种科学过程，更像一种政治过程。我不得不说，那就是一种政治过程，而别列佐夫斯基把这一切做得游刃有余。”[10]

别列佐夫斯基把注意力转到了获取重大奖项上，他最先致力于第一层次，即列宁共青团勋章，并如愿以偿。接着，他追求起了层次更高的国家勋章，这个奖项要评奖团说了算。为获得这个奖项，他不得不积极争取，说服的艺术就跟科学研究一样重要。博古斯拉夫斯基告诉我，别列佐夫斯基为获得这一荣耀，投入了全部精力，“跟人拉关系，找证明人，开具各种证明材料等”。但据他回忆，别列佐夫斯基还是没能获奖。“竞争太激烈。”

别列佐夫斯基没有知难而退。他告诉博古斯拉夫斯基，他已经为下一步做好了准备：诺贝尔奖。

“他真正的目的是诺贝尔奖，”博古斯拉夫斯基回忆说，“他把目标定得很高，并真正开始思考如何达到这个目标和高度。他花费了很多时间，工作也干得很不错，到大学里招录了几个天资聪颖的年轻人，组建自己的科研团队，强筋健骨，集思广益。就具体工作而言，比如对于技术和方法的运用，他算不上真正的科学家。他对这些并不在行。但他在某些方面确实创造力十足，比如让有能耐的人做一些常规工作。他的长处是确定奋斗目标，以及使之能够获得诺贝尔奖的某种工作路径。这不是开玩笑。那绝对是个脑力活儿。”

“你知道他为什么放弃吗？”博古斯拉夫斯基回忆说，“改革运动。因为它催生了新的机会。要是改革运动不催生商业机会，他会至死不渝地追求诺贝尔奖。”[11]

别列佐夫斯基的财富之路始于汽车这一小小心愿。20 世纪 80 年代初，私人轿车在莫斯科属于稀有财产。博古斯拉夫斯基有一辆破旧的红色日古利轿车。别列佐夫斯基一直看得眼馋。

日古利轿车是菲亚特紧凑型轿车的改良版。伏尔加河上有一座名叫陶里亚蒂（Togliatti）的城市，得名于意大利共产党一位同名领导人。这里有一条庞大的组装线，自 1970 年以来便源源不断地生产着轿车。伏尔加汽车厂被大家称作瓦兹汽车（Avtovaz），其菲亚特生产线系意大利整体进口。因为在研究所工作，别列佐夫斯基与瓦兹汽车有一定联系，因此他提出与博古斯拉夫斯基做一笔交易。他可以把那辆破旧的红色日古利轿车送回汽车厂更换零部件，这个提议犹如天方夜谭，因为汽车零部件相当稀有。别列佐夫斯基提出的交易是，他如果能让车辆改头换面，他们将共同使用。

“我说行，”博古斯拉夫斯基对我说，“我可不喜欢那辆破车，每天都问题不断，因为它确实太旧了。他会把它变成一辆新车。我记得自己问过他，谁把车从莫斯科开到陶里亚蒂？”

刚拿到驾驶证的别列佐夫斯基说，到汽车厂这段 634 英里的路程将由他来驾驶。博古斯拉夫斯基有些怀疑。“你行吗？两天前你才拿到驾驶证！你能开那么远吗？”博古斯拉夫斯基坚持，在交接车辆前，别列佐夫斯基得证明一下，他确实会开车。他们进行了一场测试。博古斯拉夫斯基在一处匝道上停下车，并拉上了手刹。他挑衅性地让别列佐夫斯基坐进轿车，发动，往前开，不后溜。

别列佐夫斯基过不了关——轿车后溜了。不过，他随即展示出了自己的魅力。“为实现目标，他会变得一意孤行，”博古斯拉夫斯基回忆说，“他说：‘列昂尼德，别担心。不会有事儿！你就让我把车开到陶里亚蒂吧！’”博古斯拉夫斯基心软了。

轿车开回，完好如初，博古斯拉夫斯基什么问题也没问。轿车由他们共用，这个星期归博古斯拉夫斯基，下个星期轮到别列佐夫斯基。博古斯拉夫斯基很快发现，他一个星期的驾驶里程是 500 公里，而别列佐夫斯基的驾驶里程多达 3 000 公里。这颗彗星停不下来。“我都没法告诉你，我当时的心情有多么舒畅！”别列佐夫斯基回忆说。[12]

随着苏联社会主义活力渐失，政府越发坚信，科学研究能够挽救自己。中央计划单位和党的理论工作者满怀希望，实证数据、数学公式和一流思想这样的科学玩意儿能够解决久已存在，并日渐迟缓的经济停滞问题。控制科学研究所与苏联厂矿的联系十分紧密，每一位研究人员都要绞尽脑汁地“证明”，他的研究成果产生了实际的经济效益。俄语中有个词语“vnedrenie”专门用来描述这一复杂关系，意为证明文件或谆谆教诲。任何科研成果的有效性和实用性都需要得到证明。

“所有理论、公式、实验过程都要有这样那样的证明文件，”奥斯隆告诉我，“任何技术学科，如应用数学、机械学、物理学都需要‘谆谆教诲’。‘谆谆教诲’是什么意思？每一篇论文都有一个应用章节，对各种方法的使用情况进行说明。比如，科学家的某一理论在工厂、研究所或交通系统的使用情况如何。”科学家先把研究成果发给工厂，工厂再提供一份材料，证明研究成果确实有用。

“同时，不能简单说它有用，还得说它产生了经济效益。于是，就要有一份证明，说‘在应用科学硕士学位申请者伊凡诺夫先生的谆谆教诲下，节省经费一万卢布’。签字，盖章。因此，所有科技组织，但凡招有研究生、合作者和协同研究者，都要想尽办法与应用机构建立联系。”证明材料还要附上合同，证明研究项目正在开展之中，并会成为研究所的收入来源。

别列佐夫斯基所在实验室的证明文件，来自位于陶里亚蒂的瓦兹汽车厂。该厂是苏联最大的工业企业之一。它生产了数十万辆小型日古利汽车，对整个经济的贡献度超过百分之一。据奥斯隆回忆，研究所的计划书大致如下：“别列佐夫斯基实验室。客户：瓦兹汽车厂。主题：汽车设计系统开发。”实验室写好报告，研究所将报告发到工厂，工厂向研究所支付报酬，有时也给研究人员支付报酬。

但到了苏联晚期，大家都知道，证明文件就是个幌子，不过是在紧缺经济内部豪夺资源的一种手段而已。没有一项科研成果能够拯救发达社会主义这头怪兽，但研究补贴源源不竭，研究人员仍旧声称，他们正让苏联工业变得越来越好。“我们的制度真是愚蠢透顶，”格洛杰茨基说，“各种方法和谆谆教诲一大堆，说某公式对汽车生产具有重大影响，云云。真是滑稽之极。那就是一场游戏，每个人都玩得不亦乐乎。”他接着说，“鲍里斯真是个天才，因为就全研究所而言，是他率领的实验室首先与瓦兹汽车建立联系，并产生盈利。大家的生活和工作都是为了金钱。”[13]

不过，别列佐夫斯基的眼光更为长远，绝不是小恩小惠和一点点零花钱这么简单。他知道，四四方方的小型日古利轿车是每个人的梦想。瓦兹汽车在他眼里不只是一座工厂。那简直是一座金矿。

“我明白了一件重要的事情，”别列佐夫斯基告诉我，“在当时，很多人都想购买汽车。没有房子住，不要紧。没有衣服穿，也不要紧。只要有车，怎么都行!”

别列佐夫斯基停住话头。他穿着熨帖的白色商务衬衫，打着优雅的绛色真丝领带，坐在那座建于 19 世纪、已被他改成商务俱乐部的大楼里，呷着红葡萄酒。他思绪如潮，那么多年的记忆奔涌回放，人们急切盼望着拥有自己的汽车，这样的梦想他感同身受。

“着了魔似的，”他又停了一下，接着说道，“当时的心情，我仍然记得。四十岁时，我拥有了自己的第一辆车。是半辆车。这个星期归我，下个星期归他。我们从未发生过争吵。一次也没有。”

伏尔加汽车厂的建成，体现了社会主义的伟大胜利。1967 年，来自 300 座城镇的共青团建筑队聚集在伏尔加河边上的一片不毛之地，建成了全苏联最大的汽车制造厂。他们开凿出来的不仅是一座庞大的汽车制造厂，还是一座汽车城，公寓楼延绵几个街区，为后来的 15 万名汽车制造者提供了住房。为建设一座崭新的汽车之都，三年半的时间内，工地上每天都忙碌着 4.5 万名工人、200 台推土机、500 台起重机、100 台挖掘机和 2 000 辆自卸卡车。[14]工厂本身也是一座庞大的建筑，周长达 14 千米，有 21 个出入口。1970 年 4 月 19 日，第一辆汽车下线。这辆汽车取名为瓦兹 2101，是菲亚特 124 的改进版，装 1.2 升发动机，前脸呈方形，车头灯浑圆。这个车型又叫作日古利，得名于伏尔加河西岸起伏的群山。三年后，第 100 万辆日古利轿车下线。至 1974 年，该厂三条大型组装线满负荷生产，每条生产线年产轿车 22 万辆。

该厂规模庞大，但人们对汽车的需求量同样庞大。与诸多商品一样，汽车也陷入了短缺状态。[15]20 世纪 70 年代末至 80 年代初，该厂因中央计划经济体制而出现运行不畅。零件短缺，工艺瑕疵，令小小的日古利轿车麻烦不断。截至推行改革政策的 80 年代末，该厂已经出现内部腐朽。腐尸很快就招来了秃鹫。

中央计划单位制定的汽车分配制度，与市场没有任何关系。没有人关心价格；颜色无关痛痒，质保成了摆设。踢踢轮胎、关关车门，这样的说法听起来就可笑。车辆分配的依据是党派、地位和关系。轿车首先凭着关系被分发给各个团体，如联合会、企业或共青团，各团体再决定哪些人可以分到贵若珍宝的轿车。问题不在于你能否买到日古利轿车，而在于你排了十年的队，能否分到一辆日古利轿车。同时，如果分到了车，你是自己使用，还是马上以高价把它卖掉。

雪上加霜的是，造型简单的日古利轿车不是面包盒子，尽管其外形与之酷似。那毕竟是一台复杂的机器，需要保养和零配件，而这同样陷入了短缺。跟轿车一样，零配件的分配同样由中央计划单位决定，而不由市场说了算。很快，数百万辆日古利轿车开始出现刹车片磨损和火花塞老化等问题，零配件变成了炙手可热的第二货币。零配件可用于交换，也易于携带，往往还供不应求。随着短缺现象日趋严重，零配件的价格跟着上涨。这是社会主义经济体系裂痕出现并逐渐变宽的典型事例。日古利车主每次停车后，都要取下雨刮片，以免被人顺手牵羊。80 年代，短缺现象愈演愈烈，一度出现过特殊的盗窃团伙，带着大大的吸盘装置。他们只要看见干净且没有开裂的挡风玻璃，就会趁着无人看见之际，装上吸盘，砰地一下，眨眼工夫就盗走了。令车主深感绝望的是，各大维修站同时出现零配件短缺，而任何形式的人修都既需要技师，也需要零配件。1 033 个服务中心无暇应付，戈尔巴乔夫推行改革政策期间，汽车零配件这一黑洞越发深不见底。

不光苏联社会主义这一整体危机让瓦兹汽车深受其害，盗窃也让它损失惨重。黑市依然遵循供求关系这一基本法则。若某样东西出现短缺且需求极大，那么随之就会出现偷窃行为。如果说轿车和零配件是一种通货，那么瓦兹汽车就是一个巨大的藏宝箱。从理论上说汽车厂是国有国营，但随着政府控制力遭到削弱，其他人开始伺机夺宝。

黑市对零配件的需求如此旺盛，以致一个个集装箱被犯罪分子肆无忌惮地从工厂里搬了出去，汽车生产线陷入了停顿状态。犯罪分子越来越猖狂，竟然可以站上生产线，直接选中某些成品轿车一走了之。同时，工厂对供货网络形成了依赖，而随着苏联本身分崩离析，供货商的供应能力随之弱化。成品汽车反正会被窃走，所以一下生产线就被抵给了供货商，以换取某些急需的零配件。瓦兹汽车厂外的围墙一带名头越来越大，供应整车和零配件的黑市昼夜不休。瓦兹汽车这样一家年销售额达四十亿卢布、出口换汇额达六亿七千万美元的汽车制造厂，硕大的库房堆放着价值昂贵的雨刮片和化油器，数条组装线生产出一辆辆虽说简陋却也受人热捧的轿车，正发展成一座获利惊人的大集市。工厂经理们明白，自己的汽车厂正在被人蚕食鲸吞，于是也加入了偷窃盛宴。什么东西都可以偷。

别列佐夫斯基对科学研究已经失去了兴趣。他那颗不安分的心一直在蠢蠢欲动。“我一向只做自己喜欢做的事情，”多年后，他对我说道，“我从来就不是‘去上班’，知道吗？我只不过在做自己爱做的事情。”别列佐夫斯基还说，他急切地感受到了周围发生的变化。“你必须以一个孩子的眼光去打量这个世界。”他说道。1988 年，他发现苏联正在经历一场意义深远的变革。戈尔巴乔夫已经打开了机会之门，合作社一派欣欣向荣，首批银行正在开办之中。漫长的社会主义集体实验正在终结，好处即将落入那些抓住了机会，并只为自己着想的人之手。别列佐夫斯基觉得，自己正是他们中的一员。

“实话实说，大多数人的悲剧，正在于习惯了国家的全面照顾，然后又被国家晾在了一边，”别列佐夫斯基回忆说，“也就是说，一夜之间，国家不再管他们了，对吧？数百万人失去了社会保障，上不了诊所。大家觉得，他们的生活应该有人打理。这个人就是国家，对吧？我不这么认为。我觉得这是一个新时代的开始，而这样的认识也许来得比别人快了一点。”

别列佐夫斯基扎入了商海。据他自述，他做的第一笔生意是软件。“我们只不过利用了自己在研究所工作所具备的专业知识，而且类似工作我们在研究所也干过，相当于拿工作换钱。”别列佐夫斯基不是威利·罗曼（Willy Loman）这样的小推销员，无须上门兜售产品。他在国有研究所工作，却将软件卖给国家科学技术委员会，这个实权在握的政府机构可是连接苏联共产党与苏联科技单位之间的纽带。别列佐夫斯基说，他向科委“相当无耻地推销过自己的产品”。“我们让他们相信，那是好产品，就这样卖出了几万套软件。那是我们挣到手的第一笔钱，一百万卢布在当时可是一大笔钱。”[16]

别列佐夫斯基魅力不减当年。据他的朋友博古斯拉夫斯基回忆，别列佐夫斯基这个被压缩的弹力球，只要出于需要，也会刻意表现得耐心十足。他并不觉得，亲自登门求取惠顾是一件大不了的事情。“鲍里斯很少要我为他做什么事情，”博古斯拉夫斯基回忆说，“每天早晨，我走下楼时，都会看见鲍里斯坐在门口等我。他等我，是因为他想跟我搞定某件事情，而我的电话可能正在占线或者关掉了，他想马上搞定，所以就坐在门口等我。”此后若干年间，不断出现别列佐夫斯基为求人帮忙或商谈生意而耐心地坐在克里姆林宫的接待室，或坐在电视台的外围大厅这样的场景。

在与瓦兹汽车那位经常前来莫斯科出差的弗拉基米尔·吉洪诺夫（Vladimir Tikhonov）经理打交道时，性格倔强的别列佐夫斯基表现出同样的耐心，并发挥到了极致。据博古斯拉夫斯基回忆，每当吉洪诺夫前来莫斯科出席会议，从不屈尊纡贵的别列佐夫斯基会自告奋勇担任他的驾驶员。吉洪诺夫不时在莫斯科与曾经设计过陶里亚蒂汽车厂的意大利汽车生产主管和专家们见面。他们一行人坐在车里绕着莫斯科兜风，作为驾驶员的别列佐夫斯基把每一个字都记在了心里。

“鲍里斯从不害羞，”博古斯拉夫斯基回忆说，“只要他有求于人。”

1989年1月，戈尔巴乔夫的经济改革措施在西方看来仍然具有很大的不确定性。头一年年底，中央情报局和美国其他情报机构提交过一份秘密国家情报评估，开篇便说：“未来五年内，戈尔巴乔夫重振苏联经济的努力不会带来实质性改善。”“戈尔巴乔夫的经济改革计划很可能胎死腹中。”[17]

结果，戈尔巴乔夫多掌了三年的权。不过，1989年是冷战趋于结束的重要转折点。苏联从阿富汗撤出最后一批军队；共产党不再大权独揽；柏林墙被推倒；春季，苏联历史上第一次普选出了人民代表大会这一立法机构。尽管美国情报机构一致唱衰戈尔巴乔夫的未来，他所开启的经济革命却在街头和合作社层面得以逐渐展开。莫斯科列宁斯基大道上的一家小餐馆可以管中窥豹，它是别列佐夫斯基的资本帝国深植大地的第一道根须。

这家餐馆名为阿德里亚季卡（Adriatica），是别列佐夫斯基、博古斯拉夫斯基、在莫斯科与盖达尔共事的数学经济学家彼得·阿文以及其他朋友于1989年1月集资开办的企业。他们并没有明确的思路。他们只是随着时代而动，周围的人都已经扎入商海，他们已经稍晚了一步。博古斯拉夫斯基说，他们的想法是成立一家合法的“母公司”，每个人都可以在此经营业务。他们租了一个小房间，支起一块黑板，把能够赚钱的点子都写了上去。后成为别列佐夫斯基副手的尤里·杜博夫（Yuli Dubov）详细描写过当年的情景。他觉得自己的著作应是一本小说，因为他给每个角色都重新起了名字，并添油加醋地描写了若干毫无关联的事件。不过他说：“我所描绘的是我亲眼所见。”我与之有过交流的很多人都对当年的别列佐夫斯基略有所知，一致认为《分大头》（*Bolshaya Paika*）一书对那个时代进行了最为精确的描述，尽管它对于别列佐夫斯基的描写有时显得过于大度。[18]杜博夫列出了商业新手们在黑板上写下的一个个点子：

> 我们要自建银行。
>
> 我们至少要让这里具备正常条件！我们已经在此待了几天，却缺吃少喝！
>
> 我建议大家认真考虑一下医药行业。
>
> 我们需要正常的电话机。至少要一台施乐复印机。

都做些什么生意？他们有时会介入某些现存的个人项目，如博古斯拉夫斯基在捷克斯洛伐克拿到的计算机网络合同，这是他们赚到的第一桶金。其他朋友遍地撒网，别列佐夫斯基却独具慧眼。他想做大生意，而不是当时已经在莫斯科街头遍地开花那种小型合作社。他决定与一位外国合伙人成立一家合资企业，它比合作社更为稳固，也更能从国家手里捞钱。阿文告诉我，别列佐夫斯基往往是他们那帮人里面野心最大的一个。“别列佐夫斯基老是想着挣到百万美元，”他说，“也老爱冒险。”

从给吉洪诺夫开车那一天起，随着他在汽车制造厂认识的人越来越多，别列佐夫斯基对一家意大利公司有了了解。这家系统集成公司名叫罗格系统股份公司（Logosystem SpA），总部位于都灵，是菲亚特的供货商。罗格系统的专家时常飞来苏联，对瓦兹汽车的生产线进行维修。西方商人来到苏联时，往往受到一大堆问题和不便的困扰。别列佐夫斯基知道，自己能够摆平他们遇到的麻烦。他主动提出担任意大利人的中间人，并在莫斯科为他们建立基地，以便前往瓦兹汽车开展工作。对方答应了。1989 年 5 月，别列佐夫斯基成立罗格瓦兹公司（Logovaz）——这一名称由意大利罗格系统公司和瓦兹汽车公司拼合而成。

在别列佐夫斯基看来，位于陶里亚蒂的这座杂乱无序的瓦兹汽车厂，正是他施展交际才能的肥沃土壤。“他一来到瓦兹汽车厂，就会四处打听，”阿文告诉我，“经理们都有哪些需求？他们需要跟莫斯科搭上线，但一直没能实现。他们想跟一个科学院代表团一同出国，而他能搞定这件事儿。”

分管零配件的副厂长亚历山大·济巴列夫（Alexander Zibarev）是他的首个重大突破。别列佐夫斯基与他建立了一种算不上老套的关系：他安排济巴列夫进入研究所撰写学位论文，而这对任何一个前途无量的苏联工厂经理来说都显得至关重要。1987 年，济巴列夫从研究所获得科学硕士学位，论文题目是“完善汽车零部件分配过程中的集中体制”，并以瓦兹汽车作为范例。济巴列夫后来又参加了博士论文的答辩。别列佐夫斯基告诉我，他“对这篇论文的撰写发挥了非常积极的作用”。

济巴列夫“想得到他人的尊重”，别列佐夫斯基回忆说。“而有资格参与论文答辩，就意味着受到了尊重。”别列佐夫斯基坚持认为，论文由济巴列夫亲自撰写，尽管“他与我讨论过很多方面的问题”。

反过来，济巴列夫也向别列佐夫斯基伸出援手，把他领进瓦兹汽车的领导圈，让他由此结识了企业负责人弗拉基米尔·卡丹尼科夫（Vladimir Kadannikov）。卡丹尼科夫被视作具有革新精神的新一代企业管理者，于1986年当上了厂长。别列佐夫斯基想让汽车制造厂成为罗格瓦兹公司的客户和出资人之一。据博古斯拉夫斯基回忆，大权在握的卡丹尼科夫一开始并没有看得十分明白：他和意大利人之间为什么要有那么一个中间人？不过，博古斯拉夫斯基说，卡丹尼科夫最终同意拿钱给别列佐夫斯基，以图花钱买清净。“他一开始并不相信。”担任罗格瓦兹副厂长的博古斯拉夫斯基回忆说。卡丹尼科夫随后才多了些热情。

作家杜博夫告诉我，别列佐夫斯基给瓦兹汽车领导层的印象是他能跟他们一样成就伟业。“他当然非常清楚，可以首先成立一家合作社，也就是规模很小的那种，然后告诉瓦兹汽车说：‘我成立了一家合作社，咱们开干吧。’但也可以对瓦兹汽车这么说：‘咱们共同成立一家企业吧。’多一家合作社，对瓦兹汽车有什么意思？可能已经有五十家合作社摆在了那里，他不过是第五十一家而已。但只有他会这么说：‘咱们一起干吧。’”济巴列夫和卡丹尼科夫后来都成了罗格瓦兹的一分子，并同时各自保留着在汽车制造厂的职位。事实证明，卡丹尼科夫是个关键人物，是他以牺牲瓦兹汽车的利益为代价，主导了多笔让罗格瓦兹获利的买卖。但这种尴尬的局面在当时并不罕见，高层管理人员大多在暗地里疯狂地从事着此类行为。

杜博夫在小说中将与卡丹尼科夫的首次会面描述成开创未来的一刻。厂长“对会面的细节没有丝毫记忆，也不觉得那有多么重要。但他不应如此。正是那一刻织就了一个小结，一缕细丝由此开始拉伸。这一缕细丝终将形成一张网，时隐时现，却异常牢固，后来影响到了国家的命运、工厂的命运和包括厂长本人在内的很多人的命运。要是直觉更敏锐一些，他们中间有人可能会在这一刻退避三舍，盯紧着手表。因为这个金融帝国的第一块砖就这样铺好了”。这个帝国在现实生活中名叫罗格瓦兹。

搭建好罗格瓦兹这个框架后，别列佐夫斯基开始建造他的汽车帝国。“在起步阶段，”别列佐夫斯基告诉我，“罗格瓦兹的每件事情我都亲力亲为。也就是说，我想知道这些事情该怎么做。”例如，别列佐夫斯基打算销售二手进口轿车。他去了德国，买来一辆奔驰轿车，然后开回莫斯科，把车卖掉并赚取了巨额差价。[19]就这样，他往德国跑了十个来回。[20]

这位未来大亨发现，做生意靠的是胆量和冒险。不过，他很早就体现出了莽撞。事先并没经过太多策划，他就决定进口 846 辆小型菲亚特轿车。别列佐夫斯基回忆说，为购买这批菲亚特轿车，他需要说服瓦兹汽车借给他五百万美元。他如何拿到这笔借款并不清楚，但别列佐夫斯基跟包括卡丹尼科夫在内的高层关系不错。以现在看来，进口外国轿车就是小菜一碟，但在苏联时代，它远没有这么简单。别列佐夫斯基说，他在欧洲买这一批轿车“绝对合法，通过了海关，并组织运回”莫斯科。“运回莫斯科卖完之后，我们赚了差不多三百万美元。在当时，这可是一大笔钱。除了软件，这是我当时做的第一笔真正的生意。”

博古斯拉夫斯基说，这次买卖菲亚特轿车的念头，发端于别列佐夫斯基的合资企业合伙人，也就是位于都灵的罗格系统公司。“那才叫干活儿，非常冒险！”博古斯拉夫斯基回忆说，“也显示了别列佐夫斯基的思维方式。换了其他人，多半可能要权衡数月，尽可能弄清楚究竟会不会失手。”但别列佐夫斯基“遇到机会就上”。据博古斯拉夫斯基回忆，“真正的危机”随即出现，这批按照西方标准淘汰下来的汽车在斯堪的纳维亚的某个停车场停了一年的时间，而罗格瓦兹还没做好接收的准备。博古斯拉夫斯基记得，罗格瓦兹与菲亚特的这笔买卖是亏本生意，没有赚到任何利润，所以“那三百万美元是学费，而不是现金”。

尽管可能略有夸张，但在《分大头》一书中，杜博夫对于跟菲亚特的这笔买卖却描述得更为精彩。他写道，轿车运抵苏联边境后，才有人注意到政府的一条规定，即此类轿车进口后不能用于零售，只能供授权进口商“内部使用”，但授权进口商也就一两家，而罗格瓦兹不在其中。根据杜博夫的描述，别列佐夫斯基身处意大利，位于莫斯科的罗格瓦兹办公室拨通他的电话，告知了这一临时乱局，他的回答是：“务必冷静，伙计们。”次日，别列佐夫斯基发现，研究所旁边的一家国营企业就有资格进口轿车，他于是给这家企业的主管打了电话。

“当时是星期五，”杜博夫写道，“就这么两天两夜的时间，他们与主管和他的两位副手吃饭喝酒，从大都会酒店给他们叫来姑娘，还给他们买了礼物。星期天傍晚，他们终于签发文件”同意进口这一批轿车。

博古斯拉夫斯基说，与菲亚特的这笔买卖吊起了他们想要挖掘真正金矿的胃口，也就是成为大家求之若渴的日古利轿车的全国经销商。在别列佐夫斯基看来，轿车代表着潜在的财富。他在其他行业没有很好的人脉，他的人脉在汽车制造厂。“对他来说，轿车生意往往就是大生意。”博古斯拉夫斯基回忆说。

年轻的共青团建筑工人一度备感荣耀，他们的眼中曾经闪耀着社会主义理想光芒，但进入苏联社会主义末期，他们修建的工厂已经裂缝大开。经理们纷纷自建公司，以充分发挥各种关系的作用。轿车刚下生产线，或刚下火车皮，他们就能以极低的价格买进，并在陶里亚蒂的某些停车场快速卖掉，从而获取超额利润。他们不过充当了一下中间商的角色，但这样的交易行为获利相当丰厚，他们每天都不得不周旋于犯罪帮派之间，以有权拿到刚下线的轿车。照顾关系的老式分配制度早已土崩瓦解，新的制度则充满了混乱、暴力和暴利。“在陶里亚蒂，他们像雨后春笋一样茁壮成长，”时任瓦兹汽车中层经理的尤里·泽里科夫（Yuri Tselikov）如此描述当年横行于汽车城的中间商和那一波犯罪与暴力浪潮，“轿车一旦得手，他们就开始往口袋里塞钱。”[21]

汽车制造厂是一家国营企业，本来由国家出资建设，并享受国家补贴。因为有国家补贴，所以驶出厂门的日古利轿车价格低得离谱。

这些车辆随后被加价卖掉。实际上，这些经销商是在榨取瓦兹汽车的价值，但得到了工厂经理们的同意。有时候，经销商就是经理。瓦列里·伊万诺夫（Valery Ivanov）是当地周报《陶里亚蒂评论》的记者，他身材高大、头发黝黑、充满勇气、喜欢刨根问底，从多个角度描写了汽车厂在20世纪80年代的分崩离析过程。他的一篇篇调查报道引来一连串怒气冲冲的威胁。据他回忆，一大批刚成立的私营公司与瓦兹汽车管理层就交易过程进行过精心安排。他们采取的是“托卖”方式，即只需一小笔金额就能拿到一批轿车——通常多达一两百辆，余款稍后支付，或根本不付。“说难听一点，这就是偷窃。”伊万诺夫回忆说。厂里的官员收了贿赂，自然要为这类交易行为铺平道路，他们收受的贿赂自有一套计算方式：美元码成堆，高度以厘米计。“他们会这么说，哦，那份合同啊，行，五厘米。”[22]

瓦兹汽车还出现了其他类型的暴行与偷窃。犯罪团伙守着生产线，声称正在下线的轿车归他们所有，任何人胆敢涉入其中都会吃不了兜着走，暴力行为愈演愈烈。当时在厂里任工会领导的电力技师阿纳托利·伊万诺夫（Anatoly Ivanov）告诉我，他曾经在一篇广为引用的报纸采访报道中，大胆揭露虚假出口日古利轿车的阴谋诡计。因为东欧市场的竞争越来越激烈，瓦兹汽车将轿车运到那里后往往会亏本出售。正式说法是，为了守住市场份额，瓦兹汽车执行的是降价销售。但伊万诺夫和很多人都怀疑，设计该阴谋的目的是从汽车厂榨取好处。他认为，这些轿车并没有真正出口。各类文件到边境周游一圈就盖上了印章，但车辆实际上以高额加价在国内市场重新出售。伊万诺夫问道：“如果厂里没有钱，我们为什么把轿车出口国外，却并不真让轿车出境？”这番话发表一个星期之后，伊万诺夫在一个清晨出门上班。公寓楼门口徘徊着一位受雇而来的杀手。枪手开枪射击，伤到了伊万诺夫的腿部。伊万诺夫后来作为陶里亚蒂的代表选入俄罗斯议会。[23]

在《分大头》一书中，杜博夫十分形象地描述了厂里的乱象。他写道，警察无须培植线人就能掌握苏联的犯罪动态。“只需到汽车厂待上一周就行了。各个犯罪团伙的代理人无须躲藏，而是在厂里面四处溜达。”

“轿车还没下生产线，就被他们瓜分了，”他如此写道，“他们之间达成协议，厂内不得诉诸暴力。因此，大家都默不作声，而是密切注视着竞争对手的一举一动。同时，厂外的爆炸声和枪击声此起彼伏。声势浩大的汽车之战侵蚀了大半个国家。”

“各种暴行令人发指。莫斯科……发生过一次真正的争斗，参加者不少于五十人。结果是死亡六人，伤者无数，三辆轿车被烧，一辆警车被榴弹炸上了天……替这个或那个犯罪团伙提供服务的‘口袋银行’遭遇了一系列爆炸。有人消失了。犯罪头目为轿车交易成功举行庆贺仪式的桑拿房和餐馆遭到袭击。血腥和硝烟四处飘荡。”[24]

供应商也不断遭遇暴力和胁迫。“有一位轮胎厂厂长，由于没能及时判清形势，被逼到窗台上喝问，是否清楚自己的办公室在哪一层楼，到人行道的高度是多少。这位厂长被吓得胆战心惊，赶忙签字同意发送几火车皮的轮胎，连价格和付款日期都没有问。”

汽车制造厂深陷无法无天的泥潭，从企业榨取利益的方式却不断翻新。重复出口是他们最惯用的一种伎俩。伊万诺夫和其他人均暗示，别列佐夫斯基是这一伎俩的参与者。别列佐夫斯基向我坚称，罗格瓦兹“从未干过此类勾当”。但在别列佐夫斯基与瓦兹汽车有着千丝万缕的关系那些年，这确实是从厂里捞钱的最常用伎俩之一。

别列佐夫斯基向我讲述过他的雄心抱负。他与瓦兹汽车和卡丹尼科夫达成协议，后者将让他的资金成倍增加，并将其送上成为苏联首富之一的道路。别列佐夫斯基托卖的不是一百辆或两百辆轿车，他说服汽车厂以托卖方式发给罗格瓦兹的轿车数量庞大，有几万辆之巨。伊万诺夫把第一批日古利轿车确定为 3.5 万辆。别列佐夫斯基告诉我，他们确定的条款是现付百分之十，并在两年半之后付清余款。

这笔交易还有一个不为人知的花招，那就是别列佐夫斯基将以卢布向瓦兹汽车支付货款，而超级通胀已经如箭在弦。超级通胀意味着，他实际支付的卢布价值，将远低于购买轿车时的原值。

例如，在 1993 年 1 月，基础型日古利轿车即瓦兹 2104 车型的批发价是 190 万卢布，约合 3 321 美元。[25] 罗格瓦兹同期的零售价是

4 590 美元，即每辆车净赚 1 269 美元。[26]在两年半的通胀期内，卢布对美元的比价将从别列佐夫斯基签单时的 527 : 1① 变为 4 726 : 1。[27]这笔交易意味着，别列佐夫斯基拿到的这一批轿车极度便宜，而他用于支付的货币将很快沦为厕纸。（还可以换个角度看这桩买卖：付完首付后，他答应车价按 2 989 美元计算，不过要以卢布支付。但实际上，经过两年半的通货膨胀，他所支付的卢布仅相当于每辆车价值 360 美元。）他知道自己在干什么。假定他以托卖方式拿到 3.5 万辆轿车，再按保守的算法，用加价售卖价减去售卖保证金，他每辆车获利 3 000 美元，那么这就是一笔净赚 1.05 亿美元的买卖。

“当然，我们会把资金的返还尽量往后拖延，因为货币正在迅速贬值，”别列佐夫斯基告诉我，“我们十分清楚，一轮强力通胀正在上演。卢布在贬值。瓦兹汽车的经济学家还不清楚这个道理。”

“别人考虑不到的问题，正是我们要考虑的问题。”别列佐夫斯基说。乱象蔓延至厂外，犯罪团伙紧盯生产线不放，已经建立起经销商网络的罗格瓦兹，在别列佐夫斯基看来却十分超然。一些规模较小的帮派以托卖方式拿到轿车，却根本不向厂里返还货款。

“在苏联，是我们首先建立了市场，那是真正的轿车市场，”别列佐夫斯基声称，“从前是这样的情形：这边是政府定价，另一边是‘黑市价’。我们建立了真正的市场。任何人都可以来我们的店铺购买轿车。那就是市场，对吧？”多年之后，卡丹尼科夫被问及，是否后悔把轿车卖给了别列佐夫斯基。“我没法后悔，”他回答道，“我非常清楚，自己为什么把轿车交给他们销售，因为在那之前，我们那不叫销售，而叫‘分配’。后来，什么都不管用了。我们的场地只放得下一万辆汽车，这也就是三天的生产量。我们得为另外的车辆找地方，以让工厂不停地进行生产。建立起经销商网络的罗格瓦兹就这样找到了我们。”实际上，卡丹尼科夫相当于把那些轿车拱手相送，从而导致瓦兹汽车的血液被进一步吸食。

不过，即便成为规模最大的日古利轿车经销商，别列佐夫斯基仍

① 原文如此，根据上文，应为 572 : 1。——译注

然停不下来。他曾经以一种哲学口吻，引述伟大的物理学家和人权卫士安德烈·萨哈罗夫（Andrei Sakharov）的话，说“一切生命的意义都在于扩张”。别列佐夫斯基就是在寻求扩张。杜博夫在《分大头》一书中指出，发生在瓦兹汽车的“不受控制的业务井喷式爆发，已经成了一种严重威胁。很明显，事情不能再这样发展下去。但同样明显的是，汽车制造厂的领导层受制于各个帮派，无法采取任何建设性措施”。

汽车厂本身就是一份价值不菲的大奖。1991 年，为吸引外国投资者，来自华尔街的贝尔斯登公司（Bear Stearns）接受委托，对瓦兹汽车展开调研。调研报告对工厂周边的帮派活动只字未提，却对总资产进行了强调：三倍于美国汽车制造厂的平均规模，拥有四条生产线，年产轿车 74 万辆，这个国家的人民正如饥似渴并绝对愿意拼尽全力实现购车梦想。在苏联，每 22.8 人拥有一辆轿车，而美国的对应数字是 1.7 人。[28]这笔财富正等着有人前去挖掘。从杜博夫的描述看来，别列佐夫斯基“已决定赌下身家性命”。

“要将汽车厂据为己有。”[29]

第七章　弗拉基米尔·古辛斯基

对弗拉基米尔·古辛斯基来说，改革使他的日子越来越难过。他是一个易冲动、重感情的年轻人。他学的是戏剧导演，但在莫斯科剧院找不到工作。古辛斯基是犹太人，他相信反犹太主义是他找不到工作的真正原因。犹太导演有不少在苏联剧院干得很成功，但古辛斯基没有。他曾参加导演过不少公演的音乐会和文化活动，甚至帮助导演过 1986 年友好运动会的文艺节目。但好景不长，他因为和莫斯科党委的领导开了一句无恶意的玩笑而惹了麻烦。他说让他们见鬼去。

20 世纪 80 年代中期，古辛斯基无所事事。他把自己的车冒充出租汽车，在新国际机场拉送客人，挣钱养活他妻子和年幼的儿子，希望开始新的生活。

一天晚上，古辛斯基准备从车里下来吸支烟，此时的他很瘦，穿一件皮夹克。他很偶然地把车停在电车站附近。他看了看车站存放变压器的地方。

“我又转了回来，突然我看见了一个金矿。”古辛斯基回忆说，“这是什么东西？一个巨大的木圈，足有两米高，上面缠着供电车变压器使用的铜电缆。长长的，是纯铜。我意识到，这就是我的金矿！”

他所说的金矿指的是铜手镯，当时非常流行。这些铜手镯带有东方的韵味，人们戴来驱病辟邪。古辛斯基看了看木圈里的铜线，这可是国家财产。他盗走了三卷铜线。他在莫斯科边上找到了一家闲置的国营工厂，里面有金属压印机。他暗地里给了一些现金，在一家关闭的军工厂里安排制作高级金属压印模型。不久，六台金属压印机开始加班工作。

古辛斯基成立了一个合作社，很快他就成了苏联的铜手镯大王。他的铜手镯设计很简单，上面镶有两条小龙，印有“金属”字样，也就是古辛斯基为他最初的生意起的名字。压印机三班倒不停地工作，每台机器每分钟压印六次。不久，合作社一天生产 51 840 件手镯。一个手镯的成本是 3 戈比，售价是 5 卢布。古辛斯基每天的收入是 259 200 卢布，是一名一流研究院博士月薪的 500 多倍。古辛斯基回忆说：“简直是惊人的利润。”古辛斯基就这样赚到了他的第一桶金，开始了新的生活。[1]

古辛斯基生于 1952 年 10 月 2 日，是独子。他出生在一个深受压迫的家庭里，而这样的家庭在苏联有几百万个。古辛斯基的外祖父在斯大林时期的清洗运动中被枪杀。他的外祖母在古拉格①待了十年，第二次世界大战后，当局命令她住在离莫斯科中心至少一百公里以外的地方，作为余下的徒刑。古辛斯基的妈妈和她的妹妹则幸运地进入莫斯科，与朋友住在一起。他的妈妈甚至进入古布金油气学院学习，也没被发现。古辛斯基的父亲亚历山大，是个非常单纯的人，他没有受过高等教育。战争时期他参过军，后来在一个工厂做定制的切割工具。

古辛斯基和父母住在一间 18 平方米的公寓房里，周围的邻居都是工人家庭。孩提时，他常常觉得有仇恨涌上心头。古辛斯基告诉我说：“我小的时候，我已经知道‘Yid’（犹太佬）这个词是对人的侮辱。像所有的男孩子一样，我一开始也害怕打架。我经常想，如果我打了对手并伤害了他，他肯定会还手，把我伤得更厉害，所以我害怕打架。直到有一天，几个比我大的家伙把我赶到院子里的一个角落，开始纠缠侮辱我。我突然有一种奇怪的感觉，一种完全的自由感：我不在乎他们对我怎么样。”那一次，古辛斯基还手了，他心想，“只要

---

① 古拉格（gulag）是苏联政府负责管理劳改营的机构“劳改营管理总局”的缩写，建立于 1930 年。1960 年苏联内务部正式关闭古拉格系统。1973 年，索尔仁尼琴的《古拉格群岛》一书将该词传入西方，此后专指苏联劳改营和各种形式的政治迫害。——译注

我还有能力”，就一定要还击。

“我再也不怕打架，无论是街道对街道，还是院子对院子。”他回忆说。有一次，一帮大家伙下班后，在院子里边喝伏特加边玩骨牌游戏。古辛斯基当时也就十岁左右。这天下午，天有些暖和，古辛斯基放学回到家，那帮人吼叫道：“小犹太佬来了。”古辛斯基肺都气炸了，他抓起一根铁管朝那帮人扔去，他们匆忙逃窜，以为古辛斯基疯了。古辛斯基回忆说：“我满眼都是泪水，举着铁管满院子追他们，我流眼泪是因为气愤和屈辱，而不是因为恐惧。”

古辛斯基是在“街道上”长大的，后来他说：“我是街道的产物，我出生在街道上，学会了如何在街道里保护我自己。”

在高中学完数学后，古辛斯基试图报考莫斯科物理工程学院，在这里他又感到了偏见的刺痛。这是一所有名的学校，专门为苏联军工企业培养专家。学校不接受犹太人。“我的数学和物理都很棒。我有绝对自信。大家都告诉我：他们不收犹太学生。”古辛斯基说他没有接纳大家的建议。他申请了那所学校——然后被拒绝了。古辛斯基被激怒了。

古辛斯基被古布金油气学院录取，因为他妈妈曾经在那里学习过。古辛斯基在学校时不是个好学生，同学们都喜欢叫他煤油炉。“我对读书不感兴趣，”古辛斯基承认，“我对每个人都生气，对整个世界都不满意。”古辛斯基没有完成他在古布金的学业。他开始用他自己的钱在黑市上闯荡，做进口牛仔裤和录音带的生意，为国外游客换钱。古辛斯基回忆说，他没有学到所谓的投机商的诀窍。“我买了几条牛仔裤，然后想卖掉，但结果是我卖的价格比我买的还便宜。”古辛斯基沮丧地告诉我。他经常开玩笑说他不是做街道小贩的料。但是，几年后，古辛斯基在做企业方面所显示出的技巧远远掩盖了他做牛仔裤生意的不足。

从大学辍学后，古辛斯基在 1973 年参军，他在一家化学情报部队当初级军士。这种单位在遭到化学或生物武器袭击时，要进入战争区域。但古辛斯基对军队里最深的记忆是他必须坚守阵地。“我和每个人关系都非常好，除了十足的白痴和恶棍外，”他回忆说，“我在军队里就掉了几颗牙，没发生什么可怕的事情，不过是拳斗，这种事情经常发生。在军队的两年里，我只学会了一件事，那就是为我自己而战的能力。”

复员后，古辛斯基又漂泊回到莫斯科。一个朋友劝他再去报考另外一所著名学校——国家戏剧艺术研究学院。古辛斯基回答说，他从没读过斯坦尼斯拉夫斯基、莎士比亚和莫里哀。但在录取考试的前两个月，他决定试试。他整夜全神贯注地读书。他的朋友再三让他放心："对你来说太简单了——你肯定能考上。"但古辛斯基害怕犹太人可能在学院里不受欢迎，因为剧院同电影一样，也在共产党的严密控制下。

口试是由著名导演鲍里斯·拉文斯基赫（Boris Ravenskikh）主持的。鲍里斯·拉文斯基赫是莫斯科小剧院的主要戏剧导演。口试时，古辛斯基来到拉文斯基赫面前，参加必考的面试。此时的古辛斯基瘦得像根竹竿，充满了对世界的愤怒。在古辛斯基的后面是另外一位学戏剧的学生，名叫瓦列里·别里亚科维奇（Valery Belyakovich）。

拉文斯基赫问古辛斯基："你为什么要学习戏剧导演？"

"我要了解生活，"古辛斯基回答说，"生活中有很多东西让我感到惊讶。"

"那什么东西最让你感到惊讶？"拉文斯基赫问。

"人们之间缺乏沟通，"古辛斯基回答道，"人们已经失去互相理解的能力了。"[2]

拉文斯基赫立即就对这个认真的年轻人产生了兴趣，他是全班唯一一个没有戏剧经验的考生。

"他坚信一个戏剧导演必须是一个有生活经历的人，"古辛斯基回忆说，"他根据他的直觉挑选学生。他告诉我说：'我录取你了。'"

但是古辛斯基又一次感受到了反犹太人的情绪。一个共产党官员警告拉文斯基赫说："你在干什么？今年录取的十五个学生，有三个犹太人！"据古辛斯基讲，拉文斯基赫不喜欢别人给他施加压力，他固执地坚持让古辛斯基在班里学习。

在学院里，古辛斯基总有讲不完的笑话，他的笑话五花八门。尽管当时到处物资匮乏，古辛斯基还是找到了难得的白漆，把学院的剧场粉刷一新。他还把一对扬声器做成了音响系统。当班里需要磁带录音机时，他就搞来一台。他给朋友带来罕见的、被禁的黑胶唱片。“他给了我一张克劳卡斯（Krokus）唱片，波兰的！”他的同学别里亚科维奇回忆说，“当时这是被禁的——非常昂贵的礼物，因为几乎不可能搞到波兰唱片。我没别的唱片。”每逢学院午餐后，古辛斯基经常在他的小车里塞上五个朋友，开车离开校园去找地方休息。当时，他是朋友中唯一一个有车的人。

古辛斯基“经常带我们去剧院，他到处都有关系”，别里亚科维奇说，“那时票非常难搞，而且总是很难搞”。要想进莫斯科著名的列宁共青团剧院是几乎不可能的，但古辛斯基却设法搞到了一场《尤诺娜与阿沃斯》（*Yunona and Avos*）的预演票，这是一出大型流行摇滚音乐剧，开创了当时剧院的新路子，因为它不涉及意识形态。古辛斯基告诉他的同学们早上十点半到达列宁共青团剧院，并指示他们在外面等他，听他的信号：“我吹口哨，你们就跟着我进！”

不多时，古辛斯基就领着他们进去了，他们就在导演的后面看彩排。古辛斯基的姓前三个字母“Gus”在俄文中是“鹅”的意思，这就是他的绰号。“他游泳总是像鹅似的，”别里亚科维奇说，“我们就问他，‘Gus，你能给我们搞到这场舞台剧的票吗？’他就会说：‘等一下。’他有很多熟人，由于广泛的联系和网络，他显得与众不同。能把十二个人带进去确实不一般。他介绍我们时，说我们都是戏剧导演，理应进去观摩。”

古辛斯基的老师拉文斯基赫给他留下了深刻的印象。拉文斯基赫拒绝任人摆布，即使在严密控制下的苏联剧院这座意识形态王国内部，他也愿意做实验。他曾经得到命令，让他把勃列日涅夫雇人写的肉麻的战争回忆录《小地》（*Malaya Zemlya*）搬上舞台，在克里姆林宫上演。这本书描述了勃列日涅夫在1943年一次战役中的作用，在这次战役中，第18军在黑海包围占领了一块名叫小地的土地，时间达225天之久。在勃列日涅夫上台后，这场战役的作用被大肆渲染，但是勃列日涅夫在战役中几乎和普通人一样，没有什么惊天动地的事迹。拉文斯基赫亲自跑到战役发生地，思考交给他的任务。他不想做这件事，但公开拒绝又有风险。他返回莫斯科声明他干不了这部作品的导演工作，他也不想干，因为勃列日涅夫的作用被夸大了。

在学院里，靠着拉文斯基赫的指导，学生们将允许范围推到了极限。他们在学院里比在正式舞台上更能自由地呼吸。古辛斯基和他的班级同学研读并上演了尼古拉·厄尔德曼（Nicholai Erdman）的剧本《自杀》（*The Suicide*），这出黑色喜剧讲述了一个普普通通的苏联市民出于绝望试图自杀却没胆子完成的故事。该剧于 1932 年被禁，从未在苏联境内正式上演。

为了毕业，学生们要在真正的剧院（而不是学院的剧院）上演一部作品。莫斯科是戏剧生活的中心，但学生们几乎没有可能在首都上演他们的毕业作品。很常见的替代办法就是在周围的省里演出。为了毕业作品（相当于毕业论文），古辛斯基去了图拉（Tula），一座很难找到的工业城镇，位于莫斯科南部。1979 年至 1980 年的冬季，在图拉国家剧院，热情、精瘦、激动的古辛斯基把 17 世纪法国剧作家莫里哀的作品《伪君子》搬上了舞台。演出广告把此剧称为喜剧，是由学生们演出的单幕实验作品。重要的是，它借鉴了 20 世纪俄罗斯剧作家米哈伊尔·布尔加科夫 1929 年下半年写成的关于莫里哀的作品。[3]正如古辛斯基所理解的那样，布尔加科夫着重阐述了艺术家与权力、莫里哀与路易十六之间的关系。艺术家与独裁者之间紧张的关系是布尔加科夫自己所熟知的，因为在早年斯大林时期，他就饱尝过这种巨大的伤心和痛苦。布尔加科夫的这部作品排练了四年，但只演出七场就被禁了。

到了 1979 年，布尔加科夫的作品不再全面被禁，但还是没有正式公开。古辛斯基在图拉的演出获得了好评，部分原因是该剧有个别地方超出了当局允许的范围。观众们在吉他音乐和乐队伴奏下拥进剧场。亚历山大·明金（Alexander Minkin）是一位留着络腮胡子的活跃剧评家，后来成了莫斯科著名的新闻记者。他当时和古辛斯基同期在戏剧学院学习，明金专修理论和批评，而古辛斯基学的是更为实际的戏剧导演。明金告诉我说，古辛斯基恳求自己去图拉看他的首场演出——乘通勤列车从莫斯科到图拉，需要四小时！——明金拒绝了。“我预料他的作品会很糟糕，简直是垃圾，”明金后来回忆说，“我觉得他不是一个好导演。”他又补充道，“莫里哀总是令人厌倦，他是个大艺术家，但令人厌倦。这就是我既不信任古辛斯基也不相信他能导演莫里哀作品的原因。”[4]

但后来明金改变了主意，他去了图拉。古辛斯基的导演作品最终轰动一时。“我笑得肚子都痛了，”明金回忆说，“演出非常有品位，充满了幽默！”据《莫斯科新闻报》报道，剧院每天都爆满，图拉的青年们整天谈的全是《伪君子》。[5]古辛斯基是剧组的灵魂人物。他每天都与大家工作到深夜，开车送他们回家，为他们从莫斯科带来香肠。

古辛斯基在图拉是幸运的，当局允许他上演个别地方与苏联宣传基调不相符的剧目。而且，古辛斯基还加上了莎士比亚的十四行诗，包括结尾处强烈反对独裁主义的十四行诗。

“这不是反对苏联政权，而是人的反叛，是一个艺术家对任何权力的反叛，”古辛斯基说，“也不是反苏，只是他们都疯了，所有的狗屁苏联政权，所有的共产党员——他们以为，任何超出某些规定范围的斗争都是冲着他们来的。”古辛斯基把他的话剧带到基辅，只演出了几场就被当地的共产党市执委以反苏联的借口停演了。党委书记给莫斯科的中央委员会写了封控告信。“可能就是在那时，我知道我在塑造方面不能有太大的突破。”古辛斯基回忆说，他指的是共产党对严格一致性的要求。

古辛斯基“倔强地想在莫斯科上演下一出剧作”，明金告诉我说：“年复一年，他到处向人磕头求情，他去过苏联文化部、俄罗斯共和国文化部和莫斯科市文化局。他还去过所有的剧院。他请求他们给他一个舞台。他请求过各位总导演和剧院主任，但没人答应。每一周他都抱有新的希望，因为有人许诺会帮他忙。他等呀，等呀，等。又过了六个月，还是没有任何消息。他又重新开始，又有人给他新的承诺，他又开始等。结果非常糟糕，他什么事都没做成。他的能量就像原子弹，却没有地方释放。”

莫斯科的戏剧舞台整天排得满满的，竞争非常激烈。无论在什么情形下，古辛斯基想挤进去都极其困难。他有良好的关系，曾在著名导演拉文斯基赫指导下学习，也曾师从塔甘卡剧院（Taganka Theater）的著名导演尤里·柳比莫夫（Yuri Lyubimov）。但古辛斯基还是无法冲破障碍，不能在莫斯科的剧院演出。他认为原因是反犹太主义，也许还要加上他才华有限这一点。他说："我是犹太人，犹太人是被禁止演出的。再者，实际上我也不是一个非常有才华的戏剧导演。"

整个20世纪80年代早期，古辛斯基试图在剧院找地方演出，但毫无结果。他寻找剧院的经历是漫长而又令人沮丧的。明金回忆说："他告诉我很多次，'这是我的最后一次尝试，如果他们再次欺骗我，如果他们不让我演出，我就经商去，我不会再搞戏剧了'。"

他开始组织类似音乐会和运动会的公共活动。作为特纳（Ted Turner）主导的1986年友好运动会的文艺演出导演，古辛斯基组织了开幕式和闭幕式，并为外国参赛的选手在克里姆林宫安排了文艺节目。他非常珍惜与共青团和克格勃之间的良好关系。但后来我问起他这方面的事时，他说他感到很郁闷："我只是为了赚钱。"

明金则更直率："他在胡说八道，"明金回忆起古辛斯基所组织的那些活动时说，"对于一个戏剧导演来说，去组织这样的演出简直太糟糕了。难道这就是导演真正的工作？在台上指挥那些女孩子如何走动，手里玩耍那些愚蠢的木棍？不，这是不可能的事情。"明金回忆说。古辛斯基在改革之初，还梦想在剧院有所突破，希望政治气氛的改变会给他一个缺口。但有一天，仅仅是因为一条黑缎带，他组织的公共活动突然变得对他非常不利。

在改革最初的日子里，古辛斯基组织了一个名叫"剧院一日"的活动，这个活动由莫斯科市共青团委员会资助。在莫斯科宽阔的主街上（当时称为加里宁大道），古辛斯基用各种主题创建了一排室外咖啡小屋：作家主题、艺术家主题和音乐家主题。"一切都进行得很顺利，因为这是文化日，我认真地对待戈尔巴乔夫所说的每一个字：从此开始，自由来临。"但有一件事没有任何改变，那就是党对公共空间的严密控制，特别是广场和楼群。加里宁大道是一条非常特殊的街道，党的领导人和其他领导人会通过这条街道去克里姆林宫。有几个协助古辛斯基工作的艺术家决定改变加里宁大道的样子，他们在用黑色的缎带为树做花边装饰。这是没有恶意的举止，但有些克格勃的下层官员生气了。戈尔巴乔夫坐车去克里姆林宫时可能会看到这个！他们当着共青团市委领导人的面拘捕了古辛斯基，指控他搞反苏联的活动。因为以前遇到过很多这样的境况，古辛斯基发怒了。他痛斥克格勃的行为。他与共青团领导人争辩，因为他们要求他按照党的路线改变这个，改变那个。他们坚持要他在莫斯科市委员会向每个人都道歉。

古辛斯基终于爆发了，他大喊着他们是傻瓜，他们的父母是傻瓜，他们死了也是傻瓜。他重重地把门一摔，走了出去。“剧院一日”活动原计划举行两天，他们取消了其中的一些活动，派了大批的穿制服和便服的保安人员，以应付任何不测事件。当地的克格勃人员想把古辛斯基这个傲慢的年轻人锁起来，把钥匙扔掉。古辛斯基几年后告诉我说，他们没有成功。“这么说吧，他们没能吞掉我，我被禁止导演任何大型群众演出了，那是最后一次，但是他们没得到机会把我干掉。”

对古辛斯基的人生来说，这段插曲是非常宝贵的教训。他意识到，即使不喜欢那些权贵，他也得与他们维持良好的关系。当时，他暗中受到一位党内高级领导人的庇护，这位领导人的名字叫尤里·沃罗诺夫（Yuri Voronov），时任中央文化局副局长。还有另外一段插曲。据古辛斯基的一位亲密朋友说，古辛斯基在那段时间还由于非法进行硬通货交易而被捕，但他借此与几名克格勃的官员建立了紧密的关系。他引起了一位克格勃头子的注意，此人名叫菲利普·博布科夫（Filipp Bobkov），曾任克格勃副处长，领导臭名昭著的第五处，该处专门负责镇压不同政见者。博布科夫的工作还包括监视知识分子，他觉得古辛斯基可能是有价值的信息渠道，从他那里可以了解戏剧界所发生的事情。很多年以后，博布科夫成了古辛斯基公司里的一名高级管理人员。古辛斯基正在学会如何与位居高官的人交朋友。[6]

莫斯科早期的合作社世界杂乱无章，前景不明。在苏联时代，企业家这个概念是与罪犯联系在一起的，第一批生意人总是遭到质疑，把他们当作社会上的生意骗子、乌合之众、赌徒。1988 年和 1989 年，古辛斯基的所作所为与他们丝毫不差，他有这些人的想象力和勇气。他通过铜手镯生意迅速成功的例子告诉他如何快速赚钱，“黑缎带”事件的经历则给他指明了成功的要素：关系。共产党还是渗透于社会的各个方面，权威和权力必须用金钱才能得到。他认识到，要想赚钱就需要关系。一个有灵感的商人不能简单地把自己关在屋里，闭门不出；他需要援助官僚和政客，需要在克格勃和警察队伍里有朋友。早在学生时期，古辛斯基就对如何建立财富和权力的关系颇有体会。他培育了与政客和国家安全人员的关系，并利用他们作为安全的港湾。

最初的时候，利用自己的聪明和别人的批条或签字赚钱，简单得令人吃惊。铜手镯致富后，古辛斯基建立了一个新的合作社，用石膏模子模仿著名的俄罗斯艺术作品，制造一些廉价的小塑像，然后再用特殊的化学定影液，给这些小塑像包上一层超薄的铜。如同以前的铜手镯一样，成本很低，但利润却惊人。只要你不注意石膏内壳的话，这些小塑像的外表是非常漂亮的。外国进口车的车标也很流行，古辛斯基用硬币仿造美洲虎车标。他想正式出口他的小塑像，这需要有经营硬通货的许可，因此又要寻求新的保护。此外，古辛斯基的合作社被正式注册为苏联文化基金会的一部分，而戈尔巴乔夫是这个基金会的董事。按照苏联的法律，该政府基金会禁止从事商业活动。如果古辛斯基藐视法律，他肯定会陷入麻烦。这一次，他又利用关系找到了解决问题的办法。他找到了曾经在“黑缎带”事件中保护过他的那位中央文化局副局长沃罗诺夫，从他那里设法得到了苏联总理尼古拉·雷日科夫（Nicholai Ryzhkov）的一封许可信，允许古辛斯基出口小塑像以换取硬通货。并不清楚为什么一个党员会如此帮助他。但对古辛斯基来讲，这是奇妙的融合：石膏、批准和硬通货。他告诉我，这是他在政治上的第一次成功，为以后更多的成功打下了坚实的基础。

古辛斯基说：“我意识到同官员们合作有门。”对付低层官员非常简单，只要行贿就行。但他认识到，对沃罗诺夫和中央的官僚们来讲，这点小钱肯定是不行的。他发现应付高级官员的秘诀是与他们建立良好的关系。最后，他知道接触最高级官员也是有可能的，但要注意方法，关键是要提供官员们晋升所需要的东西。古辛斯基发现，有时不必行贿，也不需要良好私人关系。出自个人目的，官员们几乎什么忙都可以帮。古辛斯基说："因此，对我来说，重要的是理解这个官员需要什么。"

这些年来古辛斯基最重要的靠山是卢日科夫，这是一个身材矮胖、意志坚强的官僚，他负责治理莫斯科混乱的蔬菜基地，并给合作社发营业执照。古辛斯基和卢日科夫之间也有争吵和分歧，但他们之间互相利用的关系持续了十多年。

20世纪80年代末，古辛斯基回忆说，卢日科夫会与合作社年轻的企业家们讨论问题，经常是从晚上一直到天亮，他会认真地听取他们提出来的问题。晚上去卢日科夫的办公室被认为是愚蠢的行为，因为那个时候他才开始与新认识的商人们谈话，经常要到第二天清晨。令古辛斯基感到惊讶的是，一般人在莫斯科要想见一位当地的官员，可能要等上一个星期。但卢日科夫则与其他的官员不一样（他当时是莫斯科市执委会的副主任），他会在下班回家前，在他的会客室里接见每一个要与他见面的合作社商人。

在那些年里由于妻子去世，卢日科夫一个人过。一天晚上，他邀请古辛斯基去他家里做客。"一个孤独的人，他虽然那时并不老，但绝对孤独。"古辛斯基回忆说，"他说，'我们喝点什么呢？咱们喝茶吧。''那好，就喝茶吧。'可喝茶时吃点什么呢？他从冰箱里找出了一块发霉的黑麦面包，这件事我至今记忆犹新。他家里几乎什么都没有，因为他不住在家里。他只是有时在家里睡觉，但更多的时候他在办公室过夜，真是一个奇怪的人。我与他的关系从那时起变得很亲密。"

1988年，古辛斯基开了一家名叫"Infeks"的合作社。这实际上是个咨询公司，负责帮助西方投资者了解在苏联做生意的复杂情况。这时的古辛斯基还是那样精瘦，戴着一副大号眼镜，脸上带着微笑。

他有偿帮助外国商人们疏通关系，并提供法律咨询和原始的市场数据。古辛斯基在位于莫斯科远郊的一间没有窗户的狭窄办公室里工作。他看起来一点也不像金融界的中心人物，但却逐渐成为一个有各种关系的人，能够在权力网里游刃有余。

古辛斯基的视野很快就超出了莫斯科。1988 年，一群美国商人来到莫斯科寻找投资机会，他们当中有一位是郭兰诗（Margery Kraus），来自安可顾问公司（Apco），隶属于阿诺德与波特（Arnold & Porter），当时是华盛顿地区最大的律师事务所。郭兰诗和古辛斯基很快发现，他们沟通得很好，于是在 1988 年 12 月 13 日，他们宣布了建立合资合作伙伴的计划，为莫斯科提供商业机会。西方客户到达首都后，古辛斯基帮助他们疏通各个官僚机构的关系，而关系对西方投资商来讲往往是一头雾水。[7]一天晚上，在华盛顿，郭兰诗带古辛斯基去吃晚饭，后来她需要些现金，于是和古辛斯基走到一个自动取款机前取钱，古辛斯基眼睛睁得大大的，他从来没有见过这个东西。这个机器是一个叫作“MOST”的电子银行网络系统的一部分，这几个字母当时就写在取款机上。他的新合资企业就采用了“莫斯特”这个名字，后来他的莫斯科银行也用了这个名字。在俄语里，“most”是桥梁的意思，古辛斯基说新的生意就是他走向外面的桥梁。他告诉郭兰诗：“对我们来说，这就是一台硬通货取款机。”

鲍里斯·海特（Boris Khait）当时是古辛斯基的副手，他回忆说，安可顾问公司让他们为一家中型的美国水果批发商做一个食品市场研究报告，美国水果商想了解生鲜水果的需求。古辛斯基派学生们做市场“调查”，他们去问城里的外国人，这些外国人应该会用硬通货来付款。学生们问他们在莫斯科想买哪些水果，出乎海特意料的是，外国人最大的需求是一种叫“奇异果”的东西。海特曾经是医学技术学院的副院长，自认为受过良好的教育，可是他从来没听说过“奇异果”。[8]

在华盛顿合作伙伴郭兰诗的安排下，古辛斯基带卢日科夫去美国参观。卢日科夫对经济学略知一二，设想在莫斯科开办一个巨大的中央食品生产基地。他问古辛斯基能否建立“一个能够生产所有东西的巨大企业”。古辛斯基对此表示怀疑。此时的卢日科夫还是一个“苏联的官僚领导者，对市场运作知之甚少，他认为主要一点就是允许人人生产各种东西，这样食品供应就没有问题了”。他还坚持用大型中央国营工厂模式去思考问题。他问古辛斯基：“你在美国有熟人吗?”

郭兰诗回忆说，这次参观对他们两人都是一次大开眼界的经历。尽管没有人对卢日科夫关于在莫斯科建立一个大型中央食品工厂的计划感兴趣，但是古辛斯基和卢日科夫还是饶有兴趣地乘坐了私人喷气式飞机。他们是烟草巨头莫里斯公司（Phillip Morris）和食品巨头康尼格拉公司（ConAgra）的特邀客人。他们还应邀参观了位于华尔街上的雷曼公司（Lehman Brothers）。郭兰诗回忆说，在一个令人难忘的下午，会见完位于内布拉斯加州奥马哈市的康尼格拉公司高层领导后，两位俄罗斯人参观了当地的一家超市。卢日科夫不停地提问题，还坚持要到超市的后面去看肉是如何切割的。“卢日科夫被惊呆了。”郭兰诗回忆他们参观装满货物的超市时说。还有一次，郭兰诗开车带他们去参加一个约会，停在一间肯德基汽车餐厅吃午餐。当他们的餐食通过滑道运送到车窗前时，俄罗斯人惊得说不出话来，他们从来没见过这样的情形。他们俩非常滑稽，在莫斯科以外没人知道他们，一个是力主合作的先驱，另外一个是来考察超级富有的美国的莫斯科大管家，但看起来就像在太空上进行时间旅行。在纽约市，他们被带到了一间拥挤的糖果店。他们坚持让司机带他们多去些商店参观，以满足他们的好奇心，以至于为他们准备的第一个司机由于劳累而未能坚持到底。不久他们发现，实际上每个角落都有商店，根本看不完。卢日科夫的行李丢了，郭兰诗给他买了新衣服。他只有两双可替换的袜子，穿着到处旅行，脏了就自己在宾馆里洗。古辛斯基对参观过的东西吸收得很快，一天晚上，他坐在郭兰诗的厨房里，憧憬着他的未来。“他在一条餐巾上画出了他的联合企业的远景，”郭兰诗回忆说，“他什么事都想谈!”

回到莫斯科后，古辛斯基对政治关系的信念对他下一步大规模跨越式介入建筑业和房地产起了关键的作用。早些时候，在他的生产铜手镯的金属合作社，他用波纹金属建造了一些独立的贝壳形小库房，立即在莫斯科千篇一律的公寓群里风靡一时。在那个时候，能制造并出售人们想要的东西就够了。但现在古辛斯基想要修理和重建旧的建筑物。莫斯科有很多被人遗忘的破损建筑物，而管理松散的国营建筑公司懒得干这些小活。古辛斯基意识到，把这些失修建筑修复后，再到日益增值的莫斯科房地产市场上卖掉，肯定能发笔小财。在新贵们大量需求的推动下，莫斯科好的办公室和豪华公寓的出租价已经接近纽约和东京的水平。

但是，古辛斯基需要做的第一件事就是对旧楼的折价。他需要卢日科夫的帮助。作为市政府的官员，卢日科夫大笔一挥，就可以自由分配城市里的建筑物。但古辛斯基知道，一定要以某种方式回报卢日科夫，这不是简单贿赂的问题。卢日科夫需要的是对他以后的生涯有帮助的结果。一位名叫米哈伊尔·列昂季耶夫（Mikhail Leontiev）的记者当时与古辛斯基和卢日科夫都很熟，他告诉我说："卢日科夫是个工作狂，他喜欢干事情有个结果。古辛斯基也精力旺盛，他们合作得非常好。"

卢日科夫特别想扩充莫斯科负担过重的供房。古辛斯基和卢日科夫达成了一个协议：卢日科夫为古辛斯基提供旧房屋，完全免费；古辛斯基重建完这些房屋后，把其中的一半或三分之二交还给市政府。对古辛斯基来说，把剩余部分卖掉仍然有巨大的利润；对卢日科夫来讲，他虽然掌握控制建筑物的批条，但没有其他的资源可供支配，而现在，不用费劲就能为市里拿回宝贵的新修缮房屋和办公空间。后来，这个项目成了卢日科夫快速增加莫斯科住房数量方法的支柱，成千上万平方米的房屋空间都是用同样的办法交由承包商建造的。

20 世纪 90 年代早期的莫斯科就像一座刚开始兴旺的乡镇：到处堆满金钱，什么东西都可以往里进。但后来就变成了腐败横行、公私利益没有明确分界线的城市。要想在这座城市办成一点事，你就得需要金钱和有影响力的人，还需要胆量和贿赂，整个环境充满了秘密和骗术。即使最小的城市管理部门也要收取贿赂和回扣，大的项目总是伴随着大的腐败。这就是古辛斯基早期发财的世界。

尤里·谢科奇辛（Yuri Schekochikhin）是一位敢于调查研究的记

者，也是一位民主改革的政治家，他绝望地写道，犯罪组织逐渐利用1990年和1991年改革派胜利的成果，控制了莫斯科市的权力机构。1992年6月发表在《文学报》上题为“恐惧”的长篇文章里，谢科奇辛说，他的消息来源是那样恐惧，以至于坚持用潦草的字在碎小纸片上回答关于莫斯科腐败的问题，后来又把这些纸片烧毁了。他写道，犯罪组织“在莫斯科根据他们的影响范围，从内部分成了很多帮派。他们彼此之间已经把莫斯科这块令人垂涎三尺的肥肉卖光了”。

谢科奇辛问：“谁统治着今天的莫斯科？是那些插手莫斯科资产的人，这些资产包括莫斯科的土地、建筑及整个地区。”他说，莫斯科市的真正权力既不掌握在共产主义崩溃后崛起的小商人手里，也不掌握在那些“利用国家动荡不安”而出现的“真正的犯罪集团生意人”的手里，而是掌握在靠近市政府的不显山露水的“第三类人”手里。他注意到卢日科夫是如何把一座楼房交给古辛斯基的公司莫斯特。“我得到消息说莫斯特公司已经在莫斯科实际上没花什么钱就买了一百多座楼房，而没有什么法律能阻止这种事情发生。”谢科奇辛说。他接着又说，不是由经过选举产生的领导人来管理这个城市，而是由靠近权力的大亨们来左右局势，他们是“莫斯科真正的主人”。[9]

古辛斯基发财了，钱比他知道的钱数还要多得多。数千万美元经过他手。他的生活中，晚上和周末的概念是模糊的，他从来没有休息过一天。

钱多了总会引来危险。当古辛斯基刚开始生产手镯时，他曾与一些小匪徒面对面打斗过。存在于苏联生活表面下（苏联当局脚下）的犯罪团伙在改革过程中，随着合作社的兴起而变得厚颜无耻。土匪们闻到钱的味道就会找上门来。刚开始，古辛斯基嗤之以鼻，试图用他孩提时在院子里打架养成的火暴脾气把他们吓跑。他回忆说：“你手里拿着一件重家伙就能把他们吓跑。”但不久，他就组织了自己的保安力量，把那些试图收取保护费的暴徒赶走。古辛斯基知道他生活在法律真空里，找警察是没有用的。他要制定自己的制度，因为他做的可能是超出苏联时期的法律外的东西，这让企业经营成为犯罪行为。

"我们有两种选择，要么把钱交给土匪，要么把钱花在保安服务上。"他说。后来古辛斯基的生意做大了，特别是当他建立了建筑银行帝国后，他用自己千余人的保安队伍牵制了土匪。负责镇压迫害异己者的前克格勃头子博布科夫是古辛斯基公司高级管理中的主要一员。古辛斯基把博布科夫描述为分析家，但他实际上关注着古辛斯基安全的各个部分。如同其他帝国一样，在古辛斯基的帝国里，内部机构的私人保安服务负责保卫公司的各个方面，从保镖到对竞争对手的"分析"，再到与国家安全部门的联系。古辛斯基是开创这些私人服务业务的先驱者，他从苏联军队里和克格勃里吸取了很多精华。很多年以来，古辛斯基从不理会对他的保安行为的批评，他说有必要用保安队伍保护他的建筑工地和银行分支机构不受犯罪分子的侵犯。当我问他感到的危险是什么时，他悲叹道："土匪，土匪，土匪!"当有人批评他的公司雇用博布科夫时，他声称他"连魔鬼也可以雇用，如果魔鬼能为我们提供安全的话"。[10]

在卢日科夫的庇护下，古辛斯基的金融中心莫斯特集团银行从当初一个小小的会计部门扩展而来。在20世纪90年代早期，莫斯特集团银行网罗了全市主要的账户，这是一个特权身份，使古辛斯基能够与市政资金打交道，为自己赚取可观的利润，只需付给市里一小部分。古辛斯基把他的办公室设在与卢日科夫同一座高楼里，卢日科夫就是在这里管理全市的工作。这座楼挨着俄罗斯白宫。古辛斯基自己的自动提款机就建在楼道里，俄罗斯权贵们使用的是莫斯特集团银行的信用卡。正像当时他曾经说过的一句非常著名的话，稀薄的空气里也有赚钱的可能。

生存需要什么？当古辛斯基从他的高楼办公室俯瞰他下面的城市时，他仔细思索他的成功之路。你要有某种内在动力，某种内部燃料，迫使他这样的人想要成为第一个。这是一小部分人，他们愿意冒风险，朝思暮想地渴望成功。

在戈尔巴乔夫的改革开放时期和后来的叶利钦时代早期，新闻记者成为俄罗斯社会的希望明灯。特别是在苏联解体后，新闻记者受到人们的羡慕和尊敬。很多年后，著名电视编导、执行董事奥列格·多布罗杰耶夫（Oleg Dobrodeyev）回忆说："他们是人们心灵的统治者，在俄罗斯的第一届最高苏维埃成员中，新闻记者占了十分之一。在1991年8月后的那几年里，他们受欢迎的程度和权威性令人惊讶。"新闻记者公开参与政治是很平常的事情。在多布罗杰耶夫的记忆中，新闻记者成了知识分子的眼睛和耳朵，改革和民主的旗手，他本人甚至受邀参加政府不对外公开的会议。"那些处于改革底部的工程技术人员、医生、教师，还有那些衷心希望变革的人，都把新闻记者看作他们最光明的代表，看作施展他们抱负的代言人。"[11]

与灰色的、听话的苏联时代新闻界相比较，大胆的新闻出版物不断涌现，像《商业日报》（*Kommersant*）这样的报纸成了早期合作运动的权威出版物。主编弗拉基米尔·雅科夫列夫（Vladimir Yakovlev）招聘了一批年轻的记者，他们欣然接受诸如商业、资本主义和金钱这样的新词汇，这些词汇在呆板的苏联新闻界是不存在的。这代年轻的记者中有一位正是米哈伊尔·列昂季耶夫，他是早期合作社商人的朋友。他的职业始于1989年的《商业日报》第一期，后来又调去更有名气的改革报纸《独立报》（*Nezavisimaya Gazeta*），这是一份由在莫斯科市获得成功的民主改革派创刊的报纸，办公室设在一家旧工厂的厂房里，吸引了当时很多有才华的记者加盟，他们都抱有使该报保持真正独立的想法。

可是列昂季耶夫并不满意。该报的薪水虽然比其他报纸高，但仍然微不足道。而且，随着时间的流逝，早期的浪漫主义色彩正在慢慢地褪去，有点应验了市场经济学规律：不赚钱的报纸不可避免地面临商业压力。"我们不得不按市场价格购买新闻纸，"列昂季耶夫告诉我说，"广告也很少，主要来钱的渠道是赞助。"列昂季耶夫开始与该报的主编维塔利·特列季亚科夫（Vitaly Tretyakov）争吵，他说："从赞助商那里拉钱是不公平的，我们还谈何独立？"列昂季耶夫又说，"主要是由我拉的赞助，并不是所有的赞助商都是好人，我们得考虑这个因素，我们要使他们高兴，否则他们就不给钱了，体制就是这样。"[12]

不久，列昂季耶夫和其他记者开始考虑离开《独立报》，创建他们自己的报纸。他们的理想是需要找一个报纸的主人，而不是定期从赞助商那里乞求现金。他们知道有一个莫斯科银行家有他自己的愿望和需求，毕竟有一个单一的、有名的投资者比不断寻求迎合外面的赞助商要舒服得多。列昂季耶夫在合作社运动时遇见了古辛斯基，于是就把古辛斯基介绍给他周围的朋友。他又辞掉《独立报》的工作，开始劝说古辛斯基出钱办一份报纸。列昂季耶夫告诉古辛斯基："你自己可以成为传媒巨头。"从1992年开始，他们为此讨论了几个月，这一年是苏联解体后的第一年。

列昂季耶夫回忆说，古辛斯基从一开始就被这个主意所吸引了。"他是个有野心的人，我觉得我击中他的要害了，他以前或许也思考过这个问题。我没有声称是我给他出了这个主意，但我一再敦促他做出决定。最后的主意是创建一份专业报纸。那时的银行家们有大量贬值的钱，不可能找到地方使这些钱流动，所以那时候的银行家开始支持不同的报纸。"

谢尔盖·兹韦列夫（Sergei Zverev）是个留着胡子、满头沙色头发的强硬派政治特务，他曾经在20世纪90年代的大部分时间为古辛斯基工作。他回忆说，古辛斯基对报纸批评他在莫斯科市的商业活动感到非常恼火，[13]他不久就意识到他可以保护和维护他本人和他的公众形象。列昂季耶夫表示同意，他说："古辛斯基很在意他的形象。"这就增大了他成为著名报纸出版人的可能性。

古辛斯基告诉我说，他从不同的角度听取列昂季耶夫的建议，真正的原因在于他本人不太懂像列昂季耶夫和多布罗杰耶夫这样的记者们的理想和浪漫主义的观念，他们认为自己的使命就是引导社会。"我不懂什么大众传媒，我连它是什么东西都不知道。"古辛斯基对我说。他要寻求的是扩大影响和权力的工具。像他的同代商人一样，他玩过很多花招，诸如：必要时的行贿、需要时安置自己的保安队伍、用计谋奉承取悦高级政客。但缺乏影响力使他感到非常失落，因为行贿是个死胡同，最终有钱的人会出更大的价钱。扩大影响力的日益昂贵和激烈的竞争超出了影响力本身的价值。

行贿“对我来说是一种耻辱”，古辛斯基告诉我说：“它意味着，要么是我在做一些公众场合见不得人的事——我是个流氓，要么那钱是用武力从我这里勒索的。不管是上述哪种情形，它都意味着我害怕，我必须去这样做。”

“我确实行贿了，这不是秘密。在俄罗斯，在苏联，要生存，不行贿是可笑的。但我试图尽可能地少行贿。”古辛斯基想知道，除了参与无休止的竞争来买影响力，有没有办法施加更大、更系统的权力？突然他脑子冒出了个主意：“报纸！”

“开始创办报纸时，我直截了当地说，报纸就是一个扩大影响的工具，”古辛斯基说，“百分之百地通过官员和社会来造影响。我创建报纸就是这个目的。”他又说，“如果哪个官员变坏，我就用报纸攻击他，说出真情：他强取金钱，敲诈勒索，或者接受了不正当的条件。”

列昂季耶夫没有幻想。他意识到古辛斯基“试图通过报界建立一种体系，来推销他自己，并进行自卫”。古辛斯基聘请了像兹韦列夫这样的专业说客。“俄罗斯公关的主要目的不是在社会上为某公司做出一种评价，”列昂季耶夫说，“社会的作用是第二位的。起主要作用的是那些能做决定的人或组织：权力集团、克里姆林宫和内阁。目的是得到这个或那个的签字。”

当古辛斯基的报纸《今日报》（*Sevodnya*）在 1993 年 2 月创刊时，它是一份受尊敬的自由报刊，很快就吸引了很多莫斯科最有才能的记者加盟。其诞生是记者追逐理想与古辛斯基追逐权力和影响的产物，这两者的结合是幼稚和不相容的。兹韦列夫回忆说：“如果有人告诉你说我们很清楚自己在干什么，实际情况并不是这样。”

最初的时候，古辛斯基和两个合伙人——其中一个是斯莫伦斯基——投资了 600 万美元，但是他的合伙人撤出了，因为他们承受不了报纸招致的责备和攻击。古辛斯基承认他也经常面临困难的抉择，因为有很多人会由于报纸的某篇文章而被伤害。尽管有一阵阵的抱怨声和竞争压力，但“我都顶住了，决定了：让我试一下”。

《今日报》发行量很小，只有四万份，只在莫斯科发行，很少登广告，但它在莫斯科的精英们中找到了自己合适的位置。古辛斯基把创办报纸当作嗜好。一天，列昂季耶夫让他任命一位经理，因为好像没有哪个人在负责管理报纸。古辛斯基不想在管理报纸上浪费一位有才能的经理，他解释说，在其他生意里，一位有才能的经理一年可以挣 1 亿美元。“如果我让这样的人来管理报纸，他只能弥补报纸的亏损即 600 万美元。对我来说，最好还是让他去挣 1 亿美元，我留下 9 400 万，给你 600 万。”

尽管古辛斯基的心里对这份报纸很矛盾，但它却是他实现后来的宏伟项目的种子。当《今日报》开始出版时，奥斯坦金诺（Ostankino）国营电视台的一群牢骚满腹的记者就注意到了。在此之前，没人会把古辛斯基和新闻媒体联系到一起。但他的报纸办得很精明，很进步，还是私营的。这是个路标，他们效仿了。

电视上，叶夫根尼·基谢廖夫（Yevgeny Kiselyov）讲话很有权威性。他讲话很慢，总是要经过深思熟虑后才开口，嗓音洪亮深沉。他那张英俊的、满是皱纹的方脸总是显得从容镇静。他有一头漂亮的棕色卷发，留着小胡子。但使基谢廖夫作为电视人有权威的主要原因是他那抑扬顿挫的声音。

基谢廖夫曾经是苏联军队入侵阿富汗时的波斯语翻译，后来在克格勃科学院教波斯语。他在那里干得不开心，找个机会在莫斯科电台波斯语部开始了他的新闻生涯。后来他又到了电视台。在 1992 年 1 月苏联解体后的几天里，他在奥斯坦金诺国营电视台播送一个每周一次的新分析节目《综述》，立即以权威性的个人风格获得了成功。[14]

但是在 1992 年，随着叶利钦受到议会的不断批评，基谢廖夫注意到克里姆林宫对奥斯坦金诺电视台实行了更严格的控制，以巩固叶利钦的地位。伊戈尔·马拉申科（Igor Malashenko）曾经在戈尔巴乔夫新闻办公室工作过，后来成了奥斯坦金诺电视台的台长，他突然辞职了，抱怨说受不了越来越大的政治压力。在一系列人事变动之后，基谢廖夫感到楼道里一阵发冷，他害怕不久后会被要求直接接受叶利钦心腹的指示。“我感到天空的乌云越来越黑。”他后来回忆说。[15]

基谢廖夫知道古辛斯基投资一大笔钱办了一份日报，他想知道古辛斯基会不会考虑出资搞一个电视节目。基谢廖夫与多布罗杰耶夫谈了他的境况，多布罗杰耶夫此时是《综述》的主编。基谢廖夫建议他们一起去找古辛斯基。基谢廖夫给老朋友兹韦列夫打了电话，他现在刚开始为古辛斯基的公司工作。

兹韦列夫立即表示对此感兴趣。基谢廖夫的电话是上午打来的，会见就安排在当天晚些时候。基谢廖夫和多布罗杰耶夫带着电视设备来到了古辛斯基的公司莫斯特集团所在办公室，那是一座高层建筑的第二十一层，卢日科夫也在楼里办公。多布罗杰耶夫后来回忆说，莫斯特集团的办公室看起来“特别严肃”。

在兹韦列夫的办公室里，基谢廖夫提出了他的想法，他想为他的节目《综述》找一个独立的赞助商。他们会脱离奥斯坦金诺国营电视台。他们想要新闻自由，当然他们也想要挣更多的钱。基谢廖夫回忆说：“新闻工作者几乎生活在贫困中，包括我自己，我们想独立，因为我们想制作我们自己想制作的节目。我们想吸引新的、年轻的、有才华的人，给他们的工作提供高薪，我们自己也能改善一下。”

出乎意料的是，兹韦列夫从椅子上跳了起来，立即跑进了古辛斯基的办公室。几分钟后，他回来了，邀请惊讶中的基谢廖夫和多布罗杰耶夫去见古辛斯基——立刻就去。

他们沿着楼道走到古辛斯基的办公室，这个办公室虽然看起来很棒，但装饰得很暗。古辛斯基不再是那个领着朋友们悄悄溜进列宁共青团剧院的瘦瘦的小伙子了。他比以前胖了一些，戴着宇航员式的眼镜，穿着皱巴巴的白衬衫，系着领带。但从他的脸上还是能看出这是一个有非凡能力的人，感情丰富易变。他的眼眉一会抬起，一会落下，脑子里一有想法就脱口而出。当基谢廖夫走进来时，古辛斯基特别激动。他从没见过基谢廖夫，但却非常敬佩这位新闻记者。在公开场合下，很少有人认识古辛斯基，而基谢廖夫则是个家喻户晓的人物，简直就是俄罗斯的沃尔特·克朗凯特（Walter Cronkite）。

古辛斯基回忆说：“想象一下，基谢廖夫本人活生生地出现在我的办公室里，这怎么可能？这就是基谢廖夫本人。就像我们现在坐在这里，突然间撒切尔夫人从门外走了进来。天哪！就像这样！”

基谢廖夫和多布罗杰耶夫做好了计划，他们问古辛斯基是否愿意出资帮助他们的节目《综述》。但此时，古辛斯基的大脑处在极度兴奋当中，他立即说他同意资助他们，为什么只限于资助？“这只是一个小项目，”他说，“我觉得大项目应该是创办一个独立的电视台，一天二十四小时播放，这是我现在真正的想法。”

客人们哑口无言，在新俄罗斯，没有这样的独立电视台，只有从苏联继承下来的国营电视台。基谢廖夫提醒古辛斯基说，一个频道需要频率才能播出，他们什么也没有。但是古辛斯基想到了他们前面。他立即指出，第四频道正处在很尴尬的局面，这是一个政府电视台，被另外两个主要的国营频道——奥斯坦金诺电视台和俄罗斯电视台——排挤得只能放一些不受欢迎的节目。另外两家电视台分别占有第一频道和第二频道。第四频道的遭遇就像悲剧，没人看它或关心它，古辛斯基早就计划游说克里姆林宫，让叶利钦总统签署命令，把第四频道转让给他。

几个小时后，古辛斯基、多布罗杰耶夫和基谢廖夫就被律师和金融专家团团包围了，他们在讨论计划他们的新项目。那是一个梦想无限、热情膨胀的时代。“古辛斯基是一个非常有生气的人，他很快就能从他那巨大办公室的一端走到另一端，”多布罗杰耶夫回忆说，“当时的形势就是要快速地跟上俄罗斯时代的发展，有些事情刚开始出现时，没什么征兆，但很快就会迅速发生。宏大的设计出现了，银行出现了，电视公司也出现了。谈判并不长，我们将创建电视台。钱不成问题，其他资源、关系等也没问题！那个时候，意志、欲望和动力绝对能解决一切问题。”

多布罗杰耶夫回忆说，对新电视频道能否在商业运作上成功，他心里没底。“我觉得大多数人对其商业方面都持怀疑的态度，”他说，“这是个社会地位的问题。各种新报纸和电视台最好的年代，正是老板们视其为杰作的年代。他们心里想的是：‘我有份报纸。我有一份出色的报纸。’”

古辛斯基找到马拉申科让他出任新电视频道的经理。马拉申科回忆说，古辛斯基只把报纸当作一个嗜好。“这是个地位的象征，我很快就意识到，对他来说，电视公司是另外一个，怎么说呢？是另外一个建筑部件，是他门面上的装饰品。”虽然是这样想的，但马拉申科同意出任古辛斯基电视频道的新老板。他有自己的理由：他从奥斯坦金诺电视台辞职时，曾经受过羞辱，他要用开办一个独立的频道来回击那些羞辱他的家伙。他说：“我要报仇。”[16]

古辛斯基也有一笔账要算。他与米哈伊尔·波尔托拉宁（Mikhail Poltoranin）长期不和，波尔托拉宁是叶利钦政府的新闻部长，古辛斯基认为他是一个反犹太分子。波尔托拉宁近年来在某些方面羞辱过古辛斯基。“我有很强的欲望要与他打一架，”古辛斯基回忆说，“我甚至两次开车去他的办公室，专门去冲撞他，用拳头打他的鼻子。”在政府控制外开办一个电视台就是很好的报复，但古辛斯基觉得还不够。“我要成为第一，”他谈起他早期对电视台的热情时说，“我开始搞电视频道，因为我认为要干就必须是第一，因为没有任何人拥有自己的电视频道，我将拥有第一个。”

古辛斯基也曾经考虑过钱的问题。在美国时，有人跟他提过，电视上的一分钟广告可以卖好几百万美元。“我抓住了这句话的意思，”他回忆说，“这就是个金矿，我知道赚钱的可能性是百分之百。”

第一年很令人兴奋。马拉申科匆匆做了个计划，预计在头15个月里需要3 000万美元，古辛斯基和别的投资商一起搞到了这笔钱，这其中也有斯莫伦斯基的钱。他们购买了相机和其他设备以及办公场所，他们小心翼翼地观察着周围的动静。俄罗斯正在经历一场巨大的政治危机，是叶利钦和议会强硬派的面对面交火。他们的电视台还没有开始播送，但是建立一个新的私有频道也非常令人兴奋。“那是一段美妙的时光，”基谢廖夫后来回忆说，“我们在为自己做事，我们有完全的自由，我们到很多地方出差，我们觉得自己在做非常有意义的事情，可能是我们一生里最有意义的项目。”当基谢廖夫和多布罗杰耶夫离开奥斯坦金诺电视台时，他们带走了十几个最好的电视人员，一起来到新的私营频道，这其中包括播音员塔季扬娜·米特科娅（Tatyana Mitkova）和米哈伊尔·奥察金（Mikhail Osokin）。

古辛斯基的决策班子无法决定新频道的名字。马拉申科建议用

NTV代表“新电视台”（Novoe Televidenie），其他人不同意。他们觉得这个名字听起来不舒服。后来有人建议用独立电视台（Nezavisimoe Televidenie），也没有通过。据马拉申科讲，他们最终决定用NTV这个名字，就这样。没有官方名字，但马拉申科想出了一句口号。在苏联时期，他曾用好几年时间对美国进行研究，他喜欢一句空军战略命令的老口号“和平是我们的职业”。他把这句口号改编为“新闻就是我们的职业”。

NTV在1993年10月10日开播，这正是叶利钦和议会的冲突升级为暴力的一周之后。最初，NTV只在圣彼得堡一个微弱的信号频道上每天播出一小时的节目。叶利钦与议会的战争正在进行的时候——实际上就在古辛斯基所在的市长办公楼的街道对面——马拉申科正坐在他的汽车里，这是一辆破旧的莫斯科人牌轿车。他用手机试图与法国戛纳安排会面，当时那里正在召开电视电影交易会。当全球各地电视屏幕上播放着炮打白宫①的新闻时，马拉申科劝说交易会上的人们，俄罗斯一家新电视台想购买他们的电影，然后他飞到戛纳急切地试图购买更多的节目。“人们不肯卖给我，他们觉得简直不可思议，一个国家议会正遭到轰炸的莫斯科人竟然要买电影。”他后来回忆说。

兹韦列夫花了半年游说，希望克里姆林宫颁布命令，将他们魂牵梦萦的第四频道播放时间拨给NTV。他辩解说，一个独立频道可能会成为支持叶利钦的宝贵渠道，但没有人能够抓住他的观点。“没有人了解独立私有电视台是个什么样子。”兹韦列夫回忆起他当年如何费尽心思得到总统签署的命令时说。有人在阻碍，但他不知道这个人是谁。一次偶然的机会，兹韦列夫带着基谢廖夫去看望叶利钦的网球教练沙米尔·塔尔皮切夫（Shamil Tarpischev），他是总统核心集团里的一员，在克里姆林宫有办公室。兹韦列夫发现了他屡遭麻烦的原

① 白宫（White House）位于莫斯科市中心的繁华地带，是原苏联人民代表大会和最高苏维埃所在地，即俄罗斯杜马所在的议会大楼。1993年10月叶利钦与议会冲突升级为“炮打白宫”事件，死伤惨重。此后白宫经整修成为俄罗斯联邦政府大楼，现在是俄罗斯联邦政府的总理府，也是政府官员的办公场所。——译注

因：原来塔尔皮切夫阻碍了总统签署命令，因为他想把第四频道变成体育频道。兹韦列夫劝说道，NTV 可以播送体育节目，塔尔皮切夫这才停手。[17]叶利钦在 12 月签署命令，次年 1 月，NTV 从下午 6 点开始，每天播送 6 个小时的节目。

马拉申科仍然有令他头疼的事情：他费了九牛二虎买来的节目只够播两个星期。录像带运到莫斯科后，立刻组织配音并马上播出。他们非常忙乱，但他们乐在其中，因为这才是他们喜欢的生活。

新电视台的先驱们最大的抱负就是在政府严密的控制下生存，生产出被他们称作“正常”的电视节目。他们当中有人半开玩笑地说，NTV 应该是“正常电视台”（Normalnoye Televidenie）的简称。古辛斯基喜欢看电影，特别是西方电影，他梦想把他的电视频道做成播映电影和新闻的频道。

古辛斯基创办报纸是为了扩大他的影响，后来他又不遗余力地利用电视频道作为政治工具，这将招来无尽的麻烦。但是在开始的时候，参与人员告诉我说，他们没有真正理解风险的含义。那个时候他们甚至连做梦也没有想到，他们的频道会转而反对叶利钦——自由新闻界的朋友和保护伞，正是他签署的命令给了他们播送的权利。

古辛斯基现在不再仅仅是一个神通广大的莫斯科商人。拥有了电视频道 NTV 和报纸《今日报》，他已经成为新俄罗斯的栋梁。

他的对手们已经开始阴谋策划怎样诋毁他。

第 二 部

第八章　宝库解锁

这些革命者都是三十多岁的年轻人，他们充满自信和希望，没有经过权力考验，面临一项超出他们想象和实际经验的任务。作为大学助教和不知名的专家，他们多年来一直梦想着给僵硬的苏联制度增加实质性的变化。他们满足于研究一些关于社会主义匈牙利和拉丁美洲变化的经济实验进步的例子。现在，他们集中在一家政府宾馆，15号别墅。这家宾馆位于莫斯科西部一座叫作阿尔汉格尔斯克（Archangelskoe）的村庄。苏联正在经历垂死之痛，他们被号召起来埋葬它，而不是保留它。

1991年8月的政变企图失败后，戈尔巴乔夫留任了4个月，试图避免苏联的解体，但毫无效果。最后的打击是在12月初，当时在布列斯特（Brest）外一个叫别洛维日森林（Belavezhskaya Pushcha）的度假村，叶利钦和乌克兰、白俄罗斯的领导人宣布了他们自己的联盟，公然反抗戈尔巴乔夫。三周后，1991年12月25日，戈尔巴乔夫宣布辞职，苏联国旗从克里姆林宫降下来了。

在苏联最后崩溃的数月前，叶利钦开始组建一个并行政权，这个政权采取的经济措施将达到戈尔巴乔夫从未有过的彻底程度。叶利钦弃用了戈尔巴乔夫时代的老牌著名经济学家，决定由32岁的盖达尔具体负责，盖达尔曾在党内意识形态方面的期刊《共产党员》[1]上发表过几篇被公认为最好的对苏联经济进行精辟分析的文章。叶利钦回忆说，盖达尔当时领导的团队是一群“年轻气盛的暴动者”，他们是“独立思考勇往直前”的人。出于天性，叶利钦的统治是通过感情而不是通过政策来进行的，他喜欢盖达尔简单直率的“大爆炸”建议，模仿柏林墙倒塌后波兰的经历，直接跳向自由市场经济之路。叶利钦被盖达尔对经济休克疗法的热情所感染。“我不能强迫年轻人再等一次了，不能像以往一样按部就班地总结多年再做决定，”叶利钦回忆说，“如果我们决心已下，我们就要立即行动！”[2]叶利钦要确认他彻底地摧毁了苏联共产主义。彼得·阿文当时曾与盖达尔并肩工作过，他回忆说：“叶利钦只对权力感兴趣，他想拥有一支敢作敢为的团队，把所有旧的官僚全部清除。他也明白，对我们来说，他就是上帝，我们必须跟着他走。”[3]

1991 年 9 月到 10 月，盖达尔和另外一些年轻经济学家住进了 15 号别墅，开始为叶利钦起草彻底的经济改革方案。每一个与盖达尔工作过的人都知道，他的性格决定了他是一个渐进主义者，是一个小心翼翼的改革家，对现存的政权也很尊重。多年来，他一直坚持做事情要采取适中的现实措施，而不要冒险搞什么毫无结果的大跃进。在苏联时期，阿文曾建议盖达尔把瑞典西方的社会民主作为样板学习，盖达尔没有采纳，他认为这个主意太激进。他建议学习匈牙利，这样比较安全，因为匈牙利是苏联阵营里的伙伴。盖达尔知识渊博，他是同辈人中最优秀、最聪明的人，但是他有一种癖好，那就是喜欢为了一个论点研究数据，搞清论点的各个方面。

盖达尔在别墅里的团队中有一个叫丘拜斯的年轻人，他是圣彼得堡新来的，当时名气比盖达尔小得多。丘拜斯早些年前也是一位渐进主义者，但现在他衷心接受需要彻底变革的主张。盖达尔有点教授的味道，踌躇满志；而丘拜斯则刚毅、自负。在别墅里的所有人中，丘拜斯成了改革家，他在 20 世纪 90 年代位居高官的时间最长。他处事果断、不屈服，这正是他最大的财富，也是令他周围的人恼火的原因。丘拜斯一旦下定决心做什么事情，从来都不会后退。盖达尔是一位具有开拓精神的知识分子，但不是政治家，丘拜斯不是一位具有独创性的思想家，却是一个熟练刚强的执行者，他也是一位政治勇士。在这以后的几年里，他们两人都从默默无闻的学术界转变为叶利钦经济革命的主要设计师。盖达尔身材矮胖，像一只维尼熊，长着一张大大的、惹人喜爱的脸。丘拜斯则又高又瘦，长着一头沙红色卷发，一激动脸就发红。他们着手干的就是摧毁旧制度，把从列宁、斯大林和他们的继承者那里沿袭下来的计划、思维和行为一系列体系都彻底粉碎。

朝着这个目标，他们两个人都做出了独特的巨大贡献，给后人留下了同样震撼世界的东西。盖达尔最大的贡献是把价格从国家控制中分离出来，使中央计划经济的剥削工具丧失了作用，但他的贡献在俄罗斯价格放开后，也引起了高度的通货膨胀，造成的损失比盖达尔所想象能够承受的要大得多，持续的时间也比他想象的要长得多。它侵蚀了人们的毕生储蓄，这种令人不满的状况持续了好几年。

丘拜斯最重要的行动是分离国家对资产的垄断，把国家巨大的工业财富分到个人手里。作为自由市场经济的新俄罗斯的整个命运如何，要看这些新的私有业主能否在管理工厂方面比失败的共产党更有效。但丘拜斯没有注意——或者说没有在意——俄罗斯的财富分到了哪些人的手中。只要他们是私有业主，就有资格得到国家财富。他认为，几代人之后，市场就会自动分出优劣。当然，最差的私营企业，由于他们的无能，会破产；而最好的私营企业则会享受他们的劳动果实。就这么简单：经典市场理论。但现实证明事情没有想象的那样美好。

另外，丘拜斯和盖达尔留下了一个真空——自由价格和私人财产的突破都是在没有首先建立市场主要机构之前先提出来的，在俄罗斯和苏联交替的杂乱时代，经济像一匹脱缰的野马，在野林里毫无规则地乱窜，也没有主人管理。在成熟的市场经济里，竞争者可以通过规定的法则在论坛里发表评论，公开争辩。他们像拳击场里的对手。比赛由规则决定——或者通过法院，或者通过资本市场，输赢根据他们的表现来确定。但俄罗斯没有这种论坛，也没有强大的国家机构来创办这种论坛。这个真空削弱了革命的壮志和成果。没有一个奖罚分明的机制，丘拜斯怎么可能实现他建立“有效的私有业主”的梦想？如果没有人能够确认他们财产和利润的权利，自由价格又有什么用处？盖达尔承认，他们经常被这些未知数缠住。先把拳击手放出来再给他们建立拳击场让他们进去搏击，这样做会更好吗？经过 1991 年和

1992 年各种事件的猛烈袭击，盖达尔和丘拜斯最终决定：先放出拳击手，其他事以后由其他人来负责。丘拜斯坚信，如果选手们觉得有必要的话，最终他们自己会建立拳击场的。

紧急的形势迫使他们不得不做出这样的抉择。他们觉得没时间让革命搁浅，等各种机构都建立起来之后再继续进行。但还有一个更深层的原因，一个虽然说不出口但却非常明显的原因，导致叶利钦、丘拜斯和盖达尔不想马上看到一个强大的国家。苏联国家曾经很强大、很傲慢，根据他们的经验，独裁主义是导致罪恶的主要原因。他们考虑的是摧毁旧制度，而不是重建这样的制度。

1991 年的秋天到了，盖达尔和他的智囊团成员积极地为叶利钦在 10 月底俄罗斯议会上主要的经济发言准备稿子。当盖达尔和他的团队开始接受这样一个与以往都不同的使命时，一种不现实的感觉萦绕在空中，这种感觉是令人兴奋、恐惧和难以想象的。米哈伊尔·贝格尔（Mikhail Berger）当时是《消息报》（*Izvestia*）经济版面的编辑，深受年轻改革家尊重。他亲见了盖达尔和他的团队的工作。他回忆说，15 号别墅洋溢着期望。他们激烈辩论，就像 1986 年和 1987 年在圣彼得堡外的两次讨论会那样，不过是又一次周末讨论会，但却没有一次像这次赌注一样巨大，而且是真的下赌注。“当时的气氛就像年轻人到山里某个地方徒步旅行或刚走出城镇，”贝格尔回忆说，“完全是俱乐部的气氛，大家在玩游戏，实际上，每个人都感觉到这一切仿佛不是真的。”[4]

“试想，他们正在讨论某事，有人问：‘谁将出任交通部长？’他们开始笑了。‘我们都是刚出校门的年轻人，竟然在讨论谁将成为交通部长！’他们把这个笑话当作某种游戏，显得不够严肃。他们争论了很长的时间，论题是谁将成为总理？没有人愿意当总理。纯粹的卡夫卡式的怪诞。坐在别墅里的一群孩子，写一个提纲就想成立一个政府。当然，这样的政府日后会发生变化。但当时看起来就像一个关于某个神奇洞穴的童话，在里面大家说：‘你肩上能扛多少财宝就拿多少。’这是一个权力的洞穴。他们试图拿走他们能够背负的尽可能多的权力。”

多亏了这些狂欢，盖达尔和他的同事们在15号别墅里共同提出了几个深奥的假想，这些假想都是他们在苏联时期想出来的，当时他们都是些无名的数学家、经济学家和教授。由于背负着过去经验的枷锁，他们没有做好准备去迎接完全不同的崭新的经济和政治制度的挑战。

从盖达尔和他的智囊团孤立地待在别墅里这个事实上，就能反映出他们采取的还是苏联时期的与外界绝缘的保守方法。当丘拜斯在列宁格勒第一次建立由自由思想经济学家组成的骨干队伍时，他做得极度保密，为了避免吸引克格勃的注意。当他们躲到楼梯井对奈舒尔的激进观点进行辩论时，同样的气氛也笼罩着他们。苏联制度使他们被迫做密谋者，如果不这样就会遭到镇压。米哈伊尔·德米特里耶夫是一位年轻的经济学家，曾因在1987年的研讨会上做的笔记而被上司召去训斥。他告诉我说，盖达尔和丘拜斯由于生活在一个对任何有影响的新观点都会立即摧毁的制度下，学会了如何应付政治检查。“从定义上讲，他们是成功的，因为他们是密谋者，他们不会公开，他们主要在一个非常狭小的圈子里行动，”他说，“所有的这些习惯都不会立即改掉，因为在20世纪80年代末，盖达尔和丘拜斯两人都已经35岁了，而且人们在这个方面也不会轻易地改变。”[5]

他们的过去另外留下来的东西就是对政治的轻蔑。在20世纪80年代，戈尔巴乔夫放松了对自由的限制，但在经济变革方面依旧落后。他们决定避免戈尔巴乔夫式的政治困境——提出无数个计划都毫无结果，比如在500天内把苏联变成市场经济，这个方案出来就没被采纳过。相反，他们把自己当作专家，纯粹的经济学家，会找正确的事去做，通过消除旧的障碍把事情做好。他们相信，按照苏联的模式，他们只需要满足一个人，那就是最上面的老板叶利钦。[6]他们还相信，旧制度的问题都是太多政治介入的结果，当然，若用更纯粹的经济方法可能会更成功。[7]

虽然他们的经济观点是现代的、资本主义的和激进的，但是他们的政治策略则常是鲁莽的和天真的。他们绕过了议会，这就树立了异己。盖达尔特别不善于和公众交流。更果断和圆滑的丘拜斯被证明是个更精明的政治人物。但他们两人加上叶利钦都从一开始就忽略了为他们的革命打下坚实的基础。盖达尔后来承认，这确实是失算，令他们茫然和脆弱。然而，考虑到他们要给俄罗斯社会带来的剧痛，无论如何他们都不可能建立一个群众基础。但盖达尔告诉我说，他们把他们自己当作经济专家，而非政治家。“我们有叶利钦，他是当时最有能力的政治家，很受欢迎，很活跃，是个强壮的俄罗斯政治家。”他说。[8]考虑到他们革命的巨大程度，一个叶利钦不够。

在盖达尔智囊团中，另外一个最基本的信仰是，俄罗斯将会成为市场经济体系肥沃的土壤，尽管它很落后，还有着可怕的独裁统治的历史。他们相信，俄罗斯在人类行为的基本规律方面也不会例外。盖达尔和丘拜斯确信，如果他们创立了自由选择的机会，人们就会利用这个机会，响应这个机会。他们希望，俄罗斯与苏联历史上留下的所有集体主义、被动性、家长式统治以及对主观能动性和企业家精神的毁坏将会消失，而自由市场、自由贸易、私人财产和自由价格将登场。这个假想即西方市场经济学将在俄罗斯扎根，尽管这与俄罗斯特殊的文化和历史经历相冲突，在他们时代里是最重大和最大胆的假想。这就是一个赌注。十年后，关于这个假想的争论仍然非常激烈。

盖达尔团队还认识到，他们对国家实施的变革不会有人为他们树碑立传。他们经常把自己描述为敢死队飞行员，因为他们在试图摧毁这么多的顽固势力时，肯定会毁坏他们自己。他们不仅要同旧的学校官僚、党内头目、军队和安全统治集团做斗争，还要摧毁亿万俄罗斯人的思想形式，这是俄罗斯人在苏联共产党统治时期唯一经历的思想形式，因为他们不知道另外的政治或经济生活。敢死队这个概念给他们壮了胆，因为他们没有什么前途和晋升需要担忧，但同时也削弱了他们的力量，因为它给他们的对手传达了这么一个信息：改革者从舞台上消失只是时间早晚的问题。

盖达尔和他的智囊团知道他们手里的时间是有限的，他们必须抓紧。苏联留下来的烂摊子是很可怕的：几十个政府部门在各个工业分支内称王称霸；在他们当中，官僚想保留手中的权力堡垒。在工厂里，强大的“红色厂长”坚持不放弃他们的优越地位和懒散的帝国。

他们都想停止激进的改革。主要焦点是：为什么不慢慢地、一个工厂接一个工厂地重组工业？为什么不先建立一个可靠的法律金融体系？为什么不在先保证私有财产权利和先割裂苏联巨大的垄断的前提下开放自由价格？

但盖达尔和丘拜斯相信，渐进主义就是死亡，它会加强既得利益者的势力，消灭任何改革的机会。丘拜斯说，认为改革可以“温柔地、慢慢地、毫无痛苦地进行，使每个人都高兴”[9]的想法只是一种幻想。盖达尔和丘拜斯不想温柔地、慢慢地、毫无痛苦地改革。后来他们被一些人一遍又一遍地批评，这些人说完全有另外一种方法，只要他们花更长一点的时间，只要他们更小心一点，只要他们一个一个地重建工厂，只要他们首先考虑建立各种机构。这些争论从理论上讲是正确的，但与盖达尔和丘拜斯所面临的实际情况大相径庭。改革者们害怕他们没有更多的时间，等待就是失败。我觉得他们害怕的程度是难以想象的，因为他们的周围全是崩溃的迹象，他们随时会成为历史。

在解体之前的最后几个月，苏联经济出现了混乱。八月政变失败后，国家到处都有饥荒、灾难和崩溃的迹象。运到国库的粮食因为意外因素搁浅了。“人们不把粮食装进吊车里，”盖达尔回忆说，“他们为什么要装呢？得到一堆人们还称之为钱的纸？”盖达尔和丘拜斯两人都被他们在莫斯科街头所看到的景象吓坏了，到处都是最严重的物资匮乏。“1991 年 12 月的莫斯科是我记忆中最令我伤心的一个地方，”盖达尔后来说，“可怕的买粮食队伍，连平常的吵闹都没有了，粮店里几乎都空了，妇女们匆匆跑来买粮食，哪怕是一粒供应的粮食。到处都是大难临头的气氛。”[10]

随着苏联从莫斯科到遥远各州的命令和控制的失灵，混乱更厉害了。军队和安全组织都处于“休克状态”，盖达尔回忆说，各加盟共和国各行其是。叶利钦是受欢迎的领导人，但在苏联解体前的最后几个月里，他也“失去了操纵杆”。[11]

盖达尔深受波兰做法的影响，波兰在 1991 年 1 月 1 日发动了休克疗法，放开价格和贸易。波兰的“大爆炸”是由改革派经济学家勒茨克·巴塞罗维茨（Leszek Balcerowicz）领导的，它立即产生了红利，满大街的市场取代了消费者物资的短缺，通货膨胀相对较小。[12]波兰的休克疗法一部分要归功于哈佛大学经济学家杰弗里·萨克斯（Jeffrey Sachs）和其他西方学者的辛勤工作。他们敦促俄罗斯走同样的路。后来，关于西方在俄罗斯转变过程中的作用问题——无论是个人的作用还是政府的作用——引起了激烈的争论。但最主要的人物是叶利钦本人，他迈出了巨大的一步。据贝格尔回忆说，盖达尔和他的智囊团为叶利钦起草了一份报告，在报告中他们故意没有提到价格放开的具体日子，他们害怕提出具体日子会导致人们恐慌和大量囤积食品，这个责任他们可负担不起。叶利钦把报告初稿送回，并在上面用潦草的笔迹批示，价格要在年底放开。“大家都惊呆了，这可不是能提前公布的东西呀，”贝格尔回忆说，“他们试图让叶利钦把他的批示划掉。”但在1991年10月28日，叶利钦在讲话中又一次重述他的观点。他宣布“在当年一次性地解除对价格的冻结”。这就是说，在1992年1月1日前放开价格，只剩下两个月的时间了。盖达尔和他的智囊团对此毫无办法。贝格尔告诉我说：“叶利钦就这样拉下了操纵杆。”

在这次具有里程碑意义的讲话中，叶利钦全力推崇休克疗法。他宣布：“需要大规模的改革突破，”他许诺，“我们最终要在实际中开始干而不是在口头上说，要把我们从陷得越来越深的困境中拉出来。”叶利钦批准了盖达尔关于自由价格、自由贸易和大规模私有化的基本方案。他乐观地（实际上是愚蠢地）承诺，明年秋天，“人民的生活会逐渐变好的”。

当盖达尔的父亲到别墅来看他时，盖达尔告诉他说，自己有可能参加叶利钦组建的政府内阁，他父亲听说后，脸色变得煞白，根据盖达尔后来回忆所说，“充满了恐惧”。他父亲知道这个工作无异于政治自杀，但还是敦促儿子继续干。过了一个星期，叶利钦正式任命盖达尔为负责改革的副总理。[13]

一天夜里，盖达尔把丘拜斯叫到一旁。他担心钱、价格、金融方面的问题，也担心人们由于恐慌引起的抢购、饥饿和严冬等问题。他将领导第一波彻底的改革，但是他知道，如果他们明年春天才成功的话，第二波的改革将会更艰难。第二波改革的目标是彻底改变经济结构，将涉及近代史上最大的国有资产私有化进程。私有化在波兰和匈牙利不顺利，盖达尔需要有人把此事负责到底，他想到了丘拜斯。

“叶戈尔，”丘拜斯深深地叹了一口气说，“你明白吗？不管结果如何，我下半辈子将被人仇恨，因为我是卖掉俄罗斯的人。”盖达尔回答说，他们都“不得不喝下这杯毒酒”。

早些年，丘拜斯对私有化没太注意，他觉得私有化与其说是经济学上的挑战，还不如说是枯燥的组织工作。他没读过任何一本关于私有化的经济学专著，他的团队里也没有几个人对这个领域感兴趣，因为苏联时期根本不存在私有化。[14]苏联共产主义最基本的原则就是除了个人劳动以外的所有生产资料国有化，“私有财产”这个词是在戈尔巴乔夫在任最后几年间才涌现出来的，年轻学者里面很少有几个人真正理解这个词的含义。在圣彼得堡市政府工作的那段日子里，丘拜斯的团队里只有德米特里·瓦西列夫曾经做过私有化的工作，他主要侧重小生意的私有化。

但是，自从接受了资产转移的宏大任务，丘拜斯一如既往地把这个任务变成了紧张的改革运动。他提出私人所有权等同于个人自由。“我们需要解放国家的经济，”他宣布说，“把国家从社会主义中解放出来，挣脱这个巨大的、官僚的、灾难性的、效率低下的国家所有可怕的枷锁。”[15]

丘拜斯发现的第一件事情，就是已经另外有人开始享受盛宴了。资产被一些保守派、工厂经理、党内精英偷、拿、取。他们利用国家的混乱趁火打劫。丘拜斯把这种现象称为“自发的私有化”，这种现象难以控制。在戈尔巴乔夫时代，由于中央权力被削弱，工厂经理们在自己的领属地获取了更大的权力，假公济私，中饱私囊。利用合作社和合资企业的牌子，他们从国有企业掠取了现金和原材料。他们的上司，政府部门的官僚们也参与瓜分，实际上起了纵容他们这样做的作用。举个例子来说，一个国营企业，例如一个钢铁厂，可以衍生出一个“口袋”银行，就在工厂内部。这个银行又可以衍生出一个贸易公司，它可以负责销售工厂的产品——国家资产——于是，利润就可能通过口袋银行，打进了企业主管和他的朋友们的海外账号里。这种事情当时非常普遍，没办法阻止。在他里程碑式的十月讲话中，叶利钦注意到，尽管改革者们还在对私有化进行辩论，“在这个时候，党和国家的一些精英们已经积极地用他们自己的方式开始私有化了。范围之广、参与企业之多、所用骗术之高明都令人瞠目结舌。俄罗斯的私有化一直在进行，但都是杂乱无章的、自发的，经常以犯罪集团形式出现”。

丘拜斯回忆说：“这实际上就是偷窃国家资产，但并不违法，因为如何把资产从国家转移到个人手中并没有法律依据。”[16]自发私有化的结果就是政党分赃制：只对工厂经理和政治老板们有好处，其他人都被排除在外。丘拜斯对保守派从事的这种粗鲁的挑衅行为非常生气。他回忆说：“这种事情的本质就是，只要你脸皮厚、大胆、坚决，你就能得到一切，如果你脸皮薄，胆子小，你就在一边老实坐着。”

丘拜斯对有些事还是嗅出了味道。偷窃、内部交易和私下洗钱是俄罗斯资本主义前十年的特点，但那时正是保守派、党和管理层精英表现其特殊技巧的最佳时机。后来，很多人也体会到了胆子大和脸皮厚的好处。

1992年，丘拜斯发现了自发私有化的一个例子。一群党内要人成立了一个挂名公司，叫科洛有限公司（Kolo Ltd.），并接管了能源公司（Energia）——这是苏联时期大型的火箭发动机和卫星生产商，曾被誉为军工联合企业的皇冠明珠——接管价格仅是实际价值的一小部分。参与者以“知识资产”（他们的主意）入股，并随意估价为几百万卢布，然后试图攫取火箭公司和一个军用机场。丘拜斯回忆说，这些盗贼制定了一个“绝对无可争辩的方案，有意思的是，我们不能整顿这种交易”。这个骗局最终被发现，丘拜斯制止了这笔交易，并解雇了他手下通过此交易的一个副主任。丘拜斯开始考虑如何遏制这种无节制的偷窃行为。[17]

当丘拜斯在1991年11月份接到盖达尔交给他负责私有化任务时，瓦西列夫根据他在圣彼得堡市对小生意进行私有化的经验，给丘拜斯写了一份三页长的简单备忘录。他告诉丘拜斯，资产私有化应该“最大限度地展开”，包括尽可能多的财产，最好的办法就是通过有竞争性的拍卖来进行，把财产拍卖成现金。[18]此后的几个月里，像面包房、理发店和其他生意的小规模私有化开始进行。丘拜斯信奉现金拍卖，他认为这种拍卖是自由市场最好的例子——既有公开性又有竞争性。

1992年4月4日，丘拜斯和盖达尔乘飞机来到一座建在伏尔加河边的城市，下诺夫哥罗德（Nizhny Novgorod），离莫斯科东有250英里。他们要在这里目睹第一场拍卖，希望把这次拍卖搞成一个政治活动。他们在莫斯科遇到了阻力，需要找一个有代表性的宣传典型。在下诺夫哥罗德，他们在前文学院的门口遇到了数以百计的示威者抗议，抗议者中有很多人是商店店员，他们害怕和嫉妒那些在现金拍卖会上购买他们商店的人。虽然丘拜斯和盖达尔相信，把小企业拍卖给出价最高的买主是唯一公平和避免腐败的办法，但还是有强烈的声音要求把商店交给它们的店员，一种感情色彩促使人们这样呼吁，毕竟他们在苏联体验了70年的社会主义。店员们高举标语牌，上面写着：“盖达尔和丘拜斯，去找另外的城市进行你们的试验吧！”

“民主分子！”一个中年店员咒骂道，“投机分子！全都是！”

当他们从大厅后门抵达时，迎接两位改革家的是人群的叫喊和嘘声。丘拜斯失去了冷静，和人群中的几个人连拉带推，他试图冲出大门。他回忆说：“整个局势都是冲着我们来的，盖达尔和我明白，我们既然来了，就要不惜一切代价把事情办成。”他说，所有的俄罗斯精英们都希望试验失败。“他们说：‘拍卖，什么拍卖？在俄罗斯？你是从外国来的吗？你难道不明白拍卖在俄罗斯行不通吗？’”他们两人必须证明拍卖在俄罗斯行得通，否则既得利益者们在与他们的交锋中就会占上风。[19]

幸运的是，他们在大厅里成功了。一个系着红领带、穿着白衬衫的拍卖师擦去额上的汗水，捋了一下头发，宣布位于亚姆斯卡娅大街38号的裁缝店开始准备拍卖。拍卖师阿尔谢尼·拉巴诺夫（Arseny Labanov）喊出起价10万卢布，然后是50万卢布，200万卢布——最终以 360 万卢布成交。在当天剩下的时间里，共成交了 21 笔现金拍卖，包括咖啡店、理发店、奶酪店和其他小零售店，所有收入上缴国库。丘拜斯进门时的情绪非常暴躁，他想打架，但是拍卖的顺利进行使他的情绪安定下来。他回忆说："那天的拍卖师非常专业，是位艺术家，他有这方面的天才。"

丘拜斯又接着说："那一刻真值得回忆。我们刚刚从苏联的体系里走出来。那是早期的市场时代和早期的民主时代，当时'拍卖'这个词被认为是反苏的东西。我们目睹了真正的程序！目睹了那些买到面包店或其他商店的活生生的人。"丘拜斯回忆说，他目睹的公开拍卖是"在竞争的基础上，而不是在令人怀疑的涉及贿赂的私下交易的基础上"进行的。在拍卖过程中，他与盖达尔坐在一起，丘拜斯惊讶于自己走得多快。"仅仅五个月前，我们还在起草各种文件，而现在我们竟成了权力的正式代表，并成功地把任务圆满完成，这是幸福的时刻。"

当所有事情看起来都陷入了混乱时，盖达尔也有幸福的时刻。苏联的短缺经济从他开始记事起就存在。在苏联社会主义的最后几年里，物资匮乏产生了一种不祥的货币"过剩"，即大量多余的卢布，因为那时没有东西可买。在价格放开的几天后，盖达尔听到了惊人的消息。卡车工人在举行抗议活动。他们举行抗议活动的原因不是由于物资短缺，而恰恰相反，商店里不再接受任何奶油了！对盖达尔来说，这是一个闪现的迹象，却又是一个好的象征：一个强有力的信号，那就是用自由价格可以结束短缺。货币和物资可以达到基本的平衡。盖达尔对我说："对生活在 1991 年底的现实中的人来说，当时的商店绝对是空的，人人都知道那里什么都没有。"简直不可想象"会出现一种这样的情形：因为他们不需要奶油而不再接受奶油"。[20] 实际上，这不是一个成熟的例子，过了很多个月后物资短缺的现象才消失，但是他们成功了。

1992 年初，盖达尔劝说叶利钦签署命令，放开各种贸易。在苏联时期，街头贸易是非法的犯罪行为。叶利钦刚签发完命令，盖达尔开车穿过卢比扬卡广场，当他穿过著名的儿童商店时，他发现有一排长队站在街区里。开始时他以为又是物资短缺信号——“可能是货架上又来了什么新货”。但当他走近一看，他惊呆了：排队的不是着急的顾客，而是着急的商贩。“有卖香烟的、卖罐装食品的、卖伏特加酒的、卖羊毛袜的、卖手套的、卖儿童毛衣的。有人把印有‘自由贸易命令’字样的报纸用别针扣在外衣上，叫卖着各种小商品。”[21]这一幕第一次直观地印证了他们关于俄罗斯不是例外这一赌注是正确的：给人们刺激，市场就会出现。

“我们需要的是几百万个业主，而不是几百个百万富翁。”叶利钦在1992年4月7日的人民代表大会上宣布，就此提出了当时大规模私有化的流行口号。叶利钦的讲话受到热烈的鼓掌欢迎，但事实上，私有化正好朝着相反的方向发展，朝着造就几百个百万富翁的方向发展。在4月人民代表大会上的发言里，丘拜斯承认越来越多的人批评“拍卖只是为了富人的利益”。私下里，他与瓦西列夫正考虑对拍卖进行反思。他们意识到，现金拍卖对于俄罗斯所有工业私有化的巨大任务是不合适的。他们担心下诺夫哥罗德愤怒的店员们说的有道理：假如所有的资产都拍卖给一小部分人，会产生什么样的后果？国家大多数人都会被远远地落在后面，这样会引发出于嫉妒和愤恨的政治定时炸弹。“我们逐渐明白，社会不能简单地接受这样的观点：为了钱卖资产，”瓦西列夫回忆说，“这样会使人民大众以为所有的东西都让土匪和那些偷钱的人买去了。”[22]

经过一系列的妥协和战略部署，丘拜斯次年把私有化重新纳入新的轨道，并努力使之不出现偏轨。尽管竞争激烈，他还是能够使私有化朝前走，有很多事要做：把涉及1 500万劳工的5 603个大企业私有化。在这个时期，丘拜斯赢得了“令人敬畏的经理”和“无畏的暗斗战士”的声誉。他的顽强得到了回报，但他个人性格的另外一面也得到了回报——有时为了追逐大的目标，他需要妥协和捷径。

作为组织运转的聪明一招，他在死板的俄罗斯官僚组织中成立了一个新的机构——国家资产委员会。刚开始时，委员会的成员在一座高楼里光秃秃的、没有暖气的办公室工作，这座高楼坐落在新阿尔巴特大街（Novy Arbat），莫斯科中心最繁华的地带。后来他们搬到了红场附近一座通风良好的政府办公楼。最初几个月，他们为各种主意和文件日夜冥思苦想。“我们没有暖气、没有复印机、没有传真、没有食品。”前来帮忙的美国人乔纳森·海（Jonathan Hay）回忆说，“我第一次到那里的时候，看见瓦西列夫和三十个人坐在一间巨大的厅里，就是这个戴着一副大眼镜的小个子，大伙都围着他，激烈讨论着。他们在讨论小规模私有化问题。”根据丘拜斯自己的描述，他当时真有点受不了，桌子上堆满了文件，电话一个接一个打进来，接待客人的地方挤满了人等着他的接待。但是丘拜斯喜欢贝格尔所称的“历史清白”，他从头开始干，可以从头开始建立私有化。

与其他改革者相比，丘拜斯在很大程度上吸引了西方人士参与私有化改革。国际金融组织把年轻的改革家看作俄罗斯最好的希望，为他们提供资金做技术保障。律师、经济学家、公关人士、投资银行家、政府官员等所有这些人都聚集在国家资产委员会简陋的办公室里。[23]

到他开始组织实施的时候，丘拜斯发现，他实际上面临一场拔河比赛。工业资产在理论上属于国家，但实际上不同的组织都声称资产归他们。经理觉得他们最了解工厂；工人觉得工厂是他们的，因为他们在生产线上干了这么多年；当地官员和政客们看到了这个有油水的东西，也想得到支配权。他们都是“股东”，他们的要求都要听取。满足所有这些人的要求的可能性为零。同时，第四帮人——党政干部——已经开始自己帮助自己了。“在人类历史上从来也没有公平的私有化，这必须要接受，”贝格尔回忆丘拜斯当时面临的抉择时说，“丘拜斯只有一个主要目标：摧毁对国家资产的垄断，不惜一切代价。”

丘拜斯相信，外部人士——新一代的私有业主，甚至国外投资者——从来没有在工厂里持股，他们是最终重组工厂最合适的人选。至少在理论上，他想，他们是“最有效的业主”。冷静的外部人士更愿意清除陈旧的设备，去掉花在幼儿园和疗养院等社会主义企业上的多余开销，重新投资，着眼于长远的利润。

但丘拜斯又不能忽视内部人士：工人和经理。他们都是强有力的股东。在他最初的讲话里，叶利钦答应把国有资产分给工人们。这个主意非常受欢迎，因为它符合社会主义和工人们的意识形态。拉里莎·皮亚舍娃（Larisa Piyasheva）是莫斯科市政府的私有化问题专家，她主张立即把所有的东西都移交给工人。丘拜斯强烈反对这样做，因为他知道工人们在现实生活中对生意几乎无法控制。当讨论所属权这样的关键问题时，工人们都要受强大的经理指使。工人和经理都是内部人士，而内部人士是最不愿意与过去的社会主义决裂的。

最初，丘拜斯不想在最高苏维埃解决这个冲突，最高苏维埃是由大多数在苏联时期当选的代表组成的议会，他们当中起主要作用的是前党内老官员和所谓的红色厂长，即苏联时期的工厂经理。但他确实耽搁不起，他需要一个私有化的法律基础。1992 年 3 月，丘拜斯提议建立私有化法。他提出给工人和经理——内部人士——40％的企业股份，剩余股份卖给外部人士。但该提议对内部人士来说并不令人满意。在休克疗法的最初几个月，工厂的生产急速下降，红色厂长在最高议会进行反击，他们在议会有强大的拥护者阿尔卡季·沃尔斯基（Arkady Volsky），他是前共产党的职业政工人员，几位苏联领导人的顾问。沃尔斯基建立了一支由保守派经济精英组成的游说队伍。另外，红色厂长还有一位同情他们的人，最高苏维埃主席鲁斯兰·哈斯布拉托夫（Ruslan Khasbulatov）。虽然他最初是由叶利钦选定的，但哈斯布拉托夫渐渐开始对年轻的盖达尔政府公开表示不满，两年后，他领导了对叶利钦的公开反叛。

私有化的基本概念还是很受欢迎的，但内部人士统治的议会想从丘拜斯那里得到更多东西。他们提出了第二方案，即著名的二号选择，把企业的 51％股份交给内部人士手中，剩余股份卖给外部人士或由国家控制。丘拜斯坚决反对这个方案，他害怕那样的话，内部人士就会保持现状。如果整个改革方案就是为了造就新一代的有能力的业主，他们怎么能从以前那些苏联工厂经理中产生呢？

最终，面对注定的失败，丘拜斯向工厂老板们屈服了。他后来回忆说："我们知道，如果厂长们不同意的话，私有化根本行不通。"[24]

还是老板强，政府弱。击败内部人士，既超出了丘拜斯和叶利钦可以忍受的意志力，也超出了制度允许的范围。丘拜斯后来回忆说：“我们得把所有厂长和所有老板关进监狱里，或者至少把他们当中的一半关进监狱，如果我们希望另外一半闭嘴的话。”丘拜斯和叶利钦都没有做好这方面的准备。[25]

1992年6月11日，最高苏维埃通过了私有化法。这是议会最后一次通过私有化法案。[26]在这之后，反对的声音越来越激烈，丘拜斯只能依靠叶利钦签署的命令行事。丘拜斯创新的时刻到来了。凭着他的钢铁般坚强的自信和决心，丘拜斯决定做一笔关键的交易。他放弃了当时他最珍惜的观点（外部业主的重要性），来达到他把资产从国家手中转移出来的更大目标。这笔交易是后来标志性的丘拜斯方法的先兆，导致他慢慢地削弱了自己的原则。

此时丘拜斯的想法还是非常单一的。他告诉我说：“每个工厂把国有资产转移到个人手中是对苏联共产主义的摧毁，毫不夸张地说，我们就是这样理解当时的形势的。我们每多工作一天，就可以把十个、二十个、三十个的企业私有化。在那个阶段，根本不管这些企业到了谁的手中，也不管谁得到了资产。得到资产的那个人是否做好了接受的准备也绝对是无关紧要的事。”

在20世纪80年代早期地下出版的空想教材《另一种生活》里，维塔利·奈舒尔描述了党政干部和工厂经理在苏联工业帝国中所起的主要作用。他承认，他们是工业帝国成功的“领导核心”，他们的作用即使在转向市场的过程中也不能忽视。但奈舒尔同时以惊人的预见性推测，有可能广泛地重新分配整个苏联国家的资产，而不会让财产最终只落入厂长和精英手中。他建议发给全国每人5 000“特别个人投资卢布”，可以用来投资工厂、商店、企业，可以从报纸上刊登的名单里任选。奈舒尔的地下手稿用梦幻般的浪漫主义描述了大规模私有化，试图普及这样一个概念：创造数以百万的股东，即一批眼睛老盯着红利的股迷。他这样写道：“你的企业将会正常运转，正常买卖，你和你的雇主将会得到利润，并在你们中间分成，你会像关注自己的物品一样关注你的企业。”奈舒尔提前几年就成功地预见了未来。

丘拜斯和盖达尔曾经大肆嘲笑奈舒尔关于私有化的方案，认为他的观点太复杂、太激进，完全难以操作。但到了1992年夏天，环境发生了戏剧性的变化，丘拜斯对奈舒尔的观点产生了新的兴趣。大规模私有化是丘拜斯的政治武器，用来减弱党政干部和工厂厂长们对土地的掠夺。另外，他可以至少让人产生这样一种印象：上百万人成了资产的主人，他可以平息他们在下诺夫哥罗德碰上的那些店员的怒气，把他们手里的标语牌换成股票。

当时捷克斯洛伐克使用的私有化方案受到欢迎，在此方案的鼓舞下，丘拜斯和他的工作团队决定立即把全国的资产以1.48亿份支票和凭单的形式分割，这些支票和凭单可以在拍卖公司财产时进行交易。[27]批评家们称之为“无用的糖果纸”，人们永远也忘不掉丘拜斯当年可笑的承诺：一张凭单可购买两辆伏尔加车。[28]实际上，凭单本身与其说是经济工具，倒不如说是政治策略，丘拜斯用它们来使所有的人都感到他们能分一块馅饼。丘拜斯的行为就是为了赢得公众对私有化的支持，从而使之不可逆转。

凭单印制得非常漂亮，深棕色，看起来像货币，上面蚀刻着坐落在莫斯科河旁的俄罗斯白宫，当时议会在里面办公。它们被称为“私有化支票”，因为叶利钦讨厌“凭单”这个词。在内阁会议上，叶利钦禁止官员们使用“voucher”（凭单）一词，因为他认为这个英语单词太庸俗，但该词还是深入人心了。每张凭单面值1万卢布，花25卢布即可在当地银行提取，相当于10美分。它们可以用来兑换公司的个人股、以共同基金的形式存在银行或直接卖掉、交换。叶利钦在1992年8月19日宣布凭单方案时，许诺说：“股份是对资产的真正拥有的权利，是我们大家通向自由经济的入场票，”这一天正好是对戈尔巴乔夫政变未遂的一周年。从10月到次年1月，共卖出了1.44亿份凭单，占总数的98%。

凭单是一种强制性的财产再分配，用来彻底结束国家对资产的控制，停止精英们自发的私有化。丘拜斯大胆地创建了一支新的股东队伍——全体大众。丘拜斯告诉记者，凭单方案“代表中央控制经济和政治制度的死亡，这种制度是建立在国有资产所有制的基础上的”。[29]后来他回忆说：“建立在‘规则’基础上的大规模私有化的开始意味着高官和强权偷窃国家资产的结束。”[30]

然而，凭单仅仅是资产重新分配的过渡步骤，是最终找到新业主的中途站。多长时间才能达到目标？这些新业主是谁？他们是不是“有效业主”？这些问题都没有明确的答案。私人公司可以通过凭单拍卖来成立，这些公司可以发行自由买卖的股票。瓦西列夫告诉我说，这就是当时的目标。但下面又会出现什么情况？他说，很显然“有效业主只有在资产重新分配后才会出现，需要经历严峻的时间考验”。[31]

当反对派聚集在最高苏维埃时，丘拜斯开始对大规模私有化的凭单阶段进行政治上的反击。保罗·博格拉德（Paul Bograd）是波士顿索耶-米勒公司（Sawyer-Miller）的政治咨询师，他 8 月到了莫斯科，帮助丘拜斯为凭单阶段设计公关和广告活动。博格拉德立即觉察到了他面临的巨大困难。他建议为凭单的发放拍一个以丘拜斯为中心的广告片。一个苏联时期的年长官员告诉博格拉德，为国家拍的电视广告总是匿名的，丘拜斯本人不能这样做！

博格拉德回忆道：“丘拜斯听了后说，我来承担责任，失败也罢，好与坏总有人要负责。”[32]

广告片开拍的那天，博格拉德的心一下子沉了下去，丘拜斯坐在书桌后，背后是一面旗子，他看起来像一个过时的苏联共产党员。博格拉德回忆说：“我告诉他，能否换一种方式，脱掉外衣，或者站起来，或者倚在书桌上？”博格拉德想为丘拜斯增加些风度。“人们多年来已经习惯看到苏联官员穿着外套坐在书桌后，还有旗帜什么的！他们的形象被彻底毁掉了。”

“好的。”丘拜斯说，“我明白，但我不会脱下我的外套！”丘拜斯认为他是在用他们自己的语言与人们交流，也就是与成千上万已经习惯了苏联思想形式的人交流。[33]他很谨慎，不想在电视上表现得过于西方化。他准备开始讲话，然后他回头看了看博格拉德，微笑着解开外套纽扣。

作为政治策略，发放凭单使人们兴奋，成为改革年代最重要的象征。尽管专家们建议凭单应该以“点数”而不是钱数来命名，但丘拜斯坚持凭单必须有货币面值，使之看起来像是发给公众的礼物。[34]列昂尼德·罗热斯金（Leonid Rozhetskin）是俄裔华尔街律师，他在1992年抵达莫斯科，开始与丘拜斯和瓦西列夫一起工作。他回忆说：“他们抓住了大家的好奇心，这在当时对改革的公关方面是绝对有利的。每一位新闻广播员、每一个频道一天都要问人们五六次：‘你准备用你的凭单做什么?’在一段时间内，凭单可能是世界上最流动的证券形式，从海参崴到圣彼得堡沿线，各个街角报摊和地铁站里都能买到。”[35]

凭单在莫斯科刚开业的证券交易所以蒲式耳为单位进行交易。俄罗斯原材料和商品交易所拥有最大的交易大厅，坐落在莫斯科中部，像破烂的公共汽车站一样，早上进行商品交易，下午进行凭单交易。每天的凭单交易量可达到6万—10万份，接近100万美元。最后的交易量达到1亿美元。购物袋和手提包里装满凭单的商人们经常在大厅里徘徊。

在实施凭单方案的20个月里，价格浮动很厉害，高的时候卖20美元，低的时候只卖4美元，主要取决于俄罗斯政治气候的疯狂变化。在地铁站，人们靠墙站着，衣服上用别针别着标语：“我要买凭单。”或者写在翻页纸上：“我要卖凭单。”凭单自由买卖，数以百万张的凭单顷刻间要么换瓶伏特加酒，要么卖掉去听一支歌曲。中间商们开始在全国搜索凭单，他们经常用提包带着凭单连夜坐火车赶往莫斯科进行交易或投机，因为各地的街头价格通常有差别。

对改革家来说，公众对凭单的反应再一次肯定了他们的假想：俄罗斯要响应市场经济的刺激，他们要采纳新的股份和资产所有制的概念。丘拜斯后来吹嘘说：“你可以在斯摩棱斯克（Smolensk）随便问一个老婆婆，红利是什么意思，她会认真地给你解释什么是红利。你要知道，要是在一年或一年半前问这个问题，老婆婆会让提问者住嘴。”[36]有些企业的商人开始准备建立凭单共同基金。丘拜斯和瓦西列夫感到非常欣慰。丘拜斯回忆说：“当时有一种感觉，这就是我们的胜利!”他们的希望就是投资基金可以从全国人口中募集凭单，把这些凭单投资到公司里，利用良好的管理获取利润，再把红利分给投资者。丘拜斯预计投资基金将是“那些想通过可靠的投资获得回报的人们”非常理想的选择。丘拜斯回忆说，当时的投资基金到处都是，令人感到很奇怪、很突然。即使在冰冻的雅库特（Yakutia），甚至离莫斯科几千英里之远的西伯利亚东北角，也有凭单共同基金。第一次被告知关于凭单基金的事情时，当地一个官员有些迷惑不解：“我花了6个月沿着苔原试图向下面分发凭单，现在难道要我再跑回去把它们收回来?”他向丘拜斯问道。[37]

随着丘拜斯意识到他放开的是一个无法预测的贪婪怪物，早期的欣慰也就消失了。以后的几个月里，伴随着响亮、显眼的广告，上百种凭单基金出现了。很多凭单基金是一些公司暗中成立的，企图用来购买他们自己的股份。另外一些则是独立的，来势汹汹。最大的俄罗斯基金第一凭单（First Voucher）募集了400万份凭单。[38]不久，这些基金就失控了，它们完全没有按规则运作，丘拜斯没有预见到它们扩散得如此之快。最终，大约600种凭单基金共募集了4 500万份凭单。缺乏有关机构管理的市场变成了丛林。失控的基金不讲道德，空头许诺红利，骗取凭单却没有给投资者任何回报，然而卖掉凭单，偷走了收益。石油钻石投资基金的经理们原来答应投资石油和钻石；结果，他们携带90万份凭单逃跑了。最终，99%的凭单基金都杳无音信了。[39]人们觉得被骗了。是的，他们确实被骗了，[40]不过这才是个开始。

凭单方案是在1992年10月顶着巨大压力开始实施的。两年一度的人民代表大会准备于1992年12月1日举行，肯定会再一次招致大规模的批评，丘拜斯至今还没有卖出一个工厂。他决心在代表大会召开前完成一笔样板买卖，他急需西方投资银行家的帮助。

其中一位银行家就是鲁德洛夫（Hans-Joerg Rudloff），他是瑞士信贷第一波士顿银行（Credit Suisse First Boston）的总裁，一位喜欢空想的金融家。东欧共产主义倒塌时，他把自己的公司带进了巨大的赌局，与正在苦苦挣扎的新兴东欧国家打交道。他已经习惯了被各国首相（总理）恳求，为他们在世界市场上的借贷能力做出重大决定。鲁德洛夫是一个德国皮革制造商的儿子，他还记得第二次世界大战后重建家庭工厂的情景。他看到苏联解体后俄罗斯的混乱状况，心情非常复杂，他非常清楚苏联共产主义留下来的遗产。他了解共产党对这个国家曾经拥有的绝对权力，了解它某些时候灌输给人们的恐惧，同时也了解这些东西一旦消失后出现的真空。谁能真正拥有工厂、矿山、商店和仓库这些巨大的财产？鲁德洛夫怀疑这些财产能够得到理智的处理，他想来发一笔大财。[41]他在1992年初与俄罗斯年轻的改革家们的第一次会晤是失败的，他们咄咄逼人，拒绝了他的帮助。他离开时，觉得这些人太天真，并发誓不会再回来见他们。但他还是回来了，因为他坚信："我们不能失去历史上最大的新兴市场。"

通过熟人的介绍，鲁德洛夫招聘了一个年轻的金融专家，鲍里斯·乔丹（Boris Jordan）。乔丹出身于一个坚决反对共产党的家庭，现定居在纽约。他是一个长着粉红色娃娃脸的年轻人，当时25岁，精力非常旺盛，他的祖父曾参加白军与布尔什维克战斗。乔丹早就渴望回俄罗斯看看。他从小在家里讲俄语长大，并通过了外国服务局的考试，但美国国务院告诉他说，他永远也不会作为外交官被派往俄罗斯。当时，他正在拉丁美洲做飞机方面的金融生意。他回忆说："我喜欢那种做交易的环境，可是到一个我能讲当地语言的地方岂不是更好？"[42]

鲁德洛夫雇用了乔丹，把他派往莫斯科。他告诉乔丹："我嗅到了变化的味道，你去那里看看情况到底如何。"

同乔丹一起前往的还有一个名叫史蒂文·詹宁斯（Steven Jennings）的小伙子，他是一个高个子、方脸的新西兰人，32岁，非常冷静。詹宁斯刻苦研究政策，在20世纪80年代新西兰私有化运动中崭露头角。当鲁德洛夫招聘他去俄罗斯时，他正在世界银行工作，负责一个重组匈牙利银行系统的项目。乔丹告诉我说："我第一次走进办公室时，史蒂文的书摆得到处都是。"他回忆起他们第一次在伦敦见面时的情景，"他写了很多关于私有化的书，他喜欢这方面的东西，我对那方面的东西不感兴趣。我只对赚钱感兴趣。"

但乔丹在他最初到莫斯科考察时对莫斯科的第一印象很失望。当时并没有什么市场。他告诉詹宁斯说："史蒂文，除非这个国家创造出市场来，否则我在这里什么也做不了。"

他们一搬到莫斯科，马上就成了冷冷清清、空空荡荡的国家资产委员会办公室里的熟客。他们给俄罗斯的工作人员带去了急需的办公用品，还有咖啡和主意。一位目睹国家资产委员会最初几个月情况的西方人士回忆说："我们看到的是很多懒惰、傲慢的投资银行家在那里为金钱而工作。"但乔丹和詹宁斯看起来不同：他们总是聚在其他工作人员中间忙碌着。瑞士信贷第一波士顿银行成了私有化机构的后援部门。西方人士谈起他们对乔丹和詹宁斯当时的印象时说："两个一米八的大个子站在你的面前，随时准备冲锋陷阵。"

他们两人拜会了丘拜斯，达成了一个协议：他们将为第一笔拍卖提供免费咨询，这是鲁德洛夫的主意。他告诉这两位年轻的主管："不能什么人的钱都要，如果我们做这件事有风险，只有20%成功的可能，我们最好一分钱也不收，免得他们说我们从失败的项目里赚钱，"鲁德洛夫回忆说，"我们说过我们不能丢掉历史上最大的新兴市场，但我们不能表示我们会赚到钱，我们要看看两三年后的情况，我告诉他们，不要考虑利润。"[43]

丘拜斯接纳了他们。詹宁斯到达莫斯科后感到很震惊，他看到整个俄罗斯将被"一小帮人通过零碎的立法"卖掉，就像是"登上珠穆朗玛峰的第一步，这就是我们的感受"。[44]

他们的目标就是组织第一个工厂的拍卖，拍卖莫斯科历史悠久的布尔什维克饼干公司。该公司由一个瑞士面包师在1855年建立，后来被苏联国有化，以生产精致的蛋糕和饼干著称。乔丹和詹宁斯花了一个月的时间，不分昼夜地试图给管理层和工人灌输有关拍卖的知识。经过无数次茶点，乔丹给他们解释了诸如权益这样的基本概念和外部所有权的含义。在第一笔买卖中，管理层和工人持有公司51%的股份，其余49%的股份以凭单形式向外部出售。乔丹和詹宁斯为此次拍卖活动在莫斯科河上建了一个大展厅，希望吸引更多的观众。他们的心思没有白费，第一天来了数百人，要求用凭单出价购买股份。在后面的一间屋子里，詹宁斯和乔丹仔细地盯着一台记录拍卖的电脑。他们不相信他们所看到的事情。詹宁斯早些时候曾经拍卖过一家类似的东欧饼干公司，卖给百事可乐公司的价格是 8 000 万美元。

布尔什维克饼干公司只卖了 65.4 万美元。

乔丹回忆说："我们互相看着对方，说：'我们在这笔生意中站错立场了，我们不应该代表政府，我们应该当买方！'"

"我们退出！"他们说。

乔丹和詹宁斯所看到的是俄罗斯转轨的序幕。姑且不说要出售的工厂、矿山和冶金厂的规模之大，单是同世界其他国家相比，出售价格也极其便宜。丘拜斯不在乎，对他来说，重要的事实是国家资产重新分配的过程。但过了不久，金钱驱使各种投资者蜂拥而至，有国外大亨，有骗子，有贪得无厌的家伙，还有赌徒。

盖达尔这位改革"急先锋"以为自己只能干几个月，最终在位不到一年，就在人民代表大会的压力下于 1992 年 12 月被解职，此时丘拜斯正着手拍卖布尔什维克饼干公司。为平息工业界的不满，叶利钦任命沉稳的维克托·切尔诺梅尔金取代盖达尔。切尔诺梅尔金曾任苏联时期的天然气部长，他将自己的垄断机构转变成俄罗斯最大的公司——俄罗斯天然气工业公司，简称"俄气"（Gazprom）。对于年轻的改革者们来说，这个任命决定并不是好消息。切尔诺梅尔金第一句话就使他们感到震惊："我赞成改革，我赞成造就真正市场的改革，而不是造就乱哄哄集市的改革。"[45]

更糟糕的是，盖达尔方案中的噩梦——极度通货膨胀——在价格急速上涨时很快变成了现实。通货膨胀是由俄罗斯中央银行对经济注入巨大的补助信贷引起的，补助信贷是在"红色厂长"（苏联时期的工厂老板）和他们在最高苏维埃的后台的请求下发放的。议会在当年夏天让维克托·格拉先科担任中央银行行长，这位苏联时期的银行家很高兴地为新的信贷放开了闸门。中央银行给工厂的信贷利率是每年 10%—25%，而通货膨胀率则是惊人的每月 25%。[46]洪水般的信贷对复兴工业没有起到多大的作用，却对经济造成了消极的影响，引发了通货膨胀。人们看到他们的钱蒸发的时候，把通货膨胀称为政治毒药。贝格尔回忆说，他曾经劝说盖达尔要同情那些遭受经济损失的人们；而盖达尔则坚持说，从经济的角度上讲，卢布的储蓄只是纸上的数字，实际上早就被苏联的军备竞赛花光了。钱只是“人们账号上的曲线”。

贝格尔坚持说：“我们至少应该答应人们，在五到七年内把钱还给他们。至于是你还，还是别人还，那无关紧要。”

盖达尔拒绝了这个请求，他说他不能欺骗人们。

“不是欺骗，稍微为平民们着想一下吧！”贝格尔愤怒地向盖达尔咆哮道，“就这样说：‘是的，我们以后会还给你们的，钱被苏联时期的盗贼偷走了。’”

“不行，”盖达尔阴沉着脸回答道，“我知道我们以后还不了钱，我不能欺骗人们。”

“答应吧！”贝格尔喊道，“否则你就没法工作了。”

“不，”盖达尔说，“我们没有权利这样做。”[47]

盖达尔的离任使丘拜斯更加脆弱，他担心改革会遭到进一步反对。丘拜斯曾考虑过与盖达尔一起辞职，但他想把手头的工作干完再说。[48]最高苏维埃正在考虑通过一个议案，彻底阻拦私有化。叶利钦在12月曾经警告说，改革处在“极度危险”中，这种危险看起来还在加剧，因为叶利钦摆好架势要与议会中的共产党和民族主义的批评人士做斗争。这些批评人士以哈斯布拉托夫和副总统亚历山大·卢茨科伊（Alexander Rutskoi）为首，后者是阿富汗战争的功臣和前将军，他嘲笑年轻的盖达尔政府是“穿粉色短裤的小孩子”。叶利钦号召对改革进行公民投票表决，丘拜斯全身心投入，使公民表决大获成功。到1992年冬天，丘拜斯已经发起了小商店的私有化运动，但是还没有开始对工厂进行拍卖，但拍卖的趋势并非不可逆转。丘拜斯说：“拍卖可能会被扼杀在摇篮中。”[49]

叶利钦和议会的紧张关系正在加深。当时的第一副总理弗拉基米尔·舒梅科（Vladimir Shumeiko）向丘拜斯展示他随身携带的一支手枪。丘拜斯回忆说：“他说这支手枪是他最近搞到的，如果哈斯布拉托夫要逮捕他的话，他会开枪，肯定能打死五到十个人，尽管听起来像是胡说八道，但另一方面，我觉得他说的是实话，他真会开枪打死五六个人。情势非常紧迫。”[50]

叶利钦关于改革的公民投票定于1993年4月25日举行，这成了转折点。投票者就四个问题进行表决：

> 你支持叶利钦吗？
> 你支持叶利钦的经济政策吗？
> 你同意提前进行总统大选吗？
> 你同意提前进行议会大选吗？

公民投票的整个思路有很大的风险：一旦叶利钦失败，他所赞成的一切都将遭受巨大打击。对公民投票的结果，叶利钦的团队希望得到这样的痛快答案：“是，是，不是，是。”丘拜斯把公民投票描述为人民与政客较量的案例。他在公投前四天举行的新闻发布会上说：“我们主要的支持来自人民，来自那些将成为他们自己企业股东的人民，来自那些把手里的私有化凭单兑换成企业股票的人民，来自那些通过竞争购买商店或饭店的人民。”

丘拜斯非常清楚，如果他们在公投中失败，他关于私有化的种种努力就会付诸东流。在公投前的几个星期里，他竭尽全力与试图抑制私有化的最高苏维埃就议案和决议进行了斗争。他没有事先通过叶利钦和切尔诺梅尔金，私下写了一个突然取消整个私有化方案的命令，把它放在口袋里带到议会，如有必要，他随时准备毁掉他的整个规划，让哈斯布拉托夫承担罪责。丘拜斯最终并没有这样做，但他的斗争策略无奇不有。当南乌拉尔的车里雅宾斯克（Chelyabinsk）共产党试图在当地举行反对私有化的暴动时，丘拜斯立即乘飞机前往，公开迎接他们的挑战。外界所不知道的是，回到莫斯科后，他对车里雅宾斯克州长进行了长达四小时的训话。丘拜斯威胁说他会让他走投无路，还威胁说：“我会把你绞死。”[51]

丘拜斯从未向外界披露过，但他已经为4月叶利钦的公民投票安置了秘密武器。丘拜斯私下会晤了乔治·索罗斯，这位出生于匈牙利的超级金融家和慈善家当时准备在莫斯科发起一个资助科学家的项目。索罗斯答应资助支持叶利钦的公民投票运动，这是索罗斯第一次却不是最后一次帮助挽救改革者。丘拜斯的代表是一位西方人士，他去瑞士和索罗斯达成了一笔100万美元的金融援助款项，从索罗斯那里打到丘拜斯为公投准备的海外账户中，这笔钱帮助叶利钦的势力利用广告压倒反对派的声音。[52]

丘拜斯与哈斯布拉托夫的关系已经非常紧张，见面都不打招呼了。丘拜斯告诉我说："他们已经公开谈论为我们准备好的监狱单间了，"4月24日，也就是公投的前一天晚上，"我坐在我的部长办公室里销毁文件，因为我知道一旦叶利钦在公投中失利，哈斯布拉托夫是不会对他的对手心软的。"

公投的结果是叶利钦获胜，58%的投票表达了对他的信任；52%的投票同意他的经济改革。对私有化的威胁消除了。公民投票为叶利钦提供了政治上的喘息时间，直到他与议会的冲突在10月上升到暴力层面。但那个时候，俄罗斯的工业大多数已经在拍卖过程中，没有办法再停止。

"如果问题仅仅是富人购买资产的话，"丘拜斯一度想过，"我相信这是必然的事情。"[53]私有化的口号是造就百万股东，凭单计划确实触动了百万人，但下一步，俄罗斯资产的所有权又一次发生变化，这一次归到了一小部分人的手里，包括几个百万富翁。这些人有胆有识，非常聪明，他们的想法与乔丹和詹宁斯第一次看到布尔什维克饼干公司私有化时发出的感慨不谋而合。那就是：俄罗斯拥有令人难以置信的宝库，丘拜斯几乎是把宝库的钥匙送给了那些有远见、敢于接受的人。

威廉·布劳德（William Browder）就是其中一人。他是布劳德伯爵——美国共产党领导人（1932—1945）——的孙子。布劳德早就渴望去俄罗斯寻根。斯坦福大学商学院毕业后，他在波兰从事私有化工作，后加盟伦敦的所罗门兄弟集团东欧小组，从事对俄罗斯的专门研究。布劳德喜欢冷嘲热讽，但不乏幽默，对金融有独特的见解。他发现这是一件非常寂寞的工作：没有人会相信俄罗斯有任何生意可做。老板扔给他一些支出账户，让他去俄罗斯看看在那里有什么发现。

布劳德谋得一份差使，去北部海港城市摩尔曼斯克（Murmansk）的拖网船队做顾问。船队经理告诉他说，该船队有 100 条船，每条船价值 2 000 万美元。管理层有权购买公司 51%的股份，相当于 250 万美元。布劳德从便笺簿上面撕下一张白纸，快速计算了一下。他的计算令他大吃一惊：大量资产要卖，太便宜了！布劳德回忆说："我当时自己思考了一下，我在俄罗斯作为投资银行家不可能赚钱，但作为投资者，我可以在俄罗斯赚钱。"布劳德回去后，开始粗算其他公司的价值，特别是石油工业公司："不用说，石油也赚钱！"[54]

布劳德逐渐建立了俄罗斯最大的私人投资基金。但在早期的日子里，俄罗斯的富人情况不明，前景暗淡。公司没有公开对外的金融数据资料，经理们不值得信赖，也不存在什么营销或商业计划。风险之大令人难以想象。回到伦敦后，布劳德首先碰到的就是怀疑和不信任的眼光。他告诉我说："我围着整个所罗门公司转，想找一个人能听我解释说这是一个从来没有过的不可思议的投资机会。"最终，他得到允许的投资额是 2 500 万美元，这在世界上最大的投资机构之一来看，是很小的一笔钱，但对当时的俄罗斯则是一个很大的承诺。布劳德购买了他能够买到的所有凭单，然后又买了一些不知名的公司的股份。

布劳德有一个优势，他认识莫斯科的一个石油商，这个人对正在进行私有化的公司特别是石油公司的基本资料非常了解。布劳德回忆说："在那个时候，知道公司的名字和大概的产量和储存量就是很有价值的情报。"他把资料都记在表格程序上，但他很小心，不会让别人看到。他得到了最好的投资项目的第一次机会，而当时其他人还身在迷雾中。

当时，没有人能够看清楚笼罩在俄罗斯经济上令人绝望的迷雾。几乎每天都有工厂关门、工人发不出工资、组装线停产等工业上的坏消息。谁会买一个苏联时期的破旧工厂——没有竞争能力，设备老化，没有严格的会计制度，却有成千上万的工人？这确实不是好现象。叶利钦的副手卢茨科伊指责改革者们“把俄罗斯变成了经济垃圾堆”。

的确，真正的钱不是以资产体现的，而是以金融形式来体现的。货币投机、金和贵重金属的交易、石油套汇——这些才是后苏维埃时期之初新涌现出来的东西。斯莫伦斯基把自己的精力全部投到银行生意了，他对俄罗斯的工厂一点都不感兴趣。他通过做美元兑换卢布的投机生意，赚取了巨大的财富，他整天来回兑换这两种货币，对第二天的兑换率下赌注。古辛斯基则忙着巩固和加强与卢日科夫的同盟，通过房地产和利用市政府在他的银行存钱来赚钱。

但是有些俄罗斯人找到了丘拜斯正在打开的门背后隐藏的线索。霍多尔科夫斯基购买了大批凭单，他的梅纳捷普银行在凭单市场上起了主要作用，虽然他本人知道俄罗斯的工业已经陷入危机。霍多尔科夫斯基回忆起他决定购买凭单时说：“理想主义使我决定这样做，从孩提时期起，我就想当一个工厂的厂长。我的父母在工厂里干了一辈子。我曾经确信，现在仍然确信最重要的事情是工业。”但像其他人一样，霍多尔科夫斯基也是在黑暗中摸索。他不能确认哪个工厂有赚钱的潜力，所以他买了很多工厂。利用他的关系网，他作为所谓的投资中标者搞到了许多工厂，其中的奥秘是中标的人答应投资，但后来几乎一点资金也不投。记者尤利娅·拉特尼娜说，霍多尔科夫斯基下决心要把梅纳捷普银行变成第一个俄罗斯投资银行。她回忆说：“没有哪家银行像他的银行这样大范围、大面积地介入工业。”[55]霍多尔科夫斯基购买了大量股票，涉及木材、钛、钢管、铜冶炼厂和其他工业，共有上百家公司。霍多尔科夫斯基告诉我说，他让安达信咨询公司（Andersen Consulting）帮他调查他疯狂收购的工业，管理咨询家告诉他说，他所集结的企业相当于整个韩国的企业集团，他们向他描述如何使这些企业像三星公司那样运作。霍多尔科夫斯基对此不感兴趣。他回忆说：“当他们这项工作做完后，我说，这样不行。”他马上决定了下一个收购目标：最富有的宝库——石油。

在破烂的工厂大门后面，一场大甩卖正在进行。根据凭单的数量和它们在大街上的售价，俄罗斯工业总价值为120亿美元，换句话说，所有俄罗斯的工厂包括石油、天然气、运输和大多数制造业在内的财产价值，还比不上凯洛格（Kellogg）或安海斯-布希（Anheuser-Busch）这样的大公司。在对外国人和外部人士严格限制的拍卖中，俄罗斯天然气工业公司价值低于2.28亿美元，这是外国投资银行估价的十分之一。拥有10万工人的著名卡车和轿车生产厂家吉尔（Zil）的价值是1 600万美元。著名的汽车巨人高尔基汽车制造厂——简称GAZ，该厂生产著名的伏尔加汽车——的市场价值为2 700万美元。的确，汽车制造厂的油水太大，经理们利用国家信贷假冒公司的名义购买了180万美元的凭单，然后想把汽车厂买下来，他们的阴谋被发现后，买卖就停止了。俄罗斯两家家喻户晓的生产厂，乌拉尔机建厂（Uralmash）和彼尔姆汽车厂（Perm Motors），市场价值分别为400万美元和600万美元。美国公司每名员工的市场价值一般为10万美元，而俄罗斯公司每名员工的凭单拍卖价值为100—500美元，两者相差200倍。[56]

乔丹在俄罗斯到处搜罗凭单，他每天从一伙俄罗斯经纪人那里买进，然后再高价卖给外国投资商，赚取差额。尽管乔丹知道工厂的价格很低，但他从来不在购买工厂方面投资，相反，作为投机商，他疯狂地倒卖凭单，因为在大型拍卖会前会突然出现对凭单的大量需求。乔丹很难找到一个安全的地方堆放大量凭单，最终在俄罗斯白宫对面高楼一个保险库式的房间里安顿了下来。这座楼房是社会主义集团经济协会、互助经济协会等组织的旧址，同时，卢日科夫和古辛斯基也曾在里面设立办公室。每天晚上，购买完凭单后，经纪人冒着风险把凭单运到地下室里，乔丹会去检查日常文书工作。成千上万的凭单的储运就像一场噩梦。一天晚上，乔丹注意到有几个职员正拿剪刀把避孕套剪开，用来捆绑凭单，因为他们没有橡胶胶带。

1993年10月，在叶利钦和强硬派在俄罗斯议会发生激烈暴力冲突的几个小时里，乔丹和丘拜斯手下的工作人员经受了巨大的惊吓——他们害怕由卢茨科伊和哈斯布拉托夫领导的民族主义者和强硬派会从对面冲过来，袭击他们储藏凭单的屋子。价值数千万美元的凭单就藏在那里——整个私有化方案的命脉！——顷刻间就会化为飞灰飘走。但白宫的反叶利钦分子没有发现这间屋子。凭单保险库平安无事。[57]

1994年初，西方开始意识到，俄罗斯工业将是一条新的克朗代克河①。叶利钦赢得了新宪法赋予他的更多权力和新的立法机构。旧的最高苏维埃成了历史。乔丹回忆说，在1993年3月叶利钦赢得公民投票前，他试图劝说外国投资者购买凭单，但没有成功。他说："我会走出去告诉人们关于俄罗斯的情况，但没有人会让我进入他们的办公室。没有人在乎凭单，我在外面转了3个星期。到了11月，我又走出去推销凭单，这时人们才开始为我打开门。到了1994年3月，世界上人人都想知道我是谁。"

从1993年12月到1994年6月推销凭单阶段结束时，乔丹和詹宁斯共交易了1 634.67万张凭单，占总数10%之多。外国投资者急于得到俄罗斯股票，即使他们对所买的公司什么情况也不了解。就连卢克石油（Lukoil）这样的石油业巨头也没有一页向投资者介绍他们的金融资料。

转折点出现在1994年5月，当时《经济学人》杂志发表了一篇题为"世纪大买卖"的文章，文章给出了明确的数学公式：俄罗斯的财产价值比世界上任何一个国家的同等资产都便宜。文章指出，布尔什维克饼干公司的股票价值是每股53美元，是在1992年进行私有化时的3倍。然而，布尔什维克饼干公司每吨产量的市场价值是9美元，而波兰一家饼干制造厂韦德尔（Wedel）在股票市场上的价值是每吨850美元。[58]

《经济学人》的文章发表以后，布劳德回忆说，他伦敦的同事对俄罗斯的兴趣激增，而当初他们却不理会他。"我坐在交易大厅里，突然，所有的总经理都围着我的办公桌说：'比尔，你干得不错呀，挺有意思，能不能给我们搞点卢克石油的股票呀？'"

---

① 克朗代克河（Klondike），位于加拿大西北部，1896年发现金矿，引起淘金热，现多用来表示贵重的矿藏和财源。——译注

尽管经过两年的政治危机，丘拜斯最终还是实现了把国有资产分到个人手中的诺言。在20个月里，有大约14 000家公司通过凭单拍卖变为私有，数千个小商店和小生意实现了私有化，总体看来，70%的国有经济都变成了新的私有制经济。

新业主是不是比原来的苏联大老板更有效？在大规模私有化结束的1994年6月和7月，有很多危险的信号。罗热斯金又回到俄罗斯，在当年他访问过的那些老地方，他参观了一些工厂，很多工厂主人都对他们当年很便宜买下的工厂里的生意不感兴趣，相反，他们都忙着卖掉资产把现金兑换出来。管理技巧、会议室纪律、有效的所有制这些东西似乎离他们很遥远，对他们来说，这些东西仅仅是些初步的概念而已。

但丘拜斯对这些不关心。管理和所有制的课程以后再上。如果业主不合格的话，他们就会失败。他说："就是这么个情况，如果第二个业主还是不行，他就会破产。如果他干得好，他就不会破产。"[59]

1994年末，丘拜斯对他从国有资产解放出来的资产的前途充满激情。他说："我们所做的一切使我坚信，我们的国家已经站在一场投资热潮的门口。这并不是我的幻想。"

大规模私有化完成后的一天，鲁德洛夫坐在丘拜斯办公桌的对面，他怀疑地看着丘拜斯，直截了当地问他："你到底为俄罗斯干了什么？"

丘拜斯还是像以前那样，意志刚强，富有不可动摇的使命感。他回答说："我实现了权力私有化，我结束了共产主义制度。"

鲁德洛夫不作声了，因为丘拜斯的话令人吃惊，但也非常正确。

第九章　轻松赚钱

1993年，别列佐夫斯基带着准备充分的方案到俄罗斯财政部跑了好几趟。他想见见职业官僚贝拉·兹拉特基斯（Bella Zlatkis），一个说话带着拉脱维亚口音的胖女人，短黑头发，满口官腔。20世纪90年代，她被任命主持财政部一个新成立的部门，叫证券和金融市场司，尽管当时没人真正知道多少证券方面的知识，金融市场也才刚成型。

兹拉特基斯回忆说：别列佐夫斯基满脑子都是主意，而且很固执。在她狭小的办公室里，她听别列佐夫斯基描述了他最新的梦想。他要建立一个新的汽车制造厂，制造像“大众”这样的“人民汽车”。别列佐夫斯基的罗格瓦兹公司已经是俄罗斯最大的汽车交易公司了，把成千上万的日古利汽车从陶里亚蒂的瓦兹汽车厂运出，付给他们贬值的卢布。现在，别列佐夫斯基想走得更远。他告诉兹拉特基斯说，他需要集资20亿美元建立一个生产人民汽车的工厂。想象一下俄罗斯人挤进汽车展室的情景。拥有一辆小汽车是俄罗斯每个人的梦，别列佐夫斯基谈到了与他的想象配套的财政方案。

私有化凭单的发行，为俄罗斯开辟了一条新路子，同时唤醒了俄罗斯人民的意识。大街上，私有化凭单无处不在，到处都是凭单的交易。广大民众正在抓紧学习有关股票——有价纸币的知识。凭单基金，由于可能产生巨大的回报，像野火一样四处散开，向新的投资者们招手。

一个想法突然出现在别列佐夫斯基的脑海里：既然政府可以发行证券——凭单，他为什么不能？人民肯定会参与投资“人民汽车”。

他们肯定会买股票。

坐落在陶里亚蒂的瓦兹汽车厂已经陷入危机，小偷泛滥，财产被经理们掠夺一空。该厂厂长弗拉基米尔·卡丹尼科夫坚定地支持别列佐夫斯基的梦想。长着一头沙色头发的卡丹尼科夫在改革初期的1986年担任瓦兹汽车厂厂长，是国家最杰出的工业将军之一，他对别列佐夫斯基的支持在无形中也增加了别列佐夫斯基的权威。卡丹尼科夫回忆起大众汽车——德国的人民汽车——是如何在第二次世界大战前由小的私人投资开始的。[1]

“对瓦兹汽车厂有利的东西对俄罗斯也有利。”卡丹尼科夫借用美国资本主义的一句著名口号吹嘘道。[2]奇怪的是，他吹嘘的时间恰好是自己的生产王国在偷窃、暴力和高通货膨胀压力下面临解体和崩溃的时候。

兹拉特基斯对别列佐夫斯基关于集资建立他的梦工厂的想法表示怀疑。俄罗斯的金融市场刚刚起步，只有小型的商品交易所，缺乏控制，在大规模的钢管销售间隙，也出售凭单和一小部分公司的股票。它们的增长快于规定的出台，也超出了政府和法律的控制范围。兹拉特基斯被强行推到混乱的资本主义前沿，没有管理机构，没有指导规则。别列佐夫斯基提议建立一种新的私有金融工具，具有某些特性，使之看起来像真钱一样。别列佐夫斯基恳求兹拉特基斯同意他的计划。新的证券将是史无前例的，是一个大踏步的前进。兹拉特基斯觉得这个计划太超前，因为没有指导它的法规。

兹拉特基斯说：“我看到了这个投资项目的缺点，他们需要20亿美元来建设他们想要的东西，但金融市场能给予的只有这么多。他们可以集资1亿美元，但不能集资更多的钱；用那些钱，他们什么也建不成。或许他们能建成服装厂，但绝对不是让人感兴趣的汽车制造厂。”

别列佐夫斯基不会放弃。兹拉特基斯回忆说：“他相信他一定能够在俄罗斯集资到20亿美元。”别列佐夫斯基想通过卖股票的形式集资。提到集资这个词，兹拉特基斯回忆起1991年12月的一个大雪夜，她当时刚完成财政部的工作。苏联解体了，叶利钦在实施休克疗法之初上台了。兹拉特基斯在冬天晚上11点从办公室往家里赶。街上一片漆黑，人行道很滑。兹拉特基斯坐在车里冻得发抖，她的司机开着那辆没有暖气的扎波罗热人牌老爷车路过红场的一个角落。兹拉特基斯看到了熟悉的景象：在寒冷的冬天里，人们排着长队在一盏小灯下面站着、等着。她叫司机停了车。她下车去，想看看队伍最后面的情况。她看到的大多数都是老年妇女，在寒冷中相互依偎着。

她听到她们在谈论“股票”。她们在排队购买一种许诺她们一年后能获得巨大回报的纸币。股票是由梅纳捷普银行发行的。兹拉特基斯碰见的第一个妇女告诉她说：“我们已经在这里等了几天，排队购买股票。他们在卖股票，他们给高利息，我们准备投资1 000卢布，他们许诺一年后付给我们1万卢布。”原来这些女人在这里等待轻松赚钱。

兹拉特基斯没有说出她就是财政部证券司司长，但她不能保持沉默。她试图劝说那些女人，这是错误的，是骗钱，她们再也拿不回自己的钱。她的司机拽了一下她的外衣，说光凭她一人劝说没用。但兹拉特基斯仍然坚持，无视寒冷的天气和敌视的目光。可悲的是，她们正在受骗，她们将要丢钱，可她们看得清楚吗？

妇女们凑得更紧了，她们围成一个圈子，拒绝她的恳求。她们告诉兹拉特基斯让她走开，她们不会听她的。兹拉特基斯告诉她们要意识到这些股票一文不值，她们则焦急地越过肩膀向前看队伍的进展。兹拉特基斯回忆说：“她们很生气，让我快走，我没有办法。我在跟一群绝对没有准备听我的话的人和不理解我的人谈话。”[3]不久，这雪中一幕就会回来缠住她，也缠住那些老妇人。

*

20世纪90年代早期，俄罗斯的严重通货膨胀并没有像波兰那样减退。在1992年和1993年的每个月，卢布疯狂贬值，尽管中央银行全力注入数10亿信贷。盖达尔放开价格整一年后，俄罗斯的消费膨胀率是每月25%。[4]到了1994年底，消费价格比1990年12月高了2 000%。[5]央行行长维克托·格拉先科以为，对经济注入更多的钱可以挽救经济。结果适得其反，他毁坏了经济。

盖达尔对经济所遭受的毁坏并不是毫无觉察，即使他难以表达对公众的同情。几年后他回忆说：“极度通货膨胀是最可怕的货币灾难，公众对自己国家的货币失去信心，试图摆脱这种货币，见到什么就买什么，此时，灾难就发生了。”[6]

这正是俄罗斯所发生的情况。极度通货膨胀破坏了经济稳定，让人们把手中的积蓄都花光了。这是残酷的、非同寻常的惩罚。一个科学家在苏联时期的工资是每月 200 卢布，眼睁睁地看着一生的积蓄缩水到只能买一片面包。但对那些大胆狡猾的生意人来说，通货膨胀的大浪给他们带来了令人难以置信的发财机会。它预示着一个轻松赚钱的狂乱时代到来了。这种诱惑对那些有关系的人来说尤为强烈，特别是那些合作社的商人、新生的银行家、共青团活动分子、前克格勃特务，还有那些有胆量的人们，包括那些对苏联制度一无所知的无畏的大学生。

俄罗斯是个破碎的国家，需要吸引投资，树立对其货币的信心，建立管理市场的基本机构。轻松赚钱的浪潮极大地破坏了这些目标的实现。这股浪潮给人们留下了深刻的教训，所造成的损失在整个 90 年代都没有弥补过来。这些年的思想意识就是通过把控金融、操作资金杠杆、利用通货膨胀，比起一砖一瓦地做生意，这样更易获得暴利。俄罗斯的利润高得惊人，但成本也高得惊人，轻松赚钱使人们将辛勤工作置于脑后。

在苏联体制里，钱在经济中的作用是第二位的。在革命成功后的最初几年，一些布尔什维克甚至异想天开地认为钱会在工人的天堂里完全消失。苏联工业的首要任务是完成生产目标和计划，一般说来，钱对于成功与失败没有太大的关系。如果工厂里生产出的产品是次品或非需品的话，国家会补贴损失。关于金钱与私人所有制的关系的全套概念——诸如利润、损失、债务、利息、股份和红利等——在当时的苏联根本不存在。另外，对于消费者和工厂来说，短缺经济时期的物资不是用钱能买到的，主要因素是地位和资格，不是现金。

提到金钱，俄罗斯人对金钱的拥有者有根深蒂固的不信任。苏联领导人经常没收人们的存款，吸收所谓的货币过剩，之所以这样吸收多余的卢布是因为没有东西可买。对于最后一次没收，人们还记忆犹新。它是由当时的总理瓦连京·帕夫洛夫（Valentin Pavlov）造成的，1991年他突然收回了50元和100元面值的卢布，不再允许市场流通。

当叶利钦发动休克疗法放开价格时，他的中心目标在于确保金钱和价格而非中央计划的命令在整个经济生活中起主要作用。为保证叶利钦的革命顺利进行，首先要对金钱重新定义，给卢布注入价值，埋葬苏联遗留下来的东西。从理论上讲，金钱和价格是成功与失败、区别好与坏的主要指数。

但是，休克疗法开始后，最初的结果并未使人们对卢布产生信赖。通货膨胀加深了人们对卢布的不信任。从1992年到1994年，俄罗斯人的表现确实证明了他们对待经济变化非常理智：他们在非常短的时间内就摆脱了贬值的卢布，美元成了最受欢迎的货币。最原始的易货贸易很受欢迎，人们用冰箱换咸菜，用煤炭换面粉，而没人使用卢布。那些有办法把钱送到国外的人，汇成了一条俄罗斯“资本外逃”大河，持续了好几年。大多数普通人则寻找别的途径存钱，他们可能会把卢布换成美元藏在床垫下面。

正当极度通货膨胀开始席卷整个经济，人们开始考虑如何尽快把手中的卢布处理掉的时候，丘拜斯为人们手中的钱提供了另一个选择：凭单和凭单基金。凭单基金很快就演变成了实现快速致富欲望的方式，在一阵流行但破坏性强的金融金字塔方案浪潮中，于1994年达到高潮。如果说凭单是由政府作为礼物发给每个人合法的金融工具，不难想象，其他投资纸币也会合法，并满足人们在通货膨胀时期希望得到快速回报的渴望。盖达尔从一开始就害怕凭单会导致大规模的投机——赌博似的投机。他的担心是非常有道理的。凭单基金不久就开始利用人们轻松赚钱的期望，在基金的名字前面加上“钻石”和“石油”的字样，提供每年500%的回报。

凭单打开了一扇门，里面充满了无规则的证券、混乱的金融。这段时期是对无规则的市场下所发生的事情的真实写照。一个70多年来一直受到资本主义何等丑恶这种教育的民族突然被告知：“快速致富！”他们被邀请、被规劝去致富。报纸和电视上的广告规劝他们致富，一批人已经梦想成真。凭单交易商成了经纪人、投机商，还有的成了窃贼。叶夫根尼·穆斯洛夫斯基（Yevgeny Myslovsky）是苏联时期经验丰富的检察官，后来参与调查了90年代早期很多可疑的金融方案，其中一个典型的诈骗案例就是凭单基金Astron。老板在1992年12月和1993年3月期间，从254人手里收购了1 000张凭单，然后把这些凭单卖掉，赚了500万卢布，其中他自己花掉了100万，剩余的钱用来吸引更多的投资者，但他本人一分钱也没投入，这纯粹是个诡计。[7]

从心理上讲，俄罗斯人完全没有任何准备来抵御财富的诱惑。他们实际上对真正的钱或投资一无所知，很多人从来都没见过个人支票或股票单据。著名的民意调查人亚历山大·奥斯隆曾描述，苏联解体后最初几年的情形就像一个刚从监狱里释放出来的犯人。当犯人从监狱里放出来的时候，他陶醉在炫目的阳光、新鲜的空气、欣快的自由之中，就像来到一个陌生的世界，一切都感到新鲜。俄罗斯人民也经历了同样的转变。奥斯隆解释说："他们把自己从严格的审查制度中解放出来，甩掉了当局的重压，摆脱了单一经济，他们那些被长期束缚的主观能动性和欲望都得到了解放。"但他们不知道如何运用这些东西。[8]

奥斯隆回忆说："在那个时期，出现了一些新的词汇，像'生意''有限公司''联合股份公司''基金市场''美元汇率'等。"后来又出现了市场经济如何运作的问题。奥斯隆告诉我说："人们最初认为资本主义是神话故事，是'奇迹'。"他记得当时有几百万人被一个电视广告所吸引，广告说的是父亲和儿子坐在一起钓鱼，儿子说："爸爸，我们坐在这里，钱就来了。"这个广告的寓意是：你可以坐在那里，什么都不用做，钱就会自动生出来。这种对奇迹的渴望和梦想成真的愿望对于有宏大理想的别列佐夫斯基来说，是肥沃的土壤。

别列佐夫斯基脑子里想的是全俄罗斯汽车联盟（AVVA）。这是个聪明的方案，既可以消除人们对高通货膨胀的担忧，又可以利用人们被抑制多年想拥有自己的汽车的欲望。别列佐夫斯基是这个联盟的总经理。他准备卖给公众的那些漂亮的证券是由瓦兹汽车厂的经理卡丹尼科夫签署的，卡丹尼科夫成了全俄汽车联盟的新任主席。

1993 年 12 月 13 日大选，叶利钦赢得胜利，通过了新的俄罗斯宪法和新的议会。之后那天，在克里姆林宫旁边的马涅日广场展览大厅里，全俄汽车联盟证券开始销售。[9]证券是在瑞士印刷的，纸的质量堪与任何国家的货币媲美，并使用了特殊的防伪技术。每张证券上都印上了一些俄罗斯革命前的著名工业家肖像，像萨瓦·马蒙托夫(Savva Mamontov)，他是艺术文学赞助商、钢铁巨头，莫斯科-雅罗斯拉夫尔-阿尔汉格尔斯克铁路的最大股东。这些证券都是用木箱子从苏黎世空运到莫斯科的，保管非常严密。

证券的正面写着“一股”。票面价值是 1 万卢布，每张证券上的底部附着 8 张穿孔的赠券，标有“核对收到红利”的字样。别列佐夫斯基许诺第一笔红利将在 1995 年付清，尽管新汽车厂在之后几年内都没开工。

但在证券的背面有线索提示并非所有的东西都像他们看起来那样美好。从法律和传统意义上讲，该证券不是一种股票，而是一种新的债券，叫作“无记名证券”。无记名证券只给持有者一种权利：用来换取真正的全俄汽车联盟股票。然而，无记名证券的交易非常困难，所有无人认领的股份（绝大部分）将由全俄汽车联盟来控制。换句话说，全俄汽车联盟在卖一种纸券，正面说是“一股”，反面则说不是股票。证券持有人无投票权。真正的控制权掌握在全俄汽车联盟的创建者手里，他们是与别列佐夫斯基和卡丹尼科夫关系密切的公司和银行。[10]

别列佐夫斯基还有一种特别的花招不让人们买卖手中的证券。全俄汽车联盟答应拿出 10 万辆瓦兹汽车，通过抽奖的形式折价卖给那些证券持有者，当然，这在很大程度上是一个骗局。别列佐夫斯基在 1994 年 2 月 18 日举行的第一次抽奖会上，亲自宣布该次抽奖一共提供了 6 500 辆汽车，其中的 650 辆是免费赠送的，其余汽车分别给予 25%和 50%的折扣。[11]但抽奖的规则是：只有那些没有参与手中证券买卖的人才能参加抽奖。最后，汽车抽奖只进行了三次。他们的计谋达到了：大多数人都不参与证券的买卖，把他们手中的证券藏在抽屉里。这对别列佐夫斯基有好处，因为这意味着他可以把钱拿在手里，同时可以控制全俄汽车联盟。

他们还有另外一个诡计。全俄汽车联盟证券上没有持有人的名字，这不符合正规股票的法律要求。他们这样做，就使这些证券像私有化凭单一样，容易在大街上进行交易。但到头来，就不会有购买证券人的名单，因为证券上没有名字。因此，特别难兑现他们许诺的红利。

在公众的眼里，别列佐夫斯基的雄心如天空一般高。按照他宣布的“人民汽车”方案，将在陶里亚蒂建立一个年产 30 万辆汽车的新工厂。该方案预计需要花费 15 亿—30 亿美元。别列佐夫斯基开始希望通过出售全俄汽车联盟证券集资 3 亿美元，其他钱由一位外国投资商出，据说这位投资商马上就可以加盟。卡丹尼科夫积极建议与通用汽车公司建立合资企业。在全俄汽车联盟，有工业专家和工厂专家组成的团队提出了十几种工厂预想方案，并参观了全俄罗斯的汽车配件厂。[12]兹拉特基斯回忆说，别列佐夫斯基“计划成为俄罗斯的福特”——成为俄罗斯汽车工业的支柱。“这是他最爱谈论的话题。我坚信他要计划建造一个俄罗斯的福特汽车公司。”叶利钦总统在 1993 年末签署了一份命令，给予全俄汽车联盟公司未来三年大量减税的优惠政策。

然而，别列佐夫斯基在公众场合下关于“人民汽车”的宣言并不是他的全部想法。早在 1994 年，别列佐夫斯基就和卡丹尼科夫一起计划购买瓦兹汽车厂的大部分或全部资产，当时该公司正进行私有化改造。[13]别列佐夫斯基非常精明，他意识到瓦兹汽车厂是俄罗斯工业的皇冠明珠，但通过私有化的方式很便宜就可以买到。因此，别列佐夫斯基和卡丹尼科夫制定了一个基本方案，从大街上的老百姓手里集到所需资金，然后用这些资金购买瓦兹汽车的股份。

尤里·杜博夫写了一本关于别列佐夫斯基的小说《分大头》，提到他们对伏尔加汽车厂的接管必须秘密进行，“以使工厂里的工人搞不懂”他们真实的用意，“而贫穷的俄罗斯人是他们此笔交易的主要集资渠道，要设法让他们把口袋里的现金掏出来”。

杜博夫的小说包括一些关于全俄汽车联盟方案的细节描写，证据充分。别列佐夫斯基故意创建了混合债券，以便尽可能多地出售证券，而且还绕过了股票必须以个人姓名登记来买卖的法律规定。“我们不是在出售股票，我们在出售债券，”杜博夫小说里的别列佐夫斯基这样说，“你明白吗？对于纸券的种类，法律没提一个字！”交易完毕，他又说：“唯一的股东就是我们，我们自己，我们来做所有的决定，而此时，其他人手里攥着的是小心翼翼地包起来的纸券，如果他们愿意永远保存这些纸券则更好。”[14]

在财政部，注册新债券由兹拉特基斯负责。别列佐夫斯基游说兹拉特基斯，希望她能够同意出售那些全俄汽车联盟证券。兹拉特基斯知道现行法律没有涉及新的债券。她告诉我说：“律师们看到准备发行的债券，说那是合法的，与当时俄罗斯立法是相符的。”法律条文对这种被称作无记名证券的新债券只字未提。别列佐夫斯基就钻了这个空子。

别列佐夫斯基拉拢了兹拉特基斯的两名副手来到全俄汽车联盟，也向她提出了诱人的条件。兹拉特基斯说，她当时的月工资相当于30美元，别列佐夫斯基给她开出的工资是每月1.5万美元。兹拉特基斯告诉我说：“我都不敢想象这么高的工资真能存在，如果我相信所有这些事情和所有的计划方案，我就会接受他们开出的条件。很长一段时间内，我都持怀疑态度。”兹拉特基斯告诉我说，她最终拒绝了别列佐夫斯基，因为她认为全俄汽车联盟的财政方案不会成功，他们不会收集到别列佐夫斯基梦想的那么多钱。

最初，别列佐夫斯基的方案看起来像是成功的。在紧挨着克里姆林宫的马涅日展览大厅外，长长的队伍等待购买证券，全俄汽车联盟也接受凭单的付款方式。“咱们去买呀！”全俄汽车联盟做的电视广告喊道。全俄汽车联盟证券不久就成为俄罗斯商品交易所最多的交易纸券之一。从1993年12月到1994年6月和7月，他们总共集得资金5 000万美元，共有260万人花钱或用凭单换取了一张上面连他们的名字都没有的纸券。然后随着廖尼亚·戈卢布科夫（Lyonya Golubkov）

占领电波，别列佐夫斯基的汽车联盟也就耗尽了燃料。

戈卢布科夫是电视广告里的人物。他微胖，留一头蓬乱油亮的黑头发，安着假牙。他为人谦逊，不拘小节，热情洋溢。戈卢布科夫成了轻松赚钱时期的预言家。他以前是个开拖拉机的，但他的生活一夜之间就发生了变化，他购买了一个名叫 MMM 公司的股票，发了横财。他为他妻子买了一双靴子，又买了一件皮衣，最后大摇大摆地去旧金山旅行，观看俄罗斯足球队在世界杯上的比赛。戈卢布科夫虚构般的奇遇是电视广告节目里人们瞩目的中心，这一波成功的电视广告在 1994 年春天席卷了整个俄罗斯。戈卢布科夫给人们送来了梦想，对生活感到厌倦的俄罗斯人花了几十亿美元去购买 MMM 公司的证券，该证券许诺人们迅速致富，一年后的利息高达3 000%。戈卢布科夫连续几个月每天晚上出现在俄罗斯的电视屏幕上，仅 3 月到 5 月的时间内就在俄罗斯电视上播放了 2 666 次广告。该广告背景简单，音乐轻松，像个滑稽剧，广告的最后出现的是人们熟悉的 MMM 公司标志。[15]

MMM 公司幕后是隐居的谢尔盖·马夫罗季（Sergei Mavrodi），他曾经是位数学家。他在苏联时期卖过牛仔服、唱片和其他物品，后来在改革年代开办了一家合作社销售计算机。马夫罗季是个非常有名的人物。他的住所被搜查时，警察发现里面很平常，装满了蝴蝶标本，墙上还有一只肚子里装满填充物的蝙蝠。1993 年，当凭单出现后，马夫罗季转入证券世界，他的凭单投资基金——MMM 投资——成为俄罗斯最大、最响亮的投资基金之一。“MMM 投资证券能把你手中的凭单变成金子！”电视广告里许诺说。[16]无论如何，马夫罗季对俄罗斯资本主义的贡献远远大于任何凭单投机商。他向整个国家展示了如何凭空赚钱。

1993 年 6 月 11 日和 16 日，马夫罗季正式注册了 MMM 联合股份公司，授权发行了 99.1 万股票，每股票面价值为 1 000 卢布。在以后几个月里，马夫罗季又建立了几家合伙公司，以各种宝石的名字命名，如钻石公司、蓝宝石公司等。这些公司也与别列佐夫斯基成立全俄汽车联盟时使用的无记名证券一样，在证券市场进行交易。虽然政府同意发行 99.1 万股全俄汽车联盟股票，马夫罗季实际上出售了几百万份这种无记名证券，它们不是真正的股票，但对外声称是股票。

别列佐夫斯基当初的合作伙伴是工业家卡丹尼科夫。别列佐夫斯基有明确的、尽管是不现实的建立工厂的目标，并许诺将来某个时候发放红利。相反，马夫罗季没有任何产品，纯粹靠快速致富的名头来吸收资金。在一个令人难忘的广告里，戈卢布科夫和他哥哥伊万在旧金山看足球比赛。伊万坐在看台上，两只手抱着头。他悲叹道：我干了一辈子什么也没得到！廖尼亚这小子什么也没干，可是他却成了有钱人。

马夫罗季开了几家分公司，投资者可以在那里购买证券。在几周甚至几天内，购买者可以在 MMM 公司位于莫斯科华沙大街 26 号的公司总部用证券换现金，具体兑现价格由马夫罗季来定。他本人用自己的证券滚雪球。价格从 1994 年 2 月的每股 1 600 卢布，按当时最流行的汇率相当于 1 美元，飙升至 6 月份的每股 10.56 万卢布，相当于 50 美元。这是经典的金字塔骗局，用新投资者的钱还早期投资者的钱。

马夫罗季在效法著名的美国骗术大师查尔斯·庞齐（Charles Ponzi），1920 年此人在 8 个月内从几万波士顿人那里筹集了 1 500 万美元，他说他发现了一个轻松致富的秘密。他声称他发现了一种通过投机国际邮政回执票券来获利的方法，这是一种在国外通信中使用的预付邮资的方式。庞齐付清第一轮的投资者的钱后——90 天内付给他们 50%的利息——新的钱又滚入了他的腰包。他所做的仅仅是将新旧投资者的钱重新洗牌，用新得到的钱去偿还以前的钱，后被称为“庞氏骗局”。在骗局被揭露前，他总共聚敛了 4 万投资者的金钱。[17]

在马夫罗季案件中，有形支出是他的营销花招的主要部分。后来负责调查此案的检察官穆斯洛夫斯基仔细指出了马夫罗季的骗术：他自己一个人控制 MMM 公司的证券市场。穆斯洛夫斯基说，公司制造出对证券疯狂需求的假象，但却“对这样一个事实保持沉默：公司有权在任何时候停止购买证券，并可以大幅度减少开价”。对那些得到巨大回报的人来说，这个游戏有利可图，但总有巨大的风险，风云突变，每个手持证券的人都会受骗。

当证券价格持续上升时，马夫罗季从不告诉人们他是如何创造了如此大的回报，而且数百万人看起来好像也不想知道事情的真相。他们排队，有时是好几百人的长队，购买证券。政府也很被动，他们也被蒙蔽了。兹拉特基斯告诉记者说，当时的回报确实惊人，但她未发现有非法的东西。“他们每天同证券和金钱打交道，一定干得非常辛苦。”她说。[18]后来，她又说：“市场上总会有新的金融产品出现，我们不能禁止这个过程。”[19]

马夫罗季真正拿手的是市场营销。电视广告拍摄者是36岁的哈萨克电影导演巴希特·基利巴耶夫（Bakhyt Kilibayev），他的广告触动了苏联解体后的俄罗斯人的神经。广告很短，拍得很粗犷，但信息非常强烈，为当时人们的愤世嫉俗、悲观主义和对日常生活的担忧提供了一副解药。广告还正面涉及了人们对于金融和证券的无知和天真。其中有这样一个场景，看到一个老年人正在第一次购买MMM公司的证券，高兴的解说员承认：“的确，这是一张怪纸。”此时老人透过他那副镜片破碎的眼镜瞅着手里的证券。后来眼镜修好了，老人开始点现金。另外一个场景，新婚夫妇伊戈尔和尤利娅两人都是学生，为他们窘迫的开支吵架。“不是简单的解决办法，但是他们做出了一个决定。”当他们把现金交到MMM公司的柜台上时，广告里的解说员说道。三周后他们来取钱，尤利娅的眼睛睁得大大的，他们相互拥抱，伊戈尔惊叹道：“比生活津贴好！”在另外一个广告片里，解说员说，一个孤单的单身女人马林娜·谢尔盖夫娜（Marina Sergeyena）不相信任何人，但当她在MMM公司取现金时宣称：“他们没有愚弄我！”后来她在MMM公司证券抽奖中屡屡获胜，找到了男朋友。广告片中的解说员说：“在这里，我们从不愚弄、欺骗人们。”广告传达的信息很明确：MMM公司的纸券很怪，但确是真正的钱，比政府的生活津贴好，我们不像帕夫洛夫总理那样愚弄你们。

但最强大的电视广告员是戈卢布科夫本人，曾经是建筑工人的他现在过着高水平的生活。[20]在最早的广告片中，他穿着不合身的旧衣服，手里拿着一根教鞭，指着一张图表，上面画着他想得到的家庭财富：靴子、皮衣、家具，下月买一辆汽车。图表的最上方是：房子。

“在巴黎买房子?”他妻子丽塔问道，丽塔穿着宽大的便服，坐在一把堆满东西的椅子上，嘴里嚼着巧克力。

“为什么不能?”电视解说员说，此时的戈卢布科夫正做梦般望着天花板。

在另外一个场景里，廖尼亚和他当矿工的哥哥伊万在餐桌上争吵，桌子上有一瓶伏特加酒和泡菜。伊万说廖尼亚是个爱占别人便宜的人。“你这个傻瓜，你忘了父母是怎样教育我们的? 诚实工作，你现在到处乱跑，买什么股票捣乱。你是个爱占小便宜的人!”

廖尼亚慢慢地答道：“你错了，哥哥，我不是爱占别人便宜的人，我诚实地挣钱。我买了带来利润的股票。你想建立一个工厂，靠你自己是不行的。如果我们大家都参与的话，我们可以建立一个能够为我们带来利润、养活我们的工厂。我不是爱占别人便宜的人，我是合伙人。”

广告解说员这时插话说：“你说对了，廖尼亚，我们都是合伙人，是 MMM 公司的合伙人。”廖尼亚的解释全错了，根本没有什么工厂，但确实包括了马夫罗季哲学的核心，那就是让每个人都“参与”。另外一幕广告拍摄的是一家人坐在厨房里的餐桌边，廖尼亚的妻子丽塔正在一张纸上画图解释 MMM——一座大广场——然后又朝里画了个箭头。“像个巨大的水池子，”伊万惊奇地喊道，“里面的水总是满满的。”人人参与，这正是金字塔骗局的精华。

广告如此成功，只是因为现实生活中的经济一团糟。由于极度通货膨胀毁坏了储蓄制度，由于工厂关门，很多工人几个月甚至几年都拿不到工资，电视里每天播放的廖尼亚英雄传奇给观众带来了乐观主义和繁荣的新高度。没有竞争，苦闷的俄罗斯人没有力量抵御马夫罗季提供的幻想，俄罗斯国家经济太弱，没有力量来阻止马夫罗季的做法。

马夫罗季和别列佐夫斯基一带头，其他人都跟随着，俄罗斯一下子变成了充满轻松赚钱诱惑的大集市。一个广为流传的计划“大俄顶色楞格”（Russky Dom Selenga）的箴言是：“您存入的每粒沙子，我们都会把它变成一颗明珠。”[21]在深受欢迎的报纸《莫斯科共青团员报》的广告上，第一金融建筑公司承诺提供高达 1 600%的卢布回报，另外一家公司 ALD 信托向投资者承诺 500%的卢布回报，或每年有 60%的美元回报。在俄罗斯周刊自由报纸《M 号外》上，莫斯科进出口银行许诺 5 年期卢布存款利息高达 30 000%，后来人们指出该利息是利用简单利息和复合利息之差在数学上耍的诡计。[22]

轻松赚钱的陷阱和诱惑充斥在社会生活的各个角落。不久，金字塔骗局的股票交易甚至出现在财政部的咖啡厅里，财政部恰好是监督指导股票的机构。在咖啡厅里，财政部雇员们可以买到“西藏”、全俄汽车联盟或 MMM 的证券。没有人出来阻止这种疯狂的举动。财政部的工作人员被廖尼亚的梦想迷住了。兹拉特基斯说：“我一从办公室出来，就会有人在走廊里拦住我，我指的是财政部的官员或雇员，他们会问我：‘贝拉，请你真心告诉我，如果我把现在的公寓卖掉，把所有的钱都投入到证券里，以后我能为我的女儿买一套公寓吗？你是怎么想的？’我开始解释说，你会失去你的公寓。但是这个女人说：‘你不想帮助我们！’”兹拉特基斯慢慢地开始认识到这种疯狂的举动已经成了流行病。就连令人尊敬的俄罗斯宪法法院大厅也不能幸免。法院的检察官在购买一种非常受欢迎的金字塔纸券“Vlastilina”，这种纸券的主人是瓦莲京娜·索洛维约娃（Valentina Solovyova），她曾经是一家理发店的收银员，她创建金字塔纸券未做任何广告，只是靠大家相互通告。她许诺的回报率是每月 100%，同时以一般的市场价格出售一辆日古利牌汽车，3 个月的回报是按市场价的三分之一出售一辆奔驰汽车。潮水般的现金涌入她的办公室。她先把现金兑给第一批投资者，为的是吸引更多的投资者。叶夫根尼·科夫罗夫（Yevgeny Kovrov）后来负责调查此案，他同时也是代表受害者的政府委员会的负责人。他告诉我说，索洛维约娃相互通告的办法与马夫罗季的大型广告具有一样的煽动作用，而且是一样的成功。他回忆说：“这个公司的谣言传遍了整个俄罗斯。”第一辆车的派送激发了一阵热情。一个人告诉他的朋友，朋友就跑来了。瓦莲京娜好像特别吸引精英人士，据报道流行歌星阿拉·普加乔娃（Alla Pugachova）损失了170万美元。索洛维约娃设定的最低储蓄金额是5 000万卢布，但还是有人来。科夫罗夫回忆说：“有的人从整个工厂凑了那么多钱，用袋子把钱运来。根据证人叙述，很多人点着篝火，就睡在她的办公室前面。”[23]索洛维约娃在1999年被起诉，被判7年徒刑，她从16 500名受害者那里攫取了相当于1.3亿美元的卢布，但没人知道钱到了哪里，投资者血本无归。

兹拉特基斯回忆说，疯狂的举动最终渗透到她的家里。有一天，她丈夫问她关于金字塔的事情。“他不明白为什么我们周围的每个人都发财了，而他却没有。”

1994年7月，俄罗斯当局开始询问MMM公司的问题。叶利钦嘟囔着说：“廖尼亚令我头疼。”国家反垄断委员会命令电视台停播MMM公司的广告，但毫无结果。税务检察官说，马夫罗季下属的投资咨询公司欠税499亿卢布，应立即支付。切尔诺梅尔金总理也介入此事，他说：“我们应该警告像廖尼亚·戈卢布科夫和瓦莲京娜·索洛维约娃这样的人，市场上轻松赚钱的机会马上就会消失了。”但是由于在现实经济里，切尔诺梅尔金主持的政府不断地拖欠工人的工资，他的声音与MMM公司提供的致富仙境相比肯定要弱小得多。7月27日，马夫罗季在一份报纸广告上还击说：“当局不喜欢廖尼亚·戈卢布科夫和瓦莲京娜·索洛维约娃，但是廖尼亚·戈卢布科夫和瓦莲京娜·索洛维约娃喜欢当局吗？还没有人问过这个问题。”

第二天，金字塔崩溃了。MMM证券一直以每股超过10万卢布的价格进行交易，但上午11点，马夫罗季宣布新的价格（他自己的决定）仅为每股1 000卢布。数千名愤怒的证券持有人堵住了华沙大街，MMM公司就坐落在这条街上。政府出动了防暴警察来控制人群。马夫罗季发表了一个保证声明，他告诉投资者们不要着急，股票价格几个月后就会攀回12.5万卢布。他敦促每个人都要保存好他们手中的纸券。马夫罗季声称：“我们不像政府那样，我们从来都没有欺骗过你们，永远也不会。”很多人还准备相信马夫罗季的话。靠养老金生活的玛丽亚·瓦西里耶芙娜（Maria Vasilievna）告诉记者说：“报纸上说 MMM 公司是骗子，但我信任他们胜过信任叶利钦总统和他的政府。除了用所谓的金融改革欺骗我们外，政府为我们做过什么?”[24]过了些日子，马夫罗季开始发售一种新的证券——MMM“票券”，上面印有马夫罗季的肖像。好几百名投资者又回来了，希望泡沫并没有爆发。他们又一次被欺骗了。马夫罗季被允许出售 99.1 万股股票。但他最后欺骗了 500 万—1 000 万人。他后来因偷税被捕，被关了两个月，他在中期选举中被选为议员，免于起诉。他后来失踪了，并没有因金字塔骗局遭到指控，六年后，俄罗斯当局说他们仍在通缉此人。[25]

MMM 公司的崩溃让俄罗斯政府松了口气，避免了更大的被动。叶利钦和他的改革者们允许资本主义自由发展，而资本主义的发展非常迅猛。在 MMM 崩溃后，叶利钦说：“政府与此事毫无关系，政府既不会担保，也不会介入。”兹拉特基斯非常兴奋，她在 6 月抱怨说金字塔计划的扩散是“失控的”，“就像雪崩似的砸在我们的头上”。[26]兹拉特基斯告诉我，政府对外面发生的事情一无所知。在财政部，她的一些助手甚至问她要不要他们帮忙从瓦莲京娜公司那里搞辆半价汽车。她回忆说：“没人知道是怎么回事，即使在我们司的各个处里也没人知道。”穆斯洛夫斯基回忆说，他看见一大堆案子的材料，但总检察长得到当时掌权者的命令，不让处理这些案子。他说：“当时的主要口号是‘致富’，立法基础很模糊，这些公司的广告做得咄咄逼人，他们很有钱，国家对他们这些做法的反应非常软弱无力。”[27]维亚切斯拉夫·马夫罗季（Vyacheslav Mavrodi）是谢尔盖的弟弟和 MMM 合伙人，他后来告诉采访他的电视记者：“如果立法部门认为我是个骗子，他们为什么还让我干?”[28]兹拉特基斯回忆说：“我当时有一种无助的感觉，我非常清楚这些人这样做的结局是什么，可是我对此毫无办法。”

丘拜斯的副手德米特里·瓦西列夫则用更严厉的语言抨击上述事件。改革者忽略了建立一些指导和管理市场的机构，导致混乱局面四处蔓延。瓦西列夫认为，财政部在控制金字塔事件中是“完全失败的”，也没有管理好金融市场。马夫罗季所采取的伎俩不外乎“彩票抽奖”。瓦西列夫在MMM崩溃几周后告诉记者：“这些纸片不是证券。”他警告说，如果政府没有强有力的规章制度，“丑闻就会像滚雪球似的不断发生”。早在1992年，改革者们就在讨论是否建立一个独立的证券委员会，但没有人感兴趣。现在失控的资本主义给社会留下了难以收拾的局面。在1994年秋天，切尔诺梅尔金同意建立一个证券委员会来规范市场，由瓦西列夫出任主席。瓦西列夫后来回忆说，马夫罗季就是“我们委员会之母”。

马夫罗季出事后，MMM公司的代理官员找到兹拉特基斯，要求她同意他们发行一种新的股票，当然他们心里明白他们的要求肯定会遭到拒绝。这是一个诡计，如果政府拒绝发行新股票，马夫罗季就会把对他的指责转嫁到政府身上。兹拉特基斯看穿了他们的诡计，敷衍他们说他们提出的书面申请不合规格。她问其中一位来访者：“你是律师还是经济学家?”

他威胁说：“两者都不是，我是个运动员，打靶子是我的本行。”

马夫罗季金字塔计划的崩溃，摧毁了人们对别列佐夫斯基汽车联盟的信心。马夫罗季比别列佐夫斯基更会做广告。打着快速回报的幌子，像其他高盈利计划一样，马夫罗季大肆搜刮轻易到手的金钱，但别列佐夫斯基的全俄汽车联盟证券卖得不好，销售量持续下跌。尽管如此，别列佐夫斯基在金字塔计划流行的那一年，业绩不错，据当时对外公布的财政记录，全俄汽车联盟在1994年出售证券收入253亿卢布，相当于1 500万美元。卡丹尼科夫和别列佐夫斯基后来一共筹集了5 000万美元的资金，当然还包括利息和再投资利润。实际上，全俄汽车联盟用它得到的现金立即进行再循环，投资私有化凭单、高回报银行证券以及其他来钱快的项目，赚了两三倍。轻松赚钱，确实轻松。

公众或许曾相信1994年他们会看到“人民汽车”上市，但别列佐夫斯基挪用了造车的钱，用来购买瓦兹汽车厂的控制权。财政报告显示，全俄汽车联盟花了61亿卢布——相当于310万美元——购买了俄罗斯最大的汽车厂三分之一的股份，这么一笔巨大的工业资产竟只花了这么一点点钱。别列佐夫斯基用了两种不同的方法。第一，全俄汽车联盟利用凭单购买工厂股份；第二，全俄汽车联盟是 1994 年 8 月 8 日瓦兹汽车公司拍卖招标的中标者。投标者应该是拍卖竞争获胜方，获胜方应在将来对企业投入可观的投资，但后来一位官员告诉我说，全俄汽车联盟是唯一的投标者。[29]瓦兹汽车后来又发行了新股票，其中的大部分卖给了全俄汽车联盟。这样，全俄汽车联盟拥有了工厂 34%的股份。7 月 23 日，全俄汽车联盟在莫斯科展览厅发行股票的 7 个月后，别列佐夫斯基成为伏尔加汽车厂的 11 位董事会成员之一，是人民的钱帮他进入了董事会，这是绝佳计谋：他利用从公众那里募集来的钱，使自己和卡丹尼科夫拥有了工厂的私人所有权。据后来成为全俄汽车联盟总经理的尤里·泽克策尔（Yuri Zektser）称，到了 1994 年夏末，公司内部很清楚别列佐夫斯基没有募集到足够的钱来建汽车厂。此外，与通用汽车公司的谈判也搁浅了，因为该公司害怕在俄罗斯投资会有风险。（再者，车臣有战争迹象，俄罗斯在 10 月经历了货币恐慌的一天。）卡丹尼科夫在 1994 年 11 月 2 日接受报纸采访时，暗示遇到了困难。他说，通用汽车公司提议每年生产 2 万辆汽车的小项目，“不适合我们”，但他向人们保证：“缺少预期的外国参与不会影响全俄汽车联盟计划的实现。”[30]

卡丹尼科夫没有提到，几个月前，他与别列佐夫斯基已经用人们的钱购买了瓦兹汽车厂的股份，人们在短期内不会看到“人民汽车”了。在 1995 年 1 月中旬，卡丹尼科夫公开承认造车计划推迟了，他说该项目会缩小规模，到了 2 月中旬，他说不可能开始建造汽车厂了，因为全俄汽车联盟仅募集了原计划 3 亿美元的六分之一，即 5 000 万美元。最终承认造车项目流产是 5 月一份报纸上的通知，说全俄汽车联盟在 1995 年 4 月 7 日召开了年会。通知谴责“1994 年 6—7 月经济社会的负面倾向”造成了“不利的投资环境”。[31]

人民汽车只能留在人民的梦里，但人民的钱是拿不回来了。别列佐夫斯基的方案制定得如此周密，以至于到头来，他和购买他证券的人们都没有购买证券人的名单。这正是他的主意：没有名单，没有赔偿，没有问题。证券一文不值，除非持有人能找到合适的地点和合适的时间换取全俄汽车联盟真正的股票。1995 年的年会以及后来的有关会议决定不支付红利。实际上，在以后的六年里，全俄汽车联盟连一分钱的红利也未支付，尽管它发行了几百万张附在证券上的小票券。红利与“人民汽车”一样，只是一种幻想。许诺发放 10 万辆汽车的抽奖也在进行了三次抽奖、发放了 1.4 万辆汽车后停止了。

全俄汽车联盟把钱还给人们的许诺一次又一次落空。真正的赢家是别列佐夫斯基和卡丹尼科夫。[32] 1996 年，当被问起公众的钱都到了哪里，全俄汽车联盟到底发生了什么情况时，别列佐夫斯基回答：“每次都按照许诺行事，我们共筹集了约 5 000 万美元，我们使这些钱运转，至少这些钱没有被毁掉，我们成功地保存了这些钱，我们没有把钱花在我们自己身上，或花在娱乐和享受上。”[33] 恰恰相反，他们把钱花在购买自己的汽车工业上了。

*

全俄汽车联盟的传奇只是轻松赚钱那几年的一瞥，但没有揭示事情的全部。钱可以从官僚们手中获得，也可以从最初的商品交易所中获得，甚至在破烂的货币交易亭里从街头青年手中获得。轻松赚钱是一个时代，一种文化，一种经历——对某些具有非凡的勇气和非常精明的人来说，是一个决定性的时刻。

安德烈·梅尔尼琴科就是其中的一员。他在最好的学校接受教育，曾经在苏联时期获得学术比赛的奥林匹克冠军，后被著名的莫斯科国立大学物理系录取。梅尔尼琴科个子高高的，行动有点笨拙，相貌和善，直直的头发从中间分开，经常穿着牛仔裤和 T 恤衫。他长着一张娃娃脸，却有着金融家的聪颖和智慧。在苏联解体前的最后几年，从那黑黑的迷宫般的大学宿舍里，走出了轻松赚钱的年轻开拓者——梅尔尼琴科。

在他读大学二年级时，苏联解体了，学校变成了非正式的商品交易所。楼道里和宿舍楼的院子里挤满了卖铜和石油的人，这些铜和石油都是从国营工厂或仓库里搞到的。所有出售的商品都用现金支付，因为交易者需要安全、快速和流动的货币资源。梅尔尼琴科成了他们之中的一员：莫斯科大学主要的货币交易兑换者。他帮助他们把美元换成卢布，再把卢布换成美元，通常在几个小时内完成。梅尔尼琴科和他的两个朋友在他们的宿舍外面工作，他们手里拿着一本笔记本记录交易，用一个大木头盒子装钱。梅尔尼琴科回忆说：“大学宿舍再也不像是学生居住、学习和做作业的地方了，像一个股票交易所。所有的地方都是通知，人们在做买卖，有各种交易商品和物资——小汽车，卡车，糖，金属，你想要什么就有什么。”三年中，梅尔尼琴科很少用心学习，把所有的精力都花在非法兑换美元和卢布上。刚开始，一天的利润才100美元，好的时候能挣2 000美元，但在一年内，生意暴涨，三个学生一天能经手10万美元。

1992年至1994年的通货膨胀就像一部自动扶梯。每天，卢布对美元的比价都在无情地狂跌。梅尔尼琴科和他的朋友们发现了利用扶梯发财的秘密。奥秘是收购卢布。把它们换成美元，等待一小段时间，然后换回同样数量的卢布，此时的卢布值不了以前那么多钱，他们因此赚中间的差价。借贷卢布一年的利息是10%—13%，而通货膨胀使卢布贬值的速度是每月25%，钱就这样不费吹灰之力到了他们手中。他们作为交易者所需要的就是勇气和胆量，有时甚至是钢铁般的神经。梅尔尼琴科告诉我说，一火车一火车的商品交易就在大学里买卖。因为买卖双方经常互相不信任，他们会安排用现金做存单。梅尔尼琴科也收这样的存单，他的资本暴涨。他甚至连个存放现金的保险柜都没有，但宿舍房间有一个很厚重的门，他会把门仔细锁好。喜欢穿牛仔裤和T恤衫的年轻人开始思考毕业后的生活。

梅尔尼琴科和他的朋友们随着他们的客户从校园里搬到了新开张的莫斯科市商品交易所。梅尔尼琴科在两间简陋的房子里设了一个小办公室，并在《莫斯科共青团员报》上登了两行字的广告：“我们买卖货币。”该报是一种人气很高的宽幅报纸。他们的电话响个不停。客户先拿着成袋的现金到第一间屋子，交易在第二间屋子完成。在第二间屋子里，梅尔尼琴科安了一部点钞机和一个真正的保险柜。年轻人们开始变富有了。梅尔尼琴科说：“我们都租了很好的公寓，买了汽车，日子过得非常好。”

法律发生了变化，到了1992年，他们需要正式的营业执照。梅尔尼琴科找到一家迷你单间银行，名叫第一银行（Primier Bank），他与银行老板达成了一笔交易。他用他们的执照进行换钱生意，付给他们一笔使用费，这样他继续在城里进行他的金钱交易。有一小段时间，他还进行凭单和香烟交易，这是人们非常需要的物品，不管是几箱还是几卡车都可以换成货币。几年后，我碰见梅尔尼琴科时，问他是否记得他在那些年有什么爱好或消遣，他什么都不记得了，只记得整天成小时地打电话，检查汇率，换钱。

梅尔尼琴科最重要的商品就是信息。他和他的团队每天一开始就清点现金，确定卢布对美元的汇率的大概走向。他们给竞争者打电话询问他们提供的汇率是多少。当时没有计算机网络，没有交易大厅或股票行情自动收录器，只有电话。忙完这个，客户们就开始打进电话，一个工厂需要把用一船钛挣来的 10 万美元兑换成卢布，要快。在 90 年代早期那几年，所有这些交易都是用现金进行的，这对梅尔尼琴科大有裨益。汇率一天不停变化，他们工作非常迅速，不断地打电话，数钞票，买进卖出。梅尔尼琴科说："从早到晚，有时晚上也要干，因为有晚上的班机，人们从边区来，要赶飞机回家。"不久，他们每天的交易额达到几十万美元，很少遭受损失。这一运行机制就像电动印刷机一样管用：手柄一转，利润出来。不用与乱糟糟的工厂打交道，不用更换旧设备，没有社会主义遗留问题，也不用担心和红色厂长们打交道。"想亏钱都很难。"梅尔尼琴科回忆说。戈尔巴乔夫发起改革运动时，梅尔尼琴科才 13 岁，但现在的他已经系上了领带。

梅尔尼琴科在莫斯科建立了一个货币交易所，名叫联合货币所。1994 年 10 月 11 日被称为"黑色星期二"，卢布与美元的汇率从 1 美元兑换 3 081 卢布跌到 1 美元兑换 3 926 卢布。梅尔尼琴科告诉我说，在卢布狂跌的前一天，"我们早就预料到第二天会发生这种情况。我们在交易所大量买进"。当卢布猛跌时，梅尔尼琴科突然杀进。他回忆说："我们在最高点卖出，那一天，我们挣了 1 000 万美元。"

梅尔尼琴科的秘密不是他一个人的秘密。卢布对美元的投机是 90 年代早期轻松赚钱的主流。[34]这种投机的好处非常明显：当时的工业很差，需要大量的资本投资，但是货币投机开销低，利润高，不需要资产。谁不动心？亚历山大·斯莫伦斯基回忆说：“大量的钱都是从投机里挣来的。这真是轻易赚来的钱，轻易得来的资本。”他当时用从莫斯科零售商那里得到的现金从事卢布兑换美元的交易。斯莫伦斯基筹集卢布，换成美元，然后再换回卢布。他说：“你早上给钱，晚上收利，需要看谁是最快的，我们整天待在银行里，就像赛跑，就像一台印钞机。每天它都带来很多很多的钱。最重要的是，不要犯错误。上帝保佑我们。转换、交易、收益；转换、交易、收益。这就是每天要做的事情。”[35]

货币投机并不是唯一轻松赚钱的方法。领导无方的政府与高度通货膨胀导致人们采取多种方案快速发财，特别是那些有政治关系的人，包括早期的合作社商人、共产党和共青团的元老们以及他们早前在克格勃的庇护人。这些人都是精英中的精华，他们轻松赚钱的渠道直接来自政府。

90 年代早期，俄罗斯没有中央金库，依靠“特许”商业银行存储和支出国家的金钱。该制度从一开始就充满腐败，却一直持续了好几年。银行用贿赂和胁迫的手段利诱和威胁收入偏低的官僚们，来争取有利可图的业务。当大量的国家金钱“存入”银行时，官僚们则另有所图。银行家们并没有按照他们应该做的那样支出国家的金钱，而是把这些钱挪用，为自己的目的服务。他们通常会拖很长时间才归还国家存在他们银行的钱，甚至干脆一分钱不还。这些狡猾的银行家充分利用了一个简单的前提：钱会随着时间的流逝增值。腐败的政府官员们则情愿忽略这个概念，允许这些银行家利用国家的财富发财。

特许银行系统是另外一个例子，说明轻松赚钱是如何扭曲了俄罗斯刚刚形成的资本主义发展。为什么仅仅能勉强满足处于商业周期低潮的俄罗斯国家金融需要的银行，愿意把钱借给陷入危机的俄罗斯工厂，去扶持那些有风险的企业和摇摆不定的新商行呢？他们糟蹋了政府的钱，阻碍了俄罗斯的发展，本来他们应该和那些轻松赚钱的一代人一起艰苦奋斗，学习在真正的经济社会如何进行投资和赢得利润。

轻松赚钱的影响萦绕着整个 90 年代。俄罗斯银行协会主席谢尔盖·叶戈罗夫（Sergei Yegorov），他在 1997 年初提出了对俄罗斯出现轻松赚钱这种扭曲思路的看法，引人深思。他指出，1996 年发放的 210 亿美元的银行贷款，只有 1.2%是给商业的长期贷款，90%都用政府的国债发放给短期交易，其他的给了进出口业务。换句话说，商业银行几乎没对真正的经济发放任何贷款。他们有点像赌场，鼓励人们轻松赚钱。[36]一份报告发现，从 1994 年到 1996 年，银行利润的一半来自轻松赚钱行业。几乎没有人得到大额度的贷款，最长的贷款期限是一年。[37]

斯莫伦斯基、霍多尔科夫斯基、古辛斯基和别列佐夫斯基都是在 90 年代初通过“特许”银行得到资本的。在卢日科夫的支持下，古辛斯基支配莫斯科市政府账号好几年。斯莫伦斯基除了其他账号外，还维护着克里姆林宫行政账号。别列佐夫斯基也使用同样的策略从国家航线俄罗斯国家航空公司积聚现金。

别列佐夫斯基曾经吹嘘说，他的梅纳捷普银行在任何政权下都可以生存。梅纳捷普银行前副总裁告诉我其中的原因：该银行与政府是平行结构。别列佐夫斯基和他的董事会主要成员与各个主要部长建立了直接的疏通关系，他们的副手也与副部长们有直接联系。梅纳捷普银行在政府项目的帮助下，发展迅猛，从国防开支到食品采购。俄罗斯财政部是梅纳捷普银行的主要客户之一，1995 年向政府贷款占了梅纳捷普银行贷款活动的一半。[38]梅纳捷普银行前副总裁试图使用西方的投资金融方式，但后来他十分沮丧地推出如下结论：作为“特许”银行，不费吹灰之力盈利几百万美元，所以建立西方融资方式是徒劳的。他说：“辛辛苦苦干投资，到头来‘毫无所得’，但当你和你在财政部的哥们一块去洗个俄式桑拿，他们就可以给你的银行注入 6 亿美元的资金。”

“财政部会把那笔钱存入梅纳捷普银行，然后指示银行发放给边远地区。梅纳捷普银行所要做的就是收下这 6 亿美元，不用付给财政部一分钱，银行可以推迟把钱发放给边区的时间。人们得到这笔钱时，通常都是三周以后了。银行给他们发放的不是现金而是期票——是梅纳捷普银行期票!”[39]在那段时间里，梅纳捷普银行把钱投入高盈利投资，轻松得到几百万美元的利润，其间他们除了故意不理政府的指示外，绝对什么事情都没干。没有人被抓住，没有人被惩罚。

弗拉基米尔·维诺格拉多夫是革新商业银行（Inkombank）的创始人，也是90年代主要的商业银行家之一。他的金融帝国倒塌几年后，他告诉我说："关键问题在于，疯狂的金钱都是靠与政府的特殊关系挣来的。例如，从政府那里拿的钱用来资助某些项目，这些项目最终根本没得到任何资助，或仅仅得到应该得到资助的十分之一资金，而且得到的资金是凭单，用这些凭单去换股票。"看！轻松赚来的钱变成了私人资产。[40]

90年代初期，有一个西方人在轻松赚钱时期也捞了一把，他的名字叫维克托·华科（Victor Huaco）。他在拉丁美洲债务危机时期曾是花旗银行的专家。他在莫斯科开展卢布对美元货币兑换业务。他后来帮助一些西方大投资商了解俄罗斯的金融和投资环境。华科是位穿着整齐的金融家，他发现俄罗斯的混乱与80年代拉美的经济动荡有很多相似的地方。他告诉我说，有一个多年未解的谜，在轻松赚钱的年代，谁能够真正地决定胜利者和失败者。华科说，他感觉到每一笔交易后面都有一只"魔爪"在控制，政客和官僚帮助他们的朋友不断地榨取国家的财产。"魔爪"是另外一个迹象，成为俄罗斯资本主义最初十年最具破坏力的现象，即利用权力攫取财富的腐败。腐败的种子在苏联时期就已经种下，当时的短缺经济和传统的"贿赂"与"关系网"都是后来腐败的温床。但在轻松赚钱的年代，这种情况更加厉害。当时俄罗斯国家经济百废待兴，经济规则和有关的管理机构也受到刚刚兴起、迅猛发展的资本主义力量阻挠，尚未出台。后来，一小部分金融人士权力膨胀，几乎取代了政府的作用。

华科告诉我说，权力的"魔爪"通常是隐蔽的。金字塔骗局靠大肆鼓吹骗取老百姓的钱，货币交易者在明处，特许银行在暗处。那些从内部得到特殊消息的人成了赢家，他们利用这些内部消息发了财。记者尤利娅·拉特尼娜说，财政部一位副部长曾经宣布国有银行的债券将不会兑现，导致这种债券价格大跌，霍多尔科夫斯基乘机全部买进。几天后，该副部长又宣布，这种债券会兑现，结果价格又回升了。[41]

华科说："对我来说，总有一个疑问，这只魔爪是从哪里来的？这只魔爪是和钱勾结在一起的，能够接近内部消息和交易的人能把他们手里的钱翻十番，这只魔爪不仅给这些人钱，还给他们提供信息。他们知道内部将发生什么事情，会下相应的赌注。"有一次，华科帮助一个俄罗斯政府机构从西方贷款组织借了一笔钱，这笔钱由俄罗斯担保，转到莫斯科，存在一家俄罗斯银行里。过了一段时间，那家借钱的机构抱怨说，他们从来也没收到借款。华科查了一下，"原来那家俄罗斯银行把这笔钱用到他们自己的投资里了"，他说。魔爪又一次伸了出来。[42]

政府经常很庄重地宣布，轻松赚钱的日子结束了。亚历山大·李乌史兹（Alexander Livshitz）是叶利钦的经济顾问，在 MMM 事件后他宣布："轻松赚钱的日子过去了。"[43]他大错特错了。

轻松赚钱时代，即 20 世纪 90 年代，是新俄罗斯黑暗面的真实写照。自由的新鲜空气令人振奋，但很多人厚颜无耻地利用了这股新鲜空气。他们利用自由回避法律，欺骗国家，诈骗百姓，逃脱法律的制裁。矿工、靠养老金为生的人、教师和护士领不到工资，因为"特许"银行（那些大亨）用他们的工资去滚雪球挣大钱了。俄罗斯的这种状况促使莫斯科出现了一个精英团体：他们的权力凌驾于国家之上，有私人军队，强迫政府不要插手他们的致富计划，威胁任何挡了他们路的人。

叶利钦和他周围的自由改革者们摧毁了苏联权力的象征，这是他们干得最愉快的事情，他们不想让俄罗斯再重新复活成一个大国。他们还清楚记得这样做的危险性。在做下这样一个对俄罗斯资本主义早期产生深远影响的决定时，自由改革者们选择的做法是首先给予最大的自由，然后再制定规则。但是各种罪恶势力乘虚而入。出现了骗子、流氓、犯罪团伙、腐败政客、官僚、自然资源大王、黑社会人物、野心勃勃的大亨以及前克格勃头目等。令人感到悲哀的是，新俄罗斯国家经济贫穷，连军人和官员那一点点可怜的工资都发不出来，钱竟能买权。国家的精髓——由当局制定规章制度——被新兴的资本主义私有化了。结果很清楚，先来钱，最早是卖石油和计算机获得巨额利润，后来通过对大型工厂和自然资源的私有化让人们轻松赚钱。金钱和资产不可避免地带来竞争和冲突。有冲突就需要有地方解决争端，但由于制度还没有制定，所以法律无法实施，法庭没有法律尊严。既得利益者们制定了法律以外自己的规则，使用贿赂和腐蚀手段，使用暴力和胁迫手段，这些手段很容易实施：金钱开道。

在轻松赚钱令人激动的那几年里，一个意味深长的事实经常被忽略：从沙皇到苏联共产党，俄罗斯从来没有按法律办事的传统。俄罗斯人过去几个世纪都已经习惯了一个人说了算的做法，从沙皇到苏联最高领袖，不习惯依照缺乏个性、超越个人意志的绝对法律办事。

苏联权力解散后揭开了一个盖子，一言堂一夜之间不存在了。没有人真正意识到这是一个非常危险的时刻。没有人想到用什么东西替代那个沉重的盖子。俄罗斯突然陷入真空之中。[44] 渐渐地，经过1993年议会暴力冲突后，新的法律和宪法开始施行。但整个90年代的痛苦现实说明，俄罗斯还是一个真空，无序而杂乱。从街道路口的交通警察整天收取贿赂，到黑帮的交火射击，再到俄罗斯国家的最高层，金钱无所不能。

苏联解体后惊人的腐败现象不是新产生的东西，这种文化和做法已经有几百年的历史了。贿赂在彼得大帝时期就非常流行，彼得大帝绞死了西伯利亚的省长加加林，因为他非常腐败，三年后，又绞死了告发州长的涅斯捷罗夫，因为他收受贿赂。在罗曼诺夫朝代整个时期，腐败是政府小职员和高官的一种收入渠道。到了苏联时期，定义改变了，当局迫害、起诉那些社会主义的敌人，包括那些有创业意识的人。但老式的腐败依然在地下存在，在计划经济里，想进行市场交易，腐败是唯一可行的办法。

苏联时代遗留下来的强有力的东西就是敌视创业精神和资本主义的意识形态。在新俄罗斯，这种意识形态仍然存在。当时的警察仍然认为，所有做生意的人都是罪犯，因为他们考虑问题时依照的还是苏联时期的法典。这些执法者从来就没有吸收新的观念，他们不认为自己的工作就是保护做生意的人。有一次，我问一个俄罗斯警察学院的教官，关于一系列银行家被杀的悬案情况，他把椅子拉到桌子一边，站起来怒视着我，朝我喊道："如果一个银行家被杀，那是因为他没有强力的保安服务！"他没把保护银行家视为警察的职责。

在很多受压制的国家里，国家的软弱、腐败和独裁主义之间的关系是非常强大的。如果法律实施不力或不存在的话，每个人都可能会被指责为罪犯。这极大加强了任意迫害的权力，统治者可以随意决定抓谁、惩罚谁。这就是20世纪90年代俄罗斯问题的核心。比如，陈旧的税法就根本不可能遵守。一个小商贩曾经告诉我，他生意的整个官方税单是利润的110%，类似的话我不止一次听说过。法律几乎使每个生意人和纳税人都成了犯法的人，因此他们就从有可能犯罪的人变成愿意向权力低头的人，最后成为行贿者。内务部培训学院的院长亚历山大·古罗夫（Alexander Gurov）曾经坦率地承认，这种思想已经深深地印在俄罗斯人民的脑海里。他说："被交通警察抓住的100个违反交通规则的人中，有95个人还不等警察开口，就会主动行贿。"[45]

第十章　莫斯科重建者

大教堂还像庆祝军事胜利时那样庄严。1812 年俄罗斯军队抵御拿破仑侵犯后，沙皇亚历山大一世命令建造一座大神殿庆祝胜利。基督救世主大教堂 1839 年开始修建，44 年后竣工，教堂高达 30 层，用料 4 000 万块砖，墙厚 3 米，外用大理石板和花岗岩板，巨大的圆屋顶上有一个皇冠，外用重达 176 吨的铜包着。教堂顶端有一个高达 3 层楼的十字架。主屋顶有 4 座鼓楼环绕着，上面悬挂 14 座大钟，总重量达 65 吨。12 扇青铜雕刻的大门通向大教堂内部，这里既是宗教神殿，又是战争纪念馆。一位历史学家这样写道："一个又一个的沙皇来了又走，老一代人死了，新一代人诞生，俄罗斯卷入混乱的战争和征服，受尽了一波又一波的饥荒和流行病的折磨，但这一切都不曾打断完成这个超大建筑的努力。"建成后的教堂于 1883 年 5 月 6 日举行献祭仪式，成为莫斯科的标志建筑。

1931 年，斯大林命令把大教堂炸掉，经过 4 个月的准备工作——清除大教堂上的每片值钱的金属块，撬掉大理石和青铜，用小炸药包把砖块炸开。经过一系列的爆破，工人们终于在寒冷的 12 月 5 日早上，把大教堂建筑推倒，留下一大堆烟尘弥漫的碎石块。一个目击者说[1]："可怕的寂静笼罩在这个地方。"斯大林要建更大的"苏联宫殿"，一座比美国纽约的帝国大厦还要高的高层建筑，顶上挂上列宁的巨大头像。新摩天大楼的建筑方案投标竞争持续了好几年，但该项目在斯大林死后就不了了之了。在赫鲁晓夫统治时代，在大教堂的原址上建造了一座大型公共室外温水游泳池。大教堂虽然在历史书上被正式删去了，却在人们的记忆中永存。

1989 年，戈尔巴乔夫准许赋予过去的事情更高的透明度，弗拉基米尔·莫克罗乌索夫（Vladimir Mokrousov）根据他朋友给他的原教堂旧照片，用石膏和纸板建造了一个小的教堂模型。像所有那些敢于向官方意识形态挑战的人一样，起初莫克罗乌索夫小心翼翼地采用迂回战术。他是一位多才多艺的雕刻家，满脸皱纹，灰眼睛，留着灰色长发和粗长的络腮胡子。莫克罗乌索夫在莫斯科用破旧的地板材料搞了一个两层工作室。他偷偷地做了这个教堂模型，却不得不把模型藏起来，因为艺术家协会有章程禁止会员从事有关宗教主题的创作。至少在公开场合教堂是禁止谈论的话题。他不想冒风险，引起克格勃的注意。

1989 年，莫斯科宣布要举办一场第二次世界大战纪念品的比赛。参展作品陈列在克里姆林宫隔壁的马涅日展览馆。莫克罗乌索夫经过思想斗争，决定拿出他的大教堂模型参展，以纠正斯大林“犯下的错误”。[2]他的模型是 400 件参展作品之一，很多作品都带有锤子和镰刀(苏共党旗的象征)，但莫克罗乌索夫的特殊模型引起了轰动。模型展出两周后，突然不见了。莫克罗乌索夫说，克格勃看见模型后，就把它放进保险柜里了。但是克格勃动手晚了，莫克罗乌索夫的模型激发了人们对重建教堂的兴趣。除了一份报纸的文章对此报道过外，人们还成立了群众活动小组。成员们经常定期在莫克罗乌索夫工作的工作室聚会。他们把自己称为“村社”(Obschina)，在俄语中是本土宗教或民族小团体的意思。在以后的几年里，“村社”活动分子分散在全国各地的街头上，寻求民众的签字和捐钱，支持大教堂的重建。他们的梦想只限于街头宣传，俄罗斯东正教和俄罗斯政府很少留意他们的行动。[3]1990 年 12 月 5 日，为纪念教堂被毁的日子，在教堂遗址安了一块石板。次年 3 月，由莫克罗乌索夫雕刻的两米高的石膏十字架竖在该遗址上，人们围着十字架祈祷。最初参加祈祷的是一些民族主义者和宗教信仰者，后来，1991 年 8 月政变后，又有一些俄罗斯民主人士加入了他们的队伍。这些俄罗斯民主人士把教堂的重建工作作为一颗插入共产党心脏的象征性的钉子。1991 年，在纪念教堂被毁 60 周年大会上，叶利钦宣布：“这种史无前例的摧残文化的行为，不是外国侵略者所为，而是由被错误思想蒙蔽而对一切善与美怀有刻骨仇恨的人干的。”[4]

在加夫里尔·波波夫 1992 年 6 月 6 日辞职后，叶利钦任命卢日科夫为莫斯科市市长。卢日科夫接任时，面临着严重的物资匮乏和极度不稳的局势，公民对此感到非常困惑和担忧。卢日科夫认识到，他需要激发人们对未来的希望，但他本身不是一个具有号召力的人，他讲究实际，是苏联时期的一位管理者兼工程师，对政治了解甚少。他当然不知道在崭新的国家制度下该用什么样的政治手段来激发人们。瓦西里·沙赫诺夫斯基当时是波波夫和卢日科夫的高级助手。他告诉我，卢日科夫出乎意料地突然就任，没有制订远大宏伟的计划和战略。沙赫诺夫斯基回忆说：“他发现自己处于一个困难境地，因为他没有经过深思熟虑的现成方案。”沙赫诺夫斯基说，卢日科夫只好按照他的直觉行事。[5]

卢日科夫在就任后的莫斯科政府会议上说：“现在最重要的是渡过目前的难关。”他制定了一个巨大的、雄心勃勃的城市建筑方案，希望借助此方案为市民提供工作机会，消除人们因失业和绝望而产生的不满情绪。

在街上，“村社”满怀热情为重建大教堂募集捐款。成员们站在地铁站，在街灯上张贴标语，寻求帮助。政府认可他们的行为，允许他们以合法团体的身份注册并拥有银行账号。活动分子们征集了数万份签名，呼吁政府重建大教堂，他们甚至以教堂重建的名义建立了一个小银行。但不管这些人如何努力，他们毕竟是业余活动分子，他们的梦想成为现实的可能性非常小。他们募捐的钱对于盖教堂来说不过是杯水车薪。莫克罗乌索夫的妻子瓦莲京娜是“村社”的财政部长，她开始怀疑他们到底能否成功；成员们质问到底为什么没有进展。瓦莲京娜说：“钱确实非常少，但我们应该做些工作，起码应该开始做点什么。”[6]

卢日科夫注意到他们了。他回忆说，他父母曾经给他讲过大教堂的故事，他曾经看过教堂的照片，听说过工匠们当时建造大教堂时的传奇故事。[7]据莫克罗乌索夫讲，卢日科夫亲自签署了一个命令，将大教堂原址 6.7 公顷的土地给了“村社”，让他们先盖一个小教堂。当时，小教堂看起来是适中的可行方案。莫克罗乌索夫夫妇发现，那个地方被一个车臣的旧车交易商占用。经过大胆的考虑，瓦莲京娜找到车商，要求对方支付这块地的使用费，出乎她的预料，车商立即付给她 350 万卢布的现金，这笔钱相当于几千美元。“村社”用这笔钱围起栅栏，构造了几个蓝图，但他们的梦想依然难以实现。叶利钦把重建大教堂的项目放在新俄罗斯将要修建的几个大项目名单上。

1994 年，俄罗斯东正教的一位领导人把瓦莲京娜叫到一边说：“很快一切都会好起来，大教堂马上就要重建了。”

“能告诉我是谁要重建吗?”她问道。

“尤里·米哈伊洛维奇·卢日科夫本人亲自来做这件事，他是认真的。卢日科夫不是叶利钦，他言出必行。”

1994 年 2 月 23 日，莫斯科建筑委员会通过了重建大教堂的新增订方案。这个方案远远超出了莫克罗乌索夫的梦想，是全部重建整个大教堂，而不是建个模型或小教堂。

莫克罗乌索夫的群众组织被更强大的力量取代：卢日科夫亲自出马。莫克罗乌索夫和他的妻子私下觉得有些痛苦，他们这些年一直不懈地努力，沿街乞求人们签名和募捐，就这样突然被抛到一边。他们向“村社”提出辞职，“村社”不久由大主教下达正式通知解散。大教堂的土地也由市政府收回。卢日科夫把重建大教堂的财权收了回来。9 月份，宣布重建大教堂的莫斯科市官方基金到位，并于 1995 年 1 月 7 日举行了奠基仪式。卢日科夫说，他要及时完成新大教堂的框架，以便赶上 1997 年莫斯科建立 850 周年的庆典。作为对大教堂重建工作的支持，叶利钦同意了对此项目的联邦减税案。

以后几年发生的事情令人叹为观止。在苏联时期，尤其是像莫斯科这样的城市，建筑方案经常被搁置很多年，建到一半的城市随处可见，另外，莫斯科在房屋、健康医疗、学校和道路等方面也问题重重。卢日科夫派出 2 500 人的建筑大军昼夜奋战，按照制图板上的蓝图，浇灌混凝土。工人们几次被迫暂停，等待设计师们完成施工方案。浇灌后的混凝土要用电热器加热以防冷凝。卢日科夫同意了使用

1 000 万块砖头的建筑方法，而不是最初的 4 000 万块砖头。他一周要到工地现场两三次，答应为工人持续供应克瓦斯，这是一种用发酵的面包制成的甜甜的俄罗斯软饮料。

莫斯科河畔聚集了一大堆建筑吊车，也引起了人们的阵阵怀疑。批评家们问，重建 100 座同样被共产党拆毁的小教堂是不是更好？或者建 10 座新医院？大教堂是不是象征着又回到了俄罗斯帝国主义时代？为什么在那么多其他紧急问题尚未解决的时候搞这么一个庞大的建筑？况且还有很多比这个建筑更迫切需要的东西。卢日科夫没有理会这些抱怨，他继续盖他的大教堂。

高达 335 英尺的教堂外面还保持原来的风貌，但在里面，除了教堂的功能外，简直就是一个现代化的主教总部，配有车库、电梯、会议室、录像系统、现代化的通风设备和咖啡厅。在原来是游泳池的地方，建了一个灰色的花岗岩地下室。南面有一个 1 200 座席的教堂理事会大厅，5 间食堂，还有一个供 1 500 人就餐的餐厅。[8]

卢日科夫对每个细节都非常注意。根据计算，可以用少量的金涂在大教堂的顶上，金漆层上加一层硝化钛做底，周围加上花岗岩，这样金只用 20 公斤就足够，而不是原来的 312.6 公斤。卢日科夫为了检查这样做是否看起来像真金一样，专门去找莫斯科及全俄罗斯大牧首阿列克谢二世（Alexy Ⅱ）。他拿着两个样品，一个是便宜的，另外一个是真正的金箔。他没有告诉大牧首哪个样品是真金，让大牧首选一个看起来好看的样品，大牧首选了便宜的，后来施工中就采用了便宜的方案。[9]

经过了多年的倦怠与短缺，尽管他周围处处是批评的声音与经济混乱，卢日科夫对大教堂的重建是新俄罗斯诞生之际一个具有象征性意义的强大声明。教堂建筑本身是一座屹立在莫斯科河岸的宏伟城堡，从远处看就像童话一样闪闪发亮。作为宗教神殿和建筑里程碑，大教堂无疑是一个令人信服的象征。但我认为，它还有更广泛的含义。对改革初动荡不安的几年里人们的怀疑和社会的不稳定，大教堂的重建是一服解药。卢日科夫所传递的信息是：大教堂可以重建。

但如何重建呢？开工后的 6 年里，费用由原来预计的 1.5 亿—3

亿美元，变为7亿美元。卢日科夫和叶利钦只提供了大教堂费用的模糊解释，但在1996年1月6日，一些谜题有了答案。当时教堂外面立了一块大理石匾，上面用金箔写着："这是第一批无私捐献的公司。"石匾上写着比较有名的还有一些鲜为人知的金融和实业公司名单。名单上面第一排里有亚历山大·斯莫伦斯基的首都银行，它们为教堂圆顶捐献了53公斤的金块。天然气垄断企业俄罗斯天然气工业公司为外墙的大理石包层捐献了100亿卢布。莫斯科国际银行证券交易所捐献了100万美元。在这以后的4年里，捐献者的名单不断扩大，新的丰碑又立了起来。捐献者包括俄罗斯最大的城市公共事业单位，像电话、电力公司、有名气的银行、饭店、零售店、食品商、石油出口商、一家著名的巧克力公司和一些其他的工厂公司，还有一些新资本主义和新莫斯科有影响的人物。

捐献者并不全是出于公心的。他们与其说是捐献给大教堂，还不如说是捐献给卢日科夫看的。卢日科夫就像一部政治机器，他把权力和资产——他那可怕的统治和对莫斯科巨大资源的控制，都用到对莫斯科这座城市的重建上了。在卢日科夫的王国里，市场法和土地法的权力都不如市长的手中的权力那么强大。当卢日科夫下命令时，商人们必须聚精会神地听，没有卢日科夫的支持，他们就不能生存。金融家、交易商、实业家和饭店老板都捐献了，他们也都得到了回报。斯莫伦斯基捐献完金块后，主教立即把自己的账号存在首都银行里。米哈伊尔·奥戈罗德尼科夫（Mikhail Ogorodnikov）是本市大教堂重建基金会的发言人，他解释说："卢日科夫能够理解，并把这种经济自由的愿望与经济交换条件结合起来。重建大教堂的钱中有80%是由银行和公司捐助的。如何能让他们为城市工作？卢日科夫让他们明白：如果你不为城市做任何贡献，你会觉得待在这个城市里很不舒服，没有城市的支持，你就不能生存。"不像其他领导人采用好言相劝的方法，卢日科夫更加直截了当地让俄罗斯的新贵出钱。奥戈罗德尼科夫这么描述卢日科夫的方法："你住在这座城市里，你在这座城市赚钱，就给这座城市交付你应该交的钱。否则，你就别在这里待。"[10]

卢日科夫重建的不仅仅是被斯大林摧毁的大教堂，不仅仅是苏联解体后俄罗斯复兴的光辉象征，大教堂还是资本主义新模式的具体象征，这种模式是20世纪90年代卢日科夫在俄罗斯舞台强行推行的，是公共利益与个人利益相结合的模式，是金钱与权力相结合的模式。这种模式也引起腐败，特别是在一些大的市政工程中。所有这些工程都有一个共同的中心人物，都由卢日科夫掌控大局。

卢日科夫模式——莫斯科公司——并不是改革者们心中的模式。丘拜斯和盖达尔梦想建立一种西方模式的资本主义，本着竞争和公开的原则，把生意与国家分开，他们想让市场来决定谁胜谁负。相反，卢日科夫想的是由他本人来决定谁胜谁负。他的模式与西方模式相反，保持东方的传统，以当权者的思路为中心，不考虑盈利和亏损。有人称卢日科夫的模式为"国家资本主义"，因为城市本身成了商业活动中的主要参与者。卢日科夫对"国家资本主义"这个标签没有异议。批评家们则把卢日科夫模式称为"任人唯亲资本主义"，因为它使卢日科夫的朋友得到了实惠。

在莫斯科，卢日科夫有平民主义者的本能，机器政治家的组织技巧，建设者的雄心。他借鉴了芝加哥市长理查德·戴利（Richard Daley）和纽约建筑大师罗伯特·摩西（Robert Moses）的思想。他没有把建筑物视为作品，而是看作政治家为人民所做的事情。他不是一个高塔建筑师，看问题从建筑物顶上往下看，而是一个熟悉平民生活的政治家，通晓权术，看问题从下往上看。

卢日科夫的帝国有阴暗面——腐败和过于严厉的管理方式，但他非常受欢迎，特别是在90年代中段的大规模狂乱建筑时期。莫斯科人两次选举他为莫斯科市市长，每次他都以极大优势当选，1996年的支持率是89.6%，1999年的支持率是70%。1996年竞选市长时，他几乎没碰到对手，但在1999年受到著名的前总理谢尔盖·基里延科（Sergei Kiriyenko）的挑战。然而，基里延科的竞选还是失败了。加林娜·斯塔罗沃伊托娃（Galina Starovoitova）曾是圣彼得堡市议员，她非常激进，1998年被暗杀。她曾经告诉我说，卢日科夫强迫银行及其他商业部门出钱重建莫斯科市的做法，获得了公众的认可而不是蔑视。她说："很多普通老百姓认为，这些俄罗斯新富翁和新贵应该把他们的财富与莫斯科市同享，卢日科夫的做法不过是从他们的超级利润里挤出一点来而已。"

卢日科夫帝国的崛起对整个俄罗斯来说举足轻重。因为他的崛起发生在俄罗斯从苏联社会主义的黑暗中走出来的初期，人们还在摸索如何在一个没有资本主义经验的国家里建设市场经济。不久就发现，很显然在通向市场经济的路上不止一条途径。一条途径是丘拜斯-盖达尔式的以市场为主的自由主义，第二条途径是贪婪的胜者为主的寡头资本主义，本书的下一章将对此进行详细叙述。第三条途径就是卢日科夫式的老板为主的城市机器。

这些不同的途径并不意味着卢日科夫和丘拜斯在经济学课堂上的黑板前，彼此礼貌地争辩，这些途径是经过现实的检验，经历了挫折，犹如一条弯曲的、高低不平的小路。波波夫离开莫斯科市长的位子后，卢日科夫的上台似乎有些偶然，但他绝对不是那种让理论束缚手脚的人，他雷厉风行，是一个实干家，看起来使用的是苏联时期的管理模式，但又富有当代管理成效的活力。他抓住了机遇，领导国家最有发展潜力的城市。最终，卢日科夫实践了他心中新俄罗斯应该怎样做的想法，为俄罗斯其他城市树立了榜样。

拉里莎·皮亚舍娃对建设资本主义的莫斯科有她自己的见解。皮亚舍娃是一位极端自由主义经济学家，1991 年 11 月她受聘于波波夫，她的任务是加速对工商业进行私有化的改造。在这之前，莫斯科市实际上已经完成了住宅私有化，下一步就是小商业私有化。皮亚舍娃想把莫斯科市所有的商店、咖啡厅、饭店、理发店、汽车修理厂和鞋店都交给个人，一次性全部处理完。这种做法被称为"雪崩"式私有化，这是一种简单、大胆、意义深远的想法。皮亚舍娃认为这种想法是完全的自由市场，而且也非常平民化。她与我谈起她的想法时说："企业免费交给企业的雇员，他们就成了主人。我的想法就是资产应该放弃，以前是国家的资产，现在应该成为个人的资产。"像其他自由主义经济学家一样，皮亚舍娃认为，企业家最终的成败与否完全靠市场来决定，但她不想浪费时间，从一开始就分类处理。按照她的“雪崩”观点，一个星期就能完成所有企业的私有化。理发师拥有理发店，修理工拥有汽车修理厂。她说：“有人发财了，有人失败了，但这个阶段的竞争不在国家的控制之中。”[11]

然而，皮亚舍娃的想法从未付诸实施。一个原因是，聘用她到市政府工作的波波夫在政治上越来越失去影响力，不断与莫苏委发生争吵。皮亚舍娃的私有化方案是在1991年1月宣布的，但仅仅一个月后的12月19日，波波夫第一次提出辞职，理由是他感到改革正受到市议会的阻挠。[12]6个月后，他就下台了。

卢日科夫成为波波夫继任者后做的第一件事就是解雇皮亚舍娃，放弃她的自由观点。皮亚舍娃回忆说：“卢日科夫把整个部门都撤掉了，他把所有的事情全部揽到自己手中。”皮亚舍娃准确地看到了卢日科夫的个性和思想，他想成为一个统治者，他要从莫斯科市的商业界挖钱。通过合同和各种租约，每个参与莫斯科经济建设的人都成为卢日科夫的从属。皮亚舍娃告诉我说：“他们的概念与我的概念背道而驰。我谈到的加速私有化对卢日科夫来说根本不可能，他不会像我说的那样把资产交给人们。不要免费给人们任何东西，任何东西都需要管理，卢日科夫是总管。他可以关闭任何饭店和宾馆——他可以撤换主人。他就是权威的象征。他是领袖。作为领袖，他统管一切。如果有什么事情令他不满，他就立即停止这件事情。他对所有事情拥有绝对的权力。这是典型的封建组织管理方式。”

摒弃了皮亚舍娃的激进想法后，卢日科夫下一步开始对付丘拜斯，阻拦他的大规模资本私有化。1993年夏，丘拜斯来到卢日科夫的办公室。此时，丘拜斯正试图使自己的方案得到顽固的最高苏维埃立法批准。他们在卢日科夫的办公室喝茶。两个人外表看起来完全不同：丘拜斯高大清瘦，充满年轻人的自信；卢日科夫又矮又胖，一副好斗的样子，秃头像炮弹，身材像橄榄球运动员。两个人都曾经接受过苏联制度，然后各自走出了自己的路子；他们都在叶利钦面临与议会日益紧张的冲突时与他站在一起。卢日科夫小声告诉丘拜斯说，尽管他们以前是盟友，他还是不支持大规模私有化。他抱怨说，国家没有钱，所以工厂卖掉后，也赚不到钱。另外我认为，卢日科夫反对凭单私有化还有一个不可告人的原因，他想自己去挑选莫斯科市资产的主人，而不是让那些通过凭单拍卖获胜的人来成为这些资产的主人，因为那样的话，他就无法控制他们了。卢日科夫向丘拜斯呼吁道："咱们不要这样进行私有化——资产不能这样便宜地出售，我们会得到投机商而不是领袖。"

丘拜斯不为所动。他要打破党政干部对资产的控制，卢日科夫就是这种资产控制的代表。卢日科夫回忆说，他们两人的谈话毫无结果。[13]

卢日科夫在 1993 年 10 月 3—4 日的事件中支持叶利钦。当时，叶利钦暴力对抗反叛的议会，炮打白宫，里面躲藏着那些反对他的民族主义者和保守主义者，还有一些流氓恶棍。武装冲突导致 145 人死亡。卢日科夫几次出席叶利钦举行的反危机会议，在冲突中，切断陷入包围的白宫的水、电话和电源供应。就在叶利钦准备利用这次事件起草一个新宪法给予自己更大的权力时，卢日科夫也利用这次危机给莫斯科市强加了一个政治机构，该机构在 12 月的选举中得到了投票者承认。除了难以控制的由 498 名成员组成的市议会外，在叶利钦的支持下建立了一个由 35 名成员组成的新城市杜马，即立法机构，这个机构后来证明是完全听从卢日科夫指挥的。

10 月事件之后，卢日科夫又一次呼吁丘拜斯停止进行大规模私有化，丘拜斯拒绝了。卢日科夫对他正式宣战[14]："从现在起，你就是我在意识形态方面的敌人，我要用各种可能的方法与你和你在全国灌输的东西进行斗争。"尔后，莫斯科大型企业的私有化进程开始放慢，卢日科夫用自己的意志控制了莫斯科市。他拒绝遵循全国私有化纲要。他在 1993 年 11 月 24 日来到叶利钦的办公室，驳斥丘拜斯为了"个人颂歌"而廉价出卖国家资产的行为。[15]

卢日科夫对苏联制度的失败并不陌生，他认为自己是市场经济的鼓吹者。但他对市场和个人资产的理解是，必须由领袖来管理，资产是通过艰苦的劳动得来的，不是通过象征性的价格买来的。在谈到把资产分到私人手里时，卢日科夫首先想知道的是资产新主人的能力如何，而丘拜斯想做的是首先把资产分出去，然后让市场来决定谁是有能力的资产主人。这就牵涉到俄罗斯资本主义不同模式的核心问题。卢日科夫说：“人有工作积极性不是因为他有资产，而正是因为没有资产，但他有权利通过生产劳动拥有资产。”卢日科夫把丘拜斯创造的新的资产主人嘲讽为“寄生资本”，指那些完全不了解工厂和生产企业而把他们的钱存入瑞士银行账号或变为“外国别墅、汽艇、轿车和其他享乐品”的人。在卢日科夫看来，这些人永远不会成为成功的资产主人，他们永远不符合他的领袖定义。卢日科夫说：“你觉得这些满脑子想的都是财富的人会成为成功的资产主人或工业生产的组织者吗？当然不会，他们觉得他们是‘一小时的代治者’，千方百计地利用这一个小时从新资产中捞取好处。”[16]

卢日科夫还信赖苏联旧体系里的一些东西，像国家补贴等。他对工业的国家所有制并不是特别的反感，但丘拜斯试图把计划经济彻底摧毁。几年后，卢日科夫还继续给吉尔卡车厂发放补贴，试图使该厂重整旗鼓，但这种补贴办法也没有取得什么效果。卢日科夫憎恨休克疗法的突然性和仓促性，因为该方法打乱了他的秩序感。他说：“丘拜斯是个激进分子，他的想法太极端。他一会儿打开棺材板，一会儿又敲上最后一个钉子。他在生活中做什么事情都是这样——恨不能一下子就把事情做完或把某人搞定。我喜欢循序渐进地做事，不喜欢革命式的大跃进做法。”[17]

更重要的是，虽然卢日科夫表面不说，但实际上他不想失去对金钱的控制。在他建立的帝国里，每个店铺、每个工厂都是收入的来源。如果资产不是公开拍卖，而是由市政府的官僚们经过专门决定发放给个人，产生腐败的可能性就更大。

到了春天，卢日科夫与丘拜斯的冲突升级了。在 1994 年 2 月 11 日举行的一次新闻发布会上，卢日科夫发誓莫斯科绝不实施全国性的私有化方案，他公开抨击丘拜斯，指责丘拜斯对俄罗斯进行私有化的方式就像“一个醉鬼为了买酒喝，在大街上不惜卖掉身上所有的东西”。“醉鬼”这个词激怒了丘拜斯。他回击说，莫斯科是俄罗斯私有化搞得最差的城市，只有 2%的大企业进行了私有化改造。丘拜斯气愤地说："这是官僚目无法纪的典型表现，是对普通老百姓权利的侵犯。"丘拜斯又补充说："私有化会让高层官员把他控制的资产交出来，而他从内心里根本不愿意这样做，这些资产是他十几年权力的基础。"1994 年 3 月 23 日他宣布要将莫斯科 50 家工厂公开拍卖，不顾卢日科夫反对。[18]到了 4 月 1 日，卢日科夫进行还击，他暂时中断了企业注册为股份公司的流程，而这正是私有化进行前的一个关键步骤。丘拜斯指控莫斯科市长触犯法律。他向总检察长呼吁，要求以渎职罪起诉卢日科夫。卢日科夫拒绝让步。切尔诺梅尔金总理命令卢日科夫与全国私有化方案的步调保持一致，卢日科夫仍然拒绝服从。争吵最终在 1994 年 6 月 10 日得到解决。叶利钦宣布卢日科夫获胜。叶利钦在一个新闻发布会上说，调解双方的各种努力都失败了，所以他命令政府"不要干涉莫斯科"。[19]这个命令在很大程度上被看作叶利钦对卢日科夫的感激，感激他在 1992 年 10 月叶利钦与议会冲突时对叶利钦的支持。愤愤不平的丘拜斯退出了资本运作。他说："在莫斯科，我们看到那么多违法违宪行为，那么多腐败，而我对此无能为力。"[20]

这一决定是卢日科夫在建立自己的莫斯科帝国道路上的关键性胜利。控制城市的资产——店铺、办公楼、工厂、停车场、宾馆、剧院、学校等——是卢日科夫获取收入和权力的重要来源。

在极度通货膨胀的日子里，现金贬值速度极快，于是卢日科夫发现可以用其他货币进行交易，获取利润。他通过各种力量，运用易货贸易等手段把莫斯科的房地产换成其他的急需品。这些私下交易不见得对，也不见得合法。这种做法在卢日科夫早期与古辛斯基的交易里已经试验过，当时莫斯科市用旧建筑换取免费更新或作为对方的回赠"礼物"以半价买回。这种交换手段成了当时标准的做法。例如，在 90 年代中期，革新商业银行成了俄罗斯第三大银行，也是最大的商业银行。银行总裁弗拉基米尔·维诺格拉多夫想把银行总部搬到靠近克里姆林宫的一座早期苏联革命用过的失修楼房。莫斯科市同意把该楼房交给革新商业银行，条件是让对方承诺重新装修，并长期租赁。两年后，我参观该银行时，发现它的总部看起来犹如新建的楼房，非常漂亮。卢日科夫出席了该楼启用的剪彩仪式。在银行前面的广场上有一座15世纪的小教堂，也由革新商业银行出资几百万美元进行了装修。维诺格拉多夫作为早期合作社运动的领导人之一，成了卢日科夫的支持者，为重建的大教堂项目捐赠了24个17—18世纪的雕像。卢日科夫授予维诺格拉多夫城市奖章。维诺格拉多夫支持了卢日科夫最喜欢的工程，在塞瓦斯托波尔建造了居民公寓，革新商业银行成了莫斯科市的指定银行，资助了很多城市工程，如拆除赫鲁晓夫时代一座5层公寓。[21]

类似的这种同盟关系在古辛斯基身上得到了最大的体现，古辛斯基是与卢日科夫结盟的银行家中最杰出的一个。卢日科夫把古辛斯基称为这段时期的商业“伙伴”。[22]古辛斯基把他的办公室设在市长办公楼里，市政府工作人员的工资从古辛斯基的莫斯特集团银行领取，从该银行设在市政府办公楼的大厅里的自动取款机取现金。1994年，古辛斯基的银行占了莫斯科市财政收入很大的比例，包括城市住房部门、执照部门、教育部门、建筑部门、金融部门、国际关系部门、交通警察、城市保安等的储蓄都存在该银行。[23]

卢日科夫的市政府将资产以很低的价格租赁出去，但城市的首脑们提出很多在租约里面没有提及的要求：种树、重建医院、修公路、建幼儿园等。这些附带的要求比现金更重要。1994年，卢日科夫急于清除一堆有毒的垃圾，他把这堆垃圾称为城市的“溃疡”。那里的废物已经堆积了十几年，一位专家称之为污染的海洋。卢日科夫找到一家私营垃圾公司，莫斯科机械建筑第五公司，他们答应承担清除这些眼中钉的危险任务。该公司清除了260万立方码的土壤，用干净的沙子和土重新铺垫，工人们不分昼夜，整整干了两年。该公司主要的工作是城市房屋建筑，他们也需要卢日科夫帮忙。他们花费1 000万美元从沃尔沃公司购买了一批新的垃圾专用卡车，但还欠300万美元的债务，他们无力支付。卢日科夫出面救急，他安排莫斯科银行给该公司贷款，年利息为4%，当时的市场利息要比这个高得多，这样公司就把贷款还上了。有毒垃圾清除干净后，卢日科夫举行了一个庆祝仪式，将一批新日古利牌轿车和新公寓的钥匙交给了一些做出贡献的工人，作为奖励。[24]

米哈伊尔·莫斯科温-塔尔哈诺夫（Mikhail Moskvin-Tarkhanov）是莫斯科市杜马一员，他曾经是90年代早期莫斯科改革民主分子，后来成了叶利钦忠臣。他说，我们的市长发明了苏联计划经济的替代品。他把这种替代品描述为“温和的管理加上严格的经济规章制度”。他说：“当我们要做想做的事情时，我们有温和的管理体系，先说，再提议，然后是强迫，最后是惩罚。”[25]帕维尔·布尼奇（Pavel Bunich）是卢日科夫的顾问，曾经与他一起在苏联时期为工厂的财政自主出过主意。他不掩饰卢日科夫让莫斯科新贵们往外拿钱的事实。“卢日科夫知道如何‘压榨’那些有钱人，但他也知道如何感谢他们。所有的银行家和企业家都知道：早上出钱，晚上就能得到以下各方面的优惠政策：租赁、城市命令、贷款等。”[26]布尼奇又补充说：“卢日科夫有办法感谢各种赞助商。如果你是商人，在克里姆林宫附近的市中心拥有一个办公室肯定对你会更好。卢日科夫可以帮你办到，他定的租金可能是免费，也可能是天价。”[27]

阿列克谢·卡拉-穆尔扎（Alexei Kara-Murza）是莫斯科的一位自由哲学家和政治家，他曾经告诉我说：“问题不在于卢日科夫如何别具一格，而在于莫斯科在俄罗斯的独特地位。”1997年，卢日科夫任莫斯科市长5年后，该市的税收占全国的25%—30%，而人口仅占全国的6%。俄罗斯有2 500个银行，其中1 700个位于莫斯科，全国前25个大银行就有24个在莫斯科，它们拥有全国存款的80%。80%的全国广告都是在莫斯科拍的。莫斯科人出国旅游的人数是其他城市出国旅游人数的两倍，拥有电话、个人电脑、微波炉和信用卡的人数是其他城市拥有这些东西人数的两倍多。作为俄罗斯资本的堡垒，莫斯科的财富流动令俄罗斯第二大城市圣彼得堡相形见绌。[28]

盖达尔后来提醒人们注意卢日科夫利用莫斯科独特地位的手段。俄罗斯法律要求公司在正式注册的地方交税。众多大型国家垄断公司都在莫斯科注册。俄罗斯电信是负责全俄罗斯电话业务的电信公司，但该公司在莫斯科交税。联合能源公司是电力垄断公司，也在莫斯科交税。同样还有全国最大的天然气垄断企业俄气以及石油管道公司俄罗斯国营管道建设运营公司（Transneft），也要在莫斯科交税，[29]这两家公司的业务不仅遍及俄罗斯，还触及欧洲其他地方。盖达尔说："莫斯科市简直就像坐在黄金喷泉上。"莫斯科是个"钱用不完"的城市。[30]

当我向卢日科夫问起此事时，他对此不以为然，他坚持说，这些大公司交纳的税仅占城市预算的12%—15%。卢日科夫说，莫斯科奇迹不是首都的地位带来的，而是他领导有方的结果。他是一个讲究实效的统治者。他给医生、教师按时发工资，为靠养老金生活的人提供免费交通。卢日科夫说："我们说要建300万平方米的房子，我们做到了，我们说要修500万平方米的路，我们也做到了。"卢日科夫回忆说，最好的例子就是各种生意都涌入莫斯科，如果我不是个好的领袖，生意肯定会跑到别的城市去。[31]

卢日科夫戴着他那顶特有标志的皮帽子，每逢星期六就围着莫斯科市转。他去建设工地，后面跟着记者、随从还有请愿者。他会提出问题要求解释，询问蓝图规划，也会狠狠训斥不称职的下属。卢日科夫去各地方查看，从来不发表长篇大论，他讲话简短明了。他并不像哲学家那样侃侃而谈，而是用建筑、工程、化学方面的行话与人们交谈。他想问题总是考虑设定目标，实施、完成目标，如果完不成目标，他就会愤怒地质问当事人为什么没有完成。他比他同时代的任何人都更像纽约设计大师罗伯特·摩西。罗伯特·摩西为现代纽约建造了公园、海滩、公寓、桥梁、林荫大道和现代化的道路。就像摩西漫步在科尼岛上的中央公园那样，卢日科夫在他的王国里漫游，梦想着各种大大小小的公共设施工程。他事无巨细地过问各种工程的进展，从欧洲最大的体育馆到很小的快餐店细节都不放过。

近年来，莫斯科是一座人口为860万的城市，还不算另外100万流动人口。城市面积为1 091平方公里，基础设施古老而陈旧。最典型的例子就是，在一个非常寒冷的冬天，地下热气管道突然破裂，蔓延到地上，淹没了汽车和行人。城中遍地多年失修的恶果：道路上坑洼不平、裂着缝湿滑的台阶、交通信号灯失灵、因污染而枯竭的树木、由于交通堵塞而超负荷的街道以及那些味道难闻的、漆黑的、可怕的居民公寓的进出口。

但在卢日科夫的领导下，莫斯科市比以前任何时候都更加干净、更加实用。卢日科夫开辟了新的地铁站，铺好了坑洼不平的道路，建立了室外市场，建造了运动场，安装了喷泉，最重要的是，减轻了常年的住房压力。他每年都盖300万—340万平方米的新公寓。他把新公寓卖给富人，用所得款项为数万户家庭提供新住房，这些家庭在市里缺房登记表上等待了多年。值得称赞的是，每当市里出现紧急情况，例如桥梁塌陷或发生其他灾难时，卢日科夫肯定会出现在现场进行指挥。

但卢日科夫对这些成绩并不满足，他还想做更多的事情。弗拉基米尔·叶夫图申科夫（Vladimir Yevtushenkov）曾经是塑料工程师，他是卢日科夫非常亲密的好友，后来成为俄罗斯最富有的人之一。他告诉我说，卢日科夫要做比建公寓和铺路更具有创造力的事情。叶夫图申科夫说："卢日科夫要尝试大规模地做事情。"[32]卢日科夫的妻子叶连娜·巴图林娜回忆说，他把建筑作为意识形态，作为照亮人们心灵、使人们保持信仰的灯塔。她说："卢日科夫明白，在遭受破坏的时期，最重要的事是找到能够团结人民的思想。建筑就是团结莫斯科人的思想。"[33]有一年卢日科夫过生日，他的妻子正琢磨着给他送什么礼物，她看见了路旁的挖土机，就把玫瑰花放进挖土机的铲子里，用挖土机把花给了卢日科夫。这是给"建设者"最好的礼物。[34]

在等待了很长一段时间后，我采访了卢日科夫，我想知道：作为一名建设者，他的远识和灵感是什么？我一直在猜测，卢日科夫的雄心是用建筑来定义和表达的：城市的新广场、公园和高速公路、新公寓大厦，这些都是他的标志。但他的回答比我想象的要简单得多。卢日科夫告诉我，他真正的"意识形态"并不是建筑本身，而是使城市更适宜居住。这确实是直来直去的实用观点，与我想象的伟大动机相去甚远。他说："在1995年时，我不能这样说，因为莫斯科的生活是那样令人厌恶，当时的莫斯科那么脏，如果我谈论舒适的话，人们会骂我是个疯子。现在我可以毫无畏惧地、公开地、一再地说：我们要把我们的城市建设得更舒适。”卢日科夫所说的舒适是广义的，既有“精神”上的含义，像大教堂，也有像环城公路这样的具体事例。[35]

环城公路是一个在实质上重塑了城市形貌的卢日科夫工程项目。这条绕莫斯科109公里长的环形公路在苏联时期以危险、布满岩石、坑洼不平著称。只用了5年，花了180亿卢布，卢日科夫重修了这条环线，将其修成八车道高速公路，里面建有进出斜坡、停车站、行人立交桥、加油站和雷达测速区。卢日科夫还梦想把莫斯科建成一年四季都可以进行运动的体育之都。卢日科夫和他的部下每周都在莫斯科河岸上的卢日尼基（Luzhniki）体育场踢足球，他还和妻子在那里打网球。不久，大型建筑吊车给这个运动场运来了重达10 000吨的钢筋，支撑高达140英尺、面积12英亩用玻璃加固的可移动塑料顶，使该运动场成为欧洲最大的圆顶体育馆。耗资2.3亿美元的体育馆翻新包括更换座椅。卢日科夫的妻子叶连娜·巴图林娜赢得了更换旧座椅的合同，用新的塑料座椅更替原来的木座椅，以达到在那里进行比赛的欧洲标准，该体育场能容纳85 000位观众。[36]

还有一个苏联时期未完成的大项目，就是俯首山（Poklonnaya Gora），按照传统，来莫斯科的旅行者都要到此向首都鞠躬。据说按照传统，士兵们上战场要从这里出发，胜利归来时也要回到这里。1812年，就是在这里，陆军元帅米哈伊尔·库图佐夫（Mikhail Kutuzov）将莫斯科输给了拿破仑，发誓绝对不会再失去俄罗斯。第二次世界大战后，曾有人多次努力在山上建造纪念战争的建筑，到了20世纪80年代，选中的方案是红色花岗岩石作为中心纪念碑，顶上带一颗星，周围镶上一面大的旗帜。在改革时期，该设计方案在辩论和抗议中搁浅。直到卢日科夫当了莫斯科市市长，纪念碑也未修好，尽管在纪念碑后面的大型战争博物馆建成了一部分。卢日科夫上任后，重新修正了方案，经过努力，终于在1995年竣工，正好赶上庆祝俄罗斯战胜德国50周年的庆祝大会。卢日科夫在公园里建造了一座俄罗斯东正教教堂、一座犹太会堂和一座清真寺。卢日科夫鼓励宗教自由和复兴，这一点被人称道，但车臣分裂分子除外，他们在莫斯科市不受欢迎。在公园附近，卢日科夫开始建造一座巨大的国际商业贸易中心，与莫斯科河用步行桥连接。

1993年，叶利钦正为克里姆林宫墙外马涅日广场上的示威者发愁时，卢日科夫在那周围安装了栅栏，挡住了示威者的去路。这些栅栏表面看是为一个工程而竖起来的，直到后来卢日科夫才真正想定下这一工程——建造一个地下商场。商场有3层高，营业面积为23 408平方米。像往常一样，卢日科夫规定了硬性期限，要求24小时昼夜施工，但后来他又一时兴起中断了工程的运行方案。一个工程师回忆说，开业前3个月，卢日科夫命令把屋顶由石膏板换成黄铜片。建筑师犯的错误导致商场的一部分不能出租。最初几年，这个地下商场是个商业灾难，租金太高，大部分商场都是空的。马涅日商场花了1.1亿美元，变成了累赘。[37]

卢日科夫喜欢在他的莫斯科纪念碑和建筑物上追求造作、奇异的美学风格。有时不过是一个多余的饰边，例如在现代玻璃办公楼顶上加上一个无用的角塔；[38]有时则过于深沉，特别是由卢日科夫的朋友、多才多艺的雕刻家祖拉布·采列捷利（Zurab Tsereteli）来进行审美决定的时候。采列捷利是位出生在格鲁吉亚的艺术家，他对城市景象的看法与卢日科夫的看法不同。善交际的采列捷利对苏联时期的纪念碑有一种特殊的爱好，但他的风格是伤感、多情的。作为俄罗斯艺术学院的院长，采列捷利自卢日科夫任市长以来接到了大量的市里交给他的艺术雕刻任务，他艳丽的作品在人们心里留下了永不磨灭的印象。采列捷利为马涅日商场设计了穿越俄罗斯各个世纪的时光之旅，用大理石、铬和黄铜制成，在商场外面他设计了一座喷泉，周围用俄罗斯神话传说里的动物铜像装饰。在莫斯科动物园，采列捷利用瀑布和时钟设计了一个洞穴式的奇妙入口，他没有沿用俯首山上的红色花岗岩石旗帜，而是设计了141.8米高的方尖塔支撑着24吨的希腊胜利女神像，有两个吹小号的天使陪伴。批评家把这个雕像称为“棍子上的蚱蜢”。我本人感觉这个雕像非常古怪，但动物园本身有宽阔大街，茂密树林，还有一座可供人们在上面玩雪橇的小山，是城市居民的好去处，使人们身心放松，正合卢日科夫所倡导的，为挤在狭窄的公寓里的人们提供一个多功能的、愉快的外部空间。从早春到晚秋的下午和晚上，动物园里常常人满为患，尽管艺术设计有些古怪。

卢日科夫市长耐心地听取人们对设计风格的批评。作家亚历山大·索尔仁尼琴（Alexander Solzhenitsyn）斥责“莫斯科正被鲁莽地毁容”，他还贬斥采列捷利的作品是“巨大的三流纪念馆”。采列捷利有一件雕塑作品反映大屠杀，题目是“人民的悲剧”，表现的是一群饥寒交迫的裸体人物倒在一堆墓碑之间，这一作品最早放在俯首山入口处，后来人们抱怨该作品太消沉，就用吊车把它吊到博物馆后面的一个地方。

采列捷利引起的最强烈的抗议是1997年矗立在莫斯科河岸、名为《彼得大帝》的塑像，它高165英尺，耗资1 500万美元，这座塑像离大教堂也不远。雕塑的概念非常荒谬：俄罗斯海军的缔造者彼得大帝为了摆脱莫斯科的阴险诡计，把俄罗斯首都迁移到圣彼得堡。但引起抗议的导火索是雕塑本身，它塑造了一个笨拙的沙皇，两腿叉开骑在一艘大帆船上，手里举着一张金色地图，像一面小金属旗帜在微风中飘扬。批评家们指出，雕塑的比例有问题，看起来像个玩具大男孩。尽管有抗议，卢日科夫坚决支持采列捷利，纪念塑像还留在那里。乘坐游览船沿着莫斯科河观光的游客可以接连看到高尔基公园和一个废弃的苏联航天飞船的模型，采列捷利设计的彼得大帝塑像，还有基督救世主大教堂。有时候，莫斯科看起来像一个非常奇怪的后苏联版迪士尼乐园。

但采列捷利也确实在大教堂内的旧画复原工作中起了很重要的作用。他负责监督360名画家埋头苦干8个月，通常会有200名画家一起站在支架上，使用计算机技术把原画的尺寸和规格显现出来。[39]

在所有的楼房、公园和纪念馆等建筑物中，大教堂是卢日科夫对莫斯科天际线最著名的贡献。奥戈罗德尼科夫回忆起原教堂建筑的历史——沙皇亚历山大一世为之祈福，又历经3个俄罗斯皇帝，花了44年才把大教堂盖了起来。奥戈罗德尼科夫说：“而卢日科夫只用了5年就把它重建好了，这对他的事业很重要，他为自己建造了一座纪念碑。”

我清楚地记得1990年冬天我对莫斯科的第一印象：又黑，又封闭，整个城市笼在灰雾之中。光秃秃的高层公寓在晚上像恐怖的监狱城堡，入口处看起来很吓人，味道极其难闻。透过灰暗的商店窗户，可以看到里面尽是包装商品的空盒子，几乎没有什么商品。莫斯科曾经被描述为“机能失调却勉强支撑下去的地方”。[40]但是，在卢日科夫领导下的莫斯科充满了生机，成为大型消费城市，城市里有赌场、迪斯科厅、饭店、电子产品、美食家、移动电话、广告牌、商亭以及初步形成的中产阶级。由于房地产的繁荣发展，莫斯科市的办公楼租金甚至超过了纽约和东京的许多著名建筑的租金。在90年代中期，有150家赌场营业，其中一半没有营业执照。在一个名叫樱桃的赌场里，我在《华盛顿邮报》的记者同事李·霍克斯塔德（Lee Hockstader）发现，周末的晚上，数百名俄罗斯人拥入21点和轮盘赌场，但里面的老虎机却无人问津。赌场的经理解释说：“你不能对着老虎机炫耀你的财富，这些人不仅仅是来赌博的，他们是来炫耀自己的富有的，老虎机不会知道你口袋里全是百元大钞。”[41]

一个年轻的莫斯科人花了几万美元在莫斯科市里做了一个广告牌，上面有他和他娇小的妻子的合影，还写有一句“我爱你”的话。广告牌展出几周后还一直是个谜，没有人知道这是谁，又是出于什么原因挂上这样一个广告牌。当这个谜底被揭开后，很多人都觉得这是一个值得骄傲而非常勇敢的行为，至少没人认为这个行为是虚伪的。[42]霍克斯塔德回忆说，1995年，豪华的马克西姆饭店开业几个星期后，卢日科夫和他的8个亲密同僚来到饭店。“里面有非常整洁的服务员，漂亮的灯具，欧洲风格的壁画，柔和的音乐，上等的好酒和丰盛的佳肴。一顿饭下来要花2万美元，市长一行付的是现金，当然是美元。”

在那些崛起的年月，新生的穷奢极欲显得如此尴尬，毕竟贫穷仍然相当普遍，即使是在卢日科夫的城市。只有一小部分精英和新贵才能买得起莫斯科豪华商店橱窗里展出的燕尾服、珠宝和皮衣。

把新贵们的财富和贫苦人的贫穷进行比较，令人心情难以平静。1996年10月，叶利钦准备做心脏手术时，我决定去看看普通俄罗斯人做同样的手术会是什么样子。在巴库列夫（Bakulev）心血管外科研究院的院子里，我碰见了尼娜·德奥米娜（Nina Dyomina），她正用手帕擦着眼里的泪水，轻轻地哭着说："钱，钱，什么东西都需要钱！"在医院的病房里，她的丈夫，58岁的维克托·德奥明（Viktor Dyomin）躺在那里等待心脏手术。虽然手术从理论上讲是免费的，但他们是从乡下来的，需要钱支付医药费和护理费，即使这样，也要等几年才能做手术。道理非常简单：没有钱就没有手术。那些能够支付个人护理费用的人可以做手术，而没钱的人只能依靠莫斯科市医疗保健系统，长期等下去。尽管政府可以花大笔钱重建大教堂和修建马涅日商场，90年代莫斯科医院的病床数量并没有增长。存在两种保健制度：一种是为有钱人准备的；另外一种是为穷人准备的。对许多城市里不幸的居民，即那些无家可归的人，卢日科夫给他们提供靴子。警察把他们从火车站和菜市场上集拢在一起，然后送上火车，强迫遣往乡下或远离城市的临时集中营里。对于那些在莫斯科的深色人种来说，他们的日子也不好过。那些看上去像来自北高加索——特别是来自车臣——的深色人种，在车臣战争开始后，经常被随便在街上抓起来赶走。

卢日科夫把莫斯科视为一个堡垒，他为将城市的大门对外地人关闭而奋斗了好几年。他蔑视法院，擅自对住在莫斯科市的每个居民强制实施苏联时期的居住许可证（propiska）。在苏联时期，人们的工作和家庭是由共产党来安排的。1993年俄罗斯宪法试图彻底取消这一要求，保证所有的俄罗斯公民"有权自由流动，有权选择自己愿意待的地方，有权选择居住的地方"。但宪法只是一张纸，在实际生活中，卢日科夫比宪法更管用。旧的那套苏联程序又在莫斯科复活了。卢日科夫害怕移民潮会加重城市税收和城市资源的负担。居住许可证得以实施，虽然后来又被称为居住费。在90年代中期，搞到一个居住许可证需要花7 000美元，对许多生活在莫斯科以外省里的人来说，这个费用太高，远远超出了他们的承受范围。[43]

尽管苏联解体后的莫斯科穷富差距很大，卢日科夫却不仅仅是富人们的市长。他认真听取靠养老金生活者、中产阶级和穷人的意见，并满足他们的需要。因此，卢日科夫在这些人当中深受欢迎。他出现在公共场合的次数比他同时期的任何政治家都要多得多：他会跳入冰冷的莫斯科河游泳，因为他的身体素质非常好，壮得像头牛；他也会登上当地的剧院为大家唱一首歌。

卢日科夫试图消除失业给人民带来的紧张情绪，同时他也试图消除旧的苏联制度消亡后给人们带来的羞辱感。他成了那些脏兮兮、汗津津的贸易大军的支持者，他们肩扛手拿货物从海外运到莫斯科，往返于莫斯科和其他省。这些人被称为穿梭商人（chelnoki），90 年代中期数量多达 100 万，他们出没于飞机、公共汽车、火车、小轿车，为客人们提行李箱和行李袋以及行李盒、木箱子、柳条箱等，他们不分昼夜在极其恶劣的条件下艰苦工作，还要经常给军方行贿，才能保证赚钱。卢日科夫在莫斯科卢日尼基体育馆专门为穿梭商人提供了特大的聚会场所。在场馆外的列宁塑像下，卢日科夫建立了一个方圆几英亩的大集市，可与中东的露天市场媲美。每天都有成千上万的人来做买卖，很多人都是从外省乘夜班长途汽车凌晨赶到集市，在太阳落山之前赶回去，手里拿着他们从集市买的货物准备到荒僻街头叫卖。穿梭商人主要是教师、护士和军官，他们兼职做穿梭商人是为了勉强糊口。当长途汽车从卢日尼基开走时，他们留下了一大堆空盒子，还有装鞋和录像机的保护垫，他们把这些包装全扔掉是为了在车里留出更多空间装更多货物，集市上到处是讨价还价者的吵闹声音，他们眼睛盯着皮衣，狼吞虎咽地吃着香肠和土豆。货物有进口大衣、地毯、手表、鞋、染发膏、毛衣、录音带等，都用铁架子装着，太多太重，铁架子摇摇晃晃，堆得像树一般高。卢日科夫说："这种生意成了数百万俄罗斯人生存的方式。"市场也成了犯罪团伙的天堂，他们靠从商人那里收取保护费生存。

作为莫斯科市长，卢日科夫有时就像一个小经理。节假日里，他经常发布命令，告诉人们在商店前应该写什么样的标语，点什么样的彩灯。他有一次签署命令，禁止使用某些英语词汇，而坚持使用相应的俄语：从他提供的词汇表里选择。于是，"minimarket"就改成了"gastronom"。那些敢于蔑视市长命令的人将面临多达 700 美元的罚款。[44]

卢日科夫做事对最小的细节也不放过。他亲自为城里开的一家名叫俄罗斯快餐的连锁快餐店选了一个吉祥物，这个吉祥物是一张19世纪俄罗斯哥萨克官员的漫画。他为快餐店挑选艳丽的橘红色作为服务员制服的颜色，亲自挑选俄罗斯风味的浓汤和茶叶，仔细研究菜单上的每一道菜色，包括俄罗斯传统食品热馅饼派和克瓦斯。快餐店副总经理弗拉基米尔·皮沃瓦罗夫（Vladimir Pivovarov）自豪地说："我们卖的所有饭菜都由市长本人亲自品尝过。"这个连锁店是俄罗斯市商业帝国的一部分，被称为"国家资本主义"，城市是商业帝国的直接业主。截至1997年，莫斯科商业帝国拥有1 500家企业，大多数是原苏联企业，另外，莫斯科市还是其他另外300家公司的合作伙伴。这些企业包括宾馆、建筑公司、面包店、出版社、银行、航空和通讯公司、理发店、一间石油炼油厂，还有几家历史悠久的陷入经济困难的汽车厂。卢日科夫有能力给市里的企业提供比其他竞争者更大的优惠条件。就拿俄罗斯快餐店来说，市里为该店提供店址、价廉的设备和低利息的银行贷款。这种体系完全符合卢日科夫对领袖的定义，但它不符合丘拜斯提出的在市场竞争中造就新一代私有业主的基本概念。前莫斯科市警察局长阿尔卡季·穆拉舍夫（Arkady Murashev）曾经领导过反对市议会的自由运动，他对权力过大的市长非常生气，他说卢日科夫成了"莫斯科市最大的企业家，控制了所有的东西"。

但卢日科夫的国家资本主义在进行更大的商业企业改造时失败了。他试图挽救奄奄一息的吉尔卡车厂。一度是苏联工业皇冠明珠的吉尔曾经为党领导们制造重4吨的防弹汽车。工厂在实行私有化后，遇到了很大的困难。该厂第一批私有业主采用了一些有问题的金融方案，几乎毁了该厂。1996年下半年，莫斯科市政府接管了该厂。一家曾经年产20万辆车的工厂在1996年只生产了1.7万辆车，陷入亏损与债务危机。在莫斯科市接管工厂后的一天，卢日科夫向吉尔负责组装的管理层发火了："济利捷斯同志，我觉得你是个小偷！"卢日科夫带着他典型的粗暴脾气宣称："他们说我疯了，工厂已经无可救药了。绝非如此。我说，给我半年的时间，吉尔就会重新站起来。”[45]

这次他错了。卢日科夫为使工厂运转起来，给工厂投入了足够的资金：一方面他许诺会有商业银行为其提供贷款；另一方面他命令市里各个部门订购吉尔卡车。但是吉尔制造的卡车在市场上没有竞争力，位于下诺夫哥罗德州的高尔基汽车厂生产的卡车样式更吸引人，吉尔卡车还是苏联时期的老样子，根本没有市场。卢日科夫答应让吉尔卡车厂站起来的四年后，该公司仍然赤字累累，丝毫没有好转的迹象。卢日科夫在吉尔卡车厂的遭遇与另外一个莫斯科汽车大厂莫斯科人一样糟糕，原因也是一样的。国家资本主义不能代替真正的市场。

卢日科夫帝国黑暗的一面就是疯狂的、毫无节制的腐败，造成腐败的原因是涌入莫斯科的大量金钱。整个城市盛行“保护伞”。实际上，在90年代初期，每个生意人都需要寻求保护，这直接导致了几个有组织的大型犯罪团伙的兴旺发展。贿赂、回扣以及秘密海外账户都是很普通的事情。商业争端也是通过汽车爆炸和谋杀来解决。在这方面莫斯科并非特例，只是腐败的例子更加集中，尽管腐败在整个俄罗斯都非常盛行。政府本身就是滋生腐败的主要基地，市里的领导人和联邦部长都定期收受贿赂，因此光靠法律执行部门本身很难厘清腐败造成的混乱局面，执法者最终也成了部长和官僚腐败网的一部分。腐败问题有深层的原因：俄罗斯还不是一个法治国家，它的统治者们通常对混乱无动于衷，甚至有时还与混乱制造者串通一气。

卢日科夫告诉我说，他也曾与莫斯科的犯罪现象进行斗争，但这主要还得归咎于90年代早期俄罗斯经济建构的形态，特别是“灰色经济”变成大规模生意的过程。他说：“犯罪分子的代表既渗入了商业界，也渗入了执法机构，他们在里面推行自己的规矩。”但卢日科夫坚持说，莫斯科的腐败程度比俄罗斯其他城市要低。[46]

可是要想在卢日科夫的莫斯科做生意，不向检查人员、警察和官僚行贿是根本不可能的。有一天，为了得到一手资料，我参观了莫斯科国立大学附近的一家典型糕点店，185号面包店。在商店后面的办公室里，我见到薇拉·特鲁索娃（Vera Trusova），一个爽快的女人，穿着花格毛衣，以前曾经是个工程师。她向我描述了莫斯科小生意者的痛苦。她做了一个无助的手势，一面给我讲起最近市里检查价格标签的人要罚她相当于一个月收入的事情。任何一个戴徽章的人都要收取贿赂，这给她的生意带来了极大的破坏。特鲁索娃说："如果那个检查员现在来了，我还得在她面前点头哈腰，我还得说：'多少钱？'"特鲁索娃给她的同伴写了一封信，信中回忆了一队检查员"开车路过商店，从窗户里看见有一盏灯没亮，罚款。他们走近商店，发现地下有个烟头，罚款。店员没戴帽子，罚款。他们发现储藏室里的灯上有灰尘，罚款。他们写下了一大堆罚款单子，高兴地走出了商店"。

笼罩在卢日科夫帝国上的一个更不祥的阴影发生在 1996 年 11 月 3 日，那是一个灰色的星期天下午，大约 5 点钟，美国商人保罗·塔特姆（Paul Tatum）离开了丽笙-斯拉维扬斯卡亚饭店（Radisson-Slavyanskaya），这家饭店拥有 430 个房间，由塔特姆帮助管理，是莫斯科市一流的西式饭店。塔特姆 41 岁，是一个脾气火暴、性格孤僻的美国俄克拉何马人，他是第一批热心在莫斯科资本主义兴起的热潮中投资的人。塔特姆和两名保镖走向饭店下面的基辅地铁站。当他沿着破旧的地下通道台阶往下走的时候，一个枪手从楼梯栏杆处向他射击，一共射了 20 发子弹，11 发打中塔特姆，他中弹后不久就死了。杀手逃跑了，留下了杀人武器，一支卡拉什尼科夫枪（Kalashnikov），上面没有留下指纹，用一只塑料袋包着。

当时，塔特姆正因该饭店身陷商业纠纷之中。塔特姆的公司拥有饭店的 40%股份，总部在美国明尼阿波利斯的丽笙连锁饭店占 10%的股份，卢日科夫政府占另外的 50%股份。与塔特姆发生商业纠纷的是尤马尔·贾布赖洛夫（Umar Dzhabrailov），他是车臣人，很瘦小，留着齐肩的长发，梳得整整齐齐。贾布赖洛夫是合资饭店的政府代表，除了管理饭店，还负责其他资产。塔特姆曾经公开发表过对贾布赖洛夫的尖刻评论，他说，贾布赖洛夫是莫斯科市的车臣黑手党，他们的争吵在报纸和电视里都有报道。塔特姆说，他正在被从合资饭店里赶出来；贾布赖洛夫则说，塔特姆没有付清他的债务。1994 年 6 月的一天，塔特姆来到饭店，被武装门卫挡住不让他进去。他在饭店的停车场举行了记者招待会，谴责他的俄罗斯合伙人。十天以后，在十几个保镖的陪伴下，他又穿着防弹背心神气地返回饭店。[47]

贾布赖洛夫否认他与塔特姆被杀案件有任何联系，但他身上的嫌疑总也去不掉。暗杀事件发生后不到一个月，美国吊销了贾布赖洛夫的签证，原因是《今日美国》（*USA Today*）的一个记者向使馆报告说，在采访塔特姆被杀案件时，他的生命受到贾布赖洛夫的威胁。[48]

卢日科夫在暗杀事件发生后很长一段时间都保持沉默。令人感到不可思议的是，他让贾布赖洛夫继续在他的位子上干，又提升他管理马涅日商场，再后来，贾布赖洛夫参加俄罗斯总统竞选，莫斯科中心的布告栏到处张贴着他堆满笑容的照片。[49]卢日科夫后来对一名记者说："美国方面如果有充足的证据证明他卷入这件可怕的谋杀案和恐怖行动中，我就准备做出最彻底的决定：停止与他的所有接触，包括商业上的接触和个人之间的来往。如果没有证据，那我们就自己做决定该用什么人，不屈服于美国的任何压力和指示。"[50]卢日科夫在回答我对塔特姆被杀案件的问题时这样说："你们美国方面对这件事也没什么明确反应，我和你一样与这件谋杀案一点关系也没有。"[51]

莫斯科专门负责调查杀人案件的探员一直没有找到杀死塔特姆的凶手。这不奇怪：那一年在莫斯科，他们抓到的 152 个杀人凶手中，只有 3 人被证实是合同雇佣杀人。[52]当时的莫斯科报纸和中心电视台对此事也没有报道。

卢日科夫几乎从未遭受过新闻界的批评，这其中的部分原因是，他以补贴房租的形式为很多报纸和电视台提供财务援助。一个记者告诉我说，整座公寓大楼里面住的全是报社记者，是卢日科夫低价为他们提供的。他们相信卢日科夫随时可以收回公寓，所以他们都小心翼翼地避免触犯他。卢日科夫在他自己的帝国里是国王，他对没有人敢向他挑战这个事实感到非常得意。他的好友叶夫图申科夫告诉我说："卢日科夫很多年来一直生活在人人喜欢他的环境里，他就像一个神圣不可侵犯的人，没有人敢大肆批评他。"[53]

当某篇文章或广播触犯了卢日科夫，他会向城市法庭起诉记者诽谤，这些法庭也得到了他的补贴资助，所以每个案子基本上都是以他的胜利而告终。但是下面这个例子后来让卢日科夫付出了代价。

独立周报《莫斯科新闻报》重印了盖达尔的一次讲话。盖达尔说："莫斯科的经济生活官僚化非常严重，到处是规章制度，这导致了普遍的腐败。每个与莫斯科市机构打交道的人都对此非常清楚。遗憾的是，这种现象愈演愈烈，丝毫没有消失的痕迹。"[54]卢日科夫向法庭起诉了盖达尔，说他毁坏莫斯科市的名声。盖达尔很认真地对待卢日科夫的起诉，他的律师提供了发生在莫斯科市贿赂事件的证据，但是，卢日科夫最终赢得了这次官司，法官没有解释理由。[55]但盖达尔讲话的正确性在2000年11月又一次得到了证实，当时莫斯科市负责房屋建筑的机构领导弗拉基米尔·科切特科夫（Vladimir Kochetkov）被逮捕，他试图从一个路灯合同里收取827美元的好处费。人们发现他在瑞士银行有70万美元的存款账号，人们还在他房子暖气后面一个塑料袋里发现了6.7万美元现金。[56]

作为政治领导人，对于卢日科夫来说，新俄罗斯的最初几年是令人困惑的几年。国家自诩为民主的市场经济，但早期的法律、传统和人民的思维模式还印在人们的脑海里。对苏联经历和新资本主义的过渡时期，没有现成的教科书可供参考。最困难的问题之一就是公共利益和私人利益的关系问题。旧体系由党说了算，私人利益根本不存在或从现实中被驱逐出去。然后，几乎是过了一个晚上，党消失了，取而代之的是新的以选举为基础的民主制度。新的政治领导人，卢日科夫就是其中的一个，突然面临过多的新的私人商业利益，人们急于得到这些利益。这种私人商业利益不能再像以前那样，可以从现实里驱逐出去，人们对此的要求是非常强烈的。从旧制度到新制度的过渡中，公共利益和私人利益的界限变得模糊了，私人利益帮助人们得到了公共财富，俄罗斯的新领导人包括卢日科夫在内对此放任自流。

公共利益和私人利益的混合早在一次争端中就有先兆，事涉卢日科夫在一个名叫组织委员会公司里的角色，这是垄断性质的公司，负责把市里管理的房子卖给个人。1991年，卢日科夫当时还是波波夫手下的副市长，兼任组织委员会公司的一把手。作为市里的领导人，他把两座很值钱的楼房转给了组织委员会公司，这显然就产生了利益冲突。[57]迫于新闻界的批评和检察官的压力，卢日科夫在1992年4月22日辞去了公司的领导职位。卢日科夫的一个助理告诉我说，组织委员会公司只是90年代众多靠城市资源生存的公司之一，它们是准私营公司，卢日科夫的介入纯属“偶然”。卢日科夫后来说：“组织委员会公司是在万事都不确定的时期与一大批新市场机构一起成立的，我们一了解它的性质，就立即与它脱钩了。”[58]

但组织委员会公司是卢日科夫基本体系的早期先驱，它把公共利益和私人利益结合起来，这种方法到90年代全面推广，尤以卢日科夫的亲密朋友叶夫图申科夫领导的大公司的诞生为典型。叶夫图申科夫曾经是个塑料工程师，为人小心谨慎，喜欢安静，戴着一副金属框眼镜，做事非常低调，人们很难想象他会对卢日科夫产生影响。

叶夫图申科夫的致富之路始于一个很小的莫斯科市官僚机构，这是一个死气沉沉的地方，名叫莫斯科市科学技术委员会。这是一个不被重视的边缘部门，叶夫图申科夫当时担任主任，他发现预算补助已经枯竭了。1993年，卢日科夫担任市长后不久，叶夫图申科夫开始经商，他把自己的小部门变成了私人公司。他说：“最初的想法就是为科技委员会创造利润，以弥补国家补助的不足。我像每个人一样，在做试验。”他的试验确实很赚钱，创建了一个集电话、电子、保险、旅游和其他商业为一体的联合股份公司。公司的名字叫西斯特玛（Systema）。

叶夫图申科夫告诉我说，他是卢日科夫家里的朋友，并坚持说，他没有利用卢日科夫的友谊与他谈论商业投机。[59]卢日科夫的另外一个助手说，除了卢日科夫妻子叶连娜·巴图林娜以外，叶夫图申科夫是卢日科夫最好的朋友。叶夫图申科夫曾经担任他们婚礼的伴郎。卢日科夫的妻子是英特科（Inteko）塑料公司的总裁，被卢日科夫称为他们家庭收入的主要来源。叶夫图申科夫把他在另外一家塑料公司阿尔麦科（Almeko）的24%股权卖给了卢日科夫妻子的公司，该公司是由她和她弟弟维克托合开的。[60]

西斯特玛联合公司早期的资本来源不清楚。根据该公司总裁叶夫根尼·诺维茨基（Yevgeny Novitsky）的说法，联合公司最初由90年代初期通过出口石油、进口计算机而轻松赚钱的一些进出口公司组建而成。“我们通过贷款买原油，再把原油卖给西方，然后我们购买电视机、计算机、食品，把这些产品在国内市场销售，就这样，一个巨大的利润市场就产生了。1993 年，有可能通过一笔交易获利 100%，用 1 美元买来的东西，2 美元卖掉。”听起来像同时期典型快速致富的故事一样，但没有透露叶夫图申科夫作为市长的朋友给公司带来的好处。

好处最初体现在私有化初期。根据公司自己的报告，西斯特玛在 1994 年至 1996 年资产增加了近 6 倍，达到 10 亿美元。最有启示的兼并是莫斯科电话公司。该公司垄断莫斯科所有的电话，是世界第 5 大电话系统，有 400 万条电话线。该公司的网络之差可谓无人不知，有一条中继线 231 局从 1930 年就开始使用了。[61]但该公司仍然有利可图，因为有越来越多的用户需要更好的电话服务。如果提高电话使用率——这是卢日科夫可能采用的办法——电话公司肯定会盈利。叶夫图申科夫回忆说：“一个很偶然的机会使我发现我进入了一个发展很快的领域——电信业。”

当卢日科夫的市政府决定在 1995 年把电话公司的 33%股份私有化时，叶夫图申科夫出现了。他为他原来的工作单位起了个名字，把原来的名字稍微变化了一下，从原来的莫斯科市科学技术委员会改为莫斯科市科学技术委员会暨公司。“暨公司”指的是由西斯特玛大部分控股和拥有的一组公司。他的新公司在 1995 年 4 月 21 日莫斯科市资产基金投资投标中获胜，赢得了莫斯科电话公司，价值 1.36 亿美元，其中 1 亿美元可以用设备来代替，这仅仅是当时电话公司的市场价 20 亿美元的一小部分。[62]

当私有化结果公布时，公布的赢家是“莫斯科市科学技术委员会暨公司”，交易背后的真正买主西斯特玛联合公司没有被提及。私有化是内部交易。它正是卢日科夫公开痛斥丘拜斯的那种便宜买卖，但这次他的城市运用的是同样的办法，使他的朋友叶夫图申科夫从中得益。[63]当我问莫斯科市资产委员会关于投标的细节时，我收到的只是一份传真，上面列着投标前的条件，次页是当时那一周内一些投资获胜的公司名单。没有价格，没有费用条款，没有细节。[64]

西斯特玛是个非常私人化、非常隐蔽的公司。90 年代中期，叶夫图申科夫扩张时，西斯特玛并不出名，也没有引起人们的注意，人们当时关注更多的是古辛斯基、斯莫伦斯基、别列佐夫斯基和霍多尔科夫斯基这些金融和工业帝国。即使是莫斯科最精明的金融分析家也对西斯特玛这个名字感到陌生。直到 1998 年，股票经纪人为国外投资商发布关于电话公司的研究公报时，也没有注意到“莫斯科市科学技术委员会暨公司”与西斯特玛的联系。也无人知晓谁是西斯特玛联合公司的真正主人。公司不对外公布所有制的详细报告，只提供零星的财务文件。公司总裁诺维茨基告诉我说，母公司 100%的股份由另外一家公司西斯特玛投资公司所有，而西斯特玛投资公司 40%的股份由一家卢森堡投资公司所有，其余股份在个人手里，包括叶夫图申科夫。卢日科夫否认西斯特玛是“市长的私房钱”。[65]

随着莫斯科的繁荣发展，叶夫图申科夫的联合公司与莫斯科市金融流量的关系更加紧密。作为西斯特玛下属的莫斯科重建与发展银行成为莫斯科市“特许”银行，对外发放城市资金，比如向吉尔卡车厂提供补助。西斯特玛下属的保险公司为莫斯科地铁投保。西斯特玛石油开设了莫斯科连锁加油站。西斯特玛置业是市中心的主要房地产开发商。西斯特玛电信在莫斯科两家移动电话公司有股权，其中一家处于市场领先的地位。西斯特玛还拥有著名的儿童商店儿童世界、国际旅行社和其他电子工厂。叶夫图申科夫同时拥有很多头衔：卢日科夫的朋友和顾问，西斯特玛老板，还有其他像莫斯科股票交易所联合会主席等职位。他在公共利益生意和私人利益生意之间自在地来回活动。

阿列克谢·乌柳卡耶夫（Alexei Ulyukaev）是市政会的改革派成员，也是盖达尔学院的副院长。他把西斯特玛公司现象描述为典型的卢日科夫模式。“在莫斯科关系网里，两条腿走路非常重要，一条腿在商业界，另外一条腿在管理界。”他告诉我说，卢日科夫创造了一个体系，在这个体系里，城市部门与私人生意联系起来司空见惯。乌柳卡耶夫说：“一方面，他们管理预算费用，另一方面，他们又要赚钱。第三点，城市对他们两者起监督作用。合起来就是：供、需、管理。”乌柳卡耶夫把这种方式称为政府的“商业化”。他说，“实际上每个市政府机构都有预算外基金”，用来为自己的生意谋取利润。利润通常是隐蔽的。在 1997 年为海外投资商起草的募股说明里，莫斯科市承认其所有预算外的基金达到整个 99 亿美元收入的五分之一，很多专家说，实际金额还要多得多。乌柳卡耶夫说，真相永远也揭不开，对市政会也是如此。[66]

在西方经济里被认为是利益冲突的事情在莫斯科就是标准程序。1997 年莫斯科市从全球资本市场借了 5 亿美元，该市决定从收益中发放贷款，以鼓励投资。叶夫图申科夫是 24 位决定发放贷款的市政会成员之一。谁得到了贷款？西斯特玛得到了贷款，而且是至少 3 笔贷款：1 650 万美元的市商业区的房地产工程；1 650 万美元的电视机厂，1 500 万美元的数字电话交换机工厂。叶夫图申科夫告诉我说，讨论贷款时，他没有出席市政会会议。但一位市里的官员说，叶夫图申科夫出席了会议，坐在那里一言不发。

西斯特玛的兴起不仅仅是关于财富的故事，也不仅仅是对卢日科夫权力和金钱混合体的炫耀。当西斯特玛开始成型的时候，新的俄罗斯经济正在变为部落和宗派式的体系。它孕育了联合公司（人们委婉称之为金融-工业集团）。实际上是一些小型帝国，通常与政治领导人联盟。卢日科夫作为日益蓬勃发展的大都市的市长，需要与金融-工业集团结盟，早期是与古辛斯基，后期就成了西斯特玛公司和叶夫图申科夫。

卢日科夫开始开拓新的视野。记者们也开始不停地问他是否考虑竞选总统。叶利钦身体已经开始衰弱，不可能永远当总统。卢日科夫在 1995 年回答说：“我已经厌倦了反复回答这个问题，我不想参加总统竞选，当总统不是我的兴趣所在。再说了，即使我决定参加竞选总统，难道是犯罪？是非法行为？”[67]

实际上，叶夫图申科夫和卢日科夫两个人一起度假，周末花几个小时进行长时间的讨论，他们开始私下推测如果卢日科夫和叶利钦竞选总统，对卢日科夫会有什么样的结果。最终，卢日科夫决定在1996年的俄罗斯总统大选中支持现任总统叶利钦。但他们的讨论在这之后还持续了很长时间。叶夫图申科夫坚信卢日科夫强有力的论点：他可以像他建设莫斯科市一样，改变俄罗斯这个国家的面貌。叶夫图申科夫觉得卢日科夫有机会创造历史。

这是大胆的想法，还有一个重要的问题没解决：那就是卢日科夫还没有做好准备。在他心里，他是个领袖，是个管理者，是个能够适应新经济的苏联人。他还是莫斯科独特形势的产物，他的政治经历是在莫斯科炼造出来的，这个忙碌的城市是一个与俄罗斯其他地方不一样的世界。

第十一章　雀山俱乐部

在莫斯科，没有什么地方比雀山（Sparrow Hills）更迷人了，郁郁葱葱的缓坡绵延至莫斯科河上，河水缓缓地朝克里姆林宫方向流去。夏日午后，树林成了避暑胜地；小船、驳船穿梭在河道上。莫斯科国立大学的35层大厦就建在雀山顶一片开阔地上，俯瞰莫斯科河和莫斯科城全景：从卢日尼基博物馆最显眼的位置到远处针状的奥斯坦金诺电视塔尽收眼底。从大学出来，沿着山的两侧是柯西金大街，莫斯科最安静的林荫大道之一。这个地方非常有名，化学物理学院的本部和曾经是苏联电影界中心的莫斯科电影院都在附近。雀山还是米哈伊尔·布尔加科夫的小说《大师与玛格丽特》最后一幕中魔鬼沃兰德骑着战马飞向天堂的地方。[1]

1994年9月，几位富有的俄罗斯商人聚集在山顶的私人别墅中，俯瞰着河水。他们都很年轻，他们的财富甚至积累得更快。米哈伊尔·霍多尔科夫斯基，当时只有30岁，7年前在门捷列夫学院就开了一家青年咖啡馆。亚历山大·斯莫伦斯基，39岁，7年前就已经建别墅了。鲍里斯·别列佐夫斯基，47岁，他是这群人中年龄最大的，也是只有5年前就已经在一家咖啡馆里开了罗格瓦兹。还有几个人：弗拉基米尔·维诺格拉多夫，39岁，早期合作社经营先锋，后来成为革新商业银行的总裁；弗拉基米尔·波塔宁（Vladimir Potanin），32岁，一个银行业务扩展得非常快的干部子弟；米哈伊尔·弗里德曼（Mikhail Friedman），30岁，他从擦玻璃合作社致富起家，现在也是一家发展迅速的银行的总裁。另外两个当时也很出名，但是后来逐步退出了：奥列格·博伊科（Oleg Boiko），30岁，金融家，早期支持叶戈尔·盖达尔；亚历山大·伊万诺夫（Alexander Yefanov），38岁，米克罗京（Mikrodin）公司的总裁，该公司投资重工业，后来被引入了波塔宁团体。这群人从很小的角色发展成为企业大亨。

他们是在瓦西里·沙赫诺夫斯基的强烈要求下来到俱乐部的，他当时只有37岁，是卢日科夫支持者中级别最高的。沙赫诺夫斯基有一双敏锐的灰蓝色眼睛，眼角微见皱纹，背头，韧性的头发，灰褐色的胡须，是那个时代人物的典型代表。早在五年前，沙赫诺夫斯基就已经加入了莫斯科市政界的民主运动，他为加夫里尔·波波夫工作，后来为卢日科夫工作，他在市长团队里地位很高。在市政大厅的工作中，沙赫诺夫斯基目睹俄罗斯政界和商界越来越混乱。那混乱的几年——1991年8月政变，1992年叶利钦经济改革，1993年10月与议会的暴力对抗——商人没有确定的游戏规则可循。这段时间金融家和工业家非常了解怎样从政客和资本家那里得到他们想要得到的，但是他们对集体的力量却知之甚少。他们可以通过贿赂得到出口许可证，却不知道怎样改变出口政策。沙赫诺夫斯基把这群人叫作大资本，但是他们却无声地随波逐流。商人说他们想要“正常的国家”，正常的法律、政府、经济，但是他们没有，甚至一点线索也没有。大多数人只注意自己的业务，而没有观察更广的天地。

而且，沙赫诺夫斯基看到这些年轻的企业大亨用传统方式对待政府：贿赂和威慑。这是一种极端的方式，每个商人都面临着艰难的选择，正如我们经常说的“不是你死，就是我亡”。

没有规则可循。沙赫诺夫斯基回忆说：“如果一个人在踢足球，另一个人在打橄榄球，就不称其为比赛，会导致没有规则的殴斗。”沙赫诺夫斯基看到越来越多的商人在商场外解决问题，“尤其是那时候，根本就没有规则”。沙赫诺夫斯基担心这种无序的状况，决定自己该做点事情了。他说：“不能再用贿赂了，所有的事情迟早都会结束。”

沙赫诺夫斯基召集了一些商人加入他们自己独特的秘密俱乐部。在沙赫诺夫斯基看来，俱乐部应该是个受保护的地方，他们可以自由地谈论，争论，希望能实现共同利益。沙赫诺夫斯基告诉我他不想把这里建成一个交易场所，他想让客人们广开思路，思考问题：大资本如何对新生的俄罗斯民主和经济产生了冲击。他想让这些人找到就像每个正常的国家做的那样文明地说服政府的方法——为他们自己建立良好的公共关系。

俱乐部成立了，但却没有实现沙赫诺夫斯基的意图。商人们过于注重自己的问题，而没有远见。两年后，1996 年，当他们发现自己的财富和产业受到威胁时，他们最终形成了具有一定能力的独立群体。但是，最初时，他们有紧迫的压力，他们想要受到保护——免于彼此之间的伤害。沙赫诺夫斯基说俱乐部中第一个要求就是要建立“彼此之间的文明游戏规则”。他们起草了一个议案，主题是彼此之间不能互相攻击。他们承诺不会针对彼此向法律执行官员行贿，也不会通过报纸、电视彼此攻击。当时，为了实现这一目的，所有的人都准备建立自己的私人公司和情报公司。很多人已经雇用了前苏联情报局克格勃的官员们执行这项任务。这些高收入、装备齐全的间谍主要目的之一就是搜集阴私和污点材料，即所谓的“黑料”（kompromat），用来对付对手或政府。黑料很容易通过官方安全机构购买，包括过去属于克格勃的一部分材料和办公桌上堆积如山的文件。或者不是购买，黑料也可以加工出来——采用伪造的文件同样有效。而且，发布不会很困难。要爆对手的黑料，银行家不需要报纸、电视台或广播电台。只需要支付穷困的记者相对较少的费用，甚至几百美元就足够了。不是所有的记者都腐化了，但有些是，他们肯为钱出版或播放任何内容。

在协议中，企业大亨们同意：彼此之间不准许进行敲诈勒索。沙赫诺夫斯基后来告诉我说：“或许有点理想化，有点幼稚，但在起步阶段，他们同意了，某种意义上为发展奠定了基础”。[2]

作为一个非正式的特殊俱乐部，其性质决定了后来没有一个人记得当时的协议是书面形式的还是口头形式的，以及他们是否签订了这个协议。霍多尔科夫斯基的合作伙伴列昂尼德·涅夫兹林后来回忆说是口头协议。他告诉我说：“我们讨论过了，但是没有形成书面协议。”霍多尔科夫斯基根本不记得他参加过这个会。维诺格拉多夫说：

“我真不记得我到底签名了还是没签。”斯莫伦斯基说：“没有书面文件，只是口头协议。我们同意不攻击彼此，不求助媒体解决我们的关系，不用法律解决商务问题。”[3]

沙赫诺夫斯基告诉我：协议是书面的，先拟出草稿，后来又修改，语言很正式。“协议正准备修改，有人要签，有人要增加修改条款，”他回忆说，“曾经的确是有个书面协议，但这是个不固定的条款，不能说所有人都能接受，但所有人都在按要求做事。最后还是签了。”

维诺格拉多夫回忆说：“我觉得他们一走出大门，就立刻反悔了。”他说得没错，后来几年每个人都卷入了彼此之间的残酷冲突。他们不遵守诺言，利用法律和媒体互相攻击。

但是沙赫诺夫斯基确实打开了新的大门。雀山俱乐部成员的财富剧增，安静的小俱乐部后来发展得比沙赫诺夫斯基所说的辩论社团还热闹。这是大胆尝试的开始，比沙赫诺夫斯基最初想象的更大胆，影响了整个国家。

雀山俱乐部每两周定期在俯瞰河水的别墅里聚会。别墅建在树林中，一条大路将别墅与外界隔开，一堵石墙挡住了外人的视线。大门后有一条非常高级的高速公路，是城市建设网的一部分。商人们晚上7点到达，喝点饮料，然后围着圆桌进餐。他们谈到深夜，直到都市天际线在他们面前铺开一片光的海洋。1994年9月他们第一次聚会，1995年秋天他们最后一次聚会。但是俱乐部留存下来了，在其他地方、其他时间又继续了两年。

从第一次聚会起，商人们就为追求政治资助而感到迷茫。叶利钦的克里姆林宫已经分成了几个派系。双下颌、口齿不清的总理切尔诺梅尔金是原苏联工厂领导的代表，很难说是令人信服的候选人。类似盖达尔和丘拜斯的青年经济革命家之中，没有一个足够突出、富于经验或者有足够能力带领雄心勃勃的精英。就像一个成员后来回忆的那样，雀山产生的观点是“幻想彻底破灭”。[4]

一天晚上，沙赫诺夫斯基邀请卢日科夫来参加聚会。按照沙赫诺夫斯基所说的，俱乐部正在考虑卢日科夫是否能担当他们的领导。“这些人准备将命运放在他的手中，”他说，“而且准备把他当作能在政界体现他们的利益的人。”但是努力失败了。在第一次聚会中，很明显他们的语言不同。当时卢日科夫58岁，已经在市场经济的道路上走了一段，但是他怀疑这些青年商人，他们好像代表着所谓的“寄生”资本主义的投机、赌博的那一面。他保留了苏联时代主管的本能。他是个领袖。相反，年轻的银行工业家大多数都比卢日科夫小20多岁，他们对当时的状况不满，而且雄心勃勃。不像卢日科夫，他们从未经营过工厂，但是他们在怎样预测卢布和美元的汇率、倾向以及怎样周转到国外方面比他知道得多。很久以前，至少有两个企业大亨斯莫伦斯基和霍多尔科夫斯基在“改革”过程中为了他们的合作社而向卢日科夫索取过许可证。他们当时或许还有一些共同的观点，之后便分道扬镳。

斯莫伦斯基记得卢日科夫立刻带来了两个副官弗拉基米尔·列辛（Vladimir Resin）和鲍里斯·尼科尔斯基（Boris Nikolsky），将这些企业大亨边缘化。斯莫伦斯基认为卢日科夫的人与市长是一丘之貉，老学究，走路飞快的金融家。斯莫伦斯基回忆的时候，嘲笑他是“死脑筋”。斯莫伦斯基记得有一个年轻的商人跟卢日科夫说：“尤里·米哈伊洛维奇，你想让我们在莫斯科投资？你正在马涅日广场上挖洞，”（挖掘才刚刚开始。）“我们认为这个项目不值得。”换句话说，是赔钱的买卖。

卢日科夫固执地回答说：“我已经挖了，还会继续挖！而且你们不能命令我，我不会接受你的建议。”

“好的，”商人说道，“这是你的决定，尤里·米哈伊洛维奇。”

年轻的银行家们认为自己是宇宙的新主人，他们不想受控制。但是卢日科夫没有办法，他是老板。尽管他已经开始没有任何理由地挖了，但他还是要决定在哪挖，除非他不当老板。他满脑子都是挖，他的资本主义模式就来自他以自我为中心的观点。

“首先，卢日科夫来参加会议，就像是领袖一样，他觉得自己比其他人更聪明，更有远见，”沙赫诺夫斯基回忆说，“他跟这些人谈话，不把他们当作伙伴，绝不。跟他谈话非常压抑，真的非常压抑。他向一些人宣教，给另一些人提建议，但这绝对不是谈话。”

别列佐夫斯基听到卢日科夫对企业大亨说的话之后，非常吃惊。别列佐夫斯基认为应该由大资本告诉政府怎么做，而不是反过来。斯莫伦斯基回忆说那次会后“我们就离开他了”，“我们是莫斯科银行家，而他就这么失去了我们”。

尽管沙赫诺夫斯基想把俱乐部的注意力集中在长远目标上，可是别列佐夫斯基改变了这一切，不久，他就把俱乐部变成了那种交易场所，这是沙赫诺夫斯基想要避免的情况。别列佐夫斯基仍像他的朋友早些年描述的那样，做事从不声张，尽管他的能量很大。1994 年秋天，他又有了新的梦想和计划。当其他俱乐部成员还在讨论政界中谁能成为大资本的领导时，别列佐夫斯基已经开始招募人员了。别列佐夫斯基的野心并不小：他想要叶利钦。

对别列佐夫斯基来说，汽车行业有利可图，但危机四伏。1994 年俱乐部开始聚会以来，罗格瓦兹只是俄罗斯最大的日古利经销商，还销售梅赛德斯、本田、雪佛兰、克莱斯勒和沃尔沃，而且正准备扩展大宇业务。在通往莫斯科的主干道上竖立着带有罗格瓦兹蓝白标志的公告牌。罗格瓦兹描述公司市场战略的报告声称，尽管到 1993 年只有 70％的人知道罗格瓦兹，但是到 1994 年 100％的人都会知道公司在汽车行业中的地位。罗格瓦兹当年花了 120 万美元做广告和公共关系，到 1994 年中结束。公司最大的关注点就是莫斯科一年一度的 8 月汽车展。别列佐夫斯基每年资助凯旋艺术奖 10 万美元。[5]

但是汽车业有很大的弊端——该行业对犯罪团伙来说是块诱饵。莫斯科成了黑道竞争的场地，他们把汽车经销权当作奖赏。1993 年底别列佐夫斯基从莫斯科逃到以色列，而且取得了公民身份。[6]很明显，他成了黑社会的目标。在莫斯科，有两大武装团体在争夺汽车经销权，一个是车臣帮，因为凶残而出名；另一个是太阳帮，是个斯拉夫团体，以莫斯科西南部的一个区而命名。1993 年 9 月，别列佐夫斯基的罗格瓦兹停车场被袭击了三次，展厅也被手榴弹炸过。[7]

新库兹涅茨卡亚大街是莫斯科一条古老的街道，有吱吱作响的无轨电车线，别列佐夫斯基的指令中心罗格瓦兹俱乐部，一处重建的19世纪早期的斯米尔诺夫家族官邸。从外面看，罗格瓦兹俱乐部是一座没有特点的低层灰楼。但里面却是古老世界风格的沙龙，绚烂的镀金，华丽的装潢。这里令我记忆最深的就是宽敞的前厅，我在那等着约见别列佐夫斯基。淡黄的墙，玫瑰红的房顶弓形架，横梁上叮当作响的玻璃，大批葡萄酒瓶，围在一张巴黎咖啡桌旁的棕色椅子，一面墙前有灯光照亮的鱼缸，总有一群人轮换着坐在椅子上，等着见别列佐夫斯基。他总会步履轻快，手插在上衣兜里，大步走来，还向你道歉。他总是急匆匆地来——总是迟到。他答应说他会回来，通常也的确会回来。同时前厅非常热闹，手机响着，嗡嗡叫着，甚至大声叫着。温柔的气氛被墙上刺耳的超大屏幕电视的最新新闻公告打破了。

1994年6月7日，下午5点，别列佐夫斯基走出俱乐部大门，坐进了他的梅赛德斯600的后座，前座司机旁坐着他的保镖。在交通高峰期，别列佐夫斯基的梅赛德斯驶出了院子，上了公路，驶过一辆停着的欧宝牌轿车。欧宝牌轿车中装有一枚遥控炸弹爆炸了，爆炸力量很大，掀开了别列佐夫斯基的梅赛德斯的前车盖，很多细小的致命金属片飞到空中。别列佐夫斯基的司机死了，保镖瞎了一只眼，7个正在等电车的行人受伤，一条街区外的大楼玻璃被震碎了。别列佐夫斯基从血腥的、浓烟滚滚的废墟中爬出来，已经被烧伤了，震晕了。罗格瓦兹发布了一份震怒的声明，“这次悲剧无疑说明社会中还有一股势力正积极努力地采用野蛮的犯罪行径来阻止我们国家文明的企业家继续进步”，没有提及任何人。

这是恐怖的时代：警察说到6月为止，城中有52枚炸弹爆炸，而1993年全年累计才61枚。目标是别列佐夫斯基的那枚炸弹力量是最大的。别列佐夫斯基的伙伴、瓦兹汽车的总裁弗拉基米尔·卡丹尼科夫悬赏100万美元，征集袭击别列佐夫斯基的“恐怖事件的制造者和罪犯”身份的线索。他们始终没找到。

别列佐夫斯基告诉我爆炸四天后，他还打着绷带，参加了叶利钦为定俄罗斯节假日而举办的招待会。“叶利钦看见我非常吃惊，问我发生了什么事，我告诉他了。”根据别列佐夫斯基的回忆，叶利钦向他的安全部长们示意说：“你们看见他发生什么事了吗？”他提到别列佐夫斯基，“我给你们一个月时间找出凶手”。[8]他们根本没找到。别列佐夫斯基飞往瑞典接受了治疗。

当他回到莫斯科时，雄心勃勃，他想比俄罗斯最大的汽车经销商还要厉害。他大学时期的朋友列昂尼德·博古斯拉夫斯基回忆说，别列佐夫斯基早在1992年就想到了电视，尤其是影响很大的第一频道，转播信号几乎遍及原苏联地区所有的家庭。苏联官方投资了价格非常昂贵的卫星，以确保第一频道能够遍及2亿人口。罗格瓦兹的生意“只是工具”，罗格瓦兹的俱乐部“只是工具”，别列佐夫斯基告诉他的朋友说“最重要的工具将是第一频道”。[9]

第一频道和相关的传输，以及生产设备——包括莫斯科1 771英尺高的发射塔，欧洲最高的建筑——曾经都是由国家资助的，但是政府不再滥用苏联时期的津贴了。而且，第一频道或者是人们所知的奥斯坦金诺因为贪污而成谜。然而政府继续提供足够的支持，保证空中较强的信号。广告费转给了私人公司，总的来说很少有能回到频道中的。这种情况与陶里亚蒂的装配线相似，车几乎是免费出厂，中间商出售获得一点利润。电视上，国家继续通过补助转播信号支持“工厂”，而其他人利用广告获利。虽然第一频道声明1993年中期，他们每天只播19分钟广告，节目调查表明他们每天播100分钟。因此，即使是最低价，每年收入也有600亿—750亿卢布，但是政府审查发现只有112亿卢布真正到了电视台。[10]

伊戈尔·马拉申科担任奥斯坦金诺总裁后没多久，就在1993年初辞职。他告诉我说：“从商业上讲，这绝对是场灾难。事情很简单，你看，广告引入时，没有人知道怎么销售。奥斯坦金诺所有经理都是过去时代的苏联资本家。突然，他们发现因为国家的财政支持真的停止了，他们买不起电视节目。然后，试想一下，一些年轻的生产者回来找他们说：‘好的，我会给你提供节目，我只需要和你交换。我不需要你的钱，给我点广告时间就行。我会自己去卖，这是我的风险。’这些傻瓜绝对高兴——但是从经济角度来看，他们毁了奥斯坦金诺。"[11]

谢尔盖·利索夫斯基（Sergei Lisovsky）是一个音乐会创办人、娱乐大拿、俄罗斯数一数二的广告大亨。他告诉我，早期的时候，第一频道只是销售节目之间不定时的白屏幕——30 秒或者有时是 5 分钟间断，这是节目安排的问题。后来，随着大量的广告费用涌入俄罗斯，各种生产商和节目开始自由联合，卖自己的广告。对于广告客户尤其是西方消费品公司比如宝洁来说，这太乱了。如果他们买了时间，他们并不知道在播些什么，而且也没有保证到底是电影、运动还是肥皂剧。

而且，国家继续承担转播信号的成本——电力、卫星以及第一频道所有其他的费用——尽管这些开支比过去减少了。国有电视网络的外壳留下来了，而那些活力，广告收益却消失了，流到了私人厂商手中。

别列佐夫斯基知道财富在哪，他通过广告控股公司（Reklama Holding）掌握了第一频道的内部专线。俄语"reklama"的意思是广告，创建这家公司就是为了垄断第一频道的广告时间。别列佐夫斯基的广告代理公司罗格瓦兹社是广告控股公司的创始人之一。利索夫斯基是广告控股公司的幕后操纵者。计划是这样的：公司是中间商，卖给广告商第一频道的时间，然后从频道中直接批发，把其他中间商排除，获得更多控制。利索夫斯基和别列佐夫斯基，以及其他广告控股公司相关的人都说自己是中间商，得到第一频道的一点利润。[12]别列佐夫斯基是广告代理，根据年报，罗格瓦兹社在 1993—1994 年盈利 100 万美元。[13]盈利的原因之一是罗格瓦兹社拿到了广告时间的 80% 折扣，另一方面，别列佐夫斯基免费获得了一些特殊优惠——播放时间——再出售也可以获得一些利润。

同时，电视观众刚刚发展起来，经过十几年的试运行，俄罗斯观众迷上了西方电影和肥皂剧，像墨西哥的《富人也哭泣》（*The Rich Also Cry*）和美国制作的连续剧《圣巴巴拉》（*Santa Barbara*）这些节目受到了广大观众的青睐。对广告商来说，第一频道能够遍及几百万潜在客户，他们对于牙膏、谷物早餐等西方食品有着很大的需求。

俄罗斯观众的平均广告成本与西方相比非常便宜，在俄罗斯花大约1美元就可以获得1 000位观众，而美国需要15美元。[14] 1994年，尽管古辛斯基的小型私人电视台NTV靠播放流行电影和优秀的新闻人才吸引观众，但是第一频道的播放范围相比之下更广。第一频道通过国家支持的异频雷达收发机和卫星覆盖了俄罗斯的广大领土。

俱乐部的早期聚会，别列佐夫斯基有了一个想法，这使他在后来的几年从汽车经销商变成了拥立的功臣。他既想要得到政治影响，又想要得到利润，这些都来自电视频道的控制。他告诉其他商人，他正在考虑第一频道的私有化计划。这是商业交易还是政治交易？别列佐夫斯基说“两者都是”。干掉其他涌现的中间商，别列佐夫斯基就能赚钱。通过新闻报道独裁，别列佐夫斯基就能成为一个权势中心。[15]

同时，他正在步入叶利钦的核心集团，为了达到他的目的，从不停步的别列佐夫斯基也能够展示出超乎意料的谦虚和耐心。多年以前的早晨，他曾经在门口等他的朋友博古斯拉夫斯基；为了更多地了解意大利人和瓦兹汽车之间的合作，他耐心地做过他们的司机。现在，他对克里姆林宫和叶利钦家族采用了同样的办法，耐心地渗透进了叶利钦的核心集团。

瓦连京·尤马舍夫是一张新面孔，他是曾经代笔写叶利钦回忆录的记者，就是他把别列佐夫斯基介绍进了克里姆林宫。尤马舍夫自从改革起就一直跟叶利钦关系很近，他是流行周刊《星火》(*Ogonyok*)的编辑，别列佐夫斯基刚开始资助这份杂志。别列佐夫斯基第一次是怎么见到尤马舍夫的呢？中间人是彼得·阿文，他父亲是别列佐夫斯基研究院的数学专家。在改革期间，阿文一直与盖达尔一起工作，是盖达尔政府外贸部长，而且罗格瓦兹建立时他本人就在咖啡厅里。[16]

这些事情的一个主要见证人是亚历山大·科尔扎科夫(Alexander Korzhakov)，他是叶利钦强壮的保镖。80年代叶利钦被赶出共产党时，他一直忠诚地追随叶利钦。克格勃第九局派科尔扎科夫保护叶利钦，他至今还是叶利钦的好朋友和同伴。叶利钦下台后，他们仍一起喝酒，一起旅游。叶利钦掌握大权后，科尔扎科夫得到了回报。90年代早期，科尔扎科夫建立了自己的小规模军队，担任了克里姆林宫总统安全服务的领导。据初步计算，科尔扎科夫的军队大约有几千人，包括阿尔法反恐部队。科尔扎科夫的回忆是非常有价值的，因为他有各大事件的第一手材料，虽然这些回忆多少有些感情色彩，这是由于1996年他被叶利钦辞退的苦涩事件，以及他对新生资本家的深深疑虑，尤其是对在他的辞退事件中插了一手的别列佐夫斯基。科尔扎科夫看上去像是一个反动派，他认为民主和资本主义没有必要。他曾经是个第一流的总管，他的职位与能力不匹配，但是在别列佐夫斯基进驻克里姆林宫时他还是比较有地位的。[17]

科尔扎科夫说是尤马舍夫把别列佐夫斯基第一次带进叶利钦的核心集团之中，那时尤马舍夫刚刚用俄文发表了叶利钦的第二本回忆录《总统笔记》（*Notes of the President*）。1993年底，动荡的十月事件后，尤马舍夫很快写完了这本书，但是克里姆林宫不知道怎样出版。“现在我明白了，如果我们组织一个竞拍会，将会有很多出版商。”科尔扎科夫回忆道，“但是瓦连京把出版这本书当作了一项功绩，一桩勇敢之举，他指出只有鲍里斯·别列佐夫斯基有能力做这样的事。”尤马舍夫邀请别列佐夫斯基到克里姆林宫，并把他介绍给了叶利钦。别列佐夫斯基预计在芬兰出版一百万册。科尔扎科夫回忆说，出版商是星火社，别列佐夫斯基把版税交给了叶利钦家族。他专门在伦敦银行开了个账户存叶利钦的版税。[18]科尔扎科夫说：“这就是这个商人得到叶利钦赏识的经过。”[19]

别列佐夫斯基不久就被邀请加入“总统俱乐部”，这是叶利钦专门为最亲近的密友修建的莫斯科运动场。但他没有在那里打网球，相反，别列佐夫斯基按照叶利钦的政治观点创建了一座电视频道大厅，还有一条专线。俄罗斯总统受到了各方面的攻击，新频道将是叶利钦的工具，别列佐夫斯基许诺说这将是“总统专用频道”。别列佐夫斯基在建造转播大厅的工作中得到了尤马舍夫的帮助，叶利钦非常信任他。[20]魅力攻势起到了作用，1994年11月29日叶利钦签署了2133号法令，没有通过法律要求的拍卖程序，使这个巨大的电视频道私有化了。新主人的基础资本是220万美元，新组织的名称是俄罗斯公众电视台，俄语缩写为ORT。[21]“公众”电视的想法不是国有电视，而是创新。没有人确切地知道会发生什么事。政府拥有公众电视台51%的股权，剩余部分分给了一些富有的银行家和企业家。公众电视台室外展板上说叶利钦是主席，但是，科尔扎科夫说不可能。别列佐夫斯基是新频道的幕后操纵者，政府当然是后台老板。[22]

别列佐夫斯基从雀山俱乐部成员中挑选合作伙伴，新的股东包括别列佐夫斯基、霍多尔科夫斯基、弗里德曼、斯莫伦斯基，还有其他几个人。霍多尔科夫斯基回忆说，别列佐夫斯基只是给他打了个电话问他是否想要5%。霍多尔科夫斯基说："我非常相信他，他创建了自己的业务，而且成功地发展了。"[23]后来别列佐夫斯基把大多数股份都掌握在自己手中。

别列佐夫斯基说，当他开始掌握电视频道时，成本是每年2.5亿美元，而广告收益只有4 000万美元。[24]他说大部分收益都被独立经销商挪走了。他削减了成本，又想出了新办法重新吸引广告市场。

新主人准备4月接管。新任执行官是备受欢迎的电视界人士弗拉季斯拉夫·利斯捷夫（Vladislav Listyev），八字胡，非常敏锐，黄铜色皮肤，38岁，他或许是那个时代最出名的电视明星了。他的节目已经打破了苏联后期的一些公共场合禁止谈论的话题，如性和金钱。他的"魔幻场地"和"命运之轮"节目得到了认可。利斯捷夫不只是个电视主持，像其他独立生产商一样，他还拥有一个广告公司国际维德（Inter-Vid），曾是广告控股公司合伙人。别列佐夫斯基决定，重新控制广告的唯一方法就是停下所有事情，重新开始。他提出新频道广告项目暂停三个月。"这是我个人观点，"他说，"这使人们感到震惊。"别列佐夫斯基说利斯捷夫最初不同意，但最终还是同意了。

1995年2月20日，利斯捷夫宣布第一频道广告项目暂停，这是一项冒险的举动，目的是给新频道一段时间解决腐败和贪污的顽疾。马拉申科后来告诉我说如果他们控制第一频道，利斯捷夫和别列佐夫斯基就没有选择了。"你无法改革奥斯坦金诺，"马拉申科说道，"你所能做的唯一事情就是重建一个新的实体，转移许可证，从奥斯坦金诺拿走你所需要的，彻底毁了它，就没事了。"

几百万美元危在旦夕。利斯捷夫的宣布对于那些这几个月在电台已经预定时间段或打算买时间段的人包括独立生产商来说，意味着损失。从理论上讲，要承受损失的人也包括利索夫斯基、别列佐夫斯基和利斯捷夫自己。广告大亨利索夫斯基想要和别列佐夫斯基谈个新合同。别列佐夫斯基拒绝了，要求所有广告暂停。别列佐夫斯基回忆说："我们计算了没有广告之后我们的损失，但是一旦我们控制了广告后，我们将得到更多。"暂停广告是个鲁莽的举措——而且很容易树敌。

1995 年 3 月 1 日，利斯捷夫将要掌管崭新的公众电视台前一个月，他在公寓门口被两个不明身份的人枪杀了，这次枪击案使全国震惊。叶利钦来到奥斯坦金诺电视台，谴责这次"懦弱的、恶劣的谋杀行径，杀害了一个非常有才华的世界电视记者"。叶利钦解雇了莫斯科检察长和警察局长，谴责了卢日科夫，认为他对城市的"秘密政党成员视而不见"。[25]这是克里姆林宫不信任卢日科夫的表现，我们也能看得出这种不信任程度在加深。

没有人声称为利斯捷夫的枪击事件负责，调查最后也失去意义，案件陷入了思考和悬疑，事实好像永远消失了。[26]叶夫根尼·基谢廖夫是非常出名的 NTV 记者，他离开了第一频道，为古辛斯基工作，他告诉我他不能接受说利斯捷夫是由于广告冲突被谋杀的这个说法。"我肯定他与广告毫无关系，"基谢廖夫说，"所有的财政问题，一切涉及广告——广告暂停——的事情都不是他的决定。责任是其他人的，他只负责节目……他是个具有创造力的人。"

其他人也同意，持续 4 个月的广告暂停是别列佐夫斯基决定的，而不是利斯捷夫。就像利索夫斯基跟我所说的那样："每个人都非常明确，从 ORT 建成的那刻起，就是鲍里斯·别列佐夫斯基管理所有关于广告的事情，只有他。因为从一开始他就说了，财务问题只能跟他讨论，只有他才能做决定。"

另一个当时跟别列佐夫斯基关系很近的电视界人物告诉我说："每个人都知道别列佐夫斯基控制了所有的财权，利索夫斯基和利斯捷夫因为财务问题来找他。"尽管没有人真正知道谁杀了利斯捷夫，他相信是暗处的国安部门，或者是他们雇来的枪手，找机会阻止将电视频道转给别列佐夫斯基。[27]

掌管频道后，别列佐夫斯基建立了一个新的广告垄断系统。在这个系统中，频道把一段播放时间卖给利索夫斯基的公司 Premier SV。该公司是把播放时间转卖给广告商的唯一一家代理。别列佐夫斯基说，暂停广告项目已经起作用了，与利索夫斯基的合同也很有利。他说："我们记下了条款。"[28]别列佐夫斯基也控制公众电视台的新闻业务，罗格瓦兹的接待室经常满是电视台官员，来向他求教。

别列佐夫斯基说："我们阻止了主要国家频道的衰落，我们遏止了河水决堤。"[29]关于陶里亚蒂组装线的处理办法，他做出了类似的声明。在那别列佐夫斯基成了一个大赢家，把所有的小型竞争者都挤出去了。正像他喜欢说的那样，他创建了一个"文明的汽车市场"。在电视界也类似，他控制了广告市场。他控制了资金——把所有小型竞争者挡在了外面。"别列佐夫斯基，这是他另一个特点，"利索夫斯基回忆道，"到了一个地方，他自己控制所有的资金，这是他的严格规定。"

别列佐夫斯基已经实现了他的目标，掌管了第一频道，但是他的方法给雀山俱乐部注入了一个不和谐的音符。沙赫诺夫斯基回忆说，商人们"本打算在那里交流，找出互通的方法，而交易应当在外面进行"。

"是什么破坏了这一切呢？如果我们往回看，是别列佐夫斯基的工作毁了这个点子。当具体商务引入了俱乐部，就是真的毁了它。"

1994 年的夏天和初秋，弗拉基米尔·古辛斯基做得很好。他的新电视台 NTV 满是最优秀的人才，并且得到了第一频道的额外广告时间。他与卢日科夫的联合非常适合，对两人都有益。他在建筑业、银行业生意兴隆，而且还有逐渐扩展的新闻媒体，包括报纸《今日报》和一个广播电台"莫斯科回声"。当公共关系公司"Vox Populi"公布那个夏天俄罗斯最富有、最具影响力的银行家名单时，古辛斯基排在最富有榜单第 1 名，最有实力榜单第 2 名，而别列佐夫斯基在最富有榜单第 17 名，最有实力榜单第 13 名。[30]

然而古辛斯基没有被邀请到雀山，这也不是意外。沙赫诺夫斯基告诉我，那个夏天他与商人们碰面想要组织俱乐部时，古辛斯基被排除在外。沙赫诺夫斯基回忆说："人人都反对，因为古辛斯基事实上与每个人都有过冲突。"

后来几个月，古辛斯基卷入了一场暴风雨中。乌云是各种原因合并的结果，就像飓风一样，无法预测的狂风和波涛滚滚的海洋突然交错袭来。暴风雨的一个原因是别列佐夫斯基狂暴的实力和无情的扩张，与古辛斯基相撞了。另一个原因是叶利钦，永远保护他自己的政治至高权力，被妄想症折磨着，身体因病而虚弱。叶利钦特别担心卢日科夫在莫斯科影响越来越大。随着对卢日科夫的担心和害怕，他又产生了对古辛斯基的偏执。克里姆林宫被卷入了一场与车臣的小规模战争，而对战争的恐惧通过古辛斯基的电视台 NTV 扩大了很多倍，这也是有史以来第一次。

别列佐夫斯基不屈不挠。他喜欢说，在俄罗斯，私有化的第一个财富就是利润，然后是贫穷，最后是债务。别列佐夫斯基的意思是说公司中他第一个想要的是现金流，之后才有占有的兴趣，或许可能永远都不会有兴趣。正是为了追求这个现金流，他才进入了古辛斯基利润丰厚的交易中。当时，古辛斯基的莫斯特集团银行和在别列佐夫斯基控制下的瓦兹汽车银行正在争夺俄罗斯航空公司（Aeroflot）数亿美元国际票务的处理权。当时，俄罗斯航空公司总是缺少燃料，驾驶员几个月都领不到薪水。全国各地的停机坪上到处可见年久失修的飞机——耷拉的翅膀、凸起的挡风玻璃、风一吹就开的门，没有发动机或零件，都被拆下来装到了其他飞机上了。陈旧、庞大、不规律的航线是苏联贪污的另一活生生的证明。政府有时支付燃料费用和薪水，但是销售的现金尤其是国外用硬通货购票的现金都消失了。就像工厂和电视台引出了行贿的中间商，俄罗斯航空公司助长了贪污。票务销售的现金没有回流到航空公司，反而进了上百家国外银行账户。后来，别列佐夫斯基的合作伙伴尼古拉·格卢什科夫（Nikolai Glushkov）说，俄罗斯航空公司对于俄罗斯的海外情报服务来说是个宝库。[31]

谢尔盖·兹韦列夫当时是古辛斯基的说客，他告诉我莫斯特银行计划掌控俄罗斯航空公司的账户，他们相信肯定有暗藏的宝库。他回忆说："我们知道如果我们能够用正确的方法控制资金流，我们就能够在公司中找到几千万美元或者几亿美元的资金。"[32]但是，别列佐夫斯基有同样的想法。俄罗斯航空公司的股权不是问题——公司已经私有化了，但是大多数的股票仍然在国家手中。技巧就是控制大量的现金——据格卢什科夫估计，任何时候都会在8 000万到2.2亿美元之间。

在克里姆林宫的走廊里以及叶利钦的专有运动俱乐部中，别列佐夫斯基散布着针对对手古辛斯基的恶意中伤。根据科尔扎科夫所说，别列佐夫斯基"会定期汇报他在什么地方，说了总统什么，怎么骂他，怎么称呼他，他想如何欺骗他"。别列佐夫斯基带着科尔扎科夫所谓的"新的不祥细节"——真正的或者假想的情报——到了克里姆林宫。比如科尔扎科夫说，别列佐夫斯基声称"古辛斯基正和卢日科夫坐在单间喝酒，为总统尤里·米哈伊洛维奇祝酒"。然后，别列佐夫斯基有意告诉科尔扎科夫说，古辛斯基每周四会定期给莫斯科政府送个小红包。每个人都有份，从五百到几千美元，视他们的用处大小而定。在此，很难知道谁比较会编造故事：是后来背弃了别列佐夫斯基的报复心很强的科尔扎科夫，还是竞争心过于强烈的别列佐夫斯基他自己，他想同时使古辛斯基和卢日科夫丧失名誉。

科尔扎科夫声称当他不再向叶利钦报告别列佐夫斯基说的故事时，别列佐夫斯基开始求助叶利钦的小女儿塔季扬娜·季亚琴科。为什么科尔扎科夫不再当传信人，原因不清楚。科尔扎科夫说别列佐夫斯基送给了总统女儿很多礼物，包括俄罗斯制造的尼瓦（Niva）吉普车和雪佛兰开拓者汽车，季亚琴科后来否认了这一切。

古辛斯基知道别列佐夫斯基对他的敌意正逐渐增加。他后来回顾说："我们别再诋毁别列佐夫斯基了，人人都说是别列佐夫斯基安排的，但实际不是他——是叶利钦做的。别列佐夫斯基又有什么相干呢？当然，别列佐夫斯基正在挑起事端，因为他想要得到这一切，想要那么做。是的，这是事实。但是如果没有别列佐夫斯基，或许会有某个西多罗夫，因此，有什么区别呢？"然而，当我追问古辛斯基时，他承认与别列佐夫斯基的冲突是实情。“当然，百分之百，的确有场争斗，更有甚者，关于俄罗斯航空公司和其他事情上都有严重的冲突。别列佐夫斯基非常嫉妒 NTV。”[33]两人的争斗只是前些年企业大亨和各种各样的财团之间司空见惯的自相残杀的开始。

1994 年秋天，叶利钦的核心集团势力加强了，因为评论家们称为“主战派”的鹰派人物加了进来，中心人物就是科尔扎科夫。他们直接对车臣战争的发起负责。两年后，又险些说服叶利钦取消选举。科尔扎科夫变得非常有势力。曾经有一次，他试图向切尔诺梅尔金要求确定石油出口政策。[34]当叶利钦的势力逐渐削弱时，“主战派”控制了克里姆林宫。8 月 31 日，叶利钦正在柏林参加德军撤军纪念仪式，他好像喝醉了，抓住了乐队指挥的指挥棒，想要指挥乐队。世界各地电视台都报道了此事，有点不太合适，比较滑稽。叶利钦一些比较偏向自由派的副手给他写信谴责他的行为，但是他把他们都辞退了。9 月 30 日，叶利钦从美国乘飞机返回，在爱尔兰，他没有下飞机会见在那里等他的总理。很多人都认为他喝醉了。“主战派”成员副总理奥列格·索斯科韦茨（Oleg Soskovyets）最后会见了爱尔兰总理。根据塔斯社报道，“叶利钦很健康。”这是谎言，科尔扎科夫后来承认叶利钦在飞机上突发心脏病。[35]

在莫斯科，迅速发展的危机使克里姆林宫危在旦夕，10 月 11 日，无法预料的“黑色星期二”爆发了。当时卢布贬值了 27%。德米特里·霍洛多夫（Dmitri Kholodov）是发行范围最广的《莫斯科共青团员报》的调查记者，正在调查军队的腐败情况。10 月 17 日，他被炸弹袭击。很多记者和政客都对这位年轻的记者遭遇不幸感到怒火中烧。

有人告诉叶利钦到处都是他的敌人，他当时生病，孤立无援。科尔扎科夫声称是别列佐夫斯基带去了古辛斯基的污点材料。别列佐夫斯基点燃了一根导火索，克里姆林宫就烧着了。他是为了达到自己的目的，利用科尔扎科夫和叶利钦击垮对手。

有一天，叶利钦在克里姆林宫与科尔扎科夫共进午餐，他说：“为什么你不能处理一下那个谁……古辛斯基的问题？”科尔扎科夫说叶利钦当时是在埋怨古辛斯基的车在进城的路上挡住了他的妻子和家人。“多少次了，塔尼娅和奈纳开车出去，路总是堵着，就是为了给古辛斯基让路。他的 NTV 已经不受控了，他太过分了。我命令你，去处理他！”

科尔扎科夫说他拒绝了，说没有法律依据，科尔扎科夫回忆说当时叶利钦勃然大怒：“去找点事，一直跟着他，让他永无宁日！”

他真的永无宁日了。第一个迹象出现在 1994 年 11 月 19 日清晨。支持克里姆林宫的国有报纸《俄罗斯报》上一篇文章题为“下雪了”。文章指出，内部消息透露莫斯科的金融家古辛斯基正秘密策划让卢日科夫登上总统宝座。文章中反映了克里姆林宫对于莫斯科市市长和古辛斯基的妄想症，并因为 10 月卢布贬值而责备他们，说他们是魔鬼经纪人，买断了大众媒体。文章中说莫斯特集团“正准备掌权”。[36]古辛斯基看到这篇文章，知道这是个威胁。“第一次政治狩猎开始了”，他回忆道，而他就是猎物。

古辛斯基的麻烦也有起因，那正是车臣的遭遇，对此叶利钦、科尔扎科夫以及“主战派”人士很快就开始着手处理了。车臣共和国在俄罗斯南部，正逐渐被分裂主义领导人焦哈尔·杜达耶夫（Dzhokhar Dudayev）控制，而俄罗斯的官员们似乎与世隔绝，没有看到这一切。他们正慢慢步入战争。第一阶段是 11 月中旬，俄罗斯情报局打着“反对派”的幌子秘密安排 47 名坦克兵袭击杜达耶夫。这些“反对派”实际上是俄罗斯军队中没有受过训练的士兵，几天前刚刚从莫斯科内务部坎杰米罗（Kantemirov）和塔曼坦克师招募来。年轻的战士们甚至不知道要去哪，为什么去。11 月 26 日，坦克攻势开始了。当坦克开进车臣首府格罗兹尼时，准备不足的军队遭到杜达耶夫军队的火箭炮攻击。整个秘密行动最终变成了残酷的溃败，克里姆林宫承认是他们的责任。21 名战士被杜达耶夫军队俘虏，并在电视上露面。坎杰米罗师的领导鲍里斯·波利亚科夫（Boris Polyakov）辞职了。他说这次袭击没有通知他就进行了。[37]对于古辛斯基，使这段紧张时间更危险的是电视台的播放范围突然间扩大了。波利亚科夫的辞职发言在 NTV 播出了，这使克里姆林宫非常气愤。马拉申科回忆说：

“当这些人决定开战时，他们也开始考虑媒体的播放范围了，这使他们非常紧张。”他们紧张是因为有这么一个独立电视台 NTV 是他们不能控制的。11 月坦克溃败之前的一天，当时的 NTV 总裁马拉申科在克里姆林宫等候约见时遇到了安全局的一位高级官员。这个人密切参与了坦克袭击事件。他是马拉申科的老朋友。“伊戈尔！”他哀求马拉申科，“你能在这两周放一放车臣的事吗？两周内，我们要结束整个事情，我会亲自去 NTV，告诉你整个经过。”马拉申科非常惊讶，他疯了吗？“你真的相信能在两周内解决这个问题吗？”马拉申科拒绝停止播放。

正当坦克溃败事件在格罗兹尼发生时，科尔扎科夫的助手格奥尔基·罗戈津（Georgi Rogozin）把古辛斯基招进了克里姆林宫。“他开始了推心置腹的讨论，到底怎样才能使人们喜欢政府，”古辛斯基告诉我，“以及我该做什么。”[38]

12 月 2 日清晨，一个蒙面人穿着制服，没戴徽章，拿着自动步枪，到了古辛斯基在莫斯科城外的家，试图与私人保安交火。蒙面人走了，但是当古辛斯基驾车从郊区住宅开往市中心时，又在高速公路上被跟踪了。他们一直跟踪他到新阿尔巴特街的高层大厦的办公室。卢日科夫市政府也在这幢大厦中。古辛斯基不知道蒙面人是谁，但事实上那是科尔扎科夫派去的人，他后来承认了。“银行家的保安们很紧张，古辛斯基自己也快被吓死了。”古辛斯基一到大厦，就飞快地跑进了他在 21 层的办公室，而科尔扎科夫雇的人开始粗暴地盘问停车场上古辛斯基的保安。在大厦中，古辛斯基疯狂地求助。暴徒们走了，到了 5 点半，另一群蒙面武装的人带着武器，穿着制服到达了。他们没有任何标志，没有徽章，只有恐怖的面罩和枪。他们殴打停车场的保安，让他们在雪中躺了几个小时。于是，紧张而惊慌失措的古辛斯基就给一个朋友打了个电话，叶夫根尼·萨沃斯季亚诺夫（Yevgeny Savostyanov）是另一个联邦安全局在莫斯科的分支领导。[39]萨沃斯季亚诺夫是自由主义者，一个满脸胡须的知识分子，他参加了改革期间支持民主的运动，而且与加夫里尔·波波夫关系很近。他向大厦派驻了一支队伍。

科尔扎科夫的克里姆林宫暴徒突然与萨沃斯季亚诺夫的莫斯科队伍碰面了，一场战斗即将爆发。科尔扎科夫声称萨沃斯季亚诺夫的人有点喝醉了。他们开了枪，有一枪擦着科尔扎科夫手下的皮夹克飞过去，另一发射中了一辆汽车，正当战斗就要爆发时，萨沃斯季亚诺夫的人认出了科尔扎科夫队伍中有曾经共事过的人。萨沃斯季亚诺夫的队伍意识到他们正与总统的精英安全局部队对阵，他们撤退了。

科尔扎科夫回忆说，当时听说这个情况后，他立刻就去找叶利钦，叶利钦签署了一项辞退萨沃斯季亚诺夫的政令。之后，科尔扎科夫向古辛斯基的停车场增派了一支小型快速反应部队。他们封锁了大厦的入口，开始检查古辛斯基的所有汽车。“古辛斯基的梅赛德斯装甲车司机把自己锁在了车里面，”科尔扎科夫回忆道，“让他出来时，他不肯出来，后来在车顶放了一枚手榴弹，他立刻就跳出来了。”这是典型的科尔扎科夫作风。他说手榴弹根本就没有引爆线。

同时，古辛斯基把莫斯科的记者团叫到了现场。几十位电视台新闻工作人员都拍到了科尔扎科夫的暴徒，当时古辛斯基的人仍然趴在雪中。这次事件后来影响时间较长，被称为“雪中的脸”。当天晚上那次冲突的原因对外人来说还是不清楚。当然，克里姆林宫对古辛斯基过多播放车臣的不满好像是袭击的原因之一，但是没有证据证明那些暴徒到底是谁派去的。停车场冲突事件后，古辛斯基知道了他的对手是谁，非常气愤。

对于这件事，古辛斯基后来回忆说：“如果那时克里姆林宫的那些蠢人能够聪明一点，他们本可以给我打个电话，说‘弗拉基米尔，我们求求你了，请帮帮我们吧’，我可能会帮他们，但是他们决定采用威胁。我是个笨蛋，从小就犟。如果你想要恐吓我，那就滚吧！”[40]

12 月 5 日，古辛斯基再次被邀请去会见科尔扎科夫的助手罗戈津，他决定解散所有的保安，所以如果再发生冲突，就不会有还击的问题了。他还决定要把妻子列娜和儿子送到伦敦。正当古辛斯基出发要去克里姆林宫时，他接到了保安主管的电话，三辆没有车牌的蓝色沃尔沃正跟踪他的妻子去机场。“车里的人有机枪。”保安说道。

“知道了。”古辛斯基简短地回答。

在与罗戈津进餐时，古辛斯基想着妥协的办法，要怎么办呢？

“车臣，玩偶。”科尔扎科夫的助手说道，暗示古辛斯基的电视台要有点规矩。他指的是《玩偶》（*Kukly*）一个新的木偶戏电视讽刺节目，总是拿叶利钦和他的人开玩笑。

“我不想谈这个。”古辛斯基打断了他。他不会放弃电视台。

罗戈津回答说：“有些事情需要做，感情色彩需要减少。”

古辛斯基问道：“如果有可能，今天你会让我妻子离开吗？”

“这要看你的表现了。”罗戈津小心谨慎地回答。

古辛斯基突然间回到了过去，他还是个小男孩，在院子里。他正拿着一个小鞭子抽着管他叫犹太佬的那个人。他直视着罗戈津。“我告诉他：如果我妻子和孩子有一点闪失，我会亲手杀了他，”古辛斯基回忆着，“这对我来说不是件好事，我告诉他‘我不需要保护，我会亲手杀了你，我会杀了你’，或许是错了，不太文明，但是我别无选择。如果那时候他伤害了我妻子和儿子的话，我会用任何重物在办公室杀了他，烟灰缸，或者任何什么东西。”

古辛斯基的妻子飞离了这个国家，但是古辛斯基承受的压力并没有消失。几天后，科尔扎科夫在报纸采访中自诩“猎鹅是我的老习惯了”，俄语中鹅这个词可指代古辛斯基的名字，也是古辛斯基最爱用的绰号。

12月中旬，基谢廖夫接到了克里姆林宫的电话，警告非常直接，“你的处境非常危险”。叶利钦的参谋长维克托·伊柳辛（Viktor Ilyushin）说他直接给基谢廖夫打电话，甚至都不通过秘书。基谢廖夫去克里姆林宫会见了伊柳辛，这是一次正式接见。那次接见中，伊柳辛什么都没说。但是，接见后，伊柳辛把这位电视主持人叫到一旁，说：“小伙子，你有大麻烦了。”仅仅一年前，叶利钦签署法令，为NTV在第四频道上延长播放时间，伊柳辛汇报说现在叶利钦的妻子奈纳几乎看不到这个频道了。“你为什么播那个可怕的故事？”伊柳辛想要知道。

“什么可怕的故事？”基谢廖夫问道。

伊柳辛说叶利钦一家人都快发疯了，他们看到NTV节目中说叶利钦是如何不受人爱戴，甚至是在他的出生地，他的家乡。这个故事反映了一个残酷的现实：由于改革的压力和战争的阴影，叶利钦的公众支持率已经滑到了个位数。[41]

古辛斯基也感觉到压力越来越大。“他们把我叫到克里姆林宫，并且告诉我，‘如果你继续播放车臣，我们会把你赶出 NTV，并且杀了你’，”古辛斯基回忆道，“我感到很害怕，但是我当然不能同意，我是在大街上长大的，不是吗？我不喜欢被威胁，我真的很害怕，的确，我害怕，但是我不能对任何人表现出我害怕，是吧？我说，滚吧——所有人都滚。”

如果骚扰者以为他们打败了古辛斯基，他们就错了。他们成就了他。1994 年 12 月爆发的车臣战争永远改变了古辛斯基的一生，成就了一个新的、受人喜欢的私人电视频道，NTV 不久就对叶利钦政府产生了严峻的挑战。

NTV 不但把战争的恐怖带进了各家各户，而且变成了一种可供选择的力量中心，讲述政府不愿承认的事实。夜复一夜，NTV 采用俄罗斯电视从未使用过的方式播放。当俄罗斯的直升机被击落时，NTV 播放了飞机残骸，政府官员们却一言不发。当俄罗斯人在 12 月中旬被俘虏时，NTV 也播放了，而政府却说没有战俘。当叶利钦说格罗兹尼总统府的爆炸已经停止，NTV 播放了轰炸仍在继续的画面。

基谢廖夫告诉我，1994 年，甚至是战争开始前，“从春天后期，整个夏天，一直到秋天，我们一直都在车臣”。NTV 做得比其他电视台都好，战争爆发时，NTV 已经做好了准备，播放集中营、战地医院以及战争本身。古辛斯基回忆道：“多亏我们对战争的诚实报道，我们成就了 NTV。我们很诚实，揭露我们必须揭露的。就在那一刻，我意识到了公共服务意味着什么，就是在那一刻。”

由于古辛斯基害怕被捕，12 月 18 日他离开了俄罗斯，在伦敦待了 6 个月。各方面的压力、恐吓电话、关闭 NTV 的要求一直持续到春天，直到叶利钦陷入了战争的困境。基谢廖夫告诉我，他和同事们在经历了那些年的混乱之后，当车臣战争开始时，他们非常明确该做什么。他们没有争论该怎样报道战争——他们就直接去做了。他说：

“我们非常明白，信息在我们手中是有利的反击工具。”报道是富有激情的，有时是令人厌恶的，因为要赤裸裸地面对可怕的、血腥的战争受害者。我的同事李·霍克斯塔德冒着巨大的生命危险、怀着无限强烈的感情关注战争，他这样描述NTV：“断了的肢体、临死前的痛苦挣扎、内脏外露的尸体，所有的一切都是今晚新闻的猎物。有些报道的语气已经是公然反战了。”和古辛斯基、基谢廖夫共同创建频道的奥列格·多布罗杰耶夫，指导着日复一日的播放。他的原则是，记者看到的就要播。“我记得自己坐在那看着所有的报道，决定哪些要播，哪些不要播，”多布罗杰耶夫告诉我说，“我全都播了。”因为镜头本身就能说明问题，而且是很有利的说明。美国上一代就在越南战争中发现战争的痛苦与悲悯能够吸引电视观众，对于俄罗斯观众也不例外，而他们从未见过类似的事情。[42] NTV得到了公众的信任，电视成了战争中信息的主要来源，报纸和杂志的速度远远落后。弗谢沃洛德·维切克（Vsevolod Vilchek）一直是第一频道的公众观点专家，后来成了NTV的专家。他报道说，在战争爆发之初，如果问人们是否在紧跟实况，会有80%回答是。电视观众不断增加，而新的观众中收看第一频道的比例很少，只有几个百分点，第二频道RTR稍好一点，而NTV却压倒性地赢得了70%的新观众。[43] NTV的观众翻了一番，而且在战争白热化时，NTV在莫斯科的观众达到了48%，几乎是所有打开的电视机总数的一半。[44] 车臣战争的前几个月转播使NTV变成了俄罗斯最专业的电视频道。人们注意到了，叶利钦也注意到了。

1995年7月8日，NTV推出了另一个每周播放的讽刺节目，木偶丑角剧《玩偶》。演员是与真人等大的木偶，作品是机敏的幽默大师维克托·申杰罗维奇（Viktor Shenderovich）写的。《玩偶》是在车臣战争刚刚开始时开播的，没想到成了叶利钦的另一个痛处。那天晚上的节目把政府领导演成了流浪汉，靠政府最低工资也无法维持生活。电视上叶利钦在火车上闲逛，讨要零钱，拉着他的保安主管科尔扎科夫，就像个孩子。在政界多年，叶利钦脸皮很厚，但是古辛斯基相信《玩偶》能让他生气。火车这一集播出后，总检察长提出对《玩偶》进行犯罪调查，这使节目更受关注了。他们什么都没调查出来，但是古辛斯基意识到了自家电视频道的渗透力。他说："叶利钦无声的憎恨都归到了我头上。"叶利钦曾经亲自给卢日科夫打电话，请求古辛斯基停播那个木偶剧。

"他们污辱我！"叶利钦乞求道，但是节目仍然继续播放。

克里姆林宫对古辛斯基的攻击有一个主要后果：破坏了古辛斯基和卢日科夫之间的关系。莫斯科市市长感觉到了来自克里姆林宫的压力，他想装作看不见此事。古辛斯基的莫斯特集团银行要靠莫斯科的"特许"账户，但是那些账户被转到了莫斯科银行。古辛斯基和卢日科夫的关系淡了。这两个人合作以来彼此关系很好，但是现在不再说话了。古辛斯基在俄罗斯航空公司业务上也输给了别列佐夫斯基，这是克里姆林宫的决定，是对反对者的惩罚。

"对于整个团队来说，这是一段艰难时期。"马拉申科回忆着古辛斯基团队，"因为银行的人当然非常失望，对于他们来说，这是业务的终结。但是我告诉他，听着，小伙子们，我们没有更多选择，我们不会牺牲 NTV。"

古辛斯基身处十字路口，他决定不会将资产投在银行界，也不会在建筑业，而是在媒体，就像大亨一样。NTV 的一分钟广告要 1 万美元，不管是对商业，还是对政治来说，这都是非常有价值的企业。他几乎是白手起家，古辛斯基以此为荣：他的资产不像是别列佐夫斯基的瓦兹汽车和奥斯坦金诺电视台，不是苏联时期企业积累的。古辛斯基是个企业家，或许是因为他肯定是个企业家——因为他是从零开始。他没有吝惜游说政府的款项，他要为 NTV 赢得许可证，但是电视台是他自己创建的，这不是苏联时期留下来的资产，这是他通向未来的票据。

雀山俱乐部的风景与众不同，其他的企业大亨正准备开始看一本来自国家贫困委员会的厚书，那是苏联时期创建的工厂名单和其他即将成为他们自己的工业财产，他们不愿像古辛斯基那样，当利润丰厚的宝藏——俄罗斯最好的矿藏和炼油厂——正等待人们挖掘时，他们不想从零开始。

第十二章　财富拥抱权力

查尔斯·瑞安很高兴在1991年买下了大批梅纳捷普银行股票，他成了丘拜斯私有化团队的顾问。瑞安结识的第一批人中有一个叫阿尔弗雷德·科赫（Alfred Kohn）。科赫是个说话刻薄而固执的年轻人，时任列宁格勒私有化办公室副主任。后来，两人一起来到莫斯科。瑞安与人合建了一个名叫联合金融集团的投资银行。1995年，科赫被任命为国家资产委员会代理主任，负责继续出售丘拜斯兴办的工业，此时的丘拜斯已经是两位副总理之一。

这个时期对于丘拜斯的团队来讲是非常困难的。国家资产私有化进度缓慢，叶利钦身体虚弱，而俄罗斯共产党在1995年议会选举中占有有利地位。每逢星期六，科赫总是待在办公室，门也总是开着。在寂静的下午，瑞安喜欢来到办公室与科赫闲聊，他知道科赫说话粗俗，脾气暴躁。1995年夏末的一天，他们两人散步时，科赫顺便问瑞安："你对联合进出口银行和梅纳捷普银行有什么看法"?

瑞安发现科赫正在进行一笔私有化交易，这笔交易将永远地改变俄罗斯的资本主义和政治。科赫的桌子上放着一个方案。按照这个方案，俄罗斯会把他的工业皇冠宝石，即最有油水的石油公司和最富有的金属矿山，交给一批大亨，这些大亨都是雀山俱乐部成员。名列第一位的是联合进出口银行的弗拉基米尔·波塔宁，后面跟着的是梅纳捷普银行的米哈伊尔·霍多尔科夫斯基。瑞安回忆说，科赫从一开始就仔细挑选出了谁是赢家。根据计划，工厂股份交给大亨们安全保管，以换取他们给政府贷款。人人都知道财政亏损的政府无力偿还贷款。这样大亨们就可以卖掉工厂的股份作为贷款的补偿。但这里面还有个窍门，大亨们可能会把股份通过那些隐蔽的外国公司很便宜地卖给他们自己。于是他们就可以几乎不花一分钱得到巨额财产。瑞安盼望用给国家的贷款换取大量的石油和矿物资源，他看上去就像一个可疑的泄密者。这个方案叫作“贷款换股份”（loans for shares），瑞安告诉科赫：“这个贷款换股份的事情糟透了。”

科赫问道：“你什么意思?”

“阿尔弗雷德，可笑的是你掉入陷阱了，你会成为这个方案的替罪羊，因为是你签署了所有这些命令。”

“不对，”科赫抗议道，“我所做的一切都是经过丘拜斯同意的。”

“阿尔弗雷德，你真会开玩笑，四年后，丘拜斯将会任要职，你会成为上当受骗的人。”

科赫发怒了，他朝着瑞安吼道，“去你妈的!”瑞安后来回忆道，“我告诉科赫他会在哪里受骗。这个贷款换股份方案是我与这些家伙友谊结束的主要原因。”[1]

在攫取轻松赚来的钱时，霍多尔科夫斯基尝尽了甜头。他的梅纳捷普银行在卢布-美元的投机中获得了大量的利润，同时介入凭证贸易，成为联邦和莫斯科政府超高利润“特许”银行的领袖。但在1995年夏，一项回报率最高的轻松赚钱方案，即卢布-美元投机，最终停止了。俄罗斯中央银行为了控制通货膨胀，强制了新的汇率“走廊”，缩小允许卢布对美元兑换的范围。银行不能再对汇率的无节制摆动下赌注。中央银行可以使用储备实施限制。丘拜斯声称轻松赚钱的时代结束了。对于那些靠汇率投机的银行，丘拜斯说：“买卖美元这条路关闭了。”[2]丘拜斯希望对货币的控制最终能够抑制1992年开始的极度通货膨胀，以便在休克疗法开始之初使经济出现第一个真正的稳定期。

不久人们发现，很显然轻松赚钱的日子并未结束。又有很多另外快速赚钱的游戏出现了，新的游戏不断被发明。一种短期的政府债券，最长期限为三个月，年利息高得惊人，有时高达200%。[3]这种炙手可热的证券是低风险的轻松赚钱方式：因为它有俄罗斯政府的担保。新证券叫短期国债券，它们最终会给俄罗斯政府带来灾难。但发行的最初几年，投资者的收益高得令人难以置信：坐在那里眼看着你的钱成倍地翻番。

尽管有这样那样轻松赚钱的诱惑，霍多尔科夫斯基却不想满足于只做银行家，他渴望成为实业巨头。在大规模私有化过程中，霍多尔科夫斯基收购了很多工业公司，出价时许诺将来为他们投资。1995年9月，他创建了一个名叫全俄工业（Rosprom）的金融实业联合体，来控制他的29个工业公司，这些公司涉及石油、冶金、化工、食品加工、纺织、木浆和造纸等行业。[4]但霍多尔科夫斯基对他手里的工业种类不满意。当国际咨询顾问阿瑟·安德森（Arthur Anderson）建议霍多尔科夫斯基模仿韩国大财团三星公司时，他立即放弃了这个主张，因为他认为这种财团不适应于俄罗斯。霍多尔科夫斯基决定倾注精力开辟工业的“一个分支”，这个分支就是石油。[5]

远离莫斯科，在乌拉尔山脉的另一端，即西西伯利亚广阔的盆地，苏联于20世纪60年代到70年代开发了大量的新油气田，其储藏横跨西西伯利亚盆地，这个盆地是经俄罗斯的第三大河鄂毕河干涸而形成的。鄂毕河蜿蜒3 650公里从南部的阿尔泰山脉流向北部的喀拉海，其水源主要来自解冻的泉水和融化的积雪。鄂毕河的水道是巨大的地下油气储藏的道路图，但不稳定的沼泽和恶劣的天气条件使人们对该地区的勘探直到20世纪70年代才开始。后来，在20世纪70年代末和80年代，为了尽全力通过原油出口的收入来支撑衰弱的苏联经济，人们肆无忌惮地开垦大型油田。随着苏联的解体，俄罗斯的石油开采量开始下降，从1987年的5.19亿吨降到1998年的3.3亿吨。[6]

苏联的石油工业像一片广阔的群岛，由过时的国营“生产协会”组成，石油企业大多以所在地区划分。阿采里人瓦吉特·阿列克佩罗夫（Vagit Alekperov）时任科加雷姆一家生产协会的主任，率先将苏联解体后的俄罗斯工业向现代化的西方模式公司转变。1991年和1992年，由于国内和出口价格的差额，大量的原油被非法出口，出口一吨原油可赚100美元以上，而在国内市场上同样的原油只能赚这个价格的一小部分。阿列克佩罗夫利用这个时期建立了他自己的西方式石油公司——卢克石油公司，该公司包括3家西伯利亚生产协会、2家炼油厂和1家贸易公司。卢克石油是俄罗斯第一家实际意义上的综合石油公司。就像许多现代的西方公司一样，卢克石油从事原油的勘探、钻井、提炼、分送和销售。阿列克佩罗夫利用经济混乱时期采取主动，为叶利钦领导下的俄罗斯政府树立了榜样，被其他工业所效仿。这个观念就是重新整合原苏联体制下的大而广的油田和炼油厂，把它们组成十几个大型私有公司，建设新型市场经济下的石油工业。相比之下，俄罗斯天然气工业股份公司则几乎原封未动地保留下来，因为它是低效保守的垄断公司。1992年11月，叶利钦签署命令，建立首批3家纵向联合石油公司，包括卢克石油，并要求工业重组。[7]

霍多尔科夫斯基看到了他梦寐以求的奖赏，但几年后他才真正得到这份奖赏。霍多尔科夫斯基的聪明才智加上深思熟虑，使他得到优先待遇。在叶利钦政府执政的第一年，霍多尔科夫斯基成为盖达尔内阁的燃料能源部长弗拉基米尔·洛普欣（Vladimir Lopukhin）的顾问。盖达尔内阁任期不到一年，石油工业的分配工作刚刚开始，内部存在很多不确定性。霍多尔科夫斯基接手给洛普欣当顾问的工作时，他不愿放弃他在梅纳捷普银行的工作，因此洛普欣给了霍多尔科夫斯基一个非正式的职位，相当于副部长，让他负责能源部的“投资基金”。这项工作的具体内容不详。然而，它肯定给霍多尔科夫斯基提供了非常便利的渠道，使他了解石油工业的情报。霍多尔科夫斯基的助手涅夫兹林告诉我说，关于霍多尔科夫斯基的任职，他“唯一记得”的好处就是“他努力结识了”苏联时期权利巨大的各生产协会主任，这些主任以“石油大亨”著称。那时候，局外人很少知道石油生产协会的内幕，石油大亨们守口如瓶，但霍多尔科夫斯基还是对他们的内部世界有所了解。[8]

霍多尔科夫斯基发现阿列克佩罗夫在卢克石油建立了自己的王国。另外一个石油大亨弗拉基米尔·波格丹诺夫（Vladimir Bogdanov）是苏尔古特市生产协会的铁腕老板，在鄂毕河的北岸也建立了自己的王国苏尔古特油气公司（Surgutneftegaz）。霍多尔科夫斯基是位莫斯科金融家，不是石油大亨，但他有与阿列克佩罗夫和波格丹诺夫并驾齐驱的野心。他眼睛盯上了新建的纵向一体化控股公司，该公司后来成为俄罗斯第二大石油巨人，即尤科斯，其核心是一家位于鄂毕河南岸、名叫卢甘斯克油气公司（Yuganskneftegaz）的生产协会。（第二家生产协会萨马拉油气公司［Samaraneftgaz］也加入了尤科斯）。尤科斯油气公司协会的老板名叫谢尔盖·穆拉夫连科（Sergei Muralenkov），他父亲是西伯利亚石油界的传奇人物。穆拉夫连科正是霍多尔科夫斯基接管以后所需要的联系人。卢甘斯克油气公司协会的石油有很大的潜力，在1993年提炼3.3亿吨原油，几乎占西西伯利亚石油总产量的15%。[9]该协会还拥有全俄罗斯最大的一些矿藏，包括最大的单一未开采的鄂毕油田。当然，如同其他俄罗斯企业一样，卢甘斯克油气公司协会也不是理想的公司，它背负很大的税债和工资拖欠款，由于以俄罗斯人为的国内低价出售石油，它承受了很大的损失。[10]

霍多尔科夫斯基并不是唯一在西伯利亚石油中找到机会的人。外国投资者来到新生的俄罗斯股市，渴望寻找石油公司的股票。据说在20世纪90年代，世界上勘探石油和天然气最便宜的地方就是俄罗斯的股市。这些股市的投资商并不在乎松垮的管理、过高的税负以及疯狂的价格。事实上，他们当中的大多数人连他们投资的公司都没去过。他们就是购买股票，希望成为暴发户。多数投资者是真正老练的赌徒，他们被便宜的资产所吸引，这些资产指的是卢甘斯克油气公司丰富的地下石油储藏。像这样的生产协会，我把它们称为油田采掘公司，真正做的是石油工业所做的工作，即把石油从地下挖掘出来。在俄罗斯股市，有可能买到大宗此类油田采掘公司的股票。卢甘斯克油气公司就是这种诱人的股票。其股值相当于同等规模的国际石油公司，如美国的阿莫科公司（Amoco）。[11]卢甘斯克油气公司股票于1994年夏上市，莫斯科规模虽小却在不断壮大的股票经纪团体在研究报告中对此大书特书。[12]

即使对赌徒们来讲，购买诸如卢甘斯克油气公司这样的油田采掘公司的股票也有危险。首先，就是盗窃问题。俄罗斯石油产业的经理、当地政客、犯罪团伙、形形色色的诈骗者以及金融从业者发现有很多巧妙的方法可以用来榨取采掘公司的财富。购买股票不一定能保证你得到石油财富。例如，经理们可以非常容易地从海外私人“贸易公司”抽出利润，把债务和工资拖欠款留给你。一个常见的技巧叫作“转移价格”。采掘公司用人为的低价把石油卖给另外一家公司，譬如说每桶 2 美元。然后第二家公司用高得多的价格，譬如说每桶 18 美元，转手出口国外。这样做的结果就是，采掘公司扣除找井、钻井、油田工人的费用后，没赚到钱，而第二家公司则得到了相当可观的利润。财富从一家公司转移到了另外一家公司，通常都是私下通过空壳公司和离岸港进行这类活动。

第二个风险是所有制问题。对于那些贪婪的投资者来说，他们购买了油田采掘公司的股票，这些股票就有可能再被俄罗斯政府在 20 世纪 90 年代早期创建的新型控股公司吞掉。这些控股公司事实上一夜之间就变成了能源巨人，可与主要的国家石油公司媲美。这些公司是靠政府发财的，政府使它们在油田采掘公司占有利的股份。总体来讲，俄罗斯政府给这些控股公司至少 51％的投股股份，足以保证它们控制采掘公司。然后，政府计划在 3 年后廉价出售政府在控股公司所占的股份，获取大量现金。

采掘公司投资者的风险在于，当控股公司接管采掘公司后，新老板可以轻易地为自己抽走石油财富。控股公司可以使用转移价格、财产掠夺或其他的方法重新更改利润。油田采掘公司股东的正当权益被非法掠夺了。他们虽然持有大量的股票单据，但一点利润也没有。这种情形使冲突不可避免。控股公司由于占有采掘公司的大多数股份，自然想施加影响。采掘公司的小股东看到自己被欺骗，难免会愤慨，并流露出反抗情绪。

油田采掘公司与控股公司的摩擦在尤科斯公司得到印证。有一位隐居的美国投资者肯尼思·达尔特（Kenneth Dart），其祖先是靠泡沫塑料杯子发家的。达尔特从两家采掘公司卢甘斯克油气公司和萨马拉油气公司购买了数千万美元的股票。他相信尽管问题重重，两家公司至少拥有廉价资产——地下石油。达尔特购买股票的事最初是秘密进行的，但后来导致了与尤科斯控股公司老板霍多尔科夫斯基的公开争斗。[13]

尤科斯成立于1992年，是包括卢甘斯克油气公司、萨马拉油气公司和炼油厂在内的控股公司。三年后，1995年，尤科斯公司开价出售。霍多尔科夫斯基回忆道，他怀疑政府成立石油控股公司后会再出售。“我从不相信政府会出售原油。”他坚持说在1992年他未考虑成为石油大亨，尽管他在燃料能源部任职。到了1995年，霍多尔科夫斯基才开始相信有购买尤科斯公司的可能。

为什么？因为波塔宁编造了所谓的“贷款换股份”方案。

弗拉基米尔·波塔宁虽然是雀山俱乐部的成员，但却是年轻的俄罗斯大亨世界的后来者。在别人受尽磨难开始他们的第一单生意后，又过了很久，波塔宁才进入生意界。在动乱的“改革”年代中，米哈伊尔·霍多尔科夫斯基忙着把不值钱的非现金货物变成现金，鲍里斯·别列佐夫斯基眼盯着伏尔加汽车厂，亚历山大·斯莫伦斯基忙着盖乡间别墅。此时的波塔宁是苏联外贸部的小官员，他父亲也曾在外贸部工作过。波塔宁于1990年开始做自己的第一笔生意，他的第一笔财富是在苏联解体以后得到的。但这个头发稀少、声音粗哑、好胜的年轻人于1995年在一笔最大的财产攫取中成了所有大亨的头目。突然间，他不知从何处冒了出来，极大地帮助了别人和他本人。

从孩提时起，波塔宁就没有体会过命运的苦难和物资的短缺。他的家庭享有特权，食物丰富，经常到处旅游。他很小的时候住在也门，后来又在土耳其住了4年。十几岁时，他的父亲是苏联驻新西兰贸易代表。在莫斯科，波塔宁在一个叫作马特维耶夫斯基（Matveevskoye）的林荫社区长大，这里离斯大林的别墅不远，后来勃列日涅夫也在这里住过。他童年的朋友阿列克谢·米特罗法诺夫（Alexei Mitrofanov）回忆说，他们那时经常在附近的小树林玩耍，在树后捉迷藏，看苏联领导人开着豪华轿车驶进别墅。[14]我与波塔宁在第58中学学习期间教他的老师们谈话时，得到的印象是：波塔宁是一个非常自立的年轻人，尽管周围都是精英子弟。他的同学是苏联外交官和克格勃特务的子女，其父母经常几个月或几年待在国外。校长尼娜·叶尔马科娃（Nina Yermakova）告诉我："他们暑假结束从国外回到学校，总要报告介绍他们去过的国家。"我们边喝茶边聊天。校长拿出一本破旧的班级剪贴簿。"我们经常说这些孩子见多识广，"她指着一张年轻时的波塔宁的照片，他当时曾经因为写过一篇关于托尔斯泰的文章获高分。[15]

波塔宁后来被莫斯科国立国际关系学院录取，这个学院是培养苏联官员的基地，特别是未来的外交官、贸易官员和克格勃特务。他毕业于1983年。"学校教我们如何应付官场，如何与有权力的人打交道，什么东西该说，什么东西不该说。"波塔宁的同学米特罗法诺夫告诉我们。这些青年男女是苏联准备送到国外去做将来的粮食商、间谍和武器交易商的人。他们尽管有现代意识形态，但还是每天被灌输一些经典的实用主义思想。这些未来的公使必须懂得如何与他们将来打交道的资本家和睦相处。波塔宁的同学奥列格·丘里洛夫（Oleg Churilov）告诉我说，他们训练的"重点总是一些实际问题"，比如金融和货币。这正是波塔宁在国际经济关系专业所学的东西。波塔宁用过的教材包括《资本主义国家国际货币金融组织》《世界贸易货币信贷关系》《资本主义国家的金融》。[16]苏联社会主义内部矛盾重重，但对于波塔宁和他的同学来讲，重要的课程却是关于外面那些资本家的内容。

波塔宁的朋友们认为，他看清了外面的世界，却不了解苏联内部的腐烂。他在学院的最后几年正好是勃列日涅夫时期最后阶段。在他的周围，没有明确事实或迹象显示苏联社会主义将走向崩溃。"那时候所有的学生没有一个认为那个时期是萧条时期，"他的同学丘里洛夫回忆说，"我们认为国家没有进入衰落时期，经济没有进入困难时期。"

毕业后，波塔宁进入外贸部，他父亲曾经在此供职一辈子。波塔宁被分配到工业协会出口公司（Soyuzpromexport），这是一家苏联国家出口公司，他先是任"工程师"，相当于职员的职位，后又任"专家"，相当于高级职员。据时任波塔宁上司的奥列格·克利莫夫

(Oleg Klimov) 回忆，波塔宁有年轻人的热情。但安排给他的任务却令人沮丧：向国外卖化肥，包括氮肥、钾碱、磷肥。波塔宁是苏联专门负责磷肥的销售官员，但这项工作给他未来的命运提供了机遇。[17]他出差到遥远的北部地区，例如科拉半岛，这里有苏联的大型钾碱矿。在外贸部同一分部下，还有一个矿石组。去北方出差时，在矿石组，他得知有这么一家金属储藏巨人在北极苔原进行挖掘，名叫诺里尔斯克镍业公司（Norilsk Nickel）。诺里尔斯克是在斯大林工业革命时期建立的，最早是由监狱劳工从冰块中开辟出来的，后来成为主要的战备镍生产基地。苏联解体时，诺里尔斯克出产的贵重铂金属占俄罗斯总产量的 98%，镍生产量占 90%。[18]

苏联解体时，波塔宁刚开始涉足私营业务。历经 7 年，他厌倦了外贸部的工作。他目睹很多朋友进入商界，当时国家贸易垄断正逐步崩解，快速致富成就了这样一些人：他们能够掌握私营贸易，把廉价的国营石油、木材和矿物出口到国外，再进口计算机之类的消费品。1990 年 3 月，波塔宁召集了 20 多家小型贸易团体，这些团体大都是国营代理机构，他们渴望做生意。他们给波塔宁 1 万美元让他启动他自己的新贸易公司——环俄公司（Interros）。不久，波塔宁觉得他的贸易公司需要一家银行，于是在 1992 年开办了一家银行。开办银行让波塔宁撞上了大运。对于一个在“改革”年代没有做出什么惊天动地事情的年轻人来讲，波塔宁的行为无疑惊天动地。因为时值东欧地区的苏联贸易集团崩溃之际，连经济合作国际银行这样的俄罗斯国营银行都陷入了金融困境。从银行贷款的东欧国家无力偿还。1992 年，该银行的管理层私下给俄罗斯国内的客户发信，敦促他们把钱转移到波塔宁的银行。这样建议是为了使客户们摆脱困境。人们至今也不清楚这些信件是如何发出的，但正是这些信件使波塔宁得到了权利“魔术之手”的帮助。波塔宁看上去把陷于困境之中的国营银行的存款和资产从债务中很有效地剥离出去。在 6 个月内，波塔宁得到了 3 亿美元的天降之财。除了向客户许诺为他们的钱提供安全港外，他似乎什么也没做。几乎一夜之间，波塔宁的银行成为俄罗斯一家主要的金融机构。相比之下，几年前成立的梅纳捷普银行也不过只有 8.35 亿美元资产。[19]

1993年4月，波塔宁凭着他的好运，建立了联合进出口银行（Uneximbank），该银行的发展速度同样惊人。在当时的改革派金融部长支持下，俄罗斯政府和中央银行以前所未有的速度给波塔宁的联合进出口银行发放了许可证。很显然，波塔宁在高层有朋友。联合进出口银行的早期创始人包括波塔宁和他的生意伙伴米哈伊尔·普罗霍罗夫（Mikhail Prokhorov）。普罗霍罗夫曾是苏联时期的一名外贸官员，同样是干部子弟。普罗霍罗夫也曾在亏损的国营银行工作过，波塔宁正是从这家银行得到3亿美元。他们把大约40家俄罗斯主要的出口商和外贸组织联合起来。其中一家公司是名叫机械技术进出口公司（Techmashimport）的国营石油化工进出口公司。当我问公司副总裁加里·季塔连科（Gari Titarenko）是怎样进入波塔宁的银行时，他回忆说："波塔宁本人总是非常谦逊，他聪明过人，待人彬彬有礼，每逢开会，他总是对机械技术进出口公司非常关注。"为什么呢？"他想把我们所有的钱都存入联合进出口银行。"

不久，波塔宁这位聪明过人的小伙子就显示出了真正的才能，他提出通过"特许"银行轻松赚钱的方案。波塔宁曾经说过，联合进出口银行是"体现国家精神的商业银行"。国家精神的意思是指国家的现金流动。尽管其他人也在不停地从国家榨取好处，但波塔宁似乎可以"点石成金"。1994年的夏天，他被邀请去雀山俱乐部，波塔宁迅速探查到政府里最有油水的部门——国家海关委员会。海关部门由于征收进口税，所以有大量的现金。波塔宁劝说海关把现金存入他的银行，作为交换条件，波塔宁愿意帮助建立一种制度，使进出口商们预先支付海关税。如果他们在货物到达边境前付钱给波塔宁，他会立即把钱转到海关的账号上支付关税。这对波塔宁来说并不困难，因为海关的账号就在他自己的银行里。他还为海关提供电脑，以便查询收入账目的情况。这对波塔宁来说尤为方便，因为所有的钱最终都要经过联合进出口银行。波塔宁的资产负债表进一步增长了，因为他的银行被很多部门和机构指定为"特许"银行，像财经部、税务局、莫斯科市等。波塔宁还为诺里尔斯克镍业公司提供账号，该公司后来成为联合进出口银行的股东。1994 年初，联合进出口银行的资产是 3.22 亿美元，年底则升至 21 亿美元。[20] 在所有银行的统计榜上，波塔宁的银行攀升至第一位。到了 12 月份，他又把眼睛盯上了诺里尔斯克镍业公司，这可是个赚钱的工业巨人，但如何才能把它搞到手呢？

波塔宁找到了有商业界神童之称的鲍里斯·乔丹，这位商业界高才生自从意识到布尔什维克饼干公司被严重贱卖了之后，就在第一波凭单拍卖中欢呼万岁了。乔丹此时（1995 年初）正与他的合伙人史蒂文·詹宁斯建立他自己的公司，复兴资本。他们辞去了在第一波士顿银行的工作，来到俄罗斯作为股票经纪人开始了他们自己的生意。

一天，波塔宁告诉乔丹："我有个主意。"俄罗斯政府急需现金来支付长期拖欠的工资和养老金。波塔宁有现金，尽管大多数现金实际上都存在政府的账上。波塔宁建议乔丹和政府做笔交易：放贷款，把一些工厂作为附属担保。"他需要有人把这些东西写下来。"乔丹告诉我说。这样，乔丹和詹宁斯这两位曾经在担保拍卖中起重要作用的投机商，又一次站到了俄罗斯大手笔买卖最前列。"我和史蒂文坐下来开始考虑。"乔丹回忆道。一个深夜，在詹宁斯的公寓，他们勾画出草案。最初版本的草案里，他们建议银行向政府贷款，有股票作为附属担保。如果政府不能偿还贷款，他们可以通过卖股票得到可观的佣金。草案规定佣金为 30%。确实很慷慨。"别忘了我们的身份，"乔丹告诉我，"我们是经纪人。"他们把卖股票获得佣金作为整个方案的要点。"我总觉得我们通过做事挣钱，"乔丹说，"我们从来没有意识到这会成为他们自己获得公司财产的工具。"他所说的他们指的是大亨们。"至少我没有意识到。"

波塔宁想出了另外一个主意。

乔丹与詹宁斯设计出一个计划，为波塔宁写了份白皮书，他们没有在上面署名。詹宁斯声称，从俄罗斯政府的角度看，该方案符合"一定的逻辑"，因为它能为俄政府带来急需的现金，用以支付养老金和教师的工资。另外，不成熟的俄罗斯股票市场在 1994 年末经历过第一次大震荡，股票价格一路下跌。按照乔丹-詹宁斯方案，政府可以在后来从附属担保的工厂中获得高价收益，假使股票再次上扬的话。私营企业的高层介入也会促进工厂的业绩上升。但是詹宁斯对我说，他一再坚持所有交易必须按照国际竞争的原则完全透明、公开。假如不这样做的话，詹宁斯说，“这将会是场灾难”。乔丹把白皮书交给波塔宁说：“你应该按照这里面说的那样去做。”[21]

但后来发生的事情背离了乔丹的原稿。波塔宁拿走了他们的方案，但“断章取义”，乔丹说。最终，交易没有向外国人公开，也没有透明，完全被事先操纵了，还造成了他们没有预料的后果：白皮书成了俄罗斯大亨与政府结合的开始。大亨们找到了他们的政治庇护人，这是他们在雀山俱乐部寻求的答案。这个人就是叶利钦。他们试图把他们的财富与他的权力结合起来。

20 世纪 90 年代，无论是公务员、改革者、石油大亨，还是政客，没有一个人能够具有丘拜斯那样的生存技能。他在猛烈的批评中展示了他非凡的决心。他不择手段地追求结果。但丘拜斯侥幸生存还有另外一个原因。他会使用各种挤压和强迫手段达到他的目的，但当他需要折中妥协的时候，他也总能抓住机会。最著名的就是他与最高苏维埃的妥协，允许内部人士控制才刚私有化的公司，为了达到使他的财产摆脱国家控制的目标。

现在，丘拜斯作为两位副总理之一，又要展示他的铁腕。他要控制大亨们与日渐衰弱的总统之间的权钱交易，并试图得到双方的支持。丘拜斯愿意付出代价，因为他还有自己的理想和目标。他毫不犹豫地动手了。

在大规模私有化的早期，丘拜斯对实现他的那些理想很有把握。他与叶利钦支持一句流行口号：“我们需要的不是几百个百万富翁，而是几百万个业主。”丘拜斯支持摆脱旧有的干部权柄，阻止工厂老板们疯狂的、“自发的”私有化。他深信前进的道路就在市场的魔力之中。只有市场才能决定谁输谁赢，也只有市场才能决定谁是国家新财产的“实际”主人。市场就像拳击场，决定谁能凭自己的技巧生存下来，并决定谁会被淘汰破产。对丘拜斯和改革者来说，苏联社会主义的教训就是，没有哪个政客或官僚在做决定时像市场那样有效，他们做出的决定通常都是武断的。丘拜斯和他同一时代的改革者相信，政治色彩过强的决定被证明是根本不起作用的。出路就在于活跃的市场竞争，要有竞争性就要开放市场。这就是为什么丘拜斯倾心于小生意的拍卖，他和盖达尔在下诺夫哥罗德州目睹过这种小生意的拍卖：一种纯粹的初级竞争。

1995 年 3 月 30 日，波塔宁出现在俄罗斯内阁前。在一张长长的马蹄形的桌子两边，内阁成员们一个挨一个坐着，面前整齐地摆放着小瓶矿泉水、笔记本和削好的铅笔。总理坐在一端，前面有个麦克风。他的部下和参观者坐在房子宽敞的另一端。波塔宁为会议做了精心的准备。他根据乔丹-詹宁斯的白皮书为他最初的贷款换股份计划写了份提纲。在为时 4 个小时的会议上，波塔宁与霍多尔科夫斯基和斯莫伦斯基告诉部长们，一个商业银行联合体准备向政府提供 9.1 万亿卢布（相当于 18 亿美元）的贷款，以俄罗斯某些大型企业的股票作为附属担保。这可不是什么小钱。预算需要从当年的私有化进程中筹集 8.7 万亿的卢布，但到目前为止，国家财产委员会才拿到了微不足道的 1 430 亿卢布。[22]全国的工资和养老金都未支付。银行家们为政府提供了一个一举把全年的所有私有化收入筹集起来的方案。

在银行家们想要的 44 家公司里，诺里尔斯克镍业和尤科斯都在其中，它们是波塔宁放在里面的。开会的前一天，波塔宁和负责私有化的科赫仔细阅读了计划的细节。波塔宁已经得到了副总理索斯科韦茨的支持。索斯科韦茨负责重工业，他是属于霍多尔科夫斯基圈子的人。霍多尔科夫斯基时任叶利钦的安全部头子，是所谓主战派的领导人。但问题是，另一位副总理丘拜斯又是怎么想的呢？

丘拜斯团队里的年轻改革者们私下对贷款换股份方案中明显的腐败非常厌恶。德米特里·瓦西列夫是丘拜斯最初的国家财产委员会副主任，1995 年又成为俄罗斯联邦安全局头子。他告诉我，乔丹有一天给了他一份贷款换股份白皮书的初稿。瓦西列夫回忆说：“我说我认为这个方案是腐败的，后来真正发生的事情比我们预料的还要糟。”[23]

关于贷款换股份所发生的一切都与改革者曾经赞成的东西背道而驰。谁输谁赢全是随意挑选的，而不是由市场来决定。这意味着新的所有者又一次由政客挑选，而不是由市场竞争来决定，也不是通过检验“拳击场”的力量来决定。贷款换股份的交易不公开执行，而在很大程度上秘密进行，由国外注册的公司和秘密账号来操作。甚至连拍卖都很腐败：在很多情形下，拍卖师本人竟成了买主。拍卖是被人操纵的，而丘拜斯听之任之。

如果说丘拜斯有任何疑问，那也是转瞬即逝的。波塔宁在内阁讲演的当天，丘拜斯回忆道：“我马上明白了，我要不惜一切代价支持这个方案。”[24]谢尔盖·别利亚耶夫是丘拜斯从圣彼得堡招来的兵，他告诉我说，丘拜斯唯一关心的是银行是否当真决定提供这些钱。丘拜斯从不问计划进行得如何，只问大亨们是否付款。别利亚耶夫告诉我说：“他意识到某种危险，那就是银行可能会欺骗我们，把股票拿走不给钱。”[25]

但很显然，丘拜斯很快就打消了怀疑，因为在1995年秋，另外一个威胁出现了：整个私有化进展出现了问题。政治气氛令人悲观。当年叶利钦的心脏两次出现问题，车臣战争迫在眉睫，叶利钦作为民主改革的倡导者，好像迷了路。每周的民意测验显示，共产党离12月份下议院即国家杜马的选举胜利越来越近了。俄罗斯共产党由根纳季·久加诺夫（Gennady Zyuganov）领导，他曾经是苏联共产党的宣传员。久加诺夫喜欢在西方人士面前标榜他是现代社会民主党人，但在国内，他更倾向于民族主义。久加诺夫对经济的态度令人琢磨不透，他谈到要把一些银行重新国有化，但又声称他支持“多种”财产所有制。久加诺夫说他要推翻私有化，丘拜斯把这个威胁当真了。

丘拜斯这些年来成了特别不受俄罗斯选民欢迎的人。他觉得作为副总理，他越来越被孤立了。他位居切尔诺梅尔金之下，他的目标受到另外一位副总理奥列格·索斯科韦茨的“完全阻碍”。丘拜斯告诉我，切尔诺梅尔金手中掌握着50%的政府权力，索斯科韦茨手中掌握40%，他本人手中只掌握10%。“私有化几乎停下来了。”丘拜斯回忆说。俄罗斯改革者展望私有化的第二阶段，国营工厂、炼油厂和矿山将以现金形式卖给最高出价者。丘拜斯把这个阶段私有化的失败看作主要挫折，不仅预算没达到，而且他想造就一批新型私有业主的希望也落空了。当时，他回忆说："在私人财产后面既没有联合的力量，也没有政治力量。"[26]

乔丹和詹宁斯经常环俄旅行。到处打听旧工厂，谈论如何出售造船厂和矿山。他们总是在经理办公室门前停下。他们根据自己半开玩笑总结出的"列宁参数"作为轨迹来寻找经理办公室——办公室挂着很多张列宁像的肯定就是总经理办公室。人们肯定会以为，随着苏联的解体，"列宁参数"会消失。但他们发现事实不是这样。一个原因就是，大规模私有化时，丘拜斯曾妥协答应给内部人士（原苏联工厂的经理们）机会控制他们的工厂。所以列宁像就保存了下来。"红色厂长"还统治着俄罗斯工业。这一点，加上公众的不满，使久加诺夫成为有影响的人物，也使丘拜斯忧心忡忡。

这时波塔宁向丘拜斯提供了一个非常有说服力的论点。他建议用贷款换股份方案改正早期的妥协方案，这个妥协方案延长了红色厂长对工厂的控制。波塔宁特别想干掉安德烈·菲拉托夫（Andrei Filatov），他是诺里尔斯克镍业公司的共产党经理。菲拉托夫的影响力从遥远的北部苔原地带一直到克里姆林宫，简直像传奇一般。波塔宁后来承认："在贷款换股份拍卖期间，不可能宣布我的想法，因为从政治上讲，肯定通不过。但真正的原因是想把正常的管理理念带给大型公司，摆脱红色厂长的游说，这是最重要的事。"[27]波塔宁没有说出来的是，他心目中所谓的"正常管理"是指由他本人和霍多尔科夫斯基这样的没有经验的金融家来指挥。他们能比以前的工厂老板管理得好吗？丘拜斯知道那些工厂经理总是处心积虑地把工厂的利润塞进自己的腰包。他们是市场的毒药。可是又没有办法知道霍多尔科夫斯基、波塔宁或别列佐夫斯基是否会干得更好，以及他们干得更好的原因。尽管如此，丘拜斯认为大亨们是现代俄罗斯的体现和缩影，工厂经理们是过去失败的顽固代表。保罗·博格拉德曾任丘拜斯团队的政治顾问，与丘拜斯交往颇深。他回忆，丘拜斯相信年轻的大亨们会带来一些"实用的公司管理的理念，而绝不是碌碌无为，掠夺公司的财产。按照当时管理层的情况，这是很有可能发生的事"。[28]

霍多尔科夫斯基在1995年初回忆说："当时的形势很明显，大工业如果还攥在红色厂长的手中，而不采取任何措施，他们就会让共产党重新掌权。”[29]丘拜斯有很多动机，但核心动机是这样的：永远击败久加诺夫和共产党。如果久加诺夫在12月份选举中获胜的话，他将会是叶利钦在1996年大选中最主要的挑战者。丘拜斯知道叶利钦体弱多病。从舆论调查中也可以看出叶利钦在政治上的影响力日益衰弱。丘拜斯害怕久加诺夫的胜利会使俄罗斯倒退。他从未在公共场合这样说过，他试图悄悄地实现他的目标，以便不惊动他的反对派，但是贷款换股份实际上被称为“大亨换叶利钦”。丘拜斯情愿不通过竞争暗地里移交财产，当然最终还是讨价还价，但是要使商人们在1996年总统大选时站在叶利钦这边。

当时我个人怀疑丘拜斯是否这么有远见，很难想象叶利钦会再次参加总统竞选。现在看来，我把丘拜斯和叶利钦都看错了。贷款换股份是叶利钦竞选连任的第一阶段。它是大亨与克里姆林宫的连接点，是对财富和权力的笼络。丘拜斯后来承认了这笔交易。“事实上，只有这样做，他们才有力量保护他们自己的私有财产，而他们正是要维护自己的财产，并且在政治进程中他们会反对共产党，赞成改革——这是千真万确的。”丘拜斯对我说，“事情就是这样。”

盖达尔至今还是丘拜斯的知己，他承认说，那时尽管他不在政府工作，“贷款换股份不是最令人高兴的选择。我宁愿不当官，也不愿做出这样的选择。但我认为如果叶利钦、切尔诺梅尔金和丘拜斯不拿出这个贷款换股份的方案，从根本上改变经济圈名流的组成成分，久加诺夫当选总统的概率就会大得多，或许就根本没人能够击败他。”[30]

乔丹解释说：“你要记住，直到叶利钦重新当选总统之前的每一年，这个国家的每个人包括我自己，都在担心共产党会重新执政。我觉得当时他们没想多远，只想把共产党从游戏中赶出去。他们根本没有考虑经济!”

1995年8月30日，叶利钦签署命令，正式启动贷款换股份方案。但该方案做了很多改动，对大亨们比以前更有吸引力。当詹宁斯最初起草白皮书时，他坚持一定要有国际竞争——欢迎国外石油公司加入参与俄罗斯富饶的石油竞争。但是，当年秋天，大门对外国人关闭了。这主要是由于霍多尔科夫斯基和他的副手康斯坦丁·卡加洛夫斯基（Konstantin Kagalovsky）努力阻挠的结果。卡加洛夫斯基曾出任俄罗斯驻国际货币基金组织的代表。此人非常机敏，他曾经在1991年进入15号别墅帮助盖达尔。他在尤科斯公司拍卖时，开展了一个把外国人都驱逐出去的运动。他把拍卖规则制定得模棱两可，以至于投资者觉得即使他们能赢，他们也未必就能合法拥有财产。把国外投资者吓跑还有一个更大的目的，那就是大亨们还没有足够的钱在公开竞争中出高价击败国外石油公司。霍多尔科夫斯基在竞拍尤科斯公司时，不想面对英国石油公司。对外国人关上大门后，他确信产业价格会尽可能压得很低。

丘拜斯还有一个狡猾的计划，确保大亨们对他忠心耿耿。他建立了两套钥匙系统。每个工厂的第一套钥匙将在1996年总统大选之前发放；另一套商人们保存自己财产的钥匙在1996年选举结束后才发放。这样的规定是为了确保这些巨头也希望叶利钦重新当选，因为如果久加诺夫上台，他们会立即与工厂和油田说再见。

自1995年秋天出笼以后，贷款换股份方案要求国家财产委员会召开拍卖会，银行可以通过向政府提供低息贷款投标企业的国家股票。这些股票都是以附属担保的形式持有。贷款还清之前，国家同意（实际上鼓励）银行控制工厂并进行管理，然后，正像每个人所预料的那样，如果政府拖欠贷款，银行可以在二级市场上出售股票，偿还贷款，并把其中的30%作为佣金收取。出售定于1996年9月开始，但总统选举则早在6—7月举行了。[31]

拍卖程序的花样极大地帮助了大亨们对拍卖进行操纵，该花样允许大亨们对他们拍卖的财产参与竞拍。例如，梅纳捷普银行既是拍卖尤科斯公司的官方“组织者”，又是主要的收购方。这是明显的利益冲突，但逐渐地变成了商人们向政府授权条款，政府则对他们听之任之。商人们挑选了他们想要的公司，挑选了他们需要的条款，挑选了他们想要的结果。以后几年，这就成了商人们与国家做生意的核心。欧洲建设发展银行的经济学家乔尔·赫尔曼（Joel Hellman）后来把这个现象叫作“政府俘获”（state capture），意思是说，商人们和既得利益者反过来“俘获”了政府。[32]在20世纪90年代的俄罗斯，这不是抽象的概念，这是别列佐夫斯基的信条：大资本说了算，政客只有听命的份。

令人惊讶的是，丘拜斯和科赫都在贷款换股份拍卖之始于公共场合继续维持假象：一切都正常进行。科赫告诉记者说，拍卖商“在很大部分上就是技术功能，不会对投标者给予任何多余的照顾”。丘拜斯则更厚颜无耻。9月25日他告诉记者，“你们知道，我们从未事先确定买主，”拍卖程序将是“自由竞争的”。这纯粹是胡说八道。事实是波塔宁、霍多尔科夫斯基和别列佐夫斯基都在相继的拍卖中发了横财。正如大亨们要求的那样，国外投标者被驱逐出去，当然又一次得到了丘拜斯和科赫的支持。“俄罗斯资本还不能与国外资本竞争。”科赫模仿霍多尔科夫斯基的腔调说。

9月25日，叶利钦通过了44家公司的名单，这些公司将获得贷款，但两周后，这份名单上的公司被缩减为29家。到1995年10月17日公布的最终版的文件中，只剩下16家公司。还有4家公司由于没人投标未被拍卖。在1995年9月3日和12月28日进行的十几家贷款换股份的拍卖中，大多数公司都转向作为拍卖组织商的银行。他们有自己秘密的外壳公司，还有自己的附属企业。所有的交易都被操纵了。[33]

11月17日，波塔宁发了笔横财，他得到诺里尔斯克镍业公司38％的股份。最初报价为17 000万美元，波塔宁只多出了10万美元就买下了。对这家公司来讲，这只不过是一点小小的施舍，因为1995年的年报显示该公司收入为33亿美元，利润为12亿美元。虽然公司财政状况的真实性值得怀疑，但很显然，诺里尔斯克镍业公司有巨大的潜力，这被以后几年公司几十亿美元的利润所证明。那天参加投标的有4人，其中3人是波塔宁和他的下属，第4个人来自莫斯科的另外一家银行——俄罗斯信贷银行。该银行是通过一个名叫孔特（Kont）的挂名公司来参与投标的。他的投标价为3.55亿美元，比波塔宁的报价高得多。但科赫“觉得里面有猫腻”，他宣布该投标价不合格，理由是牵强的技术原因：投标者不能为他们所提出的报价资本提供可靠的银行担保。但其他投标者（都是波塔宁的下属）的资本“看起来可靠”。[34]波塔宁的资本之所以看起来如此“可靠”，原因之一是政府用自己的钱把他的银行填满了。内务部的一位调查者对诺里尔斯克镍业公司案件的调查后来没有起诉就结束了，他在调查中查获一个关于波塔宁胜利的有趣脚注：他挂名的一家列奥拉（Reola）公司也没有银行担保，但科赫似乎根本没注意到。[35]

霍多尔科夫斯基眼中的横财尤科斯遇到了更大的困难和戏剧性，但这再次显示了丘拜斯将自己选择的路走到底的决心。这也显示了霍多尔科夫斯基的残忍。在12月8日的拍卖上，尤科斯公司45%的股票将以贷款换股份成交，33%将通过投资招标来落实。贷款换股份的起价是1.5亿美元，投资招标的起价是1.5亿美元。赢家需要为公司许诺提供另外2亿美元的投资。霍多尔科夫斯基的梅纳捷普银行组织拍卖。霍多尔科夫斯基准备通过他挂名的一家公司拉古纳（Laguna）来投标。

但是还有另外一组投标者，由3家银行组成。他们正认真地准备对尤科斯公司的投标。这三驾马车由几位杰出的大亨组成，他们是：革新商业银行的弗拉基米尔·维诺格拉多夫；阿尔法银行的米哈伊尔·弗里德曼；俄罗斯信贷银行的瓦列里·马尔金（Valery Malkin）。他们几周前刚刚在诺里尔斯克镍业公司拍卖中失败。3家银行立即就梅纳捷普银行要求把所有拍卖的资金存在该银行的做法提出了反对意见。这一次科赫采纳了。他同意所有的钱都应存在中央银行。

然而，这3家银行并没有足够的钱。他们需要3.5亿美元的存款，他们向国外投资商试探求援，但运气不佳。他们接触的投资者是洛杉矶的亿万石油富翁马丁·戴维斯（Martin S. Davis）。3位银行家并不知道霍多尔科夫斯基正使狠招，他派手下的副官去美国向戴维斯传达了一条不利消息，俄罗斯关于外国资本参与贷款换股份的法律要求价值最大化（正像霍多尔科夫斯基先前保证的那样），往最坏处说，一旦上法庭，可能会血本无归。俄罗斯人还告诉戴维斯，如果他帮助另外3家银行投标尤科斯公司，他将会失去他所有的钱。“你的3亿美元危在旦夕。”戴维斯决定不投资了，尽管霍多尔科夫斯基的对手永远不会知道这次秘密派遣。[36]当我向霍多尔科夫斯基问起此事时，他不愿多提。“他们谈论过此事，”他指的是他的对手，“但我不相信哪个外国人会出钱。我这边也想筹集国外资本——无功而返!”

没有现金，3 位银行家只好提供相当于 3.702 亿美元的短期政府债券，即飞涨的短期国债券。但是科赫拒绝接受短期国债券，丘拜斯也不接受。只有现金才行。实际上，俄罗斯政府是不会在拍卖中接受自己的债券作为保证金的。这就意味着 3 位银行家已经出局。“我们有现金，”霍多尔科夫斯基的一位副总裁后来告诉我说，“我们很清楚我们的竞争者没有现金。”

即使不知道霍多尔科夫斯基派遣密使去劝说他们的投资者放弃投资计划这件事，3 位银行家对他也非常愤恨。他们知道梅纳捷普银行一边组织拍卖，一边进行投标，这本身就够坏的。但他们还怀疑梅纳捷普银行之所以能够拿出现金，是因为他们与政府和尤科斯公司本身有密切的联系。他们知道霍多尔科夫斯基从财政部获得巨额贷款和保证金，联邦政府是霍多尔科夫斯基最大的客户。在一次罕见的对一位大亨的公开攻击中，3 位银行家要求对尤科斯的拍卖延期进行，并对霍多尔科夫斯基进行了言辞非常激烈的抱怨。他们甚至威胁要抛出手头所有的短期国债券，扰乱国家的证券市场。[37]但丘拜斯决心坚持到底不动摇。他坚持说“什么事都没有”。后来丘拜斯暗示说 3 位银行家之所以制造如此大的动静，是因为他们想与霍多尔科夫斯基达成一笔交易。[38]

几年后，3 家银行其中一家的高级执行官告诉我说：“霍多尔科夫斯基用尤科斯公司的钱来购买尤科斯公司，他们没有付税，而是决定聚集金钱。他们的交易就是随后再决定如何处理税款。这正是最让我们生气的，不，应该说最让我们发疯的东西。他们偷走了这个公司。”

阿尔法银行的总裁彼得·阿文曾经拜会过丘拜斯，他们是老相识。当丘拜斯第一次见到盖达尔时，阿文就在场，他曾经在盖达尔政府中出任过部长。尽管阿文再三请求，丘拜斯就是不同意使用短期国债券作为保证金。3位银行家没有运气。丘拜斯与阿文的友谊由于尤科斯公司拍卖而结束。丘拜斯后来告诉我说，他那时最担心的是为预算找现金。他又说："人们可以断言霍多尔科夫斯基没用正确渠道来的钱，他使用的是尤科斯公司的钱；人们也可以说，他使用的是财政部给他的保证金，他的钱来源有问题。但是我的标准非常简单：除了所有的政治顾虑外，我急需钱来填补预算。"

丘拜斯得到了钱，但是霍多尔科夫斯基的钱是从哪里来的？没有人知道。这个时候霍多尔科夫斯基的财务和政治网络从俄罗斯延伸到国外。在拍卖生意之前，他与尤科斯公司的总裁穆拉夫连科私交甚密。穆拉夫连科帮助霍多尔科夫斯基游说政府反对国外投资商的介入。但不清楚尤科斯公司是否有这么多的现金——如此大数目的钱通常都是藏在控股公司里，并不反映在正式的年度报告和审计里。霍多尔科夫斯基说他从别的大亨那里借钱："斯莫伦斯基借给我们钱，多数银行借给我们钱。"他说，另外梅纳捷普银行还从过去一块合作过的兵工厂借到了钱。[39]"尤科斯公司那时有工资债务，拖欠工资6个月，它们一点钱都没有。"霍多尔科夫斯基声称。

科赫后来暗示说霍多尔科夫斯基确实利用了他在尤科斯公司的关系集资购买尤科斯。他建议霍多尔科夫斯基用将来的石油交货抵押贷款。其他3位银行家"不能够像尤科斯公司和梅纳捷普银行聚积那样多的钱，例如他们可以从石油期货中获得钱"，科赫写道。"当这样的石油公司与一个大银行联合起来，所有的事情都会变得可能。这样会使人们愤怒，他们开始重复愤怒的诅咒，像'要是我们能够把尤科斯公司和梅纳捷普银行分开该多好呀'之类的，但是战略上的结盟是合法的，能起积极作用。"

12月8日，霍多尔科夫斯基轻易地得到了他的横财。他挂名的拉古纳公司用1.59亿美元——只超过起始价900万美元——购买了尤科斯公司45％的股份。他只用超过起始价（1.5亿美元）12.5万美元的价格就赢得了35％股份的投资招标。

在尤科斯公司拍卖的当天，波塔宁抢购了另外一家名为西丹科（Sidanco）的石油公司，用1.3亿美元赢得了51％的股份。两位石油大亨阿列克佩罗夫和波格丹诺夫也分别在卢克石油和苏尔古特油气公司贷款换股份的拍卖中获胜。苏尔古特拍卖是特别明显的例子，说明丘拜斯关于公开和竞争的观点在实践中根本没人理睬。苏尔古特管理层提前警告外界不要参与竞拍，拍卖当天，苏尔古特机场关闭，好让外面的竞拍者不能飞来参与竞拍。他们果然没有来。[40]

这一年的最后一笔石油横财在最后时刻落入别列佐夫斯基之手。1995 年的夏天，他突然与卡丹尼科夫分道扬镳，卡丹尼科夫是伏尔加汽车厂厂长，曾是别列佐夫斯基在全俄汽车联盟和日古利汽车交易中的合伙人。卡丹尼科夫现在面临巨大的债务和工厂积压的工资拖欠的压力，突然要求罗格瓦兹公司偿还早期数千辆汽车货物的钱。别列佐夫斯基没有退缩，他需要连夜筹集 400 万美元，他找到了钱。他便宜地卖掉了罗格瓦兹公司的一部分，于 1995 年 6 月 22 日把钱还给了工厂。此时别列佐夫斯基已经升上了一个更高的阶层。他利用俄罗斯航空公司账号接管公众电视台电视频道，现在他渴望在石油工业占有一席之地。

尤里·杜博夫是《分大头》这本书的作者，该书是关于别列佐夫斯基的传记小说。杜博夫有一次告诉我说，别列佐夫斯基在危机环境下才发挥自己的才能。他习惯于等到最后期限过去 10 分钟后才开始思考如何行动。“他是为数不多的那种能在极端情形下沉着舒服地生存的人，在这种情形下，其他任何人都不会觉得舒服。”杜博夫把别列佐夫斯基描述为一个从来不休息的人，一个根据事情的能量的纯粹力量改变事物的人，他是一个“椅子上长了钉的人”。[41]就是这个别列佐夫斯基，在 1995 年的深夏和早秋，匆匆忙忙投入贷款换股份的生意中。

他游说克里姆林宫迅速成立西伯利亚石油公司，这是一家新的跨行业联合石油公司，包括位于鄂木斯克的俄罗斯最大、最先进的炼油厂，以及西伯利亚生产协会的石油生产基地。科尔扎科夫回忆说，别列佐夫斯基的行动计划的目的就是他需要原油的收入来支撑他的电视频道。科尔扎科夫说，“我不太懂经济学”，就同意了。他和叶利钦的高级助手打电话给一个省长和能源部长，让他们“为别列佐夫斯基说句话”。[42]如果说他不太懂经济学，科尔扎科夫很显然陶醉于权力。“别列佐夫斯基需要我的同意，因为如果人家告诉我说，他没经过我的同意就建立了油田，我就会立即处理这件事。”科尔扎科夫后来说。[43]叶利钦于1995年9月29日签署了建立西伯利亚石油公司的命令。西伯利亚石油公司是俄罗斯第六大石油公司。在科赫（他在半夜为别列佐夫斯基起草了主要文件，以便在次日的最后期限之前递交上去）的帮助下，西伯利亚石油公司的控股将通过贷款换股份拍卖进行，时间定于1995年9月28日。起价为1亿美元。

像其他大亨一样，别列佐夫斯基没有那么多钱，也没有那么多时间。他去见过金融巨头乔治·索罗斯，索罗斯已经为俄罗斯的慈善事业花费了数以亿计的美元，他还支持平民社会，帮助俄罗斯科学家、作家和教师度过苏联解体后最初的艰难岁月。亚历克斯·戈德法布是一位生物学家，他曾经是持不同政见者和国外记者的联系人，他与索罗斯非常亲密，与别列佐夫斯基也很熟。别列佐夫斯基现在急需筹集钱，他访问了日本、德国和纽约，到处寻求贷款来帮助他购买西伯利亚石油公司。但他到处遭到拒绝。戈德法布曾经参加过别列佐夫斯基在纽约对华尔街老板的演讲。他回忆说：“投资者害怕这个公司会崩溃。那时的别列佐夫斯基是无名小卒。”

别列佐夫斯基离开纽约后，戈德法布帮他把关于西伯利亚石油公司的厚厚文件交给了纽约的索罗斯金融团队。别列佐夫斯基后来告诉我说，他一直在从外国人手中寻求5 000万美元来购买西伯利亚石油公司。[44]他问索罗斯要1 000万—1 500万美元。[45]戈德法布告诉我，几天后从纽约传来的消息是：不了，感谢。别列佐夫斯基说索罗斯不愿投入一百万，因为他觉得“风险太大”。索罗斯告诉他“我一美元也不能借给你”，因为他担心共产党领导人久加诺夫会当选总统，然后重新把私有财产国有化。别列佐夫斯基最后在斯莫伦斯基的帮助下找到了购买西伯利亚石油公司的钱。[46]拍卖当天，别列佐夫斯基出价高于起始价30万美元就成功了，起始价为1亿美元。几年后，这个公司的市值超过10亿美元。

整个 1995 年，关于大亨们的计划，可以见到种种迹象，但没有全貌。大概全貌是不可能得到的，因为喜欢神神秘秘的巨头永远不会是紧密联合的团体。他们由于部分利益的一致而结盟，也不断地发生冲突，就这样分为几个松散的团体。俄罗斯资本主义宗派在 1994 年至 1995 年刚开始形成，为后来形成羽翼丰满的各种帮派体系打下了基础，其中有势力强大且财力雄厚的政客、工厂经理、有钱人、记者、公司特务。

艰难走出最初几年的混乱和吵闹后，一股新兴的资本家权贵势力依稀可见，但很难判断其真实性质。就在波塔宁内阁在 3 月出面推销贷款换股份的 2 周前，雀山俱乐部一个成员奥列格·博伊科公开谈论大亨们私下讨论的某些方面的问题。博伊科描述说已经产生了“八大”金融工业巨人，他们欲求在政治上起更大的作用。博伊科只提了公司的名字，没说出人名：罗格瓦兹公司（别列佐夫斯基），梅纳捷普银行（霍多尔科夫斯基），首都银行（斯莫伦斯基），阿尔法银行（弗里德曼），米克罗京银行（伊万诺夫），还有其他几个与俄气有关的公司。但博伊科没有包括快速崛起的波塔宁和维诺格拉多夫。他没提起他们在雀山俱乐部的每周聚会。博伊科准确地描述了大亨们早期的政治情绪，他们缺乏明确的政治保护伞。他们对未来的巨变感到紧张。他们想要正常的安定状态。但是博伊科评论所引起的轰动主要是“八大巨人”，他没有提及马上就要进行的贷款换股份计划。博伊科没有参与贷款换股份活动，后来就失去了光环。[47]

在 1995 年，最先发现俄罗斯资本主义升起的宗派结构的人是奥尔加·克雷施塔诺夫斯卡娅。她总是把辫子卷起来，行为举止很像位中学教师。但实际上，她是位聪明的令人尊敬的社会学家。克雷施塔诺夫斯卡娅对俄罗斯的社会精英进行了专门的研究，她准确地观察到了这一从浓雾中渐渐浮现的庞然大物。20 世纪 90 年代，她通过挨个采访进行她的研究，试图了解“新百万富翁”的生意经、金融状况和他们的习俗。克雷施塔诺夫斯卡娅和她的学生们对十几个商人进行了长时间的采访。这些商人有的要求他们去铺满大理石的豪华宫殿，有的邀请他们去公园坐在长凳上。她发现有个叫卡哈·边祖基泽

(Kakha Benzukidze) 的未来工业家，竟然住在一套一居室的公寓里，睡在吊床上。克雷施塔诺夫斯卡娅耐心询问他们如何挣到第一桶金，又是如何增长财富的。她编纂了最富裕的商人和最大银行的名单，然后进行列表比较，试图列出这些公司与各大商业帝国关系。她还进行了更多的面谈，探讨他们是如何工作的。克雷施塔诺夫斯卡娅准确定位了新兴的宗派结构，并写了一篇有深度的论文，很精彩地总结了20世纪80年代末和90年代初的历史。这篇论文发表在1996年1月的《消息报》上，题目是“俄罗斯的金融寡头”。这篇文章是一个转折点，使人们的注意力集中到大亨们的行动上。大亨们除了财富外，还在聚积政治影响。克雷施塔诺夫斯卡娅最先提出了这个观点：大亨们正日益成为寡头——拥有财富和权力的一小部分人。她准确记叙了波塔宁的联合进出口银行的崛起、霍多尔科夫斯基的梅纳捷普银行的权力以及古辛斯基在卢日科夫独立王国的重要性，但是别列佐夫斯基并没有出现在她的名单中。

20世纪90年代，外界对俄罗斯的了解主要集中在叶利钦和他的权力斗争上，这些新闻占据着每天报纸的头条。但两位驻莫斯科的资深外交家在1995年的夏天和秋天也发现了宗派的崛起。精明的澳大利亚外交官格伦·沃勒（Glenn Waller）在苏联和俄罗斯住了10多年，他在5月份就“俄罗斯的精英”发了一个富有洞察力的长篇电报，几乎囊括了雀山俱乐部所有的主要成员。另外，沃勒盯住了财富与权力的联姻以及金融和政治利益的合并。这正是波塔宁、霍多尔科夫斯基和别列佐夫斯基当时活动的核心问题。沃勒警告说，尽管私有化给新大亨们带来了巨大的财富，他们还不能与西方资本主义的巨人相提并论。“在俄罗斯，商业和政府的关系始终非常紧密，”他写道，“这种关系简直是乱伦。即使在苏联制度下产生的‘新兴’商界精英也是如此。大多数（如果不是全部的话）私营金融团体的第一笔资本都是通过他们接近党和共青团所得到的特权或与俄罗斯政府部门的政治关系（裙带）得来的。今天，他们继续依靠政府的庇护。俄罗斯的大生意仍然与有权的政治领导人关系密切。”[48]

1995年夏，美国外交家托马斯·格雷厄姆（Thomas E. Graham）

回到莫斯科开始第二期任职。格雷厄姆非常聪明，是无神论者。他试图向他本人和华盛顿的政策制定者解释，俄罗斯资本主义如何从形态上转变为敌对的宗派和金融-工业团体。格雷厄姆所看到的与华盛顿的观点不符。华盛顿认为，叶利钦领导的是勇敢的改革派，丘拜斯正与共产党斗争。

一天，从华盛顿传来消息：以后不许使用“宗派”（clan）这个词。国务院的官僚们不喜欢这个词。“他们说，‘宗派’这个词有一种人类学的意味，不适用于俄罗斯政治。”格雷厄姆回忆说。因此他在电报里把文字改为“俄罗斯的精英集团常常被称为宗派”。在1995年的夏天，他开始进一步挖掘这方面的信息。到了秋天，格雷厄姆请求华盛顿方面允许他在俄罗斯发表一篇文章，阐述他对所发生的事情的坦率观点。格雷厄姆告诉我说，他并没有期望得到批准，因为外交官应该说话谨慎，很少有政治参赞被允许在他所外驻的国家发表自己措辞强硬的观点。公开声明一般是由总统或国务卿来发表的。但是华盛顿同意了格雷厄姆的请求。他没顾及通常的外交细节，如实记下了他周围发生的事情。文章发表在1995年11月23日的《独立报》上，这家报纸最近刚开始接收别列佐夫斯基的财政援助。格雷厄姆声称“俄罗斯出现了一个新的政体”，其特征是敌对的宗派之间稳步而有朝气的竞争。文章占了报纸的一整版，成了莫斯科那段日子人们谈论的话题。格雷厄姆认为，俄罗斯权力真正的平衡不是叶利钦对议会，也不是改革对复仇，而是宗派之间的明争暗斗。他毫不犹豫地使用了“宗派”这个词。格雷厄姆概括出五大宗派，包括切尔诺梅尔金的能源院外活动集团、卢日科夫的莫斯科集团、科尔扎科夫的“主战派”、丘拜斯与大亨们；几年后他告诉我，他错误地把不幸的农民党列为第五个家族。但现在看来，文章当时精确地概括了金融部落和政治部落的结构及其惯用的方法。

文章的发表引起了俄美两国政府愤怒的反响。俄罗斯向美国使馆发出正式抗议，令他们感到屈辱的不是格雷厄姆文章的结论，而是他公开的坦率。在美国国务院，格雷厄姆的文章像一声惊雷，因为文章中克林顿把叶利钦和年轻改革派当作工作中心的信息被错误地引用。

文章还暗示：其他权力中间人在崛起，他们未必按照西方的民主行事。这些信息都不是美国政府愿意听到的。格雷厄姆告诉我，在他的文章引起争论后，他强打精神应付他在莫斯科惹的麻烦，害怕俄罗斯消息人士会因此而不理他了。

但实际情况恰恰相反。大亨们的名誉并没有因为格雷厄姆的文章而受损，他们没有退缩。维塔利·特列季亚科夫（Vitaly Tretyakov）是发表格雷厄姆文章的编辑，他送给别列佐夫斯基一份报纸，别列佐夫斯基非常喜欢这篇文章，他邀请格雷厄姆到罗格瓦兹俱乐部聊天。[49]

1995 年底是俄罗斯巨头的转折点。波塔宁、霍多尔科夫斯基和别列佐夫斯基找到了他们大干工业所需的第一个秘诀，贷款换股份的拍卖告一段落。古辛斯基次年夏天回到了莫斯科。[50]他准备扩大他的媒体帝国。

与此同时，俄罗斯的政治前景尚不明朗。在议会选举中，共产党赢得了下届杜马最多的选票。共产党领导人久加诺夫在明年夏天的总统大选中处于非常有利的位置。1 月，在俄罗斯军队与一小帮车臣分裂主义者在名叫五一镇的边境小村发生残酷的战斗时，车臣战争蔓延到邻近的达吉斯坦。在克里姆林宫，叶利钦被反动分子科尔扎科夫和他的“主战派”所控制。1 月 16 日，叶利钦突然解除丘拜斯的副总理职务。丘拜斯在私有化和经济改革斗争中经历了 4 年多的风风雨雨，但他成了俄罗斯经历的所有动乱和痛苦的仇恨象征。叶利钦告诉记者，“丘拜斯几乎一分钱也没收就把大工业卖掉了，这是我们不能饶恕的”。

但丘拜斯很快就会回来的，因为财富和权力的联合刚开始。大亨们从国有财产里拿到了他们的股份，但很快他们要报答他们的主子，他们被要求出来帮助陷入困境的保护伞：鲍里斯·叶利钦，而帮助叶利钦也就是再次帮助他们自己。

第十三章　拯救鲍里斯·叶利钦

1996年，在阿尔卑斯山一个小型滑雪胜地——达沃斯，俄共领导人久加诺夫正在太阳星公园酒店的会客室举行签名会，一大群西方商业巨子围着久加诺夫，《消息报》的经济编辑米哈伊尔·贝格尔正在推敲他的每句话，他们都企图从这位极有希望成为下届俄罗斯领导人的口中套出什么。久加诺夫刚在12月份议会选举中获胜，他十分热衷于在其西方追随者间进行游说。据说他一天要接受20个记者专访。在1996年2月第一周的世界经济论坛上，他与来自世界各地的政治经济精英齐聚一堂。在香槟酒杯声声碰击、楼道走廊喧嚷不息、起居室新闻媒体济济一堂之中，久加诺夫已成为达沃斯的焦点。他给人的感觉是一个更加温柔、绅士并会尊重民主和一些私有财产的共产党领导，在早前总统选举中票数领先的久加诺夫声称自己是“地球上最爱好和平的人”。他还表示自己不会采取大规模重归国有化政策。他曾表示：“我们知道如果将工厂收归国有，从摩尔曼斯克到海参崴将会发生大规模的暴动。”久加诺夫身材结实健壮，有着高额头、日益稀疏的灰发。他是西方金融界人士关注的焦点。“我们的印象是，西方国家似乎已经认为他会是下一届总统。”这是贝格尔，一位从早期就偏向改革的人物对久加诺夫的评价。[1]

久加诺夫在达沃斯的出现开启了一场平静的戏剧，这将再次改变俄罗斯的发展轨迹。此次会议，丘拜斯、别列佐夫斯基、古辛斯基、霍多尔科夫斯基、卢日科夫全部出席，他们对于久加诺夫的出席表现出不同程度的惊慌和焦虑。因为他们比那些围绕在其周围的政经界精英更加了解他。在别列佐夫斯基的带领下，众寡头还是想尽力拯救鲍里斯·叶利钦。

丘拜斯由于被叶利钦免职而前途未卜，他在达沃斯的身影显得十分落寞，这是他第五次出席世界经济论坛，他个人认识很多西方工业巨头，他们曾称丘拜斯是俄国改革的最大希望，但现在丘拜斯被免职，而久加诺夫却平步青云。在达沃斯，丘拜斯震惊于西方对久加诺夫的阿谀之态。他告诉我："我看到很多我以前的好友，他们都是美国及欧洲著名大公司的总裁，但此时他们在久加诺夫身边翩翩起舞，捕捉着他的眼神，探测着他的内心，他们可是闻名于世的商界巨头啊。他们的所作所为也显示出西方社会已经认可了久加诺夫的领导地位，企图与他建立良好的关系，所以，这让我十分震惊。"[2]

丘拜斯回电给莫斯科的阿尔卡季·叶夫斯塔菲耶夫，叶夫斯塔菲耶夫是俄罗斯公共电视台的首席代表，他曾是丘拜斯早期私有化的私人顾问和媒体代言人。丘拜斯向他索要了俄罗斯共产党的纲领和一些久加诺夫的讲演稿的复印件，叶夫斯塔菲耶夫很快传真给了他。[3]于是在论坛闭幕那天，丘拜斯召开了一次记者招待会，他公开指责久加诺夫是一个"典型的共产党骗子"，在国内和国际上，他的言行举止完全不一，他只是假装友善给西方社会看。丘拜斯表示："久加诺夫是个两面派，在国外和国内两头倒。"他引用了共产党文件中关于能源国有化、银行国有化以及撤销私有化的一节，久加诺夫一旦执政，丘拜斯坚信其"第一步就是禁止言论自由"，然后"将所有政敌打入监狱"。丘拜斯发出阴暗的警告："我认为这种专制政策势必使俄罗斯再次经历血雨腥风。"[4]

古辛斯基对久加诺夫在达沃斯的出现也有所警戒，他回忆起早年他与久加诺夫在莫斯科的长时间会晤。游说他像东欧其他一些前共产党一样成为社会民主党，并表示如果久加诺夫仅把自己看作受压迫人民的代表，就可长久保其政治生涯。"脱离共产党，撕掉共产主义这一标签，维护私有财产。这才是正常之举，所以你必须要变得正常！"[5]

但在达沃斯，古辛斯基意识到久加诺夫不会有所改变。"久加诺夫与瑞士银行总裁会晤时，我也在场，观察他的一举一动至关重要，我发现他已摸透了西方总裁们的心思，对他们撒谎，说他们想听的话。这是典型的苏联共产党克格勃的雕虫小技，我就知道！他们会干掉我们的。久加诺夫一旦获选，必将打倒我们。我很惊恐。”

久加诺夫对西方总裁们的狡猾言辞，早就使别列佐夫斯基对他的印象大打折扣，他后来告诉我，“久加诺夫对我们、对俄罗斯都将是个危机”。[6]压抑的力量暴发了。在近一年时间里，别列佐夫斯基一直与古辛斯基僵持着。但在达沃斯，他拨通了古辛斯基的电话，于是两人迅速决定会面。他们之间的异议可以追溯到1994年俄罗斯航空争夺战和“雪中的脸”事件，现在全都抛开了。“我们并没为寻找共同话题而浪费一分钟。”别列佐夫斯基回忆道，“我们都明白，重返共产主义所面临的威胁需要我们共同应对。”[7]古辛斯基后来回忆，别列佐夫斯基走到他面前说道：“现在停战还不晚，我们的国家正处在一个艰难的十字路口，不知朝哪个方向走。这已经不是选举了，这是一场没有硝烟的战争。”

“我十分同意他的看法，我相信那时如果不是因为别列佐夫斯基，叶利钦将不会成为俄罗斯的总统，历史也会就此改变。”古辛斯基告诉我。

别列佐夫斯基在达沃斯从金融家乔治·索罗斯那里收到警告，索罗斯害怕久加诺夫会击败叶利钦。索罗斯回忆他曾告诉过别列佐夫斯基，如果久加诺夫获选，叶利钦将会被“斩首示众”。[8]别列佐夫斯基对此番对话的回忆是，索罗斯告诉他久加诺夫必胜无疑，他应该离开俄国以求自保。

但别列佐夫斯基并没这样做。“乔治，我们可以打败久加诺夫。”他自信地告诉索罗斯，“我感觉到，他看着我，以为我疯了。”

索罗斯回答说：“鲍里斯，你错了。”[9]

接下来，别列佐夫斯基与丘拜斯进行了一次单独会谈，别列佐夫斯基建议丘拜斯将一些企业巨头重新拉回叶利钦身边。他和古辛斯基一同参加了丘拜斯的记者招待会，记者贝格尔坐在他们中间，他们十分乐意听丘拜斯对久加诺夫的抨击之词。[10]别列佐夫斯基又去见了同在达沃斯的霍多尔科夫斯基和维诺格拉多夫，甚至还见了卢日科夫，他想寻求支援，建立一个拯救叶利钦的同盟。这个同盟以“达沃斯条约”为名。尽管卢日科夫没有同意正式加入，但他决定在暗中给予支持。

别列佐夫斯基与古辛斯基都是有钱人，但是“达沃斯条约”不只关乎财富。这两位大亨掌控着俄罗斯三个主要电视台中的两个。他们可以操纵舆论，而这对于叶利钦来说是最有价值的。

回到莫斯科后，别列佐夫斯基立刻投身这一新计划，除了已经列入阵营的古辛斯基、霍多尔科夫斯基以及维诺格拉多夫，他还拉拢了斯莫伦斯基、波塔宁，以及阿尔法集团之首弗里德曼和他机敏的伙伴彼得·阿文。这个“七人帮”（别列佐夫斯基、古辛斯基、霍多尔科夫斯基、波塔宁、维诺格拉多夫、斯莫伦斯基、弗里德曼-阿文）组成了金融和政界寡头政治的核心。他们中大部分曾在雀山俱乐部，大部分曾参与贷款换股份方案，如今他们开始尝试拯救叶利钦。

这些寡头一致认为，作为大规模私有化和贷款换股份方案的设计师，性格顽强果断的丘拜斯是帮助叶利钦重新获选的最佳人选。丘拜斯近四年来所展现的决断举动正是这七位寡头所寻找的。在后来不到六个月中，他们依靠借贷分成获益匪浅，并且盼望着能带给他们工业财富的第二把金钥匙。他们欣然接受了丘拜斯，这个自从一月份起被叶利钦免职并逐出政界的人物。大亨们支付给他高额的薪水。

丘拜斯创建了一项个人基金，名为私有财产保护中心，他告诉这些大亨，他需要500万美元来完成这项事业。“你们支付我的500万美元，其实不是落入了我个人的账户，而是用来为你们自己创造一个吸引人才的平台。”丘拜斯对大亨们承诺，“5天内就会增值并带来利润。”他将此描述为无利息的贷款。他建立了这个基金，并把这些钱投资到一些利润超额的债券，即政府短期债券（GKO），这些债券当时因为叶利钦前途未卜而支付着更高的年收益率。GKO在1996年5月至6月间的企业投资收益达到100%。丘拜斯说他所支付给工作人员的薪水来自GKO收益。他自己一个月的收入是5万美元。丘拜斯称，那一年他是按30万美元的所得来缴税的。[11]

进入丘拜斯账户的美元暗示着寡头在后来资助叶利钦竞选中将发

挥更大的作用。这也显示出丘拜斯与商界接触越发频繁。他已经成为他们的代理人。别列佐夫斯基说："我们丝毫不会怀疑他，他有着敏捷的思维和组织能力。"丘拜斯能深深感受到这些商业巨头很愿意团结一致支持叶利钦。丘拜斯告诉我："大资本转向叶利钦，这一事实对所有商业精英、企业领导、管理者、部长产生了非常重大的影响。而这就从心理上严重影响了俄罗斯政界精英。"[12]

但在丘拜斯和寡头们决意支持叶利钦打败久加诺夫之前，他们必须拯救叶利钦。这位老人因种种困难和不幸而思虑重重。冬季会导致新疾病和孤寂感，所以对于叶利钦来说最为残酷。10 月份时他心脏病突发，随即在 1995 年秋天议会选举中未曾露面。人生中他第一次在政治方面感到孤立无助，而且他的投票率几乎为零。关于那些黑暗的冬日，叶利钦写道："那时，我的整个人生仿佛在遭受风雨和斗争的摧残。虽然我挺身而立，但也几乎被这些暴风骤雨所打倒。似乎一切都破灭了。"[13]叶利钦不断恶化的健康状况仍极少为人所知，在他的传记中，他提到克里姆林宫的医生写给他的一封信。信中医生告诉叶利钦，他的心脏处于极度危险的状况。他很久之后才得知这封信。医生警告说，频繁外出和压力"会严重威胁总统的健康甚至生命"。

叶利钦的政治生涯同样面临着崩溃的境地，1 月 2 日，叶利钦集团高层领导顾问小组举行会议，会议由克里姆林宫政治战略家格奥尔基·萨塔罗夫（Georgy Satarov）主持，讨论怎样应对大选。大选将在 6 个月后开始，前景一如既往的堪忧，叶利钦的支持率仅为 3%—4%，而久加诺夫达到了 20%。"小组会议笼罩着悲观，毫无希望。"至今，成员之一伊戈尔·明图索夫（Igor Mitusof）回忆起来都隐隐伤感。[14]"十个到会者中有九个都认为，争取已毫无意义，结果注定失败。"但不管怎样，最后萨塔罗夫团队还是决定尽力想出对策，拯救叶利钦。

在经历了 12 月议会选举的失败后，叶利钦免去了三人的职务，这三人和早前民主改革运动密切相关，他们是丘拜斯、外交部长安德烈·科济列夫（Andrei Kozyrev）及其参谋长谢尔盖·菲拉托夫（Sergei Filatov）。丘拜斯的职务由弗拉基米尔·卡丹尼科夫接替，卡丹尼科夫曾是别列佐夫斯基在伏尔加汽车厂和全俄汽车联盟时的搭档；安德烈·科济列夫的职位由叶夫根尼·普里马科夫（Yevgeny Primakov）接替，这个人不仅是外国情报方面的领导，还是个老式苏联干部的代表，对西方并不友好。叶利钦团队的新成员都是民族主义者和倒行逆施者，寡头们开始担忧亚历山大·科尔扎科夫集团将攻占克里姆林宫。

虽然民意测试排名倒数，叶利钦依然决定竞选连任。他说其目的就是为了阻止共产党重新掌权，叶利钦指定副总理奥列格·索斯科韦茨来主持选举，奥列格·索斯科韦茨负责将100万张选票投在叶利钦名下，就是这么一个简单的组织活动也被索斯科韦茨给搞砸了。他是个苏维埃时代的产物，根本不习惯组织一次真正的选举。他强令俄罗斯铁道部的工人给叶利钦投票。叶利钦说，他听说铁道部工人在拿工资时被强制投票。“当时在工人面前只有两条出路，一个是卷铺盖走人，另一个是投票选叶利钦。我当时不太相信，但后来经证实，竟是真的。”丘拜斯的副官阿尔卡季·叶夫斯塔菲耶夫告诉我，他和叶利钦的女儿塔季扬娜·季亚琴科（在未来几个月的选举中起到重要作用的人）一同前往铁道部收集选票，叶夫斯塔菲耶夫检查了选票，发现其中50%都是伪造的。[15]叶利钦曾谈到索斯科韦茨：“我的选举管理人忘了我们已处于另一个时代，而不再是过去政客可以不择手段购买选票的苏维埃时代。”[16]

2月15日，叶利钦在叶卡捷琳堡——他在这里当过共产党领导——发表演说。他的一些亲密顾问站在一旁，泣不成声。他们害怕这将是最后一次为叶利钦喝彩。大部分主要的民意调查显示在总统候选人中，叶利钦位居第四或第五。

那天寒冷而潮湿，叶利钦原本磁性的男中音变得沙哑而虚弱。明图索夫回忆起当时的情景，“我们站在窗帘后，一些总统助理痛哭流涕，这位上了年纪的老总统用他嘶哑的讲演向众人表示他坚定的信心，这是一个让人情绪激动的时刻。”

“这是叶利钦生命的转折点，他醒来了。”别列佐夫斯基告诉我，叶利钦的复苏是1996年的春天，他战胜了疾病、抑郁和酗酒。就像从冬眠中苏醒过来一样。古辛斯基惊叹道："叶利钦天生具有一种权力感，他和你我无异，都有两只手、两只脚和一个脑袋，但是他天生就有一种权力感。"叶利钦卷土重来，但他确实需要帮助。

"我们认识到，首先要做的便是让叶利钦能得到信息。"别列佐夫斯基说，"我们要打破他周身的桎梏，我们同意停止内部斗争，努力与总统团队联结，把消息告诉他们。"[17]于是别列佐夫斯基去拜访了维克托·伊柳辛，来自斯维尔德洛夫斯克的老助手，他行事低调，满头白发，沉默寡言，他是叶利钦的人，曾经提醒叶夫根尼·基谢廖夫关于叶利钦家族与NTV之间的不和。伊柳辛安排了叶利钦与丘拜斯和寡头们见面。

权力和财富水乳交融，这些大亨和他们的庇护人间产生了一种默契。这次会议是个转折点。叶利钦知道在座的大部分人，但是由于在医院被隔离和保护，他已经很久没见过他们了。他回忆最初他对他们的评价是"谨小慎微"，感觉到"现在他们也无路可走了，只能帮助我。我认为此番交流可能会是关于竞选经费筹集问题"。[18]

但这些寡头有另外一个计划。会前，他们同意坦白地告知叶利钦，他已经不再受民众欢迎了，这是一个残酷的现实，但伊柳辛认为，叶利钦不会相信。"我们决定告诉叶利钦，他的支持率只有3%。"古辛斯基说，"因为克格勃人员一直告诉他，他的民众支持率不低于98%。"

斯莫伦斯基回忆那天的情景，丘拜斯拿着公文包来到克里姆林宫，他没有在意桌上的佳肴，他打开公文包，拿出一些文件，交给叶利钦，并无所畏惧地抛出坏消息："鲍里斯·尼古拉耶维奇，你的形势不容乐观，你的支持率只有5%。"

叶利钦瞥了一眼那些文件，将它们扔到一边："全是垃圾。"

古辛斯基回忆说："叶利钦面红耳赤，他十分激动。"最后叶利钦慢慢地吐出一句话："阿纳托利·鲍里索维奇，我们得把那些制造这些垃圾的人揪出来，这绝对不是真的。"他特别强调了最后几个字，"不是真的。"

丘拜斯随即面红耳赤，一段沉默之后，古辛斯基开口了："鲍里斯·尼古拉耶维奇，你的人对你和你的团队所说的一切，都是谎言。”

“叶利钦转向我，紧盯着我。”古辛斯基回忆道。古辛斯基觉得，叶利钦非常讨厌他，而且他之所以能踏进克里姆林宫只是因为叶利钦如今需要他和银行家来维持权力，叶利钦是何等愤世嫉俗的一个人。

“但你是如何知道我的人跟我说了什么？”叶利钦又缓慢地质问古辛斯基。

“鲍里斯·尼古拉耶维奇，因为你行事如此糊涂。这就是原因。我看出来了——因为你相信了他们的话，所以你才会行事如此愚蠢。”古辛斯基回答道。

又是一阵令人窒息的沉默，古辛斯基记得，所有在场的人，包括坐在叶利钦旁边的斯莫伦斯基和坐在叶利钦对面的古辛斯基都记得，叶利钦当时环顾四周寻找大盘子要砸古辛斯基。

古辛斯基补充道：“无论如何，我们取得了一些进展。”他很同情地告诉叶利钦，“别忘了，如果共产党重新执政，你将负全责。我们所有人之所以到这里就是为了阻止他们。”古辛斯基告诉叶利钦。

根据叶利钦的回忆录可知，那些商人也表达了他们对于久加诺夫的恐惧之心，用他们的原话来说：“我们将被共产党人斩首。如果我们不颠覆现状，一个月后就太晚了。”

在进餐过程中，叶利钦一言不发。那些银行家们建议叶利钦启用刚被他免职的丘拜斯负责他的选举活动。后来他表示，这个提议“最让我震惊”，尽管他承认自己对索斯科韦茨越来越不满。餐后，这些银行家与叶利钦握手告别，但他们并不清楚是否已打动了叶利钦。

在会前，别列佐夫斯基曾与叶利钦的妻子奈纳见过一面，他请求她在午饭后安排一次与叶利钦的面谈，10 分钟左右。在其他大亨离开后，别列佐夫斯基把自己的想法告诉了叶利钦，叶利钦很赞赏他。别列佐夫斯基回忆起那天，他告诉叶利钦：“麻烦正在酝酿之中，由于你的支持率很低，科尔扎科夫甚至想取消这次选举，但鲍里斯，你不能用暴力解决问题，那将使我们的国家卷入内战。”

“你想说的就这些？”叶利钦问道。

“是的。”别列佐夫斯基回答。

“我离开时感到沉重，任何人都会觉得他根本不理解我的话，他一点都不理解。”

“但在第二天，叶利钦下达命令，重建总部。”别列佐夫斯基回忆说，这是个大家很熟悉的做法，叶利钦成了一个仲裁者，平衡各方力量，就像一个马戏团的老板一样，让他的狮子和老虎们在他的长鞭下跳火圈。他并没有立刻将索斯科韦茨撤职，而是给他添了一个对手，成立了一个由他本人做主席的竞选委员会，并为其设置了一个意义非凡、由丘拜斯领导的全新分析中心。这个中心成为第二个竞选总部，资金来自寡头。

这个二号总部的中心人物便是叶利钦的小女儿，塔季扬娜·季亚琴科，她首次涉足政界，并在竞选中充当叶利钦的耳目，她个头不高，比较害羞，眼睛像叶利钦，额头梳着松散的刘海，她学的是系统程序设计，在一个与防卫相关的空间轨道局工作。她并不是一个公众人物，在此之前人们很少听到她的名字。她也没有任何政治经验，但她可以用一种别人不敢用的口吻和叶利钦说话。寡头们视她为绕过科尔扎科夫向叶利钦传递消息的一大途径。

“她和她父亲很像，”别列佐夫斯基回忆道，“她每天工作 20 个小时。”他还说，她很固执，像叶利钦一样，但是她听得进去忠告。叶利钦回忆，在季亚琴科加入竞选事业之前，他在重重压力之下害怕自己将被打垮，但是她的加入为他带来了一线曙光。瓦连京·尤马舍夫（他是叶利钦的代笔者，也曾介绍别列佐夫斯基加入克里姆林宫核心集团）和季亚琴科共事，处理政治任务。丘拜斯很快意识到季亚琴科的价值，通过她可以绕过尤马舍夫直接找到叶利钦。接下来的日子，尤马舍夫和季亚琴科足迹遍布莫斯科大街小巷，雇用广告商和政治顾问，为叶利钦的连任造势。

3 月 4 日，尤马舍夫和季亚琴科去拜访了 NTV 的总裁伊戈尔·马拉申科，并邀请他担当选举重职——媒体和公众公关。这是古辛斯基集团中一个特殊的职位。马拉申科这个有着一头短发的退役军官在政界摸爬滚打已有年头，他告诉他们，他相信“叶利钦背后有着巨大的力量，毕竟这个国家以前并不是共产主义；他现在所需要的是一场真正的选举，每天制造新闻，每天制造故事，在电视上频繁露面，而且一定要表现良好”。马拉申科建议采用他所知的里根选举技巧，比如视察制旗厂。

但同时马拉申科担心科尔扎科夫和他的集团成员并不想真正参加竞选。所以马拉申科并不是完全热衷于服务克里姆林宫。而且，确实有明显不利因素。其一，叶利钦的政治声望太低，马拉申科并没有十足把握扭转这种局面；其次科尔扎科夫这个策划 1994 年“雪中的脸”事件攻击古辛斯基的大人物对选举存在威胁；最后也是最重要的风险，这次活动可能会危及 NTV 自车臣危机后获得的珍贵的独立声望。

“伊戈尔，我求你参加这次活动，这是团队所做出的决定。这是一次团队竞赛。我们在防御共产党。”古辛斯基回忆他曾乞求马拉申科参加这次竞选。

“你把手无寸铁的我丢在了前线。”据古辛斯基回忆，马拉申科表示抗议。

“是的，我承认，但信不信由你，现在我也是手无寸铁。这是我们的共同利益，我们必须联手打败共产党。”

马拉申科很快去见了叶利钦，他态度生硬地告诉叶利钦，“听着，你不能像苏维埃年代的领导一样，仅把媒体当作一种宣传工具，这现在已不奏效了；如果你想获胜，你必须为此付出努力，你要不停地发表演讲，不停地制造新闻，不停地接见群众，走遍俄罗斯的每一处。”马拉申科建议叶利钦采取现代西方的选举战略，这在俄罗斯是闻所未闻的。

马拉申科告诉我：“叶利钦发自肺腑地明白了。”

他们讨论到敏感话题，马拉申科提醒叶利钦不要忘记他是古辛斯基的同盟。他要求叶利钦站在他这边，保护他不受科尔扎科夫的再次攻击。马拉申科表示，叶利钦明白而且同意了。随后，古辛斯基得到叶利钦的默许，接受了马拉申科。不论他过去做过什么，现在确实需要他。古辛斯基说：“出于这份权力感，叶利钦决定摒弃前嫌，与从前的敌人以及背叛过他的朋友握手言和，这对他来说没什么不同，因为最终目的是维持权力。”

丘拜斯从各大金融宗派那里招募最好的、最精明的政治工作人员。“我从他们每一伙人当中挑选了最有实力的人。”丘拜斯说。他们中有沙赫诺夫斯基，卢日科夫的得力助手，雀山俱乐部的组织者；谢尔盖·兹韦列夫，古辛斯基集团成员之一，高级说客。还有现于别列佐夫斯基电视台工作的叶夫斯塔菲耶夫，他原是丘拜斯的助手；亚历山大·奥斯隆，首席商业民意调查专家；维亚切斯拉夫·尼科诺夫(Vyacheslav Nikonov)，原下议院议员；萨塔罗夫，叶利钦的政治顾问。还有一些自由支持者，像谢尔盖·利索夫斯基，娱乐广告大王。团队成立于3月份，正值竞选危急关头。

艺术界和科学界的民意调查结果在1996年还未出炉。民意测试专家没有通过电话调查，而是依靠一队步兵携带写字板和问卷挨家挨户提问，不过经常吃闭门羹。但如果有足够的勇气和谨慎，是可以了解选民的。奥斯隆的民意调查正显示了这一点。在全国范围内发生了长达数月的工资拖欠，引发了不满。车臣战争也使民众怨声载道。在五一镇发生的一月斗争使叶利钦颜面尽损。那时叶利钦还曾在电视上露面，镜头中他的头前后晃动，就像一个枪手在看瞄准镜。叶利钦看似与这场血腥的战争完全脱节，他描述38位俄国狙击手如何关注着叛乱者的一举一动，并预言会在一天之内将叛乱者击败。但实际上，叛乱者逃脱了。奥斯隆告诉我说：“车臣危机是问题的症结所在，事实上他毫无选择，只有停止战争。但即便停止战争，也换不回克里姆林宫外的欢呼了。”俄罗斯人民都已觉得，他们的领袖离他们远去了。他一度是最受欢迎的平民主义者，却变成了一幅遥远的讽刺漫画像，这令人费解。[19]

民意调查显示出了乐观景象，如果叶利钦善加利用的话，他还是有一些支持力量的。尽管叶利钦犯了过错，但是当选民开始考虑俄国未来如何发展而不是考虑过去时，叶利钦的选票就会上升。然而，叶利钦似乎要抛弃他的这些资本。

别列佐夫斯基曾告诉叶利钦一个事实：科尔扎科夫希望取消这次

大选，因为他不想冒风险，2月下旬，索斯科韦茨曾秘密雇用一些美国政治顾问来分析当前形势。2月27日索斯科韦茨告诉他的一个美国顾问理查德·德雷斯纳（Richard Dresner）："你的任务之一是给我们提供参考意见，在大选前一个月，如果你认为我们将会失败，我们是否应该取消大选。"[20]科尔扎科夫也劝说叶利钦取消大选，根据叶利钦所说，当时科尔扎科夫对他说："鲍里斯，3%的支持率对你来说已没有任何争取的意义了。如果我们最后一无所获，那该何去何从？"

随后科尔扎科夫解释说："我很清楚选举结果，要么是久加诺夫，要么是病恹恹的总统叶利钦，这就是为什么我建议延期两年进行选举。"[21]

季亚琴科后来回忆起当时科尔扎科夫想在叶利钦身上"持续施加影响"，并且"布置了一群他的人紧密围在"叶利钦身边。"我父亲被一群人围着，他们都问：我们为什么要进行这样无比艰难的选举呢？你还会在位两年……在那之后我们再心平气和地举行大选。所有的民主价值观将会保持下去。"[22]但科尔扎科夫知道别人都不知道的情况，叶利钦病得很厉害。但是推迟选举并不仅仅是科尔扎科夫一个人的观点。这曾一度成为叶利钦的观点。他订了一个计划：违反国家宪法，取消国家杜马即下议院，取缔共产党，并推迟选举。"我必须采取一次彻底的措施，"叶利钦在他的自传中对此并没有给予任何解释，"取缔之后，俄罗斯就能永远摆脱共产党了。"叶利钦简单地判断了当前形势。他的言论留下很多疑问，例如他为什么走极端提出如此冒险的计划。"我真的不知道这种疯狂的观点是谁提出的。"别列佐夫斯基回忆说，"但科尔扎科夫和他的同党们居然乐此不疲地实施着这项计划。"[23]

3月15日，一个星期五，国家杜马投票，以250比98票通过一项不具约束力的决议，撤销1991年在别洛韦日自然保护区制定的决议。这个决议是在政变失败之后由叶利钦和乌克兰及白俄罗斯的领导人定下来的。相聚在布列斯特外的一个狩猎胜地，他们宣布成立自己的联盟，公然对抗戈尔巴乔夫，这引发了苏联在三个星期后的解体。杜马选举其实是一个政治宣言，在某种程度上来说是新上任的共产党和民主人士在作秀。对于科尔扎科夫和他的主战派同盟们来说，这次杜马选举是他们解散杜马的完美借口。在接下来的两天内，一幕神不知鬼不觉的戏剧在克里姆林宫静静上演了，这件事十分隐蔽，以至于大多数记者，当然包括我在内，在此事件结束很久之后，也只是有一个模模糊糊的线索。我本应该更关注叶利钦对周六投票的反应才是。叶利钦认为，杜马现在的合法性要受到质疑，并且“举行总统选举的可能性也遭到质疑”。我当时没有意识到，实际上叶利钦说的每一个字都出自真心。

在星期六的早上，叶利钦在克里姆林宫召见了内阁部长阿纳托利·库利科夫（Anatoly Kulikov）。胸围宽大的库利科夫戴着一副厚厚的眼镜，看着深不可测。他是车臣战争的主要谋划人，掌管着国家武装力量，极其厌恶腐败。当他来到叶利钦的办公室时，这位俄罗斯总统显得十分激动和不安，库利科夫坐下后，叶利钦告诉他，他想解散国家杜马，取缔共产党，取消选举。“我再也无法忍受这些了。”叶利钦说，“我需要两年。”库利科夫回忆，当时叶利钦不断重复“我需要两年”。叶利钦说命令将于下午下达。[24]

库利科夫承诺叶利钦完成这些指令，但他要求给予一定时间考虑叶利钦的计划。他说下午5点后他会再来的。后来应科尔扎科夫的邀请，库利科夫去见了他和索斯科韦茨，他们也十分热情地支持取消大选。库利科夫还去咨询了总检察长尤里·斯库拉托夫和立法院主席弗拉基米尔·图马诺夫（Vladimir Tumanov）。他发现，叶利钦告诉他们其他人都支持这一计划，这是子虚乌有的。库利科夫在下午5点回到了叶利钦的办公室。他发现总统“闷闷不乐，脸色蜡黄”。他告诉叶利钦他的忧患，提醒他如果他决定执行这项计划将很有可能引发极大的社会暴动，而且将很难控制局面。对叶利钦来说，这个提醒是种不祥的预兆，预示他将得不到军队和地方武装的支持。叶利钦没有被吓住，命令其助手继续准备计划。库利科夫去了克里姆林宫办公室，叶利钦的助手们正在起草文件。他走到窗前，注视着红场，此时是下午6点，很多人在红场上散步。

“你们害怕准备这份草案吗?”他问那些人，“看看那些散步的人吧，明天，当法案执行后，这里将是一片火光。不仅在莫斯科，整个俄罗斯都将不再太平。我们却无法控制局面。这将会导致内战。”

星期日早上6点，库利科夫再次被召进叶利钦的办公室，他看到叶利钦更加憔悴，而且十分痛苦。令库利科夫感到奇怪的是，叶利钦不仅召见了他，还传见了莫斯科市和莫斯科区域防卫军队的领导，他们负责控制任何暴动。其中一人告诉叶利钦有1.6万军人严阵以待，但目前来看还需要1万到1.2万人。库利科夫看到叶利钦桌子上放着一份解除他职务的文件。库利科夫依旧进行了不屈的抗议，他再次警告叶利钦这将引发一场严重的内战而且军队可能不会站在他这边。尤里·斯库拉托夫和弗拉基米尔·图马诺夫也反对这个计划。叶利钦想取缔共产党：“有人知道他们的总部在哪里吗?”

叶利钦看了看两个莫斯科防卫部长，他挨个问他们俩：“你们知道在哪里吗?”

“不知道。”他们回答。

“我知道在哪里。”联邦安全局长米哈伊尔·巴尔苏科夫说。他既是联邦安全局长，也是科尔扎科夫的亲信。他翻了翻手头的文件，说：“奥克霍亚德街一号，国家杜马。”库利科夫觉得这是他为了打破僵局的玩笑话。

一阵沉默。“每个人都低着头，一言不发。”库利科夫回忆那时的情景，“那是一段非常难熬的时间。”他预料自己随时会被叶利钦免职。但很长一段沉默之后，叶利钦说。“是的，一定要解决他们。我需要两年的时间。”他还说，“当然了，唯一的障碍就是宪法。”接着，库利科夫注意到，叶利钦给了一个模糊的暗示。他说他会咨询一下其他人，包括卢日科夫。

那天早上，在家里，叶利钦也遭到了他女儿季亚琴科的反对，季亚琴科回忆说：“我告诉父亲，不会有人理解他的，他会失去一切，得不到任何的支持，但他听不进去我的劝告。”[25]

别列佐夫斯基和古辛斯基也从克里姆林宫得到了消息，“得知这些后，我们意识到必须运用媒体阻止这一切发生。”别列佐夫斯基回忆，“而阻止它的最好方式就是公开它。”在星期天，距离发布这项决议还有几个小时。叶利钦最信任的助理伊柳辛开始向古辛斯基的NTV透漏有关取消大选的计划。“那几乎是在给我们直播消息，伊柳辛是个守口如瓶的人，但他这次决定向我们透漏消息，那就意味着这个决议将是个灾难，纯粹的灾难。”马拉申科回忆说。

欧洲研究所副所长谢尔盖·卡拉加诺夫（Sergei Karaganov）也为此做了些贡献。他是莫斯科著名的外国政策分析专员。他为欧洲委员会服务，这是一个快要解散的叶利钦咨询小组。他写了一封私人信件，提醒叶利钦西方不会理解他取消大选的举措，他将会被整个世界孤立。[26]

最后，季亚琴科看见她父亲“正准备做出最后决定——一个危险的决定，我认为”，她在克里姆林宫会见了信息分析中心的主席和金融寡头的代言人丘拜斯，并把他带进了总统接见室，想让他劝劝叶利钦。她让丘拜斯在外面稍等片刻，自己进去劝说她父亲接见丘拜斯。“父亲说他不想见任何人。但是他没有说他已经做出最后决定。我从未在任何人面前下跪，但我当时有一种冲动要跪下去求父亲，也许他感觉到了。”季亚琴科回忆道。最后叶利钦还是同意接见了丘拜斯，季亚琴科回忆，当时在门外听见争吵，丘拜斯出来时满脸通红。

“鲍里斯·尼古拉耶维奇，这不是1993年，现在谁违反宪法，谁将被打倒，共产党自1993年以来已经不成气候了，现在反而以强制手段取缔他们，那简直近乎疯狂，共产主义观念已存在于人们的头脑中。总统的取缔令其实是一纸空文，不可能把人洗脑。只有当我们建立一个正规、强大、富饶的国家时，共产主义才会结束。大选绝不能取消。”丘拜斯对叶利钦说。

叶利钦回忆他们谈论了近一小时。“我确实很生气地和他大吵，我以前从未这么激动过，最后，我还是取消了原定计划。”[27]

丘拜斯后来回忆，在那次激烈争吵后，叶利钦终于承认取消大选是不对的。叶利钦转向丘拜斯并说道：“而你，丘拜斯，你在私有化进程中也犯了很多错误。”[28]

周日下午5点左右，国家杜马遭到了一次爆炸恐吓。整座大楼被疏散，防卫军队将其围起。这是强制撤销国家杜马的前兆。但不久军队就撤离了。军令下达了：撤回军营。叶利钦并没有扣动扳机，他后来将其所做出的决定归因于自己和丘拜斯以及季亚琴科的争论。现在，他将投身于竞选连任。他的寡头朋友们依旧支持叶利钦。但这也意味着，他要为之奋斗，正如马拉申科之前所告诫的那样。

*

叶利钦不得不推倒这堵围着他的“克里姆林墙”，他必须告诉他的选民，他并不是高高在上的沙皇。于是他让索斯科韦茨竞选团队组织了一次考察，去了俄罗斯南部一个叫作克拉斯诺达尔（Krasnodar）的地方，但这却是一场公关灾难，叶利钦几乎没有接近任何选民，自始至终他都被保安和地方官员紧紧包围着。

叶利钦不知道的是，现在为丘拜斯分析中心工作的沙赫诺夫斯基秘密派遣了一些摄影师到克拉斯诺达尔，摄影师拍摄的照片显示叶利钦是那么远离民众。沙赫诺夫斯基告诉我，他把这些照片和早前在1991年拍摄的照片进行了对比，那时的照片上叶利钦被热情的民众包围着。当他把这两组照片给叶利钦看时，叶利钦明白了他的意思。叶利钦说：“我很痛心，这令我印象十分深刻，仅仅五年的时间啊。我想起和民众见面时的感受，一切豁然开朗起来。”[29]

叶利钦认识到他一定要投身于一场“真实的”选举中，他必须亲近选民。他做的第一件事就是免去了索斯科韦茨的职务，任命丘拜斯执掌大权。沙赫诺夫斯基负责制定行程，然后叶利钦去实施，叶利钦在4个月内走访了24个城市。一张大选宣传照上显示叶利钦在一次摇滚音乐会上受到年轻人的热烈欢迎，在舞台上搞笑地跳舞。

叶利钦尽力挤垮了在选的亚博卢民主党中心领袖格里戈里·亚夫林斯基（Grigory Yavlinsky）。[30]尽管亚夫林斯基拒绝退出，但形势已显示出这次大选是叶利钦和久加诺夫之间的二选一。3月份叶利钦的选票攀升，达到两位数，在4月底已有与久加诺夫并驾齐驱之势，而此时久加诺夫正在用一套单调、阴郁的演讲巡回全国。4月2日，叶利钦宣布他将下令让军队撤离车臣，然后他在克里姆林宫与车臣反抗组织首领泽利姆汗·扬多尔别耶夫（Zelimkhan Yandarbiev）达成停战协议。叶利钦还快速造访了格罗兹尼附近的机场。尽管他的这些行动并没有停止战乱，但确实让他获得了广泛的公众支持。

4月27日竞选局势奇迹般扭转了，俄罗斯报纸发表了一封公开信。这封信透露了俄罗斯政府的分裂迹象，要求军方、政界、商界和决策者共同努力，促进分裂双方达成妥协。这封信措辞极其谨慎，尽管没有提及叶利钦和久加诺夫的名字，信中基本上是对共产党的批评，而且似乎是寡头对久加诺夫一种战术上的警告，警告他不要让俄罗斯四分五裂，即使他们正在摧毁久加诺夫的势力。其暗含之意是让久加诺夫保持低调。以别列佐夫斯基为首的13位金融家和工业家在这封信上署名，他们都是叶利钦的支持者。“这是对久加诺夫和科尔扎科夫的一种警告。我们是在向那些企图打破民主的人们证明我们坚决抵抗的决心。”斯莫伦斯基回忆道。换句话说：这是我们的大选，不要来添乱。

叶利钦的政治顾问天天监视着久加诺夫的一举一动，但他们更迫切的任务是宣传叶利钦，这一点极其困难。叶利钦的政治顾问保罗·博格拉德准备了一份详细的民意报告，并于4月25日提交给丘拜斯。基于18个月的数据，博格拉德发现选民存在纠结情绪，他报告称：“所有选民中65%想投票反对叶利钦；然而65%的选民也不想投给久加诺夫。”他补充道，“胜利者将是选民不投反对票的候选人。”[31]简单来说，这一数字意味着叶利钦竞选团队必须抹黑久加诺夫，让叶利钦成为两害相权之轻者。他们必须创造出一个是非分明的选择，这点不容易，因为民众对叶利钦有着强烈的反感。叶利钦竞选阵营的民调分析师奥斯隆告诉我，叶利钦还有一个危险区域，那就是他的健康问题。如果选民看到的是一位病恹恹的总统，他们将会放弃支持他。

在国际影像（Video International）的一次头脑风暴会议上，更加温和友善的叶利钦竞选阵营诞生。国际影像是当时莫斯科两所主要的电视广告公司之一。这一阵营的领导者米哈伊尔·马尔格洛夫（Mikhail Margelov），一位身材魁梧、追名逐利、满腔抱负的年轻人，他出身于一个军官和知识分子组成的家庭。他曾在克格勃高等学校教授阿拉伯语，该校负责培养间谍，然后又在国家新闻所工作。但在1990年，他投身于广告和公共关系事业。国际影像与丘拜斯集团合作，帮助叶利钦从民众怀疑的目光中拉选票。马尔格洛夫回忆说："我们的出发点是，叶利钦就是总统，他统治着整个国家。他以前犯过很多错。1989—1990年间，人们很支持他，但现在已不再欢迎他了。"[32]结果有了全国范围的宣传广告，叶利钦仅仅在最后一个镜头露面。其中，很多上年纪的选民和退伍老兵及工薪阶层给了这位俄罗斯总统一些温和但模糊的评价，广告中大部分主题和共产党支持者的意思接近，但是这些人却表示他们会投给叶利钦。主题是"用心选择"，为的是打破僵局，鼓励人们选举叶利钦。他们回避了叶利钦在位期间出现的经济、犯罪、意识形态以及各种棘手问题，以免勾起人们对他的不满。马尔格洛夫回忆他为叶利钦做了一份商业广告，讲的是一名几个月都没有发工资的水手承诺会支持叶利钦。该广告在最后一刻被放弃了，因为没有人会相信。

在广告中叶利钦远离纷争，以稳定的保障者、慈父的形象出现。"可能西方人觉得此竞选口号比较愚蠢，但俄国人觉得很正常。"马尔格洛夫说。季亚琴科带给马尔格洛夫一箱叶利钦的相册，他选了一些最好的相片，作为最后广告的中心素材：让叶利钦叙述自己的家庭史。配以感性的背景音乐，叶利钦追忆起他母亲做的烤饼，相片展示了叶利钦的少年时代，那时他着装整洁，浓密的黑头发向后梳。从一个运动员，一个反叛者，一个父亲，到一个祖父。最后成为苍老发福的叶利钦，他坐在摄像头前浅褐色的椅子上，穿着开领的白衬衫，在镜头前表达了对近年来民众饱受痛苦的同情，他说："我知道大家都不容易。"结语是"我们相信，我们确信，我们希望"。

阿列克谢·莱文森（Alexei Levinson）是西式焦点小组中的专家，他通过测试组来评估产品或广告。他告诉我在1996年竞选中，如此强大的电视广告还是第一次出现。"对于很多俄罗斯人来说，广告是个新鲜事物，仅有两三年的历史。几乎没有一个孩子像你们美国人一样从小就知道广告的。对于成年人来说，广告仍是新鲜之物。"

最不可能投票给叶利钦的人数超过50%，但是他们也是最易受广告影响的。他还告诉我："他们极易受广告的吸引，但他们又最讨厌广告。所以工作并不简单。广告的艺术在于吸引久加诺夫100%的支持者们。当人们看到一个谈论生活困苦的人，这和共产党统治没有必要的关联，只是突然抛出一句话，'让我们选叶利钦吧'。这就会使他们头脑很混乱。"[33]

在莫斯科，卢日科夫是叶利钦争取连任的强大推动力。他的大型宣传画出现在城市的大街小巷。画上他与叶利钦紧握双手，肩并肩站在红场选举台前，台下民众欢呼雀跃。叶利钦的天然根基存在于年轻人之中，利索夫斯基这位从苏维埃年代就登上政治舞台的人联系了MTV，想让叶利钦像1992年当选的美国总统克林顿那样露个面。那时，MTV发起了一场成功的拉票运动，称作"选择或失败"。克林顿现身MTV，拉到一大批年轻选民。但这次MTV担心叶利钦很明显的虚弱状态，所以拒绝合作。他们给了利索夫斯基三盒克林顿的录像带，并说他们不想与叶利钦合作。利索夫斯基以"投票或失败"为题，借用MTV的点子，极力造就叶利钦年轻的形象，还在全国举行了几十场春季音乐会，为叶利钦拉选票。但是叶利钦竞选阵营总结发现，把叶利钦置于柔焦之下并不足够；让叶利钦在舞台上跳舞也不足够。

他们必须摧毁久加诺夫。

报纸头版是一幅令人吃惊的照片，堆满楼道的定额配给香肠充斥着画面——人们很容易想起在供应不足的苏维埃年代为了得到一片香肠而排起的长队。该报出版第六期，发行量达到10 000份——是最畅销周刊发行量的两倍之多——1996年4—6月间，遍布俄罗斯全国各地的邮箱公共场所。报纸名为"*Ne Dai Bog*"（天理不容），这是叶利钦反击久加诺夫的最好工具之一。《天理不容》用词巧妙，是对共产主义最冷酷的抨击，矛头直接指向了久加诺夫选票率很高但向市场经济转型最艰难的省份。每期报纸都有抨击犀利的文章、华丽多彩的照片和插图，向人们传递着这样的信息：如果久加诺夫当选，俄罗斯势必发生大退步。第六期头版是关于一次共产党秘密会议的伪造记录，标题是"脱口而出"。"我们无法给予人们我们所承诺的一切。"更早的一期对一场儿童作文竞赛进行了专题报道，其中一个孩子写道："俄罗斯是我的城堡，我的家。但如果共产主义者执政——那就是我的棺材了。"

这份报纸由叶利钦的选举委员会秘密出版发行。此外还有其他的一些黑暗宣传策略——造谣，使坏，买报纸版面，不具名广告，伪造文件——矛头直指久加诺夫。还有一百万份海报，印着一个怒目而视、咄咄逼人的久加诺夫以及一句话："快储存食物吧，这是最后的机会了。"这些海报都紧紧贴在全俄罗斯食品供应店的窗户上，极难撕下来，真是一种可怕的伎俩。叶利钦竞选阵营从不肯承认他们就是幕后黑手，但他们就是。

他们还充分利用了主流新闻媒体的影响力和可信度进行黑色宣传。一些记者告诉我的同事李·霍克斯塔德，叶利钦团队斥资几十万美元换取偏向性的报道，主要是为了把攻击久加诺夫的反共产党运动落实到家家户户。一个高级记者的每月报酬有几千美元，自由撰稿人的稿费也有一百美元。贿赂和报酬在一些工资很低而且正在挣扎求生的报纸和媒体那里很受欢迎。

其实就算没有阴谋和贿赂，传媒界也有不少记者支持叶利钦、反对久加诺夫。一些正直的新闻工作者也极力支持叶利钦，因为他们害怕看到共产主义回归。他们和别列佐夫斯基的看法一样，"这不是一次正常的选举，这不是一个美国式大选，这不是共和党和民主党之间的竞选，我们的大选是在选择两种不同的政体。"

别列佐夫斯基和古辛斯基把他们强大的电视台都投向了叶利钦。同时第三频道 RTR 是国有电视台，归克里姆林宫管。这种情形给了叶利钦压倒性的偏向报道。在 6 月 16 日第一轮大选到来的前 5 个星期内，叶利钦在一些主要新闻节目中的露面时长是他对手的 3 倍。[34]

叶利钦之所以受到如此欢迎，一方面是因为金融寡头一手策划，另一方面是记者们愿意参加这支十字军。在传记中叶利钦严重偏离事实，甚至称马拉申科"创造了一个坚实的垂直管理链，管理电视新闻记者的工作"。事实并非如此，因为根本不必如此，新闻记者们十分愿意效力于克里姆林宫集团。

在电视宣传领域，别列佐夫斯基的俄罗斯公众电视台 ORT 一直承诺支持叶利钦。但是古辛斯基的NTV电视台组建于车臣危机最艰难的时刻，曾以对抗克里姆林宫而获得声望。现在，由于不同的形势，它掉头转向叶利钦这边。还有和基谢廖夫及古辛斯基一起组建电视台的多布罗杰耶夫，他后来回忆自己当时支持叶利钦完全是出于本能，因为对共产党执政的回忆，也毫不犹豫地站在叶利钦这边。他说："对于我们这代人，这是一个原则性问题。"

曾出席达沃斯的基谢廖夫看到西方商业精英们拉拢久加诺夫时，和各位大亨一样担忧。"这不是选举乔治·布什还是戈尔的问题。这是一个非同寻常的选举，此前正值政治社会转型，经济危机尚未结束，还有各种问题包括车臣危机。"基谢廖夫说。在大选前几个月，基谢廖夫发现："各类记者、制作人、作者、读者都全心全意支持着叶利钦。我们都知道，他疾病缠身、酗酒、性格恶劣，但是我们都认为他是更好的人选。"

古辛斯基觉得1996年时的他犯了一个大错，就是过于接近叶利钦。因为克里姆林宫认为新闻媒体包括他所珍视的NTV可以像听话的小狗一样对待。与权力走得太近导致后来古辛斯基付出巨大代价，但在那时，那样做确实是正确无疑的。"事实上，我们都歇斯底里了，我们吓唬自己，我们没有任何政治经验，我们都认为我们的任务就是为了阻止共产主义者当权。记者们都认为，一旦共产主义者执政，他们就都完了。他们所做的一切都是自卫，你要知道。他们没有选叶利钦，他们是在保卫自己和自己工作的权利。"

"为大众媒体工作的记者有90%是民主人士，这不是花钱买来的，支持叶利钦是他们自己的决定。"别列佐夫斯基坚持这么认为。

一时间，新闻媒体成了叶利钦的选举工具，即使是最恶劣的负面宣传也进入了主流媒体之中，比方说，就在第一轮大选的几天前，6月8日，别列佐夫斯基的报纸《独立报》刊登了一篇危言耸听的冗长文章，说共产党将不会平静地接受他们的失败，这篇无病呻吟的文章就是靠反面抨击共产党来抬高叶利钦的。文章声称发现了一个大机密，久加诺夫已经"失去控制"，因为他们再也不能靠民主的方式获得权力，共产党内的激进分子就在准备通过精心策划的八步计划，在选举结束后夺取权力。整篇文章就是为了激起人们对于久加诺夫的恐惧，将其发表在《独立报》上只是第一步。接下来，它成了总统手中的弹药。

基谢廖夫为叶利钦做了一次选前专访。这次专访在 6 月 9 日播出，是早前在克里姆林宫一间皇室风格的宽敞房间录制的，叶利钦穿着一套深灰色的西装，头发雪白，坐在一个铺着粉红软垫的镀金椅子上，面前是一张圆桌，基谢廖夫用标志性的缓慢音调问他："鲍里斯·尼古拉耶维奇，请告诉我，距离选举只剩一星期了，你害怕出现一些无法预料的纷争和恶意的挑衅，或试图破坏这次选举的行为吗?"

叶利钦回答说，他刚刚从报纸上读到一篇文章："当一个敌人，更准确地说是对手，失去信心时，而且他现在确实在失去信心……你就必须提防他蓄意破坏形势。"这条信息表明久加诺夫已经坐不住了。这一捏造的备忘录如今被叶利钦转换成真实之事。

在选举活动的最后几周，寡头们也给予了另一位候选人亚历山大·列别德（Alexander Lebed）很多资助，这位前将军嗓音深沉，极具人格魅力。他的出现其实是在帮助叶利钦削弱久加诺夫的支持率。别列佐夫斯基的电视频道播了一则五分钟的视频，声称列别德生来就是领袖，是"我们的一员"就像叶利钦一样。别列佐夫斯基告诉我，他曾和列别德有过长时间会谈，列别德思考了普通俄国人都存在的问题和疑虑。维诺格拉多夫表示，他的银行承担资助列别德竞选，但是受制于丘拜斯集团。"列别德一切按我们的吩咐做事。"维诺格拉多夫说。维诺格拉多夫总共资助了列别德 1 000 万美元。[35]

叶利钦大选经费按规定是 300 万美元，但他们花了数百万美元用于制造中伤久加诺夫的负面宣传，其中包括印发《天理不容》和"购买食物吧"的海报，支付记者的费用，给每一位二战老兵寄私人信件，还有很多隐蔽活动。选举总部有的是钱。我有一位朋友偶然参加了在雀山附近的雏鹰酒店举行的一次青年运动工人大会。在三天会议期间，青年领袖挨个被召到主席所在的独立套房中，每人都能拿走一袋现金。

谁来支付这些钱？每一位记者都会有过那么一刻让自己积累的经

验蒙蔽了自己——我的那一刻是有关竞选融资的问题。我研究美国政治多年，知道很多商人给候选人资助大量资金，所以我很自然地认为当时俄罗斯大亨们为叶利钦提供了足够的选举经费。知晓大亨们对丘拜斯的无息借贷后，我更加确定了我的推断。

但是，1996年叶利钦竞选中深不可测、黑暗肮脏的秘密是另一种情况。其实我早该猜出，大亨并没有付钱，而是得到了报酬，他们只是把自己的鬼点子和广播电台给了叶利钦，资金给了丘拜斯。需要用大钱的时候，比如需要成百上千万资金赞助叶利钦时，资金并不是从寡头流向叶利钦，而是从国家流向寡头。

他们没有直接用政府的钱，相反，通过竞选总部的帮助，他们制订了一个隐秘计划，廉价购买国库券。这些债券故意以低价卖给大亨们的银行，接着银行以市场价格重售出去，快速筹集到资金然后用于竞选活动。他们到底为叶利钦支付了多少又得到了多少，没有人清楚。这是秘密，直到5年后，还没人愿意提起，但我深信此中暗藏玄机。一位当时的高级选举官员告诉我，寡头们不可能为叶利钦一下拿出成百上千万的美元，他们是靠低价买进和高价卖出政府的债券来洗钱的。他们到底如何购得国库券，至今仍是个谜。另一位直接参与其中的人员说："世上有谁会做没有回报的事呢？我言尽于此。你明白吧？你的消息没错。"选举经费的主要来源其实是政府以美元计价的债券，这笔资金是财政部长签发的。1996年5月，财政部长第六次发行国债，价值17.5亿卢布。金融专家们告诉我政府把一些债券分发给银行并非难事。[36]这项计划执行得如此天衣无缝主要是因为金融寡头们没有直接侵吞这笔预算。他们低价骗取政府公债，再以高价卖出。这和他们的一贯作风也极其吻合。以前他们进口电脑，出口原油，投机卢布和美元之间的兑换率用的就是这一套。叶利钦的连任竞选资金都是轻松赚来的不义之财。叶利钦的助理萨塔罗夫在NTV的纪录片上谈论这次大选时说："我们不要太天真了，谁都知道在选举过程中，每天都有黑钱产生，我们每个人都从事着洗钱的勾当。"[37]

曾经在3月份和叶利钦一同出席达沃斯论坛的维诺格拉多夫似乎与其他金融寡头们格格不入。他拒绝参加俄罗斯公众电视台集团，也没有拿下任何贷款换股份拍卖。他表示他在分发国库券时也被排除在外了。“当他们注册登记谁将获得多少国债时，我们银行一无所获。”维诺格拉多夫还说，“1亿美元用于叶利钦的选举，2亿美元被窃取了，这是笔大买卖，一场黑色交易。选举后有人列出清单，计算了斯莫伦斯基获利多少；霍多尔科夫斯基获利多少；别列佐夫斯基获利多少，他可是分到最多的人。”[38]

丘拜斯那时负责监督管理竞选活动的财务收支，这是其他竞选者告诉我的。当我问起丘拜斯大选的事情时，他立即想起家里的那堆《天理不容》，即使多年后，他仍然饶有兴致地重温这些报纸。“这可不是免费的，我们投了很多很多钱，那可是一大笔钱啊！”丘拜斯回忆说。而当我追问他那些钱从哪里弄来时，丘拜斯便开始闪烁其词了，他说：“是否存在一些金融策划，让他们有机会获得某些特权，又或者并不存在这样的策划，我不准备回答，我也不准备承认或者否认。”

康斯坦丁·卡加洛夫斯基是一位消息灵通的政客，他曾帮助霍多尔科夫斯基赢得尤科斯的贷款换股份拍卖，多年以后他写了篇文章来发泄自己在叶利钦竞选融资问题上的愤怒之情。他说，俄罗斯没有人会相信寡头们会用自己的钱去帮助叶利钦，他们只用了他们所谓的“技术”能力——我认为，这里指的是策划债券升值。卡加洛夫斯基补充道：“这种为竞选融资的机制被称为‘为民主而腐败’。”他说丘拜斯“当之无愧是该体制的创始人”，又补充说，在接下来几年叶利钦的统治下，该体制已成为常态。卡加洛夫斯基写道：“一旦尝试，就会喜欢。”[39]

如果说叶利钦赢得竞选是凭了《天理不容》的宣传，或是说因为大量新闻工作者的支持和银行家的秘密交易，那就过于片面了。不管竞选中的卑鄙伎俩、广告或广播量有多大，都无法改变一个事实，即叶利钦获胜是俄国选民具有深远意义的选择。同样都存在缺点，叶利钦和久加诺夫代表了俄罗斯两种对立的未来。久加诺夫不真正了解也不想走市场资本主义之路，这条道路在俄罗斯仍很脆弱。叶利钦还没能力建立起这种市场资本主义，但是他始终坚持这一理念。俄国选民仍记得四年前超市空空如也的情景。那时我去过几次，我认为要理解叶利钦为什么当选，最好的办法是去问选民，问他们是否或如何适应20世纪90年代的新生活，尤其是经济方面。数百万的退休人士和年长者还未适应，于是投票给久加诺夫。但是又有数百万的年轻人适应了，而且我认为截至1996年6月16日，他们还只是勉强凑够了临界量。大选的某一天，我在下诺夫哥罗德的伏尔加河市拜访了一位年仅34岁的能干的年轻银行家谢尔盖·基里延科，他告诉我："我们处在狂风大作的湍流中，我们可以回头也可以坚持走下去；如果我们选择了回头，最糟糕的情况是，我们所有得到的一切将不复存在。"他补充道，叶利钦"通向另一彼岸，那是我想去的地方"。

为了到达彼岸，叶利钦需要寡头，他需要他们3月时的"叫醒服务"、他们的媒体炒作，他们优秀的员工和他们洗黑钱的能力。他们帮助扩大叶利钦的影响力、破坏久加诺夫的名声，并取得最终胜利。寡头们通过救助叶利钦以自救，而叶利钦允许他们这样做。他们相信他们在拯救俄罗斯资本主义，而他们确实如此。叶利钦在第一轮选举的得票率是35.28%，久加诺夫是32.03%，列别德是14.52%，亚夫林斯基是7.34%，这样叶利钦和久加诺夫就进入了第二轮的竞选。叶利钦解雇了不受欢迎的国防部长，并授予列别德在克里姆林宫的新职位，以此来吸引更多选票。但竞选委员开始策划有力的最后一击，给叶利钦制订了繁重的日程安排。随后，叶利钦竞选之路在1996年再次急转直下。

在第一轮大选结束四天后，下午5点20分左右，两名选举官员从俄罗斯白宫中走出。第一个人提着只裹着白布的打印机箱子，他就是俄罗斯的娱乐广告业巨头利索夫斯基。他在二号卫兵室里被拦了下来——这是一个小屋，访客由此进出。卫兵询问利索夫斯基是否有箱子的通行许可。他当然没有。于是卫兵要求检查箱子。

这就是丘拜斯和科尔扎科夫开始进行最后的也是最激烈的对决的时刻。自从叶利钦决定参加连任竞选以来，科尔扎科夫变得越来越不安。早在5月初，他就向伦敦《观察家报》的一位记者承认他取消竞选，但叶利钦很快就让他摆正了位置。[40]叶利钦声称科尔扎科夫将会继续坚守其保镖之责，选举活动将继续进行。

科尔扎科夫知道当时丘拜斯团队在用健身袋和行李箱运送大量钞票；事实上，他手下的总统护卫也在运送现钞，“载着满车钞票全国各地跑”。[41]丘拜斯的问题不仅仅只在竞选资金。科尔扎科夫说，他觉得自己就像一个“俄罗斯”的捍卫者，而他的对手们则像“一伙想要出售和洗劫俄罗斯的人”。丘拜斯集团却有截然不同的看法：他们认为科尔扎科夫像一个对权力狂热的反动分子，既不懂民主也不懂资本主义。

科尔扎科夫给丘拜斯集团设了个套。其细节至今仍然模糊，但这个套是确实存在的。科尔扎科夫和他的一个副手瓦列里·斯特雷勒茨基（Valery Streletsky）后来吹嘘说，他们一手布下了这张巨网。斯特雷勒茨基宣称他潜入了丘拜斯助手在俄罗斯白宫存放钞票的仓库，在那里等着看谁会来取。[42]利索夫斯基告诉我，科尔扎科夫团队为这个圈套筹划了两个月。[43]叶利钦在他的回忆录中写到这是科尔扎科夫的“最后一搏”。这位总统保镖首领“一直处心积虑地想挖出点丑闻来，如今他找到了一个”。

箱子里放着整整齐齐捆好的50万美元。在利索夫斯基被捕后几分钟，丘拜斯的助手叶夫斯塔菲耶夫也走出白宫，进了同一间卫宾室。“我看见站在谢尔盖·利索夫斯基周围的人都带着枪。”他回忆起当时的情形。叶夫斯塔菲耶夫补充说，他听见当时有人让利索夫斯基去拿那个箱子，利索夫斯基正想弯腰时，叶夫斯塔菲耶夫警告他别碰那箱子。叶夫斯塔菲耶夫也被拘留了。两人都被带进了密闭室，他们的手机被没收。斯特雷勒茨基的人开始对他们进行审问。

当叶夫斯塔菲耶夫和利索夫斯基同时失踪的时候，竞选总部马上开始寻找他们。叶夫斯塔菲耶夫在他的办公室留言说他去趟白宫，一个小时内便会回来。由于他没有及时返回，他的同僚开始变得焦虑不安，后来他们发现他已经被全副武装的卫兵（科尔扎科夫的人）抓起来了。叶夫斯塔菲耶夫回忆说：“那些卫兵被授权在必要的时候开枪。”卫兵要给他注射一种降低“高血压”的药剂，而他坚决反对，害怕那是一些其他的什么东西。

一小时后，科尔扎科夫的卫兵在放保险箱的房间里找到第三个人，商业银行家鲍里斯·拉夫罗夫（Boris Lavrov），他也被带去审问了。他的箱子里放着另外的 38 850 美元。他向审问的人交代，叶夫斯塔菲耶夫和利索夫斯基是一起来的，利索夫斯基拿走了那只装着 50 万美元的箱子并签了一张收据。[44]

那天晚上，大亨们和委员会成员聚在别列佐夫斯基的罗格瓦兹俱乐部召开一个先前定好的例会。但在他们进入这座位于新库兹涅茨卡亚大街的建筑时，他们实际上已经处在监视下了。科尔扎科夫把整座建筑物都置于严密的监视之下，监视器隐藏在房顶和无牌汽车中。古辛斯基的说客兹韦列夫回忆说，那时竞选小组经常担忧科尔扎科夫会有什么举动，“我们老觉得会有什么事情要发生”。[45]然而，丘拜斯并不相信科尔扎科夫会如此过分地逮捕他的竞选工作人员。“直到最后一刻，我也不相信叶夫斯塔菲耶夫被逮捕了，”丘拜斯后来回忆时说，“对我来讲，那绝不可能发生。”

丘拜斯又一次显示出了钢铁般的意志。在别列佐夫斯基华丽的豪宅里，他拿起了电话。此时已是深夜。他无法接通科尔扎科夫，而叶利钦正在睡觉，不能打搅他。丘拜斯一下子变得怒不可遏，他接通了联邦安全局首领巴尔苏科夫的电话。巴尔苏科夫是被他的好兄弟科尔扎科夫破格提拔上来的软弱派。

“我告诉他我一定会弄死他，”丘拜斯说，“我警告他，如果叶夫斯塔菲耶夫掉一根头发，我就会杀了他。”出乎意料的是，巴尔苏科夫突然变卦：“他说了，‘没有太大的问题，我们只是暂时拘留他，30 分钟后一切都会恢复正常，别着急。’”[46]

NTV 的创始人和舵手基谢廖夫在家里收到一个电话。马拉申科告诉他赶紧到台里的演播室来，准备做通宵报道。马拉申科是基谢廖夫的同事和 NTV 的主席，又是叶利钦选举班子的媒体宣传方面的全权负责人。NTV 在凌晨过后继续报道逮捕的新闻，把这次行动描绘成科尔扎科夫预先设好的圈套。基谢廖夫赶到后立刻发布了一个“紧急”新闻公告，提醒观众科尔扎科夫在 5 月已承认他想取消选举。

"看来我们的国家正处在一场政治大灾难的边缘，"基谢廖夫说，"我很想祝你们晚安，可是对不起，我不能。"[47]

最后的倒计时开始了：在清晨前，两个集团中的一个将被清除出局。基谢廖夫去了罗格瓦兹俱乐部，在那里他发现焦虑已经白热化了。古辛斯基、别列佐夫斯基、丘拜斯、兹韦列夫、尤马舍夫、季亚琴科和下诺夫哥罗德州的自由派州长鲍里斯·涅姆佐夫（Boris Nemtsov）全都急得团团转。兹韦列夫说："我赶紧去销毁一些文件，因为估计当天晚上就会有一些逮捕行动。"

基谢廖夫说："所有人都明白，第二天早上科尔扎科夫会去见叶利钦，然后告诉他说：'看，鲍里斯·尼古拉耶维奇，你如此信任的这些人实际上都是骗子。他们在你的眼皮底下偷钱，而且是大把大把的现钞。他们就是从政府大楼里用装复印机的空箱子把钱运出来的。如今你得决定你到底信任谁。'"[48]这其实就是科尔扎科夫的计划。

基谢廖夫回忆道："那时，虽然没人说出来，也没人承认自己在颤抖——但事实上我能感觉到所有人都很害怕；聚在罗格瓦兹大别馆中的有些人都不敢离开。他们在想，我可能会被抓起来。"基谢廖夫说季亚琴科一整夜都待在那里给他们吃定心丸，让他们觉得至少在罗格瓦兹大别馆里面是安全的。基谢廖夫认为，"科尔扎科夫不敢"来捣乱，因为季亚琴科在场。

在罗格瓦兹里焦急等待的同时，古辛斯基和别列佐夫斯基已经掌握了一个比科尔扎科夫的总统卫队更强大的武器。他们的电视台的夜间报道使莫斯科的政治精英们突然醒悟，明白这些寡头已把自己和丘拜斯以及叶利钦紧紧捆绑在了一起。竞选小组成员、商人和播音员都处在一个阵营之中。

凌晨1点，在接过丘拜斯的电话之后，列别德试着通过克里姆林宫最高机密电话系统S-1和S-2来呼叫科尔扎科夫和巴尔苏科夫，但没有回信。然后，列别德用他机关炮似的声音和生动的词汇代表丘拜斯集团发表了电视讲话。"我的第一印象是，他们试图摧毁第二轮进攻。"列别德说，"任何背叛都将会被严酷地镇压。对任何想把国家推入血腥混乱深渊的人不能有一丝仁慈。"利索夫斯基和叶夫斯塔菲耶夫在经受了十个小时的审问后于凌晨3点左右被释放。逮捕他们的人因电视报道而焦虑不安。丘拜斯后来告诉我，事实证明电视报道确实是整个过程中最关键的一步。

叶利钦睡了一整夜，直到第二天早上才从他的女儿那里得知这件事。丘拜斯等人睡眼蒙胧地聚集在古辛斯基公司总部塔楼的办公室里。就在楼外的停车场，科尔扎科夫曾让古辛斯基的人面朝下趴在雪地上。此刻也只有丘拜斯才能说服叶利钦去保护他们了，就像两个月前他说服叶利钦放弃取消大选一样。早上，丘拜斯通过一条直拨线路接通了叶利钦的电话。

丘拜斯回忆道："当我和他通话时，他说没发生什么糟糕的事，只是有些人想偷钱，但是现在一切正常。'我们绝不允许任何人偷钱。别担心。一切正常。'我告诉他说，事实并非如此，事情已经到了生死边缘，我必须和他面谈。他说他并不想这样，可是最后他还是答应了。"

丘拜斯团队既紧张又疲惫，感到结果难以预料。他们很可能输给科尔扎科夫。一旦失败，他们将会被解雇，逮捕，然后判刑。但是当尤马舍夫对叶利钦将会采取何种行动做出惊人预测时，他们都高兴了起来。"叶利钦会开除科尔扎科夫，我不知道为什么，但我认识叶利钦已经很久了。"其他人都很震惊。基谢廖夫回忆道："我们当时都非常疲惫，根本不知道周围在发生什么。"但是尤马舍夫让每个人印象深刻。兹韦列夫跟我说："那时尤马舍夫小声说，'他将会把他们全都开除了'。我们都很惊讶，没有人肯相信他，因为我们确定是我们即将被开除。"

丘拜斯去见了切尔诺梅尔金，切尔诺梅尔金小心翼翼置身于战场之外。丘拜斯出来的时候怒气冲冲。这是生死存亡的时刻，他冲着俄罗斯总理喊。但切尔诺梅尔金没有说话。丘拜斯回忆说："我那时只想告诉他，现在是他出来讲话的时候了，他已经沉默了5年。这个时候他再不吭声，晚上就会完蛋。没有中间路线可走，压根就没有中间之道。你只有两个小时了，如果两小时后你不去见总统，并摊牌说'我和他们势不共存'的话，你就是混蛋，你就会完蛋。"

几小时后，丘拜斯在叶利钦办公室的接待室碰到切尔诺梅尔金。切尔诺梅尔金看着丘拜斯，说："我都告诉他了。"

丘拜斯进入叶利钦办公室时感到两腿发软。他说："我觉得无法说服他了，已经毫无希望了，没有机会了。"他害怕叶利钦会像今早那样，把这场冲突轻描淡写地说成一场小小误会。

没人知道那天早上发生了什么事，但叶利钦决定把科尔扎科夫、巴尔苏科夫、索斯科韦茨和整个"主战派"全部开除了。叶利钦在电视上宣布了此事。他用苦闷、呆板的音调说："我一直因为科尔扎科夫、巴尔苏科夫和索斯科韦茨而受到指责。难道总统是为他们服务的吗？他们贪婪地攫取，却不想付出。"

"这是个令人激动的时刻。"基谢廖夫说。宣布完后，叶利钦面色灰白，望着一群记者，笑容满面地说。"所以呢？你们愣在这里干吗？快去打电话宣布这个重大消息啊！"基谢廖夫依稀看到了过去那个干劲十足的叶利钦。

胜利的丘拜斯马上在丽笙-斯拉维扬斯卡亚酒店召开了新闻发布会。他谴责此前在白宫的逮捕行动是有些人试图毁掉这次选举运动。当被记者问及那一箱子钱的时候，丘拜斯放了一个烟幕弹，他说："我可以肯定地告诉你，那箱钱是克格勃传统中一个典型手段，是苏联式的挑衅，这方面我们过去很有经验。"丘拜斯暗示那箱钱是有人事先放的，"我们非常清楚外汇和钞票是怎样被放在俄罗斯持不同政见者的包里的，最近我们还看到一件类似的事情，只不过放的是毒品。很不幸，这样的事已经是巴尔苏科夫和科尔扎科夫的惯用伎俩了。我相信这种挑衅和伪造行为将会被法律和制度体系彻底清除。"丘拜斯没有被进一步追问那些钱的事。[49] NTV 对丘拜斯进行采访时，基谢廖夫也没有问那箱钱的问题。

5 天后，灾难又一次降临在叶利钦头上。

在国际影像为激烈的第二轮竞选活动做准备时，米哈伊尔·马尔格洛夫回忆说，公司的董事长米哈伊尔·列辛（Mikhail Lesin）从这次竞选总部的会议上带回来了坏消息。"看来我们在第二轮的竞选活动中不得不面对一个艰难的情形。”他说。

“这是什么意思?”马尔格洛夫询问道。

“我们将在客户不在场的情况下工作。”列辛说。

“我们能提出更多的问题吗?”马尔格洛夫说。

“不能。”

叶利钦繁忙的旅行时间表被取消了。他的助手说他患了感冒。“总统状态良好。”他的新闻助理谢尔盖·梅德韦杰夫(Sergei Medvedav)说。

6月26日,叶利钦大约在下午5点回到家。当他在椅子上小憩时,心脏病突然发作。他的医生就在旁边,及时进行了治疗。据叶利钦在他的传记里回忆,在整个竞选活动的过程中,克里姆林宫的医生一直随行左右,时时警告他太过频繁的活动会对身体造成严重后果。现在那些压力和疲劳在折磨他。“疼痛将我千刀万剐,这是一种巨大的、致命的疼痛。”他回忆道。

对整个竞选来说,叶利钦的心脏病成了一个极其棘手的问题。由奥斯隆的调查可以看出,如果民众得知他生病的消息,他将失去支持。选票的数目表明叶利钦的票数每天下滑0.5%—1%。全体竞选职员已经为叶利钦准备了一场遍及全国的盛大谢幕,现在所有的活动都将被迫取消。

“我们还不得不避免任何有关我病情的泄露,并对所有人隐瞒真实的情况。”叶利钦回忆道。在7月3日决选的前一个周末,叶利钦录制了预选演讲。摄像组来到莫斯科郊外巴维克哈的总统疗养院。然后录像带被送回国际影像进行编辑。其中的一个摄像人员告诉马尔格洛夫不要太震惊,因为叶利钦状况非常糟糕。

“很显然叶利钦讲话都很困难,”当马尔格洛夫看到还未加工过的录像带时,他说,“他一直在出汗,甚至连发声都很困难。有时连一句话都说不完整,甚至几乎无法呼吸。”

视频专家们对录像带进行了令人惊异的改造。他们运用数码编辑技术对整段简短的演讲进行了剪辑和润饰。“让它看上去很好是一件很困难的工作,”马尔格洛夫告诉我,“几乎没有人能看出来有什么不对劲儿。”总统岌岌可危的身体状况在决选前夕得以掩盖起来，那晚我看了电视，我对那盘录像带的印象就是叶利钦看上去十分僵硬，声音断断续续。但是对于广大民众来说，丝毫看不出他才经历了一次严重的心脏病发作。

“我们非常确信我们所做的事情是对的，”马尔格洛夫说。“不，在第二轮活动中并不存在这样的道德问题：我们是否在欺骗别人？因为我知道目的非常清楚，我们都不希望共产主义者回来执政。”然后寡头们送了叶利钦最后的竞选礼物：他们播放了那盘修饰过的录像带，并且对他的心脏病只字未提。录制那盘录像带时，马拉申科也在。“我能做什么呢?”马拉申科说，“当时他非常虚弱，凭着我的良心，我唯一能做的就是不对我的同事说一个字。让我来担一切罪责吧。记者们全不知情……身为一名竞选活动的参与者，我不得不做好我自己的工作。我的立场非常简单，我也不止一次公开表明，相比久加诺夫，我宁愿选择叶利钦的尸体。很不幸，那就是我的选择。”

这场欺骗一直持续到投票表决的那天。在巴维克哈，叶利钦在投票地点投了自己的选票。在克里姆林宫的摄像机中，叶利钦站在那儿，有一瞬间露出了人们熟悉的苦笑。但是这盘录像带是被编辑过的——为了剪掉他身旁的两个穿着白大褂的医生。那本应该暗示着事情有点不对劲儿，而叶利钦和其竞选团队是不会冒这个险的。

7月3日，叶利钦以53.82%投票率当选，久加诺夫只收到40.31%的选票，还有4.83%的选票投了双方的反对票。“达沃斯条约”胜利了，丘拜斯非常高兴。在8月5日的记者招待会上，丘拜斯把叶利钦比作俄罗斯历史上最伟大的皇帝、成功地把俄罗斯向西方国家转化的第一人彼得大帝，声明俄罗斯的后共产主义路线不可动摇。“不可动摇。俄罗斯的民主政治不可动摇，俄罗斯的私有制不可动摇，俄罗斯的市场改革也不可动摇。”

别列佐夫斯基也感觉豁达了很多。竞选刚刚结束，他就对俄罗斯寡头政治的权力和影响发表了自己的见解。在竞选过后的采访中，别列佐夫斯基告诉《金融时报》，七大寡头控制着约50%的俄罗斯经济。别列佐夫斯基夸大了他们的经济势力，但他对他们的政治影响力的评价却非常正确。他们就寡头政治的定义达成一致——他们都是富有、强大的君王推手。

竞选之后，七大寡头会面商讨决定他们之中谁将进入政府。丘拜斯认为他们可以委派一个自己人作为切尔诺梅尔金之下的副总理。财富和权力的联姻已经完成，是时候该分割战利品了。

以前当他们聚在一起共商大事时，当他们在雀山别墅里共进晚餐时，或者当他们进入克里姆林宫警告叶利钦时，他们都避开了大众的眼光。但是到了 1996 年的秋天，他们的野心和他们在国家最高议会上的身影再也无法掩饰。他们自己担心会出现反弹。他们中间五个人的父母中有一人或两人都是犹太人：古辛斯基、别列佐夫斯基、弗里德曼、斯莫伦斯基和霍多尔科夫斯基。1996 年 1 月，古辛斯基当选为俄罗斯犹太人协会的主席，并在以色列进行商业活动。之前他们当中的某些人曾单独遇到排犹主义者。但是现在作为一个团体，他们开始为公众可能会对“犹太人银行家”产生敌对情绪而感到焦虑。一些民族主义者和反动分子已经说出了一些恶意之词。当时，别列佐夫斯基告诉我：“当然，今天排犹主义在俄罗斯依然存在。但它不仅像在苏联时期那样以秘密的形式存在，还以公开的形式存在。”斯莫伦斯基指出，这些寡头知道他们煽起了怨恨和嫉妒。有一句很流行的话：“如果你的水龙头里没有了水，一定是犹太人喝光了它。”

部分是因为害怕激起更强烈的公众情绪，他们让波塔宁进入政府，因为他不是犹太人。然而别列佐夫斯基很快也进入了政府。10 月 29 日，他被任命为克里姆林宫安全委员会副书记，负责制定解决车臣问题的方案。刚被任命不久，《消息报》揭发了他持有以色列护照的事实。根据俄罗斯的法律，他不能在持有两种公民身份的情况下拥有一个如此敏感的政府职位，在议会上，这条新闻引起民族主义者和共产主义者激烈抗议。别列佐夫斯基对此消息做出了生硬的解释。他说他只去过以色列两次。一次去了三天，另一次去了六天，最后一次是在 1994 年。他刻意忽略掉他是否正式取得了以色列公民身份的问题。“手续只是开了个头，并没有执行到底。”在接受基谢廖夫电视采访时，他说："提起我公民身份的问题时，障碍就在于我根本就不知道当时的情况究竟如何。"[50]事实上，他的确是以色列人，他废止了自己的以色列公民身份以就任安全委员会的职位。

"达沃斯条约"巩固了别列佐夫斯基财富应该支配权力的观点。他认为这些寡头是他们这一代中的佼佼者。他说，就像他们在新制度下运用自己的能力和先见之明赚到大量的财富一样，在大选中他们同样证明了自己杰出的政治才能。政府官员最好明白这一点。别列佐夫斯基表示："资本强大，国家才能强大。"

"我认为，一般来说权力和财富是不可分割的。"12月，别列佐夫斯基对我说。然后他停住了。他身穿正式的西装和一件笔挺的白衬衣，打着领带，在罗格瓦兹俱乐部一间隐蔽的小办公室里讲话。他重新思考了刚刚的话，然后做出了修正："我想可能有两种类型的权力，"他说，"一种是意识形态的权力，一种是资本形态的权力。不过如今意识形态的权力已经不存在了。"新的权力就是资本。"如果什么事对资本有利，那么毫无疑问，它对国家也是有利的。"换句话说，这些寡头为俄罗斯指路。

别列佐夫斯基在他的椅子上微微转身，接过助手递过来的手机，简短地说了几句。他以一种冷静的状态继续着这个采访，表达了大选胜利带来的惊喜之情，传达了一种他做什么都是正确的感觉，以及对于寡头崛起的巨大满足感。别列佐夫斯基回顾道，他度过了一个变革的年代；俄罗斯正在经历一场暴风雨般剧烈的大变动，公共财产逐步归为私人所有。所有变革都无法避免会让人痛苦，充满了嫉妒和羡慕。他说，即使在人亨们之间，赢家依然贪心不足，输家却心存不满。他承认，俄罗斯现在的两极分化非常严重，穷人们极其不满。"我知道在美国和西欧，那些非常富有的人并不怎么受欢迎，"别列佐夫斯基说，"但在如今的俄罗斯，人们对于富人们的厌恶比西方强烈一百倍。从很大程度上来说，我相信总有一天，这个社会能够明白，这些富人们并不是很突然地、毫无预兆地得到一大笔财富，他们首先是——当然也会有例外——比别人更睿智、更有能力、更加努力工作的人。"

别列佐夫斯基是对的，这些寡头的确是聪明睿智且工作努力的人。但其中不少人的确得到了大笔天降之财。别列佐夫斯基应该加上这样一句话：他们也是这一代人中最冷酷无情的。他自己的王国仍在扩张中，其中包括：罗格瓦兹汽车的经销权，西伯利亚石油公司，通过海外机票销售盈利的俄罗斯国家航空公司，俄罗斯公众电视台ORT，异军突起的俄罗斯洲际航空公司，以及包括《独立报》在内的一系列媒体产业。但是现在，在他胜利的时刻，他渴求得到敬意，为他自己，也为别的寡头们。[51]

1996 年大选之后，寡头开始与外国资本勾结，这种欲望也就更加强烈了。11 月出现了转机。俄罗斯政府发行了 10 亿美元的欧洲债券。这是继 1917 年“十月革命”之后从国际资本市场上借入的第一笔资金。如果他们经得起华尔街以及伦敦和法兰克福的金融资本的检验，那么这次债券的成功发行就为寡头引进相对便宜的金融资本敞开了大门。

但是首先他们得在国内处理好一系列的交易问题。1996 年 9 月 1 日后，该从货款换股份拍卖中收取“第二套钥匙”了。根据计划，第一轮拍卖的胜出者可以出售政府为了贷款而抵押给他们的股份了。正如瑞安所预测的那样，他们把股份卖给了自己。

霍多尔科夫斯基最为狡猾。在 1996 年的骚动中，他用计使自己一早获得了尤科斯的控制权。他让叶利钦颁布了一项命令，使他可以通过在尤科斯发行新股的方法偿还子公司的债务。很简单，这就意味着比以前多了三分之一流通股。发行新股票的结果就是霍多尔科夫斯基所持有的政府债券从 45％跌至 33％。然后霍多尔科夫斯基出现在柜台的另一端买了新股份。这时，他买走了大部分股份，价值据说是一亿美元。加上 1995 年他在一次投资招标会上也购买了大量股份，霍多尔科夫斯基控制了公司超过 51％的股份。关键就是没有人可以从他手中夺走它——霍多尔科夫斯基甚至在正式典礼举行之前就已经抢得“第二套钥匙”。

起初，霍多尔科夫斯基在 1995 年贷给政府 1.59 亿美元，得到 45％的公司股份。一年以后，他借一个空壳公司的名义，用 1.601 亿美元将这笔股份转入自己账上。政府在这次交易中所获利润几乎为零。它得到的资金仅略高于其在1995年所拥有的，而霍多尔科夫斯基则得到了一家石油公司。贷款换股份的最初概念是政府有希望在出售股权时得到一个更高的价格。但事实上，一旦那些寡头开始把公司卖给自己，股价就会保持在最低点。

波塔宁当时贷给政府1.3亿美元，随后出售了西丹科石油公司51%的股份。本场赢家：波塔宁（又是他）。他只支付了1.298亿美元。在一年的时间里，波塔宁以5.71亿美元将西丹科仅10%的股份卖给了英国石油公司！后来在1997年，他将诺里尔斯克镍业公司38%的股份出售给自己，出价为2.5亿美元，比起他贷给政府的1.7亿美元来说是个进步，但考虑到在随后几年里诺里尔斯克公司数十亿美元的年均收入，这一价格是微不足道的。

别列佐夫斯基没花几个钱就坐上了西伯利亚石油公司的头把交椅。他在1995年贷给政府1.001亿美元，获得该公司51%的股份抵押，在18个月之后以1.1亿美元的价格将其收入自己账上。

古辛斯基没有机会玩这种贷款换股份的游戏，但在竞选之后，他也得到了报偿。俄气工业购买了NTV 30%的股份，从而为古辛斯基提供了因扩张实力而急需的资金。[52]叶利钦也签署了一项法令，准许古辛斯基全天候占用第四电视频道，这是一项重要的特权，给了古辛斯基更多的时间去播放广告、新闻和电影。

斯莫伦斯基回避了贷款换股份，而是充当别列佐夫斯基的金融专家。但由于他在总统竞选中扮演的重要角色，他也得到了丰厚的奖赏。他将自己的眼光越来越多地放在建造俄罗斯最大私人商业银行上，最终于1996年底实现了这一目标。拥有1 254个分支机构的俄罗斯最大银行之一前国立农业银行（Agroprombank），由于经营不善和俄罗斯农业发展的停滞而面临倒闭。当时，一位中央银行的官员告诉我，农业银行在6至8周内将被关闭。政府无能为力，又不能关闭银行，因为该行在共产党和农民党管辖的农业区有分支机构。因此政府宣布实行竞投，但只有两家银行参与投标。斯莫伦斯基打败了俄气工业支持的帝国银行，以2 400万美元买下了这家国有银行。斯莫伦斯基承认："我有99%的把握相信我能赢。"。他发誓在随后五年里以低利率贷给农民 1.8 亿美元。但是斯莫伦斯基拿到的天降横财是那些分支网络——这将帮助他在成为俄罗斯最大的私人零售银行的道路上迈出一大步。另一位银行家告诉我说在莫斯科真正地建立起一个新的银行分支机构需要约 200 万美元。斯莫伦斯基则买到了 1 254 个新的分支机构，如果将投资金额平均分配一下，相当于每家分支机构只用了 1.9 万美元。唯一一家分支机构数目超过他的银行是储蓄银行(Sperbank)，一家年代久远的国有储蓄银行。斯莫伦斯基将他的银行重新命名为首都农业储蓄银行。

“达沃斯条约”有另一种意想不到的效果。它展示了在俄罗斯这个新兴国家里电视传媒能够产生巨大的政治影响。古辛斯基就是一位伟大的先驱，由于 NTV 对车臣战争进行了尖锐的报道，他早在 1994—1995 年期间就体会到了电视传媒所具有的威力。但是竞选活动更加栩栩如生地刻画了这种效果：电视频道既能造就一个人，也能毁灭一个人。它们接下来的牺牲品是曾被叶利钦任命为安全委员会主席的列别德上将。他在 8 月份就已经与车臣武装签下了重要的停火协议。但当叶利钦的心脏外科手术进展令人担忧时，他却口无遮拦、肆无忌惮起来。他觉得在克里姆林宫出现了权力真空的迹象，于是一谈起叶利钦就好像他已经去世了一样。作为 ORT 和 NTV 打造出来的一名重量级候选人，列别德被这两家电视台毫不客气地蹂躏着，现在这些频道都在播放他的斑斑劣迹。NTV 播放了一盘录像带，这盘录像带记录了一个号称俄罗斯武装部队的极端民族主义和法西斯主义团体在圣彼得堡游行示威的过程，并暗示这些是列别德的势力，其中一些内容已有 18 个月之久。10 月 17 日，列别德被叶利钦解雇。安德烈·里希特（Andrei Richter）在莫斯科国立大学教新闻学，同时又是该大学媒体法律中心的主任，他表示电视网络系统已成为克里姆林宫的警犬。“有一个词，叫 Fas！当你有一条狗并且让它去攻击一个人时，”他说，“它的意思就是，‘去，干掉他！咬他！’”[53]

别列佐夫斯基对这一点毫无疑虑；他从 ORT 得到的主要好处就是政治上的影响力。但古辛斯基开始感到怀疑，这一怀疑在随后几年里变成了彻头彻尾的悔恨。当我让他回想 1996 年所发生的一切时，他说他对叶利钦的支持是“一个有意识的决定——一个错误的决定”。

“我认为我们是作为一个社会在学习，”他说，“并且我和其他人一起在学，我们明白了崇高的目标是无法通过肮脏的手段实现的。如今我确信这一点。”

在经历了夏季总统大选的兴奋之后，丘拜斯以一次苦涩的照会结束了大选之年。叶利钦首次公开承认他需要做心脏外科手术，时间安排在 11 月份。丘拜斯极力想跳出政府机关，但“令我伤痛欲绝的是”他被迫成为克里姆林宫叶利钦的高级助手。“我被任命为行政部门主管，但不存在真正的总统，”丘拜斯回忆道，“实际上，根本就没有总统。”没有人知道叶利钦能否从外科手术中挺过来。叶利钦的第二任期并没有很快开始，相反，整个俄罗斯渐渐进入了一个漫长的冬眠期。世纪老人又一次进入冬眠了。

丘拜斯开始想，也许是时候改变一下游戏规则了。

第十四章　银行家之战

冬天的雪融化了，迎来了1997年的早春，这是一个充满希望的春天，鲍里斯·叶利钦从逆境中恢复过来。经过一次风险很大的心脏手术，叶利钦的肋骨被打开，换了5根动脉，叶利钦离开克里姆林宫在外休养了好几个月。总统行政主管丘拜斯实际上行使了代总统的权力，每逢遇到问题需要处理时，他就猜测总统在的话会如何处理这个问题，因为他没有人可以咨询。批评家们嘲笑丘拜斯是“摄政者”，站在王位后面的公仆，他的确是。王位却是空的。丘拜斯承认说：“总统不在时，总统行政事务的工作非常难做，这是个让人头疼的差事。”[1]

12月24日，叶利钦正式回到克里姆林宫，他的体重下降了57磅。他向卫兵打招呼：“早上好，我现在心情非常好，身体也非常好，随时准备战斗。”他说话时，声音很小，气喘吁吁，语速极快。他的肺炎又犯了，他的复出为此又延期了2个月。最终，他于3月份开始他的第二任期，他任命丘拜斯为第一副总理，负责经济，兼任财政部长。叶利钦派他颇具影响力的女儿塔季扬娜·季亚琴科去下诺夫哥罗德劝说年轻的改革派州长鲍里斯·涅姆佐夫到莫斯科来出任副总理的职位，同丘拜斯并肩战斗。[2]

涅姆佐夫早些年曾经引起过叶利钦的注意，他当时是一个内科医生，在改革时期，他领导了一个反对建设核电站的示威活动。叶利钦任命他为这个地区的州长后，他赢得了经济改革家的美誉。他所在的州在很大程度上依赖国防工业。他迅速对小商业进行了私有化改造，对苏联时期的集体农场也进行了改造试验。涅姆佐夫个子很高，精力非常充沛，举止永远像年轻人一样，他从来直言不讳。他曾经告诉我说，俄罗斯特别需要年轻人来领导。他说："我们需要把上层喝得醉醺醺的老人们赶下台。"[3]

1997 年 3 月，涅姆佐夫赴莫斯科出任副总理。他和丘拜斯这样"年轻的改革家"预示一场新行动主义的开始，为叶利钦总统第二任期开启了一个崭新的局面。经过多年的衰退，经济有了复苏的迹象，这使他们感到欢欣鼓舞。总统大选后，利润丰厚的短期政府债券极高的利息下跌至合理水平。外资大门也开放了，不仅对政府开放，也对俄罗斯各企业开放。这一年的春天，俄罗斯股市牛气冲天，也造就了一批年轻富有朝气的新一代莫斯科专业证券交易经纪人。高通货膨胀终于得以平息，丘拜斯对这一点尤感自豪。他说："要把这件事刻在我的墓碑上，作为我这一生中最重要的成就之一。"[4]但仍然有很多的难题等待解决，例如，数百万民众的工资仍拖欠数月。在莫斯科以外俄罗斯的其他很多地方，现金交易已经消失，取而代之的是中世纪式的易物经济。

从一开始，涅姆佐夫就宣称，他的目标是消除"强盗资本主义"。涅姆佐夫经常兴奋地声称："我赞成人民资本主义。"在他上任的最初几个月里，他试图向人们展示他心里的想法。他撕毁了一笔无法容忍的私下交易，也就是给天然气垄断巨头俄气的管理层以巨额回报，该公司的一部分股权由国家拥有。涅姆佐夫要求重新谈条件。他利用手腕让叶利钦签署了一个命令，让政府官僚们放弃乘坐进口的高级轿车，改坐国产轿车，例如伏尔加牌轿车，这是一种在下诺夫哥罗德生产的笨重轿车。叶利钦为他年轻的弟子感到自豪，有一段时间，他主动放弃乘坐奔驰轿车，改乘苏联政治局委员使用的吉尔牌轿车。但最后他还是换回了奔驰车。涅姆佐夫还大力推行一个措施，让高级政府官员们公布他们的收入，对于那些靠秘密报酬和海外账户滋养的政界精英来说，这一举措十分新颖。涅姆佐夫和丘拜斯承诺废止"特许银行"，寡头曾利用该体系挣取不义之财。他们还承诺结束对住房的无用补贴，改革庞大的能量垄断巨头。涅姆佐夫大张旗鼓的民粹主义措施引起了广泛的关注，其支持率大幅上升，他被广泛认为有可能是叶利钦的接班人。但“年轻的改革家”涅姆佐夫和丘拜斯受到了内部批评，说他们的议程太肤浅。德米特里·瓦西列夫曾经是丘拜斯搞私有化改革时的副手，他后来成为联邦证券委员会的主席，他私下与丘拜斯争辩说，叶利钦总统的第二任期是加强那些重要制度的黄金时机，这些制度包括法律制度和市场规则，在“休克疗法”之初就被忽略了。但瓦西列夫的建议没有被采纳。[5]

4月，涅姆佐夫分别与寡头会面。他说：“我解释了我的用意……要建立新规则。”——从现在起，政府要更开放、更透明、更有竞争力。再也不搞什么操纵式的拍卖了。任何事情都进行公开投标，包括军队的给养供应。而且，他告诉银行家们说，他和丘拜斯想集中精力创建一个新的中产阶级。银行家们热情回答说，他们支持他，尤其是支持他创建一个公开的、光明正大的市场游戏规则。涅姆佐夫回忆说，寡头对他们以前发生的各种斗争很悔恨，包括各种污点材料和媒体大战、暴力、偷窃、欺骗等，都是无谓的消耗，他们要把那些日子彻底忘掉。[6]

谈话进行得非常顺利。实际上，涅姆佐夫只是建议解除寡头资本主义体系，这种体系在丘拜斯、叶利钦和寡头的统治下已经成型。其核心是快速赚钱、只顾今天的精神，这是在合作社和银行膨胀的改革时期形成的，在凭单交易和轻松赚钱的疯狂时期达到顶峰，在贷款换股份时期发展为巨大的财产攫取。涅姆佐夫光靠口头说是很难打倒这种体系的。

当时，寡头有一个非常流行的绰号“semibankirshchina”，意思是七大银行家。这是个文字游戏，取自17世纪俄罗斯沙皇时代之外管理俄罗斯的七大沙俄特权贵族的绰号。“七大”即使是在叶利钦于克里姆林宫掌权的时候也统治着全国的银行。

寡头资本主义模式以莫斯科为中心，迅速传遍俄罗斯全国各地，各地大亨纷纷效仿寡头。他们争夺控制大型工厂，与当地官员结盟，像莫斯科寡头那样无所畏惧地索取财富。在首都莫斯科，占统治地位的寡头从“七大”扩大到几十个其他大亨，只不过这些大亨不太出名。例如弗拉基米尔·叶夫图申科夫，他是西斯特玛集团的总裁，也是卢日科夫多年的好朋友。他也是一个很有影响的大亨，在市政府的帮助下组建了一个市值 10 亿美元的集团公司，包括移动电话、电子、宾馆、旅游、保险、石油和其他资产。

当涅姆佐夫频频出现在电视镜头前时，丘拜斯默默地深入反思了他过去几年的经历。他得到了一个具有深远影响的结论。丘拜斯决定，他必须打破财富和权力之间的不正当关系，尽管他为建立这种关系做出了种种努力。在 1995 年贷款换股份或许是必要的，为了把工厂卖给年轻管理者，打压共产主义领导者，为预算筹资。当时那样做是值得的。或许在 1996 年使叶利钦连任并摧毁久加诺夫是必要的。但到了 1997 年初，丘拜斯在财富与权力的关系上遇到了麻烦。他从来没有谴责过“强盗资本主义”，因为事实上这就是他的资本主义，他亲自设计、培养、保护所谓的强盗资本主义。实际上，他很羡慕某些大亨，他把他们称为现代资本家。但他不得不决定改变方针，他不能像以前那样分享利益了。[7]

丘拜斯对别列佐夫斯基的声明非常气愤，别列佐夫斯基声明说，商人应该像董事会一样管理国家。当丘拜斯为了保证叶利钦在 1996 年重新当选总统而接受这一安排时，他没有像别列佐夫斯基那样视之为永久性的事。[8]丘拜斯告诉我说，1996 年前，他满脑子想的都是如何击败共产党。他说：“没有什么事情比这个更重要了，为了这个目标，我们可以牺牲很多东西。”但当叶利钦重新当选总统后，丘拜斯的观点变了。他不想成为别列佐夫斯基手里的工具，他发现叶利钦第二任期初是他脱身的最好机会。他说：“叶利钦是总统，但这不是以前的叶利钦了，他是新当选的总统。如果我们不从新总统上任就开始一种新的生活，以后根本不可能这样做。”[9]

丘拜斯经常向人们展示他为了达到变化的目的而采取的战术。他非常武断地强迫大家做事，但过后又会妥协，他会回过头来改正他早些时候的错误。例如，在进行大规模私有化改造时，他做了一笔大交易，允许红色厂长保留他们对公司的控制权。后来他又试图以贷款换股份的形式把资产转移给大亨们来进行补偿。如今他准备努力修复贷款换股份的漏洞。他犯过的最大错误之一就是操纵拍卖。他决定，操纵拍卖的日子一去不复返了。不管以前做过什么，现在都应由市场来决定赢家或输家。据叶利钦讲，丘拜斯宣布，该让寡头知道谁是老板了。丘拜斯说："我们迟早要狠狠地揍他们一次，如果不这样做，我们将一事无成。"[10]

1996年末至1997年初，丘拜斯告诉古辛斯基说他改变了主意。古辛斯基正准备迎接下一个大规模私有化浪潮。一个大型的电话通信公司濒于险境，古辛斯基特别渴望得到它。丘拜斯告诉他说："你应该记住，这是拍卖，谁出钱最多谁就获胜。"丘拜斯态度非常坚决。他问古辛斯基："你明白我的话吗?"

古辛斯基说："当然明白，我非常清楚你的意思。"[11]

实际上，古辛斯基和别列佐夫斯基不明白丘拜斯的意思。他们听到丘拜斯的话了，但没有当回事。在他们看来，拍卖游戏的规则不会像一盏灯那样突然关掉。他们认为，丘拜斯的话不过是口头上说说罢了，就像涅姆佐夫的"强盗资本主义"口号一样。另外，人人都知道事情不会那么简单。丘拜斯真的会改变规则，还是仅仅给老游戏贴上个新标签？有一个暗示表明一切都按照原来的规则进行，那就是古辛斯基被任命负责电话公司的销售，这个角色在过去通常是预先留给拍卖中已预先安排好的赢家的。古辛斯基和别列佐夫斯基想当然地认为，寡头们还会像以前那样继续瓜分国家资产，丘拜斯只不过是为他们服务的。

不久他们都面临着灾难。虽然大亨们告诉涅姆佐夫他们对俄罗斯资本主义肮脏的小打小闹感到厌倦，他们正卷入10年来最凶猛、最具有破坏力的争斗。

1997年春天，资本市场达到高潮。俄罗斯实行对外开放政策，大批投资以股票和债券的形式涌入刚刚建立起来的交易所。投资商们乘坐飞机，一批又一批地飞往莫斯科，他们参观红场，参观莫斯科大剧院和克里姆林宫。他们购买数十亿美元的俄罗斯股权和债务。达纳·福·麦金尼斯（Dana F. McGinnis）是一位来自美国得克萨斯州的基金经理，他回忆起最初几次访问俄罗斯的良好氛围，这最终导致他在俄罗斯投资了2亿美元。麦金尼斯告诉我的同事史蒂文·穆夫森(Steven Mufson)说:“人们很乐观地认为,军备竞赛会结束,2.5亿人民会被纳入资本主义阵营。空气中有一种氛围,这个国家每刻钟都在发生变化,你可以感觉到。”[12]到了1997年,随着叶利钦重新当选为俄罗斯总统,开放的大门像闸口一样打开了,整个俄罗斯都被淹没在证券投资的海洋中。外国投资商投入几十亿美元购买股票和债券,他们连投资的工厂和炼油厂都没参观过,也不问清楚谁在管理工厂。外国证券投资从1996年的89亿美元飙升至1997年不可思议的456亿美元,占俄罗斯经济的10%。[13]威廉·布劳德是在私有化早期来到俄罗斯的,他发现了摩尔曼斯克船只交易和其他被低估了实际价格的公司。布劳德后来成立了自己的基金公司赫米蒂奇(Hermitage),该基金是1997年俄罗斯业绩最好的基金之一,吸引了12亿美元的股票。精明的布劳德当年只有33岁,不过是众多财富达到新高度的基金商之一。

股票的诱惑是“每千瓦2美分”。一个莫斯科基金经理给我这样解释说,一家俄罗斯电力垄断公司每条电缆每千瓦的电卖2美分;而巴西的电力公司每千瓦卖50美分;在美国每千瓦的电售价是5美元。每千瓦2美分看起来相当便宜,如果你认为俄罗斯在未来若干年会稳定发展的话。詹姆斯·芬克纳(James Fenkner)是一个直截了当的、尖刻的分析家,他就职于莫斯科最大的经纪公司之一,三一对话公司(Troika Dialog)。他回忆说,“这是清晰明了的”。芬克纳是1997年疯狂股市上的老手,他是个消息灵通人士。他说:“到了最后,每个人都一头扎了进去,什么都有人买。只要你说出一句含有股份这个单词的俄语,你就可以出手。”[14]俄罗斯贸易系统是电子股票场外交易市场,该系统的交易额连续好几个月大幅飙升,其股票价值指数是1997年世界上新兴市场中表现最好的。莫斯科经纪人公司开放了宽敞的新贸易大厅,配备了先进的电脑屏幕,交易员疯狂地接打电话,“蓝筹股”和“二级股票”掩盖了根本问题。表面上是西方现代化的光环,背后却是残酷无情的现实。

在证券界,肮脏交易非常普遍,那些在西方会把经纪人送进监狱的做法在俄罗斯不受约束。内部交易很普遍，还有一些技巧也很普遍，如“提前交易”（front-running）。经纪人利用他自己的客户大量买进，或“炒高”（ramping），即通过发布引人注目但实际上是误导人的股市报告故意抬高股票的价格。经纪人经常在帮助顾客操作一种股票时，用同一种股票为自己的账户做交易，这就存在利益冲突，而客户一无所知。[15]俄罗斯虽然有市场的存在，但缺乏成熟市场经济的法制和商业文化来防止欺骗和偷窃。德米特里・瓦西列夫是当时的证券委员会主席，他告诉我说，在1997年的大部分时间里，他都忙于制定法规使不规范的市场走上正轨。但这几乎是一个不可能完成的任务。俄罗斯公司的电价便宜，在那个疯狂的夏天，莫斯科成了一座淘金城。俄罗斯第一次爬出了后苏联时代的经济泥潭，这是显而易见的。丘拜斯的政治顾问列昂尼德・戈兹曼惊叹道：“如果这都不是胜利，那什么才是胜利?”每一次股票交易、每一份贷款发放的后面都会有一个欢快的故事，我从斯莫伦斯基走进世界金融舞台这件事中体会到了这一点。

斯莫伦斯基最早是个排字工人，他走到今天这一步历尽艰险。他的首都农业储蓄银行是俄罗斯最大的商业银行之一，有固定资产50亿美元，4.3万员工，还有最令人羡慕的艺术收藏品公司。议会议员们使用的是该行的信用卡，该行的自动取款机就设在克里姆林宫里。他的会议室里挂着19世纪俄罗斯人和德国人的肖像，并且用雕刻的大象装潢，这非常符合他的审美观。斯莫伦斯基从来都不会丧失他那朴实、随和的风格。但现在他是俄罗斯商业的顶尖人物，他再也不用在手提箱里为他的副总多带几套备用西装了，他们现在有钱自己去买了。[16]

1997年7月，标准普尔公司公布了四家俄罗斯商业银行的排名，也包括斯莫伦斯基的首都农业储蓄银行，该银行不久后就第一个开始开发国际资本。[17]斯莫伦斯基把价值2.5亿美元的欧洲债券的利息上调至10.25%，而美国国债利率仅为4.25%。[18]泽维尔・乔丹（Xavier Jordan）是J. P. 摩根的副总裁，贷款界的领军者。他后来对我解释，他是如何向投资者推销斯莫伦斯基的贷款的。俄罗斯人在他们的床垫下囤积了巨额现金，约占俄罗斯经济的30%—40%。他们不相信银行，银行里的存款只是全国存款的一小部分。斯莫伦斯基正在建立一个人们可以信赖的零售银行帝国。他说：“如果你认定俄罗斯将会转变为真正的资本主义世界，斯莫伦斯基就能把老百姓床垫下的存款拿到手里。这是印刷钞票的许可证。”[19]这是一个很简单的奇异故事：一度是倒垃圾卡车司机的斯莫伦斯基建立了相当于美国银行大小的俄罗斯银行。想象一下，斯莫伦斯基的“风险”只比美国债券的风险大一点，竟然能够把俄罗斯人放在床垫下大把大把的美元现钞吸引过来！这样的情况持续了一年。

古辛斯基没有参与淘金热，他没有机会抓住一个西伯利亚的石油公司，也没有参加贷款换股份。古辛斯基经常吹嘘说，他没有在改造旧的苏联工厂中弄脏他的手。[20]也许这也是因为失败的剧院主导演并不懂工厂和炼油厂，也不懂传送带和管道。但在叶利钦当选总统后，他开始了自己的淘金路。他想赚大钱，但不是从开采镍矿和有机燃料里赚钱。他从电视广播、计算机传送的无声位数、传播电话声音的脉冲里赚钱，他要成为俄罗斯通信大王。他所淘的金是闪闪发光的硅片、纤维光电缆、卫星光束和电子像素。

对古辛斯基来说，俄罗斯在20世纪90年代初商业方面最大的经验就是要高瞻远瞩。你只要敢想象，然后使劲去干，什么事情都有可能做成。金融和商业计划，律师和会计，这些仅仅是细节问题。他成立NTV就是一个很好的例子。当叶夫根尼·基谢廖夫和奥列格·多布罗杰耶夫来找他商量用单 节目挣钱的主意时，古辛斯基建议他们把单一节目扩张成一整个频道。他们立即在观众人数统计、广播信号以及营业执照方面采取行动。他们梦想拥有自己的电视频道，并全身心投入其中，现在NTV变成了现实。1997年春天，同样的无限能量激励着古辛斯基，他的远大雄心就是他的商业计划。

古辛斯基梦想的核心在于对俄罗斯未来的极度乐观。他坚信，俄罗斯会出现一个新的中产阶级。如果中产阶级不断发展，他们将加大对消费品的需求，像洗衣机、软饮料等消费品就会通过NTV做广告。中产阶级还会渴望由 NTV 播放的高品质电影、时事新闻以及分析。有了更多的可支配收入，中产阶级可以去餐馆，购买个人电脑，以及租电话线。他们会开新买的汽车，使用移动电话，在上班的路上收听广播。他们会出去旅游，渴望寻求外界的信息。对需求，古辛斯基无处不在。

1997 年 1 月，古辛斯基离开了他在莫斯特集团银行的岗位，全心投入建立一个名叫莫斯特媒体集团联合公司的通信帝国。谢尔盖·帕尔霍缅科（Sergei Parkhomenko）是当时最受尊敬的媒体记者之一，玛莎·李普曼曾经是我们《华盛顿邮报》的杰出编辑，他们两个白手起家设计并创建了一份外观漂亮、信息量丰富的杂志，名叫《综述》，该杂志由古辛斯基在 1996 年出资承办。[21]阿列克谢·韦涅季克托夫和其他电台记者开办了深受听众欢迎的“莫斯科回声”广播电台，又在 1994 年把该电台卖给了古辛斯基，后来电台发展兴盛。一份名叫《七日》的电视杂志每周销量达到 50 万份。古辛斯基与他非常尊敬的媒体巨人鲁伯特·默多克会谈长达好几个小时，决定开启一项主要的新冒险，即 NTV 特别频道，为全俄罗斯开辟收费卫星电视频道。伊戈尔·马拉申科回忆 NTV 特别频道计划时说：“当时的热情非常高涨，对蓬勃发展的经济抱有期望，认为业务会迅速扩大。”古辛斯基用出售 NTV30%股权给俄气所得的资金作为对 NTV 特别频道第一阶段的资助。[22]古辛斯基说，市场调研表明，NTV 收费电视频道潜在的付费观众有 1 000 万之多。为了实现他的梦想，古辛斯基计划发射一颗昂贵的新卫星。他还需要好的节目。他只需要动脑子想象和建造，观众会有的。最终的费用可能要几十亿美元，但古辛斯基从不把钱放在第一位，钱会有的。

古辛斯基电子淘金的另一个前景在于电信行业。20 世纪 90 年代中期，俄罗斯每 100 人只有 19 条电话线，与之相比，美国是 58 条，英国是 49 条。一旦进行现代化和私有化，电话网络可以产生巨额利润。像原油储藏一样，电信业代表的是具体的有形资产：把总用户加起来乘以电话费，投入新设备，再加上日益壮大的中产阶级，这就像一台印钞机一样。古辛斯基把电话看作与他所擅长的电视业务相吻合的通信业务。然而，在古辛斯基的朋友圈里，有人对此持怀疑态度。马拉申科告诉我说，他担心古辛斯基走得太远。不管电信行业的将来如何，现有电话公司都是苏联时期的老旧设备，这是古辛斯基至今还未遇到的。

为了对电话系统进行私有化改造，俄罗斯政府成立了一个新的名叫通信投资公司（Svyazinvest）的控股公司。在俄语里，“svyaz”这个词的意思是联系、关系和交流。政府建立这个控股公司的理念和石油业一样：国家凭空建立一个控股公司，让它来控制有价值的国有企业，再包装出售。新的控股公司拥有俄罗斯 88 家地区电话公司的控股权，有 2 200 万条电话线。通信投资公司潜力很大，但问题也同样多。业主必须控制几十家独立的电话公司和令人烦恼的关税、过时技术以及政治矛盾。即使是一个真正具有电话方面经验的公司，也需要花很多年的时间，进行大量投资，才能搞定通信投资公司。另外，电话系统有无声的监督部门。军队和安全部门把电话线当作他们的影响范围。苏联克格勃解体时，好几个分局转换成全新独立的安全部门即联邦政府通信和信息机构，直接归总统管辖。其中包括负责加密的第八局，负责解码和电子监控的第十六局。[23]军队也对电话系统有强烈的兴趣，他们将电话作为通信工具。

1995 年俄罗斯政府并没有成功售出通信投资公司 25％的股份。意大利国有电话公司 Stet 出价 6.4 亿美元购买股份，外加承诺在未来两年投资 7.54 亿美元。但这笔交易失败了。对外公布的原因是意大利人最后又提出了某些财政方面的要求，但真正的原因是来自军方和安全部门的反对，他们反对外国公司购买俄罗斯的电话线。[24]

1996 年的总统大选后，古辛斯基把目光投向了通信投资公司。他找到讲话直率的联邦资产局局长阿尔弗雷德·科赫，科赫是丘拜斯的人。古辛斯基试图再一次将通信投资公司私有化。他建议把通信投资公司和另外一个公司俄罗斯电信公司合并，俄罗斯电信公司是俄罗斯长途电话公司。然后，他告诉科赫说，他会劝说军队的将军们和安全局的人同意这笔交易。古辛斯基告诉我说，科赫同意让他去做，因为科赫认为军方绝对不会同意这笔交易。古辛斯基自然也清楚，如果他能作为交易前的“顾问”来组织该公司的私有化，他就可能有优势赢得这个公司。这些规则是寡头们早已定好的。波塔宁组织诺里尔斯克的私有化，他就赢得了该公司；霍多尔科夫斯基组织了尤科斯的私有化，他也赢得了该公司。他为什么就不能呢？

古辛斯基在交易背后只贡献了一小部分资金，他引进了几家外国战略投资商，如西班牙电话巨头西班牙电话公司、投资银行瑞士信贷第一波士顿，还有弗里德曼的阿尔法集团公司。古辛斯基引进的大型私人投资商之一是一位以色列金融家和钻石大亨本尼·斯泰因梅茨(Benny Steinmetz)。古辛斯基在里面的作用就是对交易进行政治要价，成为投资商里面最有影响的关键人物。如果他们赢得了拍卖，得到了通信投资公司，真正负责该公司的日常经营的是西班牙电话公司。

古辛斯基在这次活动中非常卖力。他与军队的将军们一起喝伏特加，有礼貌地劝说他们，西班牙电话公司不会威胁他们的特权。前克格勃头子菲利普·博布科夫在古辛斯基公司任职现在看来真是件好事，不久将军们和安全局都同意了。

古辛斯基真正担心的不是军方，而是其他寡头。他最担心的是波塔宁。在准备拍卖的最初几个月里，古辛斯基不断逼迫丘拜斯不要让波塔宁的联合进出口银行介入电话公司的投标，虽然波塔宁是第一副总理。丘拜斯同意了，他找到波塔宁让他不要参与竞拍，波塔宁同意了，但当他 3 月 17 日从政府辞职后，又反悔了。他想参加竞拍，他表示只有当他是政府官员时，不参与竞拍的承诺才有效。[25]

寡头之间的气氛变得紧张起来。马拉申科当时告诉我：“说起来真可笑，人们都说七大银行家统治国家，他们又互相憎恨。他们有利益冲突。当他们围着一张桌子坐在一起时，空气里都可以感到紧张的气氛。”[26]

古辛斯基紧张地盯着波塔宁的钱。他相信他可以与任何外面的投资商竞争，因为他们对通信投资公司不会太感兴趣，因为他们会冷静看待该公司的资产和电话线的潜在价值。但是他害怕与波塔宁这样的人竞争，想战胜波塔宁几乎是不可能的，因为他有太多的现金可以投入到竞拍中。他知道波塔宁的银行里有超过 10 亿美元的存款，这些存款来自联邦海关服务。古辛斯基还相信波塔宁肯定通过内线得到了关于通信投资公司交易的所有文件材料。这些文件会让波塔宁抢占先机。

古辛斯基和弗里德曼又私下会见了丘拜斯。据古辛斯基讲，他们告诉丘拜斯说，他们相信私有化主导人科赫收取了波塔宁的钱。丘拜斯为他的人辩护，说他相信科赫是诚实的。这次分歧成为大爆炸发生的第一个不祥信号。[27]

古辛斯基对波塔宁的担心是有根据的。他除了坐拥金山之外，还可以通过鲍里斯·乔丹搞到更多的钱。乔丹是一位极其活跃的年轻金融家和经纪人，他通过凭单交易获得了极大的成功，后来帮助策划了贷款换股份方案。乔丹请超级金融慈善家乔治·索罗斯参与波塔宁购买通信投资公司的交易。[28]波塔宁后来过了很长时间才见到索罗斯本人，通信投资公司交易是乔丹在里面努力斡旋的结果。乔丹谈到索罗斯时说："我说服他参与这个商业交易，但我知道是谁说服他在俄罗斯投资，是涅姆佐夫。"[29]

索罗斯对是否在俄罗斯投资感到非常矛盾。通常，他不喜欢在一个他作为慈善家而活动的国家里投资，他对俄罗斯的贡献非常大。此外，他独自出资为俄罗斯儿童出版新的历史课本，他为俄罗斯学者和科学家提供生活补贴，还救助了"大部头期刊"，例如拥有悠久历史传统的俄罗斯文学杂志《新世界》，使其发行量大增。索罗斯还展现了他对苏联解体后建设文明社会重要性和困难的敏锐看法。由于担心政治风险，索罗斯回避了别列佐夫斯基 1995 年购买西伯利亚石油公司的请求。但两年后，他准备在俄罗斯实施真正的投资计划。1997 年 6 月的一个早上，我在莫斯科大都会酒店吃早餐时碰见索罗斯，他对俄罗斯经济的分析吸引了我。索罗斯在正确的时间做出正确的预测，赚了几十亿美元。他说："俄罗斯从过度的苏联制度转向了过度的自由资本主义，或者更确切地说，转向强盗资本主义。"至于寡头？"他们的做法很原始，也很贪得无厌。"

然而，索罗斯对涅姆佐夫被任命为副总理这件事感到了极大的鼓舞。作为年轻的改革家，涅姆佐夫对索罗斯劝说道，在俄罗斯投资的时机来了。索罗斯说："我可以看到强盗资本主义变为合法的资本主义的可能性。"[30]虽然当时我还不知情，但在我们一起吃过早餐几天后，索罗斯对陷入现金短缺危机的俄罗斯政府伸出了援助之手。丘拜斯和涅姆佐夫都发誓保证在7月1日之前付清拖欠政府工作人员的工资，但他们缺少资金。科赫打电话给乔丹说，政府快绝望了。乔丹打电话给纽约的索罗斯，但办公室的人说他在莫斯科大都会酒店。乔丹去酒店找到索罗斯，劝说他在6月25日至7月3日之间为俄罗斯政府提供几亿美元的个人贷款，因为到那时，俄罗斯政府就可以通过发放欧洲债券筹集到资金了。[31]在与索罗斯共进早餐时，还有一个我没有发现的秘密，就是索罗斯还给他曾经谴责过的强盗贵族投入了一大笔资金，把9.8亿美元投到了波塔宁对通信投资公司的投标中。证券股票市场的攀升使每一笔投资都看起来是有把握赚钱的事情。索罗斯后来披露，他在俄罗斯的总投资额达到了25亿美元，这使他成为当时在俄罗斯最大的西方证券投资商。[32]他也要淘一把金。

与波塔宁对通信投资公司共同投标的财团是典型的空壳公司离岸网络。交易链头是一家塞浦路斯公司，名叫Bidco，连接到英属维尔京群岛一家名叫Investco的公司，这家公司是另外一家通信金融公司的挂名公司；然后连接到也是设在塞浦路斯的一家IFCI有限公司，还包括塞浦路斯的另外一家Mustcom有限公司。俄罗斯的经济看起来确实蒸蒸日上，但要进行大投资的话，投资者们还是希望能够通过相对安全的离岸公司进行。[33]

波塔宁声称通信投资公司是一个"战略性投资"，但他的准备工作则是另外一回事。波塔宁是个投机商。他只投入了2亿美元自己的现金。乔丹从他的复兴银行投入了另外2亿美元，另外的钱是从外面的投资者包括索罗斯那里筹集的。最终，波塔宁下了赌注，准备立即把公司转手给愿意出两倍价钱的人。波塔宁的一个投资商后来告诉我说："这就是不劳而获。如果他投资15亿美元，一年以后出手可以挣50亿美元。"这个假设在那一年夏天过热的经济浪潮里不算太过分。[34]

波塔宁和古辛斯基一样，作为寡头，都是靠自己力量下赌注。根据他提供给投资商们的文件，波塔宁的计划十分贪婪，但全是靠他自己的影响做出的。在获得通信投资公司最初25%的股份后，他答应跻身管理层，争取另外24%的股份，这部分股份将在9个月之内出售。波塔宁告诉他的投资者们说，他可以任命经理，拿到公司的账本，把通信投资公司的另外一部分股份卖给一个战略投资者。[35]言外之意是说，他自己的股份会增值。这一切都有赖于波塔宁迅速进入公司的能力。乔丹告诉我说："我们从未想到我们会买第二次的股权，计划里说这一股权要卖给战略投资商，这样就能提高我们手里股份的价值。实话实说，索罗斯不是一个长期的投资者，他从来不会把股票攥在手里超过一星期。他是个生意人。索罗斯在交易进行完后肯定会把他手里的股份卖给另外的战略投资商。"波塔宁当然也想这么做。他虽然答应会把股份保存两年，但我想他会很高兴地把股份尽快售出。

古辛斯基也期望在通信投资公司的交易中赚一大笔钱。我的一个朋友回忆说，在拍卖前的几天里，古辛斯基公开谈论他将从一笔生意中赚取10亿美元。古辛斯基与波塔宁的不同在于，他已经买下了西班牙电话公司，这是一个历史悠久的电话公司，该公司确实想在俄罗斯建立电信业，而波塔宁则纯粹想从中获取巨大利润。

在真正的竞争中，获胜者不是在比赛开始前就确定的。而在20世纪90年代俄罗斯资本主义的原始文化里，获胜者通常由参赛者提前选出。通信投资公司的拍卖定在7月25日举行。克里姆林宫对寡头之间日益紧张的关系深感不安。叶利钦派他的总统事务委员会主任尤马舍夫取代丘拜斯，向大亨们建议："和平地解决问题，不要发生新闻大战，不要在底下给政府出难题。"令人吃惊的是，叶利钦派来的人没有提出公平竞争的办法。他们给出了"最后方案"，双方应该对半平分利益。这就是1997年寡头资本主义的真实写照，总统本人也想让他们私下平静地分赃，但他们拒绝了。[36]

俄罗斯法律规定进行拍卖时最少需要两个投标者。但很多拍卖都是暗中操纵进行的。中标者事先就决定好了，第二家投标者不过是空壳公司。这一招在贷款换股份时常用。通常，第二家投标会拿一个好价钱，然后同意退出。古辛斯基回忆说，波塔宁曾经到他的办公室，提议给他几亿美元，让他退出拍卖活动。波塔宁还说，如果他能中标，他就聘用古辛斯基为他管理这家公司。据古辛斯基称，波塔宁曾说过，“我们之所以聘用你，是因为你是唯一懂得如何管理这个公司的人。”[37]

但古辛斯基一次又一次地拒绝了波塔宁提出合作的要求。他要做的就是让波塔宁从拍卖活动中退出。这是他的生意。拍卖的日子日益临近，但双方僵持不下，哪一方也不让步。他们与外国投资商的合作也卡住了。古辛斯基警告波塔宁说：“如果你参与拍卖活动，那么过后，我就把我所知道的你在贷款换股份过程中的所作所为，以及你所有的交易和关系公布于众。”这是气头上的威胁，是古辛斯基惯用的伎俩。

波塔宁拒绝让步。他建议把他们的争执交给丘拜斯，让丘拜斯来仲裁，因为他们都信任丘拜斯，认为他是公正的仲裁人。古辛斯基同意了。波塔宁告诉我说，寡头们都意识到丘拜斯想在通信投资公司的拍卖中实行“新的游戏规则”，“但我敢说，出于各自不同的原因，我们大家都不相信丘拜斯真会那样做”。[38]

他们还同意让时任克里姆林宫安全委员会副秘书的别列佐夫斯基也参加他们与丘拜斯的会谈。从理论上讲，别列佐夫斯基由于在政府供职，已经放弃了他的商业利益，但他在促进寡头政治和实现自己政治和金融雄心方面都非常积极。6 月份，别列佐夫斯基曾经试图劝说索罗斯参加一个投标，目的是让别列佐夫斯基成为俄气的主席，但别列佐夫斯基失败了。别列佐夫斯基和索罗斯乘飞机到黑海旅游胜地索契去见俄气前主席切尔诺梅尔金。后来别列佐夫斯基和索罗斯在罗格瓦兹俱乐部共进午餐。索罗斯回忆说，当他告知涅姆佐夫关于别列佐夫斯基想要接管俄气的消息时，一直对俄气不假辞色的涅姆佐夫勃然大怒，他发誓：“除非他从我的尸体上走过去。”[39]别列佐夫斯基的梦想没有实现。

别列佐夫斯基成了大亨团队的教练，他经常提醒、指导他的队员们。古辛斯基后来告诉我说："别列佐夫斯基到处都想当老大，他必须当每个婚礼的伴郎，每个葬礼的掘墓人。如果哪里发生了什么事情没通知他，别列佐夫斯基会很焦急不安。"别列佐夫斯基没有正式参加古辛斯基的交易，但他问古辛斯基，一旦他赢得了通信投资公司，他能否成为其中的一个合伙人。古辛斯基说："我们以后再讨论这个问题。"

1997 年 7 月 23 日，3 位大亨古辛斯基、波塔宁和别列佐夫斯基秘密地乘坐古辛斯基的私人喷气式商务飞机离开莫斯科飞往法国尼斯，然后又到了圣特罗佩。他们乘船来到了海边的一个庄园，丘拜斯正在这里的一个朋友家里度假。他们在舒适的花园里坐了 6 个小时，大家的情绪很放松，他们再次同丘拜斯进行辩论。丘拜斯回忆说："他们来找我都是为了同一个问题。"他们问他是否真的准备在通信投资公司拍卖中实行新的拍卖规则。他们提出了一个建议。他们对即将到来的私有化财富进行了内部划分。根据他们的计划，古辛斯基将在操纵拍卖中胜出，因为他已经做了各种准备。然后下一个出场的大公司联合能源系统公司将归波塔宁所有，这是一家遍及全国电力网的发电公司。丘拜斯记得，他们已经把所有的细节都准备好了，股份、份额以及条件。他们问丘拜斯，"我们达成了协议，你同意吗?"

丘拜斯说："不，我不同意。朋友们，必须举行拍卖!"

古辛斯基回忆说："他非常倔强，他说，'谁出的钱多，谁就是胜者'。"

丘拜斯回忆说，大亨们反对政府给通信投资公司制定的 12 亿美元的起拍价格。丘拜斯援引他们当中一个人的话说："'我们不会接受你们制定的规则'，我回答他们说，'亲爱的朋友们，你们所说的接受规则叫竞争，世界各地都是这么做的，我们这里也要这么做。如果你们不出钱，你们就得不到你们想要的东西，谁比其他人多出 1 卢布，谁就能得到他想要的东西。'"[40]

别列佐夫斯基回忆说，他告诉丘拜斯，他改变规则的速度太快。别列佐夫斯基说："从长远意义上讲，每个人都愿意参加正常的竞争，但你不能在一天内就改变形势!"

丘拜斯扼要地回答说："不要跟国家讲条件。"

真正使丘拜斯感到气愤的是，别列佐夫斯基和其他人试图强迫他接受他们狡猾的内幕交易。想起别列佐夫斯基对英国《金融时报》说七大控制着俄罗斯一半的经济时，丘拜斯气得脸色发青。他们以为他们是谁？他问："你是什么意思？把这个公司拍卖给古辛斯基和别列佐夫斯基，把下个公司拍卖给波塔宁？"后来，他告诉我说，他自己认真地考虑了一下，"这就意味着我是他们雇用的人。他们雇用我，他们告诉我做这做那。"丘拜斯打定主意，没门！他不会做他们的傀儡。

会谈不欢而散。古辛斯基又一次说，如果波塔宁参加拍卖，他就会败坏他的名声。他警告丘拜斯说："我发誓会揭露丑闻。"他提醒丘拜斯，近几个月以来，"年轻的改革家"在古辛斯基的大众媒体口中被热情吹捧。古辛斯基说："我们说，这些人想使俄罗斯变得更好，我们从来没有发表过对他们不利的消息，我们总是支持他们，这是我们的社论方针。"但这个方针一夜之间就可以改变。

古辛斯基回忆他在法国时抗议丘拜斯，"我知道科赫一直站在波塔宁一边帮助他！我会证明这件事情。"他又一次警告说，除非波塔宁退出竞争，否则将会出现大丑闻。

最后的警告是由别列佐夫斯基发出的，他说："你不能在一天内就把原来的制度摈弃，你正在点燃一场战争的导火索。你可能不希望这样，但战争肯定要发生了。"

丘拜斯把气急败坏的寡头们送上了船，他可以感觉到麻烦即将来临，他知道这些大亨的能量，因为一年前，在总统大选中，他曾经领教过他们的厉害。把科尔扎科夫赶下台的电视频道将会瞄准他，他的形象会被诋毁，他的电话会被窃听，他的行动会被跟踪，他每天都会受到敲诈和勒索。

回莫斯科的飞机上气氛非常凝重，大亨们对未来感到忧心忡忡，试图说服丘拜斯的工作失败了。现在怎么办呢？古辛斯基回忆说，波塔宁曾经积极地想找到一个妥协的办法。据古辛斯基说，从上飞机开始，后来又开了 3 次会议，波塔宁建议他们提前定好拍卖的价格和条件。波塔宁说他并没有讨论到具体价格。但丘拜斯说他后来发现他们已经定下了具体价格。

第一次会议是在别列佐夫斯基的罗格瓦兹俱乐部进行的。乔丹回忆说："由于受到巨大的压力，波塔宁几乎屈从于压力被迫退出拍卖活动，但我说：'弗拉基米尔，太晚了，我已经带来了西方的投资财团，包括乔治·索罗斯，他们不会容忍你出于政治考虑退出拍卖活动的。'"[41]乔丹回忆说，别列佐夫斯基抱怨说："波塔宁要与我们分裂，他要与我们用来管理这个国家的办法决裂，我们使用这个办法已经一年半了。由于波塔宁的行为，他将会毁坏我们这个地方。这是游戏规则，可是波塔宁不答应。"另一次会议是在古辛斯基的办公室举行的。也没有达成决议：古辛斯基想成为赢家，而波塔宁拒绝退出。

拍卖的前一天晚上，波塔宁的计划遇到了挫折。他的一个投资商肯尼思·达尔特将他在波塔宁财团的 3 亿美元投资撤出，这位生产塑料泡沫杯的富商曾经对俄罗斯石油公司进行过投资。乔丹出面用自己公司和德意志摩根建富的资金填补了 3 亿美元。这笔交易很热门，有消息说，如果乔丹还需要更多钱的话，很多投资者排队等着交钱。

政府规定的最低投标价是 12 亿美元，不过双方估计成交额会超过 15 亿美元。但真正的问题是，拍卖那天，获胜一方是否需要将价格提高至 20 亿美元。到底需要多少钱才够呢？

7 月 25 日拍卖会举行的那天，下午 3 点，波塔宁和古辛斯基单独在古辛斯基办公室里举行了会谈。不管从私人方面还是政治方面，两位寡头都把自己的一切，包括名誉，押在了这场交易中。在这最后一次面对面的交谈中，古辛斯基显得更加激动，他从没有从国家得到一砖一瓦，现在是该他捞一把的时候了。据古辛斯基讲，波塔宁说他已经做好了认输的准备，并提出了他准备投标的钱数。

波塔宁否认他在古辛斯基的办公室里提出了投标钱数。波塔宁声称，他只对古辛斯基说过，如果他要赢得投标的话，他需要出很高的价钱。波塔宁对古辛斯基说："别太轻松了。"丘拜斯告诉我，他后来得知，在古辛斯基和波塔宁最后一次会面中，他们谈论了他们将竞标的价格。

古辛斯基回忆说，波塔宁一离开他的办公室，他的合伙人就聚集在他的办公室里。古辛斯基告诉他们说："波塔宁说他定好了投标的价钱，我觉得他在撒谎。我们应该出更多的钱。"古辛斯基和弗里德曼准备每人再从自己的钱里各拿出1亿美元，参加投标。但由于时间紧迫，他们突然碰上了困难。由于官僚主义方面的原因，他们无法让他们的合伙公司西班牙电话公司接受更高的标价。这家西班牙公司需要董事会的同意，但这需要时间，古辛斯基被困住了。

波塔宁和古辛斯基都深陷怀疑之中。他们担心内奸和间谍。波塔宁知道古辛斯基由于西班牙电话公司而不能出高价了吗？古辛斯基知道波塔宁失去了达尔特的3亿美元吗？古辛斯基会不会认为达尔特把资金撤出的流言是引诱他投更低标价的手段？古辛斯基的一个投资商在拍卖前丢了一个手提箱，对方是否拿到相关文件了？

在最后时刻，波塔宁一方考虑着他们的报价。按照计划，索罗斯和乔丹就具体的金额达成了一致。在复兴资本公司气派的玻璃办公楼里，执行经理列昂尼德·罗热斯金把20封信放在他的办公桌上。所有的信内容都是一样的，除了波塔宁-索罗斯投标报价数据以外。准备这么多封信的目的是为了避免在最后时刻走漏消息。罗热斯金说，他研究了西班牙电话公司给拉丁美洲电话系统的报价，每条电话线为2 000—3 000美元。在打过几个电话后，他挑选了上面标有18.7亿元的信封，平均每条电话线850美元。他感觉他们很有可能会输，基于西班牙电话公司在拉丁美洲的经历。[42]但是，他安慰自己说，这是俄罗斯，西班牙电话公司以前参与的拍卖是在另外一个市场，他们的经验在俄罗斯不起作用。他把信装进一个标准信封，放在自己的西服口袋里。他叫了一位司机，乘车前往联邦资产基金大楼。

在那里他看见弗里德曼带着古辛斯基参加拍卖的投标书，装在一个密封好的大信封里，里面还有另外两个信封。古辛斯基团队已经在附近安排了新闻发布会和记者招待会，准备庆祝他们预期中的胜利。古辛斯基的说客兹韦列夫告诉我说，他已经写好了一份新闻稿件，宣布古辛斯基获胜，而他将与波塔宁并肩战斗，但这篇稿件没有发表。[43]

下午5点，当双方对通信投资公司“25%+1”股份的标价打开时，古辛斯基的出价是17.1亿元，波塔宁的出价是18.7亿美元。波塔宁胜出。当罗热斯金打电话告诉乔丹这个消息时，乔丹当时正在家里，穿着便服，准备出去度假。乔丹回忆说：“我原以为我们输了，他们有战略买家，我认为他们的出价会超过20亿美元。”他打电话告诉波塔宁，告诉他他们获胜的消息。乔丹说：“他还以为我跟他开玩笑。”乔丹披了件西服跑去办公室。

由于这次失败，古辛斯基的尊严受到重创，更别提他想成为俄罗斯通信巨头的梦想了。连续几天，俄罗斯白宫和克里姆林宫举行紧急会议，努力避免寡头之间一触即发的战争。整个竞选团队都陷入了这场危机：季亚琴科、马拉申科、切尔诺梅尔金、丘拜斯以及其他寡头。同时，他们秘密集会的俱乐部、整个寡头体系和所有经验也都处在危机之中。

丘拜斯回忆说：“答案很简单。我度假回来后，我们一起开了四五个晚上的会议，我们不分昼夜地讨论。他们主要的观点是取消拍卖的结果，把资产交回，然后，局势就会平静下来。”他又补充说，“当然，这是不可能的。”丘拜斯坚信，新规则起作用了：通信投资公司的拍卖比现代俄罗斯史上任何资产拍卖的价格都要高。丘拜斯私下里为市场规则在这次拍卖中的成功运用感到激动，毕竟出价最高的一方是赢家。尽管有来自大亨间争斗的威胁，他现在不会改变拍卖的结果了。

或许在当时，人们无法看到，但联系紧密的大亨们确实正在瓦解，正在分裂。贪婪和自尊心受伤使他们谁也不听谁的，各自行事。古辛斯基和别列佐夫斯基怎么也想不通，曾经与他们结盟的丘拜斯竟然如此认真地改变了拍卖规则。丘拜斯低估了古辛斯基和别列佐夫斯基拒绝服从新规则的决心。他预测，就像叶利钦的竞选一样，古辛斯基他们没有别的选择，最终只好服从。他错了。两个被激怒的大亨这次要动真格了。他们对波塔宁赢得拍卖极为愤慨，他们认为波塔宁已经在贷款换股份中赚了大钱，他从政府那里赚钱比谁都快。马拉申科后来回忆说："丘拜斯把资产给波塔宁，使他比所有大亨都高出一截，就像打篮球一样，你肯定打不过身高 3 米的人。在我看来，丘拜斯和科赫正在把波塔宁变成这么高的巨人。"

通信投资公司拍卖会是在莫斯科一个懒洋洋的星期五下午举行的，正是高速公路上人最拥挤的时候，城里人拥向他们的乡村别墅。夏天消息平息下来。在周末，当大多数人几乎不看电视时，当古辛斯基正绞尽脑汁试图改变拍卖的结果时，别列佐夫斯基开始在俄罗斯最有影响的公众电视台准备反击。他的代言人是谢尔盖·多伦科(Sergei Dorenko)，一个有戏剧和宣传天赋、嗓音沙哑、长得非常英俊的播音员。多伦科轮廓清晰，有一张严肃、甚至庄重的脸，声音低沉、富有穿透力。1994 年炸弹袭击别列佐夫斯基汽车事件发生后，他认识了别列佐夫斯基，后来成了别列佐夫斯基电视台里最有效的武器。多伦科的播音里面，没有刻意的分析，也没有诱发式的提示。他洪亮的声音和自信使他赢得了很多观众的支持，特别是那些不了解他所讲内容内幕的观众，而这样的观众在俄罗斯有上千万。多伦科按照别列佐夫斯基旨意制作的反击节目不是在正常的新闻节目播出的，而是在黄金时段的一个特别"分析性"栏目谢尔盖·多伦科节目里播出的。精英们对多伦科的节目嗤之以鼻：太廉价，太原始，太固执己见！基谢廖夫虽然不是公众崇拜的人物，却是精英的心头好，但多伦科才是群众心目中的大师。

7 月 26 日，星期六，通信投资公司拍卖会过后的第一天，俄罗斯资本主义的历史翻开了新的一章。在这之前，寡头们和改革家们一直是盟友，并肩与外部力量如久加诺夫和共产党各派系斗争。但当多伦科的节目在那天晚上播出后，大亨俱乐部和改革家们的关系开始土崩瓦解，寡头和改革家开始了互相斗争，这就是所谓的银行家之战。俱乐部的倒塌使俄罗斯的政治和经济上的精英们处于瘫痪状态。

战争的第一炮由别列佐夫斯基的代言人多伦科打响，他的目标直指波塔宁。在他周六电视节目的最后，多伦科指控波塔宁在通信投资公司拍卖中使用了海外的空壳公司的名义，"利润将被抽到海外去"；波塔宁交易中的投资商是苏联黑市上"纯粹的投机分子"，是"一群喜欢恶意中伤、品德令人怀疑的人”，他们“从未做过电信方面的业务”。多伦科攻击乔丹和索罗斯，说慈善家索罗斯是“世界上最臭名昭著的投机商”。多伦科还宣称这些人的保护人科赫“为他的朋友们制定拍卖条款”。他甚至还把涅姆佐夫也拉了进来，说他“像墙上的蟑螂一样活跃”。两天后，在接受古辛斯基的电台“莫斯科回声”采访时，多伦科延伸了他的比喻，他说：“你们见到过用特制的毒气喷蟑螂时，蟑螂疯了一样满地乱跑的情景吗？”当被问起政府和波塔宁之间是否有阴谋时，他回答说：“我没说过他们之间有阴谋，但整件事情有点阴谋的味道。”[44]

多伦科在电视打响了第一枪，不久就引发了大规模的媒体之战，正如古辛斯基和别列佐夫斯基所讲的那样。拍卖会后的第一个星期一，7 月 28 日发行的古辛斯基的《今日报》以大幅版面在头版发表了题为“发臭的金钱”的社论。文章说，波塔宁和科赫交往过密，波塔宁手里资金来源可疑。年轻的改革家立即进行还击，烦躁不安的涅姆佐夫拿出他最喜欢的口号来抨击失败的寡头——古辛斯基和别列佐夫斯基。他说：“他们不需要诚实的规则和民主资本主义，他们想要的是强盗资本主义。”涅姆佐夫从未真正地定义他的“强盗资本主义”，《今日报》提出了一个很明显的问题予以还击：谁是强盗资本主义之父？是丘拜斯还是叶利钦？报纸写道：“很显然，那些口口声声保证在俄罗斯实行民主的人在建立‘强盗资本主义’过程中做了不懈的努力。”[45]关键的一点是，如果俄罗斯变成了强盗国家，他们难道不该负全责吗？

负责私有化改造的领导科赫在 8 月 13 日提出辞职，他宣布自己要去从事私人业务。克里姆林宫对此最初的反应是非常真诚的，叶利钦总统对科赫这些年来的辛勤工作表示感谢。到目前为止，古辛斯基在公众面前什么话也没说，他一直试图说服丘拜斯改变拍卖的结果。但到了 8 月中旬，丘拜斯也没有要改变结果的迹象。古辛斯基开始了进攻。在 8 月 14 日接受“莫斯科回声”广播电台的采访中，古辛斯基谈起波塔宁在拍卖中获胜时说：“与钱有关，绝对与钱有关。就我所知，这笔交易绝对与钱有关联。”他回忆起与丘拜斯讨论拍卖新规则时说："诚实的游戏规则的前提是，卖方和买方不应该有勾结。"古辛斯基暗示政府与波塔宁进行过密谋，但他说得非常小心。（事情的真相是，古辛斯基希望政府与他进行密谋，但他失败了。）第二天，叶利钦突然介入，指出通信投资公司和诺里尔斯克镍业两个公司的拍卖赢家都是波塔宁。[46]叶利钦说："整个丑闻与这样一个事实有关，那就是某些银行很显然与科赫的关系更密切一些。"

现在科赫的行动受到了严密的监视。虽然当时没有人注意他，科赫早些时候在他的财务申报表中说他曾经收到10万美元的预付款，是让他写一本有关私有化方面的书。亚历山大·明金是一位专门报道政治丑闻的记者，他是古辛斯基在剧院时期就认识的老朋友。他在《新报》上发表了一篇文章，责问科赫为什么会预先从他所说的一个小公司得到这么多的稿酬，该公司名叫塞维纳贸易公司，设在日内瓦。明金通过瑞士的记者对这个公司进行了查对，报道称这家公司只有一间小房间和两三名员工。明金援引该公司一名官员的话说，他们还没有见到书的手稿。明金说："塞维纳公司付给科赫10万美元仅仅是希望而已。很显然这么一个小公司不可能出手这么大方，不是塞维纳公司预付的稿费，而是另有其人通过该公司走的账，很清楚，科赫卖的不是书，而是与书完全不同的东西。"[47]明金的责难才刚刚开始。

每天都会出现新的头条和新的指控。这场战争消耗了"年轻的改革家"和大亨们的大量精力。9月13日是星期六，这天早上，我随手拿了几份报纸，去看我儿子踢足球。但一到球场，我禁不住地站了起来，不是因为球场上的足球赛，而是因为我手里的《独立报》，这是别列佐夫斯基创办的报纸。报纸在第一版的显著位置发表了对丘拜斯进行人身攻击的文章，题目是"丘拜斯试图控制俄罗斯"。有趣的是，该评论没有卑劣地通过秘密文件或窃听电话等手段进行敲诈和勒索，而是由一个思想家对丘拜斯进行了长篇大论的攻击，署名是乌里扬·克尔佐诺夫（Ulyan Kerzonov），很可能是别列佐夫斯基的笔名。评论写得很尖刻。这时的丘拜斯已经成为俄罗斯的众矢之的，这篇评论文章把他描述为一个喜欢搞黑暗阴谋、疯狂追逐权力的人，是"一个无所顾忌的狂热分子"，对他来说，"为了达到目的可以不择手段"，他的思想“与列宁相似”，是一个“把自己的信仰全部建立在革命手段之上的残忍的实用主义者”。文章作者赞扬丘拜斯在总统大选中创建了“闭路式的寡头体系，后来被人们冠以‘七大银行’的绰号”。作者说，但现在，丘拜斯正在毁坏七大银行体系，为了单独建立以波塔宁为首的“私人所有的超级垄断”。文章援引了别列佐夫斯基一封愤怒的私人信件的所有标记，指责丘拜斯自己毁坏了他的寡头俱乐部和他的“大资本”操作体系。文章的作者写道：“‘七大银行’体系本来可以成为正常的市场，但丘拜斯做出了另外的决定。”

这篇文章成了莫斯科人茶余饭后的话题，并在第二天晚上基谢廖夫主持的深受欢迎的星期日节目《综述》中引起强烈的反响。基谢廖夫兴奋地说：“我们已经很长时间没有听过或读过这样的作品了。”他很谨慎，他后来回忆说，当时要进行谈判协商释放一位在车臣被绑架的 NTV 记者，所以他分心了。[48]多布罗杰耶夫告诉我说，当银行家之战在电波上爆发时，他感到不安和沮丧。他说：“我怀疑，非常怀疑。”如果说在面对久加诺夫和共产党的斗争时，利用记者和电视是正常的，因为那是“清楚的、可以解释的、人人都可以明白的”；但是通信投资公司拍卖事件是说不清楚的商业争端，记者们到底该不该冒险，不惜损害自己的名声参与到贪婪的商业利益之间的战争？他回忆说：“总体来说，这对于大众传媒来说是一件不光彩之事。”

叶利钦对不断升级的争斗很生气，但他也很困惑。是他抬高了“年轻的改革家”和寡头，但现在他们之间互相斗争。叶利钦回忆说，每天报纸上恶毒的中伤让“我非常气愤”。[49]在《独立报》发表攻击丘拜斯的评论文章后的星期一，叶利钦把寡头们召集到克里姆林宫里。古辛斯基、波塔宁、弗里德曼、霍多尔科夫斯基、维诺格拉多夫、斯莫伦斯基来了，尤马舍夫也来了。但别列佐夫斯基没来，他当时担任安全委员会尤马舍夫的副书记，从理论上讲也算是公务员。丘拜斯也没来。斯莫伦斯基告诉我说，丘拜斯“与银行脱钩了，这对他的伤害很大……没有他，我们以后生活会很困难，大家都感觉到了这一点，毕竟我们大家在一起待了很长的时间”。[50]

这是自瑞士达沃斯会议后，叶利钦第一次与寡头们集体见面。维诺格拉多夫回忆说，叶利钦看起来很自信，说话声音很清晰，叶利钦在两个小时的会议后告诉记者们说："我敦促他们，他们也同意了，银行不能像以前那样凌驾于政府之上。"叶利钦说，寡头们都同意停止攻击丘拜斯和涅姆佐夫，"我们达成了共识"。在会见寡头们时，叶利钦还说，有些投标人觉得科赫在通信投资公司拍卖活动中泄露了情报。波塔宁当场在叶利钦面前接受批评，他主动放弃了他在海关委员会的账号，把钱交给了中央银行。[51]

叶利钦说，回顾起来，他觉得与大亨们疏远了。"尽管他们都信誓旦旦，我感觉这些人不是我真正的盟友。波塔宁看起来尤为突出，我还是不能摆脱我对他的直觉：他有自己的安排。"叶利钦说，在他们的微笑和协议背后，他感到了他们的冷漠。他说："就好像我在和一个不同种族的人打交道，他们不是用钢铁铸成的，而是某种太空金属。没有哪一方感到惭愧。没有妥协的余地，没有具体的让步。"

在这个危急关头，叶利钦确实感到困惑。在他的记忆里，当他回忆寡头的作用时，他仍然很困惑。他坚决维护把资产廉价地卖给寡头们的决定，他欢迎寡头们对他在 1996 年再次参加总统竞选时的支持，还注意到他们对政治稳定非常感兴趣，因为政治稳定可以使他们的公司发展壮大。叶利钦坚持说他们不是黑社会人物。但是，同时，叶利钦谴责大亨们试图影响政府，并且"试图在政客们的背后操纵国家"。叶利钦将其描述为"新的、危险的挑战"。他把商人称为"新的、非法的权力中心"。他警告道："我们最大的危险来自那些特别有钱的人，他们互相吞噬，并推翻了我们千辛万苦建立起来的政治大厦。"叶利钦很显然对他的寡头们又爱又恨，他们是他资产阶级革命的产物。[52]

索罗斯说过，他认为对通信投资公司交易的投资是帮助建立合法的资本主义，他突然发现自己陷入了卑劣银行家们的战争中。亚历克斯·戈德法布早些时候是索罗斯和别列佐夫斯基之间的中间人，他告诉我说，索罗斯对寡头们之间的骚乱表示了担忧。"索罗斯说，结局一定很不好。"戈德法布在银行家战争期间找过别列佐夫斯基，请求他们停战，他呼吁别列佐夫斯基出面停止战争。戈德法布回忆说：

“我说过战争将毁掉一切，当他们战胜共产党时，他们欣喜若狂，他们得到了叶利钦的好处，得到了改革家的好处，可几个月后，这种丑陋的事情发生了。”

别列佐夫斯基对戈德法布说：“我不是天使，但那些家伙更坏。”

索罗斯后来回忆说，他本人试图劝说别列佐夫斯基远离寡头们之间的互相攻击，他告诉别列佐夫斯基说，以他现在拥有的公司，他可以足够富有，索罗斯回忆说：“他说我不懂。这不是一个他多么富有的问题，而是他怎样与丘拜斯以及其他寡头较量的问题。他们做了交易，他们就得坚持到底。他要么毁掉他们，要么被他们毁掉。”索罗斯得出的结论是，没有任何办法能使别列佐夫斯基从强盗贵族转变为合法的资本家。[53]

把索罗斯带入这笔交易的乔丹突然发现他的俄罗斯多次往返签证被终止了，就在十月初他准备离开莫斯科动身前往伦敦的时候。多伦科在他主持的电视节目中宣布说，美国公民乔丹掌握俄罗斯政府秘密，或许还掌握武器买卖的秘密合同。多伦科还说，乔丹每次看到机密信息时，总是要“说‘上帝保佑美国’”。不难看出是谁决定废止其签证，是别列佐夫斯基。几天后，别列佐夫斯基说：“乔丹的案件涉及美国公民获取我们金融和国防秘密。”[54]乔丹的公司则回应说，主要问题是乔丹介入了商业竞争者之间的战争。最后涅姆佐夫出面给乔丹发了一个新的签证。

10月初，英国的《金融时报》报道，预付给科赫10万美元的小公司与波塔宁的联合进出口银行有关，这正是古辛斯基所怀疑的。波塔宁瑞士子公司联合进出口公司（瑞士）的一位官员曾经是塞维纳贸易公司的董事，他负责代办这件事情。莫斯科市检察官宣布对这笔预付书款进行刑事调查，并说考虑到这本书的价值，预付款多得很不正常。波塔宁承认他和科赫是好朋友，但坚持说这种朋友关系“并不影响工作”。《金融时报》驻莫斯科记者方慧兰（Chrystia Freeland）是第一个披露此消息的人，她后来又披露了更具体的敲诈勒索证据，被激怒的寡头们搞到了一段用手提摄像机拍摄的录像，是通信投资公司拍卖活动一个月后科赫和波塔宁在法国蔚蓝海岸一起活动的镜头。[55]

科赫后来告诉我说，他认为他与波塔宁在通信投资公司拍卖后不久在蔚蓝海岸度假并没有错。他简单地问道：“我想和我朋友在法国度假这有错吗？”但他承认他对检察官的调查感到愤慨，他抱怨说：“我差点被关进监狱。”[56]丘拜斯又一次站出来替科赫辩护，他说科赫确实写过一本书。丘拜斯告诉记者说：“我认识科赫10年了，我知道他是一个诚实的人，说他收到大笔预付款的谣言从一个银行家办的报纸传到另外一个银行家办的报纸，从一个人办的电视台传到另外一个人办的电视台。”古辛斯基持不同观点，他相信丘拜斯是清白的，但科赫从波塔宁那里拿了钱，丘拜斯在试图保护他的朋友。

丘拜斯觉得，是时候反击了。11月4日，他和涅姆佐夫一起来到叶利钦的乡下别墅高尔基9号，要求叶利钦解除别列佐夫斯基安全委员会的职务。丘拜斯争辩说，如果别列佐夫斯基被解除职务，战争就会平息下来。叶利钦看着丘拜斯，回想起一年前丘拜斯要求他任命别列佐夫斯基同样职务的情景。叶利钦后来在他的回忆录中写道，他恼恨别列佐夫斯基作为总统拥立者所吸引的注意力，以及在他当总统时别列佐夫斯基拥有的权力。叶利钦写道：“我从来没有喜欢过鲍里斯·别列佐夫斯基。我以后也不会喜欢他。”他抱怨说，别列佐夫斯基总喜欢夸大他的影响。“没有任何机制能够使他对我作为总统做出的决定施加影响。”叶利钦在他的书里没有提到别人所说的别列佐夫斯基带给总统家的特权。

直接向叶利钦打小报告不是别列佐夫斯基的风格。别列佐夫斯基通过中介人和代理人，通过层层关系，包括直接或间接的关系，通过叶利钦核心集团中的朋友来进行运作。[57]例如，别列佐夫斯基说，尤马舍夫在他被解除职务的前一天，请他到克里姆林宫来，给他看了总统命令。尤马舍夫建议叶利钦不要解除别列佐夫斯基的职务。

11月5日，叶利钦解雇了别列佐夫斯基。别列佐夫斯基来到“莫斯科回声”广播电台回击丘拜斯，说他有布尔什维克思想，“他为了结果，不择手段，他只相信结果”。

如果丘拜斯认为把别列佐夫斯基撤掉就是事情的完结，那他就错了。叶利钦说：“我有一种感觉，丘拜斯要掉脑袋了。”叶利钦的感觉是对的。

10月底，在一次采访快结束时，丘拜斯对与他一起去伦敦旅行的一帮记者说，他和他的几个副手正在写一本关于私有化的专题著作。丘拜斯说，95%的稿酬将会捐献给一个慈善机构，但他没有提到具体的稿酬是多少，也没有提到谁将为他们付稿酬。丘拜斯说，这本专题著作最初是为了庆祝大规模私有化实施5周年纪念日。这次采访发表在极有影响的报纸《商业日报》10月28日的头版上，题目是"丘拜斯不是一个读者，他是一个作家"。这篇文章没有引起多大的轰动，却引发了一系列自食其果的事件。

谢尔盖·利索夫斯基是一位广告大亨，他曾经为1996年的总统大选工作，他回忆起被邀请参加一个由别列佐夫斯基和古辛斯基阵营举办的战略研讨会，计划对丘拜斯进行反击。反击是根据别列佐夫斯基阵营从丘拜斯专题著作得到的新文件而制定的。文件显示，丘拜斯和他的4个团队成员每个人从专题著作里收取了9万美元稿酬，总计45万美元。这条消息肯定会成为一条爆炸性的丑闻，因为它会加深人们的印象，尤其是在科赫收取书费预付款以后，年轻的改革家正在填自己的腰包，金额数目与在轻松赚钱时代的巨额利润和报酬相比要小得多，但其影响却是非常坏的。

利索夫斯基说，对丘拜斯的攻击有"详细的整套计划"，包括"从谁开始，下一个是谁等"。利索夫斯基说他拒绝参加。他警告他们说："你们简直是在自杀，如果你们把丘拜斯杀了，你们将在几年内消亡，因为从长远意义上看，丘拜斯永远也不会让你们沉没，或把你们关进监狱——是他给了你们成为俄罗斯资本家的机会，任何取代他的位置的人都会残忍地对待你们。"[58]

阴谋家们准备通过明金把材料公开，他是负责揭露丑闻的记者，与古辛斯基交往密切，早些时候曾经质疑过科赫收取的10万美元预付款。我是在几年前认识明金的，当时他给我讲他惨痛的故事，说他如何在一个深夜被一帮拿着焊管的暴徒袭击，因为他写的一个故事得罪了人。在改革年代，明金由于写了几篇关于苏联的文笔尖锐的文章而著名。还有另外一种通过使用敲诈勒索来写调查报告的方式，也就是从商业利益方或者安全部门那里取得污点材料并公开。敲诈勒索是很卑劣的行为，情报可能是真的，也可能是伪造的，可能有一半是对的，但敌人总是用这种手段来摧毁一个人的名声。

在这个事件中，明金告诉我说，关于丘拜斯的信息是直接给他的。他没有透露信息的来源，但他公开披露材料是问心无愧的，因为他遵循同样的“原则”。他说，他知道幕后操纵人是别列佐夫斯基和古辛斯基。叶利钦在他的回忆录里写到，同样的文件早已摆在了内务部长阿纳托利·库利科夫的办公桌上了。11 月 12 日，明金在接受古辛斯基的“莫斯科回声”广播电台的采访时，立即就把消息传了出去。巧合的是，明金在电台接受采访的消息也在别列佐夫斯基和古辛斯基的电视台里播出了。明金报道称，稿酬高得太“离谱”。他说：“这是一种变相的贿赂，是一种变相的洗钱方式。”

钱是从那里来的呢？明金说，专题著作的出版商是今日报社，隶属于《共青团真理报》(不是《今日报》的一部分)。今日报社在那年被波塔宁的联合进出口公司收购，直到丘拜斯阵营签订出书合同之后，才归属波塔宁。明金准确地报道说，稿酬来自丘拜斯在 1996 年总统选举时建立的基金，当时丘拜斯从大亨们那里收到了 500 万美元。然而，明金这段准确的叙述，即丘拜斯不过是将当年总统选举时收到的钱重新洗了一下，在随之而来的骚动中被完全忽略了。“贿赂”这个词异常突出，与波塔宁细微的联系也同样明显。丘拜斯和他的团队对稿酬的真实来源保持沉默，因为他们不想重新翻开太敏感的“黑钱”话题，以及叶利钦 1996 年总统大选是如何得到资助的话题。据接近丘拜斯的消息人士说，该书实际是一个仓促想出来的借口，用来掩盖一个事先制订好的计划，也就是把 1996 年总统大选剩余的资金转移到他们名下。

明金在电台的讲话立即掀起了新的风暴。刚开始，丘拜斯对此不以为然，他坚持说：“我觉得这其中没有违反人道主义的罪行。”他重复说，95%的钱要交给“慈善机构”，他把“慈善机构”描述为一个用来保护盖达尔所主导的私人财产权利的基金，这一点莫名其妙。承诺把钱交给“慈善机构”这句话相当含糊。盖达尔非常生气，因为丘拜斯把他硬扯到丑闻里面，而实际上他与此事一点关系也没有。明金把事情曝光两天后，丘拜斯说：“稿酬给得确实高，我们得承认这个问题。”丘拜斯给叶利钦写了封信说，尽管书是真的，他“认为自己是有罪的”。叶利钦立即解除了亚历山大·卡扎科夫在克里姆林宫的职务，他是丘拜斯的同僚；另外一个丘拜斯的人，负责私有化机构的马克西姆·博伊科也被解除了职务；被解雇的还有彼得·莫斯托沃伊(Pyotr Mostovoi)，他是联邦破产机构的头。所有这些都是丘拜斯在政府里的人，都是那本书的共同作者。第5个共同的作者是科赫。最终，丘拜斯被解除了财政部长的职务，这是他遭受的最主要的挫折，尽管叶利钦说他拒绝放弃丘拜斯，还把他留在政府里。叶利钦说：“书的丑闻是一块香蕉皮，所有年轻的改革家都在上面滑倒了。”丘拜斯后来以诽谤罪起诉明金，但他败诉了。

银行家们之间的战争对每个人来说，都是毁灭性的打击。年轻的改革家和大亨们这一年中花费了大量时间在斗争上。丘拜斯和涅姆佐夫再也没有机会继续他们的改革，改革议程流产了。具有讽刺意味的是，外界还以为俄罗斯正东山再起。瓦西列夫伤心地说：“1997年是我们错失良机的一年。”阿尔卡季·叶夫斯塔菲耶夫是丘拜斯的助手。他说，寡头们应该受到责备。“他们想统治国家，因为他们贪婪，想把所有的东西都变成他们自己的。有一个谚语说得好：常吃慢吃，胃口才好。寡头们的胃口变得太大。别列佐夫斯基不再需要丘拜斯，只有一个简单的原因：丘拜斯没给他机会让他把所有的东西都抓在手里，丘拜斯挡了他的路。”

史蒂文·詹宁斯说：“我们失去了1995年和1996年，这个我们可以解释，但1997年我们没有任何变化，这一年他们本应该抓住机会的。”詹宁斯是投资银行家，乔丹的合伙人。本来应该进行大胆的改革，但丘拜斯和涅姆佐夫的名声被玷污了；他们的注意力被分散了；他们的能量被耗尽了。如果说有什么收获的话，那就是这些事件使公众对寡头资本主义有了进一步的认识，同时也证明了寡头和他们的电视武器变得多么强大。

波塔宁也受挫了。在他赢得通信投资公司拍卖后，他计划接管公司和迅速赚钱的梦想破灭了。政府不允许他在里面待着。第二股份没有卖出去，价值 18.7 亿美元的投资泡汤了，索罗斯后来把通信投资公司拍卖称为他所做的最差投资。从商业角度来看，古辛斯基没赢得拍卖是很幸运的，但他在 1997 年树敌太多。科赫永远也忘不了古辛斯基给他带来的伤害，他要寻求报复。3 年后，当古辛斯基陷入绝望时，通信投资公司拍卖结下的积怨还萦绕在他心里。古辛斯基告诉我说，正如他对 1996 年他与叶利钦合作心存疑虑一样，他也因通信投资公司拍卖的失败而感不安。他说："正是当时，我认识到，我离当局越远，我的生意越安全。我看孩子们的眼光就越诚实。"

比名声和自尊心受损糟糕的是，银行家的战争使俄罗斯的经济和政治领导几近瘫痪。丘拜斯抱怨说："我的团队的主要人物都在被调查，大量电话被窃听。我的亲戚也正在被调查。我的儿子经常被跟踪。还有很多其他奇怪的事情在不断地发生，还剩什么没做？就差枪杀我了。"[59]由于每天都被别人盯着，俄罗斯的改革家们在关键时刻没有做好向前看的准备，即使最有经验的水手在这个时候也很难进行航海。正当俄罗斯的银行家围绕着通信投资公司交易进行争斗时，亚洲金融危机爆发了。这年秋天，俄罗斯的经济开始放缓，但由于丘拜斯和改革家们都陷入通信投资公司的交易中，他们未能及时发现俄罗斯的经济是脆弱的，极易受全球经济形势的影响。

俄罗斯贸易系统指数在年初时是 213 点，到了 10 月 6 日高达 571 点。就像不可捉摸的天气，刚才还是晴空万里，突然间乌云密布。世界股票市场 10 月 27 日大跌，俄罗斯的股票市场也跟着狂跌，但人们并没有把它当作灾难来看。丘拜斯看上去不着急，甚至有些乐观，他认为新的一年"是转折的开始"，开始了一段"漫长，甚至更严峻、更强大的发展之路，这一点对于每个家庭来说都是显而易见的。他们会根据自己的工资收入和经济能力决定买现代化的轿车或在夏天出去旅游"。[60]

我 12 月 2 日看到丘拜斯时，他还为银行家之间的战争感到伤心和愤慨。他说，他正密切注视着东南亚的金融局势，但是预言亚洲的金融危机对俄罗斯来说，不过是个小小的挫折，6 个月后就能缓过来。[61]他坚持说："卢布不会受任何影响的。"过了几天，丘拜斯又说："今天我们有充分的理由说，最危险的时刻已经过去了，就在本月早些时候。"[62]

12 月 10 日，叶利钦又一次住进了医院，这只北极熊又去冬眠了。[63]一场金融飓风正向莫斯科袭来，但无论是俄罗斯资本主义之父，还是他那些吵闹的孩子们，都没有做好准备迎接这场飓风的来临。

第十五章 巨龙之吟

米哈伊尔·霍多尔科夫斯基踌躇满志地迎来了1998年。与他谦逊得体的品位相符，霍多尔科夫斯基喜欢穿球衣和运动外套，而不喜欢西服革履，但在莫斯科市中心一家名为怀旧的巴黎餐馆中，为庆贺新年之夜，他的穿着却很优雅。这家餐馆除了简朴的老式家具装饰以外，还拥有收藏着600多种精美法国葡萄酒的酒窖，这是其他餐馆无法比拟的，也是该餐馆引以为豪的。埃里克·克劳斯（Eric Kraus）是一位非常健谈的法国股票经纪人，新年前夜，他在怀旧餐馆不经意中瞥见了霍多尔科夫斯基及其出席晚会的一行人，克劳斯简直不敢相信自己的眼睛。在霍多尔科夫斯基的桌上放着一瓶波多尔侯伯王酒庄的珍藏。出于好奇，克劳斯向侍者要了酒单，侯伯王在这家餐馆一瓶售价4 000美元。“这种价格在1997年的俄罗斯是很平常的，”克劳斯回忆说，“这是一个正在获得重生的国家，就连新闻记者都泪眼蒙眬，我们都感觉到我们是这个巨大的社会变革的一部分。”[1]

霍多尔科夫斯基有理由感到乐观，他的生意正在突飞猛进。[2] 10月，他曾对一群华盛顿的商人们夸海口说，他要在十年内跻身于世界前十大石油公司之列。当时他年仅34岁，已经开始指挥尤科斯公司，一个拥有俄罗斯最大的石油储备与十多万名工人、市场资产价值达90亿美元的公司。而他的追求还远没有停止。[3]在随后几个月的时间里，在政府私有化买卖中，他又获得了东方石油公司的控制权。与收购尤科斯时以讨价还价为基础的情况不同，霍多尔科夫斯基全额付给东方石油公司12亿美元，购买了45%的股份，加上在市场上收购的9%的股份，他获得了对东方公司的控制权。他计划将这个公司并入尤科斯公司。

霍多尔科夫斯基迷上了一种新的、更诱人的轻松赚钱方式：从国外贷款。他从西方借来大笔的资金，购买东方石油公司的股份。由于他已经控制了西西伯利亚的石油海洋，他借贷的能力扩大了很多。1997 年 10 月，他从瑞士信贷第一波士顿借贷了 3 亿美元，而没有用任何担保。当年，他又从里昂信贷公司借到了三笔贷款，全部都以未来的石油收入作为还款承诺，其中 2.99 亿美元至当年年底也未兑现。此后，在 1997 年 12 月 7 日，霍多尔科夫斯基与高盛公司、美林公司和里昂信贷公司三大保险公司签署了一笔大买卖，借到了 5 亿美元作未来购买石油之用。他们提前支付给霍多尔科夫斯基资金，而用每季度对两家法国石油公司道达尔公司和埃尔夫·阿奎坦公司出售 60 万吨石油的收入来偿还。[4]

霍多尔科夫斯基拿到这笔贷款时，利用这些贷款以转换价格得到了便宜的石油。他要求两家石油开采公司卢甘斯克油气和萨马拉油气以最便宜的价格将石油卖给它们的母公司尤科斯。一旦他买到便宜的石油，霍多尔科夫斯基就将其全部抵押出去，以便拿到更高的出口价来确保偿还贷款。他用了一种聪明的手段从石油开采公司里榨取更多的价值，在从新贷款中获得更高收益的同时，将债务及费用留给开采公司。

这是个冒险的游戏，因为霍多尔科夫斯基并不全部拥有这些石油开采公司，一部分股权仍然掌握在肯尼思·达尔特的手里，这位靠生产泡沫塑料杯子起家的巨人在 20 世纪 90 年代早期就购买了股份。霍多尔科夫斯基的转换价格实际上就是在抽取达尔特股份中的价值。霍多尔科夫斯基的战略证明了在 90 年代末形成的俄罗斯资本主义的基本规则，控制公司就是赢家通吃。根据俄罗斯的法律，要掌握公司关键的决策权，尤其是将你的人安排进入管理层，你需要拥有不低于 51％的公司股份。如果你的股份少于这些，你就会很容易失去你的股份价值。股份数少的股东受控于老板，他们的权益经常被践踏，他们的利润也被盗走。达尔特拥有卢甘斯克油气 12.85％的股份和萨马拉油气 12.3％的股份，而这家石油开采公司是整个尤科斯的核心。他愤怒地看着石油在霍多尔科夫斯基的手中渐渐枯竭，而自己却一无所有。[5]达尔特的代理人E. 迈克尔·亨特（E. Michael Hunter）说，尤科斯公司正在“非法地对它拥有部分股权的子公司进行洗劫”。而西方的借贷者们正急于向霍多尔科夫斯基大献殷勤，对此漠不关心。高盛公司，华尔街最大也是最富有的合伙人，尤其贪婪。达尔特抱怨说，贷款者在以从他那里盗取的石油为基础进行贷款，那些借款人对他的抱怨置之不理。[6]

为寻找更多的现金用于购买东方石油公司的股份，霍多尔科夫斯基从三家世界级银行借到了 2.36 亿美元的贷款，它们是日本的大和银行、德国西部商业银行和伦敦的渣打银行。这项贷款也是由高盛公司安排的，但后来破裂了。贷款没有以石油作为担保，而是用尤科斯公司的股份做担保，这项交易被称作“回购”，因为如果借款到期不还，股份就会被借贷者所拥有，而霍多尔科夫斯基用尤科斯公司30％的股份作为抵押。贷款的责任并不是由尤科斯公司直接承担，而是由霍多尔科夫斯基的梅纳捷普银行来承担，这笔钱是用来购买东方石油公司的股份的。

西方人将钱借给俄罗斯公司时，也同时将自己的手脚束缚起来了，他们经常会忽视俄罗斯公司里的某些陷阱，以及缺乏经验、管理混乱、贪污腐化和易误导或易丢失的财务数据。“人们将上亿美元投入梅纳捷普银行，”一个梅纳捷普银行的前职员告诉我，这位职员被安排协助做“定期检查”，这是贷款人实行的一项用来发现借款人一些隐藏问题的调查。一个“定期检查”就像对一个房间的检查，你在达成交易之前，需要看看房子的墙上是不是有裂缝。在俄罗斯繁荣的投机经济中，类似这样的调查经常是比较肤浅的。贷款人如此渴望参与其中，实际上就等于把钱赠给借款者一样。在这种情形下，这三家贷款银行会努力查出是谁拥有梅纳捷普银行。根据当时在场的消息人所说，出示给贷款人的资料绝对是不完整的银行股份结构图表，但是并没有关于谁真正拥有梅纳捷普的信息。“你们没有必要知道谁拥有这家银行，这不关你们的事情。”一位梅纳捷普银行的高级职员对他们说，“我们需要在 48 小时内获得 2 亿美元。”我的消息人补充道：

“你知道最让人吃惊的是什么吗？他们转身便给了钱。”

后来这些贷款最终破裂到底是谁的过错，是贷款人还是借款人？在最初阶段，贷款人没有查出房子墙上的裂缝。但随着俄罗斯繁荣时期的到来，不管是贷款的还是借款的都不想再做任何检查。难道是东亚的危机？还是对新兴市场没有足够的信心？或是石油价格的下跌？没人担心这些。霍多尔科夫斯基又在酝酿另一个重磅炸弹型的交易。

1998年1月19日，霍多尔科夫斯基宣布计划将俄罗斯第二大石油公司尤科斯与西伯利亚石油公司合并，那是一个规模较小但仍很强大的公司，是别列佐夫斯基在贷款换股份后期为自己创建起来的公司。这个即将被称为尤克西（Yuksi）的石油巨人将会成为俄罗斯最大的纵向联合石油公司，拥有全国22%的石油产品和世界上最大的石油储备。尤科斯公司拥有60%的股份，西伯利亚石油公司拥有40%，霍多尔科夫斯基是这个新巨人的领导者。尤克西将是“世界级的”，霍多尔科夫斯基声明，这个声明暗示了他的动机：他和别列佐夫斯基都想和最后一个还没有完全被私有化的公司——俄罗斯国家石油公司竞争。如果他们联手，他们的石油公司就会吸收更多西方贷款，比起他们分开竞争会有更好的机会战胜俄罗斯国家石油公司。他们可能会面临来自英国石油公司和荷兰皇家壳牌等世界级能源公司的竞争。对西方资金的贪欲是很明显的。

尤科斯公司的声明中最吸引人的不是炒作，而是当日在外交部沉闷的新闻发布会上出席的维克托·切尔诺梅尔金发表了关于合并的简短发言。四位巨头坐在第一排，在此之前几乎从未看到他们在公众场合下肩并肩地坐在一起，他们是弗拉基米尔·古辛斯基、亚历山大·斯莫伦斯基、鲍里斯·别列佐夫斯基和米哈伊尔·霍多尔科夫斯基。据我观察，别列佐夫斯基的预见将会成为事实，寡头们已经组成了一个新的俄罗斯“董事会”，他们开始划分势力范围：古辛斯基是媒体大亨，斯莫伦斯基是银行大王，霍多尔科夫斯基作为石油大王，而别列佐夫斯基是永远在一旁关注他们的指导者。在公司发表声明的当天，巨头们试探性地制订了一个更有野心的计划。古辛斯基和斯莫伦斯基联手支持霍多尔科夫斯基购买东方石油公司，同时商议将他们的三家银行合并。古辛斯基的莫斯特集团公司和霍多尔科夫斯基的梅纳捷普将会合并到斯莫伦斯基的首都农业储蓄银行中去。这样斯莫伦斯基就会成为银行之王，而霍多尔科夫斯基和古辛斯基就可以将他们的时间和精力投入到他们各自的石油和媒体王国。

古辛斯基的发展也非常迅猛，他同样在寻找西方的金融支持。他的 NTV 特别频道卫星电视服务系统已经开播，他向巨型空间和国际通信公司投资购买了一个高能量的卫星数字系统。用来购买这颗将于当年晚些时候发射的卫星设备的 1.43 亿美元，是来自美国进出口银行的外资贷款，由俄罗斯财政部为其担保。古辛斯基同时开辟了一项新的地区电视网络 TNT，用来连接地方电视台和旗舰 NTV，同时开设了新的国际广播电台服务，向在以色列的俄罗斯人播放 NTV 的节目。最重要的是，古辛斯基正在加紧准备 NTV 夏天在美国的首次公开募股。NTV 的股票的市值报价应该在 10 亿至 15 亿美元之间。古辛斯基希望在最初阶段筹集到大约 1.2 亿美元新资本，然后再筹集更多。古辛斯基也在开始向电影业扩张，他创建了一个新的电影制作公司，计划在莫斯科市中心修建一座 11 个屏幕的电影院。他对 NTV 特别频道能成为中产阶级的收视选择抱有很高的期望，收视群在年底前约为 13 万人，这一点很让他失望，他要的是上百万的收视率。

外界对别列佐夫斯基的生意还不清楚；他持有的股份是一个神秘的帝国，被层层的外壳公司和离岸港所掩护。众所周知，他在西伯利亚石油公司贷款换股份时，获得了该公司大部分的股份。别列佐夫斯基从来没有拥有过俄罗斯国家航空公司的股份，但是他还是从他数百万美元的硬通货的票务交易中获得了巨额的利润。他就像个中间商，从俄罗斯国家航空公司贷款，而还的全部是他从公司利润中所积累的现金。他还拥有罗格瓦兹汽车的代理经销权，他在媒体界所持有的股份已经远远不止俄罗斯公众电视台 ORT，还包括 TV - 6 四分之一的所有权、《独立报》和精装杂志《火花》(*Ogonyok*)。[7]出版业和电视业给了别列佐夫斯基一个发表自己观点的途径：他的热情在政治，而不在商业。经历了银行家之战，当他失去了在克里姆林宫安全委员会的工作之后，别列佐夫斯基仍然是叶利钦的高级官员瓦连京·尤马舍夫的顾问。

斯莫伦斯基也同样迷上了西方的贷款。1997 年，他向西方商业银行贷款 5 500 万美元，向大通曼哈顿公司贷款 1.13 亿美元，还发行了 2.5 亿美元的浮动欧洲债券。[8]斯莫伦斯基后来承认他对发行巨额欧洲债券所得资金并不知道如何处置，他贷款只是因为贷款人告诉他可以借到钱。“现在回想一下，所有专家都说，银行不应该在 10 年之内进入国际金融市场。这是一个战略性的错误，我现在非常赞同。”斯莫伦斯基说，“我们当时其实并不需要那些资金。”

尽管如此，斯莫伦斯基和其他人仍然以最快的速度吞噬着西方的资金，他们不停地飞往伦敦和纽约的商业中心达成一笔笔新的交易。1997 年，俄罗斯银行从国外获取的贷款数量首次超过了银行在国外的资产数量。银行疯狂地从国外贷款，然后将贷款投到国内飞涨的股票和债券市场上。[9]

尤克西公司合并计划的出炉是如此匆忙，以至于霍多尔科夫斯基要求记者们不要对过多的细节提问。他的一位关系密切的同事后来告诉我，尤克西公司合并的真正原因并不是要战胜俄罗斯国家石油公司，或者借到更多的钱，尽管这两者均有益处。“这其实是霍多尔科夫斯基的野心，”他说，“他要建立俄罗斯最大的石油公司。其动机不是基于经济方面的考虑，而纯粹是出于个人野心。”[10]这个合并计划在五个半月之后宣布失败。油价因为东亚需求下滑而下跌。坐在前排的寡头开心地微笑着，尽管他们正划艇顺流而下——直达瀑布。

银行家之战的阴云直到春天仍挥之不去。气愤和苦恼均来自秋季的一场恶战，别列佐夫斯基和丘拜斯互相对峙。他们的争斗使政界精英瘫痪，渐渐使投资者丧失了信心，使俄罗斯面对即将到来的灾难毫无准备。这两个人在三月初接受了一系列报刊采访，粗暴地互相攻击。丘拜斯的时代“已经结束”，别列佐夫斯基宣称，“巨额资金是俄罗斯政府目前最坚强的中流砥柱”。[11]而丘拜斯回敬道：“毫不夸张地说，我们不得不迫使自己离开”那些大亨。[12]丘拜斯嘲讽别列佐夫斯基说，寡头们在摧毁通信投资公司后再摧毁他的计划，“并没有达到预期的结果”。丘拜斯将别列佐夫斯基描述成一个具有魔鬼般能量的掮客，“动动手指”就可以将副总理换下来。他说，别列佐夫斯基生意的全部就是“政治影响力”。[13]

丘拜斯在《独立报》的采访中满是怨恨、表现突出，这是去年秋天别列佐夫斯基用来攻击他的媒体。丘拜斯说：“谎言，全部是谎言，这是背叛了良心的报纸，背叛了良心的记者，还有背叛了良心的主编。”丘拜斯承认他已经厌倦了在政府机构里任职。他抱怨道：“我已经无法忍受继续在政府部门工作了。”针对别列佐夫斯基搜集攻击他的污点材料一事，丘拜斯说：“有人给了我夫人的朋友一笔钱，一笔数目可观的钱，用来搜集任何对我不利的卑劣证据。他们在圣彼得堡向五六十个认识我的人询问，希望他们能提供一些关于我的事。”[14]

别列佐夫斯基在 2 月 15 日晚上的一场雪橇比赛中，从高速行驶的雪橇中摔了出来，脊柱受了伤，3 月被送到瑞士疗养。[15]在休养期间，闲不下来的别列佐夫斯基开始了一项更具野心的新计划，一项比丘拜斯在他发言中所说的那样动动手指便能替换国家副总理更不可思议的计划。别列佐夫斯基开始秘密挑选叶利钦的接班人。下一届选举应该是在两年以后，但别列佐夫斯基不希望像 1996 年那样等到选举前几个月才开始动手。他想现在就在克里姆林宫安插下他的大资本模型，这个模型被商人们称作炮弹，而且要为所谓的俄罗斯公司的“董事会”服务。总理应该执行命令，正如一个首席执行官要做的一样。

别列佐夫斯基贪得无厌的野心以及他对权力不断提高的渴望，都与他以往的经历分不开。从最早梦想获得诺贝尔奖，到日古利牌汽车的大笔交易，以及他解救叶利钦的行为，都充分说明了这点。但这一次有所不同，俄罗斯的经济正走向崩溃的边缘，而寡头们都没有意识到危险即将来临。别列佐夫斯基没有把握住游戏规则，当头脑需要冷静和稳定时，他却选择了冲动。银行家们的战争已经留下了一个伤亡惨重的战场，1997 年秋季，持续不断的明争暗斗和互相揭发隐私让投资者们受到惊吓，股票市场持续下跌。而现在别列佐夫斯基又要搅起一轮新的混乱。

他当时的具体行为并不十分明确。他喜欢阴谋和暗箱操纵，他的公众发言经常含糊不清。但是我所留意的却是一个短语——典型的拐弯抹角，别列佐夫斯基一遍又一遍重复地使用着。他坚持说，寡头们应该确保“权力连续性”。别列佐夫斯基从来不敢直接公开说出来的话是，他们希望有一个强手来决定下一任的俄罗斯总统。由选民决定吗？他们会按照他们被要求的那样去做，而且寡头们会在电视频道上说明该怎么做。更重要的是，大亨们需要安插一个基本上能够延续和叶利钦同样的改革道路的人，一个能够满足他们的需求的人，一个他们能够信任而且可以在背后操纵的人。他们需要的是一位遵循寡头资本主义规则的领导人。

挑选接班人之所以如此紧迫是因为叶利钦的身体状况不稳定。他在 1998 年早些时候经常显得困惑且冷漠。我当时不断听说一些谣言，说他会间歇性迷失方向或失去知觉。寡头们开始严肃考虑他还能做多长时间的总统。他们知道，根据俄罗斯法律，如果叶利钦由于健康原因下台，那么总理将自动接替并行使俄罗斯总统的权力，而且很有希望是永久性的就职。

这样看来，选出下一任总理就很有可能意味着选出了下一任的总统。“我发现总理将会成为下一任的总统，”别列佐夫斯基后来告诉我，“这一点我很清楚，这就是我为什么说，我们衡量总理的第一标准是这将是下一任俄罗斯总统。”[16]

别列佐夫斯基认为换掉现任总理势在必行，现任总理是维克托·切尔诺梅尔金，一个疲于奔命而且立场不稳的家伙。“切尔诺梅尔金已经用尽了他所有的潜能。”别列佐夫斯基后来说。参加了这次谈话的古辛斯基对此也有同感，他告诉我他持相同观点：“他已经在最艰苦的时期内当了五年的总理。叶利钦的身体状况经常很差，这样切尔诺梅尔金承受了巨大的压力，他向每个人都做出承诺，不管是左派还是右派，这五年来他所许下的太多的承诺已经将他完全禁锢住，就像在他脚上拴了一条锁链，我能看出他已经寸步难行了。”[17]

显而易见，切尔诺梅尔金当时的立场的确是飘忽不定的。但是别列佐夫斯基可能有其他的动机，他想安插自己的人。别列佐夫斯基总是把目标定得很高，而拥立新的俄罗斯总统这个主意看起来并不是那么高不可攀。许多政治家在那个时候都推测别列佐夫斯基最中意的人选是伊万·雷布金（Ivan Rybkin），前杜马发言人，曾任克里姆林宫的安全委员会主任，别列佐夫斯基当时是副手。雷布金属于那种谦逊的、安静的类型，完全不具备领导人的个人魅力，是别列佐夫斯基信任的人选。雷布金可以被控制。但是，当我跟别列佐夫斯基在几年后谈起这件事时，他坚持他所支持的候选人“不会被任何人背后操纵，这就是我的意思”。他说他需要一个独立于寡头们的人，或者至少不属于他们其中的任何一个人。“我从来没有提名候选人。”他说。而古辛斯基回忆说，别列佐夫斯基实际上拥护雷布金。

寡头们正在像一个“董事会”一样暗中操纵着克里姆林宫，这一点是无可争议的。董事会成员包括在发表尤克西公司的合并声明时同样的阵容：古辛斯基、霍多尔科夫斯基、斯莫伦斯基和别列佐夫斯基，这里面还包括叶利钦的女儿塔季扬娜·季亚琴科，以及参谋长瓦连京·尤马舍夫，他接替了丘拜斯的位置。还有另外一位石油商罗曼·阿布拉莫维奇（Roman Abramovich）参与其中，他是别列佐夫斯基在西伯利亚的合伙人，在叶利钦核心集团里是很有影响力。

“我们一直都在谈论这个话题，”别列佐夫斯基承认他们在密谋废除切尔诺梅尔金，“在我们聚会的时候，所有的巨头和尤马舍夫、塔季扬娜、霍多尔科夫斯基——我们有一个俱乐部，有一番对话。关于什么的对话？就是切尔诺梅尔金的政治生命已经被耗尽了。”[18]

别列佐夫斯基在一次报刊采访中声明，这个集团比起1996年大选前“更加牢固”了。而丘拜斯和波塔宁已经完全被排除在外。联合进出口银行因为银行业的争斗也被“排除在外”，而丘拜斯“应该知道自己所处的位置——我真不想那样粗俗”。[19]

各种迹象显示别列佐夫斯基和他在克里姆林宫的同盟——主要是季亚琴科和尤马舍夫——策划出一个计划，准备在1998年的2月或3月撤换切尔诺梅尔金。别列佐夫斯基告诉我，尽管他并没有直接向叶利钦谈起这件事，撤换切尔诺梅尔金的问题“已经讨论几个月了”。古辛斯基回忆说，大亨们在霍多尔科夫斯基的尤科斯石油公司的会议室里曾讨论过这件事。

二月下旬的一天，谢尔盖·卡拉加诺夫被一个电话叫到克里姆林宫。这个短小精悍的光头男人是驻欧洲机构的副处长，俄罗斯科学及教育机构的几十个智囊之一。卡拉加诺夫还是一个声誉很高的对外政策协会的主席。他总是衣着讲究，打着漂亮的领带，他在1996年曾经写信给叶利钦，警告他当时如果放弃竞选将会出现的严重后果。叶利钦看了他的信，然后没有取消竞选。叶利钦曾经对卡拉加诺夫言听计从。

现在卡拉加诺夫悄悄地走进克里姆林宫。在宫内尤马舍夫小小的书房里，卡拉加诺夫还遇见了季亚琴科和几位寡头。他们向卡拉加诺夫介绍了他们的计划，他要去见叶利钦并力劝其撤换总理。他们已经有几个可能人选来接替切尔诺梅尔金。不用说，卡拉加诺夫马上意识到这绝对不是普通的政治阴谋。

第二天，卡拉加诺夫在经过深思之后又回到克里姆林宫，他私下与尤马舍夫和季亚琴科共进了午餐。他们向他提供了一个克里姆林宫内的高职位。但卡拉加诺夫仍犹豫不决。撤换切尔诺梅尔金的计划是大亨们玩弄的一个大胆的权力游戏。当他听到"集团政府"这个词时，他几乎窒息了。接着，他严肃、愤怒地质问叶利钦的女儿和参谋长，那些寡头都失去理智了吗？他们疯了吗？他们是在试图接管俄罗斯吗？卡拉加诺夫说，也许他该直接告诉叶利钦是时候退休了，难道这暗示还不够明确吗？

"不行。"季亚琴科坚持说，这样做太过分。卡拉加诺夫离开克里姆林宫，而且再也没有听到任何关于这个计划的事。[20]但撤换切尔诺梅尔金的努力正在加紧进行。

在他的回忆录中，叶利钦说，撤换切尔诺梅尔金这件事一开始就是他自己的主意，他一直在寻觅一位更年轻、更强硬的人选，而且在撤换切尔诺梅尔金之前已经物色了三个月的时间。叶利钦是属于喜欢权力平衡类型的人，他总是喜欢先打乱然后再重新组合他的议会。但是没有人知道他如何做出的决定。别列佐夫斯基有可能在暗中成功地利用了叶利钦。但是也可能叶利钦已经决定行动，所以别列佐夫斯基正试着打开叶利钦的缺口，以达到他自己的目标。

叶利钦所采取的第一个特殊行动，据他自己说，是在 3 月 21 日，这一天恰好是星期六，也就是他撤掉切尔诺梅尔金的前两天。叶利钦在莫斯科郊外高尔基 9 号的住处会见了这位总理。他们就拖欠工资一事进行了讨论，叶利钦告诉切尔诺梅尔金他对他的工作很不满意，切尔诺梅尔金“以一种命中注定的表情看着我，他是一个经验丰富的老共产党官员，他什么事都知道”，叶利钦写道。那个周六夜晚，叶利钦召集了尤马舍夫和他的新闻秘书谢尔盖·亚斯特任布斯基，准备发布一份解除切尔诺梅尔金职务的声明，叶利钦记得当时尤马舍夫让他将声明推迟到周一发表，说那是一个工作日，会更有时效，叶利钦勉强同意了。

事实上，这个短暂的推迟让别列佐夫斯基有机会走上了舞台。星期六，当叶利钦告诉助手们他要撤换切尔诺梅尔金的时候，别列佐夫斯基正在他那宽敞的乡村别墅里为叶夫根尼·基谢廖夫的电视栏目《综述》录制一套采访节目。他的背部仍然因雪橇事故而疼痛，因此在录制的时候感到很不舒服，他靠在椅子上，周围放着枕头。而且他还将他受伤时乘坐的雪橇也摆在旁边，一起上镜。在采访中，别列佐夫斯基暗示了即将要到来的变革。他说他正专注于 2000 年的竞选准备工作，来确保“权力的延续性”。随后，他以他那掮客的自信批评了所有可能取代叶利钦的主要候选人，他喋喋不休地讲述他认为哪一个有候选资格、哪一个没有。完全是一个自信满满的君王推手的姿态。别列佐夫斯基说他怀疑平庸的切尔诺梅尔金是否能被选中，因为目前还没有明显的最佳人选。他暗示可能是时候该选择一位“新人”了。但他并没有说是谁。[21]

星期日的晚上，叶利钦告诉他的助手尤马舍夫说，他的总理人选是谢尔盖·基里延科，35 岁的石油和能源部长。基里延科是来自下诺夫哥罗德州的银行家，他在 1996 年的时候说他会跨越“奔腾的江河”来跟随叶利钦完成他的经济改革。基里延科是一个进步的、热情认真的、独立思考的人，他留着短发，戴一副金丝边眼镜，让人感到他年轻努力。作为鲍里斯·涅姆佐夫的门徒，基里延科在下诺夫哥罗德州负责一家银行和一个石油公司，但他在政府部门的工作经验有限，而且只在莫斯科工作了不到一年的时间。

叶利钦 3 月 23 日星期一很早就回到克里姆林宫，以便录制关于切尔诺梅尔金离职的电视讲话。在录制中，叶利钦没有提到基里延科的名字。“目前，在新总理没有被指定之前，由我本人暂时承担总理的职责。”他还补充道，“在不久的将来，我将提名一位候选人。”当他录制磁带的时候，叶利钦根本没有想到他将会选谁。我想在那个早晨一场激烈的游说仍在进行当中。

基里延科说，尤马舍夫在星期日晚些时候打电话到他家，要求他第二天早上赶到克里姆林宫，基里延科不知道他为什么被召集到克里姆林宫。他猜想他是被召集去参加一个关于欧洲共同体贸易政策的会议。那天是他女儿的生日，他答应她早点回家。当总统提出让他担任这个职位时，他被震惊了，这太不可思议了。克里姆林宫不得不承认，与总统在电视讲话所说的恰恰相反，总统本人并无法承担总理的职责，基里延科得到了这个职位。

基里延科绝对不是别列佐夫斯基所感兴趣的人。别列佐夫斯基后来说选择基里延科对他来讲并不是件很愉快的事情。丘拜斯无法掩饰他的兴奋，他终于战胜了别列佐夫斯基。“有些寡头醒来，今天早上浑身冷汗。”[22]发生了什么事呢？很明显别列佐夫斯基和其他寡头准备撤掉切尔诺梅尔金，但是别列佐夫斯基对局势失控了。基里延科在丘拜斯、尤马舍夫、季亚琴科以及其他寡头的支持下上台了。可能是别列佐夫斯基错误地认为他有更多的时间来操纵叶利钦，或者是叶利钦自己决定要绕过那些狡猾的寡头们。是谁用计战胜了谁呢？显然，无论是对别列佐夫斯基来说，还是对叶利钦来说，答案并不是很清楚，但是结果是一样的：切尔诺梅尔金被撤掉了。

叶利钦说他希望切尔诺梅尔金准备一场总统竞选活动，这个借口未免太蹩脚，因为他刚刚把切尔诺梅尔金从高级职位上撤下来。倒霉的切尔诺梅尔金经历了准备竞选的阶段，包括在别列佐夫斯基的罗格瓦兹俱乐部里会见了寡头“董事会”。别列佐夫斯基说，他当时看到了一个完全不同的切尔诺梅尔金，一个有着“巨大潜力”的人。这简直不可思议，切尔诺梅尔金的政治前途实际上已经很灰暗，他的亲克里姆林宫政党“我们的家园俄罗斯”已经破产。不过，这一年晚些时候可以看出，事实上别列佐夫斯基还未完全放弃他。

所有人都未察觉，叶利钦在一个绝对最不适当的时候对政府进行了改革。3 月 27 日，别列佐夫斯基早餐时在豪华的莫斯科大都会酒店里会见了一批新闻记者。他的背部还因为雪橇受的伤而感到疼痛，他站起来，衣着一如既往地考究，他轻快地吃着羊角面包，喝着橙汁。别列佐夫斯基明显地感觉到基里延科是个在政治上很软弱的人，而叶利钦的身体状况又很差。“我认为这样很不好，因为总统不良的身体状况已经不允许他继续每天操劳政务，这一点十分必要。”他还补充道，“要获得经验和力量是需要时间的，而谁能来填补这个真空呢？我没有答案。”

基里延科在莫斯科没有政治背景，在议院里没有任何影响，从他上任的第一天起就注定了他的失败。他的境况由于在前五周内没有得到国家杜马即下议院的确认而变得更糟。他终于在第三次也是最后一次投票中获得通过，而前两次均以失败告终。[23]别列佐夫斯基几乎用了 4 月所有的时间秘密对抗克里姆林宫，试图在他的报刊上、电视上诋毁基里延科，他希望对基里延科的提名不能通过。伊戈尔·盖达尔当时告诉我，别列佐夫斯基对权力的欲望异常强烈，但是他的触角可能超过了他的控制范围。“对别列佐夫斯基来讲，他生意的本质就是政治和阴谋，这才是他所玩的游戏，他认为他有权利统治这个国家。”盖达尔抱怨道，他和寡头不是朋友。“他讲得很坦率，他说政府已经太脆弱了。需要有人管理。他们（那些寡头）是强大而精明的人，他们可以做到，所以他们说了算。但是我认为别列佐夫斯基高估了自己。”

“别列佐夫斯基最大的错误是他过分强调了自己的重要性”，盖达尔接着说道，“如果有那么一天，当你有了很大影响力，你最好保持沉默。”

4 月中旬，叶利钦对别列佐夫斯基的阴谋再也忍受不下去了。他打电话给他，严厉地要求这位大亨停止在议会中诋毁基里延科。[24]在俄罗斯宇航员庆典上，叶利钦大声说出了他一直在考虑的话：如果别列佐夫斯基还不停止他的阴谋，他会让这位大亨永远地离开俄罗斯。这是一个极其特殊的时刻，《商业日报》爆出一条消息，称尤马舍夫和亚斯特任布斯基试图掩盖叶利钦病情的恶化，但是事情终于败露。[25]两个星期之后，别列佐夫斯基接到另外一个任命，让他担任独联体的执行秘书长，这是一个松散的、基本无能的所有原苏联成员国（除了波罗的海三国以外）的联合组织，工作地点设在明斯克，但这次任命给别列佐夫斯基提供了最重要的东西：新的通往克里姆林宫的权力基础。

这个时期，安德烈·皮翁特科夫斯基（Andrei Piontkovsky）对大亨们的批评最为辛辣尖刻，他一度既是数学家又是核武器战略家，同时还在娱乐报刊中写了一篇关于寡头政治影响力的评论。他告诉我说，别列佐夫斯基春天所用的策略代价很高但却没有用处。“我们眼睁睁地看着寡头自我毁灭，”他说，“我相信没有赢家，只有输家。”[26]皮翁特科夫斯基自己都没发现，他这话说得太对了。

卢布是一种非常滑稽的货币。俄罗斯人并不相信自己的货币，也不相信他们的银行和政府。他们会把钱藏在床垫底下，通常是美元。俄罗斯流通着300亿至400亿美元的钞票，这是除美国以外的最大的流通量。俄罗斯人握紧他们手中的美元，是因为不管在苏联解体之前或之后，任何人想乱动卢布都会引起一场动乱，盖达尔的恶性通货膨胀吞噬了公众仅存的一点信任。[27]

俄罗斯政府和中央银行在恐慌中决定对卢布做另一次调整。1998年1月1日，俄罗斯卢布被重新估值，去掉了货币后面的三个零。原来的6 000卢布对换1美元调整为6卢布对换1美元，这完全是表面上的改变，用来消除人们对恶性通货膨胀的记忆，用来象征正常状态。数十亿新钞早在几个月前就提前印出。因为害怕再次引起恐慌，政府和中央银行用了数月时间准备，通过广告向公众宣传，让公众安心。叶利钦承诺：“我们的钞票再也不会出现多位数的大额面值了。”

一切顺利，对卢布的重新估值安静通过，没有引起任何恐慌。看上去，俄罗斯经济走向正常化的进程又迈过了一道门槛。过去通货膨胀的阴影已经渐渐远去。丘拜斯甚至骄傲地声称，俄罗斯已经驯服了卢布。他吹嘘道："我们现在有了稳定的货币，巧合的是，我们的汇率与法国法郎是相同的。"[28]丘拜斯在二月份告诉叶利钦他想辞去公职，他迫切地希望离职已经有很长一段时间了。叶利钦问丘拜斯："那我们的经济会怎样?"丘拜斯回忆说，他当时对叶利钦说，他离职很安心，因为经济在未来一年不会有大波动。

丘拜斯说："经济今年会增长，不会有大事件发生了，无论是好是坏。"

丘拜斯完全错了。这是丘拜斯在这多事的一年中所犯的诸多错误之中的第一个，他没有预见到俄罗斯会在全球经济变化的浪潮中遭受巨大挫折。他和寡头乘坐同一木筏，无忧无虑地顺流而下。俄罗斯很快就被两条强大的巨龙所缚住，现代经济学犹如巨兽将整个俄罗斯撕裂。第一条巨龙是债务爆炸。第二条巨龙是人们没有意识到卢布会再次贬值。两条巨龙在早春一起缓慢地向俄罗斯爬来。许多人看到了威胁，但极少数人能够确定威胁所带来的冲击以及威胁何时会袭来。俄罗斯经常处于"危机"之中，危机已让领导人瘫痪，对于危机到来的警告也已经麻木不仁了。政府长期以来一再向外界声称这不会是一场灾难，这也加剧了危机。而当灾难真正到来的时候——当巨龙袭击之时——已无处可逃。

如果你有机会在1998年初飞越俄罗斯上空，从地形角度观察其经济，你会发现截然不同的世界。俄罗斯的面积相当于美国和加拿大的总和，其经济由多种成分组成。永恒不变的乡村地貌仍然落后、隔绝且处于农耕状态。俄罗斯省级城市处于混乱、不稳定的局面。工业效率低下；庞大的工厂生产钢材和汽车，没有盈利，只有亏损。工人、工厂和政府都忙着进行易货贸易。现金几乎从经济生活中消失了。大企业中73%的生意都是易货，现金只是用来支付8%的税收。这些交换与权衡成了日常生活中极度扭曲的因素，两位美国学者由此认为俄罗斯正在成为一种"虚拟经济"，其中每一个重要的方面诸如价格、工资、利润都是欺诈。[29]

最后，如果你来到莫斯科，就会看到一个两极分化的世界。莫斯科在 1998 年 8 月前是一个具有勃勃生机的新兴都市。莫斯科的金融场景充斥着银行和汇率、大亨和股票交易商、财富和权力的圈套变得异常混乱。莫斯科本身是种虚拟经济，淹没在轻松赚钱勾当中，为寡头和他们的政治靠山所控制。他们的争斗和突发奇想在媒体中有着巨大回响，而这些媒体大部分由寡头们自己控制。正是在这座新兴的都市，1998 年金融危机席卷而来。

危机首先出现在长期以来毫无纪律性可言的政府部门。国家的公共财政是一个黑洞。简单来说，就是俄罗斯入不敷出，每天都是如此。特殊补贴部门比如农业、军工企业、银行以及巨大的原苏联工厂都让政府背负着巨额补贴的负担。这种情形在共产党人所主导的议院里得到了广泛而热烈的鼓励。同时税务部门又是一个无底洞。[30] 当政府花光手中的钱，就停止发工资。俄罗斯处于入不敷出的状态。

在 1993 年至 1994 年的通货膨胀中，可以通过印大量钞票来弥补财政赤字，但这样会加剧恶性通货膨胀。丘拜斯在 1995 年停止了这一做法。另一个弥补财政赤字的方法是从国际货币基金组织那里贷款。在 1996 年叶利钦二次竞选之前就开始了一项长达三年的 100 亿美元的贷款项目。[31] 从 1993 年开始，俄罗斯发现还有另一个弥补赤字、缓解通货膨胀的方法，那就是从金融市场借钱。在国内，借贷是通过发行价格极高的短期债券，即 GKO。这个缩略语来自俄语 “gosudarstvenniye kratkosrochniye obligatzii”，即短期政府责任。GKO 随后象征着所有疯狂的股票和债券市场。债券以卢布计价发行，时限通常为 3—6 个月。当 GKO 在 1993 年 5 月第一次发行时，市场很小。在 1994 年底，未偿还债务只有 30 亿美元。但在竞选之年即 1996 年底，总额扩大到 427 亿美元。1997 年被称为“年轻的改革家”的一年，未偿还债务达到 647 亿美元，在 1998 年中期达到 700 亿美元。当危险在俄罗斯渐渐浮出水面，特别是在 1996 年选举之前，GKO 的发行数额飞涨，这就意味着政府必须支付更多来借到更多钱。但是高产出也有一丝希望，债券对于俄罗斯银行和任何能购得债券的人来说都是轻松赚钱的天赐良机。GKO 吸收的巨额资金应当用在生产性投资上。维克托·华科是莫斯科奥里翁资金顾问公司的金融家，他告诉我，俄罗斯的一些公司宁愿将 2 亿美元投入到 GKO 之中，也不愿意投资添置新的设备。他说："我可以投资购买一个新设备，并在 10 年中每年得到 20%的回报，或者投资到 GKO 里，在 6 个月的时间里得到百分之百的回报。"当然还是选择轻松赚钱。

GKO 最初是政府集资的一种手段，但最终政府为此付出了不少钱。GKO 自生自灭，成为一种不可持续的传销形式，迫切需要新的投资者来支付旧债务，和 MMM 骗局一样。1994 年，GKO 四分之三的收益都被财政部用来弥补政府赤字，但到了 1997 年，91%的收益都用来支付早期 GKO 所欠债务，只有 9%的收益用在政府预算上。[32]

1996 年，叶利钦连任总统后，全球资本市场开始向俄罗斯开放。就像霍多尔科夫斯基迷上西方金融一样，俄罗斯联邦政府也是如此。城市和地区也经不起借贷的诱惑。[33]在一些金融评级机构如标准普尔公司、惠誉评级公司和穆迪投资服务公司的支持下，俄罗斯政府官员很快满世界进行所谓的路演，兜售欧洲债券，这些债券都是以国外硬通货计价出售给外国人，例如美元、德国马克和意大利里拉。欧洲债券的收益为俄罗斯的预算注入了资金，从而掩饰了国内严重的财政赤字。俄罗斯在 1997 年至 1998 年发行了总计 149 亿的欧洲债券。[34]备受争议、越来越大的预算赤字以及靠从国内外借贷来弥补赤字的方法，酿成了 1998 年第一条危险的巨龙：债务。俄罗斯陷入了越来越深的无底洞。

随着时间推移，危机逐渐显露出来。1997 年新兴的股票市场异常活跃，GKO 被视为一项热门投资，因为这是政府支持发行的国库券，给人以安全感，是一种用来支付政府支出的非通货膨胀的方式。但俄罗斯很快发现，只有当需求者热情高涨时，这个市场才会保持"火热"。外国投资者来到俄罗斯后随时会离开，他们离开的原因与俄罗斯没有任何关系，他们也真的这样做了。叶利钦在 20 世纪 90 年代向繁荣的韩国大献殷勤，甚至不惜牺牲与朝鲜的关系。他对韩国的外交政策在其帮助新兴有价证券的投资上得到了回报。但当 1997 年金融危机席卷东亚之时，韩国的投资者们第一个放弃了俄罗斯。他们很快从 GKO 市场抽回了他们的资金。巴西的投资者们也逃走了。俄罗斯的中央银行试图从市场上购买 GKO 来弥补损失，但没有成功。中央银行在 1997 年 11 月动用令人吃惊的大笔金额——国家的储备金仅在当月从 229 亿美元下跌到 168 亿美元——试图稳定 GKO 市场。仅在一周内就损失了 20 亿美元，耗费惊人。[35]这是一个高代价的失误，中央银行决定不再挽救 GKO 市场，而用仅有的储备金支持卢布，因为中央银行已经没有足够的储备金来同时完成这两项工作了。叶利钦批准了这个决定，该决定于 12 月 1 日生效。谢尔盖·阿列克萨申科(Sergei Aleksashenko)时任中央银行副总裁，他回忆说，他当时紧张地关注投资者们会如何反应。直到一周后，部分投资者又回到了 GKO 市场，并购买了 4 亿的债券，他才如释重负。阿列克萨申科当时认为这是“一个很重要的标志，意味着我们已经度过最艰难的时刻”。[36]但他错了。

1998 年 1 月 1 日，为了继续引诱投资者以便弥补预算赤字，俄罗斯政府放开 GKO 市场，使国外的投资者更容易购买到 GKO，并允许他们将所获得的利润带走。门现在完全敞开了：新的投资者取代了韩国和巴西投资者的位置。GKO 的金字塔还在加高。截至 1998 年春季，外国投资拥有 28%的 GKO。

每周三，财政部都会偿还 GKO 的到期债务，但用这样的方式来阻止金字塔倒塌却很棘手。每周的游戏是这样的：政府平均要筹措到 80 亿卢布的数额才能够支付已到期债务。每周都必须保持投资者(其中三分之一是外国人)的信心，使他们重新投资足够的数额以便支付到期债务。在寡头们彼此争斗的同时，预算大量流失，亚洲金融危机席卷了莫斯科，投资者们充满了恐惧。而当投资者们丧失了信心，并且不愿拿出钱来购买短期国家债券时，政府退缩了，这就更让投资者们进一步失去信心，而政府又退缩得更厉害。这样就形成了一个巨大的债务炸弹。

使危机进一步恶化的是全球石油价格的下滑。石油是俄罗斯出口的重头产品，其价格从 1997 年到 1998 年下跌了 25%，税收也同时下跌。政府不得不疯狂借贷以弥补缺口。1998 年 4 月 1 日出现了转折点，财政部每周例行举办 GKO 的拍卖时，突然发现出现了缺口：他们第一次发现，购买新债券所得到的钱不足以支付到期债券。政府不得不拿出另外的 1.64 亿美元支付给早期投资者。GKO 市场原本是用来资助联邦财政预算的，现在反过来却要由预算来负担。每周拍卖会上筹集的资金和短期国家债券到期应支付的资金之间的差额在 5 月份是 37 亿卢布，6 月份是 128 亿卢布，7 月份的头两个星期就有 100 亿卢布。[37]巨龙开始咆哮了。

外国投资者喜欢 GKO 飞涨的市场，但他们要求有保险政策。GKO 是以卢布发行的，如果卢布在 3 个月或 6 个月的债券期限内贬值，投资将成为损失。投资者们要求风险保护，俄罗斯答应了，因为俄罗斯需要他们的投资。中央银行批准了一项被称为美元期货合同的金融工具。根据这个合同，俄罗斯的商业银行通过收取一定的费用防止卢布价格的潜在下滑，为防止货币贬值提供保障。如果卢布保持稳定，这些美元期货非常有利可图。银行此时的角色就像是马戏团的报幕人。他们会大声叫喊："来吧！回报超高！带着美元安全离开！"尽管美元期货的风险很大，一些大亨仍争相抢购。后来莫斯科法庭就因美元期货发生在两个银行之间的争论进行裁决，得出结论是，这些根本不是金融合同，而是一个对卢布汇率没有执行力的赌博。弗拉基米尔·维诺格拉多夫的革新商业银行是最大的赌徒，该行持有价值 18 亿美元的期货，截至 1998 年 7 月大约占期货总额的三分之一。波塔宁的联合进出口银行持有 14 亿美元，而霍多尔科夫斯基的梅纳捷普持有 9.1 亿美元。"三一对话"经纪中心根据银行的报告估计，美元期货的总额在 65 亿美元左右，但实际金额可能会更高。另一家经纪公司布朗斯威克称，美元期货总额在 90 亿美元左右。[38]这场豪赌的赌注是使卢布在未来的六个月内保持稳定，而中央银行曾承诺卢布肯定会稳定。

丘拜斯也相信卢布会坚如磐石。1995 年推出了"走廊计划"，根据这个计划，中央银行保证将卢布兑换美元汇率维持在一个狭小、有限的变化范围内，并成功地做到了这一点。该计划帮助丘拜斯取得了他最为骄傲的业绩：通货膨胀下降。这绝不只是一个经济上的目标。对丘拜斯和新一代年轻的俄罗斯政治家和商人们而言，卢布的稳定是他们长期寻求的经济正常秩序的标志。他们在芝加哥大学米尔顿·弗里德曼模式中被指责为粗野的“通货主义者”和“芝加哥小子”，但是他们不会后悔——他们在20世纪90年代早期曾经成功地遏制了通货膨胀。[39]卢布“走廊计划”原先是一个实验，后来成了现实。1997年11月，中央银行更进一步指出要保持卢布稳定，到2000年会把贬值范围控制在15%以内。在未来几年，平均汇率将控制在1美元兑换6.3卢布。这个承诺给了大亨们一个信号：中央银行不会让卢布贬值。

尽管中央银行承诺保证卢布的稳定性，外界却仍不平静。下滑的石油价格开始影响到俄罗斯的贸易平衡。以前，俄罗斯有很大的贸易盈余，因为它拥有丰富的石油和天然气储量，出口远远大于进口。俄罗斯可以进口许多该国需要但自己没有的东西，诸如各种食品、化妆品和电器、出口石油和天然气、进口奥利奥饼干、露华浓香波以及索尼录像机。在莫斯科和其他大城市，一半以上的食品供应依赖进口，其中许多东西非常昂贵，但备受新兴中产阶级喜爱。只要俄罗斯有贸易盈余，这些做法都是可行的，卢布也是稳定的。但是，当石油出口价格下跌时，贸易盈余也随之缩水。为了保证卢布仍处在同一水平，中央银行不得不一周接一周地使用资金储备。全球对新兴市场的态度发生了变化，而俄罗斯是新兴市场之一。外国投资者不再愿意将他们的钱投到俄罗斯，因此俄罗斯中央银行不得不提供一个更高的利率来吸引他们，这样使其资金储备流失更快。如果允许卢布贬值，比如，7或8卢布兑换1美元，那么这个压力将会缓解。如果采取灵活的策略，俄罗斯就可以适应世界经济风云变幻。

但是在1998年初的俄罗斯政治和经济精英们看来，卢布贬值的做法与他们所做的一切努力是相违背的。丘拜斯和中央银行行长谢尔盖·杜比宁（Sergei Dubinin）及其副手阿列克萨申科十分惧怕卢布贬值会导致人们的恐慌及政治上的动荡。贬值可能会使他们丢掉饭碗。对于那些拥有石油和矿产出口的寡头们来说，这不失为一件好事，因为他们出口石油换美元，而他们在国内的卢布成本例如炼油厂工人工资就会下降。但是更令人担忧的是那些拥有大量西方贷款组合及美元期货合同的银行会受到很大的损失，因为他们的债务是美元，而拥有的财产是卢布。如果卢布的财产价值下跌，他们会背负更大的偿还债务压力。

贬值是第二条巨龙，精英们——尤其是丘拜斯、中央银行和部分巨头们——对此坚决反对。他们在 1998 年初就是这样告诉安德烈·伊拉里奥诺夫（Andrei Illarionov）的。

伊拉里奥诺夫是一个特立独行的经济学家，一个激进的自由市场主义者，他曾经担任切尔诺梅尔金的顾问。作为一个小型智囊团即经济分析学院的主任，他在莫斯科中部一间狭窄的办公室里办公，办公室有两间屋子，里面堆满了文件。伊拉里奥诺夫作为一位说话带刺的逆向投资者而出名。他责骂俄罗斯的政客，经常攻击中央银行，又经常给改革者们挑刺，因为他经常不停地说，俄罗斯没有实现真正意义上的自由改革，对他来说还留有太多社会主义残留。早在 1994 年，他就声称，根本就没有“休克疗法”。这是年轻的改革家所不愿听到的警告。

他们同样不愿意听到伊拉里奥诺夫 1998 年春天说的话。他研究了一连串数字：进口和出口统计，中央银行的储备和货币基础。他对中央银行货币储备的下降尤为震惊，中央银行的货币储备由黄金和美元等外币组成。伊拉里奥诺夫用了一个简单的标准来判断卢布是否稳定。他拿中央银行的储备规模和所有的货币基础（货币供应量的广义度量）做比较。当储备下滑时，就是在发出警告和信号：卢布可能开始不稳定了。[40]伊拉里奥诺夫在经济分析学院 1997 年 11 月份的简报中第一次提到卢布的不稳定性，到了春天，他更加震惊。他固执地决定，贬值不可避免，而且尽早逐步贬值比以后突然贬值要更容易一些。就像让水蒸气从压力锅里缓慢释放出来，比快速释放可能引起的爆炸要好得多。

考虑到俄罗斯历史上由于货币引起的恐慌，伊拉里奥诺夫知道贬值是一个敏感的话题，他小心翼翼地试图劝说政府高官们应该考虑一下此事。他拜访了财政部副部长和克里姆林宫里的政府官僚。他有时会使用些图表，但更多的还是将他的思路写在一张白纸上。“他们的第一个反应就是绝对愚蠢的，完全愚蠢的。”他说。所有的官员都告诉他：卢布不会贬值的。为什么？“因为我们决定不会出现贬值。”

“太奇怪了，”伊拉里奥诺夫后来告诉我说，“因为这些人都那么年轻、前卫、容易接受新观点，不管是西方事物还是其他新鲜事物；但他们同时又是那么无知和骄傲，以为他们什么都知道。”在伊拉里奥诺夫讲了20分钟之后，政府官员们插嘴道：但是中央银行承诺了不会贬值呀。又过了20分钟，他们终于表示赞同，他说的也许正确。

“他们会坐在那里说，好吧，也许吧，但是我们对你只有一个要求，”伊拉里奥诺夫回忆道，这个要求总是千篇一律的，“请不要告诉记者！”俄罗斯官员害怕引起恐慌。“不要引起公众注意”，他们警告说。[41]

中央银行尤其不愿意听从伊拉里奥诺夫的忠告。央行行长杜比宁主持结束了恶性通货膨胀，他成功地对卢布的面额进行了重新制订，没有引起公众的惊慌。为什么给自己制造不必要的麻烦？一位财政部的官员告诉我，讨论货币贬值会让杜比宁无法动弹。“他特别害怕谈论贬值一类的话题。他就是办不到。”

总体来说，丘拜斯非常信任杜比宁和阿列克萨申科，他在1998年初错误地判断了当时的经济形势。伊拉里奥诺夫在盖达尔领导的一个小型自由经济学家俱乐部中发表演讲要求贬值。丘拜斯当时在场。当伊拉里奥诺夫阐明他的观点时，彼得·阿文回忆道：“盖达尔和丘拜斯都笑了。”[42]（丘拜斯说他没有参加。）

丘拜斯被经济增长的现象所蒙蔽。增长意味着朝着好的方向发生“质”的变化。将会有“一个不同的生活标准，不同的贫富关系，不同的投资动态，不同的增长基础，不同的拖欠税款的情形。总体来讲，所有的事情都会不同”。[43]

丘拜斯自豪地审视着他们已经取得的成绩：俄罗斯已经被国际金融市场接纳，俄罗斯公司开始与高盛公司进行交易，而通货膨胀这个近五年来一直存在的巨大威胁如今被驯服了。丘拜斯找不到任何一个理由让卢布贬值。他根本不相信贬值是不可避免的，他惧怕贬值将带来的重大损失，尤其是对银行、寡头们和叶利钦。“在那个时候，实施贬值将会导致什么样的结果呢?”丘拜斯随后告诉我，“若卢布贬值20%—25%，国家的银行系统将会大面积破产。”真正使丘拜斯恐惧的是贬值所带来的政治影响。“我们会引起许多人的不满，”他说，“各种抗议，人们对于该决定缺乏理解、不愿接受会使局面变得非常糟糕。”

但是债务和贬值这两条巨龙不会以人们的意志为转移，它们的到来也是阻挡不住的。

自5月12日就任以来，基里延科就公开宣布，他会与大亨们保持距离。他说他的政府不会偏向他们。他宣布：“国家的利益要不惜任何代价来保障。”他非常认真地或许有点过于热情地拒绝了与寡头们进行会晤。他拒绝按照他们的规则行事。

但是基里延科陷入了困境。在他组成内阁的当天，煤矿工人举行了全国性的罢工，同时阻断了西伯利亚的铁路干线。工人们还跑到莫斯科，在游行中将他们的帽子重重地摔在白宫外面的街道上。另一个困境的前兆是，国会在五月通过了一项限制国外投资者投资俄罗斯巨大的电力垄断公司联合能源系统的法案，而这个公司对于外国投资者们来说一直是一个炙手可热的投资项目。丘拜斯刚刚被任命为该公司的总裁。对多疑的海外投资者来说，这个法案可能是最坏的信息：外国投资者的利益在俄罗斯是得不到保障的。5月27日霍多尔科夫斯基的一笔大买卖即尤科斯公司和西伯利亚石油公司的合并宣布停止。在同一天里还有更多坏消息。当局宣布找不到俄罗斯国家石油公司的投标人，这是最后一个将被私有化的大型垂直一体化石油公司之一。这又给预算带来一个21亿卢布的漏洞。在数月政局不稳定之后，投资者发现俄罗斯偿付GKO每周到期欠款的节奏正在进一步地放慢。根据阿列克萨申科所述，外国投资人已在逃离俄罗斯，并早在俄罗斯国家石油公司消息披露之前两周内撤出了5亿至7亿美元。整个年度都在下滑的股票市场，在俄罗斯国家石油公司的消息披露之后出现大跳水，中央银行不得不将利率大幅提高到150%。中央银行在前一年的十月还有231亿美元的储备，现在下降到146亿美元了。中央银行为支持卢布已经在5月26和27日两天支付了9亿美元。[44]杜比宁仍然坚持中央银行不会让卢布贬值，而且表示较高的利率是要做一个“冷水浴”，从而“阻止货币投机商人们利用俄罗斯卢布快速挣钱”。丘拜斯很快飞到华盛顿会见了美国官员，包括副国务卿斯特罗布·塔尔博特（Strobe Talbott）、财政部副部长劳伦斯·萨默斯（Lawrence Summers）和国际货币基金组织的第一副理事长斯坦利·费舍尔（Stanley Fischer）。美国总统克林顿签发了关于有条件对俄罗斯提供进一步财政援助的声明。丘拜斯为华盛顿的管理机构所提供的信息是，俄罗斯需要紧急援助。但是克林顿的文件并没有具体承诺，没有数额，没有任何现成的计划。基里延科在浪费时间，而他本人并未意识到这点。

6月2日，叶利钦召集寡头们来到克里姆林宫。会议是在一间绿色房间里进行的，里面摆着一张巨大的白色大理石桌子，这是去年秋天叶利钦召集他们开会的同一地点。在那次会议上，叶利钦要求他们不要再争抢通信投资公司。斯莫伦斯基看起来很消瘦，嘴里嚼着口香糖；古辛斯基穿着双排扣西装，显得很潇洒。丘拜斯来了，别列佐夫斯基没来。此时国外投资者们纷纷撤资，他坚持让他们不要从俄罗斯的市场上撤出资金。“如果你想让国外投资者来投资，你应该自己也投资，”叶利钦说。事实上，大多数出席者都植根于俄罗斯，他们或许也希望能脱离俄罗斯市场，但根本不可能。古辛斯基抗议说：“我们所有的钱本来就都在俄罗斯。”会后，叶利钦的经济顾问亚历山大·利夫希茨（Alexander Livshitz）建议说，如果能在华盛顿的国际货币基金组织总部为俄罗斯存放一笔数目可观的款项，极度紧张的市场状况可能会得到缓解。叶利钦坐在那里沉默了很久，他最后说：“不，我们需要拿到钱，不然我们注定失败。”[45]

从华盛顿回到莫斯科后，丘拜斯表示，希望于6月4日举行的GKO拍卖能够平稳地进行，这是前一周市场暴跌后的第一次拍卖。但是，事实并不是这样。债务的巨龙再一次怒吼了：财政部仅筹集了

58 亿卢布，而到期的债务却有 84 亿卢布。政府不得不自己掏钱偿还剩余债务。基里延科仍然满怀希望，他说："我绝对确信整个事件仍在控制下。"盖达尔一直在基里延科身边工作，他说，"只有半文盲"才会想看到卢布被贬值。事实上，俄罗斯正面对市场上的信任危机，却装作危机根本不存在。丘拜斯是俄罗斯最有经验的经济改革家，他错过了转折点。他失去了对交易场所的控制，交易场所的价格正一天天地下跌。这不仅仅是俄罗斯政府过去几年经历的财政"危机"，这是一场风暴，是一场大崩溃。

伯尼·苏赫尔（Berie Sucher）正在交易大厅，他感觉自己就像一名职业拳击手，每隔几分钟就要被打。苏赫尔 38 岁，是一名华尔街来的老手，他已经在俄罗斯工作了几年，在 1997 年投机泡沫达到顶峰之前就歇了很长时间。他在 1998 年 3 月回到莫斯科，刚好赶上危机爆发。他个子很高，身型魁梧，就像一个高中橄榄球队的前锋。他来到莫斯科时，无法买到一块正宗的牛排，所以他就自己开了一家牛排店。随后又开了几家大受欢迎的美国 20 世纪 50 年代风味餐馆，其中一家与十月地铁站的列宁塑像仅有几步的距离。奶昔、汉堡包、股票和 GKO，苏赫尔了如指掌。他是"三一对话"的执行总裁，"三一对话"当时是一家隶属于莫斯科银行的股票经纪公司，属于卢日科夫帝国的一部分。

1998 年夏初的每一天，苏赫尔都看到股票市场在下滑。他的计算机显示的价目表从来也没有反映出股票的真正价格；任何想要甩卖的尝试都使价格下滑得更加厉害，后果是惩罚性的。他说："这就像在一场无情的战争中站错了队，就像电影里所描述的愚蠢镜头相继到来，就像重拳一记接着一记地落在你的脸上和腹部，没有什么人可以控制这样的惩罚。没有人可能发出那么多拳，也没有人能够承受那么多拳。"[46]

"每一天股票都会跌落 3 个百分点、5 个百分点、7 个百分点甚至 10 个百分点，是每一天！你每天早上来到这里，你希望看到情况是否有可能比昨晚的好一些。"比如，他说，对于某支股票，他看到前一天的价格是 10 美元。苏赫尔会出 9.75 美元来试试水。没有行动。

他还说一个在纽约的客户用15美元买的股票，他可能会希望以10美元卖出，而不是9.75美元。面对越来越恶化的情形，客户们和经纪人变得越来越疯狂。“同样的事情会发生在第二天晚上。在你还没有注意到之前，价格已经滑落到9.5美元或9.4美元。”一种病态的模式已经成型了。

商人很容易理解，这种螺旋式下降的原因就是俄罗斯政府入不敷出，卢布需要贬值了。但政府绝不会让这种事情发生，市场感知和政府观念之间的鸿沟正在扩大，市场已经听到了巨龙的吼叫，而政府却没有听到。[47]

6月，基里延科召集了国外的私人投资商齐聚莫斯科，其中包括华尔街和伦敦交易中心主要投资机构的代表。基里延科和其他官员们简直是在恳求他们不要撤资，不要对俄罗斯能够走出困境丧失信心。但是这个劝告暴露出了政府的不安，起到了适得其反的效果。“国外的投资者们非常专注地听官员们讲话，”伊拉里奥诺夫回忆道，“他们对政府在近两周对他们的密切关注很是吃惊，并从中得出了一个自然的结论：情况严重，他们应该尽早地离开。”[48]奥古斯托·洛佩斯-克拉罗斯（Augusto Lopez-Claros）曾是前国际货币基金组织在莫斯科的常驻代表，之后是伦敦莱曼兄弟公司的经济学家，他回忆说，当时投资者们问基里延科政府是否需要从国际货币基金组织获得紧急援助。“不，我们并不需要，”基里延科说，并保证他的政府会控制住财政赤字，“财政措施将会奏效，市场也会反弹。”

“他们渐渐地意识到俄罗斯将是下一个多米诺骨牌，”洛佩斯-克拉罗斯告诉我，“但已为时太晚。”[49]

基里延科面临一个艰难的选择。他非常希望能够避免破坏银行系统。他同样希望与寡头们保持距离。但同时，事实已经越来越明显，银行与寡头们其实是一体，不可能将他们分开。贬值会让银行受损，危及寡头们金融王国的核心。盖达尔回忆说：“没有什么轻松的方法能够摆脱危机。”叶利钦也回忆说，基里延科“知道一场可怕的金融危机正席卷全国”。[50]

然而克里姆林宫仍满怀希望，叶利钦从政府部门及中央银行收到的报告都是正面的，报告说最坏的情形是可以避免的。他被告知 7 月将是最困难的时刻，而到了秋天就会有更多钱，也许通过组织天然气垄断巨头俄气以及通信投资公司进行新一轮销售，就可以筹集更多资金。[51]但这简直是无稽之谈。

大亨们每一天都会因卢布财产价值的下跌而受到更多损失。这种压榨已经让他们每个人都受尽折磨。古辛斯基很失望。在长久的等待之后，他准备将他的 NTV 股票在美国上市。但在最后一分钟，他的财务顾问告诉他，市场具有太多的不确定性。他们力劝他等到秋天，到那时一切都将好转。古辛斯基同意等待，但这是一个命运攸关的决定。最终他并没有成功上市。[52]

最终，寡头无法再保持旁观者的姿态了。经过 6 个月的观望后，他们惊醒了。6 月 16 日，“董事会”齐聚在别列佐夫斯基的罗格瓦兹俱乐部。他们邀请了丘拜斯，他刚刚接任电力垄断公司联合能源系统的总裁职位。他们感觉到了危险，恳求丘拜斯出任俄罗斯驻国际货币基金组织和世界银行的特使，希望他能前往华盛顿带回数十亿美元的紧急援助款。他们意识到国际救援是目前唯一的希望，已经没有任何别的资金来源能够挽救俄罗斯了：不会是市场，也不是中央银行。

丘拜斯曾多次抨击这个安逸的寡头俱乐部，发誓要粉碎他们的权力。现在寡头们与他们的高级助手一起，齐聚在别列佐夫斯基屋檐下，恳求丘拜斯挽救这个国家，也求他救他们一命。在会上，丘拜斯回忆说，他坚持应该让其他人来肩负新责任，可能是盖达尔；或者鲍里斯·费奥多罗夫（Boris Fyodorov），他当时是税务部长；或者亚历山大·绍欣（Alexander Shokhin），他是一位与改革家们关系很亲近的国会议员。但是大亨们坚持要丘拜斯。他们用不记名投票的方式来决定。丘拜斯得了 20 票，而其他人每人得了一二票。丘拜斯动了恻隐之心。“我接受了以投票方式决定的规则，”他告诉我说，“等于我已经接受了结果。”那天是他的生日，商人们在米哈伊尔·弗里德曼用钢琴奏起“生日快乐”的音乐时，将一块昂贵的手表送给他，并且一起用英文为他唱生日歌。[53]

即使是别列佐夫斯基也愿意向丘拜斯请求帮助。别列佐夫斯基事后回忆说："那时，我相信丘拜斯是最佳的谈判者。在这件事上没人可以比他做得更好。所以我这样认为。"[54]别列佐夫斯基的副手巴德里·帕塔尔卡齐什维利（Bodri Patarkatsishvili）惊异地对他说："听着，我们像傻瓜一样花了两年时间试图毁掉这个人，如今却要向他求救？"[55]

大亨们随后来到克里姆林宫，让尤马舍夫签署协议。尤马舍夫让叶利钦签署了命令，寡头们来到莫斯科西部的瓦林斯克叶，这里坐落着一家旧的政府宾馆。他们来这里找基里延科。"基里延科被迫放弃了他永不和寡头打交道或者依靠他们的誓言。"叶利钦回忆说，"他直言不讳地告诉他们说，他需要他们的帮助。"他意识到他没有别的选择。

丘拜斯声明他会向国际货币基金组织寻求100亿—150亿美元的贷款。丘拜斯认为，只需炫耀一下实力——一笔提升中央银行储蓄金的巨额贷款——就足够平息市场。他仍然没准备考虑贬值。格里戈里·格拉兹科夫是丘拜斯的一个朋友，两人曾在1979年就集体农庄进行过争论，当时他已经是财政部的副部长。他回忆当丘拜斯接受了特殊使节的任命后，曾和他有过一番谈话。

"你必须要贬值。"格拉兹科夫对丘拜斯说。

"不可能！"丘拜斯回答说，"你能想象结果吗？"

格拉兹科夫回答说："你没有选择，你最终还会选择贬值，但那时会比现在更糟。"丘拜斯坚持他的立场——卢布不会贬值。[56]他固执地告诉记者们说："卢布贬值的谣言绝对与事实不符。"[57]

正在丘拜斯说这话时，事情开始土崩瓦解。6月17日，中央银行按照前一年的惯例，开始将卢布交给财政部来支付GKO到期的债券；当天，"贷款"以卢布计价超过10亿美元。[58]中央银行在巨大压力下支撑着卢布，以阻止GKO金字塔的坍塌。但是银行的储备已经进一步缩水，甚至低于前一年11月份的水平，中央银行决定放弃同时兼顾二者。

在这关键的几周内，俄罗斯陷入更深的借款泥潭。6月18日，高盛公司在庆祝莫斯科新办公室的开幕时，用10万多美元请来了前美国总统老布什。“我很乐观，”布什在会见叶利钦后，在莫斯科市中心精美巴洛克式议会大厦举行的招待会上，向金融精英们发表言论说，“我相信俄罗斯能够繁荣起来。”高盛公司这些家伙满足了俄罗斯借债的欲望。高盛公司在1994年从俄罗斯撤出，但在三年之后又卷土重来，1997年为尤科斯安排了贷款，1998年夏季又为资金短缺的俄罗斯政府安排欧洲债券贷款。

欧洲债券本质上是国外投资者对俄罗斯的贷款。高盛公司在6月3日安排了第一批12.5亿美元欧洲债券的贷款。两周后，出乎人们的预料，俄罗斯重新回到全球资本市场，在德意志银行的担保下借到了25亿美元。尽管当时没有人知道这件事，财政部秘密地从高盛公司和德意志银行那里借到5亿美元作为“过渡性贷款”。但拿到欧洲债券的收益时，马上拿出部分现金偿还银行的借款。

7月，高盛公司完成了那一年最大的一笔交易，64亿美元的欧洲债券。这是一笔掉期交易（swap），俄罗斯人对投资者说，把你们手中短期、高收益的GKO归还给我们，我们以后以美元形式支付给你们。政府为以卢布计价的短期GKO持有者提供七至十年以美元计价的债券，但利率比较低。短期国家债券的利率是50%，而欧洲债券只付8.75%至11%的利率。这项交易让每周疲于应付GKO压力的财政部得到了暂时性的缓解，有44亿美元的到期GKO已经付清。但是在其他方面，这对于俄罗斯来说是一个致命性的错误。如果真的会发生贬值——巨龙的咆哮会更响——那么，将来用美元支付这些欧洲债券比用贬值后的卢布支付同样金额的GKO贵很多。俄罗斯为了一个短期的解决希望将自己完全抵押出去了。高盛公司为此在6—7月份拿到了一份大约5 600万美元的颇为可观的佣金，之后便悄然离开，高盛公司并不想在俄罗斯冒险，只是为了赚取利润。[59]叶利钦的顾问随后总结这场交易“未能拯救”政府，几位经济学家也将其称为一场无法得到其预期目标的掉期交易。[60]

正当高盛公司发起引人注目的亮相庆典之时，该公司严重地阻碍了俄罗斯的安全委员会，安全委员会此时正在调查对尤科斯公司侵害少数投资人利益的指控。事实上，高盛公司对美国证券交易委员会就不会如此漫不经心，他们告诉俄罗斯的管理者“别理这件事了”。当安全委员会主席德米特里·瓦西列夫写信给高盛公司和其他贷款安排者询问有关尤科斯公司的贷款情况时，他得到了一个敷衍的回复。尽管他们愿意提供帮助，银行家们还是说：“我们不能给你们提供任何你们所需要的信息。”高盛公司被当月《财富》杂志评为“世界上最强大的投资银行”，该公司就是想要为俄罗斯提供欧洲债券而收取丰厚佣金，但是当俄罗斯的安全委员会要求该公司回答一个最基本的问题时，却保持沉默。[61]

丘拜斯最终在七月中旬从国际货币基金组织那里成功地申请到了紧急援助。总价为 226 亿美元的贷款来自国际上的不同渠道，而第一笔决定性的款项为 56 亿美元。这笔钱被用来支持中央银行的货币储备，向市场证明俄罗斯是能够经受住风暴的。在最后的一分钟，国际货币基金组织决定从原有款项中减掉 8 亿美元，因为基里延科政府没能实施新的税务立法。基里延科做了顽强的争取，减少花费同时将法案交给国家杜马讨论，但条款只是被部分采纳了。尽管如此，国际货币基金组织委员会在 7 月 21 日最终批准发款，丘拜斯如释重负。在与国际货币基金组织谈判之后，丘拜斯告诉他的一位助手列昂尼德·戈兹曼说：“我们终于安全了，要不是这样，我们就离灾难不远了。”戈兹曼回忆说：“他真的很开心。”[62]但是丘拜斯的算盘又打错了。

援助资金如其所愿在一周左右起到了作用。市场平静了。丘拜斯总结说紧急援助见效了。“那么什么是危机呢？危机其实就是一个信任问题，”丘拜斯后来告诉我说，“金融市场对政府政策的信任。我们未能建立起这个信任，但是国际货币基金组织让我们有能力建立起这种信任。在资金援助到位后，利率下降了，市场有了一些回升。”丘拜斯到爱尔兰去度假了。

但两条巨龙再一次开始怒吼。伊拉里奥诺夫最开始是在与政府官僚和政客谈话中默默提及预知的贬值，后来在报纸中大声发表自己的观点，尤其是在别列佐夫斯基的《独立报》上。伊拉里奥诺夫在 7 月 29 日召开了一个记者招待会，宣称贬值是“不可避免的”。伊拉里奥诺夫说如果再等下去就危险了，就像春天时他所说的那样，从最开始释放压力要比一下子释放强得多。“最好接受贬值这个不可避免的事实，”他说，“这比以后再贬值所承受的痛苦要小一些。”

尽管政府继续坚持不贬值，俄罗斯和全球的金融市场还是做出了判断：贬值即将来临。莱曼兄弟公司的经济学家洛佩斯-克拉罗斯回忆起8月初会见财政部官员时的情景。政府给私人银行一种假象，包括一个疯狂的、乐观的希望，那就是不管是国内还是国外的投资者都不会退出GKO市场。同样的假象也出现在国际货币基金组织的交易中，但他们完全错了。“我们惊呆了，”洛佩斯-克拉罗斯说，“他们没有意识到外国投资者们正在退出。”离开变成蜂拥逃离。“当国际货币基金组织的援助款项到来之际，”鲍里斯·乔丹告诉我说，“大部分投资者的感觉是：太好了，我们可以得到一些流动资金，我们会尽可能得到我们能得到的。”换句话说，投资者们除了希望在以后能够用美元兑现他们所购买的股票和债券以外，已经无法得到任何保证，于是他们纷纷逃离。流动资金（即能够将卢布换成美元）目前是最为关键的。银行系统很快就没有流动资金了。没有任何人能够提出钱来。为什么有些投资者能够得到流动资金，而有些不能呢？这里面有各种综合因素：关系、运气、谣言、贿赂以及单纯的时机。中央银行在7月20日至8月19日之间花费了35亿美元来支持卢布。一些评级机构，诸如穆迪投资服务公司和标准普尔，降低了对俄罗斯及其主要银行的信用指数。斯莫伦斯基的首都农业储蓄银行试图摆脱政府证券的重负，拼命地筹集资金。俄罗斯银行系统已经进入了全面爆发的流动资金危机，银行完全停止了贷款业务。一个令人担忧的市场信号就是西伯利亚银行，这家持有170亿美元政府债券的国营储蓄银行拒绝进行再投资，拒绝偿付在七月底到期的GKO。已经身无分文的政府不得不为偿还债券掏出更多的钱。储蓄银行受中央银行的管制，那么它们为什么突然停止参加游戏？它们是不是想逃离自己的市场？如果是这样，那的确是非常糟糕的消息。[63]“俄罗斯从国际货币基金组织得到的48亿美元，全部都被吹到了窗外，因为没有人再来投资GKO，”乔丹说，“每个人都在退出市场，包括俄罗斯人！”

丘拜斯承认他已经失去了对市场的感知。“我们确信我们可以用这笔国际货币基金组织的援助资金打开局面，”他说，“我错了。局面并没有打开。”盖达尔说，他们都没有意识到市场已经对政府丧失了多大的信心。“许多人，包括我本人，认为七月的援助会改变人们的态度。”他回忆道。他们错了，但是盖达尔太过专注于每一天的金融风暴，以至于他几乎无法思考他们可能是在为一场必败的战争而奋斗。

叶利钦同样也不平静，而且感到很无助。他的助手写的回忆录里说：“当中央银行告诉他一切均在控制之中，发生过更糟糕的事，我们会成功的，他虽然还是很紧张，并且因那些疑问而苦恼，但他还是相信了。”叶利钦不懂经济，但他时常被这种恐惧所围绕，那就是他会在他所深知的问题即政治权力上犯错误。他想知道，他没有给哪些人足够的权力？他没能够支持哪些人？[64]

可怜的基里延科几乎无法安抚愤怒的市场。他试图制订负责的长期性计划，但是面对残酷迅猛的危机，这些都没用，任何承诺都无法平息恐慌。“市场已经宣布了它们自己的定论，”他感叹道，“市场跟我们一样，能够读懂我们的收支平衡表。”

基里延科终于被索罗斯 8 月 18 日早晨发表在《金融时报》上的一封信彻底击败了。作为一个在 1992 年只因他对英镑的赌注就打败英格兰银行的人，索罗斯写道：“俄罗斯金融市场的熔融已经到了终结阶段。”索罗斯呼吁西方工业民主国家迅速注入 150 亿美元，使卢布贬值 15％至 20％，创建一个货币委员会，这是一个复杂的机制，来使陷入困境的货币得到例如美元这种更稳固的货币支持。索罗斯说他希望自己的这封信能成为西方政府的“警钟”，而且自己并不是试图在当前形势中寻求利益。具有讽刺意义的是，索罗斯写这封信，某种程度上是因为俄罗斯政府已悄悄地找过他，在计划出售通信投资公司的股份之前，向他寻求“过渡性贷款”。[65]他的这封信就像晴天霹雳，俄罗斯证券交易市场直线下跌，交易停止；很快第一批令人不安的信号在街头出现了。长长的队伍开始在外汇交易所排开，俄罗斯每个普通人都开始将自己的货币出手，买入美元。

8 月 14 日星期五的早晨，叶利钦飞到下诺夫哥罗德开始休假。

当他的直升机在上午 10 点着陆时，记者们就蜂拥而上喊出问题。卢布会贬值吗？叶利钦说：“不会贬值，我郑重声明。”

叶利钦还补充道：“这不是我自己杜撰的，这也不是一个幻想。”不是的，他再次向记者们保证：“我们会控制住局面。”叶利钦说，他不会提前结束他的休假而回到莫斯科。“如果我回去了，他们会说这意味着事态果真很糟，意味着灾难已经开始，意味着一切开始土崩瓦解。不，恰恰相反，事情正在按照其正常轨道发展。”[66]

但那个时候，巨龙的吼声已经远远超过了叶利钦。在那个星期里，几家银行包括斯莫伦斯基的首都农业储蓄银行已经到了破产的边缘。托科银行（Tokobank）一度被列为俄罗斯银行的典范，自五月以来就陷入困境，到周三为止已经拖欠了 6 000 万美元的贷款。在周五，皇家银行已经拖欠了 5 000 万美元的联合贷款。梅纳捷普位居其后，在周一，霍多尔科夫斯基的银行已经有 8 000 万到期未付的贷款。乔丹接受了《商业日报》记者的采访，并发表在 8 月 12 日的刊物上，“现在，我们所有的大寡头都破产了。为什么，比如为什么梅纳捷普会争取欠下 2.5 亿美元的托科银行？为什么他们需要这家银行？是因为重建托科银行，中央银行将拿出 1 亿美元，梅纳捷普银行也希望解决自身的问题，通过这种途径支付他们的信贷。”梅纳捷普的执行官被乔丹的话激怒了。

8 月 14 日，叶利钦坚持不会贬值的同一天，俄罗斯政府和中央银行开始面对不可避免的贬值的现实。阿列克萨申科回忆当时在俄罗斯白宫基里延科的办公室里召开了一次会议，“最后的诊断”被公认了。“人们排着长队等在所有俄罗斯大城市的外汇兑换处，”他说，“中央银行认为这是老百姓对卢布丧失信心的信号。”银行可能有能力战胜市场心理学，但却没有能力战胜大众心理学，他说道。此外，很明显的是，债务巨龙也即将进攻：已经没有钱支付下周到期的 GKO 了。中央银行的储备已经极低。外国政府及投资者们拒绝帮助。无论如何也没有人愿意借钱给俄罗斯。[67]

丘拜斯在享受他的夏季假期，他的手机不停在响，他正在爱尔兰开车兜风。他放弃了假期马上飞回莫斯科，星期六早上 5 点钟到达。

政府首脑聚集在基里延科的政府别墅内，包括丘拜斯、盖达尔、杜比宁、财政部长阿列克萨申科、米哈伊尔·扎多尔诺夫和其他人。他们承认贬值已经“不可避免”，阿列克萨申科说，真正的争论焦点是GKO。政府是不是应该摆脱这项责任？他们决定“重组”GKO，在近日发行新的债券（这个计划从来没有实施，政府有效违约，停止支付短期国家债券的债务）。还有什么可供选择的吗？有。他们可以强制中央银行用其仅有的储备来偿还GKO的债务，但是没有人知道银行可以坚持到什么时候。他们可以印刷钞票来支付债务并冒恶性通货膨胀的险。甚至没有人愿意去考虑此事，他们害怕20世纪90年代早期通货膨胀的灾难重演。

星期六的会议并没有就最敏感问题——对银行应该怎么处理——达成共识。大家感到银行危机正在逼近。星期日，迫于某些寡头的压力，在形势尚未完全明朗的情况下，基里延科同意对银行实施保护。他同意签署一项“延期偿付”，即俄罗斯的银行及公司可以不必在三个月内支付其所欠的外国债务。这对于寡头们是一个巨大的诱惑，使他们得以永远逃避债务，根据丘拜斯随后做出的估计，借款金额超过160亿美元。[68]这就意味着俄罗斯联邦参与了抢劫外国投资者的行动。

这对于大亨们来说是一份非同寻常的礼物。阿文回忆说，别列佐夫斯基打电话给正在意大利度假的他，要求他立即飞回莫斯科。别列佐夫斯基告诉我说，他要求阿文马上回到莫斯科来帮助丘拜斯解决迫在眉睫的贬值难题。别列佐夫斯基说，他感觉丘拜斯和他的助手“不明白他们在做什么”。霍多尔科夫斯基也在寻找延期偿还，阿文回忆道。星期一就到期限了，梅纳捷普银行面临无法按时支付借款的窘境。[69]

阿文曾期待卢布贬值，他的银行谨慎地避开了美元期货协议，但是他仍为丘拜斯和基里延科将贬值和拖延债务同时进行的决定而感到震惊。“这完全是个惊吓，”他说，“我们拥有1亿美元的GKO，所以我们估算出如果贬值我们将会蒙受20%的损失。我们没有办法拖延债务，一点办法也没有。”

马拉申科是古辛斯基在政治上的耳目，尽管已经听到了有关的传言，但他仍认为政府不会同时实行债务拖延和贬值两项措施。“我对此并没有太在意，”他告诉我说，“因为这简直不可思议。怎么可能同时实施债务拖延和货币贬值两项措施？所有的专家都对此嗤之以鼻，因为这根本不可能发生。所以我认为事情可能真的不会变得那么糟。我只能告诉你一件事：可能有些内部知情人士知道事态的发展，但是没有人能理解。这就是为什么在8月17日以后会有那么多俄罗公司和寡头发现他们被蒙骗得如此之甚。”

8月16日是星期日，这一天，基里延科和丘拜斯乘坐直升机，去找叶利钦，他在莫斯科西北60公里处的罗斯（Rus），一间狩猎人小屋里。他们概述了他们的计划，并且递交了辞呈，但是叶利钦拒绝接受他们的辞职。在他向全国保证不会发生贬值的两天以后，几乎没等基里延科解释细节，就同意了债务延期偿付和贬值两项方案。“去做吧，”叶利钦打断了基里延科，“如果需要就采取紧急方案。”[70]

基里延科和丘拜斯回到莫斯科后，直接去了白宫。当时已经很晚，临近午夜，在壮丽的白色石制建筑外面的停车场上停满了大亨们安保专用的巨大黑色吉普。寡头们自己的轿车则被允许停放在内部停车场。但是，他们那些身穿黑色制服、脖颈粗大的贴身保镖等在门外。在这个国家都在熟睡时，寡头们和政府给予了彼此最后一个真诚的拥抱。

在整个俄罗斯，成千上万的人们感受到了贬值和债务拖延全无预警的巨大影响，而少数曾经在雀山俱乐部别墅内聚集的商人们则被邀请作为最后议案的见证人，甚至亲自参与以保全自己。他们在这个敏感时刻——自苏联解体以来最严重的一次经济危机——的出现足以证明财富和权力的紧密联系。对于寡头们而言，被邀请出席就标志着他们权威的顶峰，他们共同的权力顶峰。但是从各方面讲，这是一个他们自己制造的经济危机。他们为通信投资公司拍卖而大肆争斗、他们在拥立克里姆林宫新领导人时玩弄的种种游戏以及他们对轻松赚钱和国外贷款的上瘾，所有这些把他们自己和俄罗斯推向了悬崖。在白宫四五层铺满地毯的宽敞大厅里，寡头们一直待到凌晨，想知道会发生什么事情。他们所建造的世界将会发生无法预见的残酷改变。他们的系统能够幸免于难吗？他们本人能够幸免于难吗？

午夜，精疲力竭的丘拜斯回到了他在四层的办公室。盖达尔和他在一起。中央银行行长杜比宁踱来踱去。服务人员送上了咖啡和茶，丘拜斯仍然系着会见叶利钦时的那条领带，他打开了手提电脑。在名为会议的文件中丘拜斯曾在前一天做过标注，对前一个星期所发生的事重新整理一下，他写道：

整个星期形势都在不断恶化，星期五出现突然下滑。

1. 兑换点的汇率——政府的汇率是6.18，兑换点的汇率是7，到了周一可能就会是7.2或7.3——那么，三年来经济长廊的上升界限将会被打破。

2. 从周四开始——没有支付保证金追缴通知，即用借贷强行支付银行信贷。到周五就会有两份保证金追缴通知，到周一又会有另外四份保证金追缴通知。

3. 银行系统的支付将会逐步减缓，直至完全停止。支付预算的税收收入将急速下降。如果保证金追缴通知在下周一没有推迟，那么银行系统停止支付将会在该周中期出现。

4. 中央银行储备下降：本周已经使用了15亿美元的储备，这几乎是上周的三倍。仅周五一天就使用了10亿美元。很明显，如果不使用强硬手段在货币流通市场上打开局面，中央银行的储备将会在不到一周的时间内流失殆尽。

丘拜斯知道事情再不能这样继续下去了，但他惧怕的是将要发生的事情。他看起来像是被打败了，跌到谷底。延期偿还债务意味着俄罗斯骗取了外国投资者数十亿美元，这是他们于俄罗斯喧闹的新兴市场上投资债券和股票的资金。这些外国投资者的确满怀着贪欲，寻找着高额的利润，收取了巨额费用，同时他们也忽略了所面临的巨大风险。但是他们之所以来俄罗斯，还因为丘拜斯使他们发财的梦想成为可能。的确，丘拜斯把他们召唤到一个希望之地。在丘拜斯看来，他常常展示这片土地，在这里他只看到巨大的希望。GKO、欧洲债券、股票和美元期货标志着他们在短短几年内所取得的一切。他们为市场所疯狂，而市场也为俄罗斯疯狂。然后，这个传奇故事瓦解了。“金融市场神经极度过敏，”丘拜斯沉思道，“就像一个年轻的女士，她们对可疑的消息反应激烈——她们会晕倒。”丘拜斯还坚持说，政府没有别的选择，只能对即将发生的贬值向投资者们撒谎。[71]

上周日晚，一个新的难题浮出水面。在当天早些时候，丘拜斯还相信他已经得到国际货币基金组织对俄罗斯延期偿还债务及货币贬值计划的默许，他在狩猎小屋告诉了叶利钦。当他回到白宫时，国际货币基金组织拒绝了他。丘拜斯打电话给国际货币基金组织的执行总裁米歇尔·康德苏（Michel Camdessus），还有费舍尔、萨默斯以及财政部分管国际事务的副部长戴维·利普顿（David A. Lipton）。国际货币基金组织官员说，别这样做。他们建议国家杜马提高税率，要求国会召集一个特殊会议。丘拜斯说，这根本不可能。接下来是几个小时的紧张电话谈判。国际货币基金组织威胁，如果俄罗斯一意孤行，他们将会与其“分道扬镳”。最终，固执的丘拜斯爆发了：“你知道这里将会发生什么事吗?”他对着电话大声叫喊，“我们将成为另一个印度尼西亚，这不只是矿工们在白宫外面敲打帽子那么简单的事情，俄罗斯整个银行系统将会崩溃，真正崩溃!”丘拜斯非常激动，非常严厉，而且毫不妥协。丘拜斯说，这个计划不会停止，它将于第二天即8月17日的早晨公布。漫长的电话之夜结束了。在挂断之前，其中一位西方人向丘拜斯说了一句：“祝你好运。”[72]

在这个长夜里，丘拜斯打电话给寡头们——别列佐夫斯基、霍多尔科夫斯基、阿文、弗里德曼和波塔宁。他向他们解释了这个计划。卢布将会贬值到1美元兑换9.5卢布。更让人心疼的是，他们的GKO将会成为无用的废纸。大亨们只是坐在那里，默默无语。[73]结果显而易见：他们将遭受严重的打击，尤其是银行系统。“他们都破产了，”乔丹回忆当时的情景说，“他们所有人想做的只是尽可能地保护他们自己。”

别列佐夫斯基曾经于当年早些时候支持逐渐贬值的主张，他的报纸《独立报》为伊拉里奥诺夫的警告开设了一个专栏。但在这个最后时刻，别列佐夫斯基警觉地意识到，丘拜斯的行为是与国际货币基金组织的建议背道而驰的。最易受到冲击的维诺格拉多夫回忆说，他当时对贬值异常愤怒，因为他的美元期货协议已经上升到 25 亿美元，贬值会把他压垮的。他把赌注押在稳定的卢布之上，但是他输了。“你们为什么现在实施贬值，而且贬值如此剧烈?”他恳求道，“这样会导致银行的玻璃被砸烂，商店被抢!”[74]但是有些人摆脱了彻底毁灭的命运。那些拥有自然资源的人——霍多尔科夫斯基和别列佐夫斯基拥有石油，波塔宁拥有金属和石油——他们会从硬通货出口中获得充足的流动资金。但是，银行将化作烟雾；霍多尔科夫斯基和波塔宁都拥有大银行。

三个月的延期偿还是丘拜斯扔给大亨们的一条救生索。这给了他们足够的时间至少可以保护他们的部分财产。丘拜斯回忆说，寡头们将矛头指向即将崩溃的银行系统，恳求他“应该实施些互惠的措施，至少帮助我们逃避债务”。丘拜斯答应了。互惠措施就是延期偿还借款。这项举措使他们从债权人那里赢得了 90 天期限，而事实上大亨们得到了更多。部分贷款根本就不会再偿还，被人们彻底遗忘；其他贷款也只是支付了少量的美元而已。

“这是给予那些被你砍断手脚的人们的一份礼物，”丘拜斯回忆说，“随后又给他们提供了拐杖。”

拖延债务、货币贬值以及延期偿还于第二天即 8 月 17 日清晨公布。这正是霍多尔科夫斯基所需要的用于逃避早期债务的拐杖，他也这样做了。根据一位前梅纳捷普银行官员讲，银行领导层在 8 月 14 日星期五曾焦虑地观望帝国银行是否能够偿付到期的债务。皇家银行拖延到期的债务很可能成为危机的触发点，从而使梅纳捷普银行从星期一应支付的到期债务中得以解脱。霍多尔科夫斯基仍然拥有尤科斯公司，仍然拥有西西伯利亚的石油海洋。但是对于那些借款，他的回答是，太糟了——这是不可抗力——拜拜了您哪。[75]

“梅纳捷普银行对待西方就像对待俄罗斯政府一样，将其视为自由资金来源，”梅纳捷普的银行家告诉我说，“我们可以得到所有我们需要的钱，只要我们会说话就可以了，他们预售石油并用石油作抵押，从各种渠道借款，再与那些想要在此建立客户群的国外银行激烈竞争，并立于不败之地。他们就是在举债经营。他们是三十四岁的人，忽然之间得到了数亿美元，他们借贷太多。”

莫斯科炫目的繁荣日子终于结束了，至少在一段时间内是这样。在开始的几周里，中央银行试图将卢布对美元的汇率控制在 9.5 左右，但 9 月 2 日终于放开了外汇兑换的牌价。最终，汇率停在了 1 美元兑 20 多卢布的比率上。一种怪异的情绪在那些最初的日子里笼罩着整个城市，那是一种丧失机会的感觉。秋天，告示牌上的广告战役终于在 8 月底开始了，就像什么也没有发生过一样。意大利的时装设计师杰尼亚（Zegna）开了一家高价时装专卖店，好像会有顾客一样。《商业日报》仍在招揽古驰、戴比尔斯、路易威登的广告，仿佛晚会仍在继续。城市里的霓虹灯在卢布贬值后的日子里仍在闪烁，但是街道上空无一人，非常安静，就像商用中子弹刚刚爆炸一样。炸后留下的仍是繁荣的景象，但是毁掉了人们，还有手中的钱。

暑假仍在缓慢继续，但在九月初，当人们刚刚从乡间别墅返回城市，恐慌开始了。银行系统还在封闭之中，而工资仍在拖欠着。自动提款机变得冰冷而沉寂；商店门口大都挂着相似的牌子“因技术故障停业”，这表示，今天没有钱。整座城市漫无目标，开始自由落体，特别是进口货的供应锐减，价格飞涨。[76]购物者们疯狂抢购洗发水，洗劫了商店的货架，就像他们永远不会再看到欧莱雅一样。记忆中苏联时期那种一家四口用一块的棕色肥皂忽然卷土重来。疯狂抢购的情绪在随后的几周内影响着所有的人。在户外集市，一些简单的生活必需品如盐、糖、面粉和火柴全部消失了。每隔一小时，外汇交易市场都会公布最新卢布兑换美元的汇率。九月份的汇率变动出乎预料，当一些美元期货协议到期时，卢布忽然地出现强劲的增值，然后又神秘地再一次跌落。人们的生活水平狂跌，下降了 40%。经济波动损害了所有人的利益，但对中产阶级的打击更大，他们几乎在新的市场经济中倾其所有。这些人放弃了他们的公职，开始为自己工作，他们可以到巴黎度假，购买牛仔裤和化妆品，可以在深夜出入莫斯科的高档餐馆。他们是辛勤工作的企业家阶层，在初期尝到了繁荣的果实，并为之做出贡献，他们大多数都待在莫斯科。“当时真是太动荡不安了，”纳塔利娅·托马什科娃（Natalya Toumashkova）叹息道，作为一个广告及人事顾问，她几乎在贬值后的一夜之间破产。“我还记得1991年的第一次突变，我们都被惊呆了。我们认为事情会好转。但对1993年的第二次突变，我们感到事情已经无法挽回。我们现在感到震惊，是因为事情逆转得如此之快!”我们当时是在美食家餐厅（Le Gastronome）谈话，这间拥有大理石柱子和叮当响的支架吊灯的餐厅里几乎空无一人，而这里一度挤满了衣冠楚楚的商业主管。托马什科娃的老朋友马林娜·博罗季茨卡娅（Marina Boroditskaya）是一位作家兼翻译家，她悲哀地看着这些洁白无瑕的桌布，闪闪发光的水晶葡萄酒杯，空无一人的座椅，耀眼的阳光穿过巨大的弧形玻璃。她说：“我出门买了15卷卫生纸，以防万一。”危机尤其沉重地打击了像托马什科娃这样生意规模较小的人，他们白手起家，依靠金融机构诸如银行、广告业和汇率的能量繁荣起来。在巨龙怒吼的这一年，俄罗斯的贸易和餐饮业下降了46%，而小型企业生意比起繁荣的1997年下降了31%。[77]

寡头们在崩溃发生后的最初几天里异常烦躁。8月20日，基里延科回忆说，别列佐夫斯基、古辛斯基、斯莫伦斯基和其他银行家来到他那里，为斯莫伦斯基的首都农业储蓄银行寻求紧急援助。基里延科说，别列佐夫斯基要求在不改变银行所有权的前提下给予援助。基里延科拒绝了。“我们一定设法让你下台。”别列佐夫斯基回答道。“那就试试吧。”基里延科说。[78]别列佐夫斯基后来否认了这次会面。“这是绝对的愚蠢行为。”他如此评价基里延科的主张。

8月23日，叶利钦解除了基里延科的职务，引起了一场奇怪的混战，其中别列佐夫斯基再次迫不及待地投入到他权力经纪人的角色中去。叶利钦再次指定切尔诺梅尔金为代总理，别列佐夫斯基说这是他通过尤马舍夫向叶利钦提出的建议。[79]数月前，别列佐夫斯基帮助设计了切尔诺梅尔金的解职，但现在，他又让切尔诺梅尔金回来了。在任命当天，据目击者称，切尔诺梅尔金抵达时走过俄罗斯白宫长长的走廊地毯，在进入总理办公室前犹豫了片刻。别列佐夫斯基正在那里等他。别列佐夫斯基先进去，切尔诺梅尔金跟随其后，这样是恰当的。别列佐夫斯基仍然在思考着2000年的大选，确定叶利钦的接班人。“我们2000年的目标就是要确保权力连续性。”他说。叶利钦言语中暗示别列佐夫斯基正在玩弄把戏，他在任命切尔诺梅尔金时几乎是逐字逐句地一再重复大亨们的话。叶利钦说，支持切尔诺梅尔金的“一个重要的原因”是“支持权力连续性”。别列佐夫斯基又回到岗位上，动动手指，选择由谁来接管这个国家。

一旦切尔诺梅尔金的任命得到议会确认后叶利钦将应其家庭成员和大亨们的要求下台的谣言传遍了莫斯科。叶利钦8月28日在电视上露了面，看上去极度虚弱和脆弱，他坐在克里姆林宫的小圆桌前。“我想说我不想去任何地方，我不去任何地方，”他缓慢但是清楚地说道，“我不会辞职。”几天后，别列佐夫斯基在一个电台采访中公开流露出让叶利钦辞职的想法。“如果没有一个强大的权威，鲍里斯·尼古拉耶维奇将不得不在他任期届满之前辞职，为一个更强有力的权威留出一片用武之地。”

但别列佐夫斯基再一次丧失了主动权。叶利钦的权威已经到达最低点，国会在近两个星期的争吵后否决了切尔诺梅尔金的任命。经济更进一步下滑。市场和银行处于瘫痪状态。卢日科夫谴责国家杜马不作为。“在两周的时间里，他们没有做出任何实质性的决定，我对此深感失望，”他说，“就像那两只老鼠说的那样，我们要奶酪有什么用呢？现在，我们该走出这个陷阱了。”面对强烈反对的议会，叶利钦在9月10日放弃了切尔诺梅尔金，转而提名外交部长叶夫根尼·普里马科夫为代总理，他属于传统老派人物，最终获得议会的通过。别列佐夫斯基最终关于政治权力的努力告一段落。

斯莫伦斯基没有石油资源，他只拥有众多的存款人，他们拥挤在莫斯科市中心普希金广场的首都农业储蓄银行办事处的门口，怒不可遏。9月上旬，一群暴徒围攻了办公室，要求拿回他们的存款。斯莫伦斯基想使俄罗斯银行与美国银行相提并论的美梦已经化作飞烟；他赢得百万存款者信任的希望已经在他的眼前消失。崩溃发生两个星期后，我在他银行的办公室里见到了他，他脸上流露出一种压力下凶恶的表情，神经质地折着手中的一张白纸，越捏越紧。“在那个时候，”他承认说，“我不知道用什么方法能使人们在银行存款。我不知道该怎样才能让人们那么做。”

崩溃发生后，斯莫伦斯基的首都农业储蓄银行曾经拥有1 200家分支机构、570万存款者、自动取款机、信用卡和想成为商业零售银行巨头的希望，如今却成为一个全盘皆输的象征。就像典型的银行挤兑一样，那些惊慌失措的存款者纷纷要求退还他们的存款。大亨们可能从债务延期偿付中赢得了保护，但是本国的投资者没有任何保护。8月，俄罗斯人从30家大银行里提走了170亿卢布，这是存款总数的10%，上一个月人们仅提取20亿卢布。[80] 9月中旬，基里延科的担心成为现实，银行系统彻底崩溃了，付款完全停止，即使中央银行疯狂地寻找资金注入其系统中去。受骗上当的存款人成群结队地聚在街上，愤怒地叫骂着斯莫伦斯基的绰号。他欺骗了他们。“银行是不希望存款者近期再来的，”斯莫伦斯基叹道，“他们是对的，因为他们被欺骗了。”

斯莫伦斯基的银行内部也是一个装满怪钱的奇怪屋子。在9月的第一周，斯莫伦斯基告诉我说，他的首都农业储蓄银行持有的10亿美元GKO已经被冻结。同时，该银行还拥有10亿美元对外国投资者的证券，包括欧洲债券、企业联合债券和信用贷款。斯莫伦斯基说其中的1.62亿美元已经到期。他说，他被GKO的延期偿付彻底摧毁了。“就像布尔什维克一样，他们拿走了这些钱。我们曾在1917年经历过同样的事。”但是当我在崩溃一年后看到斯莫伦斯基时，他告诉了我一个截然不同的故事。他说，首都农业储蓄银行只有很少数量的GKO，其实是国外的贷款摧毁了他。斯莫伦斯基总是很神秘，真相不可能被发现。他在8月14日也就是经济崩溃三天前还从中央银行拿到了1亿美元的稳定贷款。

杜比宁说，斯莫伦斯基在8月17日之后找到他，说他迫切需要20亿卢布，“而且随后还会需要大约80亿卢布或者更多”。[81]其他银行也需要流动资金，当时中央银行作了一系列神秘的“稳定贷款”，这些贷款的命运可能永远不会为人所知了。中央银行在1998年10月将3.45亿美元的贷款分配给首都农业储蓄银行，并由40个地方政府作为担保。但是当中央银行试图对首都农业储蓄银行实行临时管理，以便接手该银行时，斯莫伦斯基把门关上了，就像他在1993年对付中央银行的审计一样。他拒绝让中央银行参与其中。

杜比宁认定别列佐夫斯基在为斯莫伦斯基建立起一道防线，警告中央银行不要试图接管首都农业储蓄银行。“我们不会让你们这么做的。”别列佐夫斯基说。[82]杜比宁不能确认首都农业储蓄银行有什么财产可以抵押。“这家控股公司注册成立时就让自己看起来似乎什么都不属于这家银行，”他说，“所以如果我们让银行破产了，总体来说，我们根本无法合法地得到这些公司的财产。”[83]斯莫伦斯基故意用这种方法建造他的王国，这样的阴暗结构会迷惑那些追逐他的财富的人。杜比宁没有能进入这扇大门，他在9月7日提出辞职，指控斯莫伦斯基的“阴谋”。他的职位由前中央银行行长维克托·格拉先科接替，他曾是20世纪90年代初斯莫伦斯基最主要的对手。

同霍多尔科夫斯基一样，斯莫伦斯基最大限度地利用了延期偿还债务这根拐杖，尽可能地逃避向外国投资者偿付债务。而以往对其信任有加的俄罗斯存款者也被冷落。在经济崩溃之后，成千上万的首都农业储蓄银行存款者定期聚在一起发泄愤怒之情。他们向路人散发传单，讲述银行的财产是如何被神秘地吸食殆尽，而只留下一个空壳。他们彼此讲述着他们的悲惨境遇。柳德米拉·伊萨耶娃（Lyudmila Isayeva）是一位衣着整齐、走路身板笔直的老妇人，她穿着一件干净的灰色外套参加了一次集会，头发向后盘成芭蕾舞演员式的发髻。她涂着粉色口红，手里拿着一大堆文件。作为一位专业翻译人员，伊萨耶娃靠养老金生活，她在首都农业储蓄银行存有1万美元，这笔钱她存了多年，准备用来为自己购买一套大些的公寓。她在20世纪90年代早期恶性通货膨胀后，将钱从政府银行里取出，那次蚕食已经将她的储蓄变成“只够买些面包、牛奶和香肠了”。在1997年经济繁荣时，她想寻找一家商业银行，将自己一生的积蓄存进去。“一个值得信赖的银行，”她说，一遍又一遍地重复这个词，“值得信赖的。”

她仔细阅读各种杂志，研究哪家商业银行最值得信赖。“有些银行是A级，有A1级和A2级，B级是不太好的。首都农业储蓄银行一直在A1级的位置，”她说，“这家银行一直位于最好的商业银行之列。”她在首都农业储蓄银行的存款每月得到利息，她定期到地方分行去领取。她授权继续存款，一个月接着一个月。“后来，因为我每月都来，那里的工作人员开始认识我。最终他们说服我将存款改为一年期限。这个一年期的存款于1998年7月到期，我准备将钱取出，去购买公寓。”

8月初她要求将她的存款取出。“他们告诉我现金出纳机没有那么多的钱，要我5天之后再来。”他们多次告诉她同样的理由，而且每次都提供一张保证付款的书面文件。

8月14日是星期五，这天晚上，她还记得在电视上看到叶利钦在下诺夫哥罗德的讲话，声称形势一直“在掌握之中”。周一经济崩溃来临，她再也没有看到她的1万美元。“我实在是太不幸运了。”经济崩溃一年后，在一次记者招待会上，她这样说，当时周围还有一大群同样被欺骗的人们。

50岁的塔季扬娜·卡赞采娃（Tatyana Kazantseva）是一位在另一家银行工作的经济学家。她说，她在首都农业储蓄银行损失了2万美元。她的工资自动存入这个银行。“我谴责政府，但我同样也要谴责斯莫伦斯基，”她说，经过了两年的努力仍然无法要回她的钱，“我们信任他，我们都想做文明人。我们没有将钱放在枕头下，我们信任他。”听到这些不幸的故事，我不禁想起两年前，斯莫伦斯基得到2.5亿美元的欧洲债券，前提是他能够让俄罗斯人相信他的银行。2000年10月，《华尔街日报》的安德鲁·希金斯（Andrew Higgins）就国外债权人在首都农业储蓄银行损失超过10亿美元一事向斯莫伦斯基询问。斯莫伦斯基回答说，让他们耐心等待吧。[84]

这一年过得非常缓慢。别列佐夫斯基成为一名权力经纪人的希望破灭了，他在政治上的权术和阴谋引起一场代价高昂的分裂，此时经济危机正向俄罗斯袭来。自早些时候，寡头们就在操纵政权以达到自己的目的，但这次意外发生了。丘拜斯固执的决定在此之前曾对他有过很大的帮助，但这一次他被蒙蔽了——他为建立稳定的卢布付出多年的努力，不到最后关头绝不会放手。丘拜斯也同样付出了高昂的代价，领教了市场经济的厉害，市场对他进行了严厉的裁决。外国投资者，曾经利用俄罗斯人轻松赚钱，最终发现他们被欺骗了。他们同样也欺骗了自己，因为没有仔细调查他们的借款人。在崩溃之后，寡头们先是处在极度的痛苦状态下，然后是逃避、恢复，接下来几个月里是他们年轻的职业生涯中最艰难的时刻。他们不会再像以前在雀山俱乐部和“达沃斯条约”时那样聚在一起。他们处境很艰难，但是他们野蛮资本主义的烙印却保持了下来，并没有在巨龙的怒吼中毁灭。

第十六章　铁腕与银弹

1998年11月22日，弗拉基米尔·古辛斯基梦中的机器终于在佛罗里达的开普卡纳维拉尔正式发射。5年前，他和两位灰心丧气的电视记者提出了一项不太现实的计划：从零开始，开办他们自己的电视台。在佛罗里达的海滩上，古辛斯基焦急地观望着那支Delta II型火箭发射升空，重达1 314磅的最新型卫星Bonum-I将被送入轨道，这颗卫星可以转播12个频道，并直接将信号送到欧洲及俄罗斯每个收视者的家中。当他凝视天空时，古辛斯基有种巨大的自豪感：这是美国公司首次为苏联客户制作卫星。[1]在发射之后，休斯376号高性能卫星展开了两米宽的圆形天线，开始了11年的飞行，向在地面上标有绿色商标的NTV特别频道接收器发射数字新闻和娱乐节目流。

古辛斯基的梦想是让其NTV特别频道接收器像地毯一样遍布整个俄罗斯境内，将成千上万的收视者与他的卫星系统连接起来。但是，这个梦想也无情地连接着俄罗斯的经济命运。古辛斯基把宝押在一个新的中产阶级身上，包括数以百万计的家庭需要，299卢布对这些家庭来说是可以接受的。通过卫星来接收不间断的电影、体育、新闻和儿童节目以及另外一些他将在未来向他们提供的频道。从技术和资金上看，古辛斯基的目标是很高的。这颗卫星是由古辛斯基设在莫斯科郊外的一处新的地面接收站控制。他计划逐渐为NTV提供新的设备产品。他当年制作了300小时的电视肥皂剧。在创办NTV仅五年之后，他认为自己已经跻身欧洲最大的媒体公司之列。他正在试图让俄罗斯同时跃上三个不同的台阶：NTV特别频道通过卫星，直接传送到收视者家中；NTV旗舰频道发自电视发射塔，通过传统地面信号传播；而TNT这个羽翼未丰的附属频道将以网络的形式遍布整个俄罗斯境内。

1998年8月17日，卢布的崩溃在古辛斯基认为是最糟糕的一刻发生了。卢布贬值的第一次冲击波导致新生中产阶级减少了随意性的开支，诸如餐馆用餐、购买电器和娱乐消费。对于古辛斯基，这个结果就像慢动作车祸场面；这场灾难的完全陷落需要一些时间，但最终不可避免。NTV在1998年底的用户达到18万，但一年之后只剩下10.9万。原定计划是50万甚至更多用户。更糟的是，许多古辛斯基原有的用户目前已无法支付他们的账单。随后电视广告市场在1998年底彻底崩溃了，而且贬值使进口商品一下子变得昂贵起来，这成了古辛斯基最头疼的事情，进口商品一向是他广告中的重头：推销诸如美国牙膏和日本电器的商品。8月17日以后，NTV的广告收入降至原先的三分之二。[2]

古辛斯基倒退了。他停止了发展NTV电视网络的计划，放弃了建电影院的梦想，最终不再希望将其公司的股票在华尔街上市，这曾是他最大的发展战略。“危机来到了，一切全都完了。”他在几年以后告诉我。古辛斯基是这个坏时机的牺牲品，巨大的梦想忽然因为中产阶级的没落而失败。他的人生哲学是：要引金凤凰，先栽梧桐树。整个卫星系统生意建基于欧洲和亚洲的机器，在前五年需要集中性投资。而利润是在七八年之后才会有的。古辛斯基没有等到产生利润的那年。现在，现金流就像潮汐一样，改变了方向；他的花费非常之高，而收益却在减少。他需要付清昂贵的卫星费用，即他欠美国进出口银行的1.237亿美元，这个时候他还没有任何收益。“生意是什么呢，特别是你一手打造的那种？”古辛斯基在回顾他当时的困境时，表情夸张地问我，“就像一个自行车比赛选手，骑得非常快。他身体向前倾斜快速地蹬踏……因为如果他不能持续蹬踏，他就会摔倒并且伤到他的头颈和手脚。你要想成为第一的话就要骑快点。”

古辛斯基摔倒了。经济危机就像一块碎石地，让他的自行车打滑摔了出去。卫星转眼间变成了财务重负。NTV总裁伊戈尔·马拉申科随后声称，这是古辛斯基所犯的最大的一个商业错误。他和其他人见证了卫星成为古辛斯基早年的象征，象征着常人无法想象的梦想和现实。而这一次，经济衰退了，梦想褪色了。古辛斯基未能及时改变设想。

古辛斯基说："我想建造一个我自己的王国，同伴们说我是一个地道的傻子。"他们要求古辛斯基将他的利润放在一边，而不是再投入到另外的生意中。古辛斯基告诉他们，卫星是把电视带入这个国家的最好办法。他告诉我说，他投资了12亿美元到NTV中。但是，他没想到卢布会贬值。"错就错在我们认为俄罗斯会拥有一个稳定的投资环境，经济会持续增长。"[3]

古辛斯基不是唯一一个在经济危机之后面对困境的人。别列佐夫斯基仍在热切地扮演着追求利益者的角色，公然表露敌意的总理叶夫根尼·普里马科夫对他发出了逮捕和政治流放警告。霍多尔科夫斯基不能支付其贷款，正在进行一项肮脏的勾当来摆脱那些西方的债权人和小股东。斯莫伦斯基的银行已经关门，并从公众的视线中淡出。卢日科夫经受住了这场经济危机，在一段时间内被视为叶利钦潜在的接班人。但是他的政治热情很快就被残酷地摧毁了。快乐的时光结束了。

对寡头们而言，事态的发展在深秋之后尤其不妙。俄罗斯人对经济的倾覆表现出憎恨和迷惑，他们开始寻找替罪羊。他们有为数众多的潜在目标。两周后在莫斯科市举行的一项民意测验显示，维克托·切尔诺梅尔金、鲍里斯·叶利钦和谢尔盖·基里延科这三个人是人们最常提到的谴责人选前三位。接下来的是寡头们、银行家们、金融家们，然后是国会、改革者和中央银行。[4]

但最大的威胁来自国会中直言不讳的共产主义极端分子，阿尔贝特·马卡绍夫（Albert Makashov）是一个不成熟且有强烈报复心理的人，他曾于1993年叶利钦与国会激烈敌对时因参与一起武装袭击入狱。回顾1996年，大亨们曾为排犹情绪而忧心忡忡，现在马卡绍夫试图重新点燃这股浪潮。11月11日，他开始攻击别列佐夫斯基。"不要像个犹太佬一样做事，"他用一种侮辱犹太人的语气说，"拿出一二十个亿的绿票子交给这个国家，这个国家就会平静下来。"共产党领导人根纳季·久加诺夫拒绝在公开场合下发表声明，他说马卡绍夫已经受到了党的处分，这就够了。随后，久加诺夫参与了对犹太银行家们的攻击，重拾了苏联时代的排犹理论。“我们的人民不是瞎子，”久加诺夫说，“他们不会眼睁睁看着犹太复国主义资本毁灭俄罗斯的经济，抢夺大家共有的财产。人们越来越明白，一切货币问题的来源，都在于这种反人民、枉顾国家利益的寡头政治手握权柄所犯下的罪行。”[5]

不久，事态严峻起来，马卡绍夫和久加诺夫根本无法控制。他们试图激起民愤，在卢布刚刚暴跌之后曾很见效，但在几个月之后，民愤就渐渐地消失了。公众并没有参加他们声讨犹太银行家的行列。排犹主义仍在俄罗斯社会的某个阶层保持着一股潜在的能量，而寡头们在许多地方变得声名狼藉，但是火花并没能燃起大火。可能是因为排犹主义者没得到政府支持，也可能是因为人们对于在艰难时世之中生存下来的要求远比憎恨的要求强烈得多。

最让寡头们痛苦的不是公众的言论，而是他们与国外投资者之间的争斗、彼此之间的互相残杀和来自克里姆林宫的压力抗争。在卢布贬值后两年半的时间里，寡头们被一种对权力的原始渴望和贪欲所驱使，展开了一场代价高昂甚至是自我毁灭式的争斗。本章记录了四个关于那些争斗的故事。这并不标志着寡头们的终结，而是标志着20世纪90年代的动荡和他们曾有过辉煌表现的叶利钦时代的终结。

艰难时世意味着铁腕，米哈伊尔·霍多尔科夫斯基是这个游戏的主角。据一位前梅纳捷普官员称，当霍多尔科夫斯基最初赢得尤科斯公司时，他派了300名他手下最好的保安人员到西伯利亚去实地接管该公司的油井和提炼厂。众所周知像卢甘斯克这样的石油城镇为一群歹徒所充斥，他们从当地石油工业中榨取金钱。霍多尔科夫斯基对于他的新产业中的财务总监和会计人员给予特别的注意。“他亲自找到每个子公司的财务总监和会计主管，告诉他们‘你现在就为这个人工作，别再搞鬼了’。”还是那位前梅纳捷普官员告诉我，他的游戏规则就是赢家通吃。[6]

经济危机之后，霍多尔科夫斯基对那些西方债权人和小股东采取了焦土政策。他试图甩掉那些债权人和小股东，收回尤科斯公司全部所有权，或者至少收回大部分。90 天的债务延时偿付期结束时，梅纳捷普银行拖欠了日本大和银行、德国西部商业银行和伦敦渣打银行大约 2.36 亿美元的借款，而这笔借款是以尤科斯公司 30％的股份作为抵押的。[7]

当时，霍多尔科夫斯基还需要直面尤科斯开采子公司小股东达尔特日益激烈的抗争。在一年多的时间里，达尔特这位隐居的亿万富翁因霍多尔科夫斯基渐渐吸干了他的投资而愤怒。现在霍多尔科夫斯基已经面临一场战争。他不需要再讨好那些投资者，因为俄罗斯已经拥有了世界上最差的投资信誉，西方债权人在相当一段时间内不会再来投资。霍多尔科夫斯基甩掉了西方贷款人和他的小股东，从他们手里抢走了石油公司。更大胆的是，他还试图摆脱俄罗斯的控制。

在他的银行职业生涯早期的动荡阶段，霍多尔科夫斯基建立了一套在国外的金融网络。梅纳捷普延伸到了像瑞士、直布罗陀和加勒比海这样的离岸港，还有许多其他可以很容易地藏匿数以百万计的美元的秘密地点。当他得到尤科斯公司时，霍多尔科夫斯基将他的资金转移到了这一离岸金融网络中。这在石油行业中极为普遍，因为石油贸易是将财富转移出俄罗斯的最可靠手段。每当石油从尤科斯公司流向国外，就会被尤科斯公司所控制的离岸贸易公司购买，这样石油创造出的财富就在国外积聚起来，逃避关税和其他在国内的风险。离岸网络是一串由奇怪的名字和地点构成的不停滚动的名单。在一段时间里，其主要成员就是哲比湖有限公司，坐落于大名鼎鼎的离岸港英属马恩岛。哲比湖有限公司是专门为尤科斯公司负责石油出口贸易的公司，他们将出口石油所得收入存在霍多尔科夫斯基和他的合伙人所选择的公司内，这都是根据公司架构描述文件以及前梅纳捷普银行官员的谈话得到的信息。梅纳捷普银行有自己的离岸网络，诸如直布罗陀梅纳捷普有限公司和瑞士梅纳捷普财务公司。此外，霍多尔科夫斯基在 1994 年购买了瓦尔梅特集团 20％的股份，这个国际投资管理公司总部设于日内瓦，在直布罗陀、塞浦路斯、马恩岛和其他金融中心都设有办事处，致力于帮助客户们逃避税收及检查。[8]

霍多尔科夫斯基深远的离岸金融网络在俄罗斯大型商业中是很典型的。所有其他的寡头——事实上是成千上万的俄罗斯生意人——做着同样的事情，尽管大部分规模并不是很大。每个月里，粗略计算就有 20 亿美元通过电汇、伪造进出口文件、石油运输和其他方式流向海外。这种外漏被称为资金外流，它成为俄罗斯在 20 世纪 90 年代最顽固的病症。在这十年内，大约有 1 000 亿至 1 500 亿美元的资金流出俄罗斯，这些资金本可以再投资到国内，用来修建工厂、开始新的生意，与此相反的是，俄罗斯的资金出现在国外银行账户内，购买了房地产，用在豪华的度假胜地和离岸避税港。资金流失有着诸多原因：逃避税务、股东、投资人和债权人，掩盖他们对自然资源的掠夺，剥夺工厂的财产；或者只是粉饰政治和经济的巨大变动。

可悲的是，竟然没有一个俄罗斯精英愿意出手对付资金流失这个可怕的病症。一位中型银行家曾告诉我，将资金转移出俄罗斯太容易了，因为没有任何人想去阻止他。尽管俄罗斯中央银行有针对出口资金的规定，但是这些规定普遍被忽视，而且几乎从来没有执行过。很多人从资金流失中获益——政客们、大亨们，甚至小型工厂厂长都会将他们获得的佣金藏到国外。[9]制止资金外流意味着彻底改变整个国家系统运转的方法，建立起一个稳定的立法国家，但这项任务对于叶利钦和苏联解体后十年间的第一任政府，实在是太艰巨了。有时候，俄罗斯的国家机器也会试图激活那并不完善的警察系统来堵住那些漏洞。离开机场的乘客都会被海关的服务人员要求打开他们的钱包，以便查看他们携带出境的现金数量。在谢列梅捷沃机场，当我不耐烦地排在等候飞机的队伍中，曾无数次地看到这种情形。这是一种如此可悲而愚蠢的行为，因为每个人都知道与此同时有 10 亿美元完全不受监控地电汇转移出国。资金流失并不需要登机口。

令人目眩的证据显示，资金流失的现象在卢布贬值之后已经达到极限，人们发现俄罗斯中央银行通过一个小型离岸公司将数十亿的美元转移出俄罗斯，这家财务管理公司（FIMACO）位于英属泽西岛，一处最受欢迎的避港。关于这个名不见经传的公司 FIMACO 的整个故事从未披露出来，但很明显，即使政府也会从离岸港获得利益。如果中央银行——具有最好的稳定性，俄罗斯财产的监护人——都要通过一个小型离岸公司转移货币储备，那么其他的人又会怎样做呢。[10]

为使尤科斯公司尽早摆脱债权人和小股东的纠缠，霍多尔科夫斯基制订了一个详细的计划将资金转移到离岸公司。在这复杂的转移资本过程，尤科斯及其子公司的资产毫无踪迹，让其他人根本无法发现他将资产藏在何处。这项计划比将石油收益转移到国外还要大胆。霍多尔科夫斯基要将整个公司转移至国外。这项计划会将整个公司的实质股份转移到大西洋和太平洋的小岛上，而留给西方投资人和小股东们的只有一个空的躯壳。

霍多尔科夫斯基的计划从给下属子公司发行数百万新股份开始。新股份会使达尔特手中的股份价值缩水。达尔特在子公司所控制的股份相对而言并不多——卢甘斯克油气公司的 12.85%，萨马拉油气公司的 12.3%，托木斯克石油公司的 13%，这使他过问公司生意的权限极为有限。尽管如此，霍多尔科夫斯基还是将主要矛头对准了达尔特，只为确保稳操胜券。例如，当时卢甘斯克油气公司共有 4 000 万未付的股份。而霍多尔科夫斯基计划发行 7 780 万新股。这就意味着达尔特的股份持有率从原来的 12.8%降到不足 5%。而其他子公司的情况也是一样。对于萨马拉油气公司，霍多尔科夫斯基计划新增 6 740 万新股到现有的 3 760 万股中。对于托木斯克石油公司，他计划发行 1 亿 3 500 万新股到原有的 4 500 万股中。在很短的时间内，达尔特在石油公司的股份不可思议地缩水了。这种策略等同于转移资金，最终在 1998 年引起了达尔特的愤怒，数百万美元资产危在旦夕。[11]

霍多尔科夫斯基又有了下一个诡计，他决定将所有的石油提炼厂子公司的股份出售给那些不知名的遥远的离岸小公司。比如，卢甘斯克油气公司的股份将会卖给巴哈马的阿斯伯利国际公司、爱尔兰的雷宁顿国际联合公司、马恩岛的桑顿服务公司和布拉马有限公司。那么这些神秘的新买家又是谁呢？最有可能是附属于霍多尔科夫斯基的空壳公司。霍多尔科夫斯基不会承认他在控制这些离岸公司，因为这整套策略在俄罗斯就是违法的，但他也肯定不会将他的石油公司卖给一个陌生人。[12]

在另一个厚颜无耻的骗局中，霍多尔科夫斯基计划用尤科斯下属子公司的期票另外购买几百万股份，而不是用现金。这个神秘买家是如何获得期票的，大家都无从得知，这一点我也一直不明白。整个交易看起来就是一个循环，一个欺诈性的表面文章：一个公司发行了数百万新股份，并卖给遥远的离岸公司，得到期票。最终的输家将是达尔特。

为许可股份缩水的策略，1999 年 3 月 16 日、23 日和 30 日召开了三个紧急股东会议，分别就每个子公司事宜进行了讨论。会议在莫斯科市中心的科尔帕奇尼大道 5 号庄严的城堡内举行，该城堡原先是共青团的建筑，但后来成为梅纳捷普银行的总部。在大门外，卢甘斯克油气公司的股东们向职员提供了一份资料要求进入大楼，但只有一部分人获准进入，而达尔特的代表约翰·帕佩什（John J. Papesh）未被获准。他要求进入但被拒绝，对方出示了几天前一份由地方法院签署的命令，这项命令从技术上冻结了达尔特的股份。帕佩什被留在外面的寒风中。而在里面进行的会议上，7 700 万新股很快通过发行，神奇地让达尔特持有的股份缩水。事后，帕佩什愤怒地说："这简直是俄罗斯版本的偷窃，老板们秘密举行会议做决定，不让有关人士参加，这是官僚犯罪。"巨额的新股发售在同样的另外两个会议上得到了通过。而另一个更为怪异的诡计发生在接下来的 6 月，在预定举行的托木斯克石油公司股东会议上。当小股东们来到科尔帕奇尼大道 5 号时，他们发现一个告示牌上写着会议改在莫斯科南部的小镇举行，而且将在两小时后召开。他们马上跳上汽车飞速赶往会议地点，而这个地址实际上是一个正在进行重新装修的破旧建筑。在里面，他们走上一个没有扶手的临时楼梯，看到了一个摆着 7 把椅子、一张桌子和两份会议日程的房间。建筑工人们说会议在 20 分钟前就结束了，他们太不走运了。

但是，争斗仍然没有结束。达尔特对做海外生意并不陌生。他继承了 30 亿美元的财富，这些钱是他的父辈们靠大批制造并出售泡沫塑料杯子赚来的。达尔特放弃了美国公民的身份，成为伯利兹公民，伯利兹是一个被视为离岸避税港的小国。他在国际投资中嗅觉很不灵敏，曾一度在巴西的政府债券中失利，现在做好了与霍多尔科夫斯基长期苦战的准备。在 20 世纪 90 年代早期，由于购买许多石油提炼公司和其他产业，达尔特在俄罗斯财产私有化进程中损失了数亿美元。就像许多国外投资者一样，他也是个投机商人，低价买进并希望高价卖出。[13]当达尔特寻找利润的时候，霍多尔科夫斯基靠着贷款换股份低价买入了尤科斯，他并不希望达尔特的利润从自己的腰包中流出。他想要达尔特离开。一场碰撞不可避免。

两位商业巨头终于投入了短兵相接的战斗：达尔特作为炼油厂的小股东，而霍多尔科夫斯基作为赢得尤科斯公司股权的胜利者。按照预期，他们或早或晚都得解决好纠纷。但他们还是先挑起了纷争。每一方都请了律师和公关公司，还有私人侦探。尤科斯公司发布了一份声明，说达尔特是一个“Green Mailer”（通过施加压力而试图得到高额回报的人）和贪婪的人。而达尔特说霍多尔科夫斯基正在洗劫他的子公司。

当达尔特听说了有关霍多尔科夫斯基对尤科斯子公司的离岸策略之后，他开始在全球追踪股份的去向。达尔特的律师向马绍尔群岛、英属维京群岛和马恩岛这些离岸辖区提起诉讼，试图阻止霍多尔科夫斯基。在侦察结果中，值得注意的是达尔特的律师和私人调查员收集了密集的、复杂的流程图表，来说明他们眼中的霍多尔科夫斯基分布广泛的公司架构图。这张图表挤满了表格和箭头，详细说明了所有空壳公司和所有权的关联，以及股份如何从地中海的塞浦路斯转移到太平洋上的一个叫做纽埃（Nuie）的地方。在图表底部，用星号标记出了多个表格，其中记录了离岸区的名字与地点，而这些都是霍多尔科夫斯基计划用作新的石油子公司的基地。这张图表非常详细，但是仍然不完全，事实上，霍多尔科夫斯基的离岸王国伸展的比文件所描述的还要深远。比如，此表并没有提到哲比湖的石油出口公司。

与达尔特争斗的同时，霍多尔科夫斯基试图摆脱掉西方债权人的纠缠。那三家为霍多尔科夫斯基的梅纳捷普银行提供 2.36 亿美元贷款的银行，可以按条约上注明的那样，在梅纳捷普不能偿还贷款的前提下要求占有尤科斯公司总共30%的股份。这30%的股份会占石油公司相当大的一块。如果霍多尔科夫斯基放弃，从未来的观点上看，他将会失去对尤科斯公司的控制权。这并不是他想要的。

霍多尔科夫斯基与银行之间的游戏实际上是一场心理战役。如果他足够强硬地表示他将不会偿还所欠的债务，按他的考虑，可能这些西方人最终会放弃这笔贷款并将其写入当年的坏账中。这并不是不切合实际的期望：大型西方银行和投资基金都了解投资像俄罗斯这样新兴的市场所面临的巨大的风险。他们在俄罗斯股票市场飞涨时已经积累了足够的财富。那么这一年碰上坏运气又怎么样呢？他们可能会试着逼一逼债务人，但他们也知道他们在俄罗斯没什么胜算，因为俄罗斯的法制不健全。西方银行只能获得有限的关注范围和松散的执行渠道。经理人不是为自己的钱做决定，而是为了其他人的钱。他们不会只是因为俄罗斯的一些坏账而遭受损失。但是霍多尔科夫斯基与此相反，在下赌注时需要考虑一切。他是拿自己的生存来做赌注。他用毫不留情的策略来确保他的每一步都是正确的。他从尤科斯下属的石油提炼子公司拿走股份，然后将这些股份连同已经稀释过的新股份一同卖到离岸地区（这种行为直到一个新的小股东到登记台查看股权持有人的记录清单时才得以曝光）。重点就是银行手里只剩下一具空壳30%的股份。持有尤科斯公司13%股份的大和银行欧洲公司发表了一份声明，称其所持财产“遭受了无可挽回的损失”。[14]这是一种温和的表达方式。

詹姆斯·芬克纳是我在繁荣时期遇到的三一对话公司分析师，他曾经为客户撰写了一篇文章“如何偷盗石油公司?”来讲述霍多尔科夫斯基的策略。芬克纳告诉我他为霍多尔科夫斯基的勇气所震惊。“这真是不可思议的厚颜无耻。”芬克纳说，“几年以前，人们说俄罗斯的管理者们会偷盗，但这仅仅是一小部分，而且随着事态的发展会逐步改进。但目前这件事让人觉得政府的行为简直不算什么。这太令人震惊了。俄罗斯第二大石油公司不再属于俄罗斯管辖了。”

在莫斯科恐怕没有什么人能比俄罗斯联邦安全委员会的主席瓦西

列夫更能预测事态的发展了。精力充沛、身材矮小的瓦西列夫在大规模私有化期间担任过丘拜斯的副手，他曾经说，俄罗斯资本主义化所犯的最大错误就是，在改革后第一次冲击波后没有能够及时地建立起有效的法律及制度来规范市场行为。他自己任职的安全委员会就是一个例子——其强制执行的能力非常之薄弱。我经常将瓦西列夫想象为足球比赛的裁判员，那些魁梧的、肌肉发达的运动员们穿着钉鞋在球场上奔驰，无视他的存在，而他却在无谓地吹着他的哨子，挥舞着他的手臂。俄罗斯资本主义化需要大英豪，而瓦西列夫却只成了一时俊杰。他相信规则并且试图坚持，但他事实上被一个超越了政府规则的强大系统淹没了。

瓦西列夫非常谨慎地开始了他的斗争。他尤其惧怕那些大亨，因为他们很可能对他个人进行报复。展开对大亨的调查是很危险的，有时甚至根本就不可能。例如，在 1999 年 5 月 24 日，一辆装有 607 箱梅纳捷普银行文件的卡车神秘坠入杜布纳河。[15]这就是俄罗斯当时的状况，一个连建立法制和确保法律执行都根本不现实的国度。瓦西列夫曾就对寡头们展开调查的最佳方案与丘拜斯进行了一次长谈。从战术考虑，瓦西列夫建议先严厉打击，再进行整顿。但这样攻其不备比较冒险，寡头们有众多间谍、保镖和枪支。丘拜斯要求瓦西列夫更加谨慎行事。他建议在打击之前最好对沉睡的熊发出警告。

瓦西列夫在 1998 年他的第一个尝试中获得了重大胜利，强迫弗拉基米尔・波塔宁和鲍里斯・乔丹放弃了他们试图削弱西丹科石油公司小股东股资的计划。[16]在此同时，尤科斯公司以相似的手段削减股资的企图也引起了瓦西列夫的注意，但他后来告诉我，他是要以这样的手段传递给尤科斯公司一个信息，他不只是针对波塔宁一个人。瓦西列夫回忆起 1998 年他曾得到尤科斯公司的一份书面保证，声称他们将遵守有关规定。但是 1999 年初，在卢布贬值之后，投资者们对尤科斯公司的投诉堆积如山，而且主要来自达尔特。

在春季，霍多尔科夫斯基实施了他的卑劣计划，掠夺了整个石油公司的资产。瓦西列夫宣布他将在 4 月实施一项全面调查，主要针对尤科斯公司是否侵害了小股东的利益一事。他这样做是冒着风险的，但又能怎样？首先，他试图发动小股东们开始一项艰苦的工作——他大声地、公开地坚持他们应该上诉到法庭。达尔特这样做了，而且他已经说服6个离岸地区的法庭临时冻结了股份转让。在安全委员会里，瓦西列夫只有很小的实权，而且仅有一种选择：决定是否正式登记或批准这几百万已经发行的新股。拒绝发售新股份的唯一法律依据是证明这些离岸港实际上是被霍多尔科夫斯基所控制的；那么这些股份的发行就是非法的。但是揭穿这些离岸港已经超出了瓦西列夫的职权范围。委员会只有少量的预算，不能够派遣律师飞往世界各地调查尤科斯公司那些让人难以捉摸的股份。

在随后的几周里，霍多尔科夫斯基传递给瓦西列夫一个信息：给我让开！一个石油公司的副总裁在一个会议上私下里警告他，尤科斯公司会尽其所能来阻止联邦安全委员会的调查。尤科斯是一个由有权势的寡头所控制的大型石油公司，而安全委员会只是一个软弱的政府部门。瓦西列夫很重视这个威胁，他记得丘拜斯说过该怎样攻击大亨们。

瓦西列夫几乎不拥有任何实质性的武器。他越来越感到无助，因为当时即使在自己的委员会里，他也几乎不了解任何人。安全委员会受益于世界银行的8 900万美元贷款，为帮助俄罗斯改进其资金市场。瓦西列夫使用了项目中的部分资金用于委员会的新闻办公室和购买计算机，允许外面的人能够从网络上阅读有关政府决定的报告。新闻办公室是按照与博雅国际公关公司所签订的合同运行的。该公关公司的主要负责人是马克·达纳斯塔西奥（Mark D'Anastsio），负责国际发展业务的执行总裁，来自华盛顿。他是一个公共关系专家，尤其擅长为他的客户树立一个良好的长期形象。他说，他已经为给瓦西列夫在海外树立"非常干净的好男人"形象而奋斗了许多年。给博雅发工资的世界银行项目目标在于改善"透明度"，并为股市中的公司提供更为"完整而可信的"信息。[17]

但是瓦西列夫在1999年发现，达纳斯塔西奥和博雅同时也代理尤科斯公司和霍多尔科夫斯基的业务，而他们正是委员会调查的目标。公关公司一方面用世界银行的资金来试图提高委员会的"透明度”，另一方面又为正在离岸地区藏匿其股东资金的尤科斯公司积极辩护。瓦西列夫断定这是有直接利益冲突的。但是瓦西列夫仍不敢解雇博雅公司，因为他实在是迫切地需要这个新闻办公室和计算机设备——实际上并没有多少工作可做。他告诉我，如果他甩掉博雅公司，那么他可能就会失去他急需的世界银行资金。“他们掐住了我的七寸。”

达纳斯塔西奥后来向我承认当时他确实代表双方的利益。瓦西列夫私下对其提出抗议之后，达纳斯塔西奥所在的公关公司提供了一份书面保证，承诺在两个客户之间不会有任何接触。但事实上，达纳斯塔西奥一直在两个客户之间周旋。根据瓦西列夫和达纳斯塔西奥的回忆，公关公司曾经试图游说瓦西列夫，劝其与尤科斯公司对话，充当了调解人的角色。愤怒的瓦西列夫无法理解要如何进行调解。他怎么能同时代表制约者与被制约者的利益呢？

当我几年后问起达纳斯塔西奥关于利益冲突的事情时，他说，假如敌对的时间过于长久了，可能是会有问题，但他认为事情不会再继续下去。另外，俄罗斯的制度并不像一个发达的市场经济所应具备的那样明确。达纳斯塔西奥也有他自己的偏好：他很敬佩霍多尔科夫斯基，称他为“一个历史性人物”。霍多尔科夫斯基经常向达纳斯塔西奥抱怨，瓦西列夫走得太远了，达纳斯塔西奥对此表示认同。[18]

按我自己的观点，博雅公司事实上的作用是直接削弱了资本市场，而它本是被雇来改进市场的。奇妙的是，博雅公司确实遵循了俄罗斯的规定，而且看上去并没有妨碍双方的利益。不难看出瓦西列夫为何感觉如此无助。他的朋友其实就是他的敌人。

6 月下旬，在股票经纪人贸易联合会的投诉下，所有尤科斯公司及其石油提炼公司在俄罗斯主要股票交易场所 RST 的交易都中止了。[19]这对于尤科斯公司是一个打击，但瓦西列夫在 6 月 29 日的记者招待会上承认，他对尤科斯公司的调查遇到了阻碍。安全委员会缺少调查的权限——一切调查只限于口头询问。没有人出头，就连俄罗斯的政府公司，也不愿意站出来提供任何有助于调查的信息。燃料能源部和联邦税务局不理会他的要求。尽管如此，瓦西列夫还在坚持

“调查不会停止”。接着，6 月 21 日，瓦西列夫宣布他将调查案转到执法部门进行犯罪调查，由内务部、联邦税务局和联邦安全局联合执行。在同一天，尤科斯公司发表了一份愤怒的回击声明，谴责瓦西列夫站在了著名的投机商人肯尼思·达尔特[20]一边。更多的记者招待会接二连三地召开，8 月 18 日，尤科斯公司的副总裁，这位早些时候警告过瓦西列夫的人，宣布尤科斯公司将采取行动了。他悄悄地向总检察长办公室发起了针对瓦西列夫的投诉，罪名是诽谤，依据是 7 月 21 日的会议。根据俄罗斯的法律，诽谤是一种犯罪行为。听说此事时，我为之惊骇。我参加了记者招待会，很明显瓦西列夫并没有诽谤尤科斯公司和霍多尔科夫斯基本人，因为对石油公司的调查正是他要行使的政府职能。但瓦西列夫看懂了犯罪投诉的目的。他需要面对无尽的难题、审问，而且谁知道下一步将会有什么不期而至。检举办公室是一个臭名昭著的受贿机构。当时，执法机关收受贿赂而将普通争执诉诸法律的现象极为普遍。就我所知，一位年轻人曾因卷入一项商业纠纷而被陷害；警察将一枚炸弹放在他的箱子里，然后将他逮捕。在一个没有法制的国度，任何事都有可能发生。想要攻击熊，你得冒很大的风险。

与争斗本身相比，沮丧和气馁使得瓦西列夫于 10 月 17 日辞去了委员会的职务。“这里的制度并没有给投资者提供保障。”瓦西列夫慨叹道，在他离职的前几天，萨马拉油气公司的股份稀释方案——计划发行 6 700 万新股——出现在委员会面前。尽管申请符合程序，瓦西列夫还是遵循原则投了否决票。“一切都符合法律程序，但从道德的角度上看，我明白这完全是偷盗。”但他独力难支，委员会票选通过了批准。[21]

霍多尔科夫斯基赢了。在瓦西列夫辞职后的 8 周里，达尔特与霍多尔科夫斯基达成了协议，并在没有透露价格的情况下将他的股份出售。没有人知道达尔特在俄罗斯的石油投资是蒙受了损失还是取得了利益。但是很明显，霍多尔科夫斯基达到了他的主要目的：控制了他的石油公司并摆脱了小股东的干扰，焦土政策成功了。

霍多尔科夫斯基同时也打败了他的债权人。三家贷款给霍多尔科夫斯基的银行并不具有无限的耐心，霍多尔科夫斯基比他们更有耐心。西部商业银行在俄罗斯危机之时蒙受了严重损失，他们最初贷给霍多尔科夫斯基的梅纳捷普银行的金额是 1.35 亿美元。根据熟悉内情的人士透露，霍多尔科夫斯基来到德国西部商业银行母公司总部，告诉银行负责人，因为俄罗斯的经济危机，他无法偿还梅纳捷普银行所欠的债务。梅纳捷普银行在经济危机中崩溃了。但一位德国的银行职员愤怒地挥动着手臂，指责霍多尔科夫斯基的石油公司尤科斯一直在不断地壮大。那么他不能偿还债务又是什么意思？

但是霍多尔科夫斯基表现出一种十分令人信服的姿态，西部银行在与狡猾的俄罗斯人周旋时变得不知所措。“霍多尔科夫斯基说他受到了沉重的打击，”德国银行的内部人员讲，“他获得了同情和理解，而他事实上应得的是重锤的敲击。”结果，德国银行不仅没有强迫霍多尔科夫斯基偿还所欠的债务，反而以 6 750 万美元的廉价——仅相当于其原始借款一半的数额——将其资产出售。同样的情形发生在大和这家日本银行身上。大和银行将其所拥有的股份以 4 000 万美元的价格出售。债权人最终还是放弃并蒙受了损失。下一步，霍多尔科夫斯基悄悄地以最便宜的价格将其股份收回。在为 2.36 亿美元贷款，而抵押出去尤科斯公司大约 30％的股份当中，霍多尔科夫斯基已经成功地从债权人的匆忙抛售中买回了 23.7％的股份。[22]这真是一笔好买卖：霍多尔科夫斯基拖延偿还债务的回报就是他重新买回了大部分股份，而且只用了不到他原来借款一半的资金。

尽管霍多尔科夫斯基告诉德国银行他在经济危机中损失惨重，但是尤科斯公司却神奇地快速发展起来。石油价格的回升使得尤科斯公司在 2000 年底积累了大约 28 亿美元的资金。如果银行愿意等待久一些，那么他们很可能收回 2.36 亿美元的全部贷款。但是西方债权人过于优柔寡断。霍多尔科夫斯基已经将石油公司从他们的手中抢回。

对于霍多尔科夫斯基来说，铁腕手段收到了回报。[23]

俄罗斯经济的破碎场景让每一个近些年参与其中的人物都伤痕累累，不管是丘拜斯还是年轻的改革家，不管是鲍里斯·别列佐夫斯基还是那些寡头，甚至是病中的鲍里斯·叶利钦。这场剧变让他们纷纷失去了往日的光泽。俄罗斯人民愤怒地、困惑地、充满怀疑地关注着他们。经济危机留下了政治上的真空。“权力连续性”这个由别列佐夫斯基提出的问题目前仍是悬而未决。叶利钦的接班人还是没有明确。

尤里·卢日科夫仍在按他的计划进行。没有人能因为 GKO 和轻松赚钱的全国性浪潮而谴责莫斯科市长。卢日科夫的声誉并没有因经济危机而受到损害，尽管危机的冲击波让他的城市损失严重，尤其是对新兴的中产阶级。

在 9 月 30 日出访伦敦时，卢日科夫首次暗示他会参加总统选举。他在俄罗斯大使馆的记者招待会上回答记者提问时，说他希望继续担任市长职务。但他随后谨慎地表示：“如果我发现竞选总统的人不具备一个政治家所必需的观点，为确保俄罗斯的稳定和进步，我可能会加入竞选。”听到这些言论，我马上意识到，卢日科夫已经决定参加竞选。可能他已经得出结论，经济危机使其他竞选者掉队了。在这背后，弗拉基米尔·叶夫图申科夫，西斯特玛集团的总裁，在城市中最具影响的商人，对卢日科夫的雄心给予了支持。叶夫图申科夫是中央电视台的主要发起者，这是卢日科夫王国辖下的频道，将会在总统竞选中起决定作用。尽管中央电视台总在播放一些无聊的电视节目，但是他们很快获得了全国最先进的播放设备和技术，同时在电视上慷慨地为卢日科夫贡献大量时段无争议的电视采访。另一个显示卢日科夫野心的征兆是以他为首而发动的政治运动“祖国”（Otechestvo）已经成形。政治顾问们列队等待。叶夫图申科夫告诉我，他从卢日科夫的标语上就可以看出卢日科夫会赢得这次竞选，他说他会像改变莫斯科一样改变俄罗斯的未来。“我相信他有这个机会，一个历史性的机会，他必须利用这个机会。”叶夫图申科夫说。

卢日科夫考虑加入竞选时，俄罗斯政治处在一个近乎真空的状态下。叶利钦在病中，他的权力已经被经济危机侵蚀得残破不堪，而他还没有来得及选择接班人。寡头们，尤其是别列佐夫斯基，也在担心他们已经赢得的战利品——这些美妙的财富和产业——将会被夺走。

他们担心，因为几乎没有别的选择，卢日科夫可能会在下一次竞选中不经意地走进克里姆林宫，在俄罗斯树立起他的莫斯科模式。他们不喜欢卢日科夫的模式，这意味着一切由他说了算，而他们只能求人。但是克里姆林宫——叶利钦、他的手下以及那些与他们走得近的寡头——都不知道该怎样应对这场权力的真空。在卢布贬值数月后他们发现自己处在如此不安全、如此偏执和不知所措的境地中。

卢日科夫也有弱点。在俄罗斯竞选总统需要一个竭尽全力的竞争意识和性格，就像叶利钦那样的政治家总想牢牢地把握住他的权力和政党。卢日科夫不是那种类型的政治家。他把自己看作一个领袖，一个在迈向成功的路上为了战术优势而不得不从政的人物。卢日科夫为达到自己的目的在莫斯科制定了一套制度，一套不容许其他任何挑战的政治机器。他民意测验拿高分，得到报刊大力称赞。无可否认他是一个真正受欢迎的人物，但是他的生活过分受到保护。加入国家政治事务就意味着他将会走出莫斯科，离开他所能控制的场地，加入新的不确定的地界。

卢日科夫试图跃过障碍，但是他的步伐却在一开始就被重重困难所扰。如果他早就想到这点，他可能就会寻求叶利钦的庇护，或者至少他会试图避开这个古怪总统和他的核心集团。而相反，卢日科夫很快就将矛头对准了叶利钦并向他发起进攻，批评叶利钦继续留任总统是不适宜的。在10月，当叶利钦在他莫斯科郊外的住所饱受支气管炎折磨的时候，他听到了来自克里姆林宫的报告。卢日科夫说“短病一回事，但如果一个人不能工作，不能尽职尽责，他应该有勇气承认自己的问题”。卢日科夫和叶利钦以前是属于同一战线的，叶利钦曾在改革年代将卢日科夫从官僚主义的汪洋中解救出来。而当叶利钦1993年面对议会质询的时候，卢日科夫与他同在一条战壕。他们还是1996年竞选时的伙伴。但是现在卢日科夫轻率地挑起了一场争斗，一场不仅是与叶利钦本人也是与总统内部集团的争斗，这场争斗甚至包括别列佐夫斯基。这场争斗带来的毁灭性后果远远超出卢日科夫的所料。在未来政治气候的不确定性中，1999年初发生的一系列事件让叶利钦的核心集团产生了动摇，其中包括别列佐夫斯基。结果是卢日科夫上了克里姆林宫的黑名单。叶利钦周围的人决定不让卢日科夫有机会成为叶利钦的接班人。

在这个阶段，别列佐夫斯基被迫采取守势，这次进攻来自总理叶夫根尼·普里马科夫。普里马科夫是苏联后期的一位老兵，他在1999年初的经济政策就是为了保持当时的局势，使俄罗斯在经济危机造成的骚乱后相对平静下来。但普里马科夫对别列佐夫斯基毫不留情。他主动追击寡头。在国家杜马批准了一项释放9.4万名囚犯的大赦之后，普里马科夫在1999年1月28日的会议中告诉寡头们："我们是为了那些将要入狱的人腾地方——那些经济犯罪者。"几天后，告发者和持枪行凶者们将自己伪装，戴着面具抢劫了别列佐夫斯基在莫斯科的公司、西伯利亚石油公司总部和俄罗斯国家航空公司。这个信息很明显了：别列佐夫斯基就是目标。

在西伯利亚石油公司的大楼里，戴着面具的人抢走了一个小公司阿托尔（Atoll）的数箱材料，据报道该公司是为别列佐夫斯基的安保服务的。最忠实于卢日科夫的报纸《莫斯科共青团员报》用整版篇幅报道称，调查人员认为别列佐夫斯基在利用阿托尔公司来调查叶利钦的家庭，包括叶利钦的女儿季亚琴科。别列佐夫斯基认为是普里马科夫本人亲自命令调查，并签署了对他的逮捕令。后来别列佐夫斯基去见普里马科夫，普里马科夫否认曾对寡头进行攻击。当时普里马科夫的办公室里充满着紧张而戏剧化的气氛，别列佐夫斯基告诉我，他当时从大衣口袋里拿出一份文件当面交给普里马科夫，这份文件记载了他亲自命令调查的证据。根据别列佐夫斯基的说法，前总理切尔诺梅尔金当时也在办公室，这一切使他感到非常震惊和窘迫，他匆匆地离开了办公室。切尔诺梅尔金的窘迫是可以理解的：别列佐夫斯基拿到了总理亲自签署秘密命令的副本他正在调查。[24]

当普里马科夫从一方面追踪别列佐夫斯基时，新的丑闻加剧了叶利钦集团内部的混乱局面。这一新纠纷涉及总检察长尤里·斯库拉托夫，他在查探克里姆林宫腐败事件。有人指控承揽了克里姆林宫装修工程的瑞士工程公司马贝泰克斯（Mabetex）涉嫌贿赂，对象正是叶利钦宗派中的人物。

斯库拉托夫是一个低调人物，拥有巨大权力，但在俄罗斯疯狂资本主义时期他是一个有名无实的首长。他在任期间并没有解决任何腐败问题，也没有解决任何广泛报道的雇凶杀人案。更有甚者，斯库拉托夫有他自身的问题，他曾秘密供养妓女，并被人拍了录像。这些录像被用来勒索他。

在西伯利亚石油公司被抢的同一天，叶利钦突然要求斯库拉托夫辞职。因为一盘录像的副本泄漏到了国家电视台。一开始，斯库拉托夫同意辞职，但随后他改变了主意，并决定与之抗争。为在这个危机时刻拯救自己，斯库拉托夫开始公开他还未完成的调查，包括对克里姆林宫建筑合同的取证。斯库拉托夫是一个自相矛盾且令人发狂的人物，他暗示存在腐败，但从未真正起诉。尽管如此，仅提及斯库拉托夫以及对马贝泰克斯的调查已经足以在克里姆林宫的队伍内部引起骚乱。

斯库拉托夫事件，对别列佐夫斯基公司的抢劫，卢布贬值的恶果，普里马科夫发誓要将大亨们打入监狱，还有卢日科夫最终决定参加总统竞选，这一切都在短短的几个月里相继到来。回顾一下就会发现这一系列事件早已蓄势待发。斯库拉托夫中伤克里姆林宫阵营，搅乱了叶利钦的核心集团。卢日科夫利用这些指控，说检察长应该获许继续调查，使其与叶利钦及其副手为敌。因此，为了反击，别列佐夫斯基和克里姆林宫着手摧毁卢日科夫。[25]

斯库拉托夫事件之后，检察长办公室在4月5日签发了对别列佐夫斯基的逮捕令，基于他不当使用了在国外销售俄罗斯国家航空公司机票的资金。别列佐夫斯基的回答是他“从来没有在俄罗斯国家航空公司工作过一天”。这在某种意义上讲是事实，但却是答非所问。别列佐夫斯基不需要在俄罗斯国家航空公司工作，就可以从该公司的外汇收入中提取回扣。这项声明对于当时在法国的别列佐夫斯基是沉重一击。搜捕调查和逮捕令对于他来说前所未有，因为他一直在权力方面游刃有余。别列佐夫斯基同时也在3月4日丢掉了独联体执行秘书长的职位。

春天对于叶利钦的核心集团来说是麻烦重重。斯库拉托夫威胁要进行新的揭发。别列佐夫斯基将会被逮捕。接着在5月，杜马中的共产党人试图弹劾叶利钦。弹劾失败了，但是谣言四起，声称克里姆林宫或其企业盟友给了每位投票者3万美元，以保住病中的总统。

卢日科夫反对弹劾叶利钦，但他攻击叶利钦阵营的呼声却越来越高。卢日科夫声称，俄罗斯并非受叶利钦领导，而是在受一个阴谋集团的控制，或者可以被称作一个在克里姆林宫的政体。他反复使用“政体”一词终于惹怒了叶利钦集团。卢日科夫将别列佐夫斯基单挑出来作为“政体”代表，同时还有亚历山大·沃洛申，一位满脸胡须，已经谢顶的铁路作者兼经济专家，曾与别列佐夫斯基在全俄罗斯汽车联盟项目上共同工作。沃洛申以经济学专家的身份进入了克里姆林宫，又跻身叶利钦的主要助手行列中，继任瓦连京·尤马舍夫之职。沃洛申是一个幕后人物，热衷于铁腕策略。和别列佐夫斯基一样，他也决定阻止卢日科夫成为下一任的俄罗斯总统。别列佐夫斯基知道，如果卢日科夫当权，那么大亨们将会遇到财产被剥夺的危险。游戏的规则将会被改变，他们再也无法控制这个国家。

别列佐夫斯基开始思考如何向卢日科夫发起攻击。别列佐夫斯基最有效的进攻者是谢尔盖·多伦科，曾经参与银行家之战的电视评论员。声音沙哑，外表俊朗，加上促狭的表演风格，多伦科是个政治家们又爱又恨的电视人物。对于西方人来说，多伦科在电视上的风格可能显得尚未成熟，有待磨炼，甚至上不了台面，但是在俄罗斯，多伦科却是个频频露脸的电视主持人，很乐意把政治家放在他们应在的位置上。

别列佐夫斯基认为多伦科是一个天才。他告诉我他还记得他第一次在电视上看到多伦科时，他的奔驰刚被炸毁。他看着电视，而多伦科正在用嘲讽的口吻说又有一个钱袋被炸弹击中，太糟了。别列佐夫斯基并没有被冒犯，还立即打电话给他的秘书。“你能帮我找到多伦科吗?”他说，“在我看来，他非常有天赋。”他又补充道，“我从来不在乎内容，但是他创造的形式我很在乎；我很喜欢。”

多伦科记得他们过了很久才见面。当别列佐夫斯基想要见他时，多伦科最开始拒绝了。“我说我很忙。”多伦科告诉我。别列佐夫斯基坚持碰面。他出现在多伦科办公室的外面并等在那里。等了又等。这就是别列佐夫斯基一贯的风格：他总是乐于等待，无论多么卑微。当时正是夏天，而且办公室里摆着切好的西瓜。“我的助手问我该如何对待别列佐夫斯基，他等在那里一直不肯离开，”多伦科补充说，“我说我不知道。我说‘给他切点西瓜吧’。他待在那里吃了四十分钟的西瓜，然后离开了。”后来他们约好在一家日本餐馆一同共进午餐，而且发现他们之间产生了化学反应。在那天，不到一个小时的时间里，别列佐夫斯基正式聘用多伦科为他的俄罗斯公众电视台电视频道工作。

多伦科在电视上的独特风格在俄罗斯被称为“创作策划节目”，是一种集新闻事件的摄影记录和评论于一体的形式。这种形式给予他广阔空间来表现自己。NTV 的叶夫根尼·基谢廖夫也有类似受欢迎的节目，即周日晚上播出的《综述》，但基谢廖夫的表现很有教养。多伦科则不同，他的表现更坦率、更讽刺、更浮夸。

别列佐夫斯基在幕后操纵，试图挤掉普里马科夫。1999 年 5 月 12 日，叶利钦解雇了普里马科夫。叶利钦表现得越来越与人疏远，而且行事怪异。他可能是出于对普里马科夫受公众欢迎的嫉妒，或者已经相信普里马科夫无法应对经济形势。叶利钦用谢尔盖·斯捷帕申（Sergei Stepashin）取代了普里马科夫的位置，斯捷帕申曾任内务部长，他的行为举止如同一个忠实的警察局长，他是一位过于顺从而意志不甚坚强的人。斯捷帕申所采取的第一步行动，就是发表声明，不会起诉别列佐夫斯基。

斯捷帕申还未正式入职，克里姆林宫已经开始讨论解雇他。别列佐夫斯基随后回忆说，斯捷帕申被克里姆林宫核心集团视为“软弱”。[26]他是位法律专家，但是在政治方面他似乎处于无能状态。每天人们对叶利钦的支持率都在下降，人们转而支持卢日科夫。克里姆林宫集团最终决定他们需要另选高明。他们需要解决“权力连续性”的问题。8 月 10 日，叶利钦解雇了斯捷帕申，这是叶利钦一年半的时间里解雇的第四位总理。为接替斯捷帕申的位置，叶利钦任命了弗拉基米尔·普京。普京眼神冷酷、沙色头发、精力旺盛，是一位鲜为人知的联邦安全局负责人。普京最初被认为是一位管家，但他后来承担起越来越多的工作。

这个夏季的俄罗斯，政治上出现了真空，很明显没有领导人，莫斯科处于迷雾之中。别列佐夫斯基不再被普里马科夫追捕，迫切地开始了一场新的拥立君王的游戏。他找到了多伦科，建议为他量身定做一套节目，一个纯粹的创作策划乐趣：谢尔盖·多伦科脱口秀。

随后发生了另一件让克里姆林宫集团警觉的事件。别列佐夫斯基的两个劲敌卢日科夫和普里马科夫团结在一起，结成了政治同盟，将他们的目标瞄准克里姆林宫。他们在吸引政府要员和全国各地的市长们支持，当他们发表声明时，很明显已经成了一股不可小觑的势力。他们拥有美国政治中所说的势头——一种大势所趋的感觉。他们并不具有十足的领导力，但这没有关系。叶利钦没有其他明确的接班人，卢日科夫知道他们因此而陷入的困境。他感觉到克里姆林宫已经准备好向他们开火，“我们联盟的形成面对着巨大的压力和敌意，”他说，“但是我们无所畏惧，我们是强大的。”[27]

克里姆林宫核心集团很苦恼。在卢日科夫—普里马科夫记者招待会召开几天之后，几位西方记者和我被邀请到克里姆林宫与叶利钦的代表沃洛申对话。这是一个极其罕见的机会，能够直接听到叶利钦“阵营”的声音，此时克里姆林宫集团深陷困境，成员包括别列佐夫斯基、沃洛申、季亚琴科和尤马舍夫。星期六，沃洛申穿着很随便，在耀眼的白色大理石房间里，他用柔和的声音讲话。他表现出令人惊讶的坦诚，他承认克里姆林宫不能容忍普里马科夫和卢日科夫成为叶利钦接班人的想法。他说，普里马科夫是一位狡猾的苏联间谍；卢日科夫也不值得同情，“他的圈子有一半罪犯，”他说，“这已经不再是什么秘密。全俄罗斯都在议论这件事。”但他同时也肯定了卢日科夫已经取得的一些成绩。“莫斯科确实已经可以负担得起一些设施修建，比如环路。卢日科夫被公认为建造者。他进行了大量修建。一些经济学家计算了在修路上的资金之后称，这些钱相当于在路面上铺 3—5 厘米厚的银子！”

最后，我感觉到克里姆林宫猛烈抨击卢日科夫，是因为他们还没有挑选出叶利钦的接班人，也不知道该怎样做。这是一个炎热的、微风习习的八月下午，当我在会见之后穿过布满鹅卵石的红场时，秋天的政治季似乎变得很遥远，而阴谋和诽谤看起来毫无意义。我本应该知道克里姆林宫的暗示并不是出于偶然。别列佐夫斯基从不驻足。仅在几个月前，他匆匆加入了对普里马科夫的防守阵营，他一直因为检察官以及戴面具者闯入其公司而忙碌不停。现在被压的球开始反弹，准备发起攻击。

多伦科同样在轻蔑地观察着卢日科夫—普里马科夫联盟，他决定让卢日科夫成为秋季电视节目中的“明星”。他与普里马科夫和卢日科夫二人常常剑拔弩张，他对卢日科夫的攻击与他的个人感受完美契合。他非常喜欢这个主意。别列佐夫斯基和多伦科在电话里讨论如何发动猛攻。

别列佐夫斯基说：“谢尔盖，我是鲍里斯，伙计，事情办得怎么样?”

多伦科说：“文员正在写。”

别列佐夫斯基说：“考虑一下用什么方案，考虑一下!”别列佐夫斯基使用了一个俄罗斯俚语“razvodka”，意思是挑拨离间的方案。然后多伦科向别列佐夫斯基献计献策，如何在污蔑卢日科夫名誉的同时毁掉他的政治生涯。他们的交谈被窃听，随后公布在报纸上。[28]

多伦科的节目中经常包含一部分真相，以确保他的评论看起来似乎合理，但随后他就会试图歪曲事实从而达到自己的目的。多伦科经常会使他的节目变得荒谬可笑。为了突出普里马科夫在臀部手术后的病体，多伦科在节目中讲述了外科医生在他大腿上进行切除手术的血淋淋的细节。“哦，那真是杰作!”多伦科回想起来自己都笑了起来。多伦科的另一个强项就是他在节目中的创造性，毫无歉意，毫不犹豫，甚至比街头小报上的润色还要过分。如果多伦科对发现 UFO 一事进行报道，一定会生动形象。

整个秋季，多伦科都在玩弄位高权重的莫斯科市长，不是以激战的形式，而是以一系列带有嘲讽和恶意的报道来丑化这位市长。多伦科等待卢日科夫的反应，然后再据此对他进行攻击。“这些节目绝不是我一个人的节目，”多伦科开玩笑地说，“卢日科夫和普里马科夫在帮助我，我们三个人在做那些节目。我们是一个团队。”对于卢日科夫来讲，电视上多伦科的攻击正值莫斯科最糟糕的时刻。一系列恐怖爆炸事件在莫斯科公众心里引起恐慌。在9月，爆炸摧毁了莫斯科的三栋公寓，超过300人在睡梦中被炸死。卢日科夫每次都在第一时间赶到爆炸现场。他为保持事态平静而努力，在焦虑和歇斯底里的人群中监督着救援工作的进行。

作为新任总理，普京在此刻开始显示他的领导才能。他的举止异常冷静。一位选民曾告诉我说，普京就像一只随时准备出击的豹子。普京就爆炸事件谴责了车臣，在恐惧的气氛中，他准备对车臣进行新的大规模行动，他的民意支持率飞速提升。同时，卢日科夫支持率大幅下滑，他的城市在燃烧，市民因恐惧而惊慌，他的名声在每周日的电视节目中被彻底地诋毁。各种问题接踵而来。

多伦科对于诋毁卢日科夫的名誉比对车臣酿造的战争更感兴趣。10月17日，多伦科利用他节目的大部分时间将卢日科夫刻画为一位伪君子。多伦科描述了俄罗斯南部城市布琼诺夫斯克的一个医院是如何重建的。这家医院在第一次车臣战争时被恐怖分子抢劫，遭到了破坏。多伦科说卢日科夫用了借款来重建这所医院，但是从来没有对捐款者表示感谢。多伦科反复强调这点，说卢日科夫贪占了医院的借款。“亲爱的，”他意味深长地指着莫斯科市长办公室说，“你在干什么？你为什么不对捐款者说声谢谢呢？”[29]

在下一段内容中，多伦科暗示了有神秘的资金从莫斯科转移到国外银行。多伦科提到了最近发表在《纽约时报》上的文章，关于纽约银行如何致力于转移俄罗斯国内资金。[30]一篇文章在屏幕上显示出来：一张汇往纽约银行的转账单。4 000万美元。又一笔！第三笔！看到节目的每一个人包括我自己都不知道到底发生了什么事，但多伦科在乎的只是形式，而不是实质。他近乎刽子手般攻击卢日科夫。“我认为卢日科夫不会向公众公开事情的细节，”他说，“但是他可能必须向调查团队公开他经济活动的细节，那些调查团队主要负责调查纽约银行洗钱一事。”

在节目结束之前，多伦科又向卢日科夫扔下了另一颗“炸弹”。他播出了一系列加速版剪辑录像。首先，卢日科夫在他的市长办公室里攻击克里姆林宫的“政体”和病中的叶利钦；然后，卢日科夫在叶利钦 1996 年竞选活动的高潮游行中支持叶利钦。“我是说，俄罗斯，叶利钦，自由，”卢日科夫在游行队伍中怒吼，“俄罗斯，叶利钦，胜利！”然后队伍高呼：“俄罗斯！叶利钦！我们的未来！”

多伦科什么也没有说，他不需要说。他凶狠地攻击卢日科夫。卢日科夫说的这些话并非前后不一。叶利钦在 1996 年时就是他的选择，而两年后叶利钦生病了。但多伦科反复地播放这两个场景，这使卢日科夫显得很是愚蠢，这种战略是毁灭性的。“我认为这就是伪君子，”多伦科回忆着，“太虚伪了！”

卢日科夫被多伦科的电视节目惊呆了。他担任莫斯科市长已经有五年时间，他一直是这个城市的领导。卢日科夫气急败坏地谴责多伦科，将其以诽谤罪诉诸法庭，这种策略他在俄罗斯政治中经常使用。但是这对多伦科没有产生什么效果。“这简直太愚蠢了，”卢日科夫说，“这是一种精神病式的攻击，感觉神经不稳定的人才能做出这样的事情。”他声称，[31]“这使俄罗斯震惊，它包含了谎言和诽谤，如同污垢之潮一样泼向政客和政治家。”[32]

卢日科夫深陷多伦科电视节目的泥淖，以至于无法摆脱出来为自己辩护。他从未提出叶夫图申科夫认为可能是总统竞选之基石的口号：他能够重建俄罗斯。他的妻子叶连娜·巴图林娜当时告诉我说：“在我看来，从政对于尤里·米哈伊洛维奇现在是一个非常艰难的选择。政客不会总是使用正当手段。他发现自己受到了伤害。他有许多原则，而通常来讲他的对手们不会拥有其中任何一条。”[33]当我与叶夫图申科夫谈及此事时，他回忆起当时卢日科夫并没有准备好如何响应对他的攻击，“多年来，尤里·米哈伊洛维奇生活在一个环境里，在这个环境里他为每个人所喜爱。而且在很大程度上，他是一头让人惧怕的公牛，没有人敢于批评他……他从理性上根本就没有对将要发生的事做好准备，他只是没有做好准备。”

广播负面消息的无情打击使卢日科夫陷入绝境。多伦科通过俄罗斯公众电视台可以造成巨大的影响，因为电视信号覆盖了整个俄罗斯。在10月份，一个同样为克里姆林宫服务的重要私人民意测验公司民意基金会（POF）报告说，卢日科夫在民意调查中的支持率开始崩溃。一般来说，每周统计中在激烈的总统竞选中领先的人拥有20%或者稍多一点的投票率是常见的。1月，有15%被调查者说他们会在总统竞选中支持卢日科夫。10月，下降到只有5%。而对卢日科夫投不信任票的百分比由1998年底的35%变成了今年的51%。

1999年11月7日多伦科掀起的污蔑运动达到了顶峰。他再次提起了与真实事件相关的话题——对保罗·塔特姆的谋杀，这位美国商人1996年在丽笙-斯拉维扬斯卡亚饭店的纠纷之后被枪杀。没有人为此事而被逮捕甚至起诉。

多伦科告诉我，塔特姆的话题几乎是从天而降。自从他开始直播污蔑行动，他的办公室就被那些对卢日科夫不满的人们挤满了。“成群的人要求见我，并且带来了有关卢日科夫的资料，”他回忆说，“在这些人当中，有一个人找到我，并且告诉我说：‘你看，两个月前我还在佛罗里达，我录了一段采访，是个疯疯癫癫的美国人……他样子很不安。’”这个疯疯癫癫的美国人说卢日科夫应该为塔特姆谋杀案负责。这个疯疯癫癫的美国人差一点就成为多伦科的电视节目中的一挺机关枪。多伦科向别列佐夫斯基讲述了如何抛出塔特姆的节目以最大限度地污蔑卢日科夫。别列佐夫斯基建议用一种迂回的方式讲述一个涉及联邦安全局的离奇故事。但他同时谨慎地指出，普京这位原联邦安全局的主管不要出现在电视节目中。

多伦科播出了节目。他在节目刚开始时说：“卢日科夫要为塔特姆的死负责任，因为塔特姆在临死前一瞬间这么说。杰夫·奥尔森（Jeff Olsen）可以证明，他是塔特姆的朋友。”奥尔森就是那位疯疯癫癫的美国人。

屏幕上显示出奥尔森坐在一个巨大的真皮座椅上，一听饮料放在他旁边的台子上。奥尔森做了一个令人吃惊而且很难相信的陈述：他是在塔特姆被谋杀后第一位被叫到现场的朋友。“保罗，当他被射中时，并没有马上死去，在几分钟之内，他与他的保镖稍作交流，他的保镖给办公室打电话，办公室找到了我。他对办公室、对我所说的最后一句话是：‘卢日科夫应该对此负责，他对我做了这些。’”

按照别列佐夫斯基的指示，多伦科随后就陷入一段漫长而歪曲的陈述中，其观点的核心就是谴责卢日科夫对谋杀负有责任。其他的事实、阴谋、证据都被模糊地一带而过。为了完成这件事，多伦科利用了将近整个晚上的时间，试图将卢日科夫与曾在日本制造地铁毒气事件及科学教教堂事件的奥姆真理教联系起来。没有任何细小的失误，也没有任何弹药的碎片能逃过多伦科的眼睛。这完全是一出戏。

别列佐夫斯基对此非常欣赏。那个秋天，他在俄罗斯南部民族分裂状态下的卡拉恰伊-切尔克斯共和国竞选国家杜马的一个席位。别列佐夫斯基同时也在积极地组织新的议会党来支持普京。为车臣军事攻击而筹款的活动很受欢迎，普京又一次博得了好评。别列佐夫斯基还为普京扮演了君王推手的角色，他让多伦科着手攻击卢日科夫，把这位普京潜在的强劲对手从道路上清除出去。

当我问起别列佐夫斯基当时对多伦科的节目有何感想时，他回答道：“选民们看了很高兴。对于节目是好是坏这个问题，这是一个民主的选择：如果你不喜欢看，你就关掉电视。如果你喜欢，那你就继续看吧。从我的角度来看，节目真是棒极了。”

“我绝对不会试图分析内容，”他补充道，“我敬佩他的才干：在我看来，这种形式太奇妙了，这是他所带来的影响，那是真正的才干。”[34]换句话讲，别列佐夫斯基非常赞赏污蔑，并不介意那与事实相距甚远。

在议会竞选快要结束时，卢日科夫带着遍体的伤痕和异常的痛苦，在莫斯科红场边缘的瓦西列夫斯基斜坡上召开了最后一次集会。人群聚集起来时天已经暗下来。作为背景的圣瓦西西大教堂被聚光灯照得异常灿烂。那个时刻对于卢日科夫来说痛苦万分。3年半前在几乎同一地点，卢日科夫发表了对叶利钦的支持言论。现在他被迫向叶利钦高喊，在寒冷的夜晚徒劳地高喊，他的声音回荡在红场上，穿透克里姆林宫墙。卢日科夫头戴他标志性的帽子，喋喋不休地批评统治者，他回顾了GKO金字塔、卢布贬值和大规模私有化进程。“他们惧怕我们！”他声明道，“他们之所以惧怕我们，是因为我们认为有必要将那些纵容国家法制空缺、窃取国家财产的人绳之以法。”人们站在那里像木头一样，大多是工人和工会支持者，他们乘坐公交车来，并朝着鹅卵石斜坡上事先安排好的位置游行。他们在集会结束之后匆匆离开，拿着写有“多伦科是别列佐夫斯基的走狗”“不许干涉我们的市长”等标语。在我看来，卢日科夫犯了一个重大的错误，将他自己最后的能量用在与多伦科打太极拳上。他本应以莫斯科为示范城市展开他强有力的政治竞选，但他从未这样做。我曾记录到，其实卢日科夫“本质上是一个领袖，他为成为一个政治家付出了一些努力，但他被多伦科和其他一些人摧毁了，他真的不知道该如何回击他们”。卢日科夫在集会快要结束时还对所谓的“政体”充满怒气。他愤怒地说：“我们必须向这些恶棍们显示出我们有真正的力量，而且我们不会放弃。我们必须告诉他们，我们能够经受各种流言蜚语，我们反对这个企图统治我们国家的政体使用的各种手段。”

卢日科夫赢得了控告多伦科诽谤的诉讼，但是他失去了一场更大的政治战役。他试图竞选总统的希望破灭了，尽管他在 1999 年 12 月以 70％的支持率继续当选莫斯科的市长。卢日科夫继续统治着莫斯科，但是他接任叶利钦领导俄罗斯的机会却彻底丧失了。

当我在一年以后问起卢日科夫那个秋季里所发生的事件时，他仍然充满愤怒。他谴责了叶利钦、叶利钦的核心集团、别列佐夫斯基和“寄生资本”。当我对他说他当时并没有给予足够强烈的反击时，卢日科夫变得非常活跃。他拿出当时的诉讼文件，并且坚持他曾努力给予回击。“我们是不是要开着坦克直接撞向奥斯坦金诺电视中心？”他问，“众所周知，在所有节目中，多伦科一直都在诽谤我，他心知肚明。他从别列佐夫斯基那里得到了大量的钱，一笔大的开支。法院裁定多伦科赔偿我 4 500 美元，多伦科是在嘲笑法庭。我们没有有效的法律制裁。”

多伦科对他的工作颇感骄傲。他制作了 15 期节目，扼杀了卢日科夫成为俄罗斯总统的希望。他将这些节目称为“15 发银弹”。

卢布贬值狠狠地打击了所有的电视台，但是古辛斯基所受到的伤害尤为深重，因为他曾经拥有很大的雄心。至于俄罗斯公众电视台，国家拥有51%的股份，但却由别列佐夫斯基掌握着，政府提供了一条生命线——国家银行提供了1亿美元的贷款。基谢廖夫告诉我NTV同样急需政府贷款。尽管该电视台很自豪自己脱离了政府的控制，尽管他们自由地抨击叶利钦和他的政府，基谢廖夫说NTV还是会很高兴地接受政府给予的贷款，该电视台在这个令人绝望的时刻首次宣布愿意接受政府的贷款。他认为是政府引发了危机，所以政府应该帮助电视业起死回生。俄罗斯的电视广告市场自1998年下跌了47.5%，与危机前预测相比下降了77%。[35]同时，他的债务费用也数额巨大。政府一直对贷款保持着沉默。“所以，俄罗斯公众电视台得到了政府1亿美元的贷款，而我们什么也没有。”基谢廖夫说，“这是发生在我们身上最令人担忧的事。”NTV对叶利钦集团发起了全面的抨击——包括对政府官员沃洛申毫不留情的报道，沃洛申曾经被基谢廖夫在他的一次广播中描述为列宁。观众模模糊糊记起，沃洛申与别列佐夫斯基以前曾在全俄汽车联盟项目中共事。该节目制造粗糙，也没有太多的说服力。被免职的检察长斯库拉托夫曾激怒了克里姆林宫，也在NTV获得了相当多的时段来散布他对叶利钦的僚属及其核心集团的不满。

1999年的盛夏，古辛斯基会见了沃洛申。在此期间，古辛斯基和别列佐夫斯基两人之间剑拔弩张。可能有其他原因，但紧张的来源显然是政治原因。古辛斯基把赌注押在卢日科夫身上，而别列佐夫斯基却决定要毁掉这位市长。而当时，克里姆林宫尚未选定叶利钦的接班人。“权力连续性”的问题仍然存在。沃洛申在他会见古辛斯基时脑子里已经对未来的竞选有了想法。

此时，古辛斯基原本可以打退堂鼓，从而避免与叶利钦及其团队发生潜在的毁灭性碰撞。他本可以专注于建造他的媒体王国，而避免参与到竞选的任何一方中，但他并未选这一条路。他是一位寡头，寡头们会投下很大的赌注。他们掌管着这个国家，他们不会选择袖手旁观。古辛斯基继续支持卢日科夫，犯了一个重大错误，毁掉了他的一切。

古辛斯基随后回忆说，在会见沃洛申时，“沃洛申好像是在开玩笑说：‘我们付给你1亿美元，好让你别在竞选的时候挡我们的道。你可以去度假。’”古辛斯基说，他告诉沃洛申他不可能重复他在1996年所做的一切，当时新闻媒体站在叶利钦一边。[36]

沃洛申并没有心情帮助古辛斯基，克里姆林宫随即开始对古辛斯基施加压力。沃洛申谴责古辛斯基欠下俄气的巨额债务，并“利用经过检验的方法进行信息敲诈”，给克里姆林宫施加压力要求贷款。沃洛申告诉古辛斯基还是不要再对政府援助抱有任何幻想。“既然你们股份公司的管理层，尤其是NTV电视频道对政府的态度是那么不友好，还指望政府会帮助你们吗?”沃洛申说。[37]备受欢迎的电视主持人基谢廖夫后来回忆起在那个夏季与克里姆林宫的坦率对话。克里姆林宫要求NTV支持他们精心挑选出来的任何一位叶利钦接班人，别无选择。“要么加入我们，要么下地狱。”基谢廖夫说，这就是他们听到的话。[38]

当车臣战火在1999年8月再次燃起时，古辛斯基陷入了更深的困境。一伙车臣的叛乱分子跨越边境袭击了邻近的达吉斯坦，俄罗斯内部各民族聚居的小共和国。战斗发生在一个遥远的多山地区。车臣人由沙米利·巴萨耶夫（Shamil Basayev）指挥，这个满脸胡子的、残忍的车臣武装分子过去几年也在和别列佐夫斯基保持联系。别列佐夫斯基说，他曾警告过克里姆林宫会发生袭击事件，但克里姆林宫并没有真正努力去阻止。[39]

这些新的敌对行动把普京推到了最突出的位置上。他毫不犹豫地命令俄罗斯军队打击车臣叛匪。他的支持率直线攀升，自叶利钦当政早期以来从未获得过如此高的支持率。作为政府总理，在叶利钦辞职或者无力指挥的情况下，他也在继承人的行列里。当莫斯科高达十三层的建筑和房屋在午夜被狂轰滥炸，熟睡的人们瞬间被噩梦般坍塌的石头、钢筋和玻璃所掩埋，人们处于恐惧和不安之中，在这歇斯底里的时刻，普京挺身而出。没有任何的争论，没有任何批评性的提问，政治环境从真空转变为个人政权。在普京的带领下，克里姆林宫一下子解决了“权力连续性”的问题。没有人知道普京站在哪一方，也没人知道他在克格勃当间谍时都做了些什么。他在经历了叶利钦时代的软弱和游移不定后，异军突起，果断抗击车臣分子。普京旗帜鲜明地说，俄罗斯人憎恨车臣分子，他发誓要把车臣分子消灭在“屋外”。

新的袭击将 NTV 逐出了克里姆林宫集团，正如在第一次战争爆发之时一样，但这次情形却明显不同。第一次战争时，俄罗斯军队只是做了很小的努力来控制信息的传播。NTV 的记者们为了使自己出名，带回了令人毛骨悚然、惨不忍睹的战争画面，这与政府的报道相矛盾。但在 1999 年末，克里姆林宫和他的军队试图封锁电视频道。电视画面不再是战斗场面，而是俄罗斯的将军在宣读官方声明，战场消息受到严格审查。古辛斯基受到的主要挫折是，他在 NTV 最初的合作伙伴之一奥列格·多布罗杰耶夫在 1995 年对第一次战争进行了开创性的报道，然而在如何报道第二次战争时与古辛斯基产生了分歧而离开了电视台。这一次，多布罗杰耶夫很同情军队。“当你亲眼目睹一切，”他告诉军报《红星报》，“当国防部将军实时告诉你消息，你没有必要再去向其他任何人打听其他消息了。”[40]

第一次车臣战争在国内极不受欢迎，但第二次还击由于是在莫斯科爆炸事件之后公众的恐惧气氛下进行的，从而备受关注。这使古辛斯基和 NTV 处在一个很困难的境地，公众不愿听到对战争的批评。另外一个不同点是 NTV 的记者们不可能过于接近车臣，因为可能会遭绑架。NTV 的一位明星记者叶连娜·马修克（Yelena Masyuk）和小组的两名成员在 1997 被车臣叛匪绑架并索要赎金。在此之后，很多记者不再对车臣抱以同情。但是 NTV 的记者仍然试图在这种非常困难的条件下尽可能全面地报道有关战争新闻。

别列佐夫斯基在秋天因患肝炎住进了医院，但即使是在医院的病床上，他仍然超负荷地工作。他组织并提供资金给一个新的政治党派团结党（Unity），希望此后能在国家杜马即下议院支持普京的议程。对于那些目睹了在俄罗斯建立政党何等千辛万苦的人来说，在如此之短的时间内成立一个团结党简直可以说是太惊人了，因为该政党没有独特的意识形态、政治纲领或者魅力领袖。但是，他们拥有普京。他的广受欢迎加上别列佐夫斯基的资金，能够赢得足够的议席，使该党成为下一届议会的第二大政党。[41]别列佐夫斯基同时在第 15 区卡拉恰伊-切尔克斯赢得了自己的席位。[42]

为使普京成为俄罗斯下一届领导，别列佐夫斯基比任何人都付出了更多努力，但是最后一击来自叶利钦。病痛和被孤立的折磨使叶利钦在 1999 年雪夜除夕辞去了总统之职，同时任命普京为代理总统。由于叶利钦长期缺席、健康欠佳，这一声明虽让人震惊，但是不可避免。“俄罗斯进入新纪元之际必须有新一批领导者，新面孔，新一代聪明坚强且有活力的人。”叶利钦在发表电视声明时说，“而对我们这些已经掌权多年的人来讲，我们必须离开。”

叶利钦在两周前告知普京，他将把政权转交给他。叶利钦在当天下午告诉他的僚属他要下台了。莫斯科出奇平静。人们都忙着考虑在以后的几周内电子计算机在 2000 年的时间转换是否会发生所谓的技术性灾难，这可能也是平静的原因之一。新年前夜，我发现人们在购物，考虑着他们自己及家庭的事，政治似乎已经淡出了视野。街道很空旷，焰火在夜空中闪烁。

当夜，令人担忧的是普京成为俄罗斯总统的过程太快、太突然。当他被叶利钦任命为代理总统时，他在俄罗斯民主和新生的市场经济中只有不到一年的领导经验。前苏联领导人戈尔巴乔夫与普里马科夫私交甚密，他对众人说：“普京能坚持下去，感谢他的神秘。神秘的外形，神秘的眼神，神秘的措辞。但这个男人刚好就是张嘴却无话可说。”

普京在封闭世界里一度风光无限，为克格勃工作了 17 年，几年后成为首位圣彼得堡市长阿纳托利·索布恰克的幕后副手。直到被叶利钦精心挑选出来，当了政府总理，普京从来没有在公共场合露过面。当他被提名为代理总统时，他根本不知道如何参加竞选。他从来不曾被迫与愤怒的投票者或者挑剔的新闻媒体周旋。他为了参加新闻记者发布会而苦恼。他发现竞选活动很无趣。“你得不诚恳地许下你完不成的事，”他说，“所以你要么做一个不明白自己承诺了什么的傻子，要么故意撒谎。”奇怪的是，普京没有想过诚恳的做法，那就是做出承诺并努力实现。

在我看来，普京在他的克格勃生涯中就学到了：经济现代化是俄罗斯唯一的前进方向，但他并不了解如何建立民主制，甚至不了解民主是如何运作的。他个人的迅速崛起几乎无法为他提供任何关于民主的有益经验。他在军事战役上升期间被拱上总统之位，而他的主要对手卢日科夫和普里马科夫都被他的幕后团队用电视摧毁了。他从来没有过在民意测验中被击败的经历。他从来不需要参与真正的政治竞争。他极少投身于新闻发布会上的你来我往，并且从不参加论辩。

在东德当苏联克格勃间谍的五年期间，普京错过了莫斯科重大的政治经济剧变。他错过了记者被视为自由灯塔的时代；他错过了获得胜利的公众团体，如成为推动社会变革强大力量的人权社团“纪念碑”（Memorial）；他错过了诸如人大代表等选举政治的早期实验。普京简直就是错过了公民社会的诞生。当普京成为代理总统时，他与古辛斯基所创造的开放、喧嚣的媒体之间远隔千里万里。普京是一个封闭的人，没有看到向公众解释自己的必要。他告诉记者，他认为他们属于他的“控制范围”，带着一种你我对立的怀疑心态。他对言论自由大唱高调，但他自己的观点完全是苏联式的：电视应该是国家的一个机关。

普京曾经对多伦科说，电视塑造了现实。“你知道，”普京说，“有些事情，如果你不讲出来，那就等于没有发生。”多伦科是这样形容普京的：“作为政客，他认为自己是电视的产物。他认为只有电视才能摧毁他。报纸不管用——他不怕报纸，因为人们不看报纸。”俄罗斯电视业内所有人都知道这一点。

在普京的世界里，古辛斯基是一个目标人物。他的电视频道公开批评克里姆林宫和普京，与普京的一切天性和要求背道而驰。“他憎恨古辛斯基，”多伦科告诉我，“首先，他相信古辛斯基为卢日科夫工作，并且要为之复仇；其次，当卢日科夫被打败后，普京认为古辛斯基要重塑自己以便符合美国政治家们的口味；第三，古辛斯基是无法被控制的，他很强大，又不是普京自己的人。普京不能让任何持不同政见者在他身侧，尤其是在公众场合。在私下，你可以与他争吵，我就这样做过。但在公众场合不行。”

在另一点上，古辛斯基也引人注目。在戈尔巴乔夫时代，普京为德累斯顿的克格勃机关工作时，不仅错过了20世纪80年代后期的政治剧变，还错过了苏联后期失控的经济爆炸，而在这个合作社与银行的时代，古辛斯基、别列佐夫斯基、斯莫伦斯基和霍多尔科夫斯基这些人正从旧体制跃入新体制。在整个叶利钦时代，寡头们开始积累权力和扩大影响，而普京在一个二级行政机关，随后又在克里姆林宫充当副手，最后终于当了一年安全局领导。作为叶利钦的接班人登上权力的宝座后，他用怀疑的眼光来看待这些巨头。当在一次电台采访里被问及这些寡头的未来时，普京说，如果你问的是“那些熔蚀或者帮助熔蚀权力和资金的人——不会有寡头这样一个阶层”。[43]

当时，这一评论引发了一阵推测，普京这些话到底是什么意思。我认为，普京清楚地明白寡头资本主义经济给俄罗斯带来的危害。但这并不是真正的问题，关键在于普京如何打算。他是否想要改变体制？许多西方人，尤其是那些金融家，对普京的言论感到非常欣慰，他们相信普京会攻击体制不透明的地方，包括那些肮脏的交易，他会收拾残局，从而使俄罗斯成为外国投资者更为安全的投资地点。如果普京真的严肃以待，建立起一个竞争机制，并以市场为导向，以法律为准绳，那么这绝对会是最受欢迎的消息。

但是普京没有对体制发起攻击。他开始向其中一个寡头展开攻势：古辛斯基。2000年3月普京刚刚赢得大选之后不久，克里姆林宫就加紧了一场无情的战役，通过代理人摧毁古辛斯基的媒体生意，并在第一年就获得巨大成功。普京的幕后团队已经毁灭了卢日科夫的总统之梦。然后，他们把矛头指向了古辛斯基，最终又神奇地指向其创始人别列佐夫斯基。普京在上任第一年着手处理寡头资本主义并不是要改革体制。他只是想要获得控制。

古辛斯基不无骄傲地回忆他如何带着俄气主席列姆·维亚希列夫（Rem Vyakhirev）参观自己的联合企业莫斯特媒体为NTV建立的卫星地面发射站。自从1996年买进了30%NTV的股份，俄气成为该电视公司友好的投资人。俄气这个巨大的、死板的独裁者，始终以不为人知的方式行事，它是俄罗斯经济的顶梁柱。公司从对欧洲的石油出口中获得了数十亿美元的收益。这对古辛斯基来说是在 1996 年竞选之后的缓冲资本。俄气在古辛斯基华尔街股市上市失败之后再一次地支持了他。该公司同意为古辛斯基在瑞士信贷第一波士顿 2.11 亿美元的贷款提供担保，并在古辛斯基无力偿还贷款时为其偿还。这样古辛斯基就欠下了俄气的债务。他们达成了一项协议，提高俄气在莫斯特媒体控股公司的股份，以此抵扣债务。在这项条款下，俄气会取得莫斯特媒体“25％＋1”的股份。俄气同意这桩生意，但是细节在普京当选时的 2000 年初还尚未制订出来。

然后一切都改变了。克里姆林宫插手了，古辛斯基感觉到有一根套索在他的脖子周围收紧。俄气不再是他的朋友了。

麻烦的征兆在 2000 年 5 月初到来。古辛斯基正在商谈将他的莫斯特集团银行卖给中央银行的下属机构。正当这个计划已经基本完成并准备签署时，中央银行的主席维克托·格拉先科接到了来自克里姆林宫的电话。打电话的是普京的主管沃洛申，他告诉中央银行不要再进行这项交易。根据我当时得来的许多报告，格拉先科告诉沃洛申“下地狱去吧”，然后把电话挂断了。

十分钟后，下一通电话来了，是普京本人，同样指示格拉先科不许签约。这一次，格拉先科屈服了。

5 月 11 日早晨，3 辆小型客车上下来了一些戴着面具、全副武装的人，声称自己是税务警察，他们把车停在莫斯科市中心古辛斯基股份公司莫斯特媒体的总部大楼前。这栋建筑物以俄罗斯的标准来衡量是过分奢华了，有喷水池和大理石的台阶及一个豪华的圆形剧场。入侵者头戴黑色面具，只露出两只眼睛，挥舞着半自动步枪，命令雇员离开他们的办公室。他们在找些什么？他们到底是谁？这一整天政府给出的解释自相矛盾：他们是税务警察；不，他们在搜查窃听装置；不，他们在调查古辛斯基的债务。这次入侵是未来风波的第一个暗示。

出乎古辛斯基的意料，俄气变得充满敌意。俄气派了阿尔弗雷德·科赫来管理莫斯特媒体的股份，这位尖锐的前私有化主事一直在负责贷款换股份事宜和通信投资公司。科赫仍因为三年前通信投资公司的惨败对古辛斯基心怀气恼。此前他从与波塔宁有关的一个公司那里收了10万美元的预付支票这件事被曝光，他知道古辛斯基是幕后的指使者。科赫至今仍为古辛斯基用他的媒体作为手段曝光了他的出版预付金而激愤不已。这不是俄气的一个偶然决定，这等于让最憎恨古辛斯基的人来管理他的生意。在这期间我找到科赫在莫斯科市中心的办公室。他正因为自己出现在那些野草一样蔓延的匿名报料网站上大光其火。科赫请我看他办公室里的计算机显示屏。我不记得他发火的原因，但清楚记得他大声叫喊“这是古辛斯基的错”。“强盗!”他这样一遍又一遍地辱骂古辛斯基。通信投资公司的伤口正在溃烂，而科赫正处在一个可以复仇的位置上。

在古辛斯基的总部遭突击搜查当天，他从以色列的商务行程中飞回了莫斯科。在机场对记者们发表谈话时，他声明这种强权表现实际上是一种“政治压力”。古辛斯基不由得感觉到他在此之前就曾经历过这一切，那是1994年，科尔扎科夫的暴徒们追赶他的汽车直至莫斯科市中心。当时克里姆林宫也给他施压，他被迫逃离俄罗斯，在国外待了6个月的时间，直至事情平静下来。但是他那次逃过一劫，NTV仍然繁荣兴旺。“某种意义上历史在重演，”他说，“如果你还记得1994年，你就应该知道这并不新鲜。”

更令人担忧的是俄气的态度改变。这个庞大的公司就像自己运营的私人领地一样，维亚希列夫可以在这里为所欲为。1996年至2000年，当俄气还是他的同盟时，这里曾经为古辛斯基所用。古辛斯基说，作为NTV的主要股东之一，“俄气从来没有试图插手”。只在几个月前，维亚希列夫同意用莫斯特媒体更多的股份抵销债务。这是一项债务抵偿的公平交易，在西方看来没有什么不寻常的。俄气是一个“合作伙伴”，古辛斯基告诉我，“我没有任何理由怀疑这笔生意”。

在普京接管政府之后，俄气不再希望取得古辛斯基转让的股份了。俄气需要古辛斯基支付现金，而克里姆林宫知道古辛斯基根本没有。古辛斯基说他相信维亚希列夫是由于个人受到来自克里姆林宫的压力才会做出如此巨大的转变。不仅如此，在西方交游甚广的古辛斯基发现，眼下要从海外集资更加困难了。戴面具的人抢劫他的办公室就是要他小心了。仅是警察调查的一些新照片就足以吓退投资者。“你知道的，投资人害怕丑闻。”古辛斯基告诉我，克里姆林宫有效阻止了他从国外借款的计划。倔强、冲动又自负的古辛斯基得出了结论：普京本人一心要干掉他。“像俄罗斯这样大的国家，自身有那么多问题，有管理的问题，车臣人的问题，政府本身的问题，其总统却有时间与格拉先科通话——我觉得已经清楚是谁在操纵俄气以及为什么了。”[44]

下一次打击落在古辛斯基个人的身上。他公开地批评普京。“普京作为一位提倡改革、民主、言论自由的总统的神话现在已成为过去，”古辛斯基在6月的第一周挑衅道，“他的真实行为暴露了他，揭露了他的真实嘴脸。”[45]一个星期后，古辛斯基被要求到总检察长办公室接受问话。主要是关于古辛斯基的手下有一支装饰用的手枪在5月11日突袭期间被没收，问的是那里面的几发子弹的来源。出于不明的理由，古辛斯基没有足够警惕，他没带律师就独自去回答问题，只带了一名保镖。他原定于下午2点接受问询，但是他迟到了，下午5点才赶到。然后在6点15分，他的律师收到了来自总检察长办公室的通知，称古辛斯基被捕了。当天晚上，检察长们声称古辛斯基涉嫌卷入了一家圣彼得堡电视公司“俄罗斯影像”的私有化旧案当中，现已被控制。整个逮捕在匆忙中进行，原始文件记载古辛斯基本应关押在大联邦监狱列福尔托沃，结果却被投入莫斯科最臭名昭著的布特尔斯卡娅监狱中，那是一个拥挤的18世纪监狱，拒绝律师进入。

当时正在西班牙进行国事访问的普京装作并不知情，并称他甚至无法接通总检察长弗拉基米尔·乌斯季诺夫（Vladimir Ustinov）的电话。但是普京对此案细节的了解令人惊讶。显然有人给他概述了古辛斯基的财务境况。普京称古辛斯基已经为莫斯特媒体贷了13亿美元，但是“没有偿还”，包括欠俄气的债务。“几天前，古辛斯基没有偿还他所欠的2亿贷款。”普京补充道，“俄气又一次支付到期债务，我奇怪为什么俄气还要在这上面花钱。”普京的话暴露了克里姆林宫的粗劣手段：强迫古辛斯基立即偿还全部债务，致其破产。[46]尽管普京声称他并没有卷入古辛斯基被捕一事，但这是个谎言。他亲手将绞索套在了古辛斯基的脖子上。

当谢尔盖·多伦科听到古辛斯基被捕的消息，他非常愤怒。多伦科以他的十五发银弹间接地帮助普京成功，但是他并不喜欢眼前的事态发展。那天晚上，NTV播放了一集热门脱口秀，《人民之声》。主题是古辛斯基的被捕。节目在圆形剧场式的演播间拍摄，并且鼓励一大批听众参与。多伦科是别列佐夫斯基的人，但他匆忙加入了古辛斯基保卫战。他身穿牛仔裤和汗衫，气势汹汹地开车冲向演播间。开到一半，他的传呼机响了起来。是基谢廖夫邀请他马上来参与直播。别列佐夫斯基给他的手机打电话，看起来好像对发生的事情有些困惑。"噢，鲍里亚，"多伦科回答道，"他们都是些白痴。"他讲了古辛斯基被捕的事。"你知道我正在去演播间的路上。"别列佐夫斯基非常吃惊，但保持了沉默。

节目激情四射。政客们、律师们、古辛斯基刊物的新闻记者们还有一些他的朋友，他们的眼中闪现出动情的火焰，他们的愤怒是灼热而深切的。古辛斯基的入狱无异于攻击俄罗斯脆弱的自由，他们说，这是一种古老专制政体的复辟。"这是威胁和报复。"安德烈·切尔基佐夫（Andrei Cherkizov）说，他是一位尖刻的电台评论员，在古辛斯基的电台节目"莫斯科回声"工作。"这是一场威胁，如果你举止不当，那么这同样会发生在你身上。"鲍里斯·涅姆佐夫说道，这位年轻的改革家现在是议会的一位改革派成员。

在维护新闻自由这一方面，很难说多伦科是理想主义的灯塔。他就是个演员，而且他本人曾经污蔑卢日科夫。但是他有勇气，从那晚起，他不再害怕说出真相了。多伦科的评论在整个夜晚最令人难忘。他宣称普京为那些旧政体的"机器人"即安全服务部门开了绿灯，使之重返前线。多伦科因普里马科夫代表了旧政体而不喜欢他。现在，多伦科意识到，普京正在转变成旧派继承人——恣意的攻击，全面的控制。在普京继任仅仅六个月之后——此时他仍被西方认为是后叶利钦时代能够治愈俄罗斯痼疾的年轻人物——多伦科用攻击卢日科夫一般的能量戳破了这一形象。

“我们认为最近十年里确实发生了一些事情。”他说，指的就是苏联解体后的俄罗斯民主时期，“我们认为旧体制在这十年里已经被打破。我们扔掉了机器人。他们就躺在那里。现在他们又开始蠢蠢欲动，就像听到了某种音乐。他们起身并开始活动。今天，普京的崛起给全国的安全机构发出了一个信息。他们听到了我们听不见的音乐，他们像僵尸一样起身走动。他们将我们包围。如果我们保持沉默，他们可能会走得更远……我们每天都需要猛击他们的脑袋。”

比多伦科雄辩而意义深远的演说更不可思议的是，几天后，普京回到莫斯科时给他打了一个电话，紧急邀他到克里姆林宫。普京的表现就像一个克格勃，总是在试图控制，即使是对他的敌人。普京在给多伦科上了茶点后说：“谢尔盖，我们之间出了些问题。”

多伦科回答说，这不是重点。“你已经对这个国家的每个人都发出了一个非常重要的信息，每个人。”多伦科说，“对所有的警察，所有联邦安全局的人。你告诉他们让他们去逮捕记者、商人和犹太人。这就是你所说的。因为古辛斯基是一个与新闻记者和商人们联系紧密的犹太人。现在你可以发布任何形式上的判决和法律，但是人们会知道你真正想要什么：逮捕新闻记者、商人和犹太人。”[47]

多伦科回忆，当时他提到犹太人时，普京告诉他说，以色列总理埃胡德·巴拉克（Ehud Barak）给他打了电话，询问他为什么要逮捕古辛斯基。然后普京就详述他是怎样告诉巴拉克古辛斯基“既没有在以色列也没有在俄罗斯上过税”。多伦科惊呆了。

“我告诉他，‘弗拉基米尔·弗拉基米罗维奇，这事与你一点关系也没有。你不是投资商，对吗？你是政治家。这不是你该管的事，这里有许多人在负责处理这件事。他上税的事根本就不是你应该过问的。再说，在俄罗斯，这也是荒谬可笑的。那些将在明天打烂犹太人、新闻记者和商人的警察根本就不知道税这个词。”

普京显得心神不定。他试图改变话题。“你和我在同一个阵营中。”

多伦科回答道：“我不在任何阵营中。”

最终古辛斯基被指控欺诈，在6月16日当晚被释放，前提是不得离开莫斯科。几天后，古辛斯基笨拙地坐在一张柱脚椅上，接受《人民之声》现场采访，被问起了他的合作伙伴基谢廖夫。古辛斯基从来不是个好采访的对象；他会情绪上头，会在话说到一半的时候突然改变想法。被满怀同情的记者们团团围住，他由于受到关注而感到紧张。但是他对普京的态度是非常清楚明白的。他说："俄罗斯总统知道我被捕和入狱的一切，不仅如此，这就是总统先生本人亲自下的决定。"古辛斯基说，克里姆林宫已经把大亨们分成了"朋友"和"敌人"两派，而他属于敌人。古辛斯基同时也承认寡头们给了克里姆林宫许多的理由，让他们认为他们能够指挥新闻媒体——1996年叶利钦连任总统的竞选活动开了先例。"一个非常巨大的严峻的错误，"古辛斯基说，"1996年我们就生出了这个小怪物……今天，政府是在使用我们在1996年为他们提供的工具。"[48]

在随后的6周里，普京使出了铁腕手段。他要将古辛斯基彻底打败。对古辛斯基企业总部的突击搜查、欺诈罪的指控和被捕入狱的插曲只是开始。克里姆林宫在6月和7月加紧施压。幕后负责人是广告公司国际影像的创始人米哈伊尔·列辛，他被普京任命为新闻部长。列辛曾与古辛斯基有过一次成功的商业合作。他的广告公司曾经是NTV节目唯一的代理人，而且这两个人都在20世纪90年代中期获得了成功。但是国际影像在1999年底离开并中止了合作关系。在这之后不久，列辛参加了反对古辛斯基的运动。一个与列辛关系密切的合作人告诉我，列辛对古辛斯基心怀敌意，感觉古辛斯基从未对他有过足够的尊敬。列辛欣然投入到攻击古辛斯基的行动中，科赫也加入了。[49]

一个漫长的秘密谈判开始在古辛斯基和使他痛苦的人之间进行。古辛斯基处在一个财政脆弱的状况下。此外，一笔由俄气担保的2.11亿美元债务，以及另一笔也是由俄气担保的2.62亿美元债务，都将于2001年7月到期。古辛斯基公司所欠俄气的全部债务是4.73亿美元。在以前的日子里，古辛斯基可以靠强大的电视收入来支付这些债务，但是在卢布贬值之后，他的财政状况变得紧张起来。

在谈判中，克里姆林宫要通过科赫和列辛达成的目的就是使NTV彻底脱离古辛斯基。马拉申科说，列辛向古辛斯基发出了最后通牒。如果他将公司卖给俄气，他就可以得到自由。交易是这样的：3亿美元现金换古辛斯基的整个帝国，莫斯特媒体和NTV，同时免除其4.73亿美元的债务。古辛斯基回忆经济危机前，他想在纽约股票上市时仅一家NTV就价值10亿美元，而现在他们只想花一些零钱就得到他的公司！他感到了压力。他不愿意再回到监狱里，而且他的公司一直受到突击搜查。7月7日，调查人员运走了NTV许多文件。古辛斯基后来告诉我："他们说了不止一次，他们不停地威胁我要将我送回班房，与那些艾滋病人关在一起……我其实就是一个人质。当你被人用枪顶住头时，你有两个选择：按照强盗所说的去做，或者脑袋上吃一粒子弹。"

7月18日，古辛斯基在两位律师的见证下签署了一份当时保密的书面声明。声明上说他被强迫卖掉他的公司，作为交换他不会被重新送入监狱，可以出国。古辛斯基说，新闻部长列辛就是那个"强迫我做此交易的人"。两天之后，7月20日，他又秘密签署了3亿美元的出售协议。一份要求放弃对古辛斯基的犯罪起诉的文件附在协议后面。[50]几天之后，普京从日本冲绳峰会回来，他在那里受到西方工业民主国家领导人的大肆吹捧。7月27日俄罗斯总检察长办公室突然没有做任何解释地宣布放弃对古辛斯基的所有起诉。秘密出售协议没有被提及。古辛斯基很快乘坐他的私人飞机离开俄罗斯去西班牙看望他的家人。他再也没有回来。

在之后几周里，谈判悄悄地在伦敦进行重新调整。但是在9月，古辛斯基犹豫了，尽管他的一些合作伙伴包括他的妻子力劝他接受这3亿美元。古辛斯基说他觉得NTV就像他在其中成长起来的一个家，他害怕普京将他变成一所"妓院"。他决定不卖NTV，撕毁协议。这是古辛斯基的另一个转折点，原本他可以避免更多麻烦。但他仍然有着一个寡头的干劲和野心——他不愿意让他们将他推到一边。

9月一个多雨的下午，我在伦敦见到了古辛斯基。他看起来桀骜不驯而且精力充沛。他要对抗克里姆林宫，为NTV站起来，就像他在1995年成功做到的那样。他的手机不停地接到来自莫斯科的电话。他的四位顶级记者和编辑——《综述》的基谢廖夫和谢尔盖·帕尔霍缅科，《今日报》的米哈伊尔·贝格尔，“莫斯科回声”广播电台的阿列克谢·韦涅季克托夫——为参加会议而乘机往返于伦敦和西班牙古辛斯基的家中。马拉申科寻求索罗斯的帮助。索罗斯告诉马拉申科，他发现了一个愿意冒险的投资人：CNN的创始人特德·特纳。但是所有的争吵到最后都毫无价值。普京要古辛斯基出局，而普京更强大。检察长给国际刑警组织发出了一份新的拘捕令，要求逮捕古辛斯基。古辛斯基被扣留在西班牙，两次入狱，直到西班牙高级法院声称没有任何古辛斯基参与犯罪的证据，否决此案。古辛斯基的高管们包括马拉申科逃离了俄罗斯，担心他们可能被逮捕。基谢廖夫继续战斗。在高压政策下，检察长及其他执法部门发起了超过30起针对古辛斯基公司的突击检查。

“我无能为力。”普京在1月29日克里姆林宫会议上蹩脚地告诉来自NTV的记者。这纯粹是胡说八道，与事实不符。普京事实上深入参与了此事。他把基谢廖夫在克里姆林宫会议当天叫到一边。“我知道你与古辛斯基每分每秒的通话。”他说，暴露了他在阅读窃听记录的副本。

“那又怎么样？我们从1993年开始就是合伙人了。”基谢廖夫抗议道。

“我知道你从古辛斯基那里得到的所有指令。”普京冷酷地说。

普京在幕后推动了整个事件的发展。他和他那些幕后手下势在必得。基谢廖夫告诉我，在摧毁古辛斯基时普京周围有两股力量帮助他。一股是“怀恨在心”组：列辛和科赫，他们有他们自己向寡头复仇的理由，另一股力量是普京的朋友和权力之基：安全部门。总检察长乌斯季诺夫两次在总检察长办公室里秘密召见基谢廖夫。为避免被发现，基谢廖夫被一辆未标牌号的小汽车带到莫斯科中心，从后门进入大楼。基谢廖夫认为这两次召见很奇怪，乌斯季诺夫样子很不自然，就像对着隐藏麦克风在讲话一样。乌斯季诺夫想知道应该怎样解决危机。基谢廖夫要求放弃对古辛斯基的起诉。他们的谈话没有达成任何共识。

古辛斯基最后还是在4月失去了对电视台的控制。在匆忙召开的董事会上，俄气以“25%+1”的股份控制了NTV。原管理者都被解职了。科赫指派了新总监鲍里斯·乔丹，这位有才干的年轻人曾是波塔宁在通信投资公司的拍卖会上的合作伙伴。乔丹许诺不会使用强力接管电视台，但在4月14日凌晨4点，他带着他自己的安保人员来到电视台并控制住了局势。科赫和乔丹的到来引起NTV员工的一片嘘声和抱怨。基谢廖夫和许多记者愤然离去。俄气也同样控制了古辛斯基的第一家报纸《今日报》，并且关闭了它。然后轮到新闻杂志《综述》。杂志员工清早来到工作地点，竟被可耻地解雇并且关在办公室外面，包括创始人兼总编帕尔霍缅科和他的副手玛莎·李普曼。

梦想时代结束了。

几年来别列佐夫斯基一直顽强地贯彻着在叶利钦之后保持“权力连续性”的目标。他最后找到了合心意的叶利钦接班人：普京。由于俄罗斯公众电视台的大肆宣传，别列佐夫斯基帮助普京在2000年3月27日赢得竞选，开始了为期四年的总统任期。当他最终完成了他的权力游戏，造就了一位新的总统，我相信别列佐夫斯基应该感到安全且充满能量，但是我错了。

普里马科夫威胁别列佐夫斯基之后刚过一年，这位寡头又开始奔逃了。是别列佐夫斯基对普京的判断出了错误？还是普京将他抛在了一边，不需要别人提醒他自己也是被一个俄罗斯最有野心的君王推手扶植起来的？就跟古辛斯基被克里姆林宫打翻在地一样，普京和别列佐夫斯基有他们自己的矛盾。

最初别列佐夫斯基看起来没有什么可担心的。他赞许地告诉我普京是一位值得信赖的朋友。为证明这点，别列佐夫斯基提供了一件私人轶事。他说，普京在去年春天冒风险前往罗格瓦兹俱乐部参加别列佐夫斯基妻子的生日晚会，当时他正与普里马科夫关系紧张。普京当时接管了联邦安全委员会，要光顾别列佐夫斯基著名的俱乐部并非易事。但是普京还是冒了风险，别列佐夫斯基吹嘘道，他表现出超乎政治的个人对朋友的忠实感情。

“我意识到如果普京在成为总统之后将别列佐夫斯基投入监狱，那么公众将会很感兴趣。”这位寡头告诉我，他以第三人称来描述自己。我们坐在罗格瓦兹别馆那张宽大的桌子前，我经常与别列佐夫斯基在此聊天，尽管这一次他看起来比以往更平静。他脱去了他的运动外套，喝了一口高脚杯里的红酒。“老实讲，我并不期望如此，不管是明天还是在近期。”当时是2000年3月22日。

但是后来，意想不到的事发生了。首先，普京和别列佐夫斯基在车臣问题上产生了分歧。普京大力推进对抗车臣分裂分子的战争，当时别列佐夫斯基还在为和平谈判做努力。普京要求别列佐夫斯基切断与车臣军事分子的一切联络。别列佐夫斯基说他同意普京的要求，但他告诉俄罗斯的新总统，不应该以武力解决车臣问题。

随后，别列佐夫斯基意识到普京的计划，克里姆林宫希望控制俄罗斯各地具有独立意志的地区政府长官。在这场重大权力游戏中，普京宣布了一项计划，要用7位新的未经选举的政府要员管理现有的89个地区长官。7个人中的5位被提名者是前克格勃人员或者军人。普京同时寻求法律根据让他能解雇政府官员。别列佐夫斯基将此视作独裁行为。他喜欢独立政府长官组成的松散集合，即使他意识到俄罗斯联邦在叶利钦时代已经成为一个疯狂的强力与软弱的权力混合体，而且经常会有官员们对克里姆林宫提出挑衅。别列佐夫斯基同样清楚官员们对重工业——如铝和汽车工业——的决定权。他非常明确地表示不喜欢全国所有权力都被克里姆林宫控制。例如，别列佐夫斯基已经不止一次地尝试在俄罗斯某一地区扮演权利经纪人的角色，并成功地使前将军亚历山大·列别德在克拉斯诺亚尔斯克当选。

别列佐夫斯基向普京提出请求，俄罗斯联邦应该是松散的，甚至应该转变成更自治、独立的地区联盟。但是普京根本不听。普京的所作所为恰恰与别列佐夫斯基的建议背道而驰。他们进行了一次很长的谈话，别列佐夫斯基回忆道，他意识到他对普京过快的专制进程的恐惧是有根据的。“他说他仍然相信我们会在俄罗斯建设一个自由民主的国家。”别列佐夫斯基随后说，“但是我们必须使用强制手段，因为人们还没有做好准备。”他补充说，“普京相信一切都要自上而下进行管理，所以就有必要实行权力的集中、大众媒体的集中以及商业管控。”

别列佐夫斯基给普京写了一封很长的私人信件，但俄罗斯总统搁置不理。5 月 30 日，别列佐夫斯基首次与普京公开决裂，并发表了一封公开信来攻击他。我在一个炎热的下午到罗格瓦兹别宅和他谈话，当时他看起来很疲惫。3 月我在他身上看到的那种平静已经消失了。别列佐夫斯基谴责普京“正在毁掉一些民主机制”，他的这些行为剥夺了俄罗斯选民选取地方长官的权利，并毁掉了地区政治精英。这些批评并未有效打击普京，7 月 17 日别列佐夫斯基又一次让我吃惊地辞去了他在国家杜马的席位，他当时已在任 6 个月。“我不想参与俄罗斯的毁灭和一个专制政体的建立。”

俄罗斯核潜艇库尔斯克号在 8 月沉没时，潜艇上载有 118 名船员，普京的反应非常迟钝。电视——包括别列佐夫斯基的俄罗斯公众电视台——播放了俄罗斯总统在俄罗斯南部度假胜地索契乘黑色喷气式雪橇的画面。普京好像没有得到消息，对于接受国际援助表现得很犹豫，还对困在潜艇上的船员状况撒了谎。

普京对新闻报道大光其火。他说寡头们和他们的电视台正在毁掉整个国家，同时也在毁掉整个陆军和海军。多伦科立即被勒令停止在电视上露面。普京打电话给别列佐夫斯基，抱怨他不应该把此次的核潜艇沉没与切尔诺贝利核泄漏相提并论。别列佐夫斯基建议会面，普京说没问题。第二天，别列佐夫斯基来到克里姆林宫，发现在那里等他的是沃洛申，不是普京。

“听着，”沃洛申告诉别列佐夫斯基，“你要么在两周内放弃俄罗斯公众电视台，要么你的下场就跟古辛斯基一样。”

“你不该这样对我说话。”别列佐夫斯基回答道，“你忘记了一件事，我不是古辛斯基。”

别列佐夫斯基要求沃洛申安排他与普京见面。沃洛申答应了。他第二天下午 2 点打电话给别列佐夫斯基，要这位巨头在一个小时内赶到克里姆林宫。别列佐夫斯基来了。还是沃洛申在办公室里等他。普京到了，神色有些紧张，而别列佐夫斯基抛出了一大段辩护，解释俄罗斯公众电视台对库尔斯克号的遇难报道，包括对失事船员的未亡人的采访。

“这是在帮你，并不是在阻碍你，”别列佐夫斯基说，“因为只有公开真相才能帮你，别的都无济于事。”

“就这些吗?”普京问。

“是的，就这些，这是最主要的。”别列佐夫斯基回答道。

“那么现在，我要告诉你一些事。”普京说。他打开了一个文件夹，用一种单调的语调开始宣读。别列佐夫斯基已经不记得确切措辞，但要点就是俄罗斯公众电视台非常腐化，由一个人也就是别列佐夫斯基管理，他拿走了一切他能控制的钱。

别列佐夫斯基脑子里立即闪出了他的敌人：普里马科夫。这份文件正是从几年前普里马科夫反对他的活动中拿出来的。这使别列佐夫斯基相当难堪。“这份文件下面的签名，是不是叶夫根尼·马克西莫维奇·普里马科夫?”别列佐夫斯基问普京，“你为什么要给我读这些?”

“我想要俄罗斯公众电视台。”普京说，“我本人将要亲自管理俄罗斯公众电视台。”

别列佐夫斯基惊呆了。多伦科说，普京将他自己看成电视的造物，而现在很清楚了，他要控制住电视上的每一分钟。“听着，沃洛德，”别列佐夫斯基回答道，他用了弗拉基米尔的友好昵称，“不管怎样说，这也太荒谬了；其次，这也太不现实了。”

“俄罗斯公众电视台覆盖了全俄罗斯98%的领土和家庭。”普京冷酷地回答道。

“不用告诉我统计数字，”别列佐夫斯基回答说，“我全都知道。你明白你到底在说些什么吗？事实上，你是想控制全俄罗斯所有的媒体，一切归你所有!”[51]

普京站起来离开了。别列佐夫斯基回到他的办公室，奋笔疾书给普京写了封短信。他在信中写道，普京一次又一次地犯了同样的错误，首先是逐步扩大与车臣的战争，接着将自己的意愿强加给政府长官，最后还要接管广大媒体。别列佐夫斯基悲叹总统正在试图“通过简单方式来解决复杂问题”。普京正在试图实行独裁。但这不会有用。他将这封信交给了沃洛申。

这封信标志着别列佐夫斯基脱离了克里姆林宫的核心集团。这位权力经纪人走进了死胡同。最终他放弃了自己创造的一切。别列佐夫斯基总结说，他与普京为电视台而争斗是不会有结果的。他将他在俄罗斯公众电视台的份额转让给他在西伯利亚石油公司的合伙人罗曼·阿布拉莫维奇，这位新一代的年轻寡头愿意与克里姆林宫合作。别列佐夫斯基就离开了国家。

当我几个月后在纽约见到别列佐夫斯基时，他回忆起他最后与普京相遇时的情景。在他们最后一次在克里姆林宫的谈话中，普京很悲伤地转向他，用他冰冷的眼神凝视着别列佐夫斯基——这位矮小、极度活跃的男人说话声音柔和干脆，他会在你门前等几个小时。普京看着他，这个权力经纪人凭着他自己的双手、不屈不挠的雄心和对巨大财富的梦想，在寡头时代的塑造中起了无人能及的作用。现在他们的辉煌岁月已经结束。新的玩家登上舞台，创造了新的财富。克里姆林宫迎来了一位新的俄罗斯领导人。

“你，”普京说，“你是把我推举为总统的其中一位。你怎么能抱怨呢？”

别列佐夫斯基无言以对。

尾声

叶利钦时代的“喧哗与骚动”以无声无息的方式结束了。在他总统任期的最后一夜，叶利钦无疑是个悲哀的形象。1999 年 12 月 31 日，在电视直播的告别演说中，叶利钦的话里充满遗憾。他承认，“我们很多的希望都没有实现”，他恳求俄罗斯人民原谅他。“我们原以为很简单的事情实际上做起来非常非常艰难。”

那些诞生在叶利钦资本主义时代的寡头们，由于时代的原因，走上了不同的道路。

六人中，米哈伊尔·霍多尔科夫斯基最终成为最富有的人。在度过了 1999 年的黑暗日子后，当时霍多尔科夫斯基对借贷者和投资者采取铁腕手段，他又一次显示出他的敏锐的判断力。霍多尔科夫斯基从一个强硬人物变成一位绅士，因为他意识到，如果他按照更公开、更诚实的西方规则办事，他的财富会成倍增加。霍多尔科夫斯基破天荒第一次给股东们分红利，按照国际惯例公布账目，并把利润重新投入石油生意。尤科斯公司的股票重新注入俄罗斯股票市场，每股从 20 美分狂升至 3 美元 60 美分。霍多尔科夫斯基变得更加富有，因为他和他的合伙人控制该公司 69％的股份。当世界油价在 1999 年和 2000 年上升时，霍多尔科夫斯基的金库堆满了现金。在 2001 年《福布斯》杂志公布的全球 500 富豪榜上，霍多尔科夫斯基是其中的俄罗斯首富，净资产约为 240 亿美元。

曾在叶利钦时期领导改革派的丘拜斯此时已经不再是中心人物。他说的每个字都能上报纸头版的日子已经一去不复返。1999 年，丘拜斯投入改造破旧的电力垄断系统，他从此成为众多俄罗斯工业界巨子之一。在第二次车臣战争开始时，丘拜斯热情支持普京。他认为普京不会对俄罗斯民主或新闻自由造成威胁，而把普京看作果断的领导人，能够支持俄罗斯的现代化。当普京镇压弗拉基米尔·古辛斯基并从他的手中夺下NTV时，丘拜斯对此表示遗憾，但并未替古辛斯基申辩。丘拜斯脑子里只有对银行家之战的坏印象和古辛斯基在其中的作用。

总统竞选结束后，卢日科夫又回到他作为莫斯科市领袖的老角色。他不再觊觎总统的位子。卢日科夫最终顺从了普京，回到他原来的位子上，继续做首都的建造者和老板。

亚历山大·斯莫伦斯基从人们的视野中消失了。有一段时间，他着手建立一家新银行，利用首都农业储蓄银行的某些破产的分支机构，但后来又把银行卖掉了。

古辛斯基的媒体帝国在普京的克里姆林宫的无情压力下解体了，但是那些曾经为古辛斯基工作的新闻记者没有被摧毁。他们很多人聚集在一起，试图重温旧梦。经古辛斯基同意，基谢廖夫带领NTV的核心成员在较小的莫斯科电视台TV-6安顿了下来。电视台老板鲍里斯·别列佐夫斯基现在与古辛斯基手下的记者们共同拥有这个机构。但重建工作很艰难，NTV重建之梦难圆。古辛斯基拥有以色列《晚祷报》的部分股份，并经常访问美国。但他再也不能回俄罗斯的家了。

别列佐夫斯基还像以前那样静不下来，但他作为权力经纪人的日子结束了。别列佐夫斯基觉得回到俄罗斯有风险，所以不回去了，尽管他的主要生意和政治兴趣都在俄罗斯国内。别列佐夫斯基还控制着两份有影响的日报和TV-6电视台，但他被迫按照克里姆林宫的命令卖掉规模较大的俄罗斯公众电视台，而这个电视频道则是他最有影响的工具。别列佐夫斯基的结论是他让普京上台是犯了个错误，但他身在国外，对此也无能为力。别列佐夫斯基曾经是内部人士的象征，倡导了财富和权力的结合，如今却只能做个局外看客。

2001年7月18日，就职总统一年多以后，普京举行了一场新闻发布会。一个记者向普京问起别列佐夫斯基，普京叹了口气后回答道："鲍里斯·别列佐夫斯基——他是谁？"

2003年版后记

在2000年至2003年间，米哈伊尔·霍多尔科夫斯基是众多寡头中存活下来且发展最好的一个。全球石油价格居高不下，尤科斯石油公司的市场资本总额居俄罗斯首位，霍多尔科夫斯基和他的核心合伙人获得了数十亿美元的红利。2002年，霍多尔科夫斯基首次披露了尤科斯的所有制结构。这个决定使他成为第一个打破神秘氛围的大公司所有者，20世纪90年代俄罗斯资本主义正是在这种氛围中诞生的。正因为霍多尔科夫斯基有过黑暗交易的前科，他这一具有开创性的举措显得更为难能可贵。此次披露显示，尤科斯公司由梅纳捷普集团控股，这家直布罗陀企业为霍多尔科夫斯基及其密友所有。霍多尔科夫斯基拥有的尤科斯股份价值在80亿美元左右。列昂尼德·涅夫兹林早期曾是霍多尔科夫斯基青年科学中心的一名成员，现在也是一个身价亿万的股东。同样还有瓦西里·沙赫诺夫斯基，这位前工程师提出了雀山俱乐部的构想，后来成为尤科斯的一名决策者。

2001年在我完成《寡头》这本书时，霍多尔科夫斯基向更开放和更西方化的路线转变已经显而易见。在之后的两年里，尤科斯朝着全球石油巨头方向发展，这种改变越发深刻。他提议在中国修建管道，并且，为了证明俄罗斯可以满足美国的能源需求，向得克萨斯州运送了一艘装满原油的油轮。

霍多尔科夫斯基也曾提及要成为推动俄罗斯慈善事业和文明社会发展的主要力量。在他成为同辈人中最富有的寡头之后，仍在继续努力实现这些抱负。他赞助了俄罗斯国内不断发展的慈善活动。美国金融家乔治·索罗斯在退出俄罗斯时言明，他的任务在20世纪90年代向俄罗斯捐献了亿万美元之后已经结束。在这之后，霍多尔科夫斯基成为俄罗斯最大的私人慈善家。他成立了一个名为开放俄罗斯（Open Russia）的基金会来支持俄罗斯和西方国家（尤其是英美两国）间的关系发展。他的初始投资是1 600万美元——尤科斯带来的利润和分红中的一部分。

开放俄罗斯在华盛顿的开幕式商业味道十足，充分表明了霍多尔科夫斯基对慈善事业的热情。这场仪式在国会图书馆的历史建筑托马斯·杰斐逊大厦中举行，约有百位政治说客和政府官员到场。他们在贵宾室中用餐，这是一间装饰华丽的议事厅，高悬的天花板由彩绘丝板制成，众议院成员曾在此会面。主持人是詹姆斯·比林顿（James H. Billington），美国国会图书馆的管理员，也是美国研究俄罗斯历史的代表学者之一。比林顿的代表作《圣像与斧头》（*The Icon and the Axe*）是一本有关俄罗斯思想和文化历史的阐释性书籍，出版于1966年（这一年霍多尔科夫斯基才刚三岁）。这位学者告诉他的客人，霍多尔科夫斯基是一个有远见卓识的人，并补充道，这样一个已经做得很好并且还想要继续的人十分难得。霍多尔科夫斯基受比林顿启发，向开放世界（Open World）交换项目（该项目邀请年轻的俄罗斯领导人到美国做短期访问）捐赠了100万美元。除此之外，他还向比林顿赞助的国家图书节捐款。在这个节日活动中他与布什总统和第一夫人劳拉·布什合了影，这强有力地证明了自1999年那些黑暗的日子以来，霍多尔科夫斯基的境遇有了多么大的变化。

但霍多尔科夫斯基的抱负还没有全部达成。2003年4月22日，尤科斯宣布了其与西伯利亚石油公司（最初由别列佐夫斯基创建）合并的计划。读者或许能回忆起，在1998年的时候，这两家石油公司合并的提案曾被搁置。现在，这家合并之后被称为尤科斯西伯利亚的公司将成为石油产量世界第四大的公司。一旦合并，这个企业将产生很大的诱惑力，吸引另一家国际石油公司与之合并或者发起购买。这就是霍多尔科夫斯基的目的和他最大的抱负——构建他自己的王国并将其出售给埃克森美孚公司或雪佛龙股份有限公司。这样做的回报是巨大的——他所拥有的巨大石油储备将被转换为数百亿美元的现金。

这个梦想并非没有实现的可能：俄罗斯的石油公司仍然享受国际标准的优待，早期英国石油公司曾在另一家俄罗斯的石油公司身上投资了67亿美元。联合金融集团（United Financial Group）的研究显示，尤科斯的产业价值按每桶石油来算仅为埃克森美孚公司的十分之一。这也难怪尤科斯如此具有诱惑力。

霍多尔科夫斯基不喜欢在公众面前出现，但随着他的财富积累，他逐渐成为一个公众人物，他俄罗斯首富的身份也引起了密切关注。我还清楚地记得20世纪90年代后期令人恶心的企业争端。我不知道这样一个发起了许多肮脏交易的商人能否成为俄罗斯公司治理和透明度提升的新旗手。但霍多尔科夫斯基的新方向是真实存在且无可否认的。

在普京逼迫古辛斯基和别列佐夫斯基离开俄罗斯之后，他与剩下的寡头达成了共识：不干涉克里姆林宫内政，那么你就可以保留从20世纪90年代疯狂资本主义中取得的成果。对霍多尔科夫斯基和一些其他商人来说，这些成果就是那些巨大的自然资源公司（如尤科斯），在国有资产私有化进程中被他们以低价获得，并为他们创造了巨大的财富。随着霍多尔科夫斯基的财富和声望稳步增长，在我看来，他一直小心翼翼地不去触碰克里姆林宫的底线。霍多尔科夫斯基告诉我，在对议会的政党提供政治支持时，他捐献了符合预期的数目——数百万美元，包括给进步党派俄罗斯统一民主党和右翼力量联盟的巨额捐款，但他像大多数其他商人一样，是在克里姆林宫的监管下行事的。

2007年霍多尔科夫斯基宣布他将离开尤科斯，因为一年后就是总统竞选，他的宣布引起了人们的猜测，大家认为他可能转向政治领域发展。不过他的所作所为完全符合一个富有强大的商业大亨的身份，完全没有越出普京划下的界限。

但突然间，克里姆林宫中出现了一些问题，霍多尔科夫斯基的梦想灰暗了。

问题在2003年2月20日初露端倪，这一天，霍多尔科夫斯基正和其他商人一起，在克里姆林宫里和普京进行周期性正式会面。当轮到霍多尔科夫斯基发言时，他开始抱怨政府部门长时间的贪污腐败现象，并选了最近比较隐晦的一场石油交易作为例子。一家名为谢韦尔纳亚石油（Severnaya Neft）的小公司被以一个比其自身价值高出亿万美元的高昂价格出售给了俄罗斯石油公司。这到底是怎么回事？在霍多尔科夫斯基提到这件事之后，普京以一种威胁的口吻尖锐地回复："尤科斯有多余的石油储备，它又是怎么获得这些能源的呢？"

不久之后，霍多尔科夫斯基就成了克里姆林宫政治运动的威胁目标。一家名不见经传的小型智囊机构曾出版了一个报告，警告俄罗斯将会经历一场"缓慢发展的寡头政变"，指出这些商业大亨可能正蓄谋要接管议会并推翻目前的总统。接下来，《俄罗斯污点》（*Kompromat. Ru*）杂志将整个版面都贡献给了霍多尔科夫斯基，这本杂志专门发表事实和杜撰事件相结合的污点材料，俄罗斯的诽谤活动经常采用这种内容。尤科斯团队对污点材料并不陌生，但看到这篇文章后他们有一种不祥的预感。这是另一个警告。

后来，2003 年 7 月 2 日，霍多尔科夫斯基的核心副手之一普拉东·列别杰夫被俄罗斯当权者以涉嫌参与 1994 年一家化肥公司私有化过程中挪用公款一事为由逮捕。这完全是一场无中生有的指控，因为在前一年，这一起私有化案已经在法庭提起诉讼并审理结案。列别杰夫是梅纳捷普集团的董事，也是尤科斯身家亿万的股东。

在列别杰夫被逮捕当天，尤科斯的市场资本总值已经达到了 310 亿美元。

在这场逮捕行动之后，尤科斯的办公楼更经常性地面临警察的突击搜捕，霍多尔科夫斯基的其他核心合伙人也都被带去面对面审讯。俄罗斯联邦安全局的特工在他女儿的学校出现，并要求校长提供所有学生的名单。这一系列行动和当年用来对付古辛斯基的手段完全一致。突然之间，霍多尔科夫斯基陷入了被动局面。

霍多尔科夫斯基说，这些针对他的行动是由普京身边的一群安全局人员策划的，目的就是要把他赶出俄罗斯。但他们这样做的动机并不清楚。霍多尔科夫斯基在 2 月和普京会面提到石油公司的交易时触及了一些他不该碰的东西，安全局的人开始报复了。不难发现，霍多尔科夫斯基是当代最大的赢家之一。而这些前克格勃的人员因苏联的解体和随后的长期混乱而损失惨重。他们在叶利钦时代没有抢夺到大公司的财产，对寡头们十分嫉妒。在普京当政时期，他们找到了致富的机会。普京告诉记者说他不会干涉他们的调查。

霍多尔科夫斯基这个多年来自信的化身动摇了。他告诉我说他不会向这些安全局人员妥协。他发誓不会逃离俄罗斯。他曾想过要发起一场公开对抗，但他知道这很困难。霍多尔科夫斯基意识到普京在克格勃时期就形成了他的核心信念，他看不起这些自以为是的商界大亨。他在一次接受《纽约时报》采访时公开表达了他的不满："我们有一部分人在一夜之间成为亿万富翁。是国家把他们指派为亿万富翁。实际上是国家无偿给了他们巨额的财产。他们自己说的。'我被指派为亿万富翁了！'然后他们就认为他们自己就是上帝，能够拥有任何东西。"

2003 年 6 月，霍多尔科夫斯基在这一场逐渐加深的阴霾之下庆祝了自己的四十岁生日。克里姆林宫准许了尤科斯和西伯利亚的合并，但同时也加大了对霍多尔科夫斯基及其合伙人的威胁力度。

事态在 2003 年 10 月 25 日急转直下。霍多尔科夫斯基的私人飞机在新西伯利亚市的西伯利亚城降落，在那里他遇到了全副武装的突击队员。他被逮捕并带到莫斯科，以欺诈和逃税的罪名关进了监狱。他通过律师发布的声明说道："我从未因我做过的任何事感到遗憾。同样，我也不为今天所发生的事情感到后悔。"

这次对霍多尔科夫斯基的攻击再一次强调，对于普京的俄罗斯政权来说，寡头和他们所建立起来的体制是一种强有力的威胁。的确，普京定下了和叶利钦不同的政治基调。他提出恢复国家权力，并禁止寡头公开在克里姆林宫进行操纵。当然，普京没有给其他任何形式的政治竞争力量留下余地。他促成了下议院党派的建立，因为他们会无条件地支持克里姆林宫的决定。他一直努力限制民选长官的权力，削弱上议院的力量，并且在 2003 年中取消了俄罗斯所有的独立国家电视网络。

但是寡头资本主义已经根深蒂固了。研究莫斯科的两位学者彼得·布恩（Peter Boone）和丹尼斯·罗季奥诺夫（Denis Rodionov）

在2002年8月准备了一项关于俄罗斯前64大公司的研究——政府对这些公司不再拥有控股权。他们发现这些公司85%的销售额由八大金融工业集团所掌控。

大公司在迅速发展，但寡头时代的一个后果就是中小型企业发展受到阻碍，无法扩张。这些公司发展的一大障碍是无法获得足够多的资金。银行系统在很大程度上仍然无法正常运转，这是20世纪90年代遗留下来的问题。对于企业家来说，他们很难拿到贷款创业，而寡头们有足够的资金来满足他们自己的需要。

正如霍多尔科夫斯基这些年所展示出来的，寡头资本主义的性质在变化发展之中。霍多尔科夫斯基的改头换面给俄罗斯提出了一个重要的问题：其他寡头最后也都会改变他们的行事方式吗？他们也会变得更像美国的卡内基和洛克菲勒等商业大亨一样吗？又是什么力量促成了如此改变呢？

有一个答案是，这些寡头对他们的公司有了越来越多的掌控，他们不再单纯为了个人利益做事，而是成为更好的管理者。在20世纪90年代他们为了获得过半数的所有权而进行过艰苦的斗争；现在公司全都是他们的了，他们更会好好地管理公司。布恩和罗季奥诺夫研究发现，商业大亨们停止了公司犯罪，因为现在他们是毫无争议的所有者了。他们写道："新的财产所有者已经从支持不法和低透明度行为转向支持遵守法律和保护产权的行为了。"

从尤科斯和其他公司可以看出的另一种变化是，一旦寡头们掌握公司的控制权，他们便开始专注于引进好的管理者，而这些人通常具有海外背景。他们发现好的企业行为能够提升公司的市场价值。这个论断指出，随着时间发展，其他人会看到霍多尔科夫斯基模式所产生的财富，也会跟着用这个模式做事。

但霍多尔科夫斯基所受到的攻击也严酷地提醒了寡头们俄罗斯资本主义的黑暗面。当霍多尔科夫斯基公开了他的账册和所有制结构时，鲜有大公司跟随他的脚步，更是几乎没有商人愿意站出来公开为他辩护。霍多尔科夫斯基的透明制度好像适得其反了；其他人开始退缩，安于以旧时的保密和高压统治方式管理公司。严峻的企业争斗从叶利钦时代延续到了普京时代。极度渴望财产的新寡头们仍旧采用叶利钦时代的高压统治和不正当手段来获取财产。经济学家乔尔·赫尔曼把这种为获取财产而进行的持续斗争定义为“永久的再分配”：只要有一个商界大亨通过使用权力或者行贿来廉价获取资产，且只要国家处于弱势，法律仍不健全，这种争夺财富和权力的不正当竞争就会持续下去。

鲍里斯·别列佐夫斯基仍旧在伦敦自我流放。他持续攻击普京并赞助了一个议会党派——自由俄罗斯（Liberal Russia）。俄罗斯的当权者持续施压，就20世纪90年代一桩与伏尔加汽车厂的商业交易向别列佐夫斯基提出新的指控，并试图引渡他。别列佐夫斯基否认了这些指控。2003年9月他获得了英国的政治庇护，伦敦法庭拒绝了俄罗斯的引渡要求。

弗拉基米尔·古辛斯基没有屈服。他将他剩余的NTV股份以5 000万美元的价格出售给了俄气。他一直展现出企业家的才华并为创业做计划。他部分控股了一家以色列报纸《晚祷报》和其居住地纽约的一个俄语卫星电视频道。他没有回到俄罗斯。2003年8月他飞到希腊，在游艇上游玩。希腊当局应俄罗斯2000年发出的引渡要求逮捕了他。古辛斯基以为那个要求已经失效了。他被保释，并在2003年10月14日的希腊法庭上拒绝了俄罗斯的引渡要求。古辛斯基重获了自由。

亚历山大·斯莫伦斯基再也没有出现在俄罗斯的商界。他曾建立一家小银行，但之后传给了他的儿子，自己忙于照料一家小珠宝店。尤里·卢日科夫作为莫斯科市长一直热衷于建造桥梁、办公大楼和公路，但他在国家政治方面一直非常低调。阿纳托利·丘拜斯作为电力垄断公司老板，始终是一个重要的商业和政治人物。他一直致力于全面改革这家巨大的公司，且有望在2003年实现重大的体制改革。

戴维·霍夫曼

华盛顿

2003年10月27日

附录：2011 年 5 月，他们的现状

米哈伊尔·霍多尔科夫斯基接受了二次审判并因挪用公款被定罪，2010 年 12 月 30 日被判处监狱服刑至 2017 年。这场诉讼被公众批判为克里姆林宫操纵的为惩罚霍多尔科夫斯基而设的政治游戏。

鲍里斯·别列佐夫斯基在英国享有政治庇护，所以他在批判普京时从来不加避讳。

弗拉基米尔·古辛斯基在美国定居并且创建了自己的媒体和娱乐公司。

尤里·卢日科夫在 2010 年 9 月 28 日被总统德米特里·梅德韦杰夫罢免了莫斯科市长的职位。梅德韦杰夫称他对这个长期在职的市长已经“失去了信心”。这次罢免结束了卢日科夫对莫斯科近二十年的统治。

阿纳托利·丘拜斯领导了俄罗斯电力垄断企业的解体和进一步私有化。在 2008 年，他被任命为俄罗斯纳米技术集团的首席执行官，主导高科技领域的研究与开发。

亚历山大·斯莫伦斯基完全淡出了公众视野。

注释

作者关于资料来源的说明

20 世纪 90 年代的新俄罗斯给人的印象经常是一个模糊的、让人捉摸不透且充满欺骗的国家。本书中提到的在这个时代获得财富的人都试图保守他们的秘密。但与早期的俄罗斯相比，作为在 1995—2001 年间驻莫斯科的记者，我认为现在的俄罗斯已经变得比较开放了。金融帝国和商业大亨们往往处于竞争敌对状态——这有利于开放。不和谐的声音虽令人疑惑却也给人以启迪。

为了收集这些寡头崛起的资料和历史，我从多种不同的渠道获取信息来源。最重要的信息来源是我对这些事件参与者的二百多次采访。文中提到的六位主要人物——鲍里斯·别列佐夫斯基、阿纳托利·丘拜斯、弗拉基米尔·古辛斯基、米哈伊尔·霍多尔科夫斯基、尤里·卢日科夫和亚历山大·斯莫伦斯基都接受了我的采访。

我还阅读了一些回忆录——这些回忆录是对重要事件极其宝贵的第一人称记录，记者招待会的详细笔录，当时的美国和俄罗斯学者的几项学术研究，以及关于苏联解体的丰富文学作品。

对于书中提到的早期银行和合作社的兴衰，没有详尽的文字记录。这部分的信息我多是从当事人那里获得的。

当西方的投资者开始详尽地审查在 20 世纪 90 年代国家财产私有化进程中被卖掉的工厂和冶炼厂时，我们有了更多的信息。西方经纪公司发布了大量有关俄罗斯公司和工厂的调查报告。同时，当俄罗斯人开始在全球资本市场上筹集贷款并在俄罗斯自己的股票交易所进行交易时，他们被要求披露更为详细的财务报表。我钻研了很多这样的文件。一些有关俄罗斯早期的石油和银行业的报告尤其有用。但使用这些资料需要慎之又慎。金融报告很少承认存在诸如财产剥除和转让定价之类的弊端，而调研报告有时几乎等同于股票经纪人为了出售股票发放的令人眼花缭乱的广告。

我对俄罗斯媒体发布的很多故事也都抱着审慎的态度看待。作为记者，我很钦佩一些俄罗斯记者所做的贡献；但新闻报社经常会成为寡头集团相互争斗的工具。所以在阅读新闻报道时，我们也要根据背后赞助商的身份（金融集团或商业大亨）来衡量其真实性。我尽可能多地从直接问答式的访谈稿中获取信息。某些情况下，我会求助写这些文章的记者或当事人来更好地了解当时谁到底对谁做了什么。

对于了解 20 世纪 90 年代的俄罗斯来说污点材料是一个重要问题，这是常被商人、政客和其他人用来诋毁敌人的材料。污点材料一般是真实信息和虚假材料的混合体，很难分清哪部分是真，哪部分是假。新闻和网络上的信息很多都是污点材料，我已尽最大努力避免使用这些材料作为本书的信息来源。

即便是我最积极的研究工作也可能以失败告终。读者可能会遇到没有解释的事情——如一家银行突然继承了一大笔意外之财，一家工厂被无偿送出或一家小公司从零起步迅速发展到有了 10 亿美元的市值。在这些关键的转折点究竟发生了什么无法重新推演，所以成了新俄罗斯发展过程中的谜团。我希望这本书能开始破解这些谜团，但我必须承认关于寡头的很多秘密仍未解开。

注释

寡头：十年之后（2011 年版序言）

1. Clifford J. Levy, "Russia Extends Prison Sentence of Tycoon Six Years," *New York Times*, December 31, 2010, p. A1.

2. "Rule of Law Lipstick on a Political Pig," cable 09MOSCOW3144, December 30, 2009, released by WikiLeaks, http://wikileaks.ch/index.html.

3. Khodorkovsky & Lebedev Center, "Court Aide Reveals the Verdict Was Forced on the Judge," March 2011, available at: http://www.khodorkovskycenter.com/sites/khodorkovskycenter.com/files/March2011Newsletter.html (in Russian, see http://www.gazeta.ru/politics/2011/02/14_a_3524202.shtml). 2011 年 4 月 14 日，一位名叫 Igor Kravchenko 的前法官在接受《新报》（*Novaya Gazeta*）采访时说，该案件的法官承认判词是上司授意的。

4. Charles Lambroschini and Patrick de Saint-Expeury, "Vladimir Putin: Russia Has Changed," *Le Figaro*, as translated and published in *Kommersant*, October 27, 2000, p. 2.

5. Dmitri Trenin, "Russia Redefines Itself and Its Relations with the West," *Washington Quarterly*, Spring 2007, pp. 95 - 105.

6. 2011 年 4 月，德米特里·梅德韦杰夫总统命令禁止政府部长在 17 家公司董事会兼职，谢钦辞去了他在俄罗斯石油公司的兼职，其他部长也辞去了他们在另外一些公司的兼职，然而人们不清楚这个举动是真的与过去的做法决裂还是作秀。

7. William Browder, "The Hermitage Case: Organized Crime and Legal Nihilism Inside the Russian Government," briefing document in the author's possession; "William Browder," as told to Diane Brady, *Bloomberg Businessweek*, January 10 - 16, 2011.

8. "The Luzhkov Dilemma," cable 10MOSCOW317, February 12, 2010, released by WikiLeaks, http://wikileaks.ch/index.html.

9. See Transparency International, "Corruption Perceptions Index 2010 Results," http://www.transparency.org/policy_research/surveys_indices/cpi/2010/results.

10. Andrei Soldatov and Irina Borogan, *The New Nobility: The Restoration of Russia's Security State and the Enduring Legacy of the KGB* (New York: PublicAffairs, 2010), chaps. 12 and 13.

11. Nikolay Petrov, Maria Lipman, and Henry E. Hale, *Overmanaged Democracy in Russia: Governance Implications of*

Hybrid Regimes (Washington, D. C.: Carnegie Endowment for International Peace, February 2010).

12. Quoted in a Reuters dispatch by Darya Korsunskaya, "Russia Needs Fair Polls to Back Reforms: Kudrin," February 18, 2011.

13. Masha Lipman, "Putin's No-Participation Pact," *Moscow Times*, April 1, 2011.

14. Anders Åslund, Sergei Guriev, and Andrew C. Kuchins, eds., *Russia After the Global Economic Crisis* (Washington, D. C.: New Economic School, Center for Strategic and International Studies, Peterson Institute for International Economics, June 2010).

15. See "The World's Billionaires," *Forbes*, March 9, 2011, available at: http://www.forbes.com/wealth/billionaires.

第一章　灰色与短缺

1. Andrei Sinyavsky, *Soviet Civilization: A Cultural History* (New York: Arcade, 1990), p. 181.

2. Lev Timofeyev, "A New Theory of Socialism," *Moscow News*, December 10, 1996.

3. Alena V. Ledeneva, *Russia's Economy of Favors: Blat, Networking, and Informal Exchange* (Cambridge: Cambridge University Press, 1998).

4. 作者于1999年12月11日采访伊戈尔·普里马科夫和玛莎·沃根斯坦。

5. 该部分描述根据我对伊琳娜·马卡罗娃进行的多次采访写出。我和她于1999年12月2日重新体验了一次火车之旅。经历过20世纪70年代停滞岁月的年轻人曾经热捧过一本书，从库尔斯基车站开出的这趟列车，正是这本书的故事场景。喜欢标新、富于反叛的作家维涅狄克特·叶罗费耶夫（Venedict Erofeyev）在《从莫斯科到佩图什基》（*Moskva-Petushki*）一书中，对逃离经过进行了精彩描述。该书是一本地下出版物，被政府认定为非法书籍，往往以复写形式私自誊印，手手相传。《从莫斯科到佩图什基》是一部充满讽刺意味的悲剧作品。叶罗费耶夫是当时社会制度的反抗者。他以夹杂俚语的散文形式，描述了始于库尔斯基站的乘车经历，佩图什基这个充满鸟语花香的乐园则是他要前往的小镇。叶罗费耶夫一路都在喝酒，残忍而搞笑的是，他一直未能到达那个乐园。他原路返回莫斯科，从此没有了踪影。伊琳娜的同龄人视叶罗费耶夫为反制度英雄。但他不是一个大胆、乐观、新潮、充满幻想并为改变未来而做出巨大努力的苏联人，无力改变一切的他只能随波逐流。社会制度始终拿他无可奈何，因为他对什么都满不在乎。他既不害怕，也不顺从；他就这样放任自流。

6. John Kenneth Galbraith，*A History of Economics: The Past as the Present*（London：Hamish Hamilton，1987）.

7. 马克思写下这些文字时，确实有活生生的证据支撑其观点。处于工业化进程中的欧洲经济让工人们的生活变得极为艰辛，由此造成了巨大的贫富差距。

8. Alec Nove，*An Economic History of the USSR，1917－1991*，3d ed.（London：Penguin，1992）.

9. 作者于1999年10月7日和12月9日采访维塔利·奈舒尔。奈舒尔作品《另一种生活》的俄文版可访问www.inme.ru和www.libertarium.ru。在其众多作品中，我尤其觉得有价值的是*The Supreme and Last Stage of Socialism*（London：Center for Research into Communist Economies，1991）。

10. Moisei Eydelman，"Monopolized Statistics under a Totalitarian Regime，" in *The Destruction of the Soviet Economic System：An Insiders' History*，ed. Michael Ellman and Vladimir Kontorovich（New York：Sharpe，1998），p. 75.

11. 国际经济与法律研究所的人口学家谢尔盖·叶尔马科夫（Sergei Ermakov）教授告诉我，直至戈尔巴乔夫推行公开化，人口死亡信息都处于保密状态。因此，苏联公民并不知道自己的预期寿命低于西欧国家。叶尔马科夫说，他的工作长期以理论模型为依据。作者于 1999 年 11 月 27 日采访叶尔马科夫。

第二章　亚历山大・斯莫伦斯基

1. 歌词作者为亚历山大・加里奇（Alexander Galich）。

2. 作者于 1997 年 10 月 10 日和 1999 年 8 月 30 日采访亚历山大・斯莫伦斯基。

3. 作者于 1999 年 9 月 2 日和 2000 年 3 月 17 日采访爱德华・克拉斯尼扬斯基。

4. 这样的薪水在当时非常微薄。苏联卢布不能兑换成其他货币。卢布与美元的比价很难确定，因为消费品极度短缺，所以有钱并不重要，重要的是有门道弄到商品。在苏联后期，卢布与美元的黑市兑换价约为 5 比 1，至 1990 年，比价升至 20 到 30 比 1。苏联垮台后，卢布可与美元进行兑换。Anders Åslund，*Gorbachev's Struggle for Economic Reform*（Ithaca：Cornell University Press，1991），p. 184.

5. 作者于 2000 年 2 月 27 日和 5 月 27 日采访亚历克斯・戈德法布。

6. “基于运行数据的首都储蓄银行报告”（Report，based on operational data，in regards to Stolichny Savings Bank），日期不明，俄文。1997 年，我从斯莫伦斯基的银行竞争对手所属的组织获得这份针对他的十二页执法卷宗。该卷宗多处涉及斯莫伦斯基的个人信息，其中就有 1981 年遭到逮捕的记录。我从其他途径也经由斯莫伦斯基本人对此进行了证实。不过，有部分内容未经证实，似乎是警察的推测，我对此忽略不引。斯莫伦斯基声称，他曾向建筑队报道，但并未服满刑期。

7. Timothy J. Colton，*Moscow: Governing the Socialist Metropolis*（Cambridge：Harvard University Press，Belknap Press，1995），p. 494.

8. Mikhail Gorbachev，*Memoirs*（New York：Doubleday，1995）. 戈尔巴乔夫回忆说：“我们觉得自己能够挽救一切，能够用老办法将自己从这个漏洞中拉出来，再做重大改革。这也许是浪费时间的错误

之举，但那就是我们当时的想法。”（p. 218）

9. Åslund，*Gorbachev's Struggle*，p. 161

10. Åslund，*Gorbachev's Struggle*，pp. 167 – 181；Dimenico Mario Nuti，“The New Soviet Cooperatives：Advances and Limitations”（European University Institute，Florence，Italy，July 1988）.

11. 作者于 1999 年 3 月 18 日采访维克托·洛沙克。

12. 作者于 1999 年 8 月 23 日采访叶连娜·巴图林娜。

13. 作者于 1999 年 3 月 11 日采访亚历山大·帕宁。

14. Joel S. Hellman，“Breaking the Bank：Bureaucrats and the Creation of Markets in a Transitional Economy”（Ph. D. diss.，Columbia University，1993）.

15. 作者于 1997 年 10 月 3 日采访亚历山大·贝克。

16. Hellman，“Breaking the Bank，” p. 150.

17. Ron Chernow，*The Death of the Banker*（New York：Vintage，1997）. Chernow's major work on Morgan is *The House of Morgan: An American Banking Dynasty and the Rise of Modern Finance*（New York：Touchstone，1990）.

18. Hellman，“Breaking the Bank，” p. 166.

19. Hellman，“Breaking the Bank，” p. 162.

20. Hellman，“Breaking the Bank，” p. 163.

21. 作者于 1998 年 6 月 4 日采访乔尔·赫尔曼。

22. “Offering Circular，” SBS-Agro，$250 million notes，July 18，1987.

23. 作者于 1998 年 10 月 3 日采访匿名人士。

24. Sergei Pluzhnikov，Sergei Sokolov，“Operation SBS，” *Sovershenno Sekretno* 6（1999）.

第三章　尤里·卢日科夫

1. Yuri Luzhkov，*We Are Your Children*，*Moscow*（Moscow：Vagrius，1996）in Russian. In English，revised as：*Moscow Does Not*

Believe in Tears: Reflections of a Moscow Mayor, trans. Mark Davidov (Chicago: Martin, 1996).

2. Leon Aron, *Yeltsin: A Revolutionary Life* (New York: St. Martin's, 2000), p. 153.

3. 作者于1999年4月15日采访亚历山大·弗拉季斯拉夫列夫。

4. Vice Rector Vladimir Koshelev, interview by researcher Anne Nivat, April 28, 1999; and Rector Albert Vladimirov, interview by author, May 7, 1999, at the Russian State University of Oil and Gas in the name of I. M. Gubkin. Also, "Information for Entering Students in Moscow," Gubkin Institute, 1954.

5. 作者于2001年2月5日采访卢日科夫。据卢日科夫回忆，这次会议结束时发生了戏剧性的冲突。观看者已经离开，会场只剩几位高级管理人员。他们轮流从各个方面对卢日科夫轮番展开抨击。党委代表提议将他解职。"我都做好了离开的准备，"卢日科夫回忆说。但他并未遭到解职。他受了一通训斥，但仍旧坚持认为，自己的想法是好的。

6. Timothy J. Colton, "Understanding Yuri Luzhkov," *Problems of Post-Communism*, September - October 1999, pp. 14 - 26.

7. Colton, "Understanding Yuri Luzhkov," pp. 14 - 26.

8. 作者于1999年3月18日和4月9日采访亚历山大·帕宁。

9. 作者于1999年8月23日采访叶连娜·巴图林娜。

10. 作者于1999年3月18日采访维克托·洛沙克。

11. Yuri Bortsov, *Yuri Luzhkov* (Rostov-on-Don: Feniks, 1999), p. 148. The quotation originally appeared in *Vechernaya Moskva*, February 20 - 27, 1997.

12. David Remnick, "Hundreds of Co-Ops Lead a Soviet Revolution," *Washington Post*, February 4, 1988, p. A25.

13. Luzhkov, *Seventy-Two Hours of Agony* (Moscow: Magisterium, 1991), pp. 79 - 80. In Russian.

14. 作者于1999年11月13日采访弗拉基米尔·博克塞。

15. Colton, *Moscow*, p. 615.

16. Francis X. Clines, *New York Times*, March 22, 1990, p. 1; April 16, 1999, p. 1.

17. James Blitz, "Moscow Is 'Close to Catastrophe,'" *London Sunday Times*, May 27, 1990.

18. Benjamin B. Fischer, ed., *At Cold War's End: U. S. Intelligence on the Soviet Union and Eastern Europe, 1989 - 1991* (Washington: Central Intelligence Agency, 1999). See National Intelligence Estimate (NIE) 11 - 18 - 90, November 1990, "The Deepening Crisis in the USSR: Prospects for the Next Year."

19. 作者于 1999 年 11 月 26 日采访瓦西里·沙赫诺夫斯基。

20. 当时的公众还有一种印象，波波夫对腐败现象持容忍态度。波波夫曾说过，政府官员应该像菜单那样列出自己的收礼喜好。

21. 感谢玛格丽特·帕克森（Margaret Paxson）提供此条定义。

22. 作者于 1999 年 3 月 26 日采访米哈伊尔·施耐德。

23. 作者于 1997 年 2 月 13 日采访加夫里尔·波波夫。

24. 作者于 1999 年 3 月 29 日采访亚历山大·奥索夫措夫。

25. Michael Dobbs, "Soviet Price Hikes Draw Anger, Pessimism," *Washington Post*, April 3, 1991, p. A19.

26. Elizabeth Shogren, "Reformer to Face Three Communists in Moscow Vote," *Los Angeles Times*, June 6, 1991, p. 8.

27. Colton, *Moscow*, p. 651.

28. Luzhkov, *Seventy-Two Hours*, p. 38.

29. 作者于 1999 年 8 月 28 日采访阿列克谢·韦涅季克托夫。

30. 苏联垮台前的最后几个月，卢日科夫被安排进一个管理苏联经济的四人委员会。他频频出现在电视报道中，要么在视察建筑工地，要么在等公交车，要么在排队购买食品。

第四章　阿纳托利·丘拜斯

1. 作者于 1999 年 10 月 23 日采访妮娜·奥金格。

2. 感谢阿列克谢·尤尔恰克（Alexei Yurchak）于 2000 年 6 月 9 日给我的来信，描述图书馆当时的场景。

3. 作者于 1999 年 12 月 1 日采访格里戈里·格拉兹科夫，于 1999 年 10 月 22 日采访尤里·亚马盖耶夫。

4. 作者于 2000 年 5 月 13 日采访阿纳托利·丘拜斯。

5. *Obshchaya Gazeta*，interview with Chubais，February 22 – 28，1996. In Russian.

6. 作者于 2000 年 5 月 25 日采访伊戈尔·丘拜斯。

7. 作者于 1999 年 10 月 21 日采访弗拉基米尔·科拉贝尼科夫。

8. 俄罗斯统一电力系统股份公司于 1999 年 10 月 25 日提供丘拜斯简历。

9. 作者于 1999 年 8 月 24 日采访谢尔盖·瓦西列夫。

10. János Kornai，*Economics of Shortage*（Amsterdam：North Holland，1980).

11. Friedrich A. Hayek，*The Road to Serfdom*（Chicago：University of Chicago Press，1944).

12. Friedrich A. Hayek，"The Use of Knowledge in Society，" *American Economic Review*，September 1945，pp. 519 – 530.

13. Gaidar's thesis was entitled "Indicators for Evaluating Activity in Self-Financing Enterprises（Based on a Study of the Electrical Engineering Industry）."

14. 作者于 1999 年 10 月 22 日和 2000 年 7 月 11 日采访彼得·阿文。

15. Yegor Gaidar，*Days of Defeat and Victory*（Seattle：University of Washington Press，1999)，p. 29. Originally published in Russian（Moscow：Vagrius，1996).

16. 作者于 2001 年 2 月 20 日采访丘拜斯。

17. 盖达尔在其回忆录中说："我应该指出，我觉得丘拜斯发挥了关键作用这一想法完全正确。"他没有说明，丘拜斯发挥的是何种作用。妮娜·奥金格告诉我："丘拜斯负责公共关系。他之所以负责公关，是因为他知道自己比别人善于表达，且能做到言简意赅。他们没想到他会负责私有化进程，觉得他会一心搞好公共关系。”

18. 德米特里耶夫告诉我，财政经济学院是经济学书籍的宝库，起源于沙俄中央银行的图书馆收藏有大量关于资本主义的经济学著作，有些书籍可追溯至十月革命前，但当局从未对其实行关锁。德米特里耶夫说，一位思想进步的导师让他有机会进入禁书特藏室，他在此阅读到了当代西方文献。德米特里耶夫最后指出，他所在的学院十分看重系统分析和数学理论，对经济学而言，这种思路更具有技术性，从而让意识形态相形见绌。

19. Naishul，*Another Life.*

20. 关于这次研讨会的描述，基于我对奈舒尔、丘拜斯、格拉兹科夫、盖达尔、德米特里耶夫和德米特里·瓦西列夫的采访。

21. Anatoly B. Chubais and Sergei A. Vasiliev，“Economic Reform and Structural Change in the USSR，” in *Ten Years of Russian Economic Reform*（London：Center for Research into Post-Communist Economies，1999）.

22. 作者于 1999 年 10 月 18 日采访谢尔盖·别利亚耶夫（Sergei Belyaev）。据时任执委会委员的别利亚耶夫回忆，丘拜斯就苏联如何实行休克疗法发表了一次“很有把握的”演讲。

第五章　米哈伊尔·霍多尔科夫斯基

1. 时任《迈阿密先驱报》记者的彼得·斯莱文在政变前即 1991 年 8 月的第一周采访过霍多尔科夫斯基，并将其采访记录提供给了作者。See also Slevin，“The New Soviet Up-and-Comers Trade Party Line for Bottom Lines，” *Miami Herald*，August 18，1991.

2. 阿列克谢·尤尔恰克于 2000 年 2 月 17 日给作者的来信；作者于 1999 年 10 月 9 日和 2000 年 1 月 3 日采访阿列克谢·尤尔恰克。尤尔恰克的博士论文“The Cynical Reason of Late Socialism：Language，Ideology，and the Culture of the Last Soviet Generation”（Duke University，1997）写得相当精彩，对我的帮助很大。

3. Steven L. Solnick，*Stealing the State: Control and Collapse in Soviet institutions*（Cambridge：Harvard University Press，1998），p. 60. 第四章描写了共青团的惨状与垮台。

4. 共青团之前多次举办音乐会这样的青年活动，但青年地下组织长期存在。不过，在戈尔巴乔夫执政期间，随着非正式团体迅速发展，共青团的地位日渐衰落。

5. Solnick，*Stealing the State*，p. 288 n. 168.

6. 作者于 1999 年 11 月 3 日采访奥尔加·克雷施塔诺夫斯卡娅。据索尔尼克和其他人描述，自负盈亏还有一个方面：共青团账户里的巨额中央预算资金被偷偷转进私人腰包和商业银行，其中包括共青团中央委员会出资组建的费尼斯特银行。同时，共产党和克格勃也将大笔财富转入了各自的幌子公司和银行账户，而这些公司和银行账户多在海外注册。这一过程详情从未披露，但无疑颇为真实。

7. 作者于 1999 年 3 月 22 日采访康斯坦丁·扎图林。

8. 作者于 1998 年 11 月 19 日采访亚历山大·哈恰图罗夫。

9. 作者于 2000 年 6 月 19 日采访米哈伊尔·霍多尔科夫斯基。

10. 据沙因德林回忆，陪同霍多尔科夫斯基的是后来成为其亲密副手的列昂尼德·涅夫兹林。但涅夫兹林说自己并不在场。那么有可能是霍多尔科夫斯基的另一位副手。沙因德林对日期也无法确定。

11. 霍多尔科夫斯基另有说辞："我发现自己的研究所有几个年轻专家，他们能够制作一种测试合金高温的专用设备。于是，我们找了一家研究所，让它向我们购买这一成果。它就是科学院下属的高温研究所。我们问他们，是否愿意从我们手里购买这一成果。"他说，对方给出了肯定的答复。（来自作者对霍多尔科夫斯基的采访。）霍多尔科夫斯基在 1994 年与伊戈尔·布宁（Igor Bunin）的谈话中提到，自己拿到的"第一张支票"是 164 000 卢布，且将这笔钱用于投资。他告诉作家罗斯·布雷迪，他"曾招聘学生替高温研究所开展项目研究"，而据罗斯·布雷迪描述，"这个项目收入了 169 000 卢布"。Rose Brady，*Kapitalizm*（New Haven：Yale University Press，1999），p. 55.

12. 共青团中央委员会做出决定，地方团组织“有机会自行决定现金形式及非现金形式团费的开支方式”。*Komsomol i Molodezh' Rossii*（Moscow：Komsomol，1990），p. 33. In Russian.

13. 尽管共青团在霍多尔科夫斯基取得成功的过程中发挥过作用，但他对共青团不屑一顾。他告诉我，自己曾在职位晋升方面受过冷落，因此对团组织不再抱有任何期待。他说：“我与共青团的关系一直不睦。”

14. 这个熟人就是他的朋友谢尔盖·莫纳科夫（Sergei Monakhov），此人当时是当地团组织负责人，后来加入了霍多尔科夫斯基团队。

15. 作者于2000年3月16日采访列昂尼德·涅夫兹林。

16. 作者于1998年11月24日采访安德烈·格洛杰茨基。

17. 摘自彼得·斯莱文提供给作者的其于1991年8月对霍多尔科夫斯基的采访笔记。

18. Igor Bunin，*Forty Stories of Success*（Moscow：Center for Political Technology，1994），pp. 169 - 178.

19. 摘自斯莱文对霍多尔科夫斯基的采访笔记；Slevin，“New Soviet Up-and-Comers”。

20. 据时任卢日科夫助手的叶连娜·巴图林娜回忆，霍多尔科夫斯基之所以遭到拒绝，是因为大家拿不准，青年科技中心会否演变成纯商业组织，即合作社。不过她补充说，大家对现金与非现金混用一事也十分担心，担心此举会给苏联经济带来“巨大危害”。作者于1999年8月23日在莫斯科采访叶连娜·巴图林娜。帕宁说，卢日科夫对此十分担心，于是将该议题提交给了最高权力机关。

21. 作者于1999年12月11日采访伊戈尔·普里马科夫。

22. 作者对匿名人士的采访。

23. Bunin，*Forty Stories*，p. 172.

24. 关于产生压力的原因，霍多尔科夫斯基在接受布宁采访时给出的说法略有出入，他说那是政府新规造成的后果，因为此项新规让他无法提前向别人支付款项，从而使现金兑换、贸易和支付过程出现不畅。但他没有说明该现象出现的具体时间。

25. Yulia Latynina, "Mikhail Khodorkovsky: Chemistry and Life: Unknown Pages from the Life of a Superoligarch," *Sovershenno Sekretno*, August 1, 1999, pp. 3 - 5.

26. 霍多尔科夫斯基在1991年与斯莱文的谈话中，提到了自己与住宅公用事业和社会发展银行的该次业务往来。他说："我们向他们申请贷款，结果变成了我们拿钱请他们替我们制定规则。"

27. 该名称是"科技项目分中心"（Inter-branch Center for Scientific and Technological Programs）的俄文首字母缩写。

28. Bunin, *Forty Stories*, p. 171.

29. 作者于1999年6月4日采访乔尔·赫尔曼。

30. Mikhail Berger, "Conversation with the President on Reform," *Izvestiya*, July 28, 1990.

31. Daniel Sneider, "The Soviet Economy: Commercial Banking Is Off and Running," *Christian Science Monitor*, December 31, 1991, p. 5.

32. Mikhail Khodorkovsky and Leonid Nevzlin, *Chelovek c Rublyom* (Moscow: Menatep-Inform, 1992).

33. 作者于1999年10月18日采访弗拉季斯拉夫·苏尔科夫。苏尔科夫此时已是克里姆林宫的政治顾问。他说自己必须赶去会见霍多尔科夫斯基和克里姆林宫总统办公厅主任，从而结束了采访。

34. Latynina, *Sovershenno Sekretno.*

35. 赫尔曼在《瓦解银行》一书中写道："多家商业银行在获准从事硬通货业务之前，早就与外国银行进行着秘密来往。梅纳捷普银行甚至在布达佩斯、瑞士和直布罗陀设立分支机构，替苏联客户提供硬通货转款和打理服务。"赫尔曼说，该消息来源于他对梅纳捷普银行副总裁亚历山大·格鲁波维奇的采访（p. 163）。他还写道："尽管官方禁止所有商业银行从事硬通货业务，但大家对该限制性规定一概置若罔闻。从一开始，商业银行就大规模从事着硬通货交易这一非法业务。"（pp. 162 - 163）

36. Kathleen Day, "Riggs Had Ties to Firms in Probe,"

Washington Post, September 18, 1999, p. E1.

37. Sneider, "Soviet Economy."

38. Bunin, *Forty Stories*, p. 174.

39. 盖达尔在其回忆录中提及，这一问题得以浮出水面，是因为两位俄罗斯情报高官致信叶利钦谈及此事，叶利钦于是命令盖达尔展开调查。

40. Fritz W. Ermarth, "Seeing Russia Plain: The Russian Crisis and American Intelligence," *National Interest*, Spring 1999.

第六章　鲍里斯·别列佐夫斯基

1. 作者于 2000 年 4 月 26 日和 5 月 16 日采访列昂尼德·博古斯拉夫斯基。

2. 作者于 2000 年 6 月 30 日采访弗拉基米尔·格洛杰茨基。

3. 对鲍里斯·别列佐夫斯基的采访，《新俄罗斯言论报》（纽约），2000 年 3 月 11 日至 12 日，10 至 11 版。

4. 作者于 2000 年 3 月 22 日采访鲍里斯·别列佐夫斯基。

5. 作者于 2000 年 5 月 29 日采访亚历山大·奥斯隆。奥斯隆已成为俄罗斯主要政治民调机构舆论调查基金会的民调专家。

6. 别列佐夫斯基的著作包含 1975 年（29 岁）答辩的科学硕士论文，"Dispatching by Vector Criteria of Queues of Requests in Computer Systems"。1981 年合著，*Binary Relations in Multicriteria Optimization*, with V. I. Borzenko and L. M. Kempner (Moscow: Nauka)。1983 年答辩的技术科学博士论文，"Working Out the Theoretical Foundations for the Algorithimization of Preproject Decisionmaking and Its Application"。1984 年合著，with A. V. Gnedin, *Problem of the Best Choice* (Moscow: Nauka)。1989 年合著，with Y. Barishnikov, Borzenko, and Kempner, *Multicriteria Optimization: Mathematical Aspects* (Moscow: Nauka)。以上著作均为俄文。

7. 作者于 2000 年 6 月 9 日采访马克·列文。

8. 尤里·杜博夫在其俄语著作《分大头》（莫斯科：瓦格里斯出

版社，2000年）中对此类交易进行了描述。杜博夫称该书为小说文体，但给人的感觉是一本略加修饰的关于别列佐夫斯基早期从商历程的回忆录。在本书第40页，杜博夫写到了别列佐夫斯基这一角色帮助其所在研究所的一名科学家购买第一辆轿车的经过，交换条件是该科学家阅读其论文，并同意担任答辩“对手”。

9. 彼得·阿文的父亲奥莱格是该研究所的创建者和首席科学家。彼得·阿文告诉我，别列佐夫斯基招进其实验室的数学家多为在别处无法找到工作的犹太人。

10. 作者对列文的采访。

11. 别列佐夫斯基的最后一项学术追求是成为苏联科学院的通讯院士，这一追求最终得以实现。

12. “Berezovsky: The Most Reliable System Is Me,” *Obshchaya Gazeta*, December 3 - 9, 1998, p. 8.

13. 因为这种关联，瓦兹汽车俨然是一座金矿。别列佐夫斯基利用自己与它的关系，替朋友们获取零配件。据格洛杰茨基回忆，别列佐夫斯基作为受人尊敬的教授，月薪是500卢布，但他时常四处借钱。“我只记得鲍里亚习惯于借钱度日。他经常缺钱，向我借过，也向其他同事借过。鲍里亚的花费不菲，因此钱总不够用。”

14. 该数据摘自汽车厂在陶里亚蒂设置的博物馆展示台。

15. 身为该厂副厂长的亚历山大·济巴列夫告诉记者，俄罗斯的汽车市场“就像一条饿极了的狗，你扔出一辆新轿车，它立马就会叼进嘴里”。《纽约时报》1992年6月30日D2版。

16. 别列佐夫斯基的导师亚历山大·特拉佩兹尼科夫（Alexander Trapeznikov）时任研究所所长兼国家科委副主任，也许曾助他一臂之力。现在仍不清楚，国家科委为什么会支付这么大一笔经费。

17. National Intelligence Estimate (NIE) 11 - 23 - 88, reprinted in Benjamin B. Fischer, ed., *At Cold War's End: U. S. Intelligence on the Soviet Union and Eastern Europe, 1989 - 1991* (Washington, D. C.: Central Intelligence Agency, 1999), p. 1.

18. 尤里·杜博夫，《分大头》（Moscow: Vagrius，2000年）。

“大头”（paika）一词原为监狱黑话，意指监狱或劳改营群体分配食物时，同监舍成员所分得的份额。为说清其含义，杜博夫引用了另一位作家的文字，说“在劳改营，让你摊上事儿的不是小头，而是大头”。意思是说，有人丢了小命，不是因为食物不够，而是因为他的食物比别人多，从而受到他们的嫉妒。杜博夫在接受《新报》（2000年2月28日）采访时，对自己所见予以描绘的做法发表过评论。我也在2000年5月3日就其著作和别列佐夫斯基的早年经历采访过杜博夫。我与之交谈过的很多人都说，《分大头》对诸多具体事件的描述十分确切，如别列佐夫斯基与汽车厂的交易过程。不过，本书将别列佐夫斯基描绘成一位商业天才，因此对他抱有的偏袒一目了然。

19. 别列佐夫斯基后来成为梅赛德斯轿车在俄罗斯的独家经销商。他告诉我，德国人的高效率让他感到十分惊诧。德国人提前六个月就开始策划经销商揭幕宴会，他们于是共同实施了这一计划。“我觉得自己进入了一间缤纷屋，”回忆起梅赛德斯公司代表那天向他透露晚宴计划的情景时，别列佐夫斯基对我如此说道，“提前半年啊，”他手里拿着一张卡片，上面写着，“这张桌子，那张桌子，这些人坐这里，需要多少香肠，多少啤酒等字样。一件件事情完全按照计划顺利进行着。”该事例说明，当时的俄罗斯是何等纷乱——六个月时间就是一辈子。

20. 别列佐夫斯基曾经回忆说，自己在一家德国加油站加满油后，竟然忘记了付钱。“我忘了付钱！”他说道，“就把车开走了。我听到有人在后面高声吼叫。我看了看后视镜，一个人正边用德语吼着什么，边向我追了过来。我停下车，当即明白了眼下的情形。我没有付钱。我掉过车头，开到那个人的身边，他还在高声嚷嚷：‘警察！警察！俄国佬！’意识到自己就要和警察打交道，我真不知道该怎么办。我不知道怎样才能让他停下来。那是个中年人。突然之间，你知道，跟原来一样，我马上意识到，自己只有一个法子可以让他住口。我也冲他咒骂起来。真的。我骂的是俄语。他马上就停了下来。一句话不说。他像条夹起尾巴的狗似的说道：‘够了，够了。’我走过去，付了钱，开着车离开了！”

21. 作者于2000年3月31日采访尤里·泽里科夫。

22. 我的调查员玛格丽特·帕克森于2000年2月16日采访瓦列里·伊万诺夫。得知伊万诺夫于2002年4月29日在陶里亚蒂被害，我们都深感悲伤。

23. 作者于2000年3月29日采访阿纳托利·伊万诺夫。

24. 据记载，陶里亚蒂在20世纪90年代发生过四场重大犯罪集团争斗事件。弗拉基米尔·奥夫钦斯基（Vladimir Ovchinsky）在2000年6月18日至24日出版的《莫斯科新闻报》上进行过描述。第一场争斗发生于20世纪80年代末，犯罪集团把持该市的商业活动，并开始敲诈购买日古利轿车的普通市民，同时霸占了汽车生产线。随着70余名帮派成员在日古利宾馆附近发生械斗，第一场争斗达到高峰状态。第二场争斗发生在1994年至1996年间，共有66人死亡。这一场争斗发生后，城市和工厂均被划分为由权势帮派掌管的势力区。第三场争斗发生在1996年，内务部随即展开“飓风行动”，以肃清汽车制造厂。“瓦兹汽车实际上落入了匪帮手里”，奥夫钦斯基如此写道。2000年上半年爆发了第四场争斗：十六起买凶杀人案件。奥夫钦斯基说，各大犯罪集团在1999年就攫取了5亿卢布。“可以这么认为，陶里亚蒂仍旧是俄罗斯犯罪集团的震中地区。黑手党具备自我模仿、自我调整和独自生存能力，可以将经济变革和政治变革置之度外。犯罪集团领导人的遇害对犯罪形势几乎没有影响，因为新的领导人随时可以接手。”

25. “Changes in the Free Delivery Price, on the Basis of Models Manufactured by VAZ,” a chart (in Russian).

26. 罗格瓦兹在1993年1月1日发布的官方价格表。

27. 兑换表，俄罗斯中央银行。

28. “Volga Automobile Works, Descriptive Memorandum,” Bear Stearns, 1991.

29. *Bolshaya Paika*, p. 247.

第七章　弗拉基米尔·古辛斯基

1. 作者于2000年9月22日采访弗拉基米尔·古辛斯基。

2. 作者于2000年9月12日采访别里亚科维奇。

3. J. A. E. Curtis，*Manuscripts Don't Burn: Mikhail Bulgakov, A Life in Letters and Dairies*（London：Bloomsbury，1991）.

4. 作者于2000年7月12日采访亚历山大·明金。

5. 塔季扬娜·沃罗季娜（Tatyana Volodina），图拉剧院女演员。她于2000年9月27日接受作者的电话采访，详述了《伪君子》的演出安排。Also "Youth of an Oligarch," *Moscow News*，July 4 - 10，2000，p. 13.

6. 后来，古辛斯基提起博布科夫时说："苏共当权时，博布科夫在政府具有一定的影响力，他给了我们很多帮助……他与共产党的许多元老都相识……对我来说，事情就是这样：苏共利用国家机器排除异己，而博布科夫正是苏共的一员。但我从来不与政体相对抗。我曾在GITIS（苏联国家戏剧学院）学习，这是一所突出意识形态教育的高等学府。我对当局绝对忠诚。从另一方面来讲，我是犹太人，个性桀骜不驯。那时我并没有太大前途。你可以尽情骂我，但我个人无权审判博布科夫，更无权惩罚他。反对派，那些对政体感到不满意的人——他们有各种各样的权利。" *Obshchaya Gazeta*，June 8 - 14，2000，pp. 1 - 3.

7. 作者于2001年7月13日采访郭兰诗。"U. S. Firm，Soviets Establish Joint Venture to Venture Jointly," Associated Press，December 13，1988.

8. 作者于2000年9月14日采访鲍里斯·海特。

9. Yuri Schekochikhin，"Fear," *Literaturnaya Gazeta*，June 10，1992，p. 11.

10. Lloyd Grove，"Russky Business：The Mogul in Exile Who's Got Moscow Up in Arms," *Washington Post*，April 7，1995，p. D1.

11. 作者于2000年7月20日采访奥列格·多布罗杰耶夫。

12. 作者于2000年7月4日采访列昂季耶夫。

13. 作者于2000年6月23日采访谢尔盖·兹韦列夫。

14. Lee Hockstader，"Brave New World：Moscow Anchor Leads

Bold, Bloody Experiment in Press Freedom," *Washington Post*, March 29, 1995, p. B1.

15. 作者于 2000 年 6 月 23 日采访基谢廖夫。

16. 作者于 2000 年 6 月 23 日采访马拉申科。

17. Chrystia Freeland, *Sale of the Century* (New York: Crown Business, 2000), p. 155.

第八章　宝库解锁

1. 盖达尔在他的回忆录中提到，他突破了苏共在新闻报纸编辑方面的禁忌，着手写通货膨胀、失业、贫穷、社会阶层分化、财政赤字以及军队花费等方面的问题。更重要的是，"我们试着向统治阶层解释他们的管理很混乱"。Yegor Gaidar, *Days of Defeat and Victory* (Seattle: University of Washington Press, 1999), p. 35. 盖达尔出生于苏联有名的知识分子家庭。他的祖父阿尔卡季·盖达尔（Arkady Petrovich Gaidar）是苏联著名的儿童作家，父亲蒂穆尔（Timur）是《真理报》著名的驻外记者。

2. Boris Yeltsin, *The Struggle for Russia* (New York: Times Books, 1994), pp. 125 – 126.

3. 作者于 2000 年 7 月 11 日采访彼得·阿文。

4. 作者于 2000 年 10 月 10 日采访米哈伊尔·贝格尔。

5. 作者于 1999 年 11 月 19 日采访米哈伊尔·德米特里耶夫。

6. 叶利钦持类似的观点。他回忆说："盖达尔及他周围的官员基本上和我们观点一致：你们的本职工作是做好政治领导，而我们则是经济领导。不要干预我们的工作，而我们既不会干涉议会，也不会参与你们各种幕后交易，这些东西我们也不懂。" Yeltsin, *Struggle for Russia*, pp. 156 – 157.

7. Maxim Boycko [Boiko], Andrei Shleifer, and Robert Vishny, *Privatizing Russia* (Cambridge: MIT Press, 1995). 根据作者（曾是丘拜斯团队一员）的观点，私有化主义者认为："政治对经济活动的影响是造成效率低下的主要原因，因此改革的主要目的就是消除政治

对经济生活的影响。”（pp. 10 - 11）

8. 作者于2000年9月29日采访盖达尔。

9. 1993年4月21日，丘拜斯举行新闻发布会。

10. Gaidar, *Days*, p. 129.

11. Gaidar, *Days*, p. 66.

12. Jeffery Sachs, *Poland's Jump to the Market Economy* (Cambridge: MIT Press, 1993).

13. Gaidar, *Days*, p. 86.

14. Anatoly Chubais, ed., *Privatizatzia Po-Rossiiski* (Moscow: Vagrius, 1999), p. 20. In Russian.

15. Chubais interview, *Literaturnaya Gazeta*, October 12, 1994, p. 10.

16. Chubais, *Privatizatzia*, p. 28.

17. Chubais, *Privatizatzia*, pp. 29 - 31. 有关科洛公司的故事最早登在《钟报》(*Kuranty*)的二月号，随后贝格尔也在《消息报》中对这一事件进行了描述。1992年2月28日，丘拜斯在新闻发布会上对这一事件表示谴责。See Francis X. Clines, "Russian to Fight Private Sell-offs by Ex-Officials," *New York Times*, February 29, 1992, p. 5; and John-Thor Dahlburg, "Russia's Neo-Capitalists Learning Art of Rip-Off," *Los Angeles Times*, March 1, 1992, p. 1.

18. 作者于1999年9月16日，11月20日及2000年9月8日采访瓦西列夫。

19. 作者于2000年9月29日采访盖达尔；丘拜斯的回忆来自*Privatizatzia*。Fred Hiatt在1992年4月5日出版的《华盛顿邮报》中发表文章“Russia Auctions Off State-owned Firms”，对这次拍卖进行了描述。

20. 作者于2000年9月29日采访盖达尔。

21. 作者采访瓦西列夫。

22. Gaidar, *Days*, p. 131.

23. 萨克斯曾推荐哈佛大学经济学教授安德烈·施莱费尔

(Andrei Shleifer)。他与乔纳森·海一起，帮助丘拜斯和贝格尔争取西方的支持。他们帮助设计俄罗斯私有化凭单，撰写法条和法令，对国有企业进行出售。他们也因此遭到了抨击。本书作者认为，这不是这本书主要讨论的话题，但将俄罗斯的问题全都归咎于这些西方学者是不对的。许多至关重要的决定——如取消对价格和私有财产的管制，先施行对外贸易再建立市场经济——是由俄罗斯人自己做出的。西方学者给了他们方向上的指导，但决定权却在叶利钦、盖达尔及丘拜斯等人手中。

24. 作者于 2000 年 5 月 13 日采访丘拜斯。

25. Chubais，*Privatizatzia*，p. 34.

26. 最后一共有三种选择。第一种是由丘拜斯提出的，将 25%的股份分给工人，其余 10%以面值 70%的价格卖给工人，管理层可以按面值购买 5%的股份。这样，40%的股份仍留在公司内部。第二种方法是由实业家们提出的，由工人和管理层共同以面值 1.7 倍的价格收购公司 51%的股份。第三种方法适用于中小型企业，在员工同意的情况下，管理层购买公司最高 40%的股份，但管理层要接受一些限制。最后，研究发现大多数企业都采取了第二种即企业主提出的私有化方法。Anders Åslund，*How Russia Became a Market Economy* (Washington，DC：Brookings Institution，1995)，pp. 233 - 235.

27. 在私有化改革小组内部，存在着关于是否应该采取捷克或波兰模式进行私有化改革的论辩。波兰模式需要人们通过公共基金获得企业的股份，而捷克模式则更为开放，人们可根据自己的意愿购买或者出售凭单。"从政治的角度来看，1992 年捷克斯洛伐克和波兰释放的信号表明，捷克人乐于接受私有化改革，而波兰人则不是。选择不同，结果也会大有不同。因为当时群众的参与被认为是私有化持续下去的关键动力，所以俄罗斯选择了采用凭单的形式。" Boycko [Boiko]，Shleifer，and Vishny，*Privatizing Russia*，p. 83.

28. 1992 年 8 月 21 日丘拜斯在关于发行凭单的新闻发布会上做了陈述。他估测二手的伏尔加车贬值后的残余价值为 2 000—3 000 卢布，残余价值也经常用于国有资产的变卖，如将使用 10 年的出租车卖给司机。但这并不是实际价值。一张凭单的面值是 10 000 卢布，因此一张凭单“就可以买两三辆汽车，幸运的话甚至更多”。但事实上，丘拜斯事后承认这番言论是有问题的。他表示他当时认为凭单可以用来购买股票，而股票又会升值。关于一张凭单换两辆伏尔加车的言论是丘拜斯最大的败笔，成了多年的笑柄。Chubais，*Privatizatzia*，p. 191；Chubais press conference，August 21，1992.

29. Celestine Bohlen，“Citizens of Russia to Be Given a Share of State's Wealth，” *New York Times*，October 1，1992，p. 1.

30. Chubais，*Privatizatzia*，p. 157.

31. 作者于 1999 年 11 月 20 日采访瓦西列夫。

32. 作者于 1999 年 3 月 26 日采访博格拉德。

33. 在 *Privatizatzia* 一书中，丘拜斯回忆道：“我们让数以万计的人做了他们从来不曾做过的事情。我们必须首先改变他们关于资产的观念……我记得之前在宗教会议上与盖达尔座谈的场景。当时有数千人参加，在他们眼里我们就像是完全陌生的火星人。你必须要适应他们的思维方式，你必须明白你不可能一下子让这么多人明白你的火星语。你必须使用他们的语言。”（pp. 144 - 145）

34. Boycko [Boiko]，Shleifer，and Vishny，*Privatizing Russia*，p. 86.

35. 作者于 1999 年 3 月 10 日采访列昂尼德·罗热斯金。

36. 1994 年 4 月 12 日，丘拜斯对国家杜马的演讲。

37. Chubais，*Privatizatzia*，p. 187.

38. Boycko [Boiko]，Shleifer，and Vishny，*Privatizing Russia*，pp. 100 - 101.

39. 1999 年 7 月 13 日瓦西列夫的新闻发布会。

40. 俄罗斯的凭单基金在设计方面存在严重的问题。由于丘拜斯和瓦西列夫担心他们变得过分强大，这一类型的基金只能占一家公司10%以下的股份。这意味着基金持有人在董事会的发言权十分有限。一位参与设计的人说：“凭单基金失败的原因是人们担心它过于强大——结果我们什么也没有得到。”

41. 作者于 2000 年 9 月 7 日及 10 月 10 日采访鲁德洛夫。

42. 作者于 2000 年 10 月 1 日采访鲍里斯・乔丹。

43. 作者于 2000 年 10 月 10 日采访鲁德洛夫。

44. 作者于 2000 年 5 月 3 日采访史蒂文・詹宁斯。

45. 切尔诺梅尔金的新闻发布会，*Rossiiskie Vesti*，December 16，1992，p. 1。

46. Anders Åslund，"Why Has Russia's Economic Transformation Been So Arduous?"（paper delivered at the World Bank Annual Bank Conference on Development Economics，April 28 - 30，1999）；Åslund，"*How Russia Became a Market Economy*，"（Washington，DC：Brookings Institution，1995），pp. 191 - 193.

47. 作者于 2000 年 10 月 10 日采访米哈伊尔・贝格尔。

48. 作者于 1999 年 5 月 7 日采访阿尔卡季・叶夫斯塔菲耶夫（Arkady Yevstafiev）。

49 . "Anatoly Chubais：Up to 80 percent of State Property for Vouchers，" *Literaturnaya Gazeta*，November 18，1992，p. 10.

50. 作者于 2000 年 5 月 13 日采访丘拜斯。

51. Chubais，*Privatizatzia*，pp. 160 - 161.

52. 我访问了中间人，但他要求匿名。当我问丘拜斯关于贡献的问题时，他说："索罗斯当时确实发挥了积极作用。"但他拒绝继续深谈。

53. *Literaturnaya Gazeta*，November 18，1992，p. 10.

54. 作者于 2004 年 3 月 21 日采访威廉・布劳德。

55. Yulia Latynina，*Sovershenno Sekretno*，Moscow，August 1，1999. 拉特尼娜对霍多尔科夫斯基的疯狂购买行为做出如下评价："没有任何一个公共基金能够承担如此大的项目，但幸运的是，企业由于投资竞争购买了这些公司。胜出的人将为所购公司提供更多的基金。对组织拍卖竞争的官员及企业的'红色厂长'而言，梅纳捷普具有极大的吸引力，因此他们更愿意相信梅纳捷普做出的承诺。通常来讲，梅纳捷普公司对领导以礼相待，而一旦收购成功，就把他们抛之脑后。”

56. Boycko [Boiko], Shleifer, and Vishny, *Privatizing Russia*, pp. 109, 119.

57. Chrystia Freeland, *Sale of the Century* (New York: Crown Business, 2000).

58. “Sale of the Century,” *Economist*, May 14, 1994, p. 67. 文章指出，1992 年 1 月，俄罗斯公司的账面价值一度是固定的，尽管当时俄罗斯物价已经上涨了 10 500%，但公司的账面价值仍未改变。账面价值取决于企业贬值后的股票价值，与有形财产和无形资产并无联系。当时，它仍被视作企业拍卖的基础。人们引用乔丹的话表示仍然存在巨大风险：“这些公司的资产价值很低，但是要谨慎使用廉价这个词。”

59. 作者于 2000 年 5 月 13 日采访丘拜斯。

第九章　轻松赚钱

1. Kadannikov interview, *Profil*, October 23, 2000, pp. 22－27. In Russian.

2. Bryan Brumley, “Factory Managers Back Privatization Plans, Criticize Financial Policy,” Associated Press, October 26, 1992. 卡丹尼科夫和盖达尔以及内阁大臣们在陶里亚蒂举行为期一天的会议，他批评了盖达尔政府在财政和税务等方面的措施。

3. 作者于 2000 年 10 月 18 日采访贝拉·兹拉特基斯。

4. International Monetary Fund, “International Financial Statistics,” quoted in *Evolution of Monetary Policy Instruments in Russia*, IMF Working Paper, December 1997, p. 17.

5. International Monetary Fund, *Relative Price Convergence in Russia*, IMF Working Paper, May 1995, p. 1.

6. Yegor Gaidar, *Days of Defeat and Victory* (Seattle: University of Washington Press, 1999), p. 80.

7. Yevgeny Myslovsky, *Beware: Swindle Invest, A Guide for*

Law Enforcement Agencies (Moscow: Spas, 1996), p. 21.

8. 作者于2000年10月18日采访亚历山大·奥斯隆。

9. "Russian Car Alliance Starts Sales of Registered Stocks," Business-Tass (Moscow), December 14, 1993.

10. 按照全俄汽车联盟公司的副总经理列昂尼德·瓦尔德曼(Leonid Valdman)的说法,在公司的创始人中,瓦兹汽车公司占25%的股份;罗格瓦兹占15%的股份;别列佐夫斯基在瑞士的一家公司占15%;俄罗斯联邦财产基金占15%;与别列佐夫斯基密切相关的Obediennie银行占10%;石油公司Kuibyshevneft占10%。参见1994年11月4日《商业周刊》(*Kommersant Vlast*)杂志对瓦尔德曼的采访。

11. "Car Consortium to Run Lottery," *Moscow Times*, February 18, 1994.

12. 作者于2000年10月30日采访尤里·泽克策尔。

13. 瓦兹汽车公司是按照第二种方式进行的私有化改革,这意味着公司员工和管理层占股51%,收据拍卖股份27%,投资竞标出售22%。

14. Yuli Dubov, *Bolshaya Paika* (Moscow: Vagrius, 2000), pp. 247 - 275. 杜博夫披露的许多细节得到了包括新闻报道和全俄汽车联盟公司年报等证据的支持。

15. 有关庞氏骗局广告的翻译来自我个人的录音,但也得益于*Consuming Russia: Popular Culture, Sex, and Society Since Gorbachev* (Durham, N. C.: Duke University Press, 1999)对庞氏骗局广告的全面分析。See chapter 3, Eliot Borenstein, "Public Offerings, MMM, and the Marketing of Melodrama" (pp. 49 - 75).

16. James Meek, "Russian Investment Firms Head for the Rocks," *Guardian* (London), April 28, 1994, p. 12.

17. Mary Darby, "In Ponzi We Trust," *Smithsonian Magazine*, December 1998.

18. Mikhail Dubik, "MMM: Is Seeing Success Believing?"

Moscow Times, May 19, 1994.

19. Carey Goldberg, "It's Risky Business in Russia," *Los Angeles Times*, June 9, 1994, p. 1.

20. 戈卢布科夫这一角色由演员 Vladimir Permyakov 扮演，他将这一角色与自己白手起家的经历联系在一起。"我来自西伯利亚，靠在莫斯科一间小剧院里做临时演员为生。我没有钱，想要成为一名成功的演员可能性也很小，但我加入了 MMM 公司，一切变得不同了。" "Lyonya in the Flesh: A Tale of Rags to Riches," *Moscow Times*, August 25, 1994.

21. 存款人信息表由联邦保护存款人和股东权利基金会会长叶夫根尼·科夫罗夫提供。

22. Goldberg, "Risky Business."

23. 作者于 2000 年 4 月 28 日采访叶夫根尼·科夫罗夫。

24. Helen Womack, "Gamblers Push MMM's Share Price Up Again," *Independent* (London), July 29, 1994, p. 12.

25. 据俄通社 2000 年 9 月 26 日报道，调查人员仍在追踪马夫罗季的下落。

26. Goldberg, "Risky Business."

27. 作者于 2000 年 10 月 10 日采访叶夫根尼·穆斯洛夫斯基。

28. 他的这些评论记录在 NTV 纪录片《独立调查》中。这部纪录片由 Nilcolai Nikolayev 导演，2000 年 3 月 16 日播出。

29. 泽克策尔接受作者采访时说："全俄汽车联盟完成了投资竞标时承诺的责任，即在 1995 年底之前向工厂投入 1.11 亿美元，但我们却很难看到全俄汽车联盟是如何履行承诺的。"

30. "Interview with the President of AO Avtovaz: V. Kadannikov," *Trud*, November 2, 1994. In Russian.

31. "Information Report about the General Meeting of Shareholders of the AOO All-Russian Automobile Alliance," *Ekonomika i Zhizen*, May 20, 1995. In Russian.

32. 几年后，卡丹尼科夫仍在试图掩盖事情的真相。2000 年 4 月的一次访谈中，当被问及是否曾利用全俄汽车联盟来控制瓦兹汽车时，他回答说："我不明白为什么有人会要这样一个工厂。为什么要取得它的控制权呢？这个工厂运营困难，利润又极低。那么凑合营业又有什么意义呢？你可以营业几个月，那接下来要怎么做呢？"他将责任归于政府，认为政府"飞速吞了人民的钱"。*Vedomosti*，April 5，2000，p. A5.

33. 1996年5月16日，别列佐夫斯基接受《莫斯科新闻报》的采访。

34. 1995年中，俄罗斯政府和中央银行宣布建立卢布—美元"走廊"，限制货币流动，这导致从事货币交易利润大幅度下降，投机活动渐渐停止。

35. 作者于1996年4月30日采访斯莫伦斯基。

36. 叶戈罗夫关于俄罗斯银行协会第七届大会的评论。"Chubais Tells Banks to Focus on Industry," *Moscow Times*，April 23，1997.

37. "Learning to Lend," CentreInvest Securities，October 24，1997，p. 7.

38. Bank Menatep（Group），*Independent Auditors Report*，Arthur Andersen，1995.

39. 梅纳捷普银行前副总裁接受作者采访。

40. 作者于2000年6月28日采访弗拉基米尔·维诺格拉多夫。

41. Yulia Latynina，"Mikhail Khodorkovsky：Chemistry and Life：Unknown Pages from the Life of a Superoligarch," *Sovershenno Sekretno*，August I，1999，pp. 3 - 5.

42. 作者于1999年4月14日采访华科。

43. "MMM Deflates Shares，Russia Weighs Action on Stock Scandal," *Agence France Press*，July 29，1994.

44. Grigory Satarov曾是叶利钦智囊团的一员，也是INDEM的主席；Mark Levin是一名经济学教授；而M. L. Tsirik则是一名研究生。他们在研究著作《俄罗斯与腐败：究竟是谁对谁做了什么》中陈述了这一观点。该著作于1998年写给俄罗斯对外政策及国防政策委员会参考。他们在书中指出，除历史原因外，俄罗斯出现腐败最主要的原因是：“经济体制转换过快，没有相应的法律体系和法律文化作为支撑；苏联时期亦没有正规的法律体系和相关传统；此外，党的权力系统的崩塌也是主要原因之一。”

45. “Diagnosis: Corruption: Is It Possible to Kill the Illness of Russia?” *Vechernaya Moskva*, October 18, 1999, p. 3. A roundtable discussion, in Russian.

第十章 莫斯科重建者

1. Ryszard Kapuscinski, “The Temple and the Palace,” *The New Yorker*, May 23, 1994.

2. 作者于2000年11月采访弗拉基米尔·莫克罗乌索夫和瓦莲京娜·莫克罗乌索娃两人。出于谨慎，莫克罗乌索夫将这个大教堂模型连同另一个圣乔治教堂模型一起提交了。

3. Flore Martinant de Preneuf, “The Historical and Political Significance of the Reconstruction of the Cathedral of Christ the Savior in Moscow” (M. Phil. thesis, Oxford, 1997)，文章细致叙述了20世纪90年代重建教堂的全过程。

4. De Prenuef, “Historical,” p. 29.

5. 作者于1999年11月26日采访瓦西里·沙赫诺夫斯基。

6. 作者于2000年11月3日采访莫克罗乌索夫。

7. 作者于2001年2月5日采访卢日科夫。在采访之前，作者提前提出了一些问题，他给了长达34页纸的答复。有关教堂方面，他表示：“我一直相信，俄罗斯的崛起绝不是靠宏观经济的复苏，而是要在精神上获得重生，我认为教堂的重建，又或者可以说是教堂的毁灭，就是这种精神上涅槃的标志。”

8. Andrei Zolotov Jr., “Resurrecting the Past,” *Moscow Times*, August 19, 2000, p. iv；作者于2000年11月2日采访米哈伊尔·奥戈罗德尼科夫，当时基督救世主大教堂重建基金会的发言人。

9. De Preneuf. 这一故事来自现场采访的一名机械金属工匠。

10. 米哈伊尔·奥戈罗德尼科夫采访。在他交给我的有关教堂问题的书面回答中，卢日科夫说过："对教堂重建进行投资完全是出于自愿，你难道真的认为人们会愿意为这样一种建筑工程投资吗？在教堂的重建问题上，不论是市政府还是联邦政府都不会承担任何损失，重建教堂一方面为莫斯科提供了上千个工作机会，另一方面还刺激了旅游业的发展。"

11. 作者于 1999 年 3 月 23 日采访拉里莎·皮亚舍娃。

12. 1991 年 12 月 19 日波波夫新闻发布会。

13. Luzhkov, interview, *Komsomolskaya Pravda*, November 26, 1997.

14. Luzhkov, interview, *Komsomolskaya Pravda*.

15. Valery Simonov, "Moscow Does Not Believe in Rubles?" *Komsomolskaya Pravda*, November 24, 1993, p. 1.

16. 卢日科夫就问题给出的书面回答。

17. Luzhkov, interview, *Komsomolskaya Pravda*.

18. 1994 年 3 月 23 日丘拜斯新闻发布会。

19. 1994 年 6 月 10 日叶利钦新闻发布会。

20. John Lloyd, "Russian Investment 'To Surge,'" *Financial Times*, July 5, 1994.

21. 作者于 1997 年 2 月 14 日采访 Andrei Shatalov。

22. 作者于 2001 年 2 月 5 日采访卢日科夫。

23. Yaroslav Skvortsov, *Kommersant Vlast*, April 29, 1997.

24. 作者于 1997 年 2 月 12 日采访莫斯科机械建筑第五公司副总经理 Obid Jasinov 及其他几位官员。"Moscow Construction: Together on the Path of Creation," *Moskovskaya Pravda*, January 29, 1997, p. 9.

25. 作者于 2000 年 11 月 2 日采访塔尔哈诺夫。

26. Tatyana Tsyba, "Why Do the Russians So Dislike Moscovites?" *Komsomolskaya Pravda*, February 12, 1997.

27. 作者于 1997 年 2 月 18 日采访帕维尔·布尼奇。

28. Lee Hockstader, "Moscow Is a Haven of Haves amid Russia's Sea of Have-Nots," *Washington Post*, December 27, 1996, p. A1.

29. Donald Jensen, " The Boss: How Yuri Luzhkov Runs Moscow," *Demokratizatsiya*, Winter 2000, pp. 83 - 122.

30. Yegor Gaidar, "Why the Living Is Good in Moscow" (speech to the Moscow branch of the Democratic Choice of Russia Party, published in *Moscow News*, February 26, 1998); Gaidar press conference, February 6, 1998.

31. 卢日科夫书面回答。

32. 作者于 2000 年 4 月 9 日采访弗拉基米尔·叶夫图申科夫。

33. 作者于 1999 年 8 月 23 日采访叶连娜·巴图林娜。

34. 巴图林娜采访。

35. 作者于 2001 年 2 月 5 日采访卢日科夫。

36. 巴图林娜告诉我卢日尼基合约的签订是她最大的成功，在这之后，她的公司在莫斯科、其他俄罗斯城市以及国外获得了很多这样类似的机会，签订了十几份这种合约。她说，她是以低价中标的，同时投标者之中唯有她具备满足欧洲标准的正确规范。

37. Yuri Minkovski, "The First Underground Shopping Mall in the Heart of Moscow," *Cost Engineering*, February 1998, pp. 15 - 17. *Cost Engineering* is published by the American Association of Cost Engineers.

38. Natalya Shulyakovskaya, "Defining the Moscow Style," *Moscow Times Business Journal* 2 (1998): 6. 在莫斯科的钢铁办公楼上可以看到几十座这种无用的角塔。

39. 作者于 2000 年 12 月 6 日采访教堂装饰协调小组的组长列昂尼德·菲拉季耶夫（Leonid Filatyev）。"就比如说上面穹顶铭刻的字样，"他说，"你要怎么摆放字样，才能刚刚好符合穹弧长度？如果都用手工，就会花掉很长时间。计算机能够快速解决这个问题，并制出能让画家誊写到穹顶上的绘画底本。不过，绘画技巧还是 19 世纪的老手艺。"

40. "Moscow Celebrates," *Time*, September 8, 1997, p. 38.

41. Lee Hockstader, "Puttin' on the Ritz in Russia," *Washington Post*, August 3, 1995, p. 22.

42. Hockstader, "Moscow Is a Haven."

43. 一位想留在莫斯科的记者获得居住证的艰难旅程：韦罗妮卡·库奇罗（Veronika Kutsillo）出生在哈萨克斯坦，只身来到莫斯科大学求学，毕业之后获得在《商业日报》的工作机会，因此她需要在莫斯科找一个长期住所，或者是在莫斯科买一间公寓。但莫斯科警察表示，他们可以给她暂住证，但前提是这位记者必须缴纳城市服务费，费用大概是最低工资的500倍，约合2 000美元。这位记者告诉我："在我看来，这样一项要求是毫无根据的，他们根本无法解释这些钱的用途，他们试图解释说我缴纳这些钱是因为我使用了城市的地铁、道路及电影院等基础设施。"库奇罗很想得到居住证是因为她不想成为二等公民；她想成为合法存在。她又说道："没有居住证意味着什么呢？只要没有户口，我就不能给车上牌，不能把车放在我自己名下，不能去当地的医疗诊所看病，甚至不能叫救护车，只能在紧急情况下才能拨打急救电话。我没有户口就无法结婚，如果我生了小孩，那我甚至无法送他们去学校，去幼儿园。我也拿不到出国旅行的签证。"这位记者已经几乎阅读了所有有关户口政策的联邦法律，法律明确规定，只有在战争或者大灾难的情况下，她才有自由出入的权利。这位记者个人向俄罗斯宪法法院上诉，并在1996年4月4日得到了法院的判决。法院宣判认为俄罗斯的确有必要限制户口，但是这种限制不能建立在限制人身权利和自由的基础上，每个公民都享有自由权，都享有自由选择居住地点的权利，然而莫斯科所要求的城市服务费与这一点是相违背的。莫斯科政府很快给出回复，市长新闻办公室发表声明，对媒体发出警告，认为他们这种做法将会使莫斯科成为一座没有边界的城市，所有的人都可以自由出入并享有在莫斯科生活居住的权利。该声明宣称："这将是莫斯科的末日，对其他大城市也是如此。"卢日科夫正式取消了户口。但是市长决定通过其他方式来实行这项政策，也就是对所有在莫斯科买房子的人收取一定的费用，这一费用略低于原来的收费额度。当时一位城市高级官员表示："对于莫斯科来说，他必须无条件接受俄罗斯宪法法院的判决，但是莫斯科城市内部的各项事务要根据其自己制定的条例来治理。"尽管这位记者在第一轮暂时取胜，但是这场战争远未结束。两年之后，1998年2月2日，宪法法院再次维持原判，城市必须给予其居民自由选择居住地的权利。城市不得发行任何"居住许可证"限制居民的选择权或者限制居民在特定区域的居住时长。很显然，卢日科夫这种不服从判决的做法激怒了法官。其中一位弗拉基米尔·雅罗斯拉夫采夫（Vladimir Yaroslavtsev）向库奇罗供职的《商业日报》宣读了一项声明，称："我们要警告卢日科夫及其他地区领导：不应存在封闭的城市！"最终还是产生了一笔一千多美元的房地产交易手续费，于是获取居住权的花销转入公寓购买费用。尽管库奇罗在原则上成功了，但是莫斯科仍是一座无法自由出入的城市。

44. Chrystia Freeland, "Moscow: Mayor Says Nyet to Foreign Words," *Financial Times*, March 1, 1997.

45. Chrystia Freeland et al., "A Mayor with Attitude," *Financial Times*, November 4, 1996, p. 22.

46. 卢日科夫书面回答。他补充："我还处理了很多腐败问题。不只是每一天，而是从早到晚，有时一整晚都不睡。在我看来，相比俄罗斯的整体水平来看，莫斯科的腐败问题还是轻的。"尽管莫斯科的情况并不理想，卢日科夫辩解说，假如腐败真的那么严重，莫斯科绝对不会获得那么多投资。

47. Julia Rubin, "U. S. Businessman Slain amid Russian Rivalry," Associated Press, November 28, 1996.

48. 美国大使馆表示重新启用签证是有原因的，美国当时出台了一项法律："任何领事官员或司法部长知道或有理由认为将在美国从事相关非法活动的外国人将无权进入美国。"贾布赖洛夫对此表示非常气愤并回复："美国的这种做法简直太无耻了。他们这样说有任何证据吗？" Nick Allen, "U. S. Revokes Radisson TV Chief's Visa," *Moscow Times*, November 30, 1996.

49. 2000年3月26日，选举全票7 500万，贾布赖洛夫排最后一名，获得78 498票。

50. Alessandra Stanley，"The Power Broker," *New York Times Magazine*，August 31，1997，p. 44.

51. 卢日科夫书面回答。

52. Andrew Kramer，"Detectives Fight Odds in Contract Hit Cases," *Moscow Times*，November 27，1996.

53. 作者于2000年4月9日采访弗拉基米尔·叶夫图申科夫。

54. Gaidar，"Why the Living Is Good."

55. Marina Rassafonova，"Yuri Luzhkov Failed to Defend His Honor and Dignity," *Kommersant Daily*，May 20，1998；Anna Ostapchuk，"Luzhkov Against Gaidar," *Moscow News*，May 26，1998；Alexander Fedorov，"Yuri Luzhkov Won in Court Claim to Yegor Gaidar," *Moskovska Pravda*，October 29，1998.

56. Ana Uzelac，"Police：Moscow Official Put ＄700K in Switzerland," *Moscow Times*，November 25，2000.

57. Adi Ignatius，"Mayor Yuri Luzhkov Leads a Capital City Rife with Corruption," *Wall Sreet Journal*，February 13，1995，p. 1.

58. Mark Whitehouse，"Moscow Mayor Steals Political Spotlight," *Wall Street Journal*，May 20，1999，p. 14.

59. 作者于1997年12月1日及2000年4月9日采访弗拉基米尔·叶夫图申科夫。叶夫图申科夫告诉我说，在他的早期商业活动中，他帮弗拉基米尔·维诺格拉多夫建立了后来最大的商业银行之一：革新商业银行。我关于西斯特玛之崛起的文章载于《华盛顿邮报》。

60. Natalya Shulyakovskaya，"A Family of Born Leaders," *Moscow Times*，February 9，1999.

61. *Interfax Telecommunications Report*，February 4-10，1998. The old exchange was removed in 1998.

62. Matt Bivens，"The Meteoric Rise of Luzhkov's System," *Moscow Times Business Review*，February 1999，p. 11.

63. 根据俄罗斯法律规定，任何一场拍卖最少要有两个投标方。叶夫图申科夫表示在这场竞拍中有多位投标方，但是根据当天的新闻报道，当时现场只有两个投标方，而另一投标方与西斯特玛有关联。

64. 也许条款当中的协议正是他们保密的原因。当时并不明显，但这最终帮助叶夫图申科夫控制了整个电话公司。一旦他同意了投标中的投资要求，那么根据协议，叶夫图申科夫就能获得电话巨头公司的股权。除去已经发出的 129 万份股票，电话公司又新发行了 638 634 份股票。这样一来，叶夫图申科夫就能够掌控整家公司。1998 年听到这个消息的时候，我瞠目结舌，之后我便找出 1995 年签订条约的原件进行查看。协议上没有对发行新股票进行任何说明。这一私有化进程的一项关键协议（也就是让西斯特玛掌控俄罗斯最大的电话公司的协议）是保密条款。在这次私有化进程中损失最为惨重的是俄罗斯国有电话公司 Svyazinvest，这家公司的控股从 46.6%减少到 27.9%。

65. 1999 年 3 月 4 日在与外交官、记者和商人的谈话中，卢日科夫表示："我可以正式向你们说明，现在那些沸沸扬扬的说法都不是事实。现在人们都把目光聚焦在西斯特玛上面，人们认为这是莫斯科政府的小金库，或者市长在选举前出于某些政治目的而备的私房钱。你们都想错了。我们办事很清白，并没有使用你们暗示的那些钱。这些暗示只是在迎合造谣者的恶趣味，我们看到的时候就是这么想的。" Natalya Shulyakovskaya, "Luzhkov: I Don't Funnel City Deals to Wife," *Moscow Times*, March 5, 1999.

66. 作者于 1997 年 10 月 31 日采访阿列克谢·乌柳卡耶夫；乌柳卡耶夫关于莫斯科的文章，1997 年 10 月 13 日发表于《专家》（*Expert*）杂志；乌柳卡耶夫一篇未发表、无日期的文章《莫斯科市长的胃口》，p. 38。这一募股说明是为了市政府总值达 5 亿美元的 1997 年欧洲债券。

67. 1995 年 3 月 10 日，卢日科夫新闻发布会。

第十一章　雀山俱乐部

1. 1935 年雀山更名为列宁山，但这个地方仍以雀山一名为人所知。

2. 作者于1999年11月26日及2000年12月8日采访沙赫诺夫斯基。

3. 作者于2000年3月16日采访沙赫诺夫斯基、涅夫兹林。2000年6月9日采访米哈伊尔·霍多尔科夫斯基。2000年6月28日采访弗拉基米尔·维诺格拉多夫。1999年8月30日采访亚历山大·斯莫伦斯基。

4. 匿名来源，与俱乐部会议参与者的交谈记录。

5. *Report of the Department for Public Relations of AO Logovaz*, undated, but prepared for a meeting in summer 1994.

6. 作者于1996年12月20日采访别列佐夫斯基，他在采访中告诉作者他不会在这久留。

7. 这一场帮派战争描述参见 Paul Klebnikov in *Godfather of the Kremlin: Boris Berezovsky and the Looting of Russia* (New York: Harcourt, 2000)。尽管如此，仍有很多双方冲突的细节问题我们不得而知。我们不清楚别列佐夫斯基究竟是这场冲突的受害者还是一切的始作俑者。之后在车臣的俄罗斯战争中这些问题变得显而易见，因为看起来别列佐夫斯基是支持战争的。

8. 作者于2001年2月28日采访别列佐夫斯基。

9. 作者于2000年3月16日采访列昂尼德·博古斯拉夫斯基。

10. Ellen Mickiewicz, *Changing Channels: Television and the Struggle for Power in Russia* (Oxford: Oxford University Press, 1997), p. 238.

11. 作者于2000年6月25日采访伊戈尔·马拉申科。

12. 对第一频道来说，这本来在很大程度上改善了当时的情况。当时奥斯坦金诺的主席表示最初建立控股公司时，第一频道的月收入就从50亿卢布上涨到了250亿卢布。Jean MacKenzie, "Listyev Killing Linked to TV Shakeup," *Moscow Times*, March 3, 1995. 1995年3月28日《商业周刊》上有一篇很长的未署名文章，称第一频道1994年上半年收入为160亿卢布。自从俄罗斯广告标牌展览会

(Reklama Holding) 举办以来，下半年收入飙升到 1 040 亿卢布。但也有人说，展览会不过是在集中剥削过去由独立制作人承担的第一频道。

13. *Report of the Department for Public Relations of AO Logovaz.*

14. Stephanie Baker-Said, "TV Advertising Sales, Ad Time Up in 1996," *Moscow Times*, March 4, 1997, p. 3.

15. 别列佐夫斯基想要政治金钱两手抓，他愿意为了获得政治影响力和以后的利益而在一开始承受一些损失。在 1996 年的采访中，别列佐夫斯基告诉我，投资媒体的目的是"能够获得政治方面的影响力，与此同时，我明白在投资的初期我得不到大额的利益，我不想谈具体的数字，但是我可以说今天 ORT 对我来说并不能让我获得多大的利益，相反，我在不断地投资"。然而，"经过一些努力，可能能够有所获利，"他也表示说，"现在的投资还是不够的，但是我认为仍然能够吸引大量的投资。"关于这一点，他总结了两个原因，"第一个是政治方面的原因，我需要保护我的利益，另一个原因是这本身就是一单生意"，在 2001 年，他告诉我他不再是 ORT 最大控股方，虽然没有实现利润的最大化，但是他在政治影响力方面的期望都已得以实现。

16. 1998 年 3 月 27 日，别列佐夫斯基告诉一群记者，是阿文将他介绍给了尤马舍夫。

17. 科尔扎科夫的回忆见其回忆录，*Boris Yeltsin: From Dawn to Sunset* (Moscow: Interbook, 1997)。除了他们一度亲密的关系之外，自从科尔扎科夫卸任以来，叶利钦和科尔扎科夫之间一直相互憎恨。在叶利钦的回忆录中，他表示自己从未读过科尔扎科夫的书，但是，"有人告诉我说书中有非常多不真实的内容。因此我决定不去看他的回忆录，我怕我会控制不住我对他的厌恶之情"。叶利钦表示科尔扎科夫晋升过快，"将权力过分集中到自己的手里而又无法掌控"。叶利钦称科尔扎科夫造成的影响——比如说委派政府中的人——"完全是我的错"。Yeltsin, *Midnight Diaries* (New York: Public Affairs, 2000), p. 69.

18. 1999 年 11 月 21 日，科尔扎科夫在电视节目“*Sovershenno Sekretno*”中评论。

19. Korzhakov，*Boris Yeltsin*，p. 283.

20. 1998 年，别列佐夫斯基在一次会议中回忆道：“我们很早就开始思考在 1996 年会发生什么，远远早于其他人，于是我们就开始就建立 ORT 这个方案游说大家。”

21.《俄罗斯报》于 1995 年 2 月 16 日发表了新公司与原公司之间签订的协议。

22. 别列佐夫斯基授予科尔扎科夫代理权，一旦他们怀疑别列佐夫斯基有任何不忠，所有股权将转到叶利钦手中。但是这似乎是为了让科尔扎科夫放心而做出的让步。1998 年 11 月 30 日的一场新闻发布会上，科尔扎科夫表示，他从没有将这些文件给叶利钦看过。有关授权的细节内容首次发表于“Yeltsin Is Shareholder”，*Kommersant Daily*，November 19，1998。

23. Ivan Franko，“A Man Capable of Resolving Questions，” *Kommersant Daily*，November 2，1996，p. 15.

24. 作者于 2001 年 2 月 28 日采访别列佐夫斯基。

25. 叶利钦对奥斯坦金诺记者的评论文章。

26. 围绕此次死亡，仍有很多彼此之间无法解释的事件。下面我将总结这些事件，使读者对这次谋杀中无法解答的疑问有更多了解。

谋杀事件的前一天，也就是 2 月 28 日，别列佐夫斯基曾与地下帮派的一名成员。尼古拉·普列汉诺夫（Nikolai Plekhanov）见过面，根据别列佐夫斯基所说，和普列汉诺夫一起来的那位警察告诉他，地下帮派知道几年前曾想用炸弹杀害别列佐夫斯基的人是谁，并且这个人现在又指派普列汉诺夫来刺杀别列佐夫斯基。在这位警察在场的情况下，别列佐夫斯基给了普列汉诺夫 10 万美元，并用录像将全程记录下来。据别列佐夫斯基称，这笔钱是用来化解又一次刺杀行动的。

之后别列佐夫斯基和切尔诺梅尔金一道乘飞机前往伦敦出差，一听到利斯捷夫遭到谋杀的消息，别列佐夫斯基马上搭乘私人飞机回莫斯科。

谋杀发生两天之后，别列佐夫斯基和第一频道的一位独立制片人伊连娜·列斯涅夫斯卡娅（Irena Lesnevskaya）一起录制了一盘录像带，向叶利钦呼吁。别列佐夫斯基说录像带是列斯涅夫斯卡娅的主意。他们本来是在寻求与叶利钦会谈，但科尔扎科夫坚持让他们用录像带代替。录像带是在科尔扎科夫位于克里姆林宫的办公室录制的。(科尔扎科夫说他其实从来没有将录像带交给叶利钦看。）在录像带中，他们指责某个模糊不明、权欲熏心、令人毛骨悚然的莫斯科机构，包括古辛斯基和卢日科夫在内。列斯涅夫斯卡娅说："我十分确信这一有条不紊的计划的构建者就是莫斯特集团、古辛斯基先生、卢日科夫先生以及他背后的巨大结构，这座拥有孤立体的巨大金字塔；是前克格勃承接了可耻的刺杀任务。" 1998 年 11 月 30 日，科尔扎科夫在新闻发布会上公开了这盘录像带中长达 23 分钟的一段。更长的版本见 Klebnikov，*Godfather*。

录像带中，别列佐夫斯基还用长篇大论抱怨了谋杀事件发生后在罗格瓦兹大厦外面长期僵持的防暴警察。他们想要搜查俱乐部。别列佐夫斯基拒绝让他们进入，但最终在与总检察长的数次通话之后同意接受问话。他说，调查员想要一份 ORT 的执照，他给了他们。

谋杀发生三天之后，别列佐夫斯基表示："尽管现在有些人认为可能是生意上的问题，但我相信这次刺杀行动背后的目的一定是政治原因。" 1999 年，别列佐夫斯基更是直接指责科尔扎科夫，认为他们那个圈子里的人应该为这次谋杀事件负责。别列佐夫斯基说这次谋杀和科尔扎科夫以及前联邦安全局长米哈伊尔·巴尔苏科夫（Mikhail Barsukov）脱不了干系，谋杀"就是这群人干的"。别列佐夫斯基说他觉得科尔扎科夫意图构陷他是杀人凶手。

在谋杀事件发生之后，利斯捷夫办公室也同样遭到了调查，在五年半以后，我问及利索夫斯基这件事情的时候，他的情绪有所波动，并且向我描述了关于利斯捷夫何等骄傲自大的痛苦回忆。他断言这起谋杀的起因源自利斯捷夫的个人生活，或许是为了构陷利索夫斯基和其他电视业内人士。他表示："很自然的，这一场死亡让我们所有电视界的人成了从犯，同时也成了证人。" 作者于 2000 年 12 月 15 日采访利索夫斯基。

27. 作者采访匿名消息来源。

28. 作者于 2001 年 2 月 28 日采访别列佐夫斯基。

29. Franko, "Man."

30. Julie Tolkacheva, "Moscow's Capitalist Elite: Wealthy and Wary," *Moscow Times*, July 22, 1994.

31. "Nikolai Glushkov: The Mass Media Should Know the Facts Earlier Than the Investigators," *Kommersant Daily*, November 23, 2000, p. 1. This article is an interview with Glushkov.

32. 作者于 2000 年 6 月 23 日采访谢尔盖·兹韦列夫。

33. 作者于 2000 年 9 月 22 日采访弗拉基米尔·古辛斯基。

34. John Lloyd, "The General with a Hot Line to Yeltsin," *Financial Times*, December 22, 1994, p. 3.

35. 1999 年科尔扎科夫在一次电视采访中说："那是我的决定，我没有让他出去。我关了舱门，跟索斯科韦茨说：'你上。'" *Sovershenno Sekretno*, November 21, 1999.

36. "The Snow Is Falling," *Rossiyskaya Gazeta*, November 19, 1994.

37. Carlotta Gall and Thomas de Waal, *Chechnya: Calamity in the Caucasus* (New York: New York University Press, 1998). 此书是对战争之源起的最佳说明。

38. 根据《世纪大买卖》中古辛斯基对弗里兰的描述，罗戈津当时还要求古辛斯基爆出卢日科夫的黑料。

39. 萨沃斯季亚诺夫当时是联邦安全局在莫斯科的分支领导。他是苏联国家安全委员会的后继者，后来进入了联邦安全局。

40. 作者于 2000 年 9 月 22 日采访古辛斯基。

41. 作者于 2000 年 8 月 2 日采访基谢廖夫。

42. 1979—1989 年的阿富汗战争被大肆渲染。

43. Yuri Bogomolov, "News Battles Mirror 'Hot War,'" *Moscow News*, January 13, 1995.

44. Mickiewicz，*Changing Channels*，p. 256.

第十二章　财富拥抱权力

1. 作者于 2001 年 1 月 30 日采访查尔斯·瑞安。

2. 1995 年 8 月 24 日，俄罗斯政府和中央银行宣布从 7 月 5 日到年末将继续实行“走廊”制度。卢布兑美元的外部限额是 4 300 和 4 900，当天的收盘价是 4 428。

3. 1995 年 1 月，这类债券的年利率是 262.9%，二月份为 236%，1995 年当中的八个月时间里一直保持在 100%以上。

4. 梅纳捷普银行（集团）独立的审计报告。

5. 作者于 2000 年 6 月 19 日采访霍多尔科夫斯基。

6. *Almanac of Russian Petroleum 1999*（New York：Energy Intelligence Group，1999），p. 65.

7. Nat Moser and Peter Oppenheimer，“The Oil Industry：Structural Transformation and Corporate Governance，” in Brigitte Granville and Peter Oppenheimer，eds.，*Russia's Post-Communist Economy*（Oxford：Oxford University Press，2001）.

8. 霍多尔科夫斯基当时曾为一家德国报社写过一篇文章，文中描述了老旧国有石油企业大刀阔斧的改革，并认为需要在这方面继续加大投资。Mikhail Khodorkovsky，“Investment Activity Is Vital for Russia's Fuel and Energy Sector，” *Finansovye Izvestia*，November 19，1992，p. 7. 梅纳捷普银行更于 1992 年宣布他们在寻求外部投资，以助力石油工业。1992 年，霍多尔科夫斯基告诉一位苏俄能源问题的老牌专家 Thane Gustafson，他将对石油工业进行投资。Thane Gustafson，*Capitalism Russian-Style*（Cambridge：Cambridge University Press，1999），p. 121.

9. 鄂毕油田发现于 1992 年，占地 5 466 平方千米，沿鄂毕河延伸数百千米直到卢甘斯克油田，石油储量达到 45 亿桶。卢甘斯克油气公司有这块油田 72%的开采权利。

10. Stephen O'Sullivan，*Russian Oil：Financial Analysis*，MC

Securities Ltd., London, February 26, 1997; "Yuganskneftegaz," MN-Fund, Moscow, undated; *Annual Report*, Yuganskneftegaz, May 1997.

11. Salomon Brothers, *Yuganskneftegaz*, June 25, 1996, p. 24.

12. 外国投资者购买这些石油开采公司股票的一个重要原因是可行性。因为在20世纪90年代早期，购买刚建立起来的大型控股公司的股票是不允许的，而且投资者们还认为购买石油开采公司的股票价格也比较便宜。

13. 达尔特也购买了其他油田的股票，但是这两块油田是尤科斯公司最重要的两处油田。

14. 作者于1998年10月29日电话采访阿列克谢·米特罗法诺夫。

15. 作者于1998年11月12日采访尼娜·叶尔马科娃以及学校的其他老师。

16. 作者于1999年3月1日采访奥列格·丘里洛夫。

17. 作者于1999年2月25日采访奥列格·克利莫夫。

18. 诺里尔斯克在全球金属贸易市场中扮演了非常重要的角色。根据公司估计，截至2001年，世界上20%的镍、20%的铂、40%的钯都是在这里开采出来的。

19. 这样一个3亿美元的数额还仅仅是波塔宁自己的估算。文中要求客户与波塔宁联合起来的信件引用自《商业周刊》，June 1, 1992，以及《商业日报》，October 15, 1992，由记者 Dmitry Simonov 报道，另有 Yaroslav Skvortsov 和 Mikhail Loginov 的报道，载《商业日报》，November 16, 1995。

20. Thomson Bankwatch, *Unexim Bank: Company Report*, September 27, 1996. 到1995年末，该家银行的资产达到30亿美元。

21. 作者于2000年10月1日采访鲍里斯·乔丹；于2000年3月3日采访史蒂文·詹宁斯。

22. "Who Will Buy Russia?" *Economist*, September 9, 1995, p. 73.

23. 作者于 1999 年 9 月 16 日采访德米特里·瓦西列夫。

24. Anatoly Chubais, ed., *Privatizatzia Po-Rossiiski* (Moscow: Vagrius, 1999), p. 183.

25. 作者于 1999 年 10 月 18 日采访谢尔盖·别利亚耶夫。

26. 作者于 2000 年 3 月 13 日采访丘拜斯。

27. Vladmir Potanin, interview by Patricia Kranz of *Business Week*, September 8, 1997. Her article on Potanin, "Russia's Most Powerful Man," appeared in *Business Week*, November 24, 1997.

28. 作者于 1999 年 3 月 26 日采访保罗·博格拉德。

29. 作者于 2000 年 6 月 19 日采访霍多尔科夫斯基。

30. 作者于 2000 年 9 月 29 日采访盖达尔。

31. William Flemming, "Business-State Relations in Post-Soviet Russia: The Politics of Second Phase Privatization, 1995 - 1997" (M. Phil. thesis, Oxford University, 1998). 关于贷款换股份，我要感谢 Flemming 相关的出色研究和体贴帮助，尤其是与 1996 年竞选的重要关联。

32. *Transition Report 1999* (London: European Bank for Reconstruction and Development), chap. 6, "Governance in Transition," p. 115.

33. 丘拜斯在拍卖会将近结束时承认允许拍卖人进行投标是一个错误，不论从法律层面还是道德伦理层面来说，这都是一个错误的行为，他在 1995 年 12 月 15 日告诉记者并承诺这种现象不会再发生了，但事实情况并非如此。

34. Alfred Kokh, *The Selling of the Soviet Empire* (New York: SPI, 1998), p. 121.

35. Alexander Vorobyev, "Amnesty's Effect on Corruption Case Prosecution Noted," *Rossiyskaya Gazeta*, January 18, 2000. Vorobyev 是内务部的新闻秘书，他调查了这一交易，但于 1999 年底因议会的一条赦免令而中断调查。

36. 霍多尔科夫斯基的副官告诉了我这个故事。

37. 在11月26日发布的一项声明中，银行家们纷纷指责梅纳捷普，因为它没有给出曾经承诺的投资。他们表示，在拍卖结束后，霍多尔科夫斯基承诺会进行价值6亿美元的投资，但最后都不了了之。银行家们宣称，"实际上，梅纳捷普银行一项自己的责任都没有履行"。在随后的几年里，霍多尔科夫斯基也受到了其他类似的指责，说他在公开招标会上大包大揽，但却没有付出承诺的投资。霍多尔科夫斯基在《商业日报》12月10日的一次采访中回复说他并未就私有化招标给出绝对承诺，但确实具函承诺做出其他投资。1995年梅纳捷普的审计附录指出，银行集团"参与了1995年的投资招标和贷款换股份拍卖，由此开出了预期投资总额高达Rbm 1 047 359的告慰函。告慰函不承担任何责任"。

38. 在12月15日的记者会上，丘拜斯说道："我并无意冒犯任何人，但是有些银行一直以来总是使用这种小伎俩：他们需要这些拍卖会，然而却又没有足够的资金来参加，因此他们就四处筹集资金，依赖一些丑闻来与其他银行协商而获取自己的利益。确实会有这样的事情发生。"

39. 审计显示当时梅纳捷普有斯莫伦斯基银行12%的股份。

40. Chrystia Freeland, "Bidders Claim Exclusion from Russian Oil Sell-off," *Financial Times*, November 1, 1995, p. 3, and Freeland, "War of Words in the Reform Club: Protests are Growing over Russia's Privatization Program," *Financial Times*, December 2, 1995, p. 7.

41. 作者于2000年3月3日采访尤里·杜博夫。

42. "Korzhakov Says Berezovsky Stole ORT," *Komsomolskaya Pravda*, January 28, 1999.

43. Leonid Krutalov, "Alexander Korzhakov: Sleeping with the Enemy," *Moskovsky Komsomolets*, November 3, 1999, p. 2.

44. 作者于2001年2月28日采访别列佐夫斯基。

45. 1998年2月3日《独立报》的一次采访中，别列佐夫斯基揭露了这一现象。

46. 斯莫伦斯基告诉我，他知道波塔宁是如何通过贷款购买股权的，但是他本身并不想通过这种方式购买任何工厂，他回忆道："波塔宁在自己的银行先召开会议，选出要进行贷款的资产，当然，我一次都没有参加过他们的会议。"

47. Boiko's comments were made in an interview in *Kommersant Daily*, March 14, 1995, p. 3.

48. "Russia's Financial-Industrial Elite," a cable by Waller, May 26, 1995；作者于 1996—2000 年期间多次采访沃勒。

49. 作者于 2000 年 6 月 22 日采访格雷厄姆。格雷厄姆表示，起初这篇文章是为卡内基国际和平基金会莫斯科中心撰写的。

50. 古辛斯基没有抓住任何机会。他回来的时候正好赶上克林顿总统为庆祝二战结束 50 周年而与叶利钦会面。古辛斯基认为，美国总统来访的时候是没有任何人敢作乱的，事实证明他是正确的。

第十三章　拯救鲍里斯·叶利钦

1. Mikhail Berger, "Two Zyuganovs: One for West, One for Home?" *Izvestiya*, February 6, 1996, pp. 1 - 2；作者于 2001 年 1 月 17 日采访贝格尔。

2. 作者于 2000 年 3 月 13 日采访阿纳托利·丘拜斯。

3. 作者于 2000 年 3 月 7 日采访阿尔卡季·叶夫斯塔菲耶夫。

4. 1996 年 2 月 5 日丘拜斯记者招待会。

5. 作者于 2000 年 9 月 22 日采访弗拉基米尔·古辛斯基。

6. 作者于 1996 年 7 月 5 日采访鲍里斯·别列佐夫斯基.

7. Natalya Gevorkyan, "Young Russian Capital Helped the President Win the Election," *Kommersant Daily*, June 17, 1997, p. 4.

8. George Soros, Open Society: *Reforming Global Capitalism* (New York: Public Affairs, 2000), p. 242.

9. 作者于 2001 年 2 月 28 日采访别列佐夫斯基。

10. 贝格尔告诉我那时这两人在讨论雇用丘拜斯进行竞选。

11. 丘拜斯在 1997 年 12 月 2 日这一天和一群记者讨论了 500 万美元的计划。早前新闻报道称斯莫伦斯基借给丘拜斯五年期无息贷款

140亿卢布，当时价值30万美元，这一贷款在1996年3月分三次支付给丘拜斯的基金。这也许就是大亨们付给丘拜斯的总额中的一部分。《消息报》于1997年7月1日发表了这一贷款故事，而且在1997年的一次采访中，斯莫伦斯基告诉了我相同的故事。丘拜斯虽未提及精确总数，但也在1997年7月5日《消息报》的采访中说过他创建了该中心。“此中心确实组织过金融活动：我们收到过一次免息贷款——这在社会组织关系之间是常有之事，基金就是其中之一，还有商业结构，对于俄罗斯和任何民主国家来说都是如此。”丘拜斯表示他为17亿卢布（30万美元）的收入缴付了5.15亿卢布（约9.5万美元）的税，他表示这些收入是在1月被解雇之后和重回政府期间赚得的。大选之后他被任命为叶利钦的行政长官。“大部分收入来源于我收入颇丰的讲座以及咨询服务，以及在私有财产保护中心的工作，还有我在总统行政部门工作所得。” *Interfax*, January 21, 1997; Associated Press, “Lawmakers Accuse Chubais of Violating Civil Service Law,” February 5, 1997.

12. 作者于2000年5月13日采访丘拜斯。

13. Boris Yeltsin, *Midnight Diaries* (New York: Public Affairs, 2000), p. 17.

14. Lee Hockstader and David Hoffman, “Yeltsin Campaign Rose from Tears to Triumph,” *Washington Post*, July 7, 1996, p. 1.

15. 作者于2000年3月7日采访叶夫斯塔菲耶夫。

16. Yeltsin, *Midnight Diaries*, p. 19.

17. 作者于1996年5月16日采访别列佐夫斯基。

18. Yeltsin, *Midnight Diaries*, p. 21.

19. 作者于1996年5月16日采访亚历山大·奥斯隆。

20. Michael Kramer, “Rescuing Boris,” *Time*, July 15, 1996, p. 28.

21. Korzhakov, appearance on *Sovershenno Sekretno*, November 21, 1999.

22. Vladimir Chernov, “If Papa Hadn’t Become President,”

interview of Dyachenko, *Ogonyok*, October 23, 2000, p. 5.

23. Gevorkyan, "Young Russian Capital."

24. Anatoly Kulikov, "I Will Not Participate in Adventures," interview, *Nezavisimaya Gazeta*, July 23, 1999, p. 8.

25. Chernov, "Papa."

26. 作者于 2000 年 11 月 9 日采访卡拉加诺夫。

27. Yeltsin, *Midnight Diaries*, p. 25.

28. Yevgeny Kiselyov, *President of All Russia*, April 2000. Four-part NTV documentary.

29. Yeltsin, *Midnight Diaries*, p. 27.

30. 亚夫林斯基表示叶利钦曾经要求他在第一轮竞选之前退出。但他拒绝了。Yevgeny Kiselyov, *President of All Russia*.

31. Paul Bograd, "Summary of Electoral Strategy," memo to Chubais, April 25, 1996; Bograd, "Second Round Strategy," memo to Yevstafiev, May 7, 1996; Bograd, "The 30 Percent Target: A Strategy for an Electoral Majority Based upon Economic Reform, Democratic Principles, and Strong Leadership," undated; Bograd, interview by author, March 26, 1999.

32. 作者于 2000 年 11 月 2 日采访米哈伊尔·马尔格洛夫。

33. 作者于 1996 年 6 月采访阿列克谢·莱文森。莱文森就职于全俄罗斯舆论研究中心。

34. Hockstader, "Yeltsin Paying Top Ruble for Positive News Coverage," *Washington Post*, June 30, 1996, p. 1. 位于杜塞尔多夫的欧洲媒体研究所监管俄罗斯竞选并提出评估，表示支持叶利钦的引用多达 300，而久加诺夫只有 150。

35. 作者于 2000 年 6 月 28 日采访弗拉基米尔·维诺格拉多夫。

36. 那时也有足够的 100 美元新钞。1996 年春天，美国国库用新钞取代了旧的 100 美元，因为新钞更能防伪。大量新钞——价值数百万美元——运至俄罗斯，先储存在美国驻莫斯科大使馆处，随后通过俄罗斯银行系统将旧钞替换掉。美国在俄罗斯开展了公关宣传活动，让人们确信新钞是法定货币。

37. Yevgeny Kiselyov, *President of All Russia*.

38. 2000 年 3 月《新报》发表了一篇关于此主题的长文，称有多达 37 页的文件，其中包含寡头名单以及他们为叶利钦竞选支付资金的组织机构。该文章有很多诱导性的结论，包括对重新处理财政债券的机制的类似描述。但是，据知情人士透露，这篇文章不是该报纸编写的，而是出自外部来源，并逐字发表。外部来源的身份信息尚未知晓。

39. Konstantin Kagalovsky, "Corruption in Defense of Democracy," *Sevodnya*, July 6, 1999, p. 1.

40. Victoria Clark, "Yeltsin's Man Stills His Master's Voice," *Observer*, May 5, 1996, p. 20. 41. Korzhakov, Sovershenno.

41. Korzhakov, *Sovershenno Sekretno*.

42. 斯特雷勒茨基表示他手下的人曾进行了一次秘密行动，那是在 6 月 18 日深夜，他们打开了负责国际金融结算的财政副部长格尔曼・库兹涅佐夫（German Kuznetsov）办公室的保险箱。该办公室是俄罗斯白宫的 2-17 号房间，是切尔诺梅尔金政府总部所在地。斯特雷勒茨基说他怀疑这是丘拜斯竞选财政操纵核心所在地。根据斯特雷勒茨基的描述，在午夜入侵之时，他的手下找到了卷在塑料里的 150 万美元，以及空白表格，用于印刷和广告各 500 万美元的转账。表格反映资金正在被转移至巴哈马地区以及美国银行的波罗的海地区支行。保险箱中五家银行编号为 19—23。他得出结论说，如果之前有 18 家银行，那就意味着总共有 1.15 亿美元。他说，他的人在房间里安装了窃听器，窃听所有声音，希望能抓到任何一个从保险箱提取现金的人。来自斯特雷勒茨基的信息并不具有中立性。他想破坏丘拜斯团队，所以他所说的话应该从这个角度来理解。克里姆林宫自己的保安竟然在政府自己的房间安装窃听器来收集叶利钦自己的竞选消息，这看起来很奇怪。斯特雷勒茨基有关此计谋是如何设置的描述参见他的作品，*Obscurantism*（Moscow: Detektiv-Press, 1998）。

43. 作者于 2000 年 12 月 15 日采访谢尔盖・利索夫斯基。

44. 拉夫罗夫的评论录音于1999年6月26日公布于世，由杜马安全委员会主席维克托·伊柳欣（Viktor Ilyukhin）公开，他是苏联时期的一位检察官，和科尔扎科夫走得很近。

45. 作者于2000年6月23日采访的谢尔盖·兹韦列夫。

46. 丘拜斯在一次NTV采访中曾表示巴尔苏科夫对电话的第一反应“就像一个惊呆了的孩子”，并说自己都不认识叶夫斯塔菲耶夫或利索夫斯基。*Hero of the Day*, June 20, 1996.

47. Tape of Kiselyov bulletin; Christophe Beadufe, "Yeltsin Election Aides Arrested, Cancellation of Vote Feared," Agence France Presse, June 20, 1996.

48. 作者于2000年8月2日采访叶夫根尼·基谢廖夫。

49. 538 850美元的真正来源从未确定。叶夫斯塔菲耶夫表示他没有碰盒子。当我四年后再问利索夫斯基这个事情，他说“完全不清楚”有没有那么一箱钱。我回答说：“但也并不清楚就没有。”利索夫斯基回击说：“我们打住；是否有不清楚，是否没有也不清楚。”1996年12月，热门大报《莫斯科共青团员报》——卢日科夫帝国的一部分——发表了一篇号称是丘拜斯、伊柳辛以及第三个人（名为Sergei Krasavchenko）之间的对话文本。此次对话可能是由俄罗斯的“特殊服务”于6月22日秘密录制，也就是叶夫斯塔菲耶夫和利索夫斯基被拘留两天之后。

丘拜斯表达了对其助手命运的担忧，并认为此事件中的文件应该销毁。三人都表示此文本是伪造的，否认曾有过此次会面。此文本的真实性并不确定。1997年4月7日，总检察长结束调查，没有找到钱从何处来。没有人被指控。1996年竞选审计谈及此钱：“没有官方文件确认这一资金是属于联邦预算还是属于私人或公司财产。”这些钱于1997年4月17日交给政府。

50. 别列佐夫斯基11月17日在NTV上论及这一事件。他的解释包括这样一段声明：“我只是在行使每个犹太人所享有的权利以使我和以色列的关系正式化。你知道的，以色列是个特殊的国家。任何犹太人，不管他身处何处，都有权利成为以色列的公民。”他是在说

1950 年的《回归法》："每位犹太人有权利以上升者（*oleh*）身份来到以色列"（上升者指自愿移民至以色列的犹太人），而且上升者的签证应该发给"所有表达了想要在以色列定居这一意愿的犹太人。"很多以色列犹太人保有其他国家的公民身份。

51. 别列佐夫斯基想要赢得敬意的愿望被 1996 年 12 月发表在《福布斯》上的一篇强烈批判的文章严重打击，该文章标题是"克里姆林宫教父?"他在英国以毁谤罪起诉该杂志。2003 年 3 月 6 日，一次审判之前，《福布斯》在一个英国法院承认文章中有些指控是毫无根据的，而且"将别列佐夫斯基先生描绘成一个黑手党头目是不正确的"。别列佐夫斯基放弃了诉讼。

52. 后来有一个估测说俄罗斯天然气工业贷了古辛斯基 1.3 亿美元，这笔贷款转化为股权，给了俄罗斯天然气工业在 NTV30％的股权。

53. 作者于 1996 年 10 月采访安德烈·里希特。

第十四章　银行家之战

1. Anatoly Chubais interview, *New Times*, December 1996.

2. Boris Yeltsin, *Midnight Diaries* (New York: PublicAffairs, 2000), p. 80.

3. 作者于 1995 年 11 月采访鲍里斯·涅姆佐夫。

4. "Man of Power," Chaubais interview, *Obshchaya Gazeta*, January 9 - 15, 1997, p. 9.

5. 作者于 1999 年 9 月 16 日以及 1999 年 11 月 20 日采访德米特里·瓦西列夫。

6. 作者于 1997 年 9 月 20 日采访涅姆佐夫。

7. 丘拜斯回忆说，一次去伦敦访问，他和涅姆佐夫问首相托尼·布莱尔："你认为哪个更好，共产主义还是强盗资本主义?"据丘拜斯所说，布莱尔思考一分钟后说道："强盗资本主义更好。"丘拜斯补充道："完全正确。那么问题来了，强盗资本主义好还是正常资本主义好呢？当出现这个困境时，你必须解决它。"来自丘拜斯 1997 年

12月2日答记者问。作者副本。

8. 丘拜斯后来给了一个描述，这一描述我认为是对俄罗斯20世纪90年代后期相互竞争的三种资本主义模型的强有力描述。“别列佐夫斯基的立场：商人必须控制*vlast*”（这个词意思是权威，政治权力）。“卢日科夫的立场：*vlast*必须控制商业。”他表示，年轻的改革家想要“把商业和*vlast*分离开来——把所有权和*vlast*分开”。来自丘拜斯对记者的回答。作者副本。

9. 作者于2000年3月13日采访丘拜斯。丘拜斯那时也说：“想象一下，一个人如果挣了很多钱，会自认为是国家的主导，原因如下：我让总统获选了，我被政府任命了，所以这时候我该收取我的红利了。这种态度对我来说是可恶的、无法接受的。”Chubais, interview by V. Bazhenov, *Argumenty & Fakty*, November 20, 1997, p. 1.

10. Yeltsin, *Midnight Diaries*, p. 90.

11. 作者于2000年3月13日采访丘拜斯。

12. Steven Mufson and David Hoffman, “Russian Crash Shows Risks of Globalization; Speculators Ignored Economy's Realities,” *Washington Post*, November 8, 1998, p. 1.

13. Anders Åslund, “Why Has Russia's Economic Transformation Been So Arduous?” (paper presented to the World Bank Annual Bank Conference on Development Economics, April 29–30, 1999). 阿斯伦德指出，叶利钦连任的另一个因素是1996年达成的协议，即与世界货币基金组织为期3年的扩展基金协议。这些贷款依俄罗斯经济绩效标杆而定，而这些绩效常常不能完成。阿斯伦德说，这种“软性”协议“让外国人和俄罗斯人都相信，俄罗斯太大了——或者说太核心了——以至于不会失败，而且任何事情在俄罗斯都能行得通”(p. 12)。

14. 作者于1998年9月26日采访詹姆斯·芬克纳。

15. 这些做法有许多记录。精彩总结可见 Mark Whitehouse, *Moscow Times*, “Dirty Dealing,” April 7, 1998, p. 1。

16. 作者于1997年10月10日以及1999年8月31日采访斯莫伦斯基。

17. Standard & Poor press release, July 14, 1997. 该机构对首都农业储蓄银行的“投机级长期交易对手评级”是B，而且对其展望是“正面的/积极的”，是四家银行评级最好的一家。

18. Offering circular, SBS-Agro Finance B. V., prospectus, July 18, 1997.

19. 作者于1997年7月采访泽维尔·乔丹；作者于1997年10月6日对乔丹进行电话采访。

20. 古辛斯基承认，如果他有机会，他也会投机石油公司。他告诉我：“如果他们邀请了我，这将是一个艰难的选择。我认为如果我被邀请的话，我也会参加的。”

21. 该杂志和 *Newsweek* 一同出版，*Newsweek* 为华盛顿邮报公司所有。《综述》是古辛斯基新创企业的典型代表：聪明有趣，而且富于挑逗性。如果你长达一周因为政治方面的乏味报纸而精疲力竭，你可以期待《综述》，这一杂志的目标读者是聪明的中产阶级，在旅游、休闲、消费品方面多有涉及，还有对艺术的详细报道。

22. 古辛斯基曾寻求外国投资者入股，但是仍为时过早；他并不想放弃控制，而且外国投资者不想冒险。

23. Alexei Mukhin, *Special Services and Their Representatives in Russian Society* (Moscow, 1999), pp. 35 – 36. Pamphlet. In Russian.

24. 古辛斯基表示意大利人想要股份，但是“军队封锁了买卖”。丘拜斯说：“古辛斯基帮助说动了本就断然反对拍卖的特殊机构。”

25. 古辛斯基和波塔宁在1997年10月确认了这一点，丘拜斯的新闻秘书安德烈·特拉佩兹尼科夫（Andrei Trapeznikov）也确认了。作者于1997年10月15日采访古辛斯基；于1997年10月14日采访波塔宁；于1997年10月25日采访特拉佩兹尼科夫。

26. 作者于1997年3月7日采访伊戈尔·马拉申科。

27. 作者于2000年9月22日采访古辛斯基。

28. 乔丹和波塔宁于7月9日宣布，他们正在合并乔丹的复兴资本和波塔宁的国际金融公司。此次合并直到通信投资公司拍卖之后才通过，但是两家公司已经在密切合作。

29. 作者于2000年10月1日采访乔丹。

30. 作者于1997年6月采访索罗斯。

31. 作者于1998年5月22日采访乔丹。The story of the loan was first disclosed by Chrystia Freeland, "Soros 'Lent Millions' to Bail Out Kremlin," *Financial Times*, March 5, 1998.

32. The story of the loan was first disclosed by Chrystia Freeland, "Soros 'Lent Millions' to Bail Out Kremlin," *Financial Times*, March 5, 1998.

33. Subscription agreement, July 24, 1997: "Subscription Agreement. Deutsche Bank AG and Open Joint Stock Company and 'United Export Import Bank' and Renaissance Capital International Limited and Svyaz Finance Ltd. and Mustcom Limited and ICFI (Cyprus) Limited and The Investors and Renaissance Subscribers." Draft, July 23, 1997, in possession of the author.

34. 这位投资者要求匿名，他告诉我他在波塔宁以及古辛斯基两方对通信投资公司的股票拍卖中都投了钱——这一拍卖太火，所以他想确保能赢得点什么。

35. 波塔宁的政策在官方文件和关于此次交易的内部备忘录上都有描述，我是从一个潜在投资者那里得到的。

36. Yeltsin, *Midnight Diaries*, p. 95.

37. 作者于1997年10月15日采访古辛斯基。

波塔宁也确认，关于合并和交易的讨论是提前发生的。波塔宁的版本是："我从最开始就提议我们加入他的财团，他是领导。如果我们一起获胜，他想做什么都可以。"但是古辛斯基拒绝了。

38. 作者于1997年10月14日采访波塔宁。

39. George Soros, *Open Society: Reforming Global Capitalism* (New York: Public Affairs, 2000), p. 259.

40. Chubais, remarks to reporters, December 2, 1997, author's transcript.

41. 乔丹的复兴资本投了出价中的 2 亿美元。但是，根据内部备忘录，他为财团带来了外部投资者，而且如果他们赢得拍卖，他就有机会攫取 3 900 万美元佣金。如果中标价格超过 15 亿美元，佣金甚至会更高。

42. 奥地利信贷银行那时估计，新兴市场中电信公司的平均价值是每条生产线 2 500 美元。"State Nets ＄1.9 Bln from Svyazinvest Sale," *Moscow Times*, July 26, 1997, p. 1.

43. 作者于 1997 年 10 月 8 日采访列昂尼德・罗热斯金；作者于 2000 年 6 月 23 日采访谢尔盖・兹韦列夫。

44. 除另有说明外，所有广播引用都来自逐字记录。

45. Anton Zvyagilsky, "The Money Stank," *Sevodnya*, July 28, 1997, p. 1.

46. 诺里尔斯克第二次出售是贷款换股份的最后篇章，发生在通信投资公司拍卖仅十天后。波塔宁将其卖给自己，正如所预料的那样。

47. 这次丑闻的背景还要更早。明金于 1997 年 8 月 4 日在《新报》披露了涅姆佐夫和广告界大亨利索夫斯基之间的对话文本。其中引述涅姆佐夫的话，称他因为一本自传 *Provincial* 应得 10 万美元，而且他极想早日得到这笔钱，以便在他的财产申报表中做出声明。财产申报表是涅姆佐夫自己的想法。涅姆佐夫表示他处于困境之中，因为叶利钦将签署法令要求申报，以后将会有批评之声。公众对于这次申报反应消极：10 万美元相对于一本书来说似乎数额过大。明金关于科赫的故事后来不久也出来了。"Kokh Left His Chair to Avoid Going to Jail," *Novaya Gazeta*, August 18, 1997, p. 1.

48. 记者 Yelena Masyuk 以及她 NTV 的同事于 1997 年 5 月 10 日在车臣被绑架。在别列佐夫斯基支付了 100 万美元的赎金之后他们在 8 月 18 日获释。

49. Yeltsin, *Midnight Diaries*, p. 91.

50. 作者于 1997 年 10 月 10 日采访斯莫伦斯基。

51. 那晚霍多尔科夫斯基在接受基谢廖夫电视采访时披露了叶利钦关于科赫以及波塔宁的报价的评论。*Hero of the Day*，NTV，September 16，1997.

52. Yeltsin，*Midnight Diaries*，pp. 88 – 101.

53. Soros，*Open Society*，p. 245.

54. "Berezovsky Backs Revocation of Visa for Financier Jordan，" *Moscow Times*，October 11，1997.

55. Chrystia Freeland，*Sale of the Century*（New York：Crown Business，2000），p. 288.

56. 作者于 2000 年 5 月 14 日采访科赫。1999 年 12 月莫斯科检察官中止了一场调查，因为杜马通过大赦，赦免了不起诉的轻微罪行。

57. 这包括尤马舍夫，他是叶利钦的参谋长，以及后来的亚历山大·沃洛申，他后来接任了参谋长之位。两人都曾和别列佐夫斯基共事，或者曾和他关系很近，更别提自 1996 年大选以来别列佐夫斯基与季亚琴科的关系。

58. 作者于 2000 年 12 月 15 日采访利索夫斯基。

59. Chubais，remarks to reporters，December 2，1997，author's transcript.

60. Chubais，interview by V. Bazhenov，*Argumenty & Fakty*，November 20，1997，p. 1.

61. Chubais，remarks to reporters，December 2，1997，author's transcript.

62. Chubais interview，*Moskovsky Komsomolets*，December 19，1997，p. 2.

63. 叶利钦的新闻秘书谢尔盖·亚斯特伍布斯基（Sergei Yastrzhembsky）那时曾说过，叶利钦被带到巴尔维卡，但是后来有消息透露他也被带到医院进行了心脏手术。

第十五章　巨龙之吟

1. 作者于 2001 年 1 月 22 日采访埃里克·克劳斯。

2. 在这一扩张中的标志之一，霍多尔科夫斯基准备完全控制一个巨型西伯利亚油田。1993 年，阿莫科赢得一个国际性投标，取得鄂毕大型油田 50%的股权，后来由卢甘斯克油气所有。当 1995 年霍多尔科夫斯基收购卢甘斯克油气及其控股公司尤科斯时，他提出了新条件。阿莫科拒绝接受新条件，所以交易终止了几年。1998 年，阿莫科合并到英国石油公司，合并后的公司于 1999 年 3 月 19 日放弃了鄂毕油田，此前投资了 1 亿多美元。

3. Andrei Sheatov, "Russian Oil Tycoon Plans to Place Among Ten World Oil Firms," Itar-Tass dispatch from Khodorkovsky's appearance before the Russian-American Business Council in Washington, October 23, 1997.

4. Yukos consolidated financial statements for the year ending December 31, 1997, published June 26, 1998, by Price Waterhouse; "Preliminary Information Memorandum," Yukos Oil Corporation, Five-Year Export Secured Credit Facility, March 1998.

5. 转让定价这一行为具有争议性，但在当时俄罗斯石油产业中广泛实行。根据分析家 Nat Moser 和 Peter Oppenheimer 的分析，尤科斯 1996 年税后利润是 9 150 万美元，而石油开采公司卢甘斯克油气和萨马拉油气损失了 3.45 亿美元。1996 年，卢甘斯克油气仅通过转让定价就损失了 1.95 亿美元。Moser and Oppenheimer, "The Oil Industry: Structural Transformation and Corporate Governance," in Brigitte Granville and Peter Oppenheimer, eds., *Russia's PostCommunist Economy* (Oxford: Oxford University Press, 2001).

6. Hunter of Arrowhead Enterprises Ltd., an investment company of Dart, made the "looting" comment to the *Financial Times*, March 11, 1998. Hunter 公司进一步在两封信中提出详细指控，并于 1998 年 1 月 28 日和 2 月 17 日分别寄给了主席兼首席执行官 Jon S. Corzine 和 Goldman Sachs。三家银行敷衍回答说他们不能披露关于贷款的

“任何信息”。

7.《独立报》是专门给知识分子看的大报，是诞生于苏联改革时期的第一家真正意义上的独立报纸，在20世纪90年代中期遭遇艰难时期。在一场内部员工纠纷之后，该报关门停发。编辑维塔利·特列季亚科夫去了希腊一个小岛度假。别列佐夫斯基乘坐直升机到这个岛上，乘坐包机将其带回莫斯科，并出钱让保安打开大门，以金融赞助商的身份接管，而该报实际上并不登载广告。作者于1997年3月10日采访维塔利·特列季亚科夫。

8. Andrew Higgins, “Insufficient Funds: How a Russian Banker Outfoxed Creditors to Rebuild an Empire,” *Wall Street Journal*, October 4, 2000, p. 1.

9. 俄罗斯银行体系的外债——海外集资——在1997年间从11%增长至17.5%。“Ruble Crisis Again,” *Russian Economic Trends*, June 1998.

10. 瑞士信贷第一波士顿在对此次合并的一次调查中明确指出：“在我们看来，对于该团体来说，合并带来的主要利益是更大的政治影响力和更高的知名度。霍多尔科夫斯基先生和别列佐夫斯基先生政治势力的结合将使尤克西成为俄罗斯内的强劲说客。”

11. *Trud*, March 4, 1998, p. 2.

12. Anatoly Chubais, “I Am Against the Board of Directors of Russia,” interview by Yevgenia Albats, *Kommersant Daily*, March 5, 1998, p. 1.

13. Alexander Budberg, “Chicago Boys Never Give Up,” *Moskovsky Komsomolets*, March 5, 1998, p. 2.

14. *Nezavisimaya Gazeta*, “Venal Newspaper, Venal Journalists, Venal Chief Editor!” March 8, 1998, p. 1.

15. 别列佐夫斯基在3月22日NTV的《综述》上表示，他脊椎受损，并在瑞士进行手术。他1998年3月13日出院，但直到回莫斯科之前他仍在接受康复治疗。

16. 作者于2001年2月28日采访鲍里斯·别列佐夫斯基。

17. 作者于2001年6月7日采访弗拉基米尔·古辛斯基。

18. 作者于2001年2月28日采访别列佐夫斯基。

19. *Moscow News*, February 26 - March 4, 1998, pp. 1 - 4.

20. 作者于2000年9月9日采访谢尔盖·卡拉加诺夫。

21. *Itogi*, March 22, 1998. 别列佐夫斯基后来告诉我，当他录制采访时，并不知道叶利钦会在周一宣布解雇切尔诺梅尔金的决定。基谢廖夫主持了这次采访，他回忆说别列佐夫斯基飞回瑞士接受更多的脊椎治疗——如果他知道叶利钦将采取行动，他也许就不会这么做了。

22. Alessandra Stanley, "Shake-up in Russia: The Meaning; The Reformers Did It. No, Blame the Bankers," *New York Times*, March 24, 1998, p. 8.

23. 基里延科的任命于4月24日在成员人数为450的一次秘密投票中通过，投票率是251比25。

24. 别列佐夫斯基在NTV《当日英雄》的采访中表示，叶利钦曾打电话给他，而且他们曾有过一番"友好的和建设性的谈话"。

25. Andrei Bagrov, "Yeltsin Threatens Berezovsky with Deportation," *Kommersant Daily*, April 15, 1998, p. 1.

26. 作者于1998年5月采访安德烈·皮翁特科夫斯基。

27. 一再玩弄货币导致了恐慌和公众的不信任。苏联政府1991年1月22日发布政令，所有币值为50以及100卢布的钞票都要在三天中换好以减少货币供应，从而引发恐慌。很多人无法及时换好货币。1993年，叶利钦政府因为一个计划而严重受挫，即强迫每一个人将苏联时代的卢布换成新俄罗斯钞票。而且，20世纪90年代早期的恶性通货膨胀卷走了数百万人的储蓄。在"黑色星期二"，即1994年10月11日，卢布兑美元下跌了27%。很多俄罗斯人从这段时期吸取的教训是，存钱就存美元。

28. Chubais interview, *Interfax-AiF*, March 23 - 29, 1998, pp. 2 - 3.

29. Glifford G. Gaddy and Barry W. Ickes, "Russia's Virtual

Economy," Foreign Affairs, September - October 1998, p. 53. 这篇重要文章呼吁人们关注易货和拒付所造成的巨大扭曲。

30. 偷税普遍存在，部分是因为税具有惩罚性而且准则并未改革。但是，经济学家 Al Breach 指出了另一个因素。在一个充斥着易货贸易的经济中——一个工厂会用其电冰箱来换取两个月的供电或者用金属管换一卡车袜子——收取现金税极其困难。Breach 估计 1997 年现金仅占税收的 60%，而且如果尝试从易货经济中赚取更多就像"尝试从石头中吸出水来"。他说，在这种环境下，很难筹集足够的税收来平衡预算；唯一能做的是进一步削减支出，而这是俄罗斯政客所拒绝的。基里延科曾尝试过，但是为时已晚。Al Breach, *Russia: Now a Competitive Exchange Rate—The Revival of the Real Economy*, Global Economics Paper no. 22, Goldman Sachs, July 23, 1999. 经济非货币化以及现金消失的问题很严重，让企业和政府备受折磨。丘拜斯于 1998 年 7 月 21 日在华盛顿表示，他所领导的电力垄断公司统一能源系统的支付中仅有 14%是现金，86%是易货贸易，"这很糟糕"。

31. 国际货币基金组织的贷款应该有条件，那就是俄罗斯会做出重要的改革，但是当俄罗斯改革失败时，这些条件常常被软化或妥协。在 1992 年 6 月 1 日俄罗斯加入国际货币基金组织和 1998 年 9 月 1 日之间，国际货币基金组织向俄罗斯提供了大约 188 亿美元。以美元计算的贷款如下：备用安排，从 1992 年 8 月 5 日到 1993 年 1 月 4 日，价值 11 亿美元；系统性改造设施，从 1993 年 7 月 6 日到 1995 年 4 月 10 日，价值 29 亿美元；备用安排，从 1996 年 3 月 26 日到 1999 年 3 月 25 日，价值 100 亿美元（不包括 1998 年国际货币基金组织通过的救援计划，这一计划资金只有部分已分配）。Andrei Illarionov, director, Institute of Economic Analysis, testimony before the House Banking and Financial Services Committee, General Oversight and Investigations Subcommittee, September 10, 1998.

32. Gary Peach, "Pyramid Crash Began on Fool's Day," *Moscow Times*, August 17, 1999.

33. 超过 20 个地区发行了自己的债券。有一种更离奇的债务计划是农业债券，一种短期债务票据，即将已重组的联邦农业贷款贷给这些地区。据估计，按 1998 年汇率计算，这些贷款中有 8.3 亿美元未偿还，而且其中 90%随后成为违约。Sujata Rao，*Moscow Times*，April 27，1999，p. 15.

34. *The Crisis of the Russian Financial System: Key Factors, Economic Policies, and Initial Results*，Institute for the Economy in Transition，2000，p. 26.

35. 1997 年国际储备，俄罗斯中央银行。

36. Sergei Aleksashenko，*Fight for the Ruble* （Moscow：AlmaMater，1999），p. 129.

37. " T-Bill Market Suffers Biggest Crisis in Its History，" *Interfax*，July 29，1998.

38. *Forwards Are Not the Way Forward*，Troika Dialog Research，November 1998.

总数更高的指示来自维诺格拉多夫，他告诉我截至 8 月 17 日他持有 25 亿美元现金。银行报告的要求不高，信息还不完整。The ＄9 billion estimate is from *Surviving Devaluation*，a research report by Brunswick Warburg，June 8，1998，p. 9.

39. Budberg，"Chicago Boys." 丘拜斯回想起卢日科夫曾说"货币主义时代已结束"。但是丘拜斯回答说货币主义取得了成效。"如今经济增长的唯一原因就是在这之前有六年强硬的货币资本主义"。货币资本主义一般是指一种经济政策，其中货币供应被严格限制以控制通货膨胀。卢布走廊是用来控制货币供应的机制，这就意味着中央银行大幅削减更早些时候的大规模补贴和廉价信贷。苏联时代红色领导人从未真正理解这一政策，他们习惯了接受巨大补贴输入。

40. 伊拉里奥诺夫后来说他也将外汇储备和国外对俄罗斯债券投资总额进行了对比：如果所有的外国投资者全部撤出，中央银行有足够货币来支付债务吗？截至 1998 年 1 月 1 日，中央银行持有货币储备 129 亿美元，非流动性黄金储备 48 亿美元。外国人持有 180 亿未偿还的俄罗斯国库券。

41. 作者于 1999 年 10 月 14 日采访安德烈·伊拉里奥诺夫。

42. 作者于 1999 年 10 月 22 日采访彼得·阿文。

43. 作者于 2000 年 5 月 13 日采访丘拜斯。

44. Yuri Baturin et al，*Epokha Yeltsina*（The Yeltsin Epoch）（Moscow：Vagrius，2001），pp. 727 - 750. 这部作品是叶利钦在克里姆林宫的助手的集体回忆录。

45. Baturin et al.，*Epokha Yeltsina*.

46. 作者于 1999 年 10 月 8 日和 29 日采访伯尼·苏赫尔。

47. 然而此情形从未黑白分明。一些市场参与者发现贬值即将来临之时，已为时太晚。布朗斯威克 6 月 8 日报告称："我们相信卢布暴跌如今可以避免。"

48. 来自伊拉里奥诺夫在众议院委员会的证词。

49. 作者于 1999 年 9 月 17 日和 2000 年 4 月 13 日采访奥古斯托·洛佩斯-克拉罗斯。

50. Yeltsin，*Midnight Diaries*，p. 169.

51. Baturin et al.，*Epokha Yeltsina*.

52. 作者于 2000 年 7 月 25 日采访马拉申科。

53. 作者于 2001 年 2 月 20 日采访丘拜斯。Bill Powell and Yevgenia Albats，"Summer of Discontent，" Newsweek，January 18，1999；Chrystia Freeland，*Sale of the Century*（New York：Crown Business，2000），pp. 308 - 309.

54. 作者于 2001 年 2 月 28 日采访别列佐夫斯基。

55. 作者于 2001 年 2 月 20 日采访丘拜斯。

56. 作者于 1999 年 12 月 1 日采访格里戈里·格拉兹科夫。

57. Itar-Tass，June 19，1998.

58. Aleksashenko，*Fight*，pp. 169 - 171.

59. Joseph Kahn and Timothy O'Brien，"For Russia and Its U. S. Bankers，Match Wasn't Made in Heaven，" *New York Times*，October 18，1998，p. 1.

60. Baturin et al., *Epokha Yeltsina*; Charles Wyplosz and Ksenia Yudaeva, "The Costs of Debt Conversion: Russia and Mexico Compared," *Russian Economic Trends Quarterly*, October-December, 1998; Homi Kharas, Brian Pinto, Sergei Ulatov, Lawrence H. Summers, and John Williamson, "An Analysis of Russia's 1998 Meltdown: Fundamentals and Market Signals/Comments and Discussion," Brookings Papers on Economic Activity, Brookings Institution, Washington, DC, 2001. 后一研究认为1998年夏俄罗斯承担如此多债务是错误的。俄罗斯在1998年6月1日和7月24日之间举借外债达160亿美元。作者总结道，上述情形加上俄罗斯银行的曝光，"就是8月危机爆发的导火线"。

61. Letter from Credit Lionnais S. A., Goldman Sachs International Bank, and Merrill Lynch Capital Markets Bank Ltd., to Dmitry Vasiliev, August 14, 1998.

62. 作者于1999年10月27日采访列昂尼德·戈兹曼。

63. 伊拉里奥诺夫告诉我俄罗斯联邦储蓄银行是8月14日前两周从GKO市场撤退的最大玩家，而且他质疑中央银行是否影响了这个决定。伊拉里奥诺夫表示他相信中央银行在玩政治游戏，试图摧毁基里延科政府，把任何危机的责任转移到货币贬值之上。中央银行于7月下旬将财政部账户秘密冻结了好几天，令其无法进行日常支付。根据巴图林及其同事的回忆录，叶利钦必须干涉。瓦西列夫经常批评中央银行，他也提及这段经历证明了央行如何在和政府玩一个危险的政治游戏。"这是百分之百的挑衅，"瓦西列夫描述账户冻结时这样说道，"我认为他们要么想推翻政府，要么让政府做一些事情——让他们成为第一个这样做的人。"

64. Baturin et al., *Epokha Yeltsina*.

65. 索罗斯表示他为公私基金提供了一些想法，但却落后于形势。George Soros, *Open Society: Reforming Global Capitalism* (New York: PublicAffairs, 2000), pp. 247 - 250.

66. "Yeltsin Denies Plans to Devalue Ruble, Says Markets Under

Control," *Interfax*, August 14, 1998.

67. Aleksashenko, *Fight*, p. 199.

68. Yevgenia Albats, "Anatoly Chubais: We Await a Difficult Year and a Half or Two Years," *Kommersant Daily*, September 8, 1998, p. 1.

69. 作者于 1999 年 10 月 22 日采访阿文。

70. Yeltsin, *Midnight Diaries*, p. 175.

71. Albats, "Anatoly Chubais." 在此次采访中，丘拜斯将电脑中的文件读给 Albats 听。丘拜斯也解决了投资者欺骗的问题。他表示，今年早些时候 GKO 贬值或者违约"本应该在全球范围内以一种极其消极的方式看待的"。"当时并没有那样做，我们就证明了政府在努力挣扎到最后。为了不让国内和国外的合作伙伴失望，政府采取了所有可以想象和难以想象的努力，……的确，并没有取得成效。的确，我们失败了。不能再等了，要采取 8 月 17 日所做出的决定了。前面就是深渊。"丘拜斯为叶利钦在 8 月 14 日隐瞒贬值即将到来而做辩护。"就是需要说这些话，"丘拜斯坚持道，"任何头脑清晰的政治家都会告诉你，很不幸的是，这就是权威机构在如此极端的情形下必须做的……权威机构在财政困境中无权宣布'我们不知道我们能否处理好这件事'，（人们）会立马逃跑的。"接着，丘拜斯被问到当局是否有权撒谎。"在这种情形下，当局有责任这样做。他们不得不这样。因此现在，国际金融机构，即使有我们对他们所做的一切——我们骗了他们 200 亿美元——可以理解的是我们已经无路可走，而且如果我们当时采取了伊拉里奥诺夫的建议，他们就再也不会和我们做生意了。也就是说，虽然灾难也会如同现在一样，但是投资者再回来的希望却不会有了。"丘拜斯这番话引起了轰动，当时《洛杉矶时报》引用丘拜斯的话说俄罗斯曾"骗取"国际货币基金组织 200 亿美元。丘拜斯写信回复该报社称，他的意思是那 200 亿美元是俄罗斯银行利用延期偿付从外国债权人那里"欺骗"而来的。Albats 告诉我丘拜斯在采访中所指的是外国投资者而非国际货币基金组织。

72. 丘拜斯不知道国际货币基金组织会作何反应，直到该组织当日早晨发表了一份声明，声明中康德苏重申了他的观点，即俄罗斯进行改革至关重要。他继续说道："在此艰难时刻，不管公有还是私有领域，国际社会应该和俄罗斯团结一致，这一点很重要。"丘拜斯如释重负。

73. 作者于 1998 年 8 月 20 日采访安德烈·伊拉里奥诺夫和列昂尼德·戈兹曼。

74. 作者于 2000 年 6 月 28 日采访维诺格拉多夫。

75. 一位要求匿名的前梅纳捷普银行官员。

76. 9 月月度消费者通货膨胀猛增 38%，但是一些人预测的贬值之后的恶性通货膨胀从未发生。

77. Organization of Economic Cooperation and Development, *Russian Federation Report*, March 2000, p. 44.

78. Natalya Gridneva, "Former Prime Minister Sergei Kiriyenko Tells All About Dismissal," *Kommersant Daily*, January 19, 1999.

79. 作者于 2001 年 2 月 28 日采访别列佐夫斯基。

80. "Resolving the Banking Crisis," *Russian Economic Trends*, November 1998, pp. 1 – 8.

81. Dubinin press conference, September 7, 1998.

82. Dubinin press conference, September 7, 1998.

83. Jeanne Whalen, "SBS-Agro Chief Faces Fall of Empire," *Moscow Times*, September 12, 1998.

84. Higgins, "Insufficient Funds."

第十六章　铁腕与银弹

1. 作者于 2001 年 5 月 4 日采访弗拉基米尔·古辛斯基。古辛斯基很自豪，因为他的卫星信号不受国家的控制，这样自己的电视台就是实现了真正意义上的独立。

2. 1998 年 1 月 27 日《商业周刊》报道，NTV 在危机之前的年收入大约是 1 亿美元。根据《华尔街时报》欧洲版 2001 年 4 月 30 日，Chris Renaud 在致编辑信里写道，NTV 是俄罗斯在危机发生前最赚钱的电视台，但在危机后的第二年亏损了 2 500 万美元。

3. 古辛斯基的其他企业也遇到了麻烦。NTV 特别频道刚开始运营，恰逢全球电视节目从虚拟信号向数字信号转移。The Bonum-1 卫星转播的是数字信号节目，古辛斯基的电视台处理数字信号有困难。NTV 的一位官员告诉我说，NTV 特别频道在这段时间换了 5 个经理。

4. 在 8 月末，公众舆论研究（俄罗斯最大的民意调查机构之一）通过全俄中心对 936 名莫斯科居民进行了民意调查。调查结果刊登在 1998 年 9 月 4 日的《共青团真理报》。调查提出的问题是："在你心中，谁是俄罗斯目前财政危机的罪魁祸首？"前切尔诺梅尔金政府获得了 38%的票；叶利钦政府，36%；基里延科政府，15%；寡头、银行家和金融资本家，9%；俄罗斯国家杜马，8%；改革派民主党的政策，8%；中央银行（谢尔盖·杜比宁），6%；全球金融危机，2%；国外的银行和金融资本家，1%；不纳税的人，1%；其他，10%；很难说，14%（受访者可以多选，所以这些比例的总和超过了 100%）。同时期在全国范围内进行的一个相似的民意调查显示，56%的人（远大于莫斯科调查结果的比例）将危机归咎于叶利钦政府。

5. 久加诺夫在 1998 年 12 月 25 日《华盛顿邮报》A42 版面发表了一封公开信，内容包括了这些评论。

6. 1998 年夏天，在事情爆发前，卢甘斯克的工人聚集在一起，指责尤科斯拖欠他们数月工资的行为。市长弗拉基米尔·彼得鲁霍夫领导了这次公开指责。6 月，市长向叶利钦、基里延科政府和其他人发送了指控霍多尔科夫斯基和尤科斯的电报，称他们"危害"城市发展。抗议中，一名抗议者高举一块写着"将霍多尔科夫斯基绳之以法"的牌子。6 月 26 日，彼得鲁霍夫在他步行去工作的路上被枪杀了，但杀人犯至今未被找到。尤科斯方面声称枪击事件和公司无关。

7. 西部商业银行是西德意志州银行在伦敦的子公司，西德意志州银行是总部在杜塞尔多夫的一家大型银行。

8. Kathleen Day, "Riggs Had Ties to Firms in Probe," *Washington Post*, 1999 年 9 月 18 日, p. E1.

9. 改革运动者和自由主义者承认资本外逃是一个问题，但他们是以一种古典的自由市场观点来看待这个问题的。他们认为，只有俄罗斯内部实现稳定、法制和产权保护，吸引资本流入，才能遏制资本外逃的现象。理论上他们是对的，但实际上，在 20 世纪 90 年代法制不健全、一片混乱的俄罗斯，这些情况是不可能存在的。等待正确时机的到来无异于眼睁睁地看着资本外流。

10. 一个国家经常会用自己的货币储备来购买海外的平安证券或其他国家的债券，但很少会将其储备金移交给这样的一家不知名的小型资产管理公司。中央银行称它正试图保护储备金不被法律扣押。但埃里克·克劳斯指出："如果你真的想保护中央银行的资产，你不会在泽西岛建立空壳公司，连一个高智商的离婚律师都能在短时间内发现它的问题。"此外，很多交易不清不楚，引人怀疑。例如，根据我个人的调查和 1999 年 8 月 4 日普华永道会计事务所发给格拉先科的一封信中的内容，中央银行曾通过其离岸的空壳公司来对俄罗斯政府发行的高收益 GKO 进行秘密借壳投资。

11. 达尔特还气恼霍多尔科夫斯基以异常低廉的价格收购他的股份。达尔特管理公司的公关代理 AB Image 发布的一张表格显示，霍多尔科夫斯基出价为 54 美分/股。以此计算，卢甘斯克油气公司的市值为 2 200 万美元。但同时，其子公司每年生产的 2 500 万吨石油全球出口价格为 20 亿美元。霍多尔科夫斯基给萨马拉油气公司开价 32 美分/股，对其子公司估值 1 100 万美元，但该公司的年产量在全球市场上价值 8.4 亿美元。他甚至还给托木斯克石油公司开价 11 美分/股，以此计算，该公司价值 310 万美元，但其年产量价值 6.4 亿美元。

12. 俄罗斯的《合资公司法》有一条款对所谓的利害关系人交易做了规定。这一规定的中心思想是为了防止利益冲突，即掌握出售财产或股份权利的人——有利害关系的一方——将财产出售给他们自己或他们所掌控的公司。如果霍多尔科夫斯基控股了离岸公司，然后表决将子公司出售给离岸公司，这种行为就是违法的。但这条法律没有很好地被执行。

13. 很难计算达尔特最初究竟出价多少。以卢甘斯克油气公司的股份为例，从最初在1994年中期的5美元/股，上升到同年市场最高点的40美元/股，后来又下降到价格不足5美元/股。尽管达尔特一直对他的私有财产保密，但他很有可能是俄罗斯20世纪90年代中期最大的私人投资者之一。

14. 作者采访大和银行欧洲公司的电话记录，日期不详。

15. Gleb Pyanikh, *Kommersant Daily*, May 29, 1999, p. 1.

16. 波塔宁和乔丹被迫退出的原因之一在于反稀释行为的一场公众运动。发动者是成功的基金经理威廉·布劳德，他拥有西丹科石油公司1亿美元的股份，且对于他们想要降低他股份占比的行为非常愤怒。

17. World Bank, *Capital Development Project*, *Technical Annex*, May 6, 1996, pp. 9.

18. 作者于2001年5月29日采访马克·达纳斯塔西奥。博雅公共关系公司为霍多尔科夫斯基所做的工作包括在他1999年春天访问美国时利用新闻采访提升他的个人形象，而此时瓦西列夫正在进行他的调查研究。在他的旅途中，霍多尔科夫斯基和《纽约时报》的一名记者谈了8个小时，但其结果是他始料未及的。这篇文章直到9月才发表，而此时对俄罗斯洗钱行为的指控刚刚提出。Timothy L. O'Brien, "Follow the Money, If You Can," *New York Times*, September 5, 1999.

19. 俄罗斯贸易系统副主席 Alexei Tsyganok 1999年11月16日写给作者的信；全国股票市场参与者协会（National Association of Participants in the Stock Market）1999年6月19日写给俄罗斯贸易系统理事会的信。

20. 尤科斯1999年6月21日的新闻发布会："德米特里·瓦西列夫在尤科斯和达尔特集团的冲突中所扮演的角色已有失公平。"

21. 针对瓦西列夫的刑事诉讼在他辞职一个月后毫无声息地结束了。

22. "Yukos, Rising to the First Tier," Credit Suisse First Boston (Europe) Ltd., March 8, 2001, p. 27.

23. 霍多尔科夫斯基后来揭露，1998 年 5 亿美元贷款的三个贷方中的两方，美林证券和高盛，在事件爆发之后，因恐慌将他们的债权证明以 18 美分对 1 美元的比例出售。他们这样做的原因是认为尤科斯可能会违约。霍多尔科夫斯基称，这两方给自己造成了 1.5 亿美元的“不必要”损失（霍多尔科夫斯基于 2000 年 5 月 18 日接受《华盛顿邮报》采访时对记者和编辑如是说道）。后来尤科斯取消了所有的股份发行计划，开始转向离岸地区发展——威胁已经够用了。

24. 作者于 2001 年 2 月 28 日采访别列佐夫斯基。

25. 卢日科夫称斯库拉托夫一直受一年前制作的视频勒索的困扰。联邦委员会——俄罗斯议会的上议院，有责任监督检察长。事情发生时，卢日科夫作为上议院的领导成员，与其他地区领导一起投票来保证斯库拉托夫不被辞退。叶利钦震怒。

26. 别列佐夫斯基于 2000 年 9 月 19 日接受《华盛顿邮报》记者和编辑采访时的评论。

27. 为了防止意外，卢日科夫要求将下一届市长选举从 2000 年 6 月提前到 1999 年 12 月，并得到了市议会的支持。最终卢日科夫获得了 70％的选票并成功当选。

28. 别列佐夫斯基和多伦科的一些通话记录在 1999 年 12 月 16 日被发表在《新报》上。这家报社经常发表通过名声不好的特殊渠道提供的材料。多伦科告诉我说笔录本记录的内容很准确，但可能包括了他和别列佐夫斯基策划袭击时的一些通话。多伦科以“鲍尔”来称呼鲍里斯这个商业大亨，而别列佐夫斯基称呼多伦科为“亲爱的”。别列佐夫斯基确认了笔录的准确性，但同时也说，报社可能进行了一些整理改动。

29. 捐赠者是瑞士商人 Behjget Pacolli，据报道曾身陷克里姆林宫装修工程丑闻。Pacolli 的公司重建了克里姆林宫大厅。而 Pacolli 称，他曾应卢日科夫的要求花费 87 万美元重建了医院，但除了一封致谢函外什么都没得到。

30.《纽约时报》1999 年 8 月中旬报道，美国的调查人员正在探查一个洗钱阴谋，这个阴谋将从俄罗斯神秘地带走数十亿美元。2000

年 2 月，一个前副行长露西·爱德华（Lucy Edwads）和她的丈夫彼得·柏林（Peter Berlin）承认他们通过 Benex International 参与运作这一方案，并将钱从纽约银行转到其他地方。但是，他们只是中间人，背后真正的主使者并没有被指认出来。所有的一切都显示为资本外逃；规避俄罗斯内部的税务、关税和风险。

31. *Komsomolskaya Pravda*，October 5，1999，p. 2.

32. 对卢日科夫的采访于 1999 年 10 月 31 日在一个莫斯科地方频道 TV－6 播出。

33. 作者于 1999 年 8 月 23 日采访叶连娜·巴图林娜。

34. 别列佐夫斯基于 1999 年 11 月 26 日和记者会谈。

35. 雷诺写给编者的信。

36. Robyn Dixon，"Pushing the Boundaries of a Free Press; Russia：Media Tycoon's Struggle with the Kremlin Is Seen as a Litmus Test of What President Putin Will Allow，" *Los Angeles Times*，June 1，2000. 古辛斯基在 2000 年 6 月 2 日的简介会上对记者们（包括作者）强调了他的说法。

37. Andrei Vandenko，"The Kremlin Will Be Paying Back with Interest，" Komsomolskaya Pravda，August 3，1999，pp. 3－5. 对沃洛申的采访。

38. Susan B. Glasser and Peter Baker，"Kremlin Wages War of Nerves：TV Network Struggles with Outside Pressures and Internal Tension，" *Washington Post*，January 29，2001，p. A13.

39. 别列佐夫斯基在俄罗斯与车臣敌对状态开始时所扮演的角色一直备受猜疑。他与车臣的一些组织保持着良好的关系，但我认为他更像是一个中间人而非一个煽动者。第二次战争的起因是车臣内部的混乱以及对莫斯科冲突的疲于应对。第一个因素内部混乱是由车臣总统阿斯兰·马斯哈多夫（Aslan Maskhadov）与巴萨耶夫之间的分歧引起的。马斯哈多夫是莫斯科的对话者，他失去了对车臣各大圣战组织的掌控。第二个因素是由克里姆林宫的优柔寡断引起的。安东·苏里科夫（Anton Surikov）是前俄罗斯军事情报官，后来成为俄罗斯议院委员会管理人员，他告诉我说，俄罗斯官员曾收到风声说巴萨耶夫那个夏天正在达吉斯坦边境策划着什么。他说："这不是什么秘密。当时引起了一阵恐慌，有一种完全无助的情绪在蔓延。"同样地，沃洛申在8月曾说："虽然巴萨耶夫武装袭击的日期在其开始前几天就已经被得知，但由于地区多山，难以防御，有成百上千条不同的路径，通过峡谷或高山，实际上是没有边境的……这也就是为什么不可能让士兵组成一条防御线。"别列佐夫斯基告诉我，早在1999年5月和6月，当车臣指挥官告诉他事情已经脱离掌控且"达吉斯坦有可能会出问题"的时候，他就已经警告过克里姆林宫了。他补充说："我把所有的消息都传递给了当时的总理斯捷帕申。我面见他并告诉了他实情。他说让我别担心，他们知道所有的事情，一切都在掌握之中。"而另一方面，斯捷帕申告诉我对车臣的打压计划早在之前俄罗斯的一名内务部官员被绑架时就已经开始进行了。他说俄罗斯当局在6月就获得了可能受到袭击的情报，且他们试图在车臣周围实行"和巴萨耶夫袭击无关"的封锁。斯捷帕申说他在7月主持了一场俄罗斯安全委员会的会议，且"我们都觉得我们的边境有一个巨大的缺口，除非我们向前推进到捷列克河（车臣内部的河流），否则没有可能堵住这个缺口。这完全是一项军事决定"。斯捷帕申称在他被免职后，普京接手了他启动的计划并继续执行。巴萨耶夫策划这样一场戏剧性的跨边境入侵的原因和他认为俄罗斯可能如何回应尚不清楚。他当时宣称希望引起达吉斯坦的暴动，重新获得对建立伊斯兰国家的支持。但这是无用功。这场袭击引起了达吉斯坦这一多民族聚居地的恐慌。于是很多村庄都开始建立武装队伍来对抗车臣。最终，俄罗斯军队将他们击退到边境线，而普京发起了更大规模的反击。另一个没有回答的问题是究竟谁应该对引起战争的公寓爆炸案负责。普京和他的政府一直在谴责车臣。在俄罗斯内部，一些人推测爆炸是由一些和安全部门有关联的地下组织策划的，以此来推动普京掌权。在2000年9月19日和《华盛顿邮报》编辑和记者的会面上，别列佐夫斯基被问及这个问题。他说起初他不相信安全部门会如此作为并坚信是车臣所为，但后来他越来越怀疑了。

40. “Oleg Dobrodeyev：The Army：These Are Our Brothers and Sons,” *Krasnaya Zvezda*，September 29. 多布罗杰耶夫于 2000 年 1 月离开了 NTV，并被指派为国有电视台 RTR 的台长。

41. 别列佐夫斯基因创建 Unity in the May 访谈并于 2000 年 9 月 19 日与《华盛顿邮报》的记者和编辑再一次会面而获得好评。

42. 作为议会议员，别列佐夫斯基可以自动享受豁免权，除非被议会大多数人提出撤销。但他否认因这个原因逃跑。

43. 俄罗斯灯塔广播电台，2000 年 3 月 18 日。

44. 古辛斯基于 2000 年 6 月 2 日在莫斯特媒体总部大楼接受了记者采访。

45. Gusinsky interview，*Obshchaya Gazeta*，June 8 - 14，2000，pp. 1 - 3.

46. 普京和他的代表反复用 13 亿美元这个数字来强调古辛斯基是在一夜之间欠下这笔巨款。实际上，从古辛斯基 2000 年 7 月给出的时间表来看，这些债务是在之后几年里陆续欠下的。由俄气担保的 2.11 亿美元瑞士信贷第一波士顿（CFSB）贷款在 2000 年 3 月到期。NTV 从俄气银行贷的 0.4 亿美元在 11 月到期。莫斯特媒体从 CFSB 贷的 2.62 亿美元于 2001 年 7 月到期，从莫斯科市贷的 2.23 亿美元于 2003 年 2 月到期，从外贸银行贷的 0.4 亿美元于 2003 年 5 月到期。古辛斯基的公司还从俄罗斯联邦储蓄银行贷了 2.22 亿美元，用俄罗斯政府发行的以美元标价的债券做抵押，债券将于 2003 年到期，届时还清贷款还超出 7 230 万美元。在 2009 年底前古辛斯基必须还清为购买卫星向美国进出口银行贷的 1.237 亿美元。俄罗斯财政部同时承诺为其购买一颗俄罗斯卫星提供 3 250 万美元的贷款。古辛斯基和他的高管常称，尽管公司承担着巨额债务，但也一直在迅速地增长，且 NTV 在 1998 年事件前一直盈利。

47. 作者于 2001 年 2 月 16 日采访多伦科。

48. 古辛斯基于 2000 年 6 月 20 日接受《人民之声》采访。

49. 我曾经参加列辛为记者组织的“背景”简介会。列辛告诉记者他只是在试图做好克里姆林宫和古辛斯基的中间人。但大量其他信息表明，列辛在给古辛斯基施压方面起到了重要作用。

50. 协议第 6 条是存在争议的。它规定，针对古辛斯基的诉讼案件会停止，同时，在不损害俄罗斯国家利益的前提下，古辛斯基和他公司的其他成员可自由出入俄罗斯。这个文件由列辛和科赫署名。但列辛很显然没有权力停止针对古辛斯基的诉讼。而科赫后来称这个文件是古辛斯基的意思。

51. 别列佐夫斯基的长期密友兼副手巴德里·帕塔尔卡齐什维利在 2001 年 7 月 4 日《商业日报》(别列佐夫斯基的报纸) 上发表的一篇访谈中详细解释了克里姆林宫的意图。他称，政府逮捕了别列佐夫斯基的另一助手尼古拉·格卢什科夫来向其施压。克里姆林宫坚持称，如果别列佐夫斯基想将格卢什科夫救出监狱，就必须卖掉他的媒体传播帝国……并结束他的政治活动。他还说条件都是沃洛申提出的。在别列佐夫斯基放弃了他在俄罗斯公众电视台的股份后，克里姆林宫依然拒绝释放格卢什科夫。他指控说沃洛申“欺骗”了他们。

参考文献

Aganbegyan, Abel. *The Economic Challenge of Perestroika.* Bloomington: Indiana University Press, 1988.

——. *Inside Perestroika: The Future of the Soviet Economy.* New York: Harper & Row, 1989.

Aganbegyan, Abel, ed. *Perestroika Annual: Two.* New York: Brassey's, 1989.

——. *Perestroika, 1989.* New York: Scribner's, 1988.

Aksyonov, Vassily. *The Island of Crimea.* New York: Random House, 1983.

Albats, Yevgenia. *The State Within a State.* New York: Farrar Straus Giroux, 1994.

Aron, Leon. *Yeltsin: A Revolutionary Life.* New York: St. Martin's, 2000.

Åslund, Anders. *Building Capitalism.* Cambridge: Cambridge University Press, 2001.

——. *Gorbachev's Struggle for Economic Reform.* Ithaca: Cornell University Press, 1991.

——. *How Russia Became a Market Economy.* Washington, DC: Brookings Institution, 1995.

Åslund, Anders, ed. *Economic Transformation in Russia.* London: Pinter, 1994.

Barker, Adele Marie, ed. *Consuming Russia: Popular Culture,*

Sex, and Society Since Gorbachev. Durham, N. C.: Duke University Press, 1999.

Baturin, Yuri, et al. *Epokha Yeltsina* (The Yeltsin Epoch). Moscow: Vagrius, 2001.

Bergson, Abram, and Herbet S. Levine, eds. *The Soviet Economy: Toward the Year 2000.* London: George Allen & Unwin, 1983.

Berlin, Isaiah. *Karl Marx.* Oxford: Oxford University Press, 1996.

Blasi, Joseph R., Maya Kroumova, and Douglas Kruse. *Kremlin Capitalism: Privatizing the Russian Economy.* Ithaca: Cornell University Press, 1997.

Bortsov, Yuri. *Yuri Luzhkov.* Rostov-on-Don: Feniks, 1999.

Boycko [Boiko], Maxim, Andrei Shleifer, and Robert Vishny. *Privatizing Russia.* Cambridge: MIT Press, 1995.

Brady, Rose. *Kapitalizm.* New Haven: Yale University Press, 1999.

Brown, Archie. *The Gorbachev Factor.* Oxford: Oxford University Press, 1996.

Bunin, Igor. *Biznesmeni Rossii* (Businessmen of Russia). Moscow: OKO, 1994.

Chernow, Ron. *The Death of the Banker.* New York: Vintage, 1997.

——. *The House of Morgan: An American Banking Dynasty and the Rise of Modern Finance.* New York: Simon & Schuster, 1990.

Chubais, Anatoly, ed. *Privatizatzia Po-Rossiiski* (Privatization in the Russian way). Moscow: Vagrius, 1999.

Coase, R. H. *The Firm, the Market, and the Law.* Chicago: University of Chicago Press, 1988.

Colton, Timothy. *Moscow.* Cambridge: Harvard University

Press, Belknap Press, 1995.

Dallin, Alexander, and Gail W. Lapidus, eds. *The Soviet System: From Crisis to Collapse.* Boulder: Westview, 1995.

De Préneuf, Flore Martinant. "The Historical and Political Significance of the Reconstruction of the Cathedral of Christ the Saviour in Moscow." M. Phil. thesis, Oxford University, 1997.

Dobbs, Michael. *Down with Big Brother.* New York: Knopf, 1997.

Dreiser, Theodore. *An American Tragedy.* 1925.

——. *The Financier.* 1912.

Dubov, Yuli. *Bolshaya Paika.* Moscow: Vagrius, 2000.

Ellman, Michael, and Vladimir Kontorovich, eds. *The Destruction of the Soviet Economic System: An Insider's History.* New York: Sharpe, 1998.

Erofeyev, Venedict. *Moskva-Petushki.* Paris: Albin Michel, 1979. In English: *Moscow Circles.* London: Writers and Readers Publishing Cooperative, 1981. Originally *samizdat* (early 1970s).

European Bank for Reconstruction and Development. *Transition Report 1998: Financial Sector in Transition.* London: EBRD, 1998.

——. *Transition Report 1999: Ten Years of Transition.* London: EBRD, 1999.

Fischer, Benjamin B., ed. *At Cold War's End: U.S. Intelligence on the Soviet Union and Eastern Europe, 1989 - 1991.* Washington, D.C.: Center for the Study of Intelligence, CIA, 1999.

Fitzpatrick, Shelia, Alexander Rabinowitch, and Richard Stites, eds. *Russia in the Era of NEP.* Bloomington: Indiana University Press, 1991.

Freeland, Chrystia. *Sale of the Century.* New York: Crown Business, 2000.

Gaidar, Yegor. *Days of Defeat and Victory.* Seattle: University of Washington Press, 1999.

Gaidar, Yegor, ed. *Ekonomika Perekhodnova Perioda* (Economics of the transition eriod). Moscow: Institute for the Economy in Transition, 1998.

Galbraith, John Kenneth. *A History of Economics: The Past as the Present.* London: Hamish Hamilton, 1987.

Gall, Carlotta, and Thomas de Waal. *Chechnya: Calamity in the Caucasus.* New York: New York University Press, 1998.

Goltsov, C. , A. Myakenky, and C. Shoiko. *Surrogaty Tsennikh Bumag: Teoriya, Praktika, Dokumenty* (Surrogate money: Theory, practice, and documents). Moscow, 1998. A guide for law enforcement bodies.

Gorbachev, Mikhail. *Memoirs.* New York: Doubleday, 1995.

Gregory, Paul R. *Before Command: An Economic History of Russia from Emancipation to the First Five-Year Plan.* Princeton: Princeton University Press, 1994.

Gustafson, Thane. *Capitalism Russian-Style.* Cambridge: Cambridge University Press, 1999.

——. *Crisis Amid Plenty: The Politics of Soviet Energy under Brezhnev and Gorbachev.* Princeton: Princeton University Press, 1989.

Haines, Gerald K. , and Robert E. Leggett. *CIA's Analysis of the Soviet Union, 1947 –1991.* Washington, DC: Center for the Study of Intelligence, CIA, 2001.

Handelman, Stephen. *Comrade Criminal.* London: Michael Joseph, 1994.

Haupt, Robert. *Last Boat to Astrakhan: A Russian Memoir, 1990 – 1996.* Milsons Point, N. S. W. : Random House Australia, 1996.

Hayek, Friedrich A. *The Fatal Conceit: The Errors of Socialism.* Chicago: University of Chicago Press. 1988.

——. *Individualism and Economic Order.* Chicago: University of

Chicago Press. 1948.

——. *The Road to Serfdom.* Chicago: University of Chicago Press, 1944.

Hellman, Joel Scott. "Breaking the Bank: Bureaucrats and the Creation of Markets in a Transitional Economy." Ph. D. diss., Columbia University, 1993.

Helsinki Watch. *Nyeformalny: Civil Society in the USSR.* A Helsinki Watch Report, February 1990.

Hewett, Ed A. *Reforming the Soviet Economy.* Washington: Brookings Institution, 1988.

Hewett, Ed A., and Victor H. Winston, eds. *Milestones in Glasnost and Perestroyka: Politics and People.* Washington: Brookings Institution, 1991.

Hosking, Geoffrey. *A History of the Soviet Union, 1917 - 1991.* London: Fontana, 1992.

Johnson, Juliet. *A Fistful of Rubles: The Rise and Fall of the Russian Banking System.* Ithaca: Cornell University Press, 2000.

Josephson, Matthew. *The Robber Barons.* New York: Harcourt Brace, 1934.

Kaiser, Robert G. *Russia: The People and the Power.* London: Secker & Warburg, 1976.

——. *Why Gorbachev Happened.* New York: Simon & Schuster, 1991.

Kaufman, Richard F., and John P. Hardt, eds. *The Former Soviet Union in Transition.* Armonk, N. Y.: Sharpe, 1993. Joint Economic Committee, U. S. Congress.

Khodorkovsky, Mikhail, and Leonid Nevzlin. *Chelovek C Rublyom* (Man with a ruble). Moscow: Mentep-Inform, 1992.

Kirichenko, E. *Khram Khrista Spasitelya B Moskve* (Cathedral of Christ the Savior in Moscow). Moscow: Planeta, 1992.

Klebnikov, Paul. *Godfather of the Kremlin: Boris Berezovsky and the Looting of Russia.* New York: Harcourt, 2000.

Knight, Amy W. *The KGB: Police and Politics in the Soviet Union.* Winchester, Mass.: Allen & Unwin, 1988.

Kokh, Alfred. *The Selling of the Soviet Empire.* New York: SPI Books, 1998.

Kornai, János. *Economics of Shortage.* Amsterdam: North Holland Publishing, 1980.

——. *The Socialist System: The Political Economy of Communism.* Oxford: Oxford University Press, 1992.

Korzhakov, Alexander. *Boris Yeltsin: Ot Rassveta Do Zakata* (Boris Yeltsin: From dawn till dusk). Moscow: Interbuk, 1997.

Lane, David. *The Political Economy of Russian Oil.* Lanham, Md.: Rowman & Littlefield, 1999.

Layard, Richard, and John Parker. *The Coming Russian Boom: A Guide to New Markets and Politics.* New York: Free Press, 1996.

Ledeneva, Alena V. *Russia's Economy of Favors: Blat, Networking, and Informal Exchange.* Cambridge: Cambridge University Press, 1998.

Lloyd, John. *Rebirth of a Nation: An Anatomy of Russia.* London: Michael Joseph, 1998.

Luzhkov, Yuri. *My Deti Tvoi, Moskva* (We are your children, Moscow). Moscow: Vagrius, 1996. In English, revised: *Moscow Does Not Believe in Tears.* Chicago: Martin, 1996.

Malia, Martin. *The Soviet Tragedy: A History of Socialism in Russia, 1917–1991.* New York: Free Press, 1994.

Marx, Karl, and Friedrich Engels. *The Communist Manifesto.* London, 1848.

Marx, Karl, and Friedrich Engels, eds. *Capital.* Vol. 1. 100th anniversary edition of the original 1867 German edition. New York:

International Publishers, 1967.

McFaul, Michael. *Russia's 1996Presidential Election: The End of Polarized Politics.* Stanford, Calif.: Hoover Institution Press, 1997.

——. *Russia's Unfinished Revolution: Political Change from Gorbachev to Putin.* Ithaca: Cornell University Press, 2001.

Mickiewicz, Ellen. *Changing Channels: Television and the Struggle for Power in Russia.* Oxford: Oxford University Press, 1997.

Mukhin, Alexei. "*Oligarkhi*" *Rossii* ("Oligarchs" of Russia). Moscow: CPIK-Tsenter, 1999.

Myslovsky, Yevgeny. *Vnimaniye: "Kidal-Invest"* (Beware: "Swindle-invest"). Moscow: Spas, 1996.

Naishul, Vitaly. *Another Life.* Moscow. Available at www. inme. ru/d1 and www. libertarium. ru. Originally samizdat, 1985.

Nove, Alec. *An Economic History of the USSR.* London: Penguin, 1992.

Oberdorfer, Don. *The Turn.* New York: Simon & Schuster, 1991.

Organization for Economic Cooperation and Development. *Russian Federation: Economic Survey, 1999 - 2000.* Paris: OECD, 2000.

Palazchenko, Pavel. *My Years with Gorbachev and Shevardnadze.* University Park: Pennsylvania State University Press, 1997.

Pelevin, Victor. *Babylon.* London: Faber & Faber, 2000.

Popov, Gavriil. *Ot i Do: Rossiya Put'K Sotsial-demokratii* (From and 'til: Russia, the path to social democracy). Moscow: Galactica, 1996.

Randolph, Eleanor. *Waking the Tempests: Ordinary Life in the New Russia.* New York: Simon & Schuster, 1996.

Remnick, David. *Lenin's Tomb.* New York: Random House, 1993.

——. *Resurrection: The Struggle for a New Russia.* New York: Random House, 1997.

Ries, Nancy. *Russian Talk: Culture and Conversation During Perestroika.* Ithaca: Cornell University Press, 1997.

Roxburgh, Angus. *The Second Russian Revolution.* London: BBC Books, 1991.

Ryback, Timothy. *Rock Around the Bloc.* Oxford: Oxford University Press, 1990.

Sachs, Jeffrey. *Poland's Jump to the Market Economy.* Cambridge: MIT Press, 1993.

Sachs, Jeffrey D., and Katharina Pistor. *The Rule of Law and Economic Reform in Russia.* Boulder: Westview, 1997.

Shane, Scott. *Dismantling Utopia: How Information Ended the Soviet Union.* Chicago: Ivan R. Dee, 1994.

Shevtsova, Lilia. *Yeltsin's Russia: Myths and Reality.* Washington: Carnegie Endowment for International Peace, 1999.

Shleifer, Andrei, and Daniel Treisman. *Without a Map: Political Tactics and Economic Reform in Russia.* Cambridge: MIT Press, 2000.

Sinyavsky, Andrei. *Soviet Civilization: A Cultural History.* New York: Arcade, 1990.

Smith, Adam. *The Wealth of Nations.* Edited by Edwin Cannan. Chicago: University of Chicago Press, 1976.

Smith, Gordon B. *Soviet Politics: Struggling with Change.* London: Macmillan, 1992.

Solnick, Steven L. *Stealing the State: Control and Collapse in Soviet Institutions.* Cambridge: Harvard University Press, 1998.

Soros, George. *The Crisis of Global Capitalism: Open Society Endangered.* New York: PublicAffairs, 1998.

——. *Open Society: Reforming Global Capitalism.* New York:

PublicAffairs, 2000.

Smith, Hedrick. *The Russians*. New York: Quadrangle/New York Times Book, 1976.

Steele, Jonathan. *Eternal Russia*. London: Faber & Faber, 1994.

Streletsky, Valery. *Obscurantism*. Moscow: Detektiv Press, 1999.

Taranovski, Theodore. *Reform in Modern Russian History: Progress or Cycle?* Washington, DC: Woodrow Wilson Center Press; Cambridge: Cambridge University Press, 1995.

Tarkhanov, Alexei, and Sergei Kavtaradze. *Architecture of the Stalin Era*. New York: Rizzoli International, 1992.

Troitsky, Artemy. *Back in the USSR*. London: Omnibus, 1987.

Tucker, Robert C. *The Marx-Engels Reader*. New York: Norton, 1972.

Ulyukaev, Alexei. *B Ozhidanii Krizisa* (In expectation of crisis). Moscow: Strelets, 1999.

Vaksberg, Arkady. *The Soviet Mafia*. New York: St. Martin's, 1991.

Vasiliev, Sergei. *Ten Years of Russian Economic Reform: A Collection of Papers*. London: Center for Research into Post-Communist Economies, 1999.

West, James L., and Iurii A. Petrov, eds. *Merchant Moscow: Images of Russia's Vanished Bourgeoisie*. Princeton: Princeton University Press, 1998.

White, Stephen. *Russia Goes Dry*. Cambridge: Cambridge University Press, 1996.

Williams, Phil, ed. "Russian Organized Crime: The New Threat?" *Transnational Organized Crime* 2, nos. 2 - 3 (1996). Special double issue.

Wilson, David, and Geoffrey Dayton. *Soviet Oil and Gas to 1990:*

The Market for LPG. Cambridge, Mass. : Abt Associates, 1982.

Wolfe, Bertram D. *Three Who Made a Revolution.* New York: Time-Life Books, 1964.

Woodruff, David. *Money Unmade: Barter and the Fate of Russian Capitalism.* Ithaca: Cornell University Press, 1999.

Yeltsin, Boris. *Midnight Diaries.* New York: PublicAffairs, 2000.

——. *The Struggle for Russia.* New York: Times Books, 1994.

Yurchak, Alexei. "The Cynical Reason of Late Socialism: Language, Ideology, and Culture of the Last Soviet Generation." Ph. D. diss. , Duke University, 1997.

Zaslavskaya, Tatyana. *The Second Socialist Revolution: An Alternative Soviet Strategy.* Bloomington: Indiana University Press, 1990.

致谢

我在写作本书时得到了很多人的无私帮助。玛莎·李普曼是俄罗斯新一代最富有见解和最精练的记者，指导我对当代俄罗斯进行了5年多的观察，并对每一章的写作做了详尽的审查。娜塔莉亚·亚历山大罗夫是一个不知疲倦的翻译，一个富有激情的批评家，一个致力于讲述真实故事的人。伊琳娜·马卡罗娃不仅带我乘火车去体验往事（如第一章所述），而且倾注了大量的心血，利用她的聪明才智帮助我翻译，协助我做研究。

格伦·沃勒作为20世纪90年代俄罗斯最敏锐的观察家，通过好几个小时的交谈向我讲述了他的经历和思想。迈克尔·麦克福尔给我灵感的火花，多年来向我提了很多宝贵的忠告。奥尔加·克雷施塔诺夫斯卡娅耐心地向我讲寡头集团的结构、历史和习惯。克里斯蒂娅·弗里兰是20世纪90年代英国《金融时报》驻莫斯科总编，她总是和我抢发独家新闻，但在那些动荡岁月里，我们是朋友、同事和旅行伙伴。我们一起采访过衰败的工厂、墓场般的煤矿以及神秘的俄罗斯公司董事会。安德斯·阿斯伦德在自己的著作里把戈尔巴乔夫和叶利钦时期的经济史载入编年史，和他的多次谈话增加了我对一些尘封史料的了解。史蒂文·索尔尼克给予我鼓励并提供了共青团瓦解的主要材料。托马斯·格雷厄姆帮助我解开了寡头集团的众多谜团。乔尔·赫尔曼有幸看到了早年那些大亨的行动，后来我们在莫斯科多次见面讨论寡头问题时，他提出了独到的分析。威廉·布劳德是一位聪明的导师，指导我如何洞悉寡头们鲜为人知的商业帝国。

在《华盛顿邮报》内部，我要特别感谢已故的凯瑟琳·格雷厄姆

（《华盛顿邮报》前发行人、董事会主席）女士一开始对我的信任，还要感谢唐纳德·格雷厄姆对我的鼓励和他对新闻事业的坚定承诺。杰克逊·迪尔（Jackson Diehl）具有独特的见地，他把俄罗斯寡头们的故事引进《华盛顿邮报》并鼓励我写作本书。我要特别感谢罗伯特·凯撒（Robert Kaiser），他对俄罗斯的长期研究奠定了他在这方面的领军地位，他还具有出色的编辑领导才能，他给我提供了很多无私的帮助，提出了很多有价值的批评。本杰明·布拉德利、小伦纳德·唐尼、史蒂夫·科尔建立了一个伟大的新闻报道企业，投入了时间、空间与资源，致力于报道俄罗斯在20世纪90年代的故事。格伦·弗兰克尔是一个杰出的写作教练。菲尔·班尼特指导我进行简明的编辑。洛乌·坎农（Lou Cannon）自我进入《华盛顿邮报》以来，一直是我的导师与伙伴。迈克尔·格特勒派我担任海外记者。迈克尔·多布斯和戴维·雷姆尼克在改革时代前后后以他们在莫斯科多年的记者经验引导我。我还得到了《华盛顿邮报》以下同事的帮助和指导：Peter Baker，Paul Blustein，Alan Cooperman，Douglas Farah，Mary Lou Foy，Susan Glasser，Virginia Hamill，Fred Hiatt，Jim Hoagland，Lee Hockstader，Sharon LaFraniere，Robert McCartney，Steven Mufson，Don Oberdorfer，Lucian Perkins，Gene Robinson，Margaret Shapiro，Peter Slevin，以及 Daniel Williams。

在莫斯科，Jörg Eigendorf 无私地和我分享他的经验和档案资料。《商业周刊》的 Patricia Kranz 和我分享她访问记录里面的重要资料。Flore de Preneuf 让我参考她在莫斯科基督救世主大教堂做的精心研究。威廉·弗莱明和我分享他对贷款换股份交易的研究成果。

我非常感谢人类学家玛格丽特·帕克森，她花了整整一年研究寡头集团，也要感谢玛莎·丹妮洛娃，她满腔热情地帮我翻译。Jeff Kahn，Anna Masterova，Marlena Hurley，Anne Nivat 也提供了帮助。我感谢我的朋友 Sergei Belyakov，我生命的领航员；还有 Volodya Alexandrov，负责管理一切事宜；Nadia Avinerious，一位耐心的老师。

感谢牛津大学圣安东尼学院和阿奇·布朗教授，我在那里进行了一年非常有意义的学习。

Esther Newberg 为这本书找到了去处。Public Affairs 出版社的 Peter Osnos 从一开始就对出版此书充满热情，使其从最初的梦变成了现实。Kate Darnton 是一位出色的编辑。

还有一大批人允许我进行采访，为本书的写作提供文献和建议，他们是：Tom Adshead，Yevgenia Albats，Pyotr Aven，Vasily Babikov，Oleg Babinov，Mikhail Baev，Yelena Baturina，Alexander Bekker，Sergei Belyaev，Valery Belyakovich，Mikhail Berger，Bernard Black，Andrei Bogolubov，Paul Bograd，Leonid Boguslavsky，Maxim Boiko，Vladimir Bokser，Mark Bond，Artyom Borovik，Konstantin Borovoi，Al Breach，Pavel Bunich，Igor Bunin，Michael Caputo，Nikolai Chetverikov，Igor Chubais，Oleg Churilov，Timothy Colton，Mark D'Anastasio，Mikhail Dmitriev，Tamara Dobretsova，Oleg Dobrodeyev，Mikhail Dodonov，Sergei Dorenko，Yuli Dubov，Sergei Ermakov，James Fenkner，Murray Feshbach，David Filipov，Andrew Fox，Yegor Gaidar，Natalya Gevorkyan，Martin Gilman，Grigory Glazkov，Alex Goldfarb，Andrei Gorodetsky，Leonid Gozman，Vladimir Grodsky，Peter Halloran，Jonathan Hay，Victor Huaco，Andrei Illarionov，Valery Ivanov，Sergei Ivanov，Anatoly Ivanov，Steven Jennings，Donald Jensen，Boris Jordan，Xavier Jordan，Konstantin Kagalovsky，Jan Kalicki，Sergei Karaganov，Alexei Kara-Murza，Irina Karelina，Alexander Khachaturov，Boris Khait，Alexander Khandruyev，Sergei Kiriyenko，Yevgeny Kiselyov，Sonia Kishkovsky，Oleg Klimov，Alfred Kokh，Anatoly Kolosov，Vladimir Korabelnikov，Vladimir Koshelev，Yevgeny Kovrov，Andrew Kramer，Yelena Krasnitskaya，Eduard Krasnyansky，Eric Kraus，Margery Kraus，Veronika Kutsillo，Viktor Kuvaldin，Mikhail Larkin，Yulia Latynina，Mikhail Leontiev，Mark Levin，Tatyana Likhonova，Ruslan Linkov，Sergei Lisovsky，Alexander Livshitz，John Lloyd，Augusto Lopez-Claros，Vladimir Lopukhin，Viktor Loshak，Vladimir Lototsky，Igor

Malashenko, Mikhail Margelov, Sergei Markov, Andrew Meier, Andrei Melnichenko, Alexander Minkin, Vladimir Mokrousov, Valentina Mokrousova, Sergei Monakhov, Nat Moser, Mikhail Moskvin-Tarkhanov, Alexei Mukhin, Arkady Murashev, Alexander Muz ykantsky, Yevgeny Myslovsky, Vitaly Naishul, Boris Nemtsov, Leonid Nevzlin, Leonid Nikitinsky, Vyacheslav Nikonov, Kemer Norkin, Stephen O'Sullivan, Nina Oding, Mikhail Ogorodnikov, John Ordway, Alexander Oslon, Alexander Osovtsov, Dmitri Ostalsky, Alexander Panin, Sergei Parkhomenko, Sergei Pashin, Masha Pavkenko, Boris Pavlov, Gary Peach, Brian Pinto, Andrei Piontkovsky, Larisa Piyasheva, Dzhokhan Pollyeva, Dmitri Ponomarev, Gavriil Popov, Vladimir Potanin, Igor Primakov, Thomas Reed, Yuri Reva, Andrei Richter, Sergei Rogov, Leonid Rozhetskin, Hans-Joerg Rudloff, Charles Ryan, Yevgeny Savostyanov, Vasily Shakhnovsky, Akexander Sheindlin, Lilia Shevtsova, Mikhail Shneider, Yuri Skuratov, Dmitri Sliko, Tim Smith, Galina Starovoitova, Olga Starovoitova, Sergei Stupar, Bernard Sucher, Vladislav Surkov, Ludmila Telen, John Thornhill, Gary Titarenko, Andrei Trapeznikov, Vitaly Tretyakov, Yuri Tselikov, Alexei Uluykaev, Chris Van Riet, Levan Vasadze, Dmitri Vasiliev, Sergei Vasiliev, Alexei Venediktov, Vladimir Vinogradov, Alexander Vladislavlev, Masha Volkenstein, James Wallar, Brian Whitmore, Richard Wirthlin, Alexei Yablokov, Yuri Yarmagayev, Nina Yermakova, Yevgeny Yasin, Arkady Yevstafiev, Vladimir Yevtushenkov, Alexei Yurchak, Konstantin Zatulin, Yuri Zektser, Larisa Zelkova, Bella Zlatkis, Andrei Zorin, Alexander Zurabov,以及 Sergei Zverev。

最重要的是，我要特别感谢我的妻子卡罗尔，为她对整个项目的关心和支持，从最初的档案到最后的文字。我还要谢谢我的儿子丹尼尔和本杰明以及我的父母对我因写作而长期离家的宽容。

图书在版编目(CIP)数据

寡头：新俄罗斯的财富与权力/(美) 霍夫曼
(David E. Hoffman)著;冯乃祥,李雪顺,胡瑶译.—
上海：上海译文出版社,2017.12 (2023.7 重印)
(译文纪实)
书名原文：The Oligarchs：Wealth and Power in the New Russia
ISBN 978-7-5327-7430-2

Ⅰ.①寡… Ⅱ.①霍…②冯…③李…④胡… Ⅲ.
①市场经济—研究—俄罗斯—现代 Ⅳ.①F735.12

中国版本图书馆 CIP 数据核字(2016)第 313500 号

David E. Hoffman
THE OLIGARCHS：Wealth and Power in the New Russia

图字：09-2015-838 号

寡头：新俄罗斯的财富与权力
[美] 戴维·霍夫曼 著 冯乃祥 李雪顺 胡瑶 译
责任编辑/莫晓敏 装帧设计/邵旻工作室

上海译文出版社有限公司出版、发行
网址：www.yiwen.com.cn
201101 上海市闵行区号景路 159 弄 B 座
上海信老印刷厂印刷

开本 890×1240 1/32 印张 18.5 插页 4 字数 487,000
2017 年 12 月第 1 版 2023 年 7 月第 8 次印刷
印数：29,001—31,000 册

ISBN 978-7-5327-7430-2/I·4527
定价：98.00 元